JN433234

Medical Papers:
A Guide to Successful Writing & Presenting in English

영어논문 작성과 발표요령

2판

송호영 • 최병인 • 정혜자 지음

범문에듀케이션

추천의 글

1989년 내가 서울아산병원에 근무하고 있을 때 전북대학교병원에서 근무하고 있던 송호영 교수로부터 전화가 왔다. "부탁이 있어서 전화를 드립니다. 시카고에서 열리는 북미영상의학회(RSNA)에서 제 연제가 채택되었는데 영어로 연제를 발표하는 것이 이번이 처음이라 교수님께 슬라이드의 작성과 구성, 영어로 발표하는 요령, 질문을 받는 요령, 영어로 논문을 작성하는 요령을 배우고 싶은데 시간을 내 주시면 대단히 감사하겠습니다."라는 내용이었다. 당시만 해도 우리나라 영상의학을 전공하는 학자들이 북미영상의학회에서 발표를 하는 연제의 수는 5편 이하이었고 내가 알기로 지방대학에서는 송호영 교수가 처음이었다. 내 연구실로 찾아와 내가 하는 말 하나 하나에 귀를 기울이며 노트에 적어가는 송호영 교수의 진지한 배움의 자세는 나에게 깊은 인상을 남겼고, 그 기억은 그 이후로 송호영 교수와 같은 대학과 병원에서 일을 같이 하면서 그에 대한 존경으로 바뀌어 아직까지 내 마음 속에 자리하고 있다.

그 일이 하나의 인연이 되어 송호영 교수는 1993년 전북대학교병원에서 내가 근무하던 서울아산병원으로 자리를 옮겨 진료와 연구를 하기 시작하였다. 당시 나는 서울아산병원의 영상의학과를 국제 무대에 올려보고자 야심찬 노력을 기울이고 있었고 그 일환으로 대학원 강좌를 통해 내가 미국에서 공부할 때 Stanford 대학의 Mimi Zeiger 교수에게 배운 영어논문작성법을 그녀의 저서(Essentials of writing biomedical research papers)를 교재로 삼아 젊은 교수와 전공의들에게 일주일에 한 번씩 4주간 강의를 진행하게 되었다. 이 강좌를 진행하는 과정에서도 매번 강의실에 들어와 강의를 듣고 같이 토론하며 배움의 끈을 놓지 않는 송호영 교수의 학문에 대한 강렬한 의욕과 태도를 다시 한번 느꼈다.

그 후 송호영 교수는 1997년부터 정년을 할 때까지 울산의대 대학원에서 "의학논문작성법"의 강좌를 설강하여 대학원생 및 서울아산병원의 전공의와 전임의들에게 영어논문작성을 가르치기 위하여 헌신적인 노력을 하였다. 그 강좌에서 학생들이 Discussion 작성을 가장 어렵게 생각을 한다면서 나에게 Discussion작성요령에 대한 강좌를 부탁하여 그 뜻을 흔쾌히 받아 진행하였던 추억이 있으며 당시 강의실에서 보여주던 학생들의 열정적 시선을 아직도 잊을 수 없다. 송호영 교수는 울산의대와 아산병원을 넘어 우리나라의 젊은 학자들의 SCI 논문의 숫자가 많아야 우리나라의 의학의 국제적인 위상이 올라간다는 일관된 생각으로 몇몇 교수와 함께 2010년 4월 1일에 '**영어논문 작성과 발표요령**'이라는 책을 출간하였고 그 책은 의학을 전공으로 하는 의사 및 간호사, 치과 의사들에게 꾸준한 사랑을 받고 있다.

우리나라가 선진국으로 진입하는 지금의 상황에서 '**영어논문 작성과 발표요령**'의 개정판 발간은 반가운 소식이 아닐 수 없다. 이 책에는 송호영 교수뿐 아니라 경험이 많은 교수들과 함께 영어로 논문을 작성하는 요령 및 알아두어야 할 여러 가지 사항을 일목요연하게 정리하였다. 또한 해외 학술대회에서 영어로 발표할 때 주의할 점, 해외 학술대회의 회의에 참석할 때 알아 두어야 할 영어표현 및 요령, 그리고 학술활동을 위해 외국 학자들과 영어로 이메일을 주고받을 때 도움이 되는 이메일 형식과 각종 예문들은 환자 진료와 교육, 학술활동을 병행하느라 바쁜 젊은 의학도들에게 많은 도움을 주기 위한 배려이다. 코즈모폴리턴이 되기까지 정말 오랜 기간의 경험을 통해 쌓은 소중한 지식을 후학들을 위해 아낌없이 내어놓은 송호영 교수를 비롯한 집필진에게 찬사를 보낸다.

2022년 4월
대한민국의학한림원 회장
울산의대 서울아산병원 명예교수
임태환

머리말

이 책은 의학을 전공으로 하는 학생, 간호사, 기사, 전공의, 임상강사, 교수를 대상으로 만들어졌다. 대학을 졸업하고 수련과정을 거쳐 교수생활이 끝날 때까지 논문작성과 학술발표는 어느 분야를 막론하고 그림자처럼 항상 너불어 살아야 하는 과제 중의 하나가 된 것 같다. 최근에는 대부분 대학에서 교수요원을 채용하거나 승진시킬 때 SCI에 등재된 학술지에 제1저자 또는 책임저자로 된 소정의 논문을 발표할 것을 의무화하고 있기 때문에 영어논문에 대한 부담은 더 커지고 있다.

우리나라의 몇몇 의과대학에서는 의과대학 학생에게 의학논문작성 및 발표에 대한 교육을 시작하였고 대학시절에 최소 1개의 영어논문을 작성하고 발표하는 것을 권장하고 있다. 본인은 이러한 변화는 참 바람직한 것이라고 생각하는데 그 이유는 전공의 시절에는 진료에 대한 부담이 많아 좀처럼 시간을 내기가 어려울 뿐 아니라 전공의 과정에서는 대부분의 경우 실험논문을 접할 중요한 기회를 놓치고 곧바로 임상논문을 주로 작성하는 경향이 있기 때문이다.

본 저자는 영어로 작성한 원고를 학술지에 제출하기 전에 국내외 학술대회에서 그 내용을 발표하도록 적극적으로 권하고 싶다. 그 이유는 청중 앞에서 발표를 하려면 연구의 내용과 참고문헌을 심도 있게 정리하고 요약할 수 있는 기회를 마련할 수 있을 뿐 아니라 청중들로부터 나오는 질문이나 코멘트를 접한 후 원고를 다시 한 번 더 수정하고 검토할 수 있는 기회가 되어 원고의 내용을 한 단계 더 끌어올릴 수 있는 계기가 되기 때문이다.

현대사회에서 국제학회에서 연제를 발표하거나 강의를 할 때는 물론이고 학문을 하면서 해외의 학회 및 여러 기관과 연락을 할 때도 이메일은 없어서는 안 될 필수요건이 되어버렸다. 짜임새 있는 이메일의 내용과 서식은 중요한 일을 성사시키거나 학자 간에 지속적인 교류를 유지하는 데 매우 중요한 역할을 담당하고 있다. 그러나 초보자에게는 간단한 이메일을 주고 받는 것조차 쉽지 않다.

이처럼 학자로서 생활을 하는 데 있어서 꼭 필요한 영어논문작성, 학술발표, 이메일작성에 실질적이면서 유용하게 활용할 수 있는 지침서가 우리나라의 학자들에게 절실하다고 판단되어 이 책을 쓰기로 하였다. 이 책은 크게 PART I에서 PART IV까지 4개의 부분으로 나누어져 있고 PART I은 영어논문 작성, PART II는 영어논문 발표 및 좌장, PART III는 영어로 국제회의 사회보기, PART IV는 영어의학 이메일을 다루고 있다. PART I과 PART II는 본 저자가 집필을 하였고, PART III는 국제학회의 경험이 풍부하고 국제적인 각종 회의를 주도하고 계시는 최병인 교수가 집필을 하였고, PART IV는 영어학을 전공한 정혜자 교수가 집필을 하였다. 또한 PART I의 임상시험 성적서, 참고문헌 관리, 연구윤리 부분, 과학적 영문표현법, Cover letter와 Response letter의 작성법, 의학논문 제출부터 출간까지는 그 분야에 정통한 6명의 교수와 2명의 박사가 집필을 하였다.

의학통계 부분은 그 분량이 방대하여 이번 개정판에서는 다루지 않기로 하였다. 따라서 의학통계에 관한 사항은 통계학자와 연구의 전단계에 걸쳐 긴밀한 소통을 통해 조언을 받는 것을 권하고 싶다. 의학 및 의학관련분야에서 전 세계적인 선두주자로서 미래를 이끌어 나갈 욕심으로 불타는 정열을 가지고 꿈을 이루기 위하여 노력을 하는 후학들에게 도움이 되고자 지금까지의 책과는 달리 독창성이 있고 저자들의 풍부한 경험과 땀이 고스란히 배어 있어 살아 숨쉬는 책을 만들려고 노력을 하였다.

평소 본인이 존경하고 좋아하는 여러 교수님들과 함께 이 책을 쓰게 된 것이 진정한 기쁨이다. 진료, 교육, 연구로 정신 없이 바쁜 가운데서도 집필을 하여 주신 여러 교수님께 진심으로 감사를 드린다. 이 책이 나오기까지 처음부터 마지막까지 수고하시며 출판과정을 맡아주신 (주)범문에듀케이션 이재선 이사님과 신선희 부장님께 고마움을 전한다. 마지막으로 오랫동안 영어논문작성에 관한 멘토 역할을 해 주신 최병인 교수님과 40년을 같이 살아오면서 영어 이메일 작성을 해 주신 아내인 정혜자 교수와 함께 집필을 할 수 있게 되어서 크나큰 영광이다.

2022년 4월

송호영

울산대학교 의과대학 서울아산병원 명예교수

Department of Minimal-Invasive Intervention,

The Affiliated Cancer Hospital of Zhengzhou University, 교수

지은이 소개

송호영

전북대학교 의과대학 졸업
전북대학교 대학원 의학박사
현 The Affiliated Cancer Hospital of Zhengzhou University, 영상의학과 교수
University of Texas Health Science Center at San Antonio, 영상의학과 교수
울산대학교 의과대학 서울아산병원 영상의학과 명예교수
University of Pennsylvania 의과대학 교환교수
Oregon Health Sciences University 교환교수
Louisiana State University Medical School 교환교수
Korean Journal of Radiology 편집위원
Journal of Chinese Interventional Radiology 편집위원
Seminars in Interventional Radiology 편집위원
Journal of Cardiovascular and Interventional Radiology 편집위원
Journal of Vascular and Interventional Radiology 부편집장
동신스미스크라인상 수상 (1994)
자랑스런 신한국인상 수상 (1996)
한국최고과학기술인상 수상 (2008)
한국 의과학상 대상 수상 (2008)
유럽방사선의학회(ESR) 명예회원 (2009)
북미방사선의학회(RSNA) 명예회원 (2009)
중국인터벤션학회 국제협력상 (2010)
바이엘 임상의학상 (2016)
미국인터벤션학회(SIR) Gold Medal (2016)
일본 영상의학회 명예회원 (2019)
국내외 특허: 26건
저서: 3권, 31챕터
논문: SCI 논문: 302편, Non-SCI 논문: 144편
학술내회 발표: 국제 277편, 국내 325편
강연: 국제학술대회 및 대학 325건, 국내 197건

정혜자

University of Connecticut 대학원 언어학과(석사)
전북대학교 인문대학원 영문학과(박사)
전북대학교 인문대 영어영문학과 명예교수

최병인

서울대학교 의과대학 졸업
서울대학교 대학원 의학박사
현 서울의대 명예교수 겸, 중앙대학교병원 영상의학과 임상석좌교수
미국 M.D. Anderson Cancer Center, Massachusetts General Hospital, Mayo Clinic, NYU Medical Center. Washington Univ. 등 10개 대학 교환교수
분쉬의학상, AIUM 최우수논문상, 서울대학교학술연구상, 옥조근정훈장 등 38회 수상
대한영상의학회장, 대한간학회장, 대한초음파의학회 등 국내 5개 학술단체장 역임
아시아오세아니아영상의학회장(AOSR), 등 국제 3개 학술단체장 역임
세계초음파의학회 학술대회 등 5개 국제 학술대회 대회장 역임
European Radiology 등 8개 국제학술지 편집위원 역임
현 한국과학기술한림원, 대한민국의학한림원 등 국내 13개 학술단체 종신회원
현 미국영상의학전문의의학회(ACR), 미국초음파의학회 등 5개 의학회 명예펠로우
현 북미방사선의학회(RSNA), 유럽영상의학회(ESR) 등 13개 외국학회 명예회원
현 아시아초음파의학회(AFSUMB), AOSR 등 3개 국제학회 골드메달리스트
대한의학회 명예의 전당 헌정
논문: 국외(SCI); 535편
강연: 국외강연: 509회, 국내강연: 347회

강성권

조선대학교 의과대학 졸업
울산대학교 의학대학원 의학박사
전 서울대학교 의과대학 영상의학과 교수
현 SGI학회 집행위원
현 (주) 에스앤지 바이오텍 대표이사

김성윤

서울대학교 의과대학 졸업
서울대학교 의과대학원 의학박사
현 울산대학교 의과대학 서울아산병원 정신건강의학과 교수

김태원

서울대학교 의과대학 졸업
울산대학교 의과대학 의학박사
현 울산대학교 의과대학 서울아산병원 종양내과 교수
현 대한종양내과학회 이사장
현 서울아산병원 암병원 병원장
현 Clinical Colorectal Cancer 부편집장

신지훈

한양대학교 의과대학 졸업
순천향대학교 의학대학원 의학박사
현 울산대학교 의과대학 서울아산병원 영상의학과 교수

정승채

서울대학교 의과대학 졸업
서울대학교 의과대학 의학박사
현 울산대학교 의과대학 서울아산병원 영상의학과 부교수

임준서

Brown University (USA) 졸업
한국과학기술원(KAIST) 의과학대학원 의과학박사
현 서울아산병원 임상의학연구소 Scientific Publications Team 논문 에디터

임윤희

숙명여자대학교 약학과 졸업
연세대학교 보건대학원 석사
현 한국로슈 PDG Korea Country Head
현 한국임상개발연구회 부회장

한영민

전북대학교 의과대학 졸업
원광대학교 의과대학원 의학박사
현 전북의대 영상의학과 교수
전 전북의대 영상의학과 과장 및 주임교수

차례

PART 01

영어논문 작성

학습목차

CHAPTER 01

머리말

| 송호영

논문 작성에 앞서 가장 먼저 해야 할 일은 작성하려는 논문이 정말 논문거리가 되는지 생각해보는 것이다. 연구나 분석을 하는 것은 어디까지나 저자들의 주관적 판단에 의한 것이다. 그렇기 때문에 저자들이 내놓은 결과나 주장이 과학적으로 가치가 있고 독창적인 새로운 사실이라는 것을 공적으로 인정받고 원하는 학술지에 게재되기 위해서는 우선 해당 학술지의 편집인과 심사위원들로부터 인정을 받아내야 한다. 그런 논문이 되려면 기본적으로 세 가지 요소가 있어야 한다. 제1요소는 독창적인 새로운 사실(something new)이다. 기존의 개념과 다른, 또는 아직 정당화되지 않은 기존 개념에 대해 실험이나 분석을 통하여 새로운 사실을 찾아내야 한다. 제2요소는 과학적인 가치(scientific merit)이다. 하나의 연구가 아무리 처음으로 시도되는 독창적인 연구라고 하여도 그 내용이 의학과는 동떨어진 연구라면, 즉 질병의 진단이나 치료를 다루지 않고 과학적인 가치가 없는 연구라면 의학을 다루는 학술지에 채택될 수가 없다. 제3요소는 독자들에게 흥미(interest to readership)를 줄 수 있어야 한다는 것이다. 학술지에 따라 추구하는 방향과 지침이 다르고 독자의 대상이 다르다. 그 독자들이 무엇에 흥미를 갖고 있는지 알아야 한다. 상기한 세 가지 요소를 갖춘 논문은 작성하기도 쉬울 뿐 아니라 해당 학술지에 채택될 가능성도 높기 때문에 논문작성에 앞서 반드시 점검하여야 할 사항이다.

논문을 쓰는 사람, 즉 참여자의 범위를 결정하는 것도 중요하다. 논문의 저자는 제1저자, 책임저자(통신저자), 공저자로 나눌 수 있다. 일반적으로 원고를 작성한 저자가 제1저자가 되며, 연구를 설계하고 진행하고 원고 작성과정을 관장하는 이른바 지도교수 같은 역할을 하는 사람이 책임저자가 된다. 공저자는 문헌검색, 연구의 구상, 기획, 통계처리, 데이터 분석, 실험연구, 임상연구, 원고작성, 원고 교정 중 전부 또는 일부에 직접 참여한 사람을 말한다. 주임교수 또는 동료교수라 하여 연구나 논문의 진행과정에 전혀 공헌을 하지 않은 사람의 이름을 공저자로 넣기도 하는데, 이런 관행은 논문 작성의 원칙상 잘못된 것이다.

논문을 쓰기로 하고 저자의 범위를 정했으면 다음에는 논문의 형식을 선택해야 한다. 의학논문의 종류에는 원저(original article), 종설(review article), 증례보고(case report), 기법 노트(technical note), 짧은 노트(brief note), 편집인에게 보내는 글(letter to the editor) 등이 있다. 원저는 독창성이 있는 의학논문의 진수라고 할 수 있다. 증례보고는 처음 보고되는 또는 대단히 드물지만 임상의학에서 대단히 중요한 정보를 제공하는 논문이다. 종설은 한 분야에 경험이 풍부하거나 많은 업적이 있는 학자들에게 원고를 청탁하여 교과서 형식으로 최근까지의 문헌상의 정보를 총정리하는 교과서 같은 논문이다. 기법 노트, 짧은 노트, 편집인에게 보내는 글은 이미 알려진 내용이기는 하지만 중요하고도 의미가 있는 추가적 정보 또는 새로운 방법을 간단히 소개할 경우나 이미 보고된 논문에 다른 의견이 있을 때에 짧게 쓰는 논문이다.

논문의 형식까지 선택했으면 비로소 실제 논문을 작성하는 작업에 들어가게 된다. PART I 영어논문 작성에서는 여러 가지 논문형식들 가운데 가장 기본이 되는 원저를 중심으로 작성요령을 기술하고자 한다.

울산대학교 대학원 의학과에는 1997년부터 대학원생들에게 체계적으로 논문을 작성하는 방법을 교육하기 위하여 '의학논문작성법'이라는 강좌가 설강되었다. 처음부터 저자가 강좌를 맡아 진행하면서 SCI논문이 많은 몇몇 교수들을 매년 번갈아 초빙하여 그들의 경험담을 학생들에게 들려 주었다. PART I의 앞부분인 Chapter 02에서는 그분들의 경험담과 강좌를 가능한 한 많이 소개하면서 일반적인 원저의 형식에 따라 제목, 초록, 서론, 재료 및 방법, 결과, 고찰 및 결론 등 6개의 절로 나누어 순서대로 기술하였다. 물론 원고를 작성할 때는 초록을 맨 나중에 작성하는 것이 일반적인 경향이고 학자에 따라 서론부터 시작하거나 재료 및 방법부터 시작하는 등 다소 차이가 있지만 여기서는 편리상 학술지에 게재되는 순서대로 나열을 하였다.

Chapter 02의 제7절인 의학논문 작성사례에서는 영어로 원고를 작성하는 과정의 이해를 돕고자 저자가 직접 작성한 영어 논문을 소개하였다. 이 원고는 영상의학 분야의 학술지 Radiology[1]에 제출했다가 거절당한 뒤 3명의 심사위원이 지적한 사항에 대해 간단한 수정만 한 후 한 단계 급이 낮은 JVIR (Journal of Vascular and Interventional Radiology)[2]에 제출했던 것으로, 다행히 JVIR에서는 채택되었지만 JVIR의 심사위원들이 지적한 사항도 Radiology 심사위원이 지적한 사항과 유사하였다. 저자의 여러 논문 중에서 이 논문을 예로 들게 된 것은 반성

[1] Radiology: http://radiology.rsnajnis.org: 영상의학 분야에서 가장 우수한 학술지

[2] Journal of Vascular and Interventional Radiology: http://www.jvir.org: 인터벤션 영상의학분야에서 가장 우수한 학술지

해야 할 점이 많았던 논문이었기 때문이다.

Radiology에서 보내온 논문 거절 이유

> The authors indicate that there have been no sizable published reports on the use of stents for malignant obstruction after gastrojejunostomy. In fact, a PubMed search reveals quite a number of papers on the subject, the most recent being "Palliation of gastric outlet obstruction and proximal small bowel obstruction with self-expandable metal stents: a single center series" Mosler P et al. in J Clin Gastroenterol 2005;39:124-8. The same search yielded 5 other articles on the topic. This paper does not add substantially to those published. The authors indicate that they obtained CT scans in these patients to assess for other sites of obstruction and to delineate the pattern of tumor recurrence. If this paper had presented the data on the CT findings in correlation with the contrast study this would have been a significant addition to the literature. As it stands this work is of limited interest to radiologist.

Chapter 02를 읽을 때 먼저 제1절에서 6절을 읽으면서 각 점의 사례를 제7절의 예제로 든 논문을 읽고 그 내용이 작성요령에서 설명한 대로 작성되었는지 판단해본 뒤 심사위원들이 지적한 사항을 읽으면 원고 작성에 좀 더 도움이 되리라 생각을 한다. Chapter 02의 마지막에서는 증례보고(case report) 작성을 별도로 다루었다.

Part I의 중간 부분인 Chapter 03에서는 저자가 경험한 영어논문작성을 위한 8가지 팁(tip), Chapter 04에서는 임상시험성적서 작성, Chapter 05에서는 참고문헌 관리 및 EndNote의 활용, Chapter 06에서는 연구윤리, Chapter 07에서는 과학적 영문표현, Chapter 08에서는 Cover letter와 Response letter의 작성법에 대해 해당 분야에서 선두를 달리고 있는 전문가를 모셔서 의견을 종합하여 기술하였다. Part I의 마지막 부분인 Chapter 09에서는 의학논문 제출부터 출간까지의 과정을 자세히 소개하고 저자와 한영민 교수가 교수생활을 하면서 틈틈이 모아 놓은 자료를 실질적인 예제로 소개하였다.

CHAPTER 02

의학논문 작성

| 송호영

1. 제목(Title) 작성

CHECKLIST

(1) 단순하고 간결하게 작성한다. 100글자 이하가 좋다.
(2) 연구목적과 새롭게 구명한 사실을 포함시킨다.
(3) 연구 내용을 대표할 수 있어야 한다.
(4) 매력적이고 명료하게 작성한다.
(5) 정확하고 구체적이어야 한다.
(6) 중요한 용어는 맨 앞에 둔다.
(7) 색인단어를 포함시킨다.
(8) 약어, 속어, 상품명은 빼는 것이 좋다.
(9) A Report of a Case of···, The Treatment of···, A Study of··· 등은 불필요하다.

제목은 본문의 내용을 함축한 것이라고 할 수 있다. 제목만 보고도 논문이 추구하는 내용을 알 수 있어야 한다. 그러면서도 독자들이 읽어보고 싶은 욕망을 느낄 수 있도록 매력적이어야 한다. 독자들이 하늘의 별보다 더 많은 수의 논문 중에서 읽고 싶은 논문을 찾고자 할 때는 제목부터 찾을 수밖에 없기 때문이다. 논문의 제목은 독자들을 끌어들이는 문과 같은 역할을 한다.

한 쌍의 부부가 결혼을 하여 아내가 임신을 하게 되면 태어날 아기의 이름을 짓기 위하여 심사숙고를 한다. 임신기간 내내 좋은 이름을 짓기 위하여 부부간은 물론이고 양가 부모님과 상의하기도 하며 이름을 지어주는 전문가를 찾기도 한다. 때로는 고심하여 지은 이름이 마음에 들지 않아 여러 번 바꾸기도 한다. 마찬가지로 논문 제목도 초고를 쓰기 전부터 마칠 때까지 연구내용을 대표할 수 있도록 심사숙고하여 적합한 제목을 찾아야 한다.

요약하면 제목은 간결하면서도 함축적이고 명료하면서 매력적이어야 한다. 예를 들어서 "A study of the expression of p53 in melanoma tissue"보다는 "p53 expression in melanoma tissues"가 적합하고 "Tissue expression of MRP-8-related nucleotide: a calcium-binding protein of the S100 protein family, in the human placenta as revealed by non-radioactive in situ hybridization technique" 보다는 "Expression of the S100-related MRP8 gene in human placenta tissue" 가 더 간결하며, "Effect of KM966 on A381- and ADM-tumor-bearing mice and spontaneous regression of ADM tumors"보다는 "KM966 induces spontaneous regression of ADM tumors"가 더 명료하고 매력적이다.

제목의 형태는 하나로 연속된 것이 좋지만 다소 길 때는 제목 뒤에 콜론을 찍어 부제목을 사용해도 된다.

2. 초록(Abstract) 작성

CHECKLIST

(1) 초록은 본문의 모든 내용의 개요를 일목요연하게 볼 수 있어야 한다.
(2) 초록 자체만으로도 뜻이 통하며 독립적이어야 한다.
(3) 초록의 모든 내용은 본문에 쓰여 있어야 한다.
(4) '잘라 붙이기' 방법을 효율적으로 활용한다.
(5) 초록에는 참고문헌을 인용하지 않는다.
(6) 찾아보기 낱말(key words 또는 index words)을 요구하는지 확인한다.

초록은 본문의 전체 내용을 간략하게 요약한 형식으로, 독자들에게 축약한 정보를 제공하기 때문에 논문의 얼굴이라고 할 수 있다. 본문 내용을 읽지 않더라도 그 자체만으로 뜻이 통하고 이해될 수 있어야 하며 추상적인 표현은 피해야 한다.

초록의 모든 내용은 본문에 쓰여 있어야 하며, 분명하고 단순한 표현을 사용하고 논문의 핵심에서 벗어나는 부분은 과감하게 뺀다. 학술지에 따라 다르지만 대개 150~250 단어 이내로 초록의 길이가 제한되어 있으므로 꼭 필요한 내용만 축약하여 써야 한다. 공통적으로 널리 통용되는 약자나 초록에서 여러 번 반복되는 경우를 제외하고는 약자를 사용하지 않는 것이 보통이며, 참고문헌을 인용하지 않는다.

형식은 학술지에 따라 다소 차이가 있으나 본문의 순서와 유사하게 배경, 목적, 재료 및 방법, 결과, 결론의 순으로 기술하며 "배경"과 "목적" 중 하나로 표시되어 있는 경우가 대부분이다. 초록은 논문 종류에 따라 단락을 나누지 않고 한 단락에 서술하는 방식과 목적, 대상 및 방법, 결과, 결론 등으로 구분하여 별도의 단락에 제목을 붙여 서술하는 방식으로 나누어진다. 단락을 나누지 않는 경우에는 상기한 순서에 따라 서술하여야 양식을 갖춘 초록이 된다. 즉, 각 단락의 내용을 몇 개의 문장으로 쓰고 이를 논리적이면서 부드럽게 연결되도록 만들면 된다.

초록을 작성하는 방법으로 흔히 '잘라 붙이기' 방법이 소개되는데, 이것은 본문의 주된 내용을 표시하는 단락을 요약하여 한꺼번에 모아 편집하는 방법으로 우리가 초록을 쓸 때 흔히 이용하는 방법이다. 이때에는 유사어가 없도록 초록의 분량에 맞게 수정하는 과정이 필수적이다. 초록의 마지막에서 또는 별도로 찾아보기 낱말(key words 또는 index words)을 3~5개 요구하는 학술지도 많다. 독자들이 논문을 찾고자 할 때 연상을 할 수 있는 단어나 구를 사용하며, 색인집이나 이미 발표된 유사한 논문에서 적합한 낱말을 찾아 기록하면 된다.

2.1 배경(Background)

연구 목적을 독자가 이해하기 쉽도록 연구의 배경을 쓰지만 논문의 종류에 따라 생략하는 경우도 많다. 이것은 본문의 "서론" 앞부분에 해당되며, 연구의 핵심이 되는 주제를 취급한 배경을 함축하여 문제 제기에 꼭 필요한 내용만 가능한 한 하나의 문장으로 기술한다.

2.2 목적(Purpose)

연구를 하게 된 목적 즉, 연구를 통하여 해결하고자 하는 의문점을 제기하며 하나 또는 두 개의 문장으로 작성한다. 즉, 질문(question) 또는 가설(hypothesis)을 던진다. 이것은 본문 "서론"의 뒷부분에 해당하며 '잘라 붙이기' 방법으로 동일한 문장을 사용하는 것이 좋다.

2.3 재료 및 방법(Materials and Methods)

목적에서 던진 질문 또는 가설에 대한 답을 얻기 위해 무엇을 어떻게 했고, 어떤 데이터를 수집했으며, 어떤 방법으로 분석하여, 어떻게 편견을 없앴는가를 간결하게 쓴다. 만약 표준화된 방법을 사용했거나 해당 분야 사람들에게 잘 알려진 것이라면 가능한 한 간략하게 취급한다. 새로운 방법이 주제라면 많은 분량을 차지할 수 있다.

2.4 결과(Result)

방법론에서 도출된 연구의 결과를 순수한 데이터로 제시하되, 질문에 대한 답을 논리적으로 설명할 수 있는 데이터만 일목요연하게 기술한다. 여러 데이터를 다

나열할 수 없는 경우에는 가장 중요한 데이터만을 가능한 한 적은 수의 문장으로 작성한다.

2.5 결론(Conclusion Answer)

질문 또는 가설에 대한 답을 하나 혹은 두 개의 문장으로 독자가 반드시 기억해야 할 핵심적인 내용만 제시한다.

3. 서론(Introduction) 작성

CHECKLIST

(1) 장황한 역사적 배경을 기술하지 않는다.
(2) 알려진 사실들로부터 의문점을 유추해 낸다.
(3) 의문점을 구체적으로 명시한다.
(4) 이 연구가 기존의 알려진 사실과 무엇이 다른가를 강조한다.
(5) 연구의 중요성 및 새로운 점이 무엇인지를 명확하게 설명한다.
(6) 의미의 흐름을 유지하여야 한다.
(7) 간결해야 한다. 일반적으로 300 단어 안팎이 좋고 본문의 15% 이상이 되면 너무 길다.

서론의 역할은 두 가지이다. 하나는 독자의 흥미를 유발하는 것이고 다른 하나는 독자들이 논문의 흐름을 파악할 수 있도록 하여 주는 것이다. 우선 해당 연구분야에 대하여 이미 알려진 일반적인 배경을 인용문헌과 함께 먼저 기술하고 연구의 목적을 설명한다.

배경을 설명하는 문단에서는 지금까지 알려진 사실 중 연구와 관련된 가장 중요한 내용을 먼저 요약하고 그 다음에 현재까지 해결되지 않은 또는 풀리지 않은 의문점을 기술한다. 지금까지 알려진 사실이나 의문점을 설명할 때는 기존에 보고된 문헌을 인용하되, 참고문헌이 많을 경우에는 해당 연구의 배경으로서 가장 중요한 문헌이나 먼저 보고한 문헌 등만 골라 참고문헌의 숫자를 최소한으로 줄인다.

목적을 설명하는 문단에서는 해결되지 않은 의문점에 대한 새로운 가설이나 의문점을 해결하기 위하여 이 연구에서 어떠한 시도를 하였는가 설명한다. 이때 새로운 가설이나 시도는 왜 중요하고 이 연구에서는 무엇이 새롭게 시도되는지 구체적으로 명시한다.

서론은 논문의 채택여부를 결정하는 데 중요한 역할을 할 뿐만 아니라 독자가 논문의 내용을 읽을 것인지 또는 안 읽고 지나갈 것인지를 결정하는 관문도 되기 때문에 기존의 개념과 비교하여 새로운 점을 깔끔하고 매력적으로 작성하여야 한다. 서론이 너무 길면 독자들의 흥미를 잃게 만들고 너무 짧으면 연구의 목적과 중요성을 파악하기가 어려우므로 최대한 짧고 명료하며 읽기 쉽게 될 때까지 내용을 반복하여 수정할 필요가 있다.

TIP

영어가 모국어가 아닌 사람이 영어로 논문을 작성할 때 흔히 어려움을 호소하는 부분으로 시제의 선택이 있다. 의학논문에 사용되는 영어의 시제는 일반적으로 비교적 간단하다. 이미 확인되어 잘 알려져 있는 사실은 현재 시제를 사용하고 아직 알려지지 않은 내용은 과거 시제를 사용한다. 저자들의 연구는 아직 알려지지 않았고 더 확인이 필요하다. 따라서 원고를 작성할 때는 과거 시제를 사용한다. 다만 고찰 부분을 작성할 때 연구의 결과를 해석하여 결론을 짓는 문장은 현재 시제를 사용한다. 원고를 작성할 때는 본문의 내용이 서론에서부터 고찰까지 중요한 관점을 논리적으로 유지하면서 마치 수필이나 소설처럼 앞뒤가 서로 꼬리를 물고 연결되어 있어야 한다. 경험이 부족한 사람들이 영어로 작성한 원고를 교정할 때 발견되는 가장 흔한 문제점은 앞 문장과 뒤 문장 또는 앞 문단과 뒤 문단의 내용이 서로 연관되지 않고 따로따로 놀기 때문에 표현하고자 하는 의미를 파악하기 어렵고 더 이상 읽고 싶은 마음이 없어진다는 점이다.

4. 재료 및 방법(Materials and Methods) 작성

CHECKLIST

(1) 연구대상과 방법을 독자가 재현할 수 있도록 자세히 기술한다.
(2) 필요 없는 내용까지 기술하지 않도록 주의한다.
(3) 연구가 진행된 순서대로 기술한다.
(4) 서론 및 결과의 내용과 대응되도록 주의한다.
(5) 윤리위원회의 통과여부, 환자동의서 수락여부를 밝힌다.
(6) 연구의 형태와 전향적 연구인지 후향적 연구인지 밝힌다.
(7) 연구 대상에 대한 정보와 데이터를 모은 방법을 기술한다.
(8) 자료분석방법을 소개한다.
(9) 사용한 통계방법을 설명한다.
(10) 과거 시제를 사용한다.
(11) SI Unit를 사용한다.

4.1 재료 및 방법의 기능

연구의 재료 또는 대상은 사람, 동물, 식물, 무생물 또는 어떠한 개념 등 다양하며, 방법은 수술, 시술, 실험, 검사, 분석 등 연구의 내용에 따라, 그리고 전공에 따라 대단히 광범위하고 다양하다. 광범위하고 다양한 재료 및 방법을 독자가 이해하기 쉽게 설명하면서 서론과 이어지는 개념의 흐름도 유지하려면 다음과 같은

2가지 사항이 필요하다.

첫째로 서론에서 제시한 의문점에 대한 답을 얻기 위해 무엇을, 왜, 그리고 어떻게 하였는지 독자들이 읽고 그대로 재현할 수 있을 정도로 자세히 그리고 정확하게 기술하여야 한다. 그렇지만 시시콜콜한 내용까지 기술하다 보면 나무만 보고 숲을 못 보는 현상이 발생할 수가 있고 독자가 흥미를 잃을 수도 있어 주의해야 한다. 시시콜콜하다는 것은 독자들이 논문의 내용을 재현하는 데 필요한 것 이상이라고 생각하면 될 것 같다.

둘째로 연구한 내용을 저자들이 진행한 순서에 입각하여 기술하는 것이 좋다. 즉, 연구대상의 선정부터 데이터를 얻은 기법, 분석방법, 그리고 통계처리까지 저자들이 시행한 과정을 그대로 순서적으로 기술하면 원고는 논리적으로 작성되고 독자들이 이해하기도 쉽다.

4.2 연구의 형태

연구의 형태는 처음부터 대상 및 방법을 잘 짜인 계획하에서 진행하는 전향적 연구형태가 있고 이미 경험한 사실을 분석 정리하는 후향적 연구형태가 있다. 일반적으로 동물을 이용하는 연구는 전향적 연구가 대부분이고 환자를 대상으로 하는 연구는 후향적 연구가 많지만 좋은 학술지일수록 환자를 대상으로 하는 임상논문도 전향적 연구를 중시하기 때문에 후향적 연구는 채택되기가 어렵다. 그러나 드문 질환의 경우 처음 경험한 정보는 그 질환에 대하여 관심을 가지고 있는 다른 사람에게는 매우 중요한 정보가 될 수 있고 비록 이미 보고된 정보라도 특정 종족이나 지역을 대표하는 경우 지리병리학적 중요성을 가질 수도 있기 때문에 후향적 연구 형태도 의학발전에 크게 기여하고 있다.

TIP

연구 재료 및 방법 부분을 작성할 때, 문장의 동사는 아직 알려지지 않은 내용이므로 과거 시제를 사용한다. 다만 “The number of patients is described in Table 1” 또는 “Patient demographics and indications are summarized in Table 2” 등 표나 그림이 현재 그 내용을 보여주고 있다는 것은 확인된 사실이기 때문에 현재 시제를 사용한다. 기존에 다른 학자가 보고한 방법을 그대로 사용한 경우에는 그 과정을 모두 기술할 필요 없이 참고문헌과 함께 간단한 소개를 하며, 기존의 방법을 변형시킨 경우에는 참고문헌과 함께 기존 방법과 다른 점을 밝혀야 한다. 기존에 보고되지 않은 새로운 방법을 사용한 경우에는 그 방법을 상세히 설명하여야 한다.

4.3 연구 재료 및 방법 작성 형식

연구 재료 및 방법 부분은 서론에서 세운 새로운 가설이나 의문점을 해결하기 위하여 이 연구에서 사용한 재료와 진행한 방법을 있는 그대로 나열하는 과정이기 때문에 본문 중에서 작성하기가 가장 쉽다고 할 수 있다. 따라서 이 부분부터 작성하기 시작하는 저자들이 많다. “재료 및 방법”의 작성형식과 “결과”의 작성 형식은 서로 대응이 되도록 하는 것이 좋다. 즉 서론에서 제시한 의문점에 대한 답을 얻기 위해 시행한 방법 및 분석을 “재료 및 방법”에 기술하고 거기서 얻은 답 또는 결과를 “결과”에서 기술하는 형식이다. 따라서 “재료 및 방법”에서 언급하지도 않은 어떠한 결과나 소견은 아무리 간단한 내용이라고 하여도 “결과”에서 언급하여서는 안 된다.

연구 재료 및 대상을 기술할 때는 윤리위원회의 허가여부, 환자동의서 수락여부를 밝히고 연구의 대상을 수집하는 과정, 선정방법 및 조건, 선정 대상의 특성 및 정의를 제시하여야 한다. 예를 들어서 환자를 대상으로 하였을 경우에는 환자의 질환명과 진행 정도, 진단을 내린 시기 및 방법, 연구 전에 받은 치료 및 결과, 선정기준 및 방법 등 자세한 정보를 제공하여야 한다. 또한 선정에서 제외한 환자가 있을 경우 제외한 환자의 숫자와 그 이유를 밝히고, 최종 대상으로 한 환자의 연령, 성별은 물론이고 필요할 경우 체중, 키, 건강상태, 종족 등도 기술한다. 두 군을 비교할 때는 두 군 간에 질병의 정도, 환자의 성별, 연령에 차이가 없어야 한다.

연구진행에 약물을 사용한 경우에는 약물의 일반명을 사용하고 괄호 속에는 상품명, 제조회사명 및 소재지, 제조시기 및 번호를 기술한다. 측정단위는 국제적으로 통용되는 단위(SI Unit)를 사용하여야 한다.

4.4 분석 및 정의

논문은 연구자의 주관적인 생각을 객관적인 대상과 방법을 통해 일반적인 지식으로 전환시키는 과정이라고 할 수 있기 때문에 객관성을 높이기 위하여 노력을 하여야 하고 오류가 발생하는 일이 없도록 심혈을 기울여서 정확하게 분석하고 기술하여야 한다. 아무리 훌륭한 연구라 하더라도 연구 재료를 모집하고 분석하는 방법에서 투명성과 객관성이 보장되지 않으면 좋은 학술지에 채택될 가능성이 희박해진다.

자료의 분석은 분석방법에 따라 상반된 결과가 나올 수 있기 때문에 “재료 및 방법”의 핵심이라고 할 수 있다. 예를 들어서 영상 또는 병리 소견의 분석이라면 최근의 추세는 경험 있는 2명 이상의 전공의사가 독립적으로 소견을 분석하고 관찰자 간의 일치를 제시하는 것이다. 자료의 분석은 물론이고 연구 대상이나 조건의 정의에 대해서도 객관성을 높이기 위하여 평판이 좋은 학술지나 연구자들이 사용한 최근의 분석 및 정의를 사용하는 것이 좋지만 그러한 분석이나 정의가 없을 경우에는 객관적이면서 타당한 분석과 정의를 내려야 한다. 데이터 분석을 위해 사용되는 통계기법의 중요성과 방법은 4장 의학논문의 통계학적 기술 부분에서 자세히 다루었다.

5. 결과(Results) 작성

CHECKLIST

(1) 결과는 재료 및 방법의 거울이다. 같은 부제목을 사용하면 좋다.
(2) 서론에서 제시한 의문점의 답을 내는 데 필요한 데이터를 제시해야 한다.
(3) 재료 및 방법에서 다룬 데이터를 같은 형식과 순서로 기록한다.
(4) 재료 및 방법에서 다루지 않은 데이터는 넣지 않는다.
(5) 통계분석의 유의성의 근거를 제시하기 위해 p 값을 제시한다.
(6) 표와 그림을 잘 활용하여 간결하고 알기 쉽게 작성한다.
(7) 표와 그림 등에 제시된 내용은 본문에서 단순 반복하지 않는다.
(8) 객관적인 사실만 제시하며, 해석이나 의견이 따라서는 안 된다.
(9) 제시되는 데이터의 단위를 삽입한다.
(10) 과거 시제를 사용한다.
(11) SI Unit를 사용한다.

표

(1) 수치로 나타난 결과의 비교로서 간결하여야 한다.
(2) 표는 연결되는 데이터를 왼쪽에서 오른쪽으로 읽어갈 수 있도록 구성한다.
(3) 모든 항목은 제목이 있어야 하고 필요 시 부제목을 사용할 수 있다.
(4) 제목은 문장이 아닌 구(phrase)로 간결하게 표시하며, 약어를 포함해서는 안 된다.
(5) 측정 단위는 각각의 자료에 반복 표기하지 않고 표제의 변수 옆이나 아래에 표시하며, SI Unit를 사용해야 한다.
(6) 각 열의 수치자료는 소수점을 중심으로 일정하게 배열시키고 평균 및 표준편차와 같이 ±가 포함된 경우에는 ±를 중심으로 배열시키는 것이 좋다.
(7) 각주(footnote)는 실험적 세부내용, 약어 또는 부호의 정의를 설명하기 위해 사용한다.
(8) 측정단위가 없는 경우(missing data)는 표에 빈칸으로 둘 경우 혼동을 줄 수 있으므로 ND라 표기하고 각주에 "ND: Not determined"라고 표시한다.

그림

(1) 그림은 결과를 뒷받침하는 근거를 제시하기 위해 이용되며 그림, 도해 혹은 환자의 사진, 현미경 사진, 영상과 같은 자료나 그래프 형태의 수적 자료를 포함한다.
(2) 대표적인 것을 최소한으로 택하고 선명하여야 한다.
(3) 보기 쉽고 이해하기 쉽도록 하여야 한다.
(4) 그림의 크기, 화소 등을 학술지의 투고형식에 맞게 하여야 한다.
(5) 그림에서 제시하고자 하는 요점이 분명하게 나타나도록 한다. 필요 시 독자의 이해를 돕기 위하여 화살표 등의 기호를 사용하면 좋다.
(6) 이미 출간되었던 그림을 인용할 경우는 먼저 저작권 소유자로부터의 허가가 필요하다.
(7) 삽화(illustration)는 추상적인 개념을 구체화시켜 줄 수 있기에 사용하면 유용하다.

(8) 양적인 정보를 나타내기 위하여 종종 사용되는 그래프의 경우 쉽게 이해할 수 있어야 한다.
(9) 그림의 설명(legends)은 본문의 설명과 중복되지 않게 한다.

결과는 그 논문의 핵심이기 때문에 많은 공을 들여서 논리적이고 정확하게 그리고 이해하기 쉽게 작성하여야 한다. 서론에서 제시한 의문점에 대한 답을 얻기 위하여 재료 및 방법에서 구한 결과를 순수한 데이터로 제시하며 이러한 결과들이 의문점에 대한 답을 뒷받침하는지도 확인하여야 한다. 그러나 얻은 데이터를 제시할 때는 그 데이터에 대한 해석이나 저자들의 의견을 제시하지 않는다. 즉 이 연구에서 얻은 데이터에 대한 해석이나 주장하고 싶은 내용은 고찰로 미루고 결과에서는 그저 데이터만 나열하여 객관성을 유지하여야 한다.

결과는 재료 및 방법의 거울이라고 생각하면 된다. 즉 재료 및 방법에서 언급된 모든 연구방법의 결과를 제시한 순서대로 같은 형식을 유지하면서 정확히 나열하면 된다. 바꾸어 말하면 결과에 기록된 사항은 재료 및 방법에서 이미 언급되어 있어야 하며, 재료 및 방법에서 다루지 않은 내용을 결과에서 기술하는 경우는 없어야 한다. 간단한 결과라고 대상과 방법에서는 기술하지 않고 결과에서 기술했다가 편집자나 reviewer에게 지적을 받는 경우가 자주 있다.

결론 도출에 꼭 필요한 성적을 알기 쉽게 나타내되 문장으로 기술할 것과 도표, 그림으로 설명할 것, 그리고 통합하여 설명할 것을 판단하여 어느 쪽을 독자가 빠르고 쉽게 이해할 것인지 독자의 입장에서 생각하여 결정하여야 한다. 종류에 따라서는 문장으로 나타내면 읽기가 어려워지거나 싫증나게 되기도 하는 등 전하려는 내용을 간단하게 알 수 없는 경우가 있다. 따라서 중요한 결과를 긴 문장으로 복잡하게 나열하는 것은 피해야 한다. 그런 경우에는 도표나 그림을 사용하여 일목요연하게 하는 것이 좋다. 도표나 그림에서 제시된 내용은 본문에서 단순 반복하지 말고 그림이나 표의 자료에 함축되어 있는 요점을 쉽게 파악할 수 있도록, 즉 독자들이 나무가 아닌 숲을 볼 수 있도록 최대한 함축되고 간결한 내용으로 기술하여야 한다.

6. 고찰(Discussion) 작성

CHECKLIST

(1) 서론에서 제기한 의문점에 대한 답을 확고하게 제시한다.
(2) 기존의 이론과 비교하여 새로운 사실을 부각시킨다.
(3) 얻은 답이 왜 정당하며, 기존의 이론과는 어떠한 연관이 있는가를 매력적으로 설명한다.
(4) 연구에서 제기된 한계점 및 문제점을 밝힌다.
(5) 논리적인 비약, 추론 등을 하지 않도록 주의한다.

(6) 필요한 경우 연구결과의 적용성, 연계성, 추론 등을 밝힌다.
(7) 서론부터 결과까지 지속하여 오는 흐름을 유지하여야 한다.
(8) 가능한 한 짧게 작성하라. 다섯 또는 여섯 문단이면 충분하다.

TIP

고찰 및 결론에서는 현재와 과거 시제가 같이 사용된다. 잘 알려져 있는 사실은 현재시제를, 현재 잘 알려져 있지 않은 것이나 저자들의 연구는 과거시제를 사용한다. 그러나 저자들의 결과의 해석은 현재시제를 사용한다.

고찰은 연구를 통하여 얻은 새로운 결과를 이미 알려진 사실, 즉 기존에 보고된 사실들과 비교 설명하면서 서론에서 제시한 의문점에 대한 답을 제시한다. 결과에서 저자의 주장이 없이 데이터를 나열했다면 고찰과 결론에서는 데이터를 바탕으로 저자의 견해를 객관적으로 타당성 있게 피력한다.

고찰을 기술하는 형식에는 두 가지가 있다. 하나는 귀납적인 방법으로, 연구의 결과에서 얻은 답을 자신 있게 먼저 기술하고 난 다음에 그 주장에 대한 지지 또는 반대되는 기존에 알려진 견해를 전개함으로써 주장의 타당성을 입증하는 방법이다. 다른 하나는 연역적인 방법으로, 먼저 기존에 알려진 견해에 대한 지지 또는 모순을 전개해가는 중에 자연스럽게 마지막에서 연구에 대한 답을 이끌어내는 형식이다. 이러한 두 가지의 논리전개 방법 중 어느 한 가지가 더 옳다고 말할 수는 없다. 연구의 종류, 저자의 기호 등에 따라서 다를 것이다. 그러나 저자 나름대로 항상 동일한 논리전개 방법을 사용하면 경험이 늘어갈수록 정형화된 표현방식을 이용하기 때문에 원고를 작성하기가 쉬워지고 독자들도 정형화된 틀에 익숙해질 것이다.

저자는 귀납적인 방식을 좋아한다. 그 이유는 이 연구에서 얻어진 새로운 사실 즉 서론에서 제기된 질문에 대한 답을 고찰의 첫 문단에서 제기하고 나면 그 다음 문단이 작성하기가 쉽기 때문이다. 일반적으로 새로운 사실은 하나일 수도 있고 여러 개일 수도 있다. 그리고 새로운 사실이라고 해서 거창할 필요는 없다. 다만 기존에 알려진 사실과 다르면 모두 새로운 사실이라고 할 수 있기에 보통 2개 또는 3개의 새로운 사실을 들 수 있을 것이다. 새로운 사실이 3개이라고 가정을 하고 고찰을 작성해 보자면 고찰의 첫 문단에서는 이 3가지 사실을 간단한 데이터를 제시하면서 기술하기만 하면 된다.

둘째 문단에서는 첫 문단에서 언급한 새로운 사실 중 가장 중요한 사실에 대한 내용을 기술하면서 문헌과 함께 기존에 알려진 다른 저자들의 연구결과의 문제점 및 해결되지 못한 점을 설명하고 이번 연구에서 알게 된 새로운 사실을 그들의 연구결과의 문제점 및 해결되지 못한 점과 논리적으로 비교하며 전개한다. 세 번째 문단과 네 번째 문단에서는 다른 두 개의 새로 발견한 사실을 같은 방법으로 전개하면 된다. 연구결과 중 자신의 결론과 상반되는 것에 대한 설명, 타인의 연구결과와 상반되는 점에 대한 설명, 미처 예상하지 못한 소견, 가설의 당위성 등에 대한 내용을 기술하면서 저자들이 내린 답과 다른 답이 쉽게 연상될 때는 자신이 얻은 답이 다른 답에 비해 왜 보다 만족스러운 것인지를 주장하되 그 주장은 명확한 근거와 데이터를 바탕으로 해야 하지 막연한 추측이나 주관적으로 논리적인 비약을 해서는 안 된다. 경험이 부족한 학자들이 작성한 논문은 고찰에서 이 연구에서 얻어진 새로운 사실을 도외시한 채 이미 잘 알려져 있는 일반적인 사실들, 즉 다른 저자들이 이미 기술한 사실들만 나열하며 변죽을 울리는 식의 전개를 하는 경우가 많은데, 이러한 방법은 독자의 흥미를 잃게 할 뿐만 아니라 연구의 목적을 흐리게 할 가능성도 많다.

다섯째 문단에서는 이 연구의 한계점을 나열한다. 이 한계점은 저자가 가장 잘 알고 있기 때문에 기술을 하기도 쉽고 독자들이 그 문제를 해결해 보려고 다른 연구를 할 수 있는 기회를 줄 수 있기 때문에 대우 중요한 문단이라고 할 수 있다. 많이 언급되는 내용이 후향적인 연구라거나 연구 대상의 숫자가 적어서 한계가 있다는 내용이다.

여섯째 문단에서는 이 연구의 가장 중요한 점을 다시 강조하는 것으로 맺는 것이 좋다. 즉, 서론에서 제시되었던 의문점에 대한 답(결론)을 다시 한번 언급하면서 필요한 경우 연구결과 및 결론의 적용성(application), 연계성(implication), 추론(speculation) 등에 관하여 기술한다.

경험이 적은 학자들이 원고를 작성할 때 고찰을 작성하는 것이 가장 어렵다고 하소연하는 것을 종종 본다. 그러나 고찰은 자기의 견해를 펼칠 수 있고, 하고 싶은 말을 적극적으로 피력할 수 있는 곳이다. 고찰 부분이 없다면 답답하고 원고를 작성하는 재미도 없을 것이다. 고찰을 길게 쓰려고 하지 말고 상기한 귀납적인 방법을 사용하여 5~7문단 정도로 요점을 기술하는 방법을 이용하면 좀 더 쉽고 재미있게 작성할 수 있을 것이다.

7. 의학논문 작성 사례

TITLE OF PAPER:

Stent Placement in Patients with Recurrent Cancer after Gastrojejunostomy.

Radiology 지적사항:

Would change title to "Metallic Stent Placement in Patients with Recurrent Cancer after a Gastrojejunostomy."

수정:

심사위원이 지적한 대로 수정을 하여 JVIR에 투고하였다. Stent에는 metallic stent와 기존에 사용되던 plastic stent가 있기 때문에 metallic이라는 단어 하나를 추가하여 분명하게 되었다.

INTRODUCTION

It is well known that fluoroscopic or endoscopic placement of expandable metallic stents is safe, easy and effective for the palliative treatment of malignant strictures involving the upper gastrointestinal tract (1-3). While most previous studies focused on stent placement for esophageal or gastroduodenal obstructions (1-7), only a few cases of stent placement for recurrent malignant obstruction after a gastrojejunostomy with or without a distal gastrectomy have been reported in studies comprising of more than one but fewer than 14 patients (5, 8-12).

Stent placement in patients with recurrent malignant obstruction after bypass surgery is different from that in patients without bypass surgery because of the anatomical alterations due to surgery (12, 13). In addition, there are different types of gastrojejunostomies (14), including a palliative gastrojejunostomy without a gastrectomy, a gastrojejunostomy with a distal gastrectomy, and Roux-en-Y gastrojejunostomy with a distal gastrectomy. Moreover, in patients with a gastrojejunostomy, a jejuno-jejunostomy between the afferent loop and the efferent loop can be created depending on the surgeon's preference. Therefore, stent placement in patients with bypass surgery should be more complicated than that in those without bypass surgery.

The purpose of this study was to assess the technical feasibility and clinical effectiveness of stent placement in patients with recurrent cancer after a gastrojejunostomy.

Radiology 지적 사항:

Could shorten it by excluding most of the second paragraph and include that in the discussion. Suggest that only a short reference to the fact that stent placement in post surgical patients is different because of the changes in anatomy.

수정:

심사위원이 지적한 대로 두 번째 문단의 대부분을 고찰로 옮겼다. 서론에서 수술 후 재발된 경우에 대해서는 수술에 의한 해부학적 변화 때문에 수술을 하지 않은 환자와 스텐트를 장치하는 방법이 다르다고 간단히 설명할 경우 저자들이 강조하고자 하는 수술 후 스텐트 장치술의 어려움에 대한 설명이 부족할 것 같아서 수정을 하지 않고 JVIR에 투고하였다. 물론 Radiology에 채택이 되었거나 다시 제출하려고 할 경우에는 심사위원의 의견을 따르는 것이 좋다.

JVIR 지적 사항:

The Introduction is appropriate.

MATERIALS AND METHODS

Patients

Informed consent for stent placement was obtained for each patient, and our institutional review board approved this retrospective study. Between March 1993 and July 2006, 41 consecutive patients with a palliative gastrojejunostomy or a gastrojejunostomy after curative distal gastrectomy were referred to interventional radiology for stent placement due to recurrent symptomatic obstruction. The inclusion criteria for stent placement were as follows: 1) documented malignancy; 2) gastric or jejunal obstruction after a gastrojejunostomy as defined by symptoms resulting in nausea and/or vomiting. The exclusion criteria were 1) mild symptomatic patients in whom an adult endoscope passed through the malignant obstruction and 2) clinical evidence of perforation or peritonitis. In the middle of the study, we included the presence of multiple small bowel obstructions as exclusion criteria after one of the first five patients with evidence of multiple small bowel obstructions who underwent stent placement showed no symptom improvement directly as a result of multiple small bowel obstructions. After this experience, careful evaluation for the presence of small bowel obstruction was performed prior to stent placement by means of abdominal CT and contrast media study of the small bowel. A total of six patients were excluded from the study because of multiple small bowel obstructions due to peritoneal seeding. The final study population was thus 35 patients with 25 males and 10 female patients in the study (age range, 33–82; mean, 59 years).

The 35 patients had five different types of gastrojejunostomy for gastric cancer (Fig 1); a distal gastrectomy with a gastrojejunostomy (i.e. Billoth type II operation) with no jejuno-jejunostomy (type I) in 17 patients, a distal gastrectomy with a gastrojejunostomy and jejuno-jejunostomy (type II) in 10 patients, a distal gastrectomy with a Roux-en-Y gastrojejunostomy (type III) in two patients, a palliative gastrojejunostomy for unresectable gastric cancer with no jejuno-jejunostomy (type IV) in one patient, and a palliative gastrojejunostomy with a jejuno-jejunostomy (type V) in five patients. We classified the types of recurrent malignant obstruction into 12 patterns (Fig 2) noted on abdominal CT and contrast media study of the upper GI tract performed before stent placement. The underlying causes of obstructions were gastric cancer in all patients. The diagnosis was established by means of endoscopic biopsy. Their neoplasms were considered inoperable because of recurrence after surgery (n=27), presence of distant metastasis (n=6), or extensive tumor growth (n=2). We classified the types of stent placement into 15 patterns (Fig 3) focused on the location of stent placement. The number of patients in each type is described in Table 1.

Stents and Stent placement technique

Four types of expandable metallic stents were used in this study in the order in which they were available: a Song fully covered stent (Sooho Medi-tech, Seoul, Korea), a bare nitionl stent (Stentech, Seoul, Korea), a polyurethane or polytetrafluoroethylene (PTFE) fully covered retrievable stents (Taewoong, Ilsan, Korea), and a partially covered dual stent (S&G Biotech, Seongnam, Korea). A detailed description of the stents and their delivery systems has been reported in previous studies (1,4,5,15).

One to nine days before stent placement, abdominal CT, endoscopy, and a barium or water soluble contrast study were performed to evaluate the site, severity, and length of the stricture. Topical anesthesia of the pharynx was routinely achieved before the procedure using an aerosol spray. Drugs for sedation were not used. A detailed description of stent placement techniques (5,15) and measurement of the length of the stricture (13) has been described previously. In brief, a stiff angled, 260-cm-long, 0.035-inch exchange guide wire (Radifocus M; Terumo, Tokyo, Japan) was inserted under fluoroscopic guidance through the mouth across the obstruction into the proximal jejunum. In stent placement patterns 3, 6, and 11 where two stents (one in the afferent loop and the other in the efferent loop) were placed at the same sitting, a guide wire was introduced through the obstruction into the afferent loop and another guide wire was also introduced into the efferent loop. Each stent delivery system was then advanced over the guide wires so that the stent delivery system should be placed simultaneously in each of the afferent and efferent loops passing through the obstruction. First, one stent either in the efferent loop or in the afferent loop was deployed followed by the other stent deployment. And then, the stent delivery systems were removed one by one from the loops. While, in the other stent placement patterns in whom a stent placed either in the afferent loop or in the efferent loop, one stent delivery system was used to place the stent.

In patients with technical failure in negotiation of the exchange guide wire though the obstruction under fluoroscopic guidance, negotiation of the exchange guide wire was attempted under combined endoscopic and fluoroscopic guidance at the same sitting.

Follow-up

Patients were advised to resume oral intake of liquids within 24 hours after stent placement. Patients underwent a barium study one to three days after stent placement to verify the position and patency of the stent. When the barium study showed incomplete stent expansion, patients were not allowed a soft or solid diet until the follow-up plain radiography study showed full stent expansion. Patients also underwent a barium study and endoscopy one month after stent placement to verify delayed complications, such as stent migration or obstruction. Further follow-up in each patient was based on monthly plain radiography and clinical examinations in the outpatient clinic. Follow-up barium study or endoscopy was performed only in patients with recurrent symptoms. When the performance of clinical examinations was not practical, then the patients or their families were contacted by telephone every month until their death. Information was obtained concerning nausea, vomiting, pain, and food intake capacity.

Interpretation of the Results

Data collected included the number of stents required, complications following SIR reporting standards (16), pre- and post-procedure diet, need for reintervention, and survival. The severity of their symptoms was graded by the Song classification (5) consisting of a scale from 0 to 5, as follows: 0, able to eat a normal diet; 1, able to tolerate fragmented solid food without vomiting; 2, able to tolerate soft food without vomiting; 3, able to tolerate only a liquid diet without vomiting; 4, not able to tolerate any oral intake without vomiting; and 5, vomiting even without oral intake. The pre- and post-stent placement scores were analyzed using the Wilcoxon signed rank test. A p-value less than .05 was considered to be statistically significant. Stent patency was defined as the time interval between stent placement and loss of stent function due to clinical failure, stent migration, stent occlusion or patient death. If no loss of stent function occurred, data regarding stent patency was censored at the date of death or at the study end point. Overall patient survival and stent patency period were calculated according to the Kaplan-Meier method. All statistical analysis was performed using the SPSS package (version 11.5; SPSS, Chicago, IL).

Radiology 지적사항:

1. The authors state that 6 patients were excluded from the study because of multiple small bowel obstructions. I am not sure what they mean by that. Earlier they have stated that this is a retrospective study of patients who underwent stent placement. Did these patients undergo stent placement and were excluded from analysis because of the presence of multiple obstruction?
2. Please mention the time (mean and range) taken to perform these procedures.
3. Please explain why so many different kinds of stents were being used? Was it to get experience as each type became available? As there were three kinds of covered or partially covered stents used, did they all fail equally?
4. Please specify how many patients got monthly radiography and how many were evaluated with telephone calls only?
5. Please mention the time (mean and range) taken to perform these procedures.
6. From table 2, it would seem that more covered stents were used. Therefore would you not expect more of them to migrate as only 4 stents were not covered?

7. What was the reasoning behind stent placements 2 and 5? I am not sure why the authors thought that this would work by stenting only the afferent loop when the efferent loop was also compromised.

수정:

심사과정에서 환자수가 4명이 늘었기 때문에 4명만 추가하고 수정하지 않은 채 JVIR에 투고했다. 그러나 아래와 같이 JVIR의 심사위원도 비슷한 내용을 지적하였다.

JVIR 지적사항:

1. The authors state that 6 patients were excluded from the study because of multiple small bowel obstructions. Did these patients undergo stent placement but were excluded from analysis? Or did these patients not undergo stent placement?
2. "Nitinol" is misspelled a few times.
3. Please specify how many patients got monthly radiography and how many were evaluated with telephone calls only?
4. Please explain the reasons for using for so many different kinds of stents?
5. Replace the "Interpretation of Results" subsection with separate "Endpoints and Definitions" and "Statistical Analysis" subsections.
6. Define technical success in the Endpoints subsection.
7. Omit Table 3. Include median and mean data in the text.

RESULTS

Procedural and Functional Results

Fluoroscopic stent placement was technically successful in all 35 patients (100%). In two of 35 patients, negotiation of a guide wire through the obstruction under combined endoscopic and fluoroscopic guidance was required after negotiation using only fluoroscopic guidance failed. A total of 51 stents were placed in 35 patients (Table 2). Of the 51 stents, 44 stents (20 dual stents, 20 covered retrievable stents, two bare nitionl stents, and two Song stents) were placed at the time of initial stent placement; 26 patients required only one stent (Fig 4) to traverse the site of obstruction, while 9 patients required two stents (Fig 5) due to obstructions at both the afferent and efferent loops. The remaining seven stents (three dual stents, two covered retrievable stents, and two bare nitionl stents) were placed after the first stent placement because of complications.

Overall, 31 (89%) of 35 patients had an improvement of more than one grade in their dietary intake level (Table 3). One patient with grade 4 showed no improvement because of multiple peritoneal seedings and two patients (one patient in stent placement pattern 2 and one patient in stent placement pattern 5) with grade 4 showed aggravation to a grade 5 because only the afferent loop opened after stent placement (Fig 6). In the remaining one patient (pattern 3 of stent placement) with no improvement, the dysphagia score of grade 3 did not improved after stent placement because the upper level of the efferent loop stent was 12mm below that of the afferent loop stent (Fig 7). The upper end of the afferent loop stent in the stomach hindered the passage of food into the efferent loop. The median dysphagia score improved from 4 to 2. When pre- and post- procedure scores were compared, a statistically significant improvement in overall scores was seen (p<.001).

Complications and Reintervention

As for the complications, stent migration occurred in four patients (each one in stent placement patterns 8, 10, 13 and 14) one day to 7 days (mean, 3.2 days) after stent placement. With regards to stent type, four of 22 covered retrievable stents showed migration into the stomach. The migrated stents were removed endoscopically (n=2) or fluoroscopically (n=2) as described previously (4), and a bare nitionl stent was placed in two patients and a dual stent in the other two patients with no further migration. In one of the two patients with a second dual stent placement, tumor overgrowth above the stent occurred 27 weeks after placement, which was treated by a third dual stent placement. One of the two patients with a first bare nitionl stent showed tumor ingrowth 9 weeks after stent placement, which was treated by second covered retrievable stent placement. Mucosal prolapse into the distal end of the covered retrievable stent occurred in one patient 3 weeks after first stent placement, which was treated by placement of a second covered retrievable stent. The two patients (one patient in stent placement pattern 2 and one patient in stent placement pattern 5 of stent placement) with stent placement only in the afferent loop died of aspiration pneumonia 5 days and 12 days, respectively after stent placement. In one of three patients in pattern 4 of stent placement, afferent loop syndrome occurred 10 days after stent placement which was treated by percutaneous pigtail drainage.

Follow-up

Thirty two of 35 patients died five to 450 days (mean, 98 days) after stent placement due to progression of the disease or pneumonia. The remaining 3 patients are still alive 35 days to 154 days (mean, 89 days) after stent placement. The median and mean survival periods were 84.0 (95% confidence interval, 68.1-148.7) and 108.4 days (95% CI, 68.1-148.7) (Fig 8). Loss of stent function occurred in 11 patients as a result of clinical failure of stent placement (n=4), stent obstruction (n = 3), or migration (n = 4). The median and mean stent patency periods were 180.0 (95% confidence interval, 84.0-390.4) and 224.7 days (95% CI, 84.3-365.2) (Fig 9).

Radiology 지적사항:

1. The authors state that 3 patients did not show any improvement in dietary level intake because of stent related problems. How did they

manage these patients? Did they place afferent loop stents only in two of these patients because of failure to differentiate it from the efferent loop or was it intentional or the efferent loop involvement with tumor went unrecognized? I think the problems associated with differentiating afferent and efferent loops should be discussed in more detail.

2. In the complication section, do the 4 patients in the first and second sentences represent the same 4 patients? Please clarify.
3. In the complication section, it would be useful if they start with a statement summarizing all complications before going into specifics of each type.
4. In stent types 1 and 4, although afferent loop obstruction was recognized, why was only the efferent loop stented?
5. The authors state that in one of the patients in pattern 4 of stent placement, afferent loop syndrome occurred after stent placement and this was treated with pigtail drainage. Why did they not stent the afferent loop instead?
6. The shortest period of survival was 5 days. How many of them died in this time what was the cause of death ? Was there any indication prior to the procedure that these patients would not survive more than a few days?

수정:

쉽게 수정할 수 있는 부분만 결과나 고찰부분에 반영하여 JVIR에 투고하였다.

JVIR 지적사항:

1. How were the 3 patients that did not show any improvement in dietary intake secondary to stent related problems managed? Did they place afferent loop stents only in two of these patients because of failure to differentiate it from the efferent loop or because the efferent loop involvement with tumor went unrecognized? I think the problems associated with differentiating afferent and efferent loops should be discussed in more detail.
2. In the complication section, do the 4 patients in the first and second sentences represent the same 4 patients? Please clarify.
3. In stent types 2 and 5, although afferent loop obstruction was recognized, why was only the efferent loop stented?
4. The authors state that in one of the patients in pattern 6 of stent placement, afferent loop syndrome occurred after stent placement and this was treated with pigtail drainage. Why did they not stent the afferent loop instead?
5. Please correct the figure 9 legend. Add 95% confidence interval curves to both Figures 8 and 9.

DISCUSSION

Our study indicated that placement of expandable metallic stents is feasible and effective in the palliative treatment of recurrent obstruction after a gastrojejunostomy. We believe that there are at least four important points to be considered when an expandable metallic stent is to be placed in patients with a gastrojejunostomy. First, accurate knowledge of the type of surgical procedure performed and determination of the pattern of tumor recurrence are very important for successful stent placement. Second, in stent placement patterns 3, 6, and 11 where a stent is required in each of the afferent and efferent loops, the upper end of the stent in the efferent loop should be placed above the upper end of the stent in the afferent loop; otherwise, there will be disturbance of the passage of food into the efferent loop, as shown in one case in our series. Third, a bare or dual stent seems to be more suitable for stent placement in the afferent loop than a fully covered stent, especially in patients with a soft or mild stricture, given the lower risk of stent migration. Forth, the presence of multiple obstructions located anywhere from the stomach to the colon before stent placement should be evaluated.

There are various surgical procedures for stomach cancer (14). In our series, there were 5 types of anastomoses and 12 patterns of recurrent obstruction after gastrojejunostomy. In patients with recurrent obstruction after distal gastrectomy with a gastrojejunostomy, the anatomy is markedly altered not only because of the result of the surgical procedure but also because of the recurrent tumor mass occluding the afferent or efferent loop. In many cases of recurrence, differentiation of the afferent loop from the efferent loop was very difficult even under combined endoscopic and fluoroscopic guidance. For those cases, we introduced a coil catheter through the obstruction further down into the occluded loop until its tip reached either the duodenum or the distal jejunum. In cases of erroneous stent placement in the incorrect loop, as seen in the two cases of patterns 2 and 5 of stent placement in our series, serious complications such as aspiration pneumonia or no improvement of clinical symptoms can occur. Therefore, exact information about the prior gastric surgical procedure and confirmation of the pattern of tumor recurrence are very important for successful stent placement.

In placement of a stent in each of the afferent and efferent loops in patterns 3, 6, and 11, a stent delivery system in each of the afferent and efferent loops should be negotiated simultaneously prior to stent deployment. If a stent delivery system is negotiated in only one of the loops to place the stent, it will be difficult to negotiate a guide wire through the other loop because the deployed stent will cause occlusion at the site of anastomosis. In addition, the upper end of the stent in the efferent loop should not be placed below the upper end of the stent in the afferent loop. Otherwise, the passage of food into the efferent loop will be hindered, as evidenced by a case in our series. The role of an efferent loop stent is to pass food from the stomach into the efferent loop. On the other hand, the role of an afferent loop stent is to drain the bile and pancreatic juices. We surmise that deployment of the afferent loop stent followed by the efferent loop stent deployment 5mm to 10mm above the upper level of the deployed afferent loop stent can solve the problem.

In retrospect, stent placement patterns 2 and 5 should be avoided because they are associated with worsening of symptoms. In case of pattern 11, placement of only one stent either in the afferent or efferent loop should be sufficient because of the presence of a jejuno-jejunostomy distal to the obstruction. Despite the potential of creating an afferent loop obstruction by the stent placed in the efferent loop in patterns 1, 4, and 13, only one of five patients showed afferent loop syndrome 10 days after stent placement. We conjecture that afferent loop syndrome did not occur in the other four patients due to the space between the efferent loop stent and the stented efferent loop allowing the fluid from the afferent loop to flow along the placed stent into the efferent loop.

It was reported that curative resection is not possible in 40% of patients with gastric cancer (3) and that the local recurrence rate after radical gastrectomy for gastric cancer was approximately 20% (17). We agree with the opinion (9) that stent placement has several advantages over surgery for palliation of recurred malignancy after gastrectomy: (1) both patients and surgeons are reluctant to undergo a second operation, and a less invasive procedure is preferred. (2) Most of these patients are likely to be severely debilitated, and their operative and anesthetic risks are very high. (3) Palliative bypass surgery is likely to be technically difficult and sometimes impossible because of debilitated medical conditions and large extent of tumor burden. (4) Stent placement requires less procedural time and hospital stay with reduced complication rates and immediate regain of gut function. In conclusion, placement of expandable metallic stents in patients with recurrent cancer after a gastrojejunostomy seems to be feasible and effective, but migration rate of the full covered stents is rather high. We believe that accurate knowledge of the type of surgical procedure performed and determination of the pattern of tumor recurrence are important for successful stent placement.

Radiology 지적사항:

1. The authors compare the stent placements with surgery? They also need to compare this with the alternative option of placing a feeding jejunostomy tube placement.
2. The authors state that the risk of stent migration is low in afferent loop and recommend covered stents for afferent loops. Please explain. Why should there be a difference in stent migration rates between the afferent and efferent loops?
3. Although 4 of the 5 patients with stent patterns 1, 4, and 13 did not show afferent loop obstruction, that is a distinct possibility and should benefit by stent placement in both loops.
4. The authors should also summarize their recommendations of stent patterns suitable for various types of obstructions and surgeries.

수정:

수정이나 보강을 하지 않고 JVIR에 투고하였고 아래와 같이 JVIR의 심사 위원도 같은 내용을 지적하였다.

JVIR 지적사항:

1. Review of literature revealed other articles on this subject, although with smaller number of cases. These should be referenced. - J Clin Gastroenterol. 2005 Feb;39(2):124-8.
2. The authors state that the risk of stent migration is low in afferent loop and recommend covered stents for afferent loops. Please explain the reason for this difference.
3. Although 4 of the 5 patients in the present series with stent patterns 1, 4, and 13 did not show afferent loop obstruction, this can happen and these patients should benefit by stent placement in both loops.
4. Please summarize the recommendations of stent patterns suitable for various types of obstructions and surgeries.

참고문헌

1. 김순배. 결과 작성법. 의학논문작성법. 울산대학교 대학원 의학과 교재. 2002:10-14.
2. 김성곤. 결과 작성법. 의학논문작성법. 울산대학교 대학원 의학과 교재. 2008:12-13.
3. 김정곤. 대상 및 방법 작성법. 의학논문작성법. 울산대학교 대학원 의학과 교재. 2008:9-11.
4. 민양기. 영문의학논문 작성 매뉴얼. 이퍼블릭. 2004:81-96, 130-183.
5. 송재관. 제목 및 서론 작성법. 의학논문작성법. 울산대학교 대학원 의학과 교재. 2008:5-7.
6. 이기업. 제목 및 서론 작성법. 의학논문작성법. 울산대학교 대학원 의학과 교재. 2002:5-7.
7. 우준희. 결과 작성법. 의학논문작성법. 울산대학교 대학원 의학과 교재. 1998:55-59.
8. 유한욱. 결과 작성법. 의학논문작성법. 울산대학교 대학원 의학과 교재. 1997:38-40.
9. 임태환. 고찰 및 결론 작성법. 의학논문작성법. 울산대학교 대학원 의학과 교재. 1999:55-58
10. 김태경. 요약문 작성법. 의학논문작성법, 울산대학교 대학원 의학과 교재. 2002; 23-25.
11. 신지훈. 초록(Abstract) 작성법. 의학논문작성법, 울산대학교 대학원 의학과 교재. 2006; 20-25.
12. 금동화, 이준금. 기술논문 작성법(5). 재료마당. 2000; 13:89-92
13. 김종성. 요약문 및 증례보고 작성법. 의학논문작성법, 울산대학교 대학원 의학과 교재. 1998; 78-80.
14. Thomas Buckingham. Life Sciences Publishing. www.lifescipub.com
15. Zeiger M. Discussion. In: Essentials of Writing Biomedical Research Papers. McGraw-Hill, Inc., 1991:165-208.
16. Zeiger M. The introduction. In: Essentials of Writing Biomedical Research Papers. McGraw-Hill, Inc., 1991:93-112.
17. Zeiger M. The title. In: Essentials of Writing Biomedical Research Papers. McGraw-Hill, Inc., 1991:113-140, 284-301.

8. 증례보고(Case report) 작성

CHECKLIST

(1) 증례보고는 1례 또는 몇 예를 함께 보고할 수 있다.
(2) 새로운 증례여야 한다.
(3) 임상적으로 중요성이 있어야 한다.
(4) 투고할 학술지에서 증례보고를 받는지 확인한다.
(5) 추적기간이 적절해야 한다.
(6) 연관되는 증례보고가 있으면 언급한다.
(7) 증례와 직접 연관되지 않은 사항을 첨가하는 것은 피한다.

증례보고는 이전에 보고된 적이 없는 매우 드문 증례와 어떤 질환의 새로운 소견 또는 치료 등에 대해 보고하는 것이다. 현재 공인되고 있는 다양한 질환의 특성, 진단 및 치료도 처음에는 증례보고로 시작하여 비슷한 것들이 모여서 정립된 것이다. 따라서 증례보고도 전문학술지에서 중요성이 지속적으로 인정되고 있다. 그러나 일부 국제 저명학술지에서는 증례보고를 받지 않으니 투고할 학술지의 종류와 특성을 먼저 확인해야 한다. 해당 학술지에 이미 보고된 증례들을 훑어보고 저자들이 보고하려는 증례가 그 학술지에 적당한지 알아보는 것도 중요하다.

증례보고는 1례일 수도 있지만, 조금씩 다른 2~4례를 함께 기술할 수도 있다. 일반적으로 원저의 경우 증례 수가 5례 이상은 되기 때문에 5례 이하인 경우에는 증례보고 형식으로 발표하는 것이 좋다.

증례의 성격에 따라 유의성을 가지는 추적 기간이 달라진다. 진단적 측면이 강조되는 경우에는 추적기간이 짧을 수 있기 때문에 6~12개월 정도만 추적하고서도 보고할 수 있으나 치료성적이 예외적으로 양호한 경우에는 그것을 증명하기 위하여 충분히 긴 추적기간이 필요하다. 단기간의 추적 기간으로도 충분한 경우에는 증례 발생시부터 증례보고의 가능성을 염두에 두고서 검사와 치료를 진행한다. 특히 특수검사나 영상진단 자료를 잘 확보하는 것이 좋다.

증례보고도 양식은 원저와 거의 비슷하다. 차이점은 원저의 '재료 및 방법'과 '결과' 대신 '증례보고'의 형식을 취한다는 것이다. 학술지에 따라서는 "초록"이 필요 없는 경우도 있다. 이러한 경우는 서론, 증례보고, 토론의 3개의 항목으로만 기술하게 된다. 또한 증례 위주로 쓰기 때문에 원저에 비하여 초록과 본문의 길이가 짧다. 학술지마다 다소 차이는 있으나 대개 그림은 5개 이내로 제한하고 참고문헌은 10개 이내로 숫자가 적으니 투고 규정을 철저히 준수해야 한다. 특정 의학분야에서의 증례보고가 객관적인 당위성을 제대로 인정받기 위해서는 해당 분야의 연구 흐름을 잘 파악하고 있는 전문가의 조언을 미리 구하여 논문의 기술 방향을 적절히 맞추는 것이 중요하다.

증례보고가 심사에서 채택되지 못하는 가장 흔한 이유는 임상적 중요성이 낮기 때문이다. 임상적 중요성은 희귀한 정도, 현재까지 간과되었기 때문에 관심을 가지고 보면 더 흔히 관찰될 여지가 있는 임상 소견, 변이 내지 특이한 검사소견, 새로운 치료법이 될 가능성이 있는 치료법, 특정 상황 때문에 표준적인 치료를 하지 못하고 다른 치료를 했지만 양호한 결과를 거둔 경우 등 여러 가지 관점에서 평가된다.

증례보고를 쓰기 위하여 기상천외한 환자가 나타날 때까지 기다릴 필요는 전혀 없으며 거의 대부분 그런 환자는 나타나 주지 않는다. 반면 우리가 늘 대하는 환자에서도 실은 아직도 알려지지 않은 소견이 있는 경우가 많다. 환자를 늘 자세히 관찰하고 이상한 점이 있으면 의문을 품고 이것을 부지런히 추구하는 노력을 갖추면 얼마든지 좋은 증례보고를 할 수 있다. 또한 증례에 대한 충분한 사전 지식을 갖되 기존 지식에 너무 안주하지 말고 회의하는 자세를 갖는 편이 좋다.

8.1 초록 작성

형식은 대개 단락을 구분하지 않고 이해하기 쉽게 기술하지만, 일부 학술지에서는 원저에서와 같이 배경, 목적, 방법, 결과, 결론의 형식을 요구하기도 한다. 통상적으로 배경, 증례 설명 및 임상적 의미에 대해 최소한의 단어를 사용하여 축약한 정보를 기술한다.

8.2 서론 작성

서론에서는 저자들이 증례보고를 하는 객관적인 당위성이 기술되어야 한다. 보고의 희귀한 정도, 새로운 임상소견, 특이한 검사소견, 새롭게 시도된 치료법 등 증례보고가 가지는 임상적 의의를 1~2 문단 정도로 짧게 기술한다. 세계적으로 처음 보고되는 증례라면 이러한 증례가 이전 문헌에 보고된 바가 없다고 기술할 수 있으며, 그렇지 않다면 기존에 보고된 증례와 다른 점 또는 보고되지 않은 새로운 사실이 있어서 보고를 한다고 기술할 수 있다. 따라서 증례보고를 하려면 관련된 기존 문헌을 철저히 조사하여 이번의 보고가 새로운 것이라는 것을 반드시 확인하여야 한다.

8.3 증례보고 작성

증례에 대하여 임상소견, 검사소견, 시도된 치료법 및 결과 등 환자와 연관된 모든 면을 자세히, 정확하게, 빠짐없이 기록한다. 2~4례의 증례를 한꺼번에 보고하는 경우에는 첫 증례 이후에는 전술한 바와 같다고 줄여서 기술하거나 표로 만들어 표시할 수 있다. 단순 반복적 기술은 피해야 한다.

8.4 고찰 작성

고찰에서는 이 증례가 왜 보고할 가치가 있는지, 무엇이 새로운지, 기존의 보고와는 무엇이 다르고 어떤 특색이 있는지, 이러한 것들이 왜 중요한지에 대해 논리적으로 토론한다. 기존의 문헌 가운데 연관성이 있거나 유사한 증례보고가 있으면 언급해야 한다.

어느 질환의 한 속성에 대하여 보고하는 내용일 경우에는 그 속성에 관련된 내용으로 국한해야 하며, 그 속성 외의 다른 속성에 대하여 나열 또는 첨가하는 것은 오히려 증례보고의 중요성을 떨어뜨리는 결과를 초래하므로 피하여야 한다.

또한 증례보고는 전달되는 정보가 제한적이기 때문에 무리하게 결론을 내리려고 하면 증례보고의 의미가 감소할 수 있으니 논리의 비약은 절대적으로 피해야 한다.

참고문헌

1. 황신. 증례보고 작성법. 의학논문작성법. 울산대학교 대학원 의학과 교재. 2008:24-27.
2. 노재윤. 증례보고 작성법. 의학논문작성법. 울산대학교 대학원 의학과 교재. 2004:56-59.
3. 김종성. 증례보고 작성법. 의학논문작성법. 울산대학교 대학원 의학과 교재. 1997:49-50.
4. Thomas Buckingham. Life Sciences Publishing. www.lifescipub.com

CHAPTER 03

영어논문작성을 위한 8가지 팁(Tip)

| 송호영

저자는 2004년 9월부터 2005년 8월까지 1년간 안식년을 얻어 유럽, 아프리카, 북미, 남미, 아시아의 여러 나라를 돌아다니며 많은 학술대회와 대학에서 총 104회에 걸쳐 강의를 하였다. 강의 제목은 해당 학회나 대학에서 미리 정해주었는데 그렇지 않은 경우는 저자가 할 수 있는 강의 제목을 5~10개 정도 주면서 청중에 알맞은 제목을 고르게 하였다. 그중 가장 요청이 많은 제목은 "How to write a medical scientific paper in English"이었다. 특히 일본에서 강의를 했던 12개 대학 중 10개 대학이 이 강의를 요청하였다.

영상의학을 포함한 학문의 여러 분야에서 일본은 SCI논문의 편수나 질적인 면에서 우리나라보다 앞서 나갔던 때인데 왜 그 강의를 원했을까 궁금하였다. 청중들에게 "당신들은 왜 논문을 쓰는가?"라는 질문을 하는 것으로 강의를 시작하였다. 자진해서 대답을 하지 않을 경우에는 저자가 직접 2~3명을 지적하여 같은 질문을 하였다. 청중에는 전공의, 연구원, 교수 등이 있었지만 주로 전공의와 연구원이 많았다. 전공의의 대답은 "과장님(주임교수)이 논문을 작성하라고 강요를 하기 때문이다"가 많았고 교수들은 "승진하는 데 필요해서", "유명해지고 싶어서", "다른 학자들과 의견을 교환하고 싶어서"라고 하였다.

동경대에서 강의가 끝나고 주임교수를 포함한 몇몇 교수들과 식사를 할 기회가 있었다. "솔직하고 생생한 강의를 해줘서 고맙다", "전공의나 연구원들에게 논문을 써야 한다고 여러 번 말하다 보니까 잔소리가 되었는데 이젠 잔소리가 필요 없게 되었다"고 감사를 표하기도 했다. 저자는 그 날 동경에서 오사카까지 고속열차를 타고 내려오면서 저자 자신에게 "왜 논문을 쓰는가?"라고 같은 질문을 했다. 저자도 젊었을 때는 그들과 이유가 같았다. 그러나 종신교수직(tenure)을 받은 이후는 "학문에 있어서 젊음을 유지하고 싶어서, 즉 최신 지견을 알고 또 이끌어가고 싶다"이었다. 한 편의 논문거리를 찾으려면 불타는 열정이 있어야 하고 항상 귀와 마음을 열어놓고 있어야 한다. 바로 이것이 젊음이 아닌가? 한 편의 논문거리가 실제로 논문이 되려면 최신 지견을 꿰뚫고 있어야 논문의 방향과 흐름을 정할 수 있다. 쌀이나 밀이 식량의 공급원인 것처럼 논문은 지식의 공급원이다. 논문이 없다면 학문의 발전은 기대할 수가 없기 때문에 논문의 숫자와 내용은 쓴 사람 자신, 학과, 학교, 나아가서는 그 나라의 과학수준의 척도가 된다. 그래서 과장은 전공의와 연구원들에게 논문을 쓰라는 압력을 가하고 수많은 학자들은 한 편의 좋은 논문을 좋은 학술지에 게재하기 위하여 불철주야 노력을 하며, 또 학계에서는 그들의 업적을 높이 평가하는 것이다.

초심자들이 논문을 좀 더 쉽고 즐겁게 쓸 수 있는 방법은 없을까? 작성한 원고가 해당 학술지에 좀 더 쉽게 채택될 수 있는 길은 없을까? 그 답은 논문 작성의 세 가지 필수요소 즉 독창적인 새로운 사실(something new), 과학적인 가치(scientific merit), 독자들에게 흥미(interest to readership)를 가지고 있는 아이디어를 발굴하면 가능하다는 것이다. 세 가지 필수요소를 가지고 있는 아이디어를 지속적으로 발굴할 수 있는 방법에는 여러가지가 있을 것이다. 아래는 저자가 경험한 8가지 팁을 소개하고자 한다.

1. 환자 말에 귀 기울이자

저자는 식도암 환자가 겪고 있던 고통을 해결해 보고자 팽창성 스텐트에 대한 연구를 시작하게 되었다. 전임강사 시절 49세 남자가 음식물을 삼키기 힘들어서 병원을 찾았는데, 진행이 많이 되어서 수술을 할 수 없는 식도암으로 판명이 되어 항암제와 방사선 치료를 받았다. 그 후 10개월에 다시 증상이 재발되어 담당의사는 저자에게 식도의 좁아진 부위에 튜브를 넣는 시술을 해달라고 요청하였다. 당시에는 셀레스틴 튜브 또는 윌슨쿡 튜브가 사용되고 있었는데, 그 튜브를 장치하려면 외경 25 mm의 삽입관이 필요하였다. 암과 방사선치료 때문에 심하게 좁아진 부위를 통하여 튜브를 넣기가 너무 힘들어 시간이 많이 걸렸을 뿐만 아니라 결국 튜브를 장치하는 데도 실패를 하였다. 당시 식도 튜브장치술에 의한 식도파열률은 8~20%로 보고되었고 그 파열에 의한 사망률도 높았다. 결국 그 환자는 외과적으로 배에 구멍을 뚫어 위에 튜브를 넣고 (위루술) 그 튜브를 통하여 미음을 공급하였다.

환자는 체중이 많이 줄었고 죽기 전에 한 번만이라도 입으로 음식을 먹고 싶다고 저자를 찾아와 식도튜브 장치술을 다시 하여 달라고 하소연하였다. 그 후 환자에게 고통이 적고 쉽게 식도튜브를 장치할 수 없을까 고민하다가 '지안투코 스텐트'라는 용수철 모양의 팽창성 금속 스텐트를 직경이 적은 삽입관에 수축된 상태로 넣어 개의 대퇴 동맥을 통하여 복부 대동맥에 넣었다는 문헌을 접하게 되었다. 이 방법을 식도에서 활용할 수 있겠다고 생각하여 그 논문의 책임저자와 제1

저자인 시드니 월리스(Sidney Wallace)와 켄 라이트(Ken Wright) 교수에게 연락을 하여 방문을 해도 좋다는 허락을 받았다. 북미방사선의학회(RSNA)에서 연제를 발표하러 가는 길에 그들이 근무하던 미국 엠 디 앤더슨 암 센터(M.D. Anderson Cancer Center)의 기숙사에서 체류하였다. 그들은 흔쾌히 나에게 스텐트 만드는 장면을 보여주었고 그 방법은 아주 간단하여 쉽게 만들 수 있었다.

스텐트 제작에 필요한 간단한 공구들과 땜을 할 수 있는 물질을 구입(당시 $100)하여 귀국한 후 저자가 사용하던 방의 한쪽 구석에 작업실을 만들어 놓고 시간이 날 때마다 식도암환자에게 사용할 수 있는 스텐트를 고안하였다. 그렇게 만든 스텐트를 주말을 이용하여 가토와 개의 식도, 요도, 혈관에 스텐트를 장치하면서 연구를 하였다. 한계에 달할 때마다 기초의학교수 및 공과대학 교수들에게 자문을 구하여 결국 식도암 환자에 사용할 수 있는 제1세대의 피복된 팽창성 금속 스텐트를 제작할 수 있었다(그림 3-1). 제1세대 스텐트는 용수철처럼 수축된 상태에서 장치할 수 있어 12 mm의 삽입관 사용이 가능하였기 때문에 전신마취가 필요 없었고 스텐트를 실리콘으로 피복하였기 때문에 암이 스텐트 내로 들어올 수 없었다. 8명의 식도암 환자에게 장치를 시도하였는데 모두 성공적으로 장치할 수 있었고 장지술에 의한 식도파열 및 사망률은 0%였다. 이 경험은 8명이라는 적은 숫자였지만 논문 작성의 세 가지 필수요소를 갖추고 있어서 논문거리가 되었고 영상의학 분야의 최고의 학술지인 Radiology에 채택되었다.

그 경험을 토대로 저자는 환자와의 대화 및 관계를 더 소중히 해야 한다는 것을 터득하게 되었고 환자에게 더 편하고 더 효과가 있는 식도 스텐트 개발로 이어지게 되었다. 그 뒤 이어진 위장관 스텐트, 담도, 기도, 요도 스텐트, 눈물관 스텐트로 이행하는 과정의 아이디어도 저자와 환자들이 합심하여 고민하고 해결하려는 노력에 기반을 두고 있다. 다시 말하여 저자가 지금까지 작성한 논문의 아이디어 약 70%가 환자들로부터 나왔다. 특히 매우 어려웠던 시술이나 합병증이 발

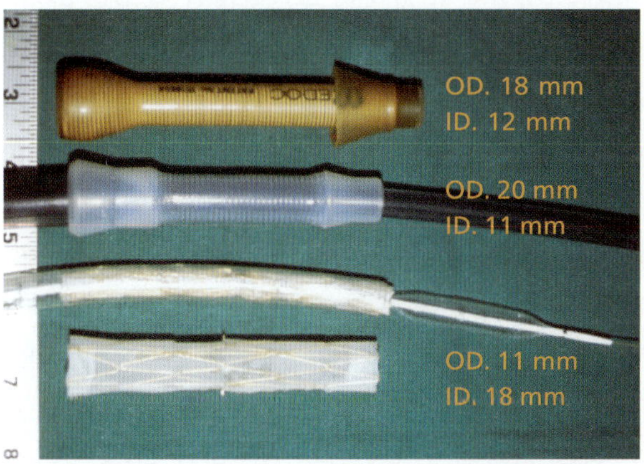

그림 3-1 맨 위가 셀레스틴 튜브이고 두 번째가 윌슨쿡 튜브와 이 튜브를 장치하는 외경 25 mm 장치기구이다. 세 번째는 팽창성 식도 스텐트를 장치하는 기구이고 네 번째가 팽창성 식도 스텐트이다.

생한 경우가 그렇다. 시술 전에는 스텐트를 사용하는 이유, 가능한 합병증, 스텐트에 대한 현재까지의 한계점, 시술 후 주의사항 등을 환자 및 보호자에게 투명하게 설명을 하였고 시술 후에는 그들의 증상의 변화, 느낌, 불편함, 기분을 철저히 파악하고 퇴원을 한 후에도 주말에 서로 전화를 해서 문제가 있을 경우 그 문제를 같이 해결하기 위하여 최선을 다 하였다. 이렇게 하다 보니 환자와 저자는 공동운명체가 되어 서로 두터운 신뢰 관계가 형성되었다. 환자는 본인이 고통을 직접 겪고 있기 때문에 스스로 그 고통에서 벗어나려고 매 순간 고민을 하고 있고 때로는 그 고통을 해결할 수 있는 아이디어를 제안하기도 하였기 때문에 환자로부터 많은 것을 배울 수 있었다. 그들은 저자의 스승이 되었고 친구가 되었다. 이렇게 그들과 같이 고민하면서 문제를 해결하였던 내용은 기존의 어느 논문이나 책에도 기록되어 있지 않은 아이디어였기 때문에 논문 작성의 세 가지 필수요소가 충족되었고 저자가 직접 경험한 사실들이었기 때문에 논문을 작성하기도 한층 쉬웠다.

2. 서로 분야가 다른 학자들과 협력연구를 하자

연구에는 기초연구와 임상연구 또는 체외실험과 체내실험이 있고 연구 분야 또한 다양하고 방대하다. 한 연구를 하다가 한계를 느낄 때는 다른 분야의 학자에게 그 한계점을 설명하면서 의견을 들어볼 필요가 있다.

저자는 지난 30여 년간 환자를 진료하면서 얻은 아이디어를 토대로 제8세대의 식도 스텐트(그림 3-2)를 개발하면서 스텐트의 재질을 스테인리스에서 나이티놀로, 피복물질을 실리콘에서 폴리우레탄과 PTFE로, 제거를 할 수 없는 스텐트에서 제거가 가능한 스텐트로, 단순 원통형에서 두 개의 각을 가진 원통형으로, 경직성에서 유연성이 뛰어난 형태로 변환하였다. 그 과정에서 분야가 다른 수많은 교수, 국내외 박사, 연구원, 회사원을 만나 밀접한 협력연구를 하였다. 당시에 극비상황인 물질 및 방법도 있어서 애로가 많았지만 협력연구를 통한 그들의 도움과 헌신적인 노력이 있었기에 어려움을 극복하면서 목적을 달성할 수 있었다. 앞서 나가는 나라와 경쟁력 있는 연구를 하려면 다른 분야의 학자 및 연구원, 예를 들자면 공학, 화학, 물리학, 약학을 전문으로 하는 사람들과의 협력이 절실하다. 참으로 가치 있고 경쟁력 있는 아이디어는 학문과 학문이 만나는 경계(boundary)에서 나온다는 사실을 잊지 말아야 하겠다.

기초 또는 개발에 대한 연구를 하고자 할 경우에는 연구비가 필요하다. 그 분야에 대한 연구가 처음인 경우에는 학술대회나 문헌검색을 통하여 관심 분야의 연구를 진행하고 있는 사람을 만나 의견을 나눌 필요가 있고 만일 그들이 하는 연구에 가담하여 기초적인 방법과 요령을 배울 수 있다면 더더욱 좋다. 다행히 현재 우리나라의 경우 여러 기관에서 제공되는 연구비가 다수 있어서 연구를 하려고 마음만 먹으면 간단한 연구를 수행할 연구비를 받는 것은 그리 어렵지 않다. 적은

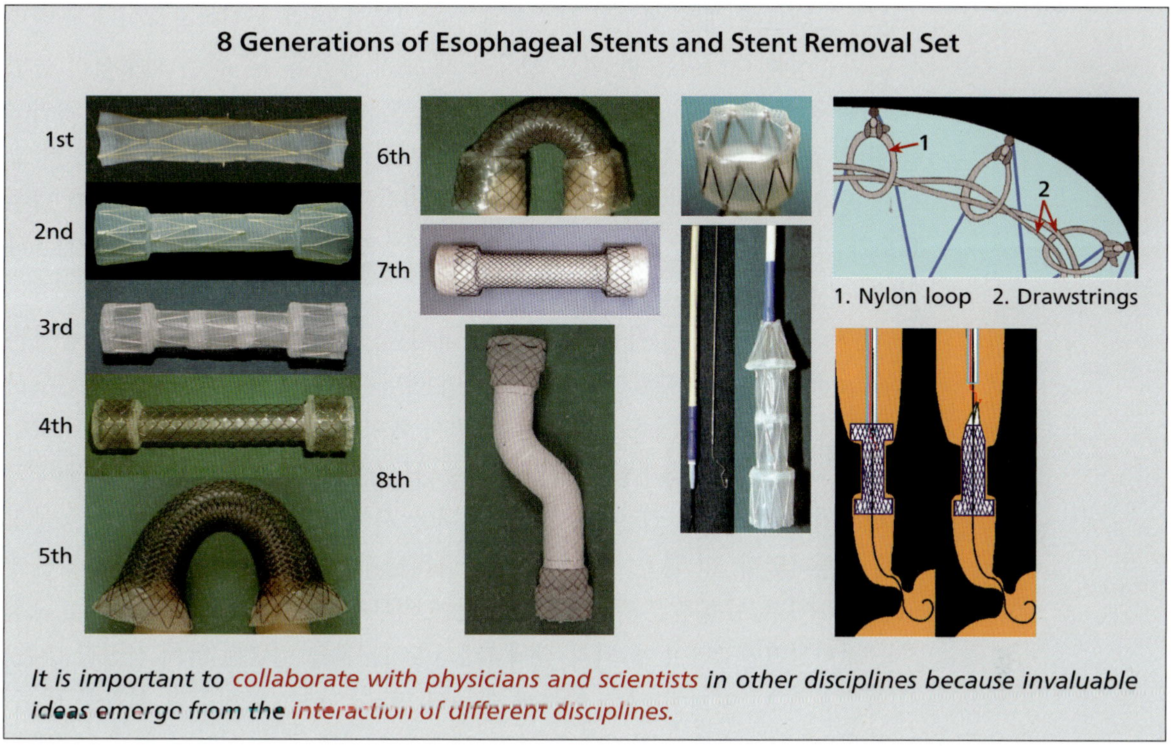

그림 3-2 제8세대의 식도 스텐트(왼쪽)와 스텐트를 제거하기 위한 기구 및 방법

연구비로 처음부터 연구원을 고용하는 것은 불가능할 것이니 주위 연구자들과 한 명의 연구원을 공유하다가 연구비가 점차 커지면 그에 맞게 자기 연구원 수를 늘려가면 될 것이다. 환자를 대상으로 하는 임상 연구인 경우 타과 및 타병원과 데이터 및 경험을 수렴하면서 새로운 아이디어를 발굴하도록 권하고 싶다.

저자가 정년을 3년 앞둔 2016년에 시작한 아산병원의 이비인후과 교수 팀과의 협력연구에 대한 경험을 소개하고자 한다. 이비인후과의 한 교수가 교수식당에서 식사를 하는 도중에 저자와 함께 이관(Eustachian tube) 스텐트 개발 연구를 하면 좋겠다는 의견을 제시하였다. 저자는 학생과 전공의 시절 이관(Eustachian tube)에 대하여 배웠던 기억이 어렴풋이 나는 것이 전부였다. 협력 가능성을 타진하기 위하여 이관의 질환의 원인 및 현재 사용되고 있는 치료에 대한 방법을 저자 연구팀에게 발표해 달라고 요청하였다. 일과가 끝나고 일주일에 한 번씩 저녁 7시부터 8시까지 3개월 동안 이비인후과 교수 2명과 저자 팀 5명이 같이 만나 이관의 해부학, 생리학, 청각의 기전, 이관 폐쇄의 원인, 진단, 치료에 대하여 발표를 하면서 토의를 진행하였다.

이 과정에서 이관폐쇄의 경우 고막에 적은 튜브를 넣어 치료를 하는 방법이 오랫동안 시용되고 있었는데 2010년에 한 미국팀이 전신마취 하에서 코 내시경을 보면서 이관으로 풍선을 넣어 막힌 부위를 확장하는 방법을 고안하였다는 사실을 알게 되었다. 저자는 20년이 넘게 거의 모든 비혈관계통의 질환에 풍선확장술과 스텐트에 대한 연구를 해왔는데 "왜 그동안 이관 풍선확장술이나 스텐트 사용 가능성에 대하여는 한 번도 생각을 해 보지 않았을까?" 하는 의구심이 들었다. 이관 풍선확장술에 대한 문헌을 검색하여 분석을 해본 결과 두 팀이 협력연구를 할 경우 유연한 안내철사 사용, 방사선 투시와 코 내시경을 동시에 사용, 더 값싸고 편리한 풍선의 개발 가능성이 있을 것 같았다. 즉 논문 작성의 세 가지 필수요소가 충족될 수 있는 아이디어임을 알게 되었기 때문에 연구를 시작하기로 하였다.

먼저 아산병원에서 지원하는 임상연구비를 신청하여서 연구에 대한 종잣돈(seed money)을 마련하였다. 또한 두 팀이 하나가 되어 코 내시경과 방사선투시의 장점을 이용하여 시술도 같이 참여하면서 데이터를 공동으로 관리하면서 모임을 이어 나갔다. 시작 8개월이 되었을 때는 참신한 새로운 아이디어가 합작이 되어 나오기 시작하였고 그 아이디어를 토대로 시체실험(cadaver study)과 동물실험을 진행하였다. 더 많은 연구인력이 필요하였기 때문에 대한보건복지부과제에 도전을 하였다. 수혜받은 두 연구비에 대한 의무사항은 세 편의 SCI논문을 작성하는 것이었지만 2년이 채 되기 전에 7개의 SCI논문을 어렵지 않게 작성할 수 있었다(그림 3-3). 이처럼 다른 학문과 학문이 만났을 때는 폭발적인 성과를 낼 수 있을 뿐 아니라 진료의 장벽을 허물어 결국 환자에게 좋은 치료방법으로 개발해 나갈 수 있다.

연구를 할 때는 한 번으로 끝나는 1회성의 연구가 아니고 연구팀을 만들어서

Publication Activity of the Eustachian Tube Research Team

1. Kim KY, Park HJ, Tsauo J, Kang WS, Park JH, Wang Z, Song HY Fluoroscopic balloon dilation in patients with Eustachian tube dysfunction. Eur Radiol. 2018;28(3):910-919
2. Kim KY, Kang WS, Kang BC, Park JH, Hwang SJ, Park HJ, Song HY Subtraction Eustachian tubography: A cadaver study. Eur Radiol 2018;28:3685-3691
3. Park JH, Kang WS, Park JW, Kang BC, Tsauo J, Hwang SJ, Park HJ, Song HY Eustachian tube stent placemen: A cadaver study. J Vasc Interv Radiol 2018, J Vasc Interv Radiol 29:1187-1193
4. Kang BC, Kang WS, Park JW, Kim KY, Park HJ, Song HY. Fluoroscopic balloon diameter measurement at different pressures during Eustachian balloon dilation. Clin Otolaryngoi 2018 doi: 10.1111/coa.13218. [Epub ahead of print]
5. Song HY, Kang WS, Kim KY, Park JH, Jeon JY, Park HJ, Mid-term results of fluoroscopy-guided balloon dilation with use of a flexible guide wire in patients with obstructive Eustachian tube dysfunction. J Vasc Interv Radiol l2019 (in print)
6. Kim KY, Wang Z, Kang WS, Tsauo J, Park JH, Park HJ, Song HY A new animal model of Eustachian tube balloon dilation (submitted)
7. Kim KY, Wang Z, Kang WS, Park JH, Tsauo J. Park HJ, Song HY Histopathologic change after E-tube balloon dilation in a rat experimental model (submitted)

The team members are proactive, cooperative, and productive.

그림 3-3 이관연구팀이 연구개시 2년 이내에 작성한 7개의 SCI논문 목록

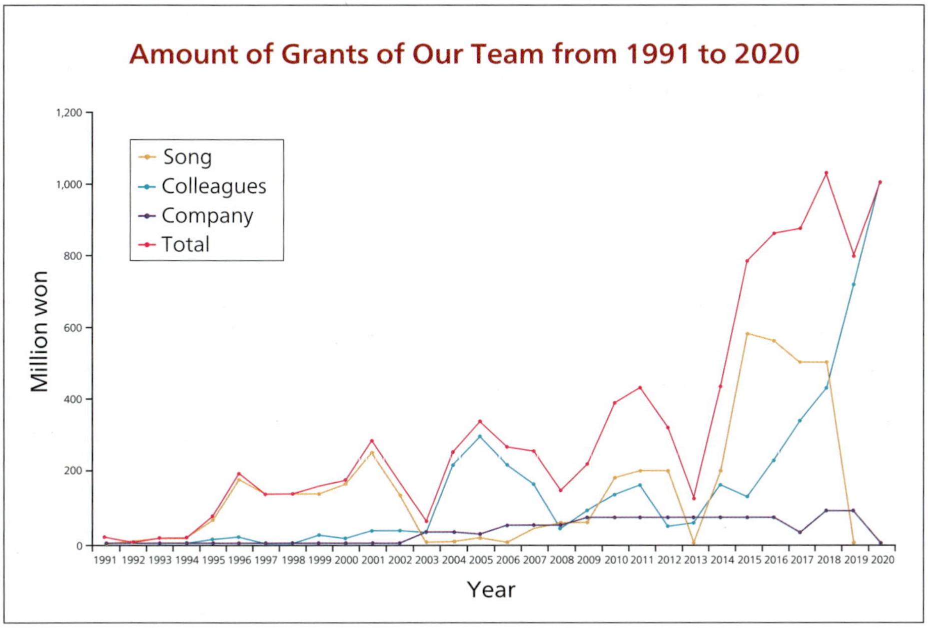

그림 3-4 붉은 선은 전체 연구비, 노란 선은 저자가 받은 연구비, 파란 선은 같이 연구를 한 동료가 받은 연구비. 연구비 수혜액은 연구미팅을 만든 1994년 이후 급상승하였고 내가 퇴직한 2019년 이후에도 동료가 받은 연구비는 계속 증가하고 있다.

같이 오랫동안 꾸준히 진행하는 것이 매우 중요하다. 저자는 1994년부터 분야가 다른 의사나 연구원들과 함께 소그룹 연구미팅을 만들어서 일주일에 한 번씩 아침 7시부터 한 시간씩 토의를 꾸준히 진행하다가 2014년부터는 다루어야 할 과제수가 늘어서 일주일에 두 번으로 늘려 정년을 할 때까지 계속하였다. 연구미팅에서는 연구과제에 대한 진행은 물론이고 경험이 적은 참여자들을 위하여 연구비 신청, 보고 및 관리 등에 관하여도 교육을 하여 가능한 많은 사람들이 연구비를 받을 수 있도록 유도하였다. 그 연구미팅은 저자가 정년을 하여 한국을 떠난 후에도 계속되고 있다(그림 3-4). 이처럼 협력연구는 마치 릴레이 경주처럼 대를 이어가면서 한 세대에서 다음 세대로 협력과 노하우(knowhow)를 이어가면서 더 많은 연구와 논문작성으로 발전해 갈 수 있다.

3. 멘토와 멘티를 찾아 나서자

주위에 영어로 논문을 작성한 경험이 풍부한 사람이 있다면 그 사람과 제1저자로서 논문을 작성할 기회를 마련하여 보는 것이 논문작성에 대한 기본을 배우는 지름길임에 틀림없다. 그런데 초심자가 처음으로 영어로 논문을 작성하는 과정에서는 배우는 사람이나 가르치는 사람 모두 많은 인내가 필요하다.

우리나라 대학의 전공의나 의과대학 교수들은 대부분 진료업무가 과중하기 때문에 논문지도는 야간이나 주말에 따로 만나서 진행된다. 교수는 바쁜 시간을 내서 원고를 작성하는 요령을 전공의에게 설명하고 논문거리를 주면서 언제까지 초고를 작성하여 오라는 숙제를 준다. 전공의 역시 없는 시간을 쪼개어 힘들게 초고를 작성해서 시간에 맞추어 교수에게 찾아간다. 그러나 이 시간은 좀처럼 교수나 전공의에게 즐거운 시간이 되지 않는 것 같다. 서로 피곤한 상태인 데다 처음으로 작성한 영문 초고는 불완전하기 때문이다.

저자 역시 초심자에게 가르치는 것이 매우 힘들고 괴로웠기 때문에 많은 번민이 있었다. 이러한 만남을 좀 더 생산적이고 즐거운 만남으로 만들 수는 없을까? 처음으로 영어 논문을 작성하는 전공의나 연구원에게 체계적으로 작성하는 방법을 알려주면서 그들이 홀로서기를 할 때까지, 그리고 그들이 다른 초심자를 교육할 수 있는 능력을 배양할 때까지 좀 더 평온한 마음으로 교육하며 기다릴 수는 없을까? 많은 고민 끝에 "Authorship 모임"이라는 영어논문작성 모임을 2001년도에 만들었다. 처음에는 저자와 임상강사, 전공의 총 3명으로 시작을 하였는데 5년 후에는 2명의 교수, 임상강사, 전공의, 연구원, 학생, 외국에서 연수하러 온 교수로 구성되어 모임마다 적을 때는 8명 정도, 많을 때는 14명 정도가 참여를 하였다(그림 3-5). 초심자는 논문을 제1저자로 작성하기 전에 1~3개월 동안 Authorship 모임에 참석하면서 질문도 하고 다른 사람이 제1저자로 작성과정을 보고 배우도록 하였다.

Authorship 모임에서는 6개월~1년 동안 작성할 원고의 제목과 제1저자, 책임저자를 미리 정하고 제1저자가 작성할 초고를 같이 검토할 날짜도 정하였다(그림 3-6). 초고 작성을 시작하기 전에 책임저자는 제1저자를 개인적으로 만나 작성할 원고의 전반적인 내용과 서론부터 참고문헌까지 각 부분에서 다뤄야 할 내용을 간단하게 설명을 하면서 그를 토대로 정해진 기간까지 초고를 마칠 수 있는지를 확인하였다. 제1저자는 본인이 작성한 초고를 모임이 열리기 5일 전까지 미팅에 참여할 사람들에게 이메일로 보내어 그 내용을 미리 읽고 모임에 참여할 수 있도록 하였다. 초심자의 경우는 모임을 두 번 또는 세번의 모임을 진행하기도 하였

그림 3-5 8명이 진행하였던 Authorship 모임

A. 2007 Authorship Conference (Update: March 12, 2007)

Time: Friday, 7:00 a.m

Place: Seminar Room 3, 2nd floor, Research building #2, Asan Medical Center

Date	First/Corres.	Title
2007.01.05	Kim SY / Song HY Kim KR / Ko GY	Evaluation of abdominal CT in patients with stent placement in the second part of the Duodenum Portal vein stent placement in patient with postoperative portal hypertention.
2007.01.12	Kim JH/ Song HY	Corrosive esophageal strictures: long-term effectiveness of balloon dilation in 117 patients
2007.01.19	Kim JE/ Song HY	Percutaneous fluoroscopic gastrostomy
2007.01.26	Dr. Yang/ Song HY	Stent placement in patients with recurrent cancer after a distal gastrectomy with a gastroduodenostomy
2007.02.02	Kim TH / Song HY	Usefulness of Multifunctional Gastrointestinal Coil Catheter for Colorectal Stent Placement
2007.02.09	Dr. Yang / Song HY	A multifunctional coil catheter for per oral feeding in patients with acute pancreatitis
2007.02.16	Kim JH / Song HY	Placement of covered stents in the second portion of the duodenum
2007.02.23	Kim KR / Ko GY	Endovascular treatment of hepatic artery pseudoaneurysm in 17 patients
2007.03.02	Shin JH / Song HY	Gastrostomy: Chiba needle and Neff catheter technique
2007.03.09	Lee SS / Shin JH	Biliary DDS: Experiments in dogs
2007.03.16	Kim JH / Song HY Dr. Yang / Song HY	Disruption of covering membranes in 300 removed stents from the UGI tract Fluoroscopic removal of a granulation tissue from the nasolacrimal duct: a case report
2007.03.23	Shin GH / Shin JH	Temporary gastrostomy: change in nutritional index
2007.03.30	Park JY / Shin JH	Complications after KT: Interventional treatment
2007.04.06	Lee HY / Shin JH	Endovascular treatment of hemorrhage after PPPD: Correlation with CT findings and long-term results
2007.04.13	Kim KR / Song HY	DCR Vs. Lacrimal stent placement
2007.04.20	Kim JH / Song HY	Review of gastrointestinal expandable metallic stent placement: experiences in 1100 patients
2007.04.27	Kwon JH / Shin JH	F.U. results of angiographically negative GI bleeding
2007.05.04	Kim DG / Shin JH	Evaluation of tissue compatibility of DLC-treated fragments: Animal study
2007.05.11	Shin JH / Song HY	Bronchial stent placement; Clinical outcome with special reference to tumor involvement pattern
2007.05.25	Kim KR / Song HY	Results of TACE in hepatoma supplying brood from the phrenic artery
2007.06.01	Kim HJ / Shin JH	Femoral artery IMT following femoral artery puncture
2007.06.08	Song HY	How closely to the anal sphincter can an expandable metallic stent be placed?

With excellent coauthors, the probability of acceptance is much higher.

그림 3-6 2007년 상반기에 진행할 Authorship 모임을 미리 작성한 계획표. 진행할 날짜, 제1저자, 책임저자, 원고의 임시 제목이 나열됨.

고 초고를 모임에서 검토하는 과정에서 그 연구가 논문으로서 가치가 없다고 판단되면 더 많은 증례가 나올 때까지 뒤로 미루는 경우와 중단을 하는 경우도 드물게 있었다.

Authorship 모임은 참여하는 사람이 성의를 다하여 미리 읽어 오기 때문에 여러 사람의 의견을 종합하는 과정에서 각자가 생각하지 못했던 내용을 서로 배울 수 있어서 좋고 혼자 논문을 작성하다 보면 바쁜 생활에서 우선순위에서 자꾸 뒤로 밀리게 되는 문제점도 해결할 수 있어서 좋다. 저자는 다른 구성원들의 의견을 먼저 경청하고 최종적으로 다른 사람이 지적하지 않은 의견만을 이야기한다. 저자는 그 모임을 2019년 정년을 할 때까지 이어 가면서 초심자 특히 매년 장기연수를 하기 위하여 찾아온 2~4명의 외국인 학자들에게 교육을 하였다. 괄목할 만한 것은 언어의 장벽 때문에 또는 경험이 없기 때문에 처음 적응이 힘들었던 초심자조차도 9개월 정도가 지나면 그들이 다른 사람이 작성한 논문의 모임에서 지적하는 사항이 저자가 지적하려는 사항과 80% 정도는 일치했고 1년 내에 제1저자로 1~2편의 원고를 마칠 수 있었다는 점이었다.

저자는 2019년 8월 말에 정년을 하고 곧바로 미국의 University of Texas Health Science Center at San Antonio의 영상의학과에서 연구교수로 재직하면서 교수, 전임의, 전공의, 그리고 의과대학학생에게 논문작성에 대한 강의를 하면서 Authorship 모임을 만들어 진행하고 있다. 때에 따라 숫자가 다소 다르지만 평균 1개월에 2편의 원고를 이 모임에서 다루고 있다. 논문작성은 세계 어디를 가든 필수 업무 중 하나임에 틀림없다. 정년을 하면 논문작성의 굴레에서 벗어날 수 있다는 희망을 가지고 오랫동안 정년을 기다려 왔었는데 아이러니하게도 정년 전보다 그 굴레에 더 구속되어 있다. 놀라운 것은 논문을 같이 작성하고 교정을 하는 단순한 틀에서 벗어나서 초심자들의 발전해 나가는 그들의 모습이 너무 아름답고 논문작성에 대한 압박감과 괴로움이 즐거움으로 변하고 있다는 사실이다. 그 이유는 정년 후에는 시간적인 여유가 있어서 더 많은 시간과 정성을 들일 수 있기 때문일 것이다. 누구보다도 바빴던 업무적 일상은 여유를 찾아 가고 있고 가정 내에는 두 아들의 성장과 함께 시간과 공간적 여유마저 있기 때문일 것이다. 그러나 더 중요한 이유는 이 과정을 통하여 참 인재들을 만나는 것은 교육자가 누릴 수 있는 큰 혜택이며 그 들로부터 저자도 새로운 것을 배울 수 있는 참 가치 때문일 것이다.

4. 기록하는 습관을 들이자

실험을 하는 학자들, 환자를 대하는 사람들, 특히 의사들은 진료나 실험을 하면서 언뜻 새로운 아이디어가 떠오르는 기회가 종종 있다. 그런데 그 아이디어가 대부분 실현되지 못하고 사장되고 있는 것 같다.

의사들에게 아이디어가 풍부한 이유는 질병 자체가 환자마다 다르기 때문이다. 또한 매우 어렵고 힘든 증례를 만나면 그 어려움을 극복할 수 있는 좀 더 쉬운 방법을 찾고자 하는 마음이 누구에게나 있기 때문이기도 하다. 최선을 다하여 치료를 하였는데 예상하지 않았던 중대한 합병증이 발생하면 환자와 환자보호자는 불만을 토로하게 되고 의사 또한 본인의 과실이 아니라고 하더라도 마음이 착잡하고 의기소침하게 된다. 저자의 경험으로는 그러한 어렵고 힘든 상황에 대처하는 의사의 자세는 세 가지 형태로 나뉘는 경향이 있는 것 같다. 첫째는 치료의 어려움이나 합병증에 대한 부담 때문에 그러한 질환이나 환자를 대하는 것을 꺼리고 쉽고 안전한 치료 및 진단으로 방향전환을 하거나 아예 그 충격에서 벗어나지 못하고 의사 직을 포기하는 유형이다. 둘째는 여러 명의 환자를 대하다 보면 그러한 어려움과 합병증은 통계학적으로 당연히 있을 수 있는 일이라고 여기고 쉽게 잊고 나중에 같은 합병증과 같은 어려움을 다시 반복하는 유형이다. 셋째는 자신이 했던 치료 및 진단방법을 처음부터 마지막까지 돌아보고 문헌고찰과 함께 철저히 분석하여 기존에 알려진 방법의 문제점이나 자신의 허물을 깨달음으로써 그 어려움에서 벗어나 새로운 미래에 도전하는 유형이다.

데이터를 분석할 때는 치료 및 진단에 참여하였던 다른 의사, 간호사, 기사와 머리를 맞대고 같이 분석을 하면 더 좋다. 분석한 결과가 의사의 실수였다면 그러한 실수를 다시 하지 않도록 뼈저리게 반성하여야 하고 기존 방법의 문제점을 해결할 방법이 있었거나 있을 것 같다면 그 방법을 기록하여 놓아야 한다. 그러한 기록을 하는 형태 및 장소는 사람마다 다를 것이다. 가능하면 시행하는 모든 치료나 시술을 종류별로 나누어 데이터베이스를 미리 작성하면 더욱 좋다. 즉, 환자의 연령, 나이, 증상, 진단, 과거 치료, 시행한 시술명, 결과, 합병증, 추적검사 등 치료 및 진단에 관한 사항을 자세하게 기록할 수 있는 데이터베이스를 미리 만들어 놓고 치료 및 진단 후 그 데이터베이스를 채운다. 기록이 중요한 이유는 인간이 생각해 낼 수 있는 기억에는 한계가 있기 때문이다. 시간이 지난 후에 기록을 하려면 지난 데이터를 찾기가 힘들고 때로는 불가능해진다. 또한 차곡차곡 쌓이는 데이터를 시간을 내서 보고 분석하면서 부족한 곳을 채울 수 있고 새로운 사실, 즉 원고를 작성할 거리를 찾을 수가 있다.

새로운 아이디어가 생길 때 기록을 하는 습관을 들이기 위해서는 간단한 메모지나 노트를 항상 호주머니에 넣고 다닐 필요가 있다. 그리고 메모한 내용을 시간이 있을 때 다시 보면서 필요할 경우 문헌검색을 하여 기존의 내용과 색다른 점이 있어 좀 더 생각해 볼 필요가 있다고 판단이 되면 이번에는 메모지나 노트보다는 컴퓨터에 새로운 폴더나 파일을 만들어 좀 더 구체적으로 정리를 해 놓고 그 뒤 연구해볼 가치가 있다고 결정되면 예비연구(pilot study)를 시작해 보자.

새로운 아이디어는 다른 사람의 논문을 읽으면서, 다른 사람의 강의나 구연발표를 들으면서, 강의나 구연발표 후 질문을 받는 과정 등 여러 상황에서도 아이디어를 얻을 수 있다. 지자는 논문을 작성하는 과성에서 얻는 경우를 강조하고 싶다. 논문을 작성하려면 기존의 연관된 많은 논문을 읽으면서 자기가 작성하는 논문이 무엇이 새롭고 무엇이 장점이고 단점인가를 알 수가 있다. 이 과정에서 새로운 아이디어를 생각해내기도 하고 다음 연구 방향을 구상하기도 한다. 논문작성 경험이 많은 학자와 경험이 적은 학자의 차이점 중의 하나가 이것이다. 경험이 적은 학자에게 논문거리를 주고 작성하게 하면 그 한 편으로 끝나는 경우가 많지만 경험이 많은 사람은 몇 개의 아이디어를 찾아낸다. 저자가 지금도 제일저자나 책임저자로 논문을 작성하고 지도하는 이유는 한 편을 작성하고 나면 3~5개의 새로운 논문거리를 발견하고 그 새로운 논문거리를 마치 어미 새가 새끼에게 먹이를 주듯 젊은 학자들에게 나누어 줄 수 있기 때문이다. 이처럼 새로운 아이디어를 얻는 것은 눈과 귀를 열고 있으면 어려운 일은 아니다.

5. 짧은 원고를 짧은 기간에 완성하자

원고는 가능하면 짧게 작성하여야 한다. 원고를 작성한 후 반복하여 읽으면서 중복된 설명은 없는지, 불필요한 말은 없는지 확인을 해서 최대한 줄이는 것이 좋다. 그 이유는 첫째, 편집장이나 심사위원이 짧은 원고를 좋아하기 때문이다. 둘째는 길면 길수록 오류가 생길 가능성은 많아지며 심사위원이 지적할 사항도 늘기 때문이다. 셋째는 심사위원들이 긴 원고보다는 짧은 원고의 심사를 정성껏 그리고 빨리 하는 경향이 있기 때문이다.

저자도 여러 학술지의 심사위원, 편집위원, 조 편집장, 부 편집장을 지내면서 긴 원고를 심사해야 할 경우에는 "주말이나 다음에 시간이 있을 때 하자"고 생각하며 뒤로 미루었다가 마감일이 가까워 오면 부랴부랴 심사를 하는 경향이 있었다. 그러다 보면 충실한 심사가 되기 어렵다. 지금은 짧은 원고를 유도하기 위하여 학술지마다 허락하는 글자 수를 정하고 있는 경우가 많지만 그 정해진 숫자보다 더 짧은 원고를 쓰도록 권하고 싶다. 특히 서론과 고찰 부분을 짧게 작성해야 한다. 서론은 두 문단으로 고찰을 6문단 이하로 줄이면 원고를 작성하기도 훨씬 빠르고 쉽다.

데이터를 분석하여 결과가 어느 정도 나오면 초고 작성에 가급적 한 달 이상을 넘기지 않는 것이 좋다. 초고 작성을 시작하는 날부터 끝날 때까지 다른 일로 방해를 받지 않고 중단 없이 집중할 수만 있다면 가장 좋겠지만 혼자 사는 세상이 아닌 이상 그렇게 할 수는 없을 것이다. 그러나 여러 가지 일을 하면서 초고를 작성하다 보면 시간도 오래 걸리고 집중력과 흥미가 떨어지게 되며, 심하면 초고 완성을 뒤로 미루거나 중간에 포기하는 경우가 발생할 수 있으니 초고 작성기간을 최대한 줄여야 한다. 그리고 초고를 서론부터 요약문까지 각각의 부분을 처음부터 완벽하게 작성하려 하지 말고 골격을 먼저 세우고 다시 반복하여 읽으면서 살을 붙이는 식으로 하면 더 효율적이다.

저자는 보통 원고 작성을 금요일 저녁이나 토요일 새벽부터 시작하여 가능하면 1주일 내에 골격을 먼저 세운다. 만일 연휴가 끼어 있으면 더욱 좋다. 예를 들어서 월요일과 화요일 아니면 목요일과 금요일이 연휴로 주말과 연결되는 기간이 있으면 이 4일은 초고를 작성할 수 있는 절호의 기회이다. 4일간 집중하여 시간을 투자할 수만 있다면 웬만한 초고의 골격을 마무리 지을 수 있을 것이다. 그러한 연휴가 없는 해에는 휴가 중 2일을 주말과 연결하여 활용하였다. 물론 결혼을 한 사람이라면 아내와 아들 딸에게 미리 양해를 구하고 그 대신 초고작성이 끝나는 날이나 다른 휴일에 양질의 시간을 같이 보내는 습관을 들여야 가족들도 이해를 하게 된다.

6. 좋은 영어 문장이나 논문을 컴퓨터에 저장하자

영어가 모국어가 아닌 사람이 영어로 원고를 작성하는 것은 결코 쉬운 일은 아니다. 그렇다고 하여 아주 어려운 일도 아니다. 그 이유는 의학에 사용되는 영어는 비교적 단순하기 때문이고 또한 일정한 틀이 있기 때문이다. 영어로 원고를 작성하는 작업은 영어 회화를 배우는 과정과 동일한 것 같다. 처음 영어를 배울 때 영어선생님이 하는 말을 앵무새처럼 따라 하기도 하고 원어민들이 사용하는 말을 적어 놓은 책을 보거나 녹음테이프를 들으면서 그들을 모방하는 단계가 있다.

영어로 원고를 작성하는 과정도 다른 사람들이 이미 출간한 논문을 읽으면서 저자가 하고자 하는 말과 같은, 또는 유사한 좋은 문장이 있거나 조리 있게 잘 작성된 논문이 있을 경우 그 내용을 컴퓨터에 따로 저장하였다가(그림 3-7) 원고를 작성할 때 참조를 하면 큰 도움이 된다. 저자의 경우 컴퓨터에 서론, 대상 및 방법, 결과, 고찰 별로 나누어 저장을 하기 때문에 새로 작성하는 원고를 마무리하기 전에 저장하여 둔 영어문장이나 논문을 보면서 더 깔끔한 표현으로 교정을 하였다. 이러한 과정을 반복하다 보면 점점 적절한 영어 표현에 익숙해지고 약 20편

B. Useful English expressions in writing a manuscript

Introduction

1. It is well known (established, understood) that fluoroscopic or endoscopic placement of expandable metallic stents is safe, easy and effective for the palliative treatment of malignant strictures involving the upper gastrointestinal tract (References). While most previous studies focused on stent placement for esophageal or gastroduodenal obstructions (References), only a few cases of stent placement for recurrent malignant obstruction after a gastrojejunostomy with or without a distal gastrectomy have been reported in studies comprising of more than one but fewer than 14 patients (References).
2. Placement of EMS has traditionally been considered unsuitable or contraindicated for patients with malignant rectal obstruction within 5 cm of the anal verge because of the potential problems of anal pain and troublesome foreign body sensation (References). Therefore, few studies have explored the effectiveness of stent placement at the site of malignant rectal obstruction near the anal canal.
3. Contrary to conventional thought, the stent was tolerable and produced good results. Encouraged by this experience, we performed placement of EMS in patients with malignant rectal obstruction within 5 cm of the anal verge. The purpose of this study was to report our initial experience and discuss specific problems of the technique and its role in the management of malignant rectal obstruction within 5 cm in comparison to those located more than 5 cm from the anal verge.
4. Overall recurrent obstruction rates of 3% - 46% due to tumor ingrowth have been reported in studies that have included more than six but less than 36 patients (References). Recurrent obstructions due to tumor ingrowth have been reduced down to 0% - 7% by using covered expandable metallic stents (References), however, the use of the covered expandable metallic stents has been plagued by stent migration. Overall migration rates of 21% - 26% have been reported in studies comprised of more than 19 but fewer than 24 patients (References).
5. In addition, there are different types of gastrojejunostomies (References), including a palliative gastrojejunostomy without a gastrectomy, a gastrojejunostomy with a distal gastrectomy, and Roux-en-Y gastrojejunostomy with a distal gastrectomy. Moreover, in patients with a gastrojejunostomy, a jejuno-jejunostomy between the afferent loop and the efferent loop can be created depending on the surgeon's preference. Therefore, stent placement in patients with bypass surgery should be more complicated than that in those without bypass surgery. The purpose of this study was to assess the technical feasibility and clinical effectiveness of stent placement in patients with recurrent cancer after a gastrojejunostomy.
6. To overcome these disadvantages, we designed a dual expandable nitinol stent which can be loaded into a 3.8-mm delivery system. The purpose of this study was to assess the technical feasibility and clinical effectiveness of the separate stent in 102 patients with malignant gastroduodenal strictures.
7. There have been (a) few reports on...
   It is (has been) reported that...
   There are many reports on......
   The aim of the present study was to determine the ...
   The authors' objective was to determine...
   The hypothesis of the present study was that...
   We hypothesized that...
   This study was undertaken to determine the rate of excretion...

Materials and methods

1. Informed consent for stent placement was obtained for each patient, and our institutional review board approved this study.
2. All patients received written information about the regimen, and a questionnaire was included on which they were to include comments about application and acceptance of the method.
3. Between March 1993 and December 2006, 45 consecutive patients with a palliative gastrojejunostomy or a gastrojejunostomy after curative distal gastrectomy were referred to interventional radiology for stent placement due to recurrent symptomatic obstruction.
4. The inclusion criteria for stent placement were as follows: 1) documented malignancy; 2) gastric or jejunal obstruction after a gastrojejunostomy as defined by symptoms resulting in nausea and/or vomiting. The exclusion criteria were 1) mild symptomatic patients in whom an adult endoscope passed through the malignant obstruction and 2) clinical evidence of perforation or peritonitis.
5. In the middle of the study, we included the presence of multiple small bowel obstructions as exclusion criteria after one patient with evidence of multiple small bowel obstructions who underwent stent placement showed no symptom improvement directly as a result of multiple small bowel obstructions.
6. The underlying causes of malignant obstruction were rectal (n=19), gastric (n=8), ovarian (n=2), and renal transitional cell (n=1) cancer. The diagnosis was established by means of endoscopic biopsy, percutaneous needle aspiration biopsy, computed tomography, and barium-enema examination.
7. There were 18 male and 12 female patients ranging in age from 17 to 88 (mean, 57.5) years.
8. The number of patients in each type is described in Table 1.
9. A 73-year-old man had radical external beam radiograpy for squamous cell carcinoma of the cervical esophagus 18 months previously, after which he was able to eat a virtually normal diet until he developed progressive dysphasia 6 weeks prior to referral to University College Hospital, by which time he was only managing a semi-solid diet.
10. The distal end was cut obliquely at a 45 degree angle which facilitated placement and enlarged the distal opening. Both ends of the prosthesis were filed smooth to prevent mucosal damage.
11. The characteristics of nitinol have been described in detail (9,10). Briefly, nitinol is a nickel-titanium alloy with thermal recovery properties.
12. A nasogastric tube was placed at least 24 hours before the procedure to empty the stomach. Topical anesthesia of the pharynx was routinely achieved before the procedure using an aerosol spray. Drugs for sedation were not used. A stiff angled, 260 cm long, 0.035 inch exchange guide wire (Radifocus M; Terumo, Tokyo, Japan)

그림 3-7 Take a note of useful English phrases.

정도의 논문이 완성될 때는 그 표현들이 모두 자기의 영어가 되어 있는 것을 느낄 수 있을 것이다.

그 이후에는 자기 나름대로의 틀이 짜여지기 때문에 영어로 원고를 작성하기가 훨씬 쉬워진다는 것을 알게 될 것이다. 예를 들어서 저자가 개발한 제3세대 식도 스텐트는 스텐트 상방에 당김줄을 부착하였기 때문에 제거가 가능한 형태(그림 3-8)의 팽창성 금속 스텐트였다. 이 스텐트에 관하여 1997년부터 2005년까지 출간한 논문 중 7개의 논문제목을 보자(그림 3-9). 1997년 것은 식도의 악성

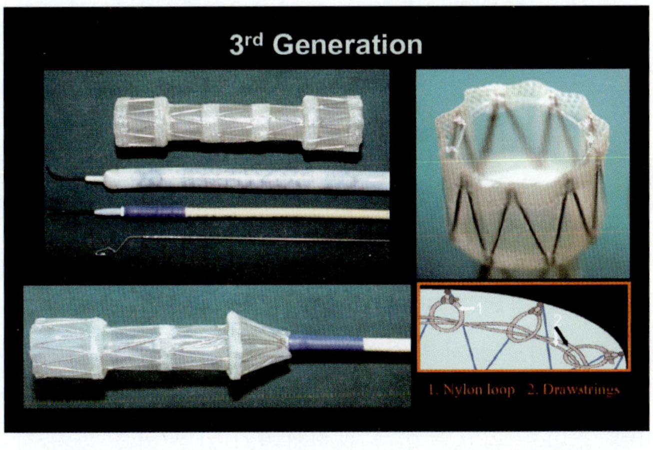

그림 3-8 제거가 가능한 제3세대 식도 스텐트의 형태와 스텐트를 장치하는 기구 및 제거하는 기구의 사진

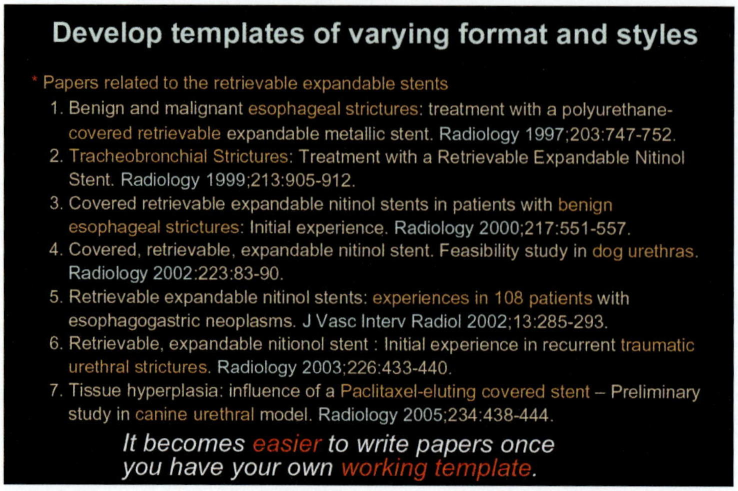

그림 3-9 제3세대 스텐트를 이용한 임상 및 동물실험에 대한 경험을 발표한 7개의 논문 목록

및 양성 협착증 환자에서 제거가 가능한 팽창성 스텐트를 사용한 경험이고, 1999년 것은 기관 및 기도 협착환자에서 사용한 경험이다. 2002년도에는 개 요도에서 제거가 가능한 팽창성 스텐트를 연구해 실험논문을 냈고 2003년도에는 이것을 실제 요도협착 환자에게 사용해보았다. 이들 논문의 내용에는 무슨 차이가 있는가? 장기가 다르고 환자의 수가 다르고 스텐트의 모양이 조금 다르다. 저자는 이러한 경우에는 이미 출간 또는 작성한 원고 중 성격이 비슷한 논문의 파일을 컴퓨터에서 찾아 그대로 사용하면서 변경된 데이터 예를 들어서 환자의 숫자, 장기 등의 다른 내용만 바꾼다. 그 다음에 필요한 내용을 추가하고, 필요 없는 내용은 삭제를 하는 등 틀의 교정 작업을 하였다. 장기나 대상이 다를 따름이지 사용한 자료 및 방법, 때로는 결과가 비슷하기 때문에 굳이 시간 들여 새로운 틀을 짤 필요가 없기 때문이었다. 이러한 방법을 사용할 경우 조심하여야 할 것은 중복게재(duplication)의 가능성이 있다는 것이다. 이 문제점은 앞서 소개했던 여러 명이 참여하는 Authorship 모임에서 교정을 거치거나 아니면 영문 교정을 의뢰할 때 영문 자체도 다른 표현으로 수정하여 달라고 부탁하여 해결할 수 있다.

7. 영어논문 작성에서 범하기 쉬운 오류 사항을 알자

저자는 2001년부터 지금까지 Authorship 모임을 진행하면서 수많은 국내외 교수, 전임의, 전공의, 연구원, 학생들이 영어로 작성한 원고를 읽고 교정을 하였다. 그중에는 영어로 된 원고를 처음 작성하는 초심자도 많았고, 몇 편의 원고를 이미 작성한 사람도 많았고, 200편 이상의 많은 원고를 작성한 많은 경험이 있는 사람도 소수 있었다. 수많은 원고를 읽고 교정하면서 가장 자주 지적한 사항 세 가지를 아래에 소개한다.

첫째, 연구를 하려고 하는 목적을 서론에서 정확하게 기술하고 토론의 첫 문단에서는 이 연구에서 얻은 결과가 기존의 방법과 다른 점, 즉 이 연구에서 발견한 독창적인 새로운 사실이 무엇인지 기술을 하라는 점이다. 많은 사람들이 본인들은 서론에서 목적을 기술하였다고 주장하지만 저자가 읽어 보았을 때는 애매모호하게 또는 두리뭉실하게 나열을 해 놓은 경우가 상당히 많았다.

둘째, 처음부터 끝까지 흐름(flow)를 유지하라는 점이었다. 예를 들어서 재미있는 수필을 읽을 때 대부분 여러 번 나누어 읽지 않고 한꺼번에 다 읽게 된다. 특히 전달하려는 메시지가 확실하고 기승전결이 뚜렷할 경우는 더욱 그렇다. 논문도 마찬가지이다. 논문을 작성하다 보면 모든 내용이 모두 중요하게 느껴져서 많은 내용들을 나열하게 되는 경향이 있다. 그러다 보면 본론에서 벗어나게 되어 무엇을 전하려고 하는지 파악을 하기 어렵게 된다. 그러한 오류를 피하기 위해서는 연구의 목적과 그 연구에서 찾은 새로운 사실을 항상 염두에 두고 그 점 위주로 서론부터 토론까지 써 나가야 한다. 그 점에서 벗어난 내용은 중요하게 느껴지더라도 생략을 해야 한다. 또한 가능하면 약자를 줄이고 동일한 용어(single term)를 사용하면서 문장과 문장을 잇는 용어를 사용하면(link the terms) 좋다. 때로 문장 하나하나는 잘 작성되어 있는데 전체의 문단의 내용이 쉽게 들어오지 않아 여러 번 반복을 하여야 하는 경우가 종종 있다.

셋째, 재료 및 방법에서 언급되지 않은 내용을 결과에서 언급하는 오류이다. 재료 및 방법에서는 서론에서 언급된 목적을 위하여 무엇을 하였는지를 설명하는 곳이고 결과는 그 재료 및 방법을 이용하여 무엇을 얻었는지를 설명하는 것이다. 따라서 결과는 재료 및 방법의 거울이라고 할 수 있다. 즉 결과에 기록된 사항은 재료 및 방법에서 이미 언급되어 있어야 하며, 재료 및 방법에서 다루지 않은 내용을 결과에서 기술하는 경우는 없어야 한다.

이 책을 읽는 이들에게 위에서 언급한 세 가지 오류와 Authorship 모임에 대한 실질적인 이해를 돕기 위하여 도움이 될 만한 두 편의 원고를 이 챕터(chapter)의 끝에 첨부하였다. 첫 번째 원고는 서울아산병원에서 정년을 하기 3년 전에 한 전임의가 작성한 원고이고 두 번째 원고는 최근 University of Texas Health Science Center at San Antonio의 한 조교수가 작성한 원고인데 제1저자가 작성한 원고와 저자가 Authorship 모임에서 사용하였던 교정본을 같이 첨부하였다.

8. 영어논문을 작성하고 싶은 간절한 의욕이 필요하다

저자는 영어논문작성을 통하여 지금까지 수천명이 넘는 국내외 교수, 전임의, 전공의, 연구원, 학생, 간호사, 방사선사를 만났다. 그들과의 만남이 이루어진 계기는 국내외 학술대회, 대학, 대학원에서의 강연, Authorship 모임, Writing school이었다. 그 많은 만남 중에서 가장 인상에 남는 3명을 소개하고자 한다.

Eugene Choi라는 미국 Cornell 의과대학의 3학년 학생

2005년 당시 Cornell 의과대학의 3학년 학생이었던 Eugene Choi로부터 저자에게 논문을 작성하는 요령을 배우면서 논문을 직접 작성하고 싶다는 연락이 왔다. 저자는 그때까지 의과대학 학생에게 논문작성 교육을 해 본 경험이 없었다. 당시 한국의 의과대학에서는 기초의학 및 임상의학의 여러 과목의 교육에 치중하고 논문작성은 전공의 때 배우는 것이 통념이었기 때문이다. 왜 의과대학 학생이 그것도 미국에 유수한 의과대학병원이 많은데 한국으로 와서 논문작성을 배우고 싶어하는지 이유를 물었다. 그의 대답은 영상의학과 의사가 되고 싶은데 미국에서는 학생들에게 영상의학과가 인기가 좋아 경쟁이 치열할 뿐 아니라, 본인은 영상의학과 전공의 수련을 모교인 Cornell 의과대학 병원보다 교육프로그램이 더 좋은 병원에서 받고 싶기에 몇 편의 SCI논문이 있으면 다른 경쟁자들보다 유리할 것 같기 때문이라고 하였다. (I wish to be trained at the department of radiology at a handful of top-notch university hospitals. To be a radiologist in the US is very competitive and it will be of much help if I could have SCI indexed papers.)

그는 Cornell 의과대학에는 1년간의 연구년(research year)을 선택할 수 있는 프로그램이 있고 서울에는 자기가 머물 수 있는 친척집이 있다고 하였다. 그 학생에게 Authorship 모임을 참석하게 하면서 논문작성 요령을 가르치기 시작하였는데 배우려는 의욕이 참으로 강했고 교육을 습득하는 속도도 대단히 빨랐다. 그가 원어민이기 때문에 Authorship 모임뿐만 아니라 저자에게도 많은 도움이 되었다. 동료들과 일과 후 짬을 내어 같이 모여 그와 함께 영어공부도 하면서 발음하기 힘든 단어들을 녹음을 부탁하여 반복하여 듣고 따라하였다. 그 학생에게 1개월간 교육을 마친 후, 서울아산병원 영상의학과 전체 교수들에게 이 학생과 논문을 같이 작성하고 싶은 교수들은 이 기회를 활용하면 좋겠다고 공고를 하였다.

밤낮으로 논문작성에만 몰두하였던 그는 1년 동안 27편의 논문을 완성하였다. 제1저자로 14편(그림 3-10), 공동저자로 13편(그림 3-11)이라는 정말 놀라운 업적이었다. 미국으로 돌아간 그는 UCLA, Stanford, UCSF, UCSD, Johns Hopkins, Cornell, Columbia, U of Penn의 대학병원에 지원하였고 모두 다 합격을 하였는데 그가 바라던 UCLA를 선택하여 전공의와 전임의 수련을 마치고 영상의학 전문의가 되었다. 그의 소식은 당시 Cornell 의과대학에 큰 뉴스를 장식하였다.

저자는 Eugene Choi와의 놀라운 경험을 살려 한국에서도 가능성을 타진해 보기로 하였다. 겨울방학 40일 동안 논문작성을 배우고자 하는 3~4명의 대학생들에게 논문거리를 하나씩 주고 기본 교육을 한 후 하나의 영어논문을 완성하여 SCI에 등재된 학술지에 제출하는 Writing School을 만들었다. 각자 자기의 논문을 작성하되 다른 사람의 논문에도 공동저자로 참여하여 서로 배우고 연구를 할 수 있도록 하였다. 같은 방법으로 3년간 지속하였는데 참여한 모든 학생이 한 편

Publications: Asan Medical Center (08/05 – 6/06)

1. **Choi EK,** Kim KW, Ha HK, Lee SS, Lee SJ, Jung SE, Park SH. Granulocytic Sarcoma of the Gastrointestinal Tract in Adults: CT findings. Radiology. In press.
2. **Choi EK**, JH Byun, SJ Lee, SE Jung, MS Park, SH Park, MG Lee. Imaging Findings of Leukemic Involvement of the Pancreaticobiliary System in Adults. AJR Am J Roentgenol. In press.
3. **Choi EK,** Park SH, Kim DY, Kim KW, Byun JH, Lee MG, Kwon HK. Unusual Manifestations of Primary Pancreatic Neoplasia: Radiologic-Pathologic Correlation. J Computed Assist Tomogr 2006; 30: 610-617.
4. **Choi EK,** Byun JH, Park BJ, Lee MG. Duplication of Extrahepatic Bile Duct with Anomalous Union of Pancreaticobiliary Ductal System Revealed by MR Cholangiopancreatography. Br J Radiology. In press.
5. **Choi EK**, Park SH, Kim DY, Ha HK. Overlooked Malignant Rectal Polyp at CT Colonography Caused by Retention Balloon: Opposing Crescent Appearance as a Sign of Compressed Polyp. AJR Am J Roentgenol 2006. In press.
6. **Choi EK**, Park SH, Ha HK. External Compression by a Rib Causing Pseudolesion at Virtual Colonoscopy. Gastrointest Endosc. In press.
7. **Choi EK,** Park SH, Ha HK. Ulcerative Lesions visualized on Virtual Colonoscopy. Gastroenterology. In press.
8. **Choi EK,** Ha HK, Lee See, Park SH. Positive Oral Contrast Use In Mesenteric Ischemia. In review.
9. **Choi EK**, Song HY, Shin JH, Kim KR, Kim JH Park SI. Temporary stent placement in the treatment of benign esophageal strictures: experiences in 46 patients. In review (Endoscopy).
10. **Choi EK,** Song HY, Shin JH, Ko HK, Park HK. Strategies for Achieving Long-term Resolution of Refractory Traumatic Urethral Strictures. In review (JVIR).
11. **Choi EK**, Song HY, Shin JH, Kim JW. Removal of a Covered Esophageal Metallic Stent 8 Years After Placement. In review (JVIR).
12. **Choi EK**, Song HY, Kim JW, Shin JH, Kim KR, Kim JH, Kim SB, Jung HY, Park SI. Covered Metallic Stent Placement in the Management of Cervical Esophageal Strictures. In review (Endoscopy).
13. **Choi EK**, Song HY, Shin JH, Lim JO, Park HK, Kim CS. Treatment of Recurrent Urethral Strictures with a Covered Retrievable Expandable Nitinol Stent: Long-term Results. In review (Radiology).
14. **Choi EK**, Park SH, Lee SS, Lee KH, Kim YH, Han JK, Ha HK. Linear Polyp Measurement at CT Colonography: Manual Measurement Using Three-dimensional Endoluminal Display with Optimized Threshold Versus Automatic Measurement. In preparation.

그림 3-10 Eugene Choi가 제1저자로 작성했던 14편의 원고 목록

15. Park SH, **Choi EK,** Byeon JS, Jo JY, Lee SS, Kim YH, Lee KH, Ha HK, Han JK. Polyp Matching Between CT Colonography and Colonoscopy: An Optimal Size Algorithm. Radiology. In press.
16. Park SH, Lee SS, **Choi EK**, Iannaccone R., Yang SJ, Kim JH, Ha HK. Flat Colorectal Neoplasms: Definition, Importance, and Visualization with Virtual Colonoscopy. AJR Am J Roentgenol. In press.
17. Lee SS, Park SH, **Choi EK**, Kim SY, Kim MJ, Lee KH, Kim YH, Ha HK. Colorectal Polyps at contrast-enhanced CT colonography: lesion attenuation and distinction from tagged stool. In preparation.
18. Lee SW, Park SH, Kim KW, **Choi EK**, Shin YU, Kim PN, YU ES, Hwang S., Lee SG. Unenhanced CT for assessment of macrovesicular hepatic steatosis in liver donors: comparison of visual grading and liver attenuation index. In review (Radiology).
19. Choi YJ, Kim JK, Kim NK, Kim KW, **Choi EK**, Choi KS. Functional MR Imaging of the Prostate. Radiographics. In press.
20. Kim KR, Song HY, Shin JH, Kim JH, **Choi EK**, Lee YJ. Efficacy of Mitomycin-C Irrigation after Removal of an Occluded Nasolacrimal Stent. In review (AJR).
21. Kim KR, Song HY, Shin JH, **Choi EK**, Lee YJ. Effect of Mitomycin-C Irrigation After Balloon Dacryocystoplasty. In preparation (AJR).
22. Kim TH, Ko GY, Song HY, Park IK, Shin JH, Lim JO, Kim JH, **Choi EK**. In-vitro evaluation of pulsatile flow aortic aneurysm model for stent-graft placement. In review (JVIR).
23. Kim JH, Song HY, Shin JH, **Choi EK**, Kim TW, Jong HY, Lee GH, Ryu HR. Metallic stent placement in the palliative treatment of malignant gastroduodenal obstructions: Prospective Evaluation of Results and Factors Influencing Outcome in 213 Patients. In review (Radiology).
24. Kim JW, Song HY, Shin JH, Hwang HJ, **Choi EK**. Percutaneous gastrostomy with the one puncture and one gastropexy technique: results of 286 consecutive procedures. In preparation.
25. Lee SS, Ha HK, Park SH, **Choi EK**, Kim AY, Kim PN, Lee MG. Usefulness of CT in Differentiating Transmural Infarction from Non-transmural Ischemia in Patients with Acute Mesenteric Venous Thrombosis. In review (Radiology).
26. Kwon SH, Kim MH, **Choi EK**. The Diagnostic Criteria for Autoimmune Chronic Pancreatitis: It's Time to Make a Consensus. In Preparation.
27. Song HY, Kim TH, **Choi EK**, Kim JH, Shin JH, Lee SK, Lee GH, Kim TW, Yook JH, Kim BS. Stent Placement in Patients with Recurrent Cancer after Gastrojejunostomy. Radiology (In preparation).

그림 3-11 Eugene Choi가 공동저자로 작성했던 13편의 원고 목록

이상의 논문을 SCI에 등재된 학술지에 게재하였다. 이 과정을 통하여 논문작성에 대한 교육은 바쁜 전공의 수련 과정 때보다 학생 때 하는 것이 너 효과가 있다는 것을 알게 되었고 그 사실을 저자가 근무하던 울산의대 학장님께 건의하여 받아들여졌다.

중국의 Tsauo Jiaywey 전공의

Tsauo Jiaywey를 처음 만난 것은 2014년 3월이었다. 중국의 남경 의과대학(Nanjing Medical University)에서 영어논문 작성법에 대한 강의를 마치고 엘리베이터를 향해 걷고 있을 때, 한 젊은 친구가 황급히 달려와 앞을 가로막았다. "교수님께 꼭 지도를 받고 싶습니다. 제가 한국에서 인터벤션 연구와 논문지도를 받을 수 있을까요?" 정년까지 5년밖에 남지 않은 그때, 많은 중국의 젊은 의사들이 오래전부터 지원한 탓에 이미 정원이 가득 차 마감된 상태였다. 저자는 그에게 미안하다며 사정을 설명했다. 거절을 하고 숙소로 돌아오는 길에도 그의 유창한 영어와 배움을 갈망하는 안타까운 표정이 쉽게 지워지지 않았다.

그로부터 9개월 후, 중국 성도에 있는 Xiao Li 교수로부터 강연요청을 받았다. Xiao Li 교수는 간경화증이 심한 환자에게 실시하는 TIPS 시술을 1,000례 이상 시행한 의사인 만큼 손재주가 좋기로도 유명한 학자였다. 놀라운 사실은 Tsauo Jiaywey가 Xiao Li 교수의 전공의였고, 저자를 초청한 이유가 그의 간절한 부탁이 있었기 때문이라는 것이다. 그는 Xiao Li 교수의 열다섯 제자들 중에서도 단연코 돋보이는 훌륭한 전공의였다. Tsauo Jiaywey의 연수를 받아들이기로 결정했다. 단, 그가 3년간 머무는 조건이었다.

그는 한국에 와서 연구와 영어논문작성, 임상진료의 보조를 진행했는데, 모든 과정에서 놀라운 습득력을 보이며 빠르게 성장했다. 심지어 동료 연구원들과 전공의 및 임상파트너와의 유대관계도 원활하여 그를 꺼려 하는 사람이 없을 정도였다. 때문에 그와 함께 하는 연구 및 영어논문 작성은 언제나 즐거웠으며, 그가 준비한 연구계획 발표도 완벽에 가까워 우리의 나아갈 방향을 정확하게 설계하는 등 모든 면에서 가르치는 보람과 기쁨을 느끼게 했다.

그의 노력과 성장 속도는 저자 홀로 인정하는 것이 아니었다. 훗날 그에게 청출어람의 증표를 만들어 시상하고 상금을 부여하려 했을 때 다른 연구원들 중에도 반대하는 이가 없었다. 오히려 적극 동의하며 Tsauo Jiaywey의 우수성을 인정했고 자신의 일인 것처럼 기뻐하며 축하해주었다. 1987년에 대만에서 태어난 그는 교수인 어머니를 따라 어릴 때 뉴질랜드로 이민하여 초등학교부터 고등학교를 마쳤다고 한다. 이후 중국으로 건너가 성도에 있는 사천의대(West China School of Medicine, Sichuan University)를 졸업하고 의사가 되었다. 수련을 마치고 중국으로 돌아간 그는 현재 중국에서 가장 유명한 의과대학인 PUMC의 영상의학과 교수로 근무하면서 Authorship 모임을 활발하게 진행하고 있다.

Tsauo Jiaywey와 3년간 같이 지내면서 그의 모습에서 젊었을 때의 나의 모습과 저자를 지도해 준 많은 멘토들의 모습을 기억할 수 있었다. 저자는 전북의대에서 조교수로 근무하던 시절에 처음으로 영어로 논문을 작성하였다. 환자의 복부 사진을 판독하면서 간동맥류(hepatic artery aneurysm)가 있는 환자를 발견하였는데 3개월 후 또 다른 증례를 만나게 되었다. 그러한 증례에 대한 문헌을 찾아

본 결과 간동맥류에 대한 영상의학적 소견에 대한 보고가 거의 없었기 때문에 논문거리가 된다고 생각을 하였다. 먼저 국내의 여러 대학에 연락하여 간동맥류에 대한 증례가 있으면 공동으로 영어 논문을 작성하자는 연락을 했는데 서울대병원에 1례, 원광대학에 1례가 있었다. 총 4례의 영상소견을 분석하면서 영어로 논문을 쓰기 시작하였는데 당시 국내에서 영어논문을 작성해 본 학자들이 많지가 않은 상태이어서 어떻게 시작을 하여야 할지 막막하기만 하였다. 먼저 전북의대에서 영어논문을 작성하여 본 경험이 있던 생리학 교실과 피부과학 교실의 교수를 만나 그들의 경험에 대하여 설명을 듣고 문헌에서 비슷한 논문을 찾아 읽어 가면서 초고를 작성하였다. 그 다음 공저자였던 서울의대 영상의학과의 박재형 교수님과 최병인 교수님을 찾아가 작성한 초고를 보여 드리며 교정도 받고 요령을 배웠다. 그 다음 대한 영상의학회에 초청 연사로 한국을 찾은 일본과 미국 교수들을 개인적으로 만나서 교정한 원고를 보여 드리며 조언을 부탁하는 등 기회가 될 때마다 경험이 있는 국내외 사람들을 만나 메모를 하면서 배웠다. 때로는 전혀 모르는 분에게 원고를 내놓고 의견을 묻다 보니 핀잔과 야단도 여러 번 받았다. 결국 SCI 학술지에 채택이 되었지만(Song HY, Choi KC, Park JH, Choi BI, Chung YS. Radiological evaluation of hepatic artery aneurysms. Gastrointest Radiol 1989;14:329-333) 그 논문을 완성하는 데 무려 1년이 걸렸다. 첫 논문을 작성하는 데 많은 시간과 노력이 들었고 창피한 경우도 많았지만 그때 정말 많은 사람들로부터 얻는 조언은 저자에게 크나큰 자산이 되었다. 영상의학분야에서 가장 저명한 Radiology에 1991년부터 2000년까지 10년간 한 해를 빼지 않고 제1저자로서 1~3편의 논문을 게재할 수 있는 역대의 기록을 세울 수 있었던 것도 그 자산 덕분이었다.

박정훈 방사선사

박정훈 방사선사는 저자가 근무하던 서울아산병원 영상의학과에서 신입 방사선사로 근무를 하면서 2005년 Authorship 모임에 처음 참석하였다. 당시 같이 근무하는 의사, 간호사, 방사선사, 연구원들에게 Authorship 모임의 문을 활짝 열어놓고 있었기 때문에 소수의 간호사와 방사선사들이 참여하곤 하였다. 그는 한 번도 빠짐없이 Authorship 모임에 참석하면서 열심히 배웠고 성실한 자세로 진료를 도와주었다. 그가 공동저자로 SCI논문에 이름을 처음으로 올린 것은 3년 후인 2008년이었다. 그리고 7년 후인 2012년에는 처음으로 제1저자로 SCI논문을 출간하였다. 다시 말해서 한 명의 초심자의 방사선사에게 논문 작성에 대한 교육을 하는 데 무려 7년이 걸린 셈이다. 일반적으로 방사선사나 간호사의 교과 과목은 의학과와 사뭇 다르기 때문에 그들이 임상논문이나 연구논문을 소화해 내는 데는 사람에 따라 다소 다르지만 의사들에 비하여 좀더 오래 걸릴 수밖에 없다.

놀라운 사실은 그가 제1저자로 첫 SCI논문을 작성하고 난 다음부터는 매년

3~6편의 논문을 impactor factor가 높은 여러 SCI학술지에 출간하고 있고 저자가 정년을 한 2019년까지 그가 출간한 논문은 총 97편이고 그중 제1저자 논문이 36편이었다. 그는 대학원을 지원하여 저자의 지도학생으로 박사학위를 취득하였고 지금은 아산병원의 방사선사 직에서 아산병원 연구소의 특수전문학자로 직을 바꿔서 중개연구(translational research)를 적극적으로 이끌어 가고 있다. 그는 지도자가 갖추어야 할 열린 마음(open-mindedness)과 진취적인 자세(proactiveness), 겸손(modesty)을 골고루 잘 갖추고 있기 때문에 서울아산병원 중개연구 팀은 더욱 활발하고 더 성장하는 팀으로 변모하리라 믿고 있다.

참조로 Writing School을 마치고 떠나는 한 공대학생이 저자에게 보냈던 감사의 메일 하나를 아래에 소개한다. 이 메일에서 영어논문작성에 임하는 초심자가 가져야 하는 자세를 엿볼 수 있을 것이다.

> "송호영 교수님께,
>
> 안녕하십니까? 2011년 Writing School을 마친 후에 돌이켜보니 고작 40일의 짧은 시간이었지만 얼마나 많은 것을 배우고 느꼈는지 다시 한번 깨닫게 되었습니다. 정말 이 기회가 제 인생의 Turning point가 될 것임을 믿어 의심치 않습니다. 의대생도 아닌 저에게 이런 좋은 기회를 주셔서 정말 감사하고, 나아가 동물실험과 그에 관련된 논문을 더 접할 수 있게 해 주셔서 또 한 번 감사드립니다.
>
> 물론 Writing School에 참여하는 동안 체력적, 정신적으로 힘들었던 것도 사실이지만 연구실에서 밤을 새우고 새벽에 집을 향해 갈 때 그 피곤함과 찬바람마저 얼마나 아름다워 보였는지 모릅니다. 평생 제 인생에 없던 기회를 주셔서, 힘들어도 꿈을 다시 한번 확인하게 해 주셔서 정말 감사합니다. 앞으로도 열심히 하겠습니다."

결론적으로 영어논문작성은 강한 의욕을 가지고 노력하면 누구나 어렵지 않게 배울 수 있는 기술(skill)이다. 그러나 독창적인 새로운 사실, 과학적인 가치, 독자들에게 흥미를 가지는 참가치가 있는 좋은 논문을 작성하기 위해서는 피땀을 흘려야 하고 마음의 문을 활짝 열고 분야가 다른 학자들과 협력연구를 해야 한다. 이러한 자세를 여러 해 견지하다 보면 영어논문작성이 자기의 습관이 될 것이다. 그리고 자연스럽게 멘토와 멘티들과 지속적인 만남과 소통이 이루어져서 그들과 함께 숭고한 학문의 목표를 향해 고뇌와 행복을 나누어 갖는 인간미가 넘쳐흐르는 아름다운 공동체가 형성될 것이다. 저자는 여러 멘토와 멘티와 함께 SCI논문 287편(그림 3-12), non-SCI논문 144편을 출간할 수 있었다. 이 과정에서 한 학자의 논문의 숫자는 그의 학문적 업적을 나타내고 멘토와 멘티의 숫자는 삶의 업적을 나타낸다는 것을 알게 되었다.

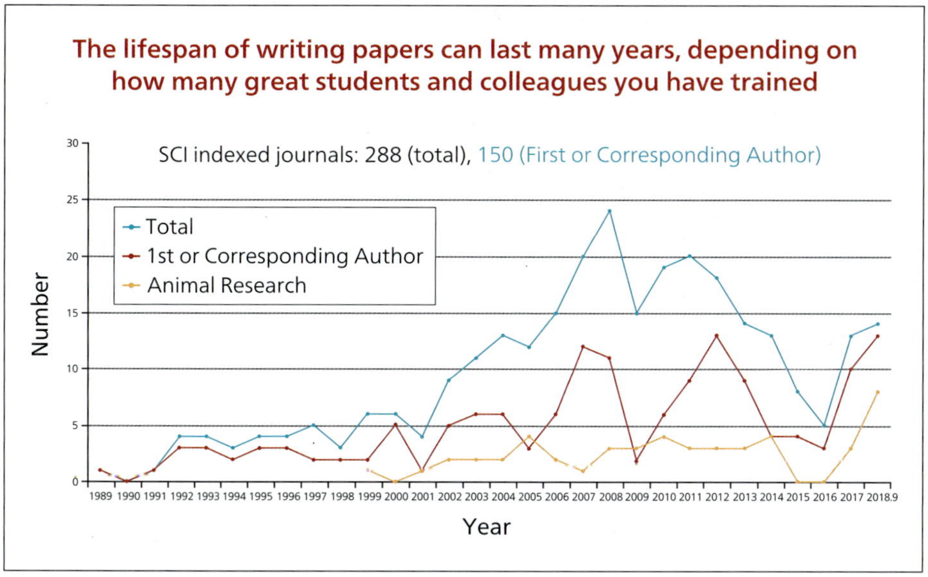

그림 3-12 저자가 조교수 시절부터 정년할 때까지 출간한 SCI논문의 추이. 파란색은 전체의 논문이고 붉은 색은 제1저자나 공동저자로의 논문. Authorship 모임을 만든 2001년 후 논문의 숫자가 급상승한 것을 알 수 있다.

참고문헌

1. 송호영, 최병인, 정혜자, Krishna Kandarpa. 영어논문 작성과 발표요령. 이퍼블릭, 서울, 2010.
2. 송호영. 자투리 시간을 활용한 영어와 중국어 공략 노하우: 바쁜 전문가들을 위한 7가지 팁과 실전에 바로 쓸 수 있는 유용한 표현들. 허원북스, 서울, 2019.

Authorship 모임 증례 1 (전임의가 작성한 초고)

Obstruction of the Eustachian Tube Treated With Fluoroscopy Guided Balloon Dilation : a prospective study in 10 patients

Abstract

Purpose

To prospectively evaluate the safety and technical feasibility of fluoroscopy guided balloon dilation of the Eustachian tube (ET) and review the preliminary outcomes.

Materials and Methods

Patients were prospectively enrolled from the otolaryngology practice of a two surgeon at a tertiary referral center. Inclusion criteria were adults with a diagnosis of ET dysfunction who unable to Valsalva maneuver more than 6 months. All procedures were performed under local anesthesia. Patients were positioned with 60 degree neck extension, and C-arm was rotated 30 degree caudally. A 0.035-inch guide wire and 6-mm balloon catheter were placed transnasally into the cartilaginous portion of ET with fluoroscopic guidance. Balloon was inflated 2 times for 1 minute each by manual injection. Clinical outcomes were assessed by ability to perform a Valsalva maneuver, and symptoms using the 7-item Eustachian Tube Dysfunction Questionnaire (ETDQ-7) score.

Results

A total of 10 balloon dilation in that uses a fluoroscopy guide were attempted in 10 adult patients from October 2016 to March 2017. Balloon dilation was technically successful in 100% (10/10) of patients. 90.0% (9/10) of patients expressed tolerable pain during initial balloon inflation. 90.0% (9/10) of 9 balloons were fully dilated without waist or deformity. No major complication related to dilation was occurred. All patients could perform a Valsalva maneuver at the time of their last visit with improvement of at least 1 ETDQ-7 score, rendering a clinical success rate of 100% (10/10). Mean ETDQ-7 score before the balloon dilation, at 1 week follow-up, at 1 month follow-up, and at 3 months follow-up were 19.9 ± 9.2, 21.4 ± 11.7, 15.5 ± 5.0, and 10.0 ± 1.4, respectively.

Conclusion

Preliminary results suggest that fluoroscopically guided balloon dilation to treat obstructive ET dysfunction is technically feasible and clinically effective.

Key Word: Balloon dilation, Eustachian tube, Balloon eustachian tuboplasty

Introduction

Eustachian tube (ET) dysfunction is a frequent problem of childhood, which may persist into adulthood. According to the previous report, ET dysfunction was founded in 0.9% of adult population, and was founded in 70% of patients who had surgery due to chronic otitis media (1). Currently, ET dysfunction is regarded as a major predisposing factor that is involved in disorders related to the middle ear, with the cartilaginous portion of the ET being the most likely site of pathology (2). The middle 8- to 12-mm-long segment within the cartilaginous ET contains mucosal surfaces in apposition at rest that function as a valve. Inflammation in this area causes physiological deficiency of the valve function that leads to insufficient ventilation of the middle ear (3). Many approaches to the treatment of ET dysfunction have been attempted, such as nasal steroid, auto pressure equalization technique, treatment with decongestants, and various surgical procedures (e.g., ventilation tube insertion, laser tuboplasty, microdebrader tuboplasty) (4-8). However, conclude the effectiveness of these procedures are still limiteddue to the variability in the diagnostic criteria used and the limited evidence for each.

Since balloon dilation (BD) for ET was first described by Ockermann et al in 2010 (9), several researchers published case series as well as long-term results of BD. Although still there is a concern for high risk of bias, BD might improves symptoms related to ET dysfunction (10). The technique of BD for ET differed across the researchers. All procedures were performed under general anesthesia, except in 1 study where 37% of patients were operated under local anesthesia (11). BD for ET begins with visualization of the ET orifice by endoscope, which is followed by visually guided insertion of a catheter via the ET orifice into the cartilaginous portion of the ET. However, balloon dilation has been performed under blinded conditions. Consequently, there are no unified procedural endpoint; and operator could not know if the balloon catheter is in place and if balloon is fully dilated against the waist. This has meant that a variety of balloon sizes and pressures have been employed. No standardized way to perform BD for ET has yet been established; at the current early stages of evaluating its efficacy, the heterogeneity of techniques confounds the ability to draw conclusions.

Our study reported herein describes the evolution of a technique for BD for ET in the outpatient clinic settings. Furthermore, we added fluoroscopic guidance technique of performing BD as opposed to the traditional blinded approach, to visualize balloon catheter position and to confirm the real time monitoring of the balloon being inflated.Therefore, the goal of our study was to evaluate the safety and technical feasibility of fluoroscopy guided balloon dilation of the Eustachian tube (ET) and review the preliminary outcomes.

Materials and Methods

Patient Selection

Patients were prospectively enrolled from the otolaryngology practice of a two surgeon at a tertiary referral center. Institutional ethics approval was obtained from our institution. All patients participating in the study were provided with approved patient information sheets and underwent fully counseled informed consent. The inclusion criteria for balloon dilation were as follows: (1) patients who suffered from unilateral or bilateral persistent otitis media with effusion, and unable to Valsalva maneuver more than 6 months, (2) patients who underwent mastoidectomy for otitis media, but unable to Valsalva maneuver more than 6 months, (3) patients who diagnosed with ET dysfunction, and unable to Valsalva maneuver more than 6 months. The exclusion criteria were (1) patients under age 18 years, (2) history of nasopharyngeal malignancy, (3) cleft palate or history of cleft plate repair, (4) internal carotid artery aneurysm near ET.

Preprocedural high-resolution computed tomography (CT) scans were obtained to rule out anatomical anomalies of the ET or temporal bone and dehiscence of the internal carotid artery into the tubal lumen. Preoperative otomicroscopy and tympanogram were obtained in every patient. To describe symptoms, we used a 7-item Eustachian Tube Dysfunction Questionnaire (ETDQ-7) score developed by McCoul (12). It is a disease-specific instrument for the assessment of symptoms related to obstructive dysfunction of ET (Table 1).

Balloon Dilation Technique

Balloon dilation were performed on the outpatient basis procedure in fluoroscopy room. A rigid 0-degree nasal endoscope was used to examine the nasal cavity. 4% lidocaine with 1:1000 of epinephrine, and saline solution were soaked on surgical sponges, and then the sponges were inserted into the middle turbinate and placed at the end of the nasal passage for at least 10 minutes to anesthetize the nasal mucosa and to improve access to the posterior nares by reducing inferior turbinate tissue bulk.

After local anesthesia, patient was positioned for submentovertical view to visualize guide wire and balloon catheter during the procedure. In the classical position for submentovertical view, the baseline of skull is parallel to the tube and detector and the incident beam centered at a point mid way between the angles of the mandible. Specially designed holder was used to make patient shoulders and trunk elevated, and with head and neck in approximately 60 degree extension. And the X-ray tube was caudally tilted 30 degree according to patient's extension status to make the baseline of skull parallel to the tube and detector (Fig. 1). Unlike to original submentovertical view which X-ray tube is located over the patient's head, however, because X-ray tube is located under the table in most angiography system, X-ray beam projection should be changed from the calvaria to the jaw (reversed submentovertical view). This view was found to afford optimal projection for visualization of the nasopharynx-ET-middle ear-mastoid complex.

After confirmed X-ray assessment of air contents in the ET and the inner ear, a curved guiding catheter with a tip angle of 70 degrees (RELIEVA FLEX® Sinus Guide Catheter; Acclarent, Inc, Menlo Park, USA) was placed transnasally into the posterior nares and positioned at the ET pharyngeal orifice using endoscopic guidance. Then, it was rotated so that the catheter tip was flush with the ET's pharyngeal orifice and angled parallel to the long axis of the ET. 6-mm wide and 20-mm long balloon catheter (Genoss PTCA Balloon Catheter; Genoss, Suwon, Korea) and 0.035-inch guide wire (Glidewire; Terumo, Tokyo, Japan) which are originally developed for angioplasty were used in BD. The balloon catheter was combined with guide wire before insertion, then it was inserted through the guiding catheter until the tip of balloon catheter was positioned at the ET pharyngeal orifice. Then, guide wire was manipulated to negotiate into the ET under fluoroscopic guidance (Fig. 2). After confirmed the guide wire successfully passed through the cartilaginous portion of ET without kinking, the balloon catheter was advanced into the cartilaginous portion of the ET along the guide wire. Resistance encountered as it approached the narrowest diameter at bony-cartilaginous isthmus. If there was no resistance, balloon catheter tip was placed not to exceed the extension line of inner margin of cochlear.

The balloon catheter was inflated 2 times by manual injection of non-diluted contrast media for 1 minute each. Waist or deformity of the balloon, or retraction of the balloon catheter from ET was observed by fluoroscopy. During initial dilation, guide wire was manipulated to pass through the bony canal into the middle ear cavity. After initial deflation, balloon catheter was more advanced along the guide wire until resistance encountered again. Second balloon dilation was performed for 1 minute. After second balloon dilation, the balloon catheter, guide wire, and guiding sheath were removed from the patient. The ET orifice was examined by endoscopy to assess procedure-related complications such as bleeding. Antihistamine and antibiotics were prescribed for 1 week after the procedure.

Follow-up

Patients were seen initially at 1 week after the procedure and then followed the visiting schedule at 1 month, and 3 months. They were planned to include ability to perform a Valsalva maneuver, otomicroscopy, tympanogram, and change in symptoms using ETDQ-7 score.

Definitions and data analysis

The outcomes were assessed with reference to the following variables: technical and clinical success, complications, ETDQ-7 score, procedure time. Technical success was defined as successful passage of guide wire and balloon through the ET and successful balloon dilation. Clinical success was defined as able to perform a Valsalva maneuver with improvement of the ETDQ-7 score by at least 1 within 3 months after the procedure. Major complication was defined according to the Society of Interventional Radiology clinical practice guidelines (13). Procedure time was measured from the insertion of guiding sheath to the removal of balloon catheter.

Statistical Analysis

Statistical analysis was performed using SPSS Version 22.0 (SPSS Inc., Chicago, IL). Mean scores for the ETDQ-7 was compared using the paired *t* test. All *p* values were 2-sided with statistical significance evaluated at the 0.05 alpha level and 95% confidence intervals were constructed to assess the precision of the obtained estimates.

Results

Patients demographics and characteristics

Ten patients (4 men, 6 women) aged 37 to 71 years (average, 52.2) having had previous tympanostomy tubes (average, 3.4) underwent unilateral (7 right, 3 left) fluoroscopy guided BD for ET from October 2016 to March 2017. The characteristics of the patient populations are summarized in Table 2. None of patients could insufflate their diseased ears with a Valsalva maneuver. Mean ETDQ-7 score before the procedure was 19.9 ± 9.2. Six patients had tympanostomy tubes in place, and 3 patients had tympanic membrane perforations. Enlarged bony canals were detected in preprocedural CT in 2 patients. One patients had chronic otitis media with effusion with type C tympanogram.

Techinical success and procedural details

Balloon dilation was technically successful and well tolerated in 100% (10/10) of patients. A total of 70.0% (7/10) of patients expressed pain when the guide wire and the balloon catheter were introduced into cartilaginous portion of ET. And 90.0% (9/10) of patients expressed pain during initial inflation, but pain did not persisted during maximal balloon dilation. Balloons were fully dilated without waist or deformity in 90.0% (9/10) of patients. Waist of balloon was observed in 10.0% (1/10) of patient, which meant balloon catheter was further advanced into bony canal and part of middle ear (Fig. 3). There was no major complications related to balloon dilation. Slight blood-tinged balloon were observed after procedure in two patients. Average procedure time was 7.6 minutes (range, 6 – 10 minutes). Four patients had rhinorrhea after procedure that well responded with the medications within 7 days.

Clinical success and follow-up

During the mean follow-up period of 1.4 month, all of patients could perform Valsalva maneuver consistently at the time of their last visit with improvement of at least 1 ETDQ-7 score, rendering a clinical success rate of 100% (10/10). Mean ETDQ-7 score at 1 week follow-up, at 1 month follow-up, and at 3 months follow-up were 21.4 ± 11.7, 15.5 ± 5.0, and 10.0 ± 1.4, respectively. It showed significant improvement at 1 month follow-up, and at 3 month follow-up (P = ?,?, respectively), but was not significant at 1 week follow-up (P = ?) compared to the score before procedure. Postprocedural results are summarized in Table 3.

Discussion

BD for ET have resulted in successful outcomes by previous researchers, however its techniques has been varied among researchers (14). Our novel technique have several discriminations over previous studies. First, we only used localized topical anesthesia for all patients. Second, all procedures were performed under the fluoroscopic guidance, thus, we confirmed the location of balloon catheter during procedure. Further, we were able to visualize the inflation state of balloon catheter. Third, we used guide wire to introduce balloon catheter into the eustachian tube safely.

We performed all BD under local anesthesia in outpatient clinic setting. BD for ET was carried out under general anesthesia in most cases, although Catalano et al. also performed 37% of BD under local anesthesia (11). They suggested performing BD for ET under local anesthesia have several advantages (11). It allows for efficient use of health-care resources, and patient convenience without the risks and costs of a general anesthesia, and showed no demonstrable impact on outcome. One concern in local anesthesia is pain during procedure. We observed the timing of pain during procedure closely. Most patients expressed pain during insertion of balloon catheter into the cartilaginous portion and during inflation of balloon, however pain was well tolerated in all patients.

The one major drawback of conventional transnasal BD technique is that it is blind insertion. By using fluoroscopy, we obtained full visualization of balloon catheter and passage of guide wire without any blind spot under the submentovertical view, which had been used for evaluation of eustachian tube function decades ago (15). It also allows identification of middle ear and mastoid structures, such as cochlear and petrous portion of internal carotid artery. Course of ET could be supposed using relative position between ET and middle ear or mastoid structures. Continuous visualization of balloon decreases the risk of kinking, confirms deployment of the balloon and decreases the chances of insertion into a false passage, all of which are more likely with blind insertion. Previous researcher suggested that continuous visualization of balloon catheter could be possible using dual endoscopic transtympanic approach (16). However, this technique has not been widely adopted because of its complexity, and it also could not provide full visualization of balloon catheter.

The balloon was inflated to a target pressure of up to 8 atm or more in previous researchers. However, we confirmed that the balloon catheter could be inflated to full diameter even in low pressure by manual injection. Generally, pressure of balloon by manual inflation could not exceed 2 atm, thus this makes the possibility of a bony fracture very low. The benefits of high pressure could not outweigh the risk. In the earliest published study, a balloon catheter was inserted beyond the tubal isthmus (9), inflating both bony and cartilaginous portions of the ET. However, this technique has not been using after, as it confers no additional benefits and runs an increased risk of bony fracture and injury to the internal carotid artery. Although studies in cadaver models with intentional dilation of the bony part of the ET showed no detectable micro-fractures of the bone on postprocedral CT (17, 18), this does not rule out the possibility of a fracture along a bony canal. In our case series, balloon waist was observed in one case; this means balloon catheter pass through the bony portion of ET. Preprocedural temporal bone CT showed enlarged bony canal in this patient, thus balloon catheter was introduced into bony portion without resistance in this case. In this state, if there is pressure of more than 8 atm on the bony canal, it could causes a fracture along a bony canal with possible penetrating trauma to the internal carotid artery.

We routinely used 0.035-inch guide wire when introducing balloon catheter to minimize injury to the mucosa, and to visualize ET course. It makes the balloon catheter properly navigated into deep portion of eustachian tube, and prevent potential mucosal tearing by sharp tip of balloon catheter. Further, course of bony canal could be analogized because it showed angle at the point which is cartilaginous portion change into bony canal. Generally, guide wire was not routinely used in BD for ET. Only one study used a guide wire with fiber optic light through the guiding catheter, visualization through the external auditory meatus of a red glow behind the tympanic membrane ensuring correct placement of the catheter (19). However, it does not affected the outcomes of BET, despite of high cost of £700–950 including the balloon catheter. We used conventional 0.035-inch guide wire and balloon catheter using for angioplasty, which total cost of guide wire and balloon for single use is only £170-200.

This study has several limitations. First, reliable data could not be deduced because of small patient population. Second, radiation exposure should be needed in our technique. Methods for minimizing radiation such as limited use of fluoroscopy, use of pulse fluoroscopy, use of the last image hold feature, and tight collimation should be considered. Third, long-term prognosis could not be evaluated because follow-up period after BD was too short.

This study demonstrated that fluoroscopy guided BD for ET was technically feasible. It could be safely performed in outpatient clinic setting under local anesthesia, and the location and the inflation status of balloon catheter could be fully visualized. There was a improvement in the ability to perform a Valsalva maneuver and a reduction in the symptom. We believe that this technique has advantages for BD for ET. However, current study was limited by the small number of patients and short follow-up period. Further larger scale prospective study needs to follow.

References

1. Browning GG, Gatehouse S. The prevalence of middle ear disease in the adult British population. Clin Otolaryngol Allied Sci. 1992;17(4):317-21.
2. Hopf J, Linnarz M, Gundlach P, Schafer E, Leege N, Scherer H, et al. [Microendoscopy of the Eustachian tube and the middle ear. Indications and clinical application]. Laryngorhinootologie. 1991;70(8):391-4.
3. Poe DS, Abou-Halawa A, Abdel-Razek O. Analysis of the dysfunctional eustachian tube by video endoscopy. Otol Neurotol. 2001;22(5):590-5.
4. Adil E, Poe D. What is the full range of medical and surgical treatments available for patients with Eustachian tube dysfunction? Curr Opin Otolaryngol Head Neck Surg. 2014;22(1):8-15.
5. Gluth MB, McDonald DR, Weaver AL, Bauch CD, Beatty CW, Orvidas LJ. Management of eustachian tube dysfunction with nasal steroid spray: a prospective, randomized, placebo-controlled trial. Arch Otolaryngol Head Neck Surg. 2011;137(5):449-55.
6. McCoul ED, Lucente FE, Anand VK. Evolution of Eustachian tube surgery. Laryngoscope. 2011;121(3):661-6.
7. Norman G, Llewellyn A, Harden M, Coatesworth A, Kimberling D, Schilder A, et al. Systematic review of the limited evidence base for treatments of Eustachian tube dysfunction: a health technology assessment. Clin Otolaryngol. 2014;39(1):6-21.
8. Sudhoff H, Schroder S, Reineke U, Lehmann M, Korbmacher D, Ebmeyer J. [Therapy of chronic obstructive eustachian tube dysfunction: evolution of applied therapies]. HNO. 2013;61(6):477-82.
9. Ockermann T, Reineke U, Upile T, Ebmeyer J, Sudhoff HH. Balloon dilatation eustachian tuboplasty: a clinical study. Laryngoscope. 2010;120(7):1411-6.
10. Randrup TS, Ovesen T. Balloon eustachian tuboplasty: a systematic review. Otolaryngol Head Neck Surg. 2015;152(3):383-92.
11. Catalano PJ, Jonnalagadda S, Yu VM. Balloon catheter dilatation of Eustachian tube: a preliminary study. Otol Neurotol. 2012;33(9):1549-52.
12. McCoul ED, Anand VK, Christos PJ. Validating the clinical assessment of eustachian tube dysfunction: The Eustachian Tube Dysfunction Questionnaire (ETDQ-7). Laryngoscope. 2012;122(5):1137-41.
13. Sacks D, McClenny TE, Cardella JF, Lewis CA. Society of Interventional Radiology clinical practice guidelines. Journal of vascular and interventional radiology : JVIR. 2003;14(9 Pt 2):S199-202.
14. Miller BJ, Elhassan HA. Balloon dilatation of the Eustachian tube: an evidence-based review of case series for those considering its use. Clin Otolaryngol. 2013;38(6):525-32.
15. Bluestone CD, Wittel RA, Paradise JL. Roentgenographic evaluation of eustachian tube function in infants with cleft and normal palates. Cleft Palate J. 1972;9:93-100.
16. Jufas N, Patel N. Transtympanic balloon dilatation of the eustachian tube: systematic review. J Laryngol Otol. 2016;130(5):425-30.
17. Ockermann T, Reineke U, Upile T, Ebmeyer J, Sudhoff HH. Balloon dilation eustachian tuboplasty: a feasibility study. Otol Neurotol. 2010;31(7):1100-3.
18. Poe DS, Hanna BM. Balloon dilation of the cartilaginous portion of the eustachian tube: initial safety and feasibility analysis in a cadaver model. Am J Otolaryngol. 2011;32(2):115-23.
19. McCoul ED, Anand VK. Eustachian tube balloon dilation surgery. Int Forum Allergy Rhinol. 2012;2(3):191-8.

Figure legends

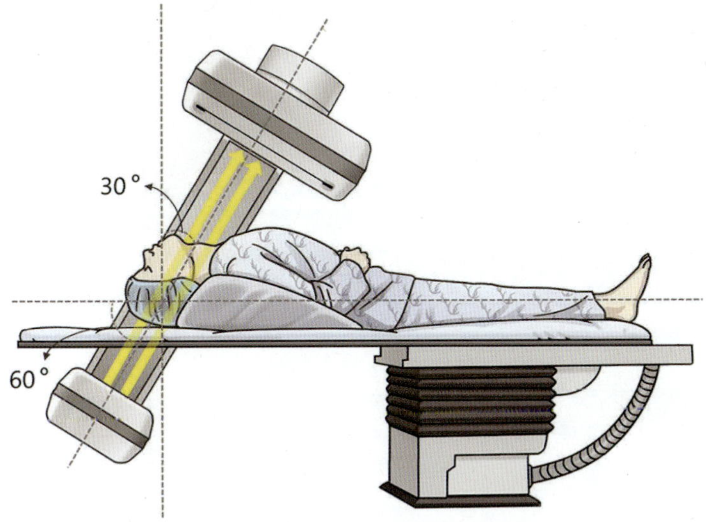

Figure 1. Reversed submentovertical view. Each patient was placed on the fluoroscopy table in the supine position with shoulders and trunk elevated, and with head and neck in approximately 60 degree extension. The X-ray tube was caudally tilted 30 degree according to patient's extension status.

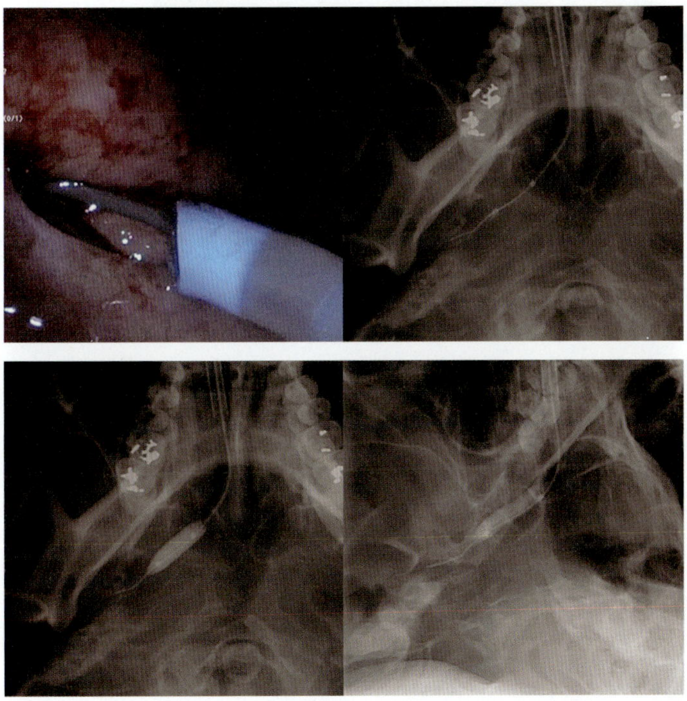

Figure 2. (a) Guide wire has been inserted through the guide catheter before balloon catheter was introduced. (b) Guide wire together with a balloon catheter was introduced so that the distal tip of the balloon catheter reached to the isthmus and guide wire in the bony canal. (c) The balloon was inflated by manual injection with use of water soluble contrast medium for one minute. (d) Oblique lateral view shows full length of the inflated balloon catheter.

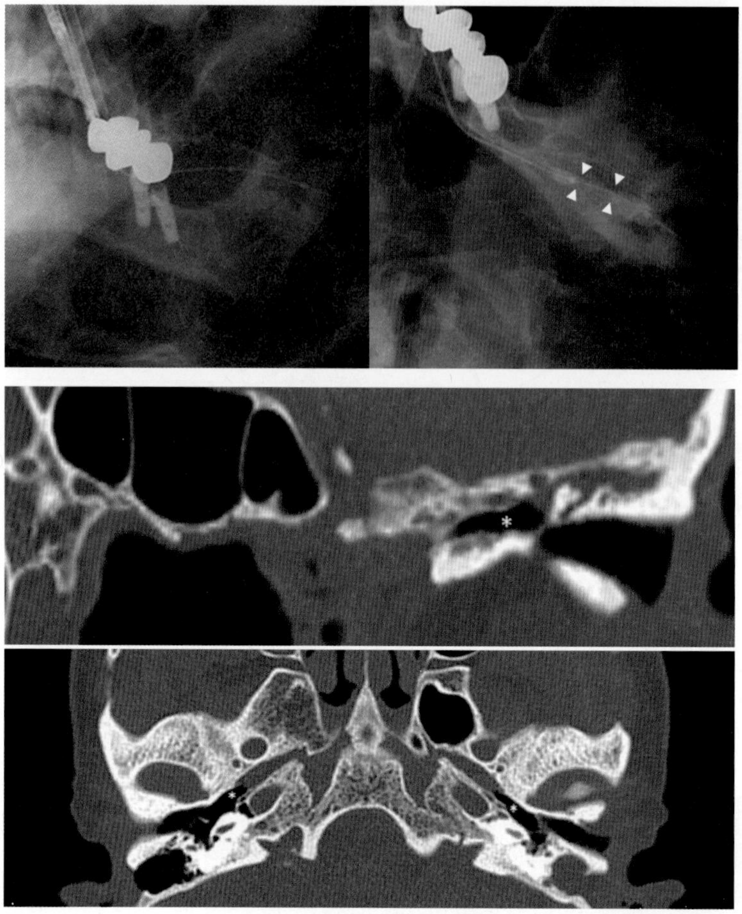

Figure 3. (a) Guide wire pass through the bony portion to middle ear cavity. (b) Waist deformity of the balloon appeared during inflation. (c,d) Preprocedural temporal bone CT shows the enlarged bony canals in both sides. (* indicates enlarged bony canals)

Tables

Table 1. The Seven-Item Eustachian Tube Dysfunction Questionnaire.

Over the past 1 month, how much has each of the following been a problem for you?	No problem			Moderate Problem		Severe problem	
1. Pressure in the ears?	1	2	3	4	5	6	7
2. Pain in the ears?	1	2	3	4	5	6	7
3. A Feeling that your ears are clogged or "under water"?	1	2	3	4	5	6	7
4. Ear symptoms when you have a cold or sinusitis?	1	2	3	4	5	6	7
5. Crackling or popping sound in the ears?	1	2	3	4	5	6	7
6. Ringing in the ears?	1	2	3	4	5	6	7
7. A feeling that your hearing is muffled?	1	2	3	4	5	6	7

Table 2. Preprocedural patient data

Patient No.	Age	Sex	Chief complaint	Symptom Duration	No. of previous tympanostomy tubes	ETDQ-7 Score Before Procedure	TM Status	Tympanogram	Anatominal abnormalities in CT
1	55	M	Hearing disturbance (Left)	5 y	2	12	Tube	Open	No
2	50	F	Earfullness (Right)	3 y	8	41	Perforated	Open	No
3	56	F	Hearing disturbance (Left)	8 y	10	22	Perforated	Open	Enlarged bony canal
4	38	F	Hearing disturbance (Right)	10 y	6	26	Perforated	Open	No
5	52	F	Hearing disturbance (Right)	4 y	2	26	Normal	C	No
6	37	F	Hearing disturbance (Right)	3 y	1	14	Tube	Open	No
7	71	M	Otorrhea (Right)	50 y	1	10	Tube	Open	No
8	64	M	Hearing disturbance (Right)	7 y	1	17	Tube	Open	No
9	56	M	Hearing disturbance (Right)	4 y	1	16	Tube	Open	No
10	43	F	Hearing disturbance (Left)	2 y	2	15	Tube	Open	Enlarged bony canal

Note.—TM = tympanic membrane

Table 3. Postprocedural results

Patient No.	Follow-up, months	Complications	Postprocedural findings (1 month)			Eustachian Tube Dysfunction Questionnaire Score			
			Valsalva	TM Status	Tympanogram	Before	1 week	1 month	3 month
1	5	No	Yes	Tube	Open	12	15	12	9
2	4	No	Yes, inconsistent	Normal	C	41	41	19	11
3	1	No	Yes	Perforated	Open	22	16	?	?
4	1	No	Yes	?	?	26	23	?	?
5	1	No	Yes	?	?	26	21	?	?
6	1	No	Yes	?	?	14	12	?	?
7	1	No	Yes	?	?	10	?	?	?
8	1	No	?	?	?	17	?	?	?
9	1	No	?	?	?	16	?	?	?
10	1	No	?	?	?	15	?	?	?

Note.—TM = tympanic membrane

Authorship 모임 증례 1 (저자의 교정 및 의견)

Overall comments

1. Try to clearly define the purpose of this study in Introduction and describe the newness (originality) of this study in Discussion.
2. **This manuscript did not refer some important current references. Please read recently published papers to revise this manuscript. I added seven more papers (Add-1 to Add-8) published in 2016 and 2017. I strongly suggest that the first author reads the references thoroughly to find the differences between the newness of this study and theirs.**
3. **Try to keep the flow from the begging to the end, particularly Introduction and Materials and Methods sections. You can omit some sentences which are redundant or are not directly related to the purpose and newness of this study.**
4. **There are some unfamiliar and awkward English sentences, and some areas are therefore unclear to understand. Please revise this manuscript according to the comments from the authorship meeting including mine. I encourage the first author to print five or more representative papers in the references or others (For example, References Add-3, Add-4, Add-5, WR-1, WR-2, WR-3 in the folder) to read and copy the useful English expressions for revision. Please compare this manuscript with theirs in a section-by-section fashion. In other words, please use their English, not your own English. After that, please send the final manuscript to English Editing Service before you submit it to a target journal.**
5. You are going to write one more manuscript on ET balloon dilation, entitled tentatively "Suitable Patient's Position for Fluoroscopic Eustachian Tube Balloon Dilation". Many parts of the second and third paragraphs of Materials and Methods in this manuscript seem to be more suitable for the next manuscript.
6. **It will be better to send the final manuscript to English Editing Service in AMC before you submit it to a target journal.**

Obstruction of the Eustachian Tube Treated With Fluoroscopy Guided Balloon Dilation : a prospective study in 10 patients

1. **Combined Endoscopic and Fluoroscopic Balloon Dilation: Initial Safety and Feasibility Analysis in 10 Patients with Eustachian Tube Dysfunction**
2. **Combined Endoscopic and Fluoroscopic Balloon Dilation in Patients with Eustachian Tube Dysfunction**

Abstract

Purpose

To prospectively evaluate the safety and technical feasibility of fluoroscopy guided balloon dilation of the Eustachian tube (ET) and review the preliminary outcomes.

To prospectively evaluate the technical feasibility and clinical effectiveness of combined endoscopic and fluoroscopic balloon dilation in patients with Eustachian tube (ET) dysfunction.

Materials and Methods

Patients were prospectively enrolled from the otolaryngology practice of ~~a~~ two surgeons at a tertiary referral center. Inclusion criteria were adults with a diagnosis of ET dysfunction who were unable to a Valsalva maneuver more than 6 months. All procedures were performed under local anesthesia. ~~Patients were positioned with 60 degree neck extension, and C-arm was rotated 30 degree caudally.~~ A 0.035-inch guide wire and a 2mm in diameter and 6-mm long balloon catheter were ~~placed transnasally into~~ used to dilate the cartilaginous portion of ET ~~with~~ under combined endoscopic and fluoroscopic guidances. Balloon was inflated 2 times for 1 minute each by manual injection. Clinical outcomes were assessed by ability to perform a Valsalva maneuver, and symptoms using the 7-item Eustachian Tube Dysfunction Questionnaire (ETDQ-7) score.

Results

~~A total of 10 balloon dilation in that uses a fluoroscopy guide were~~Balloon dilation was attempted in total of 10 adult patients from October 2016 to March 2017. Balloon dilation was technically successful in 100% (10/10) of patients. ~~90.0% (9/10) of patients expressed tolerable pain during initial balloon inflation.~~ 90.0% (9/10) of 9 balloons were fully dilated without waist ~~or~~ deformity. No major complications related to dilation ~~was~~ occurred in any patients. All patients could perform a Valsalva maneuver at the time of their last visit with improvement of at least 1 ETDQ-7 score, rendering a clinical success rate of 100% (10/10). Mean ETDQ-7 score before the balloon dilation, at 1 week follow-up, at 1 month follow-up, and at 3 months follow-up were 19.9 ± 9.2, 21.4 ± 11.7, 15.5 ± 5.0, and 10.0 ± 1.4, respectively.

Conclusion

Preliminary results suggest that fluoroscopically guided balloon dilation to treat obstructive ET dysfunction is technically feasible and clinically effective.

Combined endoscopic and fluoroscopic balloon dilation seems to be technically feasible and clinically effective.

Key Word: Balloon dilation, Eustachian tube, Balloon ~~eustachian~~Eustachian tuboplasty

Introduction

Eustachian tube (ET) dysfunction is a frequent problem of childhood, which may persist into adulthood. According to the previous report, ET dysfunction was founded in 0.9% of adult population~~, and was founded~~ as well as in 70% of patients who had surgery due to chronic otitis media (1). Currently, ET dysfunction is regarded as a major predisposing factor that is involved in disorders related to the middle ear, with the cartilaginous portion of the ET being the most likely site of pathology (2). The middle 8- to 12-mm-long segment within the cartilaginous ET contains mucosal surfaces in apposition at rest that function as a valve. Inflammation in this area causes physiological deficiency of the valve function that leads to insufficient ventilation of the middle ear (3). Many approaches to the treatment of ET dysfunction ~~have been attempted,~~ such as nasal steroid, auto pressure equalization technique, treatment with decongestants, and various surgical procedures (e.g., ventilation tube insertion, laser tuboplasty, microdebrader tuboplasty) have been attempted. (4-8). However, ~~conclude~~ their effectiveness ~~of these procedures~~ are still ~~limited~~controversial due to the variability in the diagnostic criteria ~~used~~ and the limited ~~evidence for each~~ experiences.

Try to clearly define the background and purpose of this study in the second and third paragraph. See my phrase below for the next two paragraphs. Since balloon dilation (BD) for ET was first described by Ockermann et al in 2010 (9), several researchers published case series as well as long-term results of BD. Although still there is a concern for high risk of bias, BD might improves symptoms related to ET dysfunction (10). The technique of BD for ET differed across the researchers. All procedures were performed under general anesthesia, except in 1 study where 37% of patients were operated under local anesthesia (11). BD for ET begins with visualization of the ET orifice by endoscope, which is followed by visually guided insertion of a catheter via the ET orifice into the cartilaginous portion of the ET. However, balloon dilation has been performed under blinded conditions. Consequently, there are no unified procedural endpoint; and operator could not know if the balloon catheter is in place and if balloon is fully dilated against the waist. This has meant that a variety of balloon sizes and pressures have been employed. No standardized way to perform BD for ET has yet been established; at the current early stages of evaluating its efficacy, the heterogeneity of techniques confounds the ability to draw conclusions.

Our study reported herein describes the evolution of a technique for BD for ET in the outpatient clinic settings. Furthermore, we added fluoroscopic guidance technique of performing BD as opposed to the traditional blinded approach, to visualize balloon catheter position and to confirm the real time monitoring of the balloon being ~~inflated. Therefore~~inflated.

Therefore, the goal of our study was to evaluate the safety and technical feasibility of fluoroscopy guided balloon dilation of the Eustachian tube (ET) and review the preliminary outcomes.

Since Ockermann and his coworkers (9) reported their first experience of endoscopic ET balloon dilation in 2010, the minimally invasive procedure is increasingly being used for treatment of ET dysfunction (10, 11, 14, 16, Add 1 – Add 8). The procedure has been reported to be feasible and safe with encouraging results. To our knowledge, however, the whole part of the balloon catheter could not be visualized during endoscopic ET balloon dilation. In addition, all the endoscopic techniques but **two (add-7, 11 Please check this issue again)** were performed under general anesthesia. We hypothesized that combined endoscopic and fluoroscopic balloon dilation may be an alternative method of balloon dilation for ET dysfunction, not only because the whole part of the balloon catheter can be visualized during its inflations and deflations but also because fluoroscopic negotiation of the guide wire can prevent false passage of the balloon catheter. The purpose of this prospective study was to evaluate the technical feasibility and clinical effectiveness of combined endoscopic and fluoroscopic balloon dilation in patients with ET dysfunction.

Materials and Methods

Patient Selection

Patients were prospectively enrolled from the otolaryngology practice of ~~a~~ two surgeons at a tertiary referral center. ~~Institutional ethics approval was obtained from our institution. All patients participating in the study were provided with approved patient information sheets and underwent fully counseled informed consent.~~The study protocol was approved by our institutional review board, and each patient provided written informed consent.

The inclusion criteria for balloon dilation were ~~as follows:~~ (1) patients who suffered from unilateral or bilateral persistent otitis media with effusion, and unable to do a Valsalva maneuver more than 6 months, (2) patients who underwent mastoidectomy for otitis media, but unable to do a Valsalva maneuver more than 6 months, (3) patients who diagnosed with ET dysfunction, and unable to do a Valsalva maneuver more than 6 months. The exclusion criteria were (1) patients under age 18 years, (2) history of nasopharyngeal malignancy, (3) cleft palate or history of cleft plate repair, (4) internal carotid artery aneurysm near the ET.

Preprocedural high-resolution computed tomography (CT) scans were obtained to rule out anatomical anomalies of the ET or temporal bone and dehiscence of the internal carotid artery into the tubal lumen. Preoperative otomicroscopy and tympanogram were obtained in every patient. To describe symptoms, we used a 7-item Eustachian Tube Dysfunction Questionnaire (ETDQ-7) score developed by McCoul (12). It is a disease-specific instrument for the assessment of symptoms related to obstructive dysfunction of ET (Table 1).

Balloon Dilation Technique

Balloon dilation ~~were~~ was performed in an angiography room on the outpatient basis ~~procedure in fluoroscopy room~~. A rigid 0-degree nasal endoscope (brand name of the endoscope, manufacturer's name, city, and country) was used to examine the nasal cavity. 4% lidocaine with 1:1000 of epinephrine, and saline solution were soaked on surgical sponges, and then the sponges were inserted into the middle turbinate and placed at the end of the nasal passage for ~~at least~~ 10 minutes to anesthetize the nasal mucosa and to improve access to the posterior nares by reducing inferior turbinate tissue bulk.

We are going to write one more manuscript on ET balloon dilation, entitled tentatively "Suitable Patient's Position for Fluoroscopic Eustachian Tube Balloon Dilation". Many parts of the next three paragraphs seem to be more suitable for the next manuscript. See my phrases below for the next three paragraphs. After local anesthesia, patient was positioned for submentovertical view to visualize guide wire and balloon catheter during the procedure. In the classical position for submentovertical view, the baseline of skull is parallel to the tube and detector and the incident beam centered at a point mid way between the angles of the mandible. Specially designed holder was used to make patient shoulders and trunk elevated, and with head and neck in approximately 60 degree extension. And the X-ray tube was caudally tilted 30 degree according to patient's extension status to make the baseline of skull parallel to the tube and detector (Fig. 1). Unlike to original submentovertical view which X-ray tube is located over the patient's head, however, because X-ray tube is located under the table in most angiography system, X-ray beam projection should be changed from the calvaria to the jaw (reversed submentovertical view). This view was found to afford optimal projection for visualization of the nasopharynx-ET-middle ear-mastoid complex.

After confirmed X-ray assessment of air contents in the ET and the inner ear, a curved guiding catheter with a tip angle of 70 degrees (RELIEVA FLEX® Sinus Guide Catheter; Acclarent, Inc, Menlo Park, USA) was placed transnasally into the posterior nares and positioned at the ET pharyngeal orifice using endoscopic guidance. Then, it was rotated so that the catheter tip was flush with the ET's pharyngeal orifice and angled parallel to the long axis of the ET. 6-mm wide and 20-mm long balloon catheter (Genoss PTCA Balloon Catheter; Genoss, Suwon, Korea) and 0.035-inch guide wire (Glidewire; Terumo, Tokyo, Japan) which are originally developed for angioplasty were used in BD. The balloon catheter was combined with guide wire before insertion, then it was inserted through the guiding catheter until the tip of balloon catheter was positioned at the ET pharyngeal orifice. Then, guide wire was manipulated to negotiate into the ET under fluoroscopic guidance (Fig. 2). After confirmed the guide wire successfully passed through the cartilaginous portion of ET without kinking, the balloon catheter was advanced into the cartilaginous portion of the ET along the guide wire. Resistance encountered as it approached the narrowest diameter at bony-cartilaginous isthmus. If there was no resistance, balloon catheter tip was placed not to exceed the extension line of inner margin of cochlear.

The balloon catheter was inflated 2 times by manual injection of non-diluted contrast media for 1 minute each. Waist or deformity of the balloon, or retraction of the balloon catheter from ET was observed by fluoroscopy. During initial dilation, guide wire was manipulated to pass through the bony canal into the middle ear cavity. After initial deflation, balloon catheter was more advanced along the guide wire until resistance encountered again. Second balloon dilation was performed for 1 minute. After second balloon dilation, the balloon catheter, guide wire, and guiding sheath were removed from the patient. The ET orifice was examined by endoscopy to assess procedure-related complications such as bleeding. Antihistamine and antibiotics **(Questions 1) Does the patient need antibiotics? 2) Need to clarify here their brand names, manufacturer's name, city, and country?)**were prescribed for 1 week after the procedure.

An ET balloon dilation set (Fig. 1) consisted of a curved guiding sheath with a tip angle of 70 degrees (RELIEVA FLEX® Sinus Guide Catheter; Acclarent, Inc, Menlo Park, USA) or a metallic guiding sheath, a 0.035-inch guide wire (Radiofocus M; Terumo, Tokyo, Japan), and a 6-mm wide and 20-mm long balloon catheter. The metallic guiding sheath and balloon catheter were constructed by a local manufacture (Genoss, Suwon, Korea)) to our specifications. After topical anesthesia of the nasal cavity, a guiding sheath was advanced through the nasal cavity to the orifice of the E-tube under endoscopic guidance by an ear surgeon. Then, a balloon catheter loaded with a guide wire of whose angled portion was placed 5mm above the balloon catheter for guiding was introduced through the sheath into the ET by an interventional radiologist. After the balloon was manually inflated with use of water soluble contrast medium, the endoscope was removed out of the nasal cavity by the ear surgeon. Then the position of the patient was changed from supine to neck-down position for a submentovertical view to check the location of the guide wire and inflation of the balloon catheter (Fig. 2) for one minute. After deflation of the balloon catheter, the balloon catheter was advanced over the guide wire further into the ET until its tip reached to the isthmus of the ET. After that, balloon dilation was repeated one more time for one minute. Finally, the balloon catheter, guide wire, and guiding sheath were removed from the patient by the interventional radiologist. This technique was used for the first 3 consecutive patients.

We found that the balloon catheter of the 3rd patient was inadvertently passed into the bony canal of the ET. In this patient, waist formation of the balloon appeared during the balloon dilation, causing severe pain. Her temporal bone CT revealed that her ETs were larger than the other three patients. *You can describe the definition of enlarged bony canal here (See ** in the Results). For the next 7 patients, all the procedures from introduction of the guiding sheath to its removal together with the balloon catheter and guide wire were performed with the neck-down position under fluoroscopic guidance. And also temporal bone CT was routinely obtained before ET balloon dilation.

After balloon dilation, the ET orifice was examined by endoscopy to assess procedure-related complications such as bleeding. Antihistamine and antibiotics were prescribed for 1 week after the procedure.

Follow-up

~~Patients were seen initially at 1 week after the procedure and then followed the visiting schedule at 1 month, and 3 months.~~Clinical examinations were performed 1 week, one month, and 3 months after the procedure in the outpatient clinic. They were planned to include ability to perform a Valsalva maneuver, otomicroscopy, tympanogram, and change in symptoms using ETDQ-7 score.

Definitions and data analysis

The outcomes were assessed with reference to the following variables: technical and clinical success, complications, ETDQ-7 score, procedure time. Technical success was defined as successful passage of guide wire and balloon through the ET and successful balloon dilation. Clinical success was defined as patient's ability ~~able~~ to perform a Valsalva maneuver with improvement of the ETDQ-7 score by at least 1 within 3 months after the procedure. Major complication was defined according to the Society of Interventional Radiology clinical practice guidelines (13). Procedure time was measured from the insertion of guiding sheath to the removal of balloon catheter.

Statistical Analysis

Statistical analysis was performed using SPSS Version 22.0 (SPSS Inc., Chicago, IL). Mean scores for the ETDQ-7 was compared using the paired *t* test. All *p* values were 2-sided with statistical significance evaluated at the 0.05 alpha level and 95% confidence intervals were constructed to assess the precision of the obtained estimates.

Results

Patients demographics and characteristics

Ten patients (4 men, 6 women) aged 37 to 71 years (average, 52.2) having had previous tympanostomy tubes (average, 3.4) underwent unilateral (7 right, 3 left) ~~fluoroscopy guided~~ BD ~~for ET from~~between October 2016 ~~to~~ and March 2017. The characteristics of the patient populations are summarized in Table 2. None of patients could insufflate their diseased ears with a Valsalva maneuver. Mean ETDQ-7 score before the procedure was 19.9 ± 9.2. Six patients had tympanostomy tubes in place, and 3 patients had a tympanic membrane perforation~~s~~. Enlarged bony canals **(**What is the definition of enlarged bony canal? The Result section should not include any cases or results of techniques that was not described in the Materials and Methods. In other words, please make sure that the result is relevant**

to the Materials and Methods. See * in the Materials and Methods).) were detected in preprocedural CT in 2 patients. One patient~~s~~ had chronic otitis media with effusion with type C tympanogram.

Techinical success and procedural details

Balloon dilation was technically successful and well tolerated in 100% (10/10) of patients. A total of 70.0% (7/10) of patients expressed mild pain when the guide wire and the balloon catheter were introduced into ~~cartilaginous portion of~~ the ET. And ~~90.0% (9/10) of~~ all but one patient (patient No. 3)~~patients~~ expressed similar pain for 5 to 10 seconds during ~~initial~~ inflation of the balloon catheter~~, but pain did not persisted during maximal balloon dilation~~. Balloons were fully dilated without waist ~~or~~ deformity in nine of 10 (90.0%) ~~(9/10) of~~ patients. In the remaining one (patient No. 3), waist deformity of the balloon appeared during first balloon dilation at the bony canal of ET (Fig. 3) causing severe pain. The second balloon dilation was performed after retracting the balloon catheter approximately 10mm out of the ET, which caused no waist formation and pain. ~~Waist of balloon was observed in 10.0% (1/10) of patient, which meant balloon catheter was further advanced into bony canal and part of middle ear (Fig. 3).~~ There was no major complications related to balloon dilation. The balloon removed from ET after the procedure was blood tinged only in patient No.3, while was not in the other patients. ~~Slight blood-tinged balloon were observed after procedure in two patients.~~ Average procedure time was 7.6 minutes (range, 6 – 10 minutes). Four patients had rhinorrhea after procedure that well responded with **antihistamine(??)** ~~**the medications**~~ within 7 days.

Clinical success and follow-up

During the mean follow-up period of 1.4 months, all ~~of~~ patients were able to ~~could~~ perform a Valsalva maneuver consistently at the time of their last visit with improvement of at least 1 ETDQ-7 score, rendering a clinical success rate of 100% (10/10). Mean ETDQ-7 score at 1 week follow-up, at 1 month follow-up, and at 3 months follow-up were 21.4 ± 11.7, 15.5 ± 5.0, and 10.0 ± 1.4, respectively. It showed significant improvement at 1 month follow-up, and at 3 month follow-up (*P* = ?,?, respectively), but was not significant at 1 week follow-up (*P* = ?) compared to the score before procedure. Postprocedural results are summarized in Table 3.

Discussion

See my comments below to revise the Discussion section. BD for ET have resulted in successful outcomes by previous researchers, however its techniques has been varied among researchers (14). Our novel technique have several discriminations over previous studies. First, we only used localized topical anesthesia for all patients. Second, all procedures were performed under the fluoroscopic guidance, thus, we confirmed the location of balloon catheter during procedure. Further, we were able to visualize the inflation state of balloon catheter. Third, we used guide wire to introduce balloon catheter into the ~~eustachian~~Eustachian tube safely.

(D1: First paragraph of Discussion) This prospective study reveals 1) ET balloon dilation can be performed under local anesthesia; 2) fluoroscopy seems to contribute greatly to ET balloon dilation in patients with ET dysfunction; 3) low balloon pressure seems to be safer than high balloon pressure in ET balloon dilation; 4) using a guide wire is useful in ET balloon dilation; 5) collaborative approach to develop feasible interventions is necessary.

(D2): Discuss the importance of local anesthesia for ET balloon dilation, and then compare our experiences with others to explain why our method is valid.
(D3): Emphasize the importance of fluoroscopy in ET balloon dilation.
(D4): Describe the advantages of using a low balloon pressure
(D5):You can explain that using a guide wire can prevent a false passage and guide the balloon catheter to the isthmus portion of the ET. Also please compare our results with those of others who did not use a guide wire.
(D6): Describe the advantages of collaboration.
(D7): Discuss clearly the limitations of this study.
(D8): Conclude with a short summary to reiterate the significance of this study.

(This paragraph can be D2, but should be revised) We performed all BD under local anesthesia in outpatient clinic setting. BD for ET was carried out under general anesthesia in most ~~cases~~ reports, although Catalano et al. also performed 37% of BD under local anesthesia (11). They suggested performing BD for ET under local anesthesia have several advantages (11). It allows for efficient use of health-care resources, and patient convenience without the risks and costs of a general anesthesia, and showed no demonstrable impact on outcome. One concern in local anesthesia is pain during procedure. We observed the timing of pain during procedure closely. Most patients expressed pain during insertion of balloon catheter into the cartilaginous portion and during inflation of balloon, however pain was well tolerated in all patients.

(This part is good as D3) The one major drawback of conventional transnasal BD technique is that it is blind insertion. By using fluoroscopy, we obtained full visualization of balloon catheter and passage of guide wire without any blind spot under the submentovertical view, which had been used for evaluation of ~~eustachian~~Eustachian tube function decades ago (15). It also allows identification of middle ear and mastoid structures, such as cochlear and petrous portion of internal carotid artery. Course of ET could be supposed using relative position between ET and middle ear or mastoid structures. Continuous visualization of balloon decreases the risk of kinking, confirms deployment of the balloon and decreases the chances of insertion into a false passage, all of which are more likely with blind insertion. Previous researcher suggested that continuous visualization of balloon catheter could be possible using dual endoscopic transtympanic approach (16). However, this technique has not been widely adopted because of its complexity, and it also could not provide full visualization of balloon catheter.

(D4. This part is well written.) The balloon was inflated to a target pressure of up to 8 atm or more in previous researchers. However, we confirmed that the balloon catheter could be inflated to full diameter even in low pressure by manual injection. Generally, pressure of balloon by manual inflation could not exceed 2 atm, thus this makes the possibility of a bony fracture very low. The benefits of high pressure could not outweigh the risk. In the earliest published study, a balloon catheter was inserted beyond the tubal isthmus (9), inflating both bony and cartilaginous portions of the ET. However, this technique has not been using after, as it confers no additional benefits and runs an increased risk of bony fracture and injury to the internal carotid artery. Although studies in cadaver models with intentional dilation of the bony part of the ET showed no detectable micro-fractures of the bone on postprocedral CT (17, 18), this does not rule out the possibility of a fracture along a bony canal. In our case series, balloon waist was observed in one case; this means balloon catheter pass through the bony portion of ET. Preprocedural temporal bone CT showed enlarged bony canal in this patient, thus balloon catheter was introduced into bony portion without resistance in this case. In this state, if there is pressure of more than 8 atm on the bony canal, it could causes a fracture along a bony canal with possible penetrating trauma to the internal carotid artery.

(This part can be a part of D5. Describe that using a guide wire can prevent a false passage. As for the false passage, you can compare our results with those of others that reported a false passage with no using a guide wire (Add-2, Add-12 and others if available). We routinely used 0.035-inch guide wire when introducing balloon catheter to minimize injury to the mucosa, and to visualize ET course. It makes the balloon catheter properly navigated into deep portion of ~~eustachian~~Eustachian tube, and prevent potential mucosal tearing by sharp tip of balloon catheter. Further, course of bony canal could be analogized because it showed angle at the point which is cartilaginous portion change into bony canal. Generally, guide wire was not routinely used in BD for ET. Only one study used a guide wire with fiber optic light through the guiding catheter, visualization through the external auditory meatus of a red glow behind the tympanic membrane ensuring correct placement of the catheter (19). ~~However, it does not~~

~~affected the outcomes of BET, despite of high cost of £700–950 including the balloon catheter. We used conventional 0.035-inch guide wire and balloon catheter using for angioplasty, which total cost of guide wire and balloon for single use is only £170-200.~~

(D6) Although the standard surgical treatment of ET dysfunction is tympanostomy tube placement, the tubes often need to be replaced multiple times with frequent recurrences (Add-4). ET balloon dilation has emerged as a new minimally invasive intervention in the treatment of ET dysfunction (Add-1, Add-4). On the other hand, balloon dilation has been an accepted treatment for a variety of benign strictures involving nonvascular organs (Add-8, Add-9, Add-10) more than 20 years. Furthermore, it is the treatment of choice for anastomotic strictures after esophageal or gastric surgery (Add-9). As there have been outstanding developments in the technology of each field over the past decade, we concluded that it was necessary to start a cooperative intervention for integration. This study shows the integration of Interventional Radiology and Ear Surgery in that we used the guide wire, fluoroscopy, and nasal endoscopy. Cost-wisely, the ET balloon dilation set used in this study have the edge on the conventional one. Conventional ET balloon dilation set costs £700–950, while the one used for this study costs £170-200 (Please check the costs again).

(This paragraph can be D6, but should be revised) This study has several limitations. First, reliable data could not be deduced because of small patient population. Second, radiation exposure should be needed in our technique. Methods for minimizing radiation such as limited use of fluoroscopy, use of pulse fluoroscopy, use of the last image hold feature, and tight collimation should be considered. Third, long-term prognosis could not be evaluated because follow-up period after BD was too short.

(D7: See my revision below) This study demonstrated that fluoroscopy guided BD for ET was technically feasible. It could be safely performed in outpatient clinic setting under local anesthesia, and the location and the inflation status of balloon catheter could be fully visualized. There was a improvement in the ability to perform a Valsalva maneuver and a reduction in the symptom. We believe that this technique has advantages for BD for ET. However, current study was limited by the small number of patients and short follow-up period. Further larger scale prospective study needs to follow.

We believe that combined endoscopic and fluoroscopic balloon dilation has several advantages over conventional endoscopic balloon dilation. First, the procedure can be performed under local anesthesia on an outpatient basis. Second, the location and the inflation status of balloon catheter can be monitored. Third, a guide wire can guide the balloon catheter into the ET without making a false passage. In conclusion, combined endoscopic and fluoroscopic balloon dilation seems to be technically feasible and clinically effective.

References

1. References are generally old.The older, the worse. Please add several recent ones or can be replaced by old ones. For example, you can add seven more ones (Add-1 to Add-7). published in 2017 and 2016
2. As we are going to submit this manuscript to Radiology. References are required to be revised according to the rules of Radiology.

1. Browning GG, Gatehouse S. The prevalence of middle ear disease in the adult British population. Clin Otolaryngol Allied Sci. 1992;17(4):317-21.
2. Hopf J, Linnarz M, Gundlach P, Schafer E, Leege N, Scherer H, et al. [Microendoscopy of the Eustachian tube and the middle ear. Indications and clinical application]. Laryngorhinootologie. 1991;70(8):391-4.
3. Poe DS, Abou-Halawa A, Abdel-Razek O. Analysis of the dysfunctional eustachian tube by video endoscopy. Otol Neurotol. 2001;22(5):590-5.
4. Adil E, Poe D. What is the full range of medical and surgical treatments available for patients with Eustachian tube dysfunction? Curr Opin Otolaryngol Head Neck Surg. 2014;22(1):8-15.
5. Gluth MB, McDonald DR, Weaver AL, Bauch CD, Beatty CW, Orvidas LJ. Management of eustachian tube dysfunction with nasal steroid spray: a prospective, randomized, placebo-controlled trial. Arch Otolaryngol Head Neck Surg. 2011;137(5):449-55.
6. McCoul ED, Lucente FE, Anand VK. Evolution of Eustachian tube surgery. Laryngoscope. 2011;121(3):661-6.
7. Norman G, Llewellyn A, Harden M, Coatesworth A, Kimberling D, Schilder A, et al. Systematic review of the limited evidence base for treatments of Eustachian tube dysfunction: a health technology assessment. Clin Otolaryngol. 2014;39(1):6-21.
8. Sudhoff H, Schroder S, Reineke U, Lehmann M, Korbmacher D, Ebmeyer J. [Therapy of chronic obstructive eustachian tube dysfunction: evolution of applied therapies]. HNO. 2013;61(6):477-82.
9. Ockermann T, Reineke U, Upile T, Ebmeyer J, Sudhoff HH. Balloon dilatation eustachian tuboplasty: a clinical study. Laryngoscope. 2010;120(7):1411-6.
10. Randrup TS, Ovesen T. Balloon eustachian tuboplasty: a systematic review. Otolaryngol Head Neck Surg. 2015;152(3):383-92.
11. Catalano PJ, Jonnalagadda S, Yu VM. Balloon catheter dilatation of Eustachian tube: a preliminary study. Otol Neurotol. 2012;33(9):1549-52.
12. McCoul ED, Anand VK, Christos PJ. Validating the clinical assessment of eustachian tube dysfunction: The Eustachian Tube Dysfunction Questionnaire (ETDQ-7). Laryngoscope. 2012;122(5):1137-41.
13. Sacks D, McClenny TE, Cardella JF, Lewis CA. Society of Interventional Radiology clinical practice guidelines. Journal of vascular and interventional radiology : JVIR. 2003;14(9 Pt 2):S199-202.
14. Miller BJ, Elhassan HA. Balloon dilatation of the Eustachian tube: an evidence-based review of case series for those considering its use. Clin Otolaryngol. 2013;38(6):525-32.
15. Bluestone CD, Wittel RA, Paradise JL. Roentgenographic evaluation of eustachian tube function in infants with cleft and normal palates. Cleft Palate J. 1972;9:93-100.
16. Jufas N, Patel N. Transtympanic balloon dilatation of the eustachian tube: systematic review. J Laryngol Otol. 2016;130(5):425-30.
17. Ockermann T, Reineke U, Upile T, Ebmeyer J, Sudhoff HH. Balloon dilation eustachian tuboplasty: a feasibility study. Otol Neurotol. 2010;31(7):1100-3.
18. Poe DS, Hanna BM. Balloon dilation of the cartilaginous portion of the eustachian tube: initial safety and feasibility analysis in a cadaver model. Am J Otolaryngol. 2011;32(2):115-23.
19. McCoul ED, Anand VK. Eustachian tube balloon dilation surgery. Int Forum Allergy Rhinol. 2012;2(3):191-8.

Please add a photograph of the ET balloon dilation set as Fig. 1. See the Fig.1 in Materials and Methods.

Figure 1. Photograph of (top right) a curved guiding sheath, (top right) a metallic guiding sheath, (middle) a guide wire, and (bottom) a balloon catheter.

Figure legends

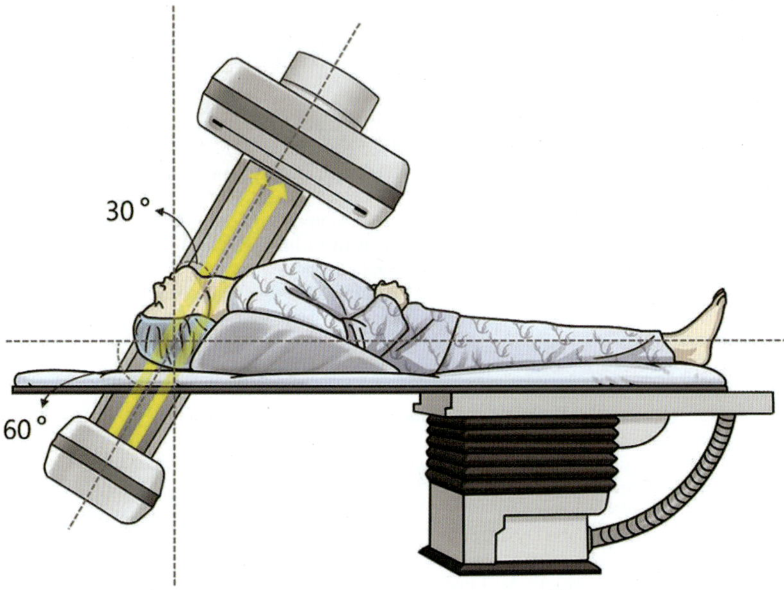

Figure 1. Reversed submentovertical view. Each patient was placed on the fluoroscopy table in the supine position with shoulders and trunk elevated, and with head and neck in approximately 60 degrees extension. The X-ray tube was caudally tilted 30 degree according to patient's extension status.

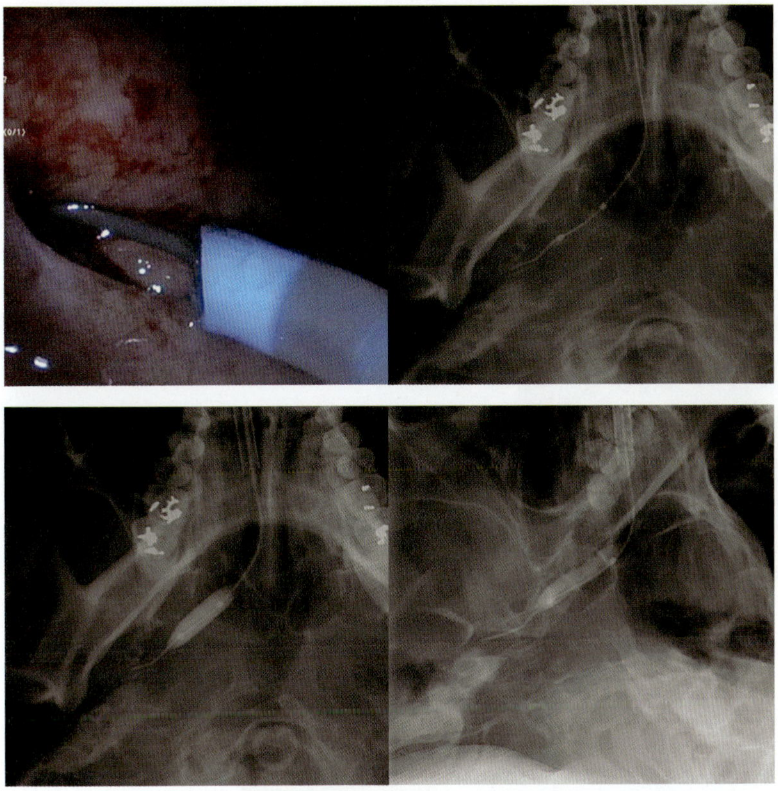

Figure 2. (a) Guide wire has been inserted through the guide catheter before balloon catheter was introduced. (b) Guide wire together with a balloon catheter was introduced so that the distal tip of the balloon catheter reached to the isthmus and guide wire in the bony canal. (c) The balloon was inflated by manual injection with use of water soluble contrast medium for one minute. (d) Oblique lateral view shows full length of the inflated balloon catheter.

1. **Replace Fig 2(a) with a better image. For example, endoscopic image with no blood, but showing the tip of a sheath, balloon catheter, and a guide wire. Endoscopic image with the metallic sheath: if you can make it, you can include only the metallic sheath in Figure 1 as well as in the text).**
2. Fig 2(d) can be deleted.
3. **Use arrows and arrow heads**
4. **Fig 2(b) and Fib 2(c) can be replaced by the ones that I chose below**

Example: Figure 2. Endoscopic photogram and plain radiographs obtained during ET balloon dilation. (a) Negotiation of a balloon catheter (arrow heads) over a guide wire (arrow) through a sheath (curved arrow) into the ET. (b) Insertion of the balloon catheter (arrow heads) over a guide wire (arrow) into the ET. (c) Inflation of the balloon catheter(arrow heads) with water soluble contrast medium.

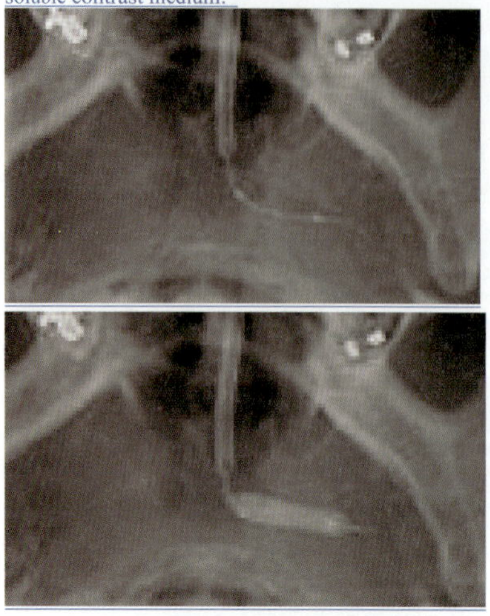

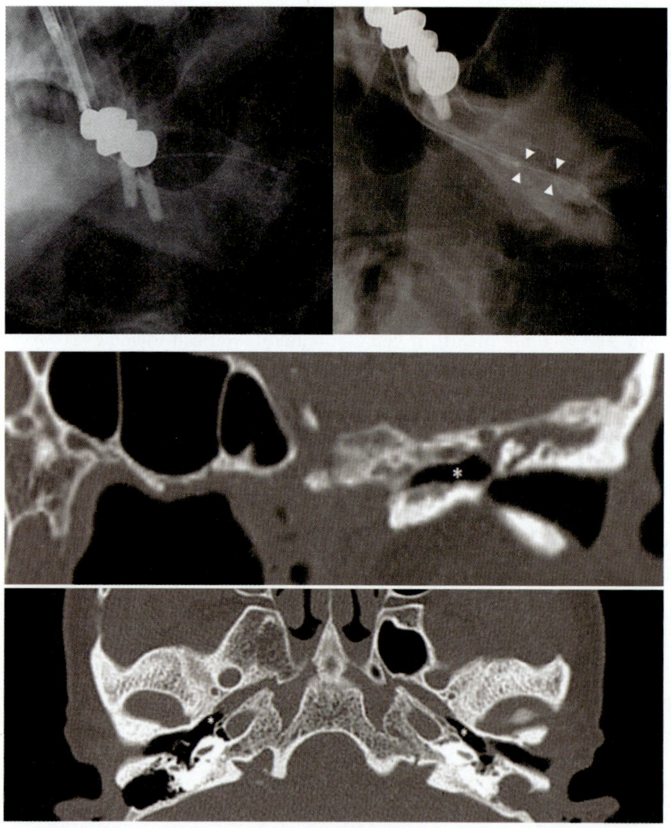

Figure 3. (a) Guide wire pass through the bony portion to middle ear cavity. (b) Waist deformity of the balloon appeared during inflation. (c,d) Preprocedural temporal bone CT shows the enlarged bony canals in both sides. (* indicates enlarged bony canals)

1. Replace Fig 3(a) and (c) can be deleted.
2. **Use arrows and arrow heads on Fig 3(b) and (d)**

3. Fig 3(b) can be replaced by the one that I chose below

Example: Figure 3. (a) Waist formation (arrow heads) of a balloon catheter at the bony portion of the ET. (b) Preprocedural temporal bone CT showing both ETs (arrow heads) larger than 2mm.

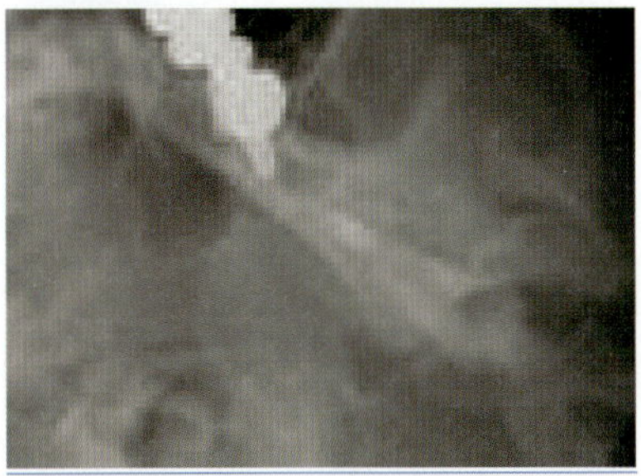

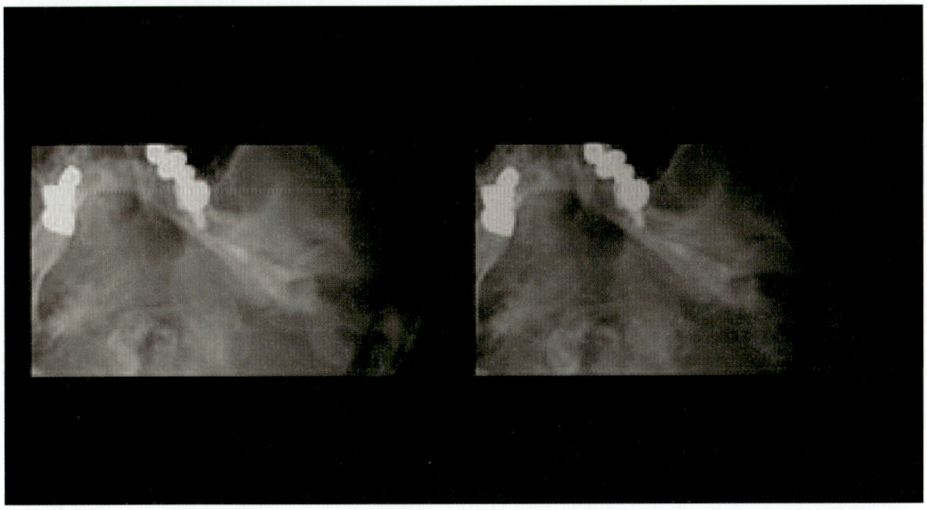

Tables

Table 1. The Seven-Item Eustachian Tube Dysfunction Questionnaire.

Over the past 1 month, how much has each of the following been a problem for you?	No problem			Moderate Problem		Severe problem	
1. Pressure in the ears?	1	2	3	4	5	6	7
2. Pain in the ears?	1	2	3	4	5	6	7
3. A Feeling that your ears are clogged or "under water"?	1	2	3	4	5	6	7
4. Ear symptoms when you have a cold or sinusitis?	1	2	3	4	5	6	7
5. Crackling or popping sound in the ears?	1	2	3	4	5	6	7
6. Ringing in the ears?	1	2	3	4	5	6	7
7. A feeling that your hearing is muffled?	1	2	3	4	5	6	7

Table 2. Preprocedural patient data

Patient No.	Age	Sex	Chief complaint	Symptom Duration	No. of previous tympanostomy tubes	ETDQ-7 Score Before Procedure	TM Status	Tympanogram	Anatominal abnormalities in CT
1	55	M	Hearing disturbance (Left)	5 y	2	12	Tube	Open	No
2	50	F	Earfullness (Right)	3 y	8	41	Perforated	Open	No
3	56	F	Hearing disturbance (Left)	8 y	10	22	Perforated	Open	Enlarged bony canal
4	38	F	Hearing disturbance (Right)	10 y	6	26	Perforated	Open	No
5	52	F	Hearing disturbance (Right)	4 y	2	26	Normal	C	No
6	37	F	Hearing disturbance (Right)	3 y	1	14	Tube	Open	No
7	71	M	Otorrhea (Right)	50 y	1	10	Tube	Open	No
8	64	M	Hearing disturbance (Right)	7 y	1	17	Tube	Open	No
9	56	M	Hearing disturbance (Right)	4 y	1	16	Tube	Open	No
10	43	F	Hearing disturbance (Left)	2 y	2	15	Tube	Open	Enlarged bony canal

Note.—TM = tympanic membrane

Table 3. Postprocedural results <u>Change ? to NA</u>

Patient No.	Follow-up, months	Complications	Postprocedural findings (1 month)			Eustachian Tube Dysfunction Questionnaire Score			
			Valsalva	TM Status	Tympanogram	Before	1 week	1 month	3 month
1	5	No	Yes	Tube	Open	12	15	12	9
2	4	No	Yes, inconsistent	Normal	C	41	41	19	11
3	1	~~No~~<u>Bleeding</u>	Yes	~~Perforated~~	~~Open~~	22	16	?	?
4	1	No	Yes	?	?	26	23	?	?
5	1	No	Yes	?	?	26	21	?	?
6	1	No	Yes	?	?	14	12	?	?
7	1	No	Yes	?	?	10	?	?	?
8	1	No	?<u>NA</u>	?	?	17	?	?	?
9	1	No	?	?	?	16	?	?	?
10	1	No	?	?	?	15	?	?	?

Note.—TM = tympanic membrane <u>NA = not applicable</u>

Authorship 모임 증례 2 (조교수가 작성한 초고)

Comparative Outcomes of Inferior Vena Cava Filters Placed at Bedside using Digital Radiography in the ICU versus Conventional Fluoroscopy

John A Walker, Jr., MD, PhD; Matthew Milam, MD; Jorge E. Lopera, MD

ABSTRACT

PURPOSE

The purpose of this study is to assess the outcomes of Inferior Vena Cava filters (IVCF) placed in critically ill patients in the ICU at bedside using digital radiograph (DR) guidance with previous cross sectional imaging for planning, compared to IVCFs placed by conventional fluoroscopy (CF).

METHOD AND MATERIALS

This is an IRB approved retrospective study spanning a period from 7/2/2015 to 9/30/2016 in which all IVC filters placed by the IR department were assessed for inclusion. Multiple procedures at time of IVCF placement resulted in study exclusion. Our institution follows SIR guidelines for IVCF indications. For critically ill patients deemed high transfer risk, beside ICU placements were performed at the operator's discretion. For analysis, placements were grouped by bedside with DR or by CF in the Angiography room. Patient demographics, indication, radiation exposures, access site, procedural duration, dwell time, and complications were identified by the EMR. Filter positioning with measurements of tip to renal vein distance and lateral filter tilt were performed when cavograms or post placement CTs were available for review. Statistical analysis was performed using Stata IC 11.2.

RESULTS

Among 161 filter placements identified, 32 were excluded, providing a sampling of 81 placed by CF and 48 at the bedside. Technical success of the procedure was 100% in both groups. Procedural duration was longer at the bedside lasting 14.5 +/- 10.2 versus 6.7 +/- 6.0 minutes (p<0.0001). The CF group had mean radiation exposure of 256.94mGy +/- 158.6 and bedside group had a median number of KUBs of 5 (3-7) estimating an average of dose of 25mGy. There was no significant difference in distance of IVC tip to renal vein (p=0.31), misplacements (p=0.57), degree of filter tilt (p=0.33), or rate of complications (p=0.65) between the bedside group and the fluoroscopy group.

CONCLUSION

IVCF placement at the bedside using DR is comparable to CF with no statistical difference in outcomes based on IVCF positioning, degree of lateral tilt or removal issues.

INTRODUCTION

Pulmonary embolism (PE) is associated with high mortality rates, estimated as high as 30%, and is a potentially preventable event.(1,2) The critically ill hospitalized patients are among the highest at risk.(3) Prophylaxis is achieved among most patients with anticoagulation. Inferior vena cava (IVC) filters provide protection to patients deemed high PE risk who have contraindications or failed anticoagulation.(3-6) IVC filters are conventionally placed in an angiography suite which requires transferring the patient. Transferring critically ill patients carries significant risks. Indeck and colleagues showed 65% of transports result in significant physiological changes to the patient, while Papson and colleagues reported that a median of one unexpected event occurrence per transport.(7,8) Both suggest prioritizing bedside care when possible.

Placement of bedside filters is not new to clinical practice. According to the literature, bedside placement is safe and effective, both by utilizing ultrasound guidance or mobile fluoroscopy. Ultrasound however is operator dependent, with trans-abdominal ultrasound having more limitations than intravascular ultrasound.(9,10) Mobile fluoroscopy have limited availability and are not always compatible with bedside configurations. Digital radiographs (DR) are now widely available, provide immediate bedside images for review and are compatible with most bedside configurations. Use of computed tomography (CT) scans for planning placement of IVC filters has additionally be shown to be safe and effective.(11)

To provide improved services to the critically ill patient, bedside IVC filter placement was prioritized in our practice. The purpose of this study is to retrospectively compare the outcomes of IVC filters placed at the bedside using CT planning with DR guidance to those conventionally placed during the same period.

METHODS

Study Cohort

This retrospective study was approved by the institutional review board, and informed consent waived. A retrospective review of the radiology departments pictorial archiving and communication system (PACS) identified 161 IVC filters placed between July 2015 through September 2016. Exclusion criteria were for placements in which additional procedures simultaneously occurred and filters not planned for the infra-renal IVC segment. In total, 32 IVCF placements were excluded due to having multiple procedures performed at the time of placement. Of those 22 had concurrent angiography to diagnose or treat traumatic injury, 5 had concurrent pulmonary embolism thrombolysis, 4 had concurrent DVT thrombolysis, and 1 had concurrent SVC filter placement. The final cohort consisted of 129 IVC filter placements (48 placed at bedside and 81 placed conventionally). A flow chart of the selection is shown in Figure 1.

Our institution follows SIR guidelines for IVC filter indications.(5) For critically ill patients deemed high transfer risk (e.g. intubated, pressor support, intra-cranial pressure monitoring), beside placements were performed at the operator's discretion.

Patients identified to the bedside DR group were younger with an average age of 49 +/- 18 years compared to patients in the CF group with an average age of 56 +/- 17 years (p=0.027). Both groups had a slight male predominance with 32 males (66.6%) and 16 females (33.4%) in the bedside DR had a slight male predominance with 32 males (66.6%) and 16 females (33.4%) in the bedside DR group and 49 males (60.5%) and 32 females (39.5%) in the CF group. The indications for placement in the bedside DR group consisted of 33 placements (68.8%) for prophylaxis, 10 (10.8%) for DVT, 3 (6.3%) for PE, and 2 (4.2%) for combined DVT with PE. The CF group indications for placement slightly deferred with 18 (22.2%) placed for prophylaxis, 41 (50.6%) for DVT, and 9 (11.1%) for PE and 13 (16.0%) for combined DVT and PE. Patient demographics and indications are summarized in Table 1.

For bedside planning, cross sectional imaging was carefully reviewed. CT was the majority modality comprising 45 of the 48 bedside DR placements. Two had MRI imaging used for planning and one was performed using DR in conjunction with IVUS. The median time from cross sectional imaging to IVCF placement was 2 days (range 0 to 259 days) and a majority (13 of 48) being within 1 day. Cross-sectional imaging was used to exclude cavomegaly or anomalous anatomy and for anatomy deemed appropriate to proceed, define the lowest renal vein confluence and IVC bifurcation as they correspond to the lumbar level on scout images. Finally, the distance from the planned common femoral vein to the lowest dominant renal vein was measured.

At the bedside, a DR plate is positioned behind the patient followed by prepping in the usual sterile fashion. Ultrasound guidance is used to obtain micropuncture access into the common femoral vein. A guidewire is then placed after estimating distance to chest. A DR image is used to confirm IVC placement of the wire by relationship to the right of the lumber spine and that sufficient wire is placed. The filter sheath is then placed to the pre-measured distance and DR obtained to ascertain lumbar level. Adjustments of the sheath tip are then made based on real time DR measurements until positioned at the desired lumbar spine level. A DR image confirms filter tip in sheath is at correct lumbar level and subsequently the filter is deployed. A post DR image is obtained to verify correct final position and sheath is removed with pressure used to achieve hemostasis of access site.

Outcome Measures

Filter positioning was assessed both in distance to renal veins and for degree of transverse filter tilt. For the bedside placement, filter positioning measurements were performed when retrieval cavograms or post placement CTs were available for review. The distance from the IVC filter tip to the lowest dominant renal vein inferior margin was measured on AP view for radiography and coronal view for CT imaging. Lateral filter tilt was assessed on AP view for radiography and coronal view for CT imaging, measured as the angle between the long IVC axis to the long filter axis. Representative images depicting measurements can be seen in Figure 2. Measurements were performed in Synapse (Fuji Medical Systems, Tokyo, Japan).

Given the retrospective nature of the study, procedural times at the bedside could not be consistently identified. Therefore, time from first to final radiograph was used as a proxy to procedural time. For comparison purposes, the time of initial to final fluoroscopic image was used as a similar proxy for conventionally placed filters.

Complications screened include mispositioning (defined as the IVCF tip being placed ≥ 1 cm superior to the dominant renal vein or within an iliac vein or other aberrant location), filter failure (PE despite filter protection), IVC thrombosis, filter fracture, filter migration, filter retrieval issues (prolonged removal times, need for additional equipment or advanced retrieval techniques, or inability to remove the IVC filter).

Student's t-test was used to determine significance. Statistical analysis was performed using Stata IC 11.2.

RESULTS

Both bedside DR and conventionally placed IVC filters had 100% technical success rates. Procedural duration was longer at the bedside with a mean procedural duration of 14.5 +/- 10.2 minutes for the bedside DR group, and 6.7 +/- 6.0 minutes in the CF group (p<0.0001).

Radiation exposure was estimated to be less at the bedside which required a median number of 5 (3-7) radiographs providing a calculated average exposure dose of 25mGy, assuming average dose for an abdominal radiograph of 5 mGy.(12,13) The mean radiation exposure was 256.94mGy +/- 158.6 for the CF group.

Filter to renal vein distance and degree of filter tilt did not differ based on placement method. The average distance of the filter tip to the renal vein was 14.5 +/- 16.2 in the bedside DR group and 11.5 +/- 11.8 in the CF group (p = 0.25). In the bedside group 0 of 36 with follow up imaging were misplaced. 10 (27.8%) filters were located at the level of the lowest renal vein and 26 (72.2%) located in the infrarenal segment of the IVC. In the CF group, 4 of 81 (5%) IVCFs placed were considered misplaced as defined within this study, 26 (32%) were located at the level of the lowest renal vein and 51 (63%) were in the infrarenal segment of the IVC. The bedside DR group had a mean lateral tilt of 5.1 +/- 3.9 degrees and the CF group had a mean lateral tilt of 4.0 +/- 4.4 degrees (p = 0.33).

The retrieval rates and dwell times were similar among both placement groups. 13 of the 48 filters (27%) placed bedside were retrieved, with a mean dwell time of 170 days (median 136, range 21 to 461 days). Of the 13 filters retrieved, 3 (23%) were noted to have complicated removal. 22 of the 81 (27%) conventionally placed IVC filters were retrieved, with a mean dwell time of 206 days (median 195, range 36 to 499 days). Of the 22 filters retrieved, 3 (14%) were noted to have complicated removal. There was no significant difference in misplacements (p=0.57) or rate of complications (p=0.65). See table 2 for summary of main outcome measures.

DICUSSION

Bedside inferior vena cava (IVC) filter placement utilizing intravascular ultrasound (IVUS) is an accepted practice in lieu of traditional fluoroscopically placed IVC filters, though its use seems underutilized secondary to concern for malpositioned filters.(14) This is in spite of several outlined benefits of bedside IVC filter placement among critically ill patients. Hilsop and colleagues suggests pre-procedural computed tomography (CT) planning can reduce the incidence of malpositioned IVC filters during bedside IVUS insertion.(10) Even prior to this, Vesco and colleagues described a method in which CT scans were used to plan fluoroscopic bedside filters without cavography.(11) Here we show bedside placement of IVC filters using DR and cross sectional image planning has similar outcomes to those conventionally placed with comparable safety profile. In this review, both bedside and conventionally placed IVC filters shared 100% technical success rates no difference in final positioning within the IVC relative to lowest dominant renal vein or in degree of filter tilt. It is worth noting that by a very stringent definition for mispositioning, defined in this review as the filter tip being 1 cm or more superior to the lowest dominant draining vein, that the only 4 meeting this definition were among those conventionally placed, and these were deemed acceptable by the operator at time of placement. Both groups had similar dwell times to retrieval of 170 and 206 days, as well as number retrieved 27% and 23%. The retrieval rates are similar to those reported in the literature during same time periods.(15,16) Both bedside and conventionally placed filters had 3 each IVC filters that were considered complicated removals, noting that these were related to prolonged removal times and use of more advanced techniques. No filter in this study failed retrieval.

This review indicates that IVC filter placement at bedside increases the procedural duration by an average of 7.8 minutes compared to traditional fluoroscopic placement. However, this is a limited observation based on the time from the first radiograph or fluoroscopic image obtained to the final acquired image. When considering that transfers of the critically ill patients are time consuming, high risk and labor intensive, the 7.8 minutes lost to procedural time may be accounted for in transfer time and costs. A 1988 study highlights these issues establishing an average transport time of 81 minutes, with 68% of transfers resulting in increased level of care and the need for 3.3 personnel on average to assist in patient transport.(7) It should be noted that the 81 minutes reported in the study reflected total round trip time of the transport and the transports were related to diagnostic studies rather than procedures. Unfortunately, the study did not further quantify how those 81 minutes were utilized making a direct comparison impossible. None the less, transfer of critical patients should be limited where possible and use of DR when CT planning is available is a viable option to place bedside IVC filters.(7,8)

This study found no evidence to suggest an increased patient risk of harm by performing IVC filter placement at bedside over conventional fluoroscopic placement. The bedside placement procedure results in a decreased radiation exposure to the patient and operator. The estimated radiation exposure produced during the bedside placement procedure is 25 mGy based on average number of radiographs needed and the average exposure per radiograph.(12,13) Whereas the average exposure during fluoroscopic placement was shown to be 257 mGy. This indicates that there is a 10 fold increase in radiation exposure in the fluoroscopic placement procedure. Prior commentary related to a study in which bedside placement using a c-arm without venography brings into question concern of misplacing in the aorta.(11) Access was obtained using ultrasound guidance, identifying the common femoral vein in relation to the femoral arteries. Additionally, using micro-puncture access exposure produced during the bedside placement procedure is 25 mGy based on average number of radiographs needed and the average exposure per radiograph.(12,13) Whereas the average exposure during fluoroscopic placement was shown to be 257 mGy. This indicates that there is a 10 fold increase in radiation exposure in the fluoroscopic placement procedure. Prior commentary related to a study in which bedside placement using a c-arm without venography brings into question concern of misplacing in the aorta.(11) Access was obtained using ultrasound guidance, identifying the common femoral vein in relation to the femoral arteries. Additionally, using micro-puncture access with standard Seldinger technique to exchange for guidewire allowed for clinical assessment of slow versus pulsatile flow as an initial confirmation to venous access. Finally, assessing wire positioning of the wire to the right of spine gave a final confirmation of appropriate IVC selection prior to placement of the filter.

DR for bedside placement allowed for IVC use in patient's who otherwise were too unstable for transport. A group of patient's worth noting were those with head injuries requiring intra-cranial pressure monitoring with strict pressure requirements and need for elevated head of the bed. The placement of a DR plate is possible in these patients such that the procedural execution was unhindered. While bedside placement facilitates access to the high transfer risk critically ill, not all ICU patients should be considered for bedside placement by DR alone. Patients with no cross-sectional imaging for planning, large clot burden, or patients with variant venous anatomy identified on imaging (cavomegaly, duplicated system, etc.) should not be considered for bedside placement.

This study was limited by its retrospective nature, lack of complete follow up imaging and low retrieval rates. As the placement of bedside filters were not part of a formal research study the data fails to reflect preparation time, as well as total procedure time from needle access to completion of bandage application, and similarly does not look at local transfer times of the critically ill patients to and from the fluoroscopy suite. Just over half those placed at the bedside had either CT imaging and / or were retrieved to provide a more comprehensive assessment of post placement outcomes. Similarly, the overall low retrieval rates in both groups limits full assessment of retrievability. Low retrieval rates are partly attributed to a 21% and 22% associated mortality rate, as well as 33% and 35% of patients being lost to follow up in the bedside DR and conventional groups, respectively.

In conclusion, IVC filter placement at the bedside using digital radiography is comparable to IVC filter placement using conventional fluoroscopy with no appreciated outcome differences based on IVC positioning, degree of lateral tilt or removal issues. IVC filter placement at bedside comes with a tradeoff of decreased radiation dose to both the operator and patient, however, with overall increased procedural time. Lastly, providing bedside placement of IVC filters provides a means to protect the critically ill patient from undergoing labor-intensive high risks transports.

References:

(1) Goldhaber SZ, Visani L, De Rosa M. Acute pulmonary embolism: clinical outcomes in the International Cooperative Pulmonary Embolism Registry (ICOPER). The Lancet (British edition) 1999;353:1386-1389.

(2) Dalen JE, Alpert JS. Natural history of pulmonary embolism. Prog.Cardiovasc.Dis. 1975 February 1,;17:259-270.

(3) Minet C, Potton L, Bonadona A, et al. Venous thromboembolism in the ICU: main characteristics, diagnosis and thromboprophylaxis. Crit.Care 2015 August 18;19:287-9.

(4) Caplin DM, Nikolic B, Kalva SP, et al. Quality improvement guidelines for the performance of inferior vena cava filter placement for the prevention of pulmonary embolism. J.Vasc.Interv.Radiol. 2011 November 1,;22:1499-1506.

(5) Kaufman JA, Kinney TB, Streiff MB, et al. Guidelines for the use of retrievable and convertible vena cava filters: report from the Society of Interventional Radiology multidisciplinary consensus conference. Surg.Obes.Relat.Dis. 2006 April 1,;2:200-212.

(6) Rogers FB, Cipolle MD, Velmahos G, Rozycki G, Luchette FA. Practice management guidelines for the prevention of venous thromboembolism in trauma patients: the EAST practice management guidelines work group. J.Trauma 2002 July 1,;53:142-164.

(7) Indeck M, Peterson S, Smith J, Brotman S. Risk, cost, and benefit of transporting ICU patients for special studies. J.Trauma 1988 July 1,;28:1020-1025.

(8) Papson JPN, Russell KL, Taylor DM. Unexpected Events during the Intrahospital Transport of Critically Ill Patients. Academic emergency medicine 2007 Jun;14:574-577.

(9) Rosenthal D, Wellons ED, Levitt AB, Shuler FW, O'Conner RE, Henderson VJ. Role of prophylactic temporary inferior vena cava filters placed at the ICU bedside under intravascular ultrasound guidance in patients with multiple trauma. Journal of Vascular Surgery 2004;40:958-964.

(10) Hislop S, Fanciullo D, Doyle A, Ellis J, Chandra A, Gillespie DL. Correlation of intravascular ultrasound and computed tomography scan measurements for placement of intravascular ultrasound-guided inferior vena cava filters. J.Vasc.Surg. 2014 April 1,;59:1066-1072.

(11) Vesco PA, Falimirski ME, Williams HK, Rodriguez A, Young J. Abdominal computed tomography and the placement of inferior vena caval filters. J.Trauma 2006 June 1,;60:1197-3.

(12) Parry RA, Glaze SA, Archer BR. The AAPM/RSNA physics tutorial for residents. Typical patient radiation doses in diagnostic radiology. Radiographics 1999 October 01;19:1289-1302.

(13) Metaxas VI, Messaris GA, Lekatou AN, Petsas TG, Panayiotakis GS. Patient Dose in Digital Radiography Utilising Bmi Classification. Radiat.Prot.Dosimetry 2019 August 01;184:155-167.

(14) Killingsworth CD, Taylor SM, Patterson MA, et al. Prospective implementation of an algorithm for bedside intravascular ultrasound-guided filter placement in critically ill patients. J.Vasc.Surg. 2010 May 1,;51:1215-1221.

(15) Sutphin PD, Reis SP, McKune A, Ravanzo M, Kalva SP, Pillai AK. Improving inferior vena cava filter retrieval rates with the define, measure, analyze, improve, control methodology. J.Vasc.Interv.Radiol. 2015 April 1,;26:491-8.e1.

(16) Guez D, Hansberry DR, Eschelman DJ, et al. Inferior Vena Cava Filter Placement and Retrieval Rates among Radiologists and Nonradiologists. Journal of vascular and interventional radiology 2018;29:482-485.

Figures and Tables:

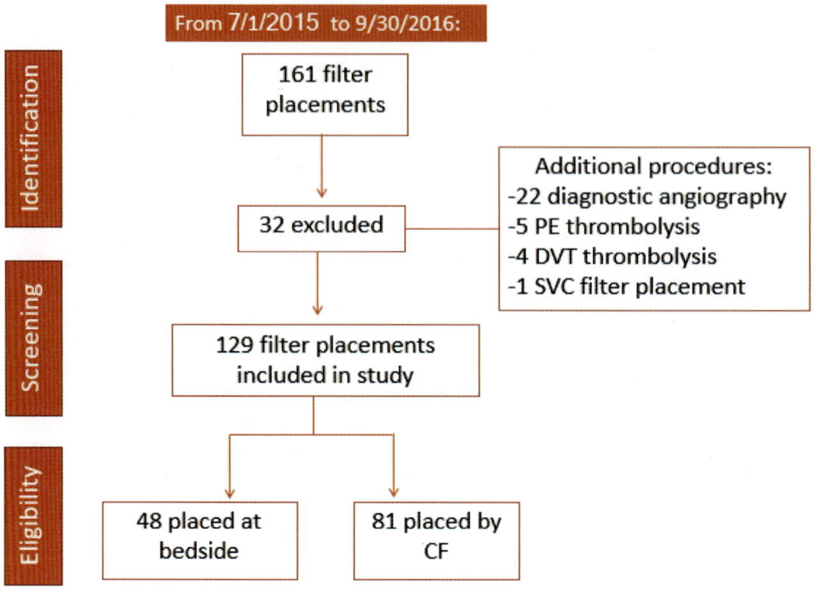

Figure 1. Flow chart of study selection.

Table 1. Patient Demographics

	Bedside IVCF	Conventional IVCF
Number of patients	48	81
Mean ± SD age, (range)	49 ± 18 (16-82)	56 ± 17 (20-87)
% Male/female	32/16	49/32
Indication		
Prophylaxis	33 (68.8%)	18 (22.2%)
DVT	10 (10.8%)	41 (50.6%)
PE	3 (6.3%)	9 (11.1%)
Combined DVT/PE	2 (4.2%)	13 (16.0%)

Table 1. Patient demographics.

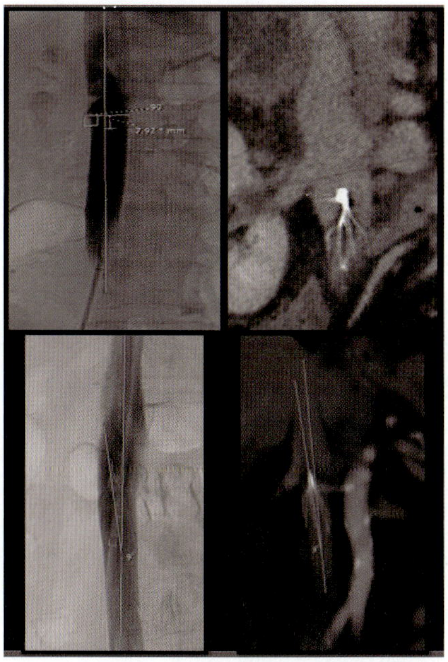

Figure 2. Distance (upper) and tilt (lower) measurements by cavography (left) and CT (right) imaging.

Table 2. Outcome measures		
	Bedside IVCF	Conventional IVCF
Procedural success	48/48 (100%)	81/81 (100%)
Distance to renal vein (mm)	14.5±16.2	11.5±11.8
Filter tilt (degrees)	5.1±3.9	4.0±4.4
Retrieval		
% Removed	13/48 (27%)	22/81 (27%)
Retrieval Success	13/13 (100%)	22/22 (100%)
Dwell time (days)	170±115	206±123
Complicated removal	3/13 (23%)	3/22 (14%)

Table 2. Outcome measures.

Authorship 모임 증례 2 (저자의 교정 및 의견)

Overall comments: well-organized and well-written, with logical formatting

1. The total number of words in the Abstract is 324. According to the rules of JVIR, the abstract for original clinical and laboratory investigations should be no longer than 250 words.
2. The flow is not maintained in a few parts of the text. To solve the problem,
   1) try to link the terms. For example, look at the first paragraph of the Introduction.
   2) Standardize the terms you choose to use to avoid confusing readers.
   For example, the terms of "Inferior Vena Cava filters (IVCF), IVCF, IVCFs, IVCF placements, SVC filter placement, placement of IVC filters, IVC filter tip, Inferior Vena Cava Filters, Inferior vena cava (IVC) filters, IVC, IVC use, IVC thrombosis, and bedside filters are used in this manuscript. I just used one acronium, Inferior vena cava (IVC) filters to avoid confusion.
3. According to the rules of JVIR, reference numbers appear on line within parentheses (not bracketed, not superscripted). The parenthesis of reference number should come before the period at the end of the sentence. For example, change "is a potentially preventable event.(1,2)" to "is a potentially preventable event (1,2)."

Questions:

A retrospective review of the radiology departments pictorial archiving and communication system (PACS) identified 161 IVC filters placed between July 2015 through September 2016.
Question: why did the cohort include IVC filter placement up to September 2016? Since then, this procedure has not been done anymore?

Comparative Outcomes of Inferior Vena Cava Filters Placed at Bedside using Digital Radiography in the ICU versus Conventional Fluoroscopy

John A Walker, Jr., MD, PhD; Matthew Milam, MD; Jorge E. Lopera, MD

ABSTRACT **The number of words in the revised abstract is 247.**

PURPOSE

~~The purpose of this study is to~~ To retrospectively assess the outcomes of Inferior Vena Cava (IVC) filters ~~(IVCF)~~ placed in critically ill patients in the ICU at bedside using digital radiograph (DR) guidance with previous cross sectional imaging for planning, compared to ~~IVCFs~~ IVC filters placed by conventional fluoroscopy (CF).

METHOD AND MATERIALS

~~This is an IRB approved retrospective study spanning a period from 7/2/2015 to 9/30/2016 in which all IVC filters placed by the IR department were assessed for inclusion. Multiple procedures at time of IVCF placement resulted in study exclusion.~~ The cohort consisted of 129 IVC filter placements; 48 placed at bedside and 81 placed conventionally from July 2015 to September 2016. ~~Our institution follows SIR guidelines for IVCF indications. For critically ill patients deemed high transfer risk, beside ICU placements were performed at the operator's discretion. For analysis, placements were grouped by bedside with DR or by CF in the Angiography room.~~ Patient demographics, indication, radiation exposures, access site, procedural duration, dwell time, and complications were identified by the EMR. IVC Filter positioning with measurements of tip to renal vein distance and lateral filter tilt were performed when cavograms or post placement CTs were available for review. Statistical analysis was performed using Stata IC 11.2.

RESULTS

~~Among 161 filter placements identified, 32 were excluded, providing a sampling of 81 placed by CF and 48 at the bedside.~~ Technical success of the procedure was 100% in both groups. Procedural duration was longer at the bedside lasting 14.5 +/- 10.2 versus 6.7 +/- 6.0 minutes ($p<0.0001$). The CF group had mean radiation exposure of 256.94mGy +/- 158.6 and bedside group had a median number of KUBs of 5 (3-7) estimating an average of dose of 25mGy. There was no significant difference in distance of IVC tip to renal vein ($p=0.31$), misplacements ($p=0.57$), degree of filter tilt ($p=0.33$), or rate of complications ($p=0.65$) between ~~the bedside group and the fluoroscopy group~~ two groups.

CONCLUSION

IVCF placement at the bedside using DR is comparable to CF with no statistical difference in outcomes based on IVCF positioning, degree of lateral tilt or removal issues. **It decreased radiation dose, but with overall increased procedural time.**

INTRODUCTION

Pulmonary embolism (PE) is associated with high mortality rates, estimated as high as 30%, and is a potentially preventable event.(1,2) ~~**The critically ill hospitalized patients are among the highest at risk.(3) Prophylaxis is achieved among most patients with anticoagulation.**~~ Inferior vena cava (IVC) filters provide protection to patients deemed high PE risk who have contraindications or failed anticoagulation.(3-6) IVC filters are conventionally placed in an angiography suite which requires transferring the patient. Transferring critically ill patients carries significant risks in transports. Indeck and colleagues showed 65% of transports result in significant physiological changes to the patient, while Papson and colleagues reported that a median of one unexpected event occurrence per transport.(7,8) Both suggest prioritizing bedside care when possible.

Placement of bedside IVC filters is not new to clinical practice. According to the literature, bedside placement is safe and effective, both by utilizing ultrasound guidance or mobile fluoroscopy. Ultrasound however is operator dependent, with trans-abdominal ultrasound having more limitations than intravascular ultrasound.(9,10) Mobile fluoroscopy ~~have~~ has limited availability and ~~are~~ is not always compatible with bedside configurations. Digital radiographs (DR) are now widely available, provide immediate bedside images for review and are compatible with most bedside configurations **(A This sentence needs a reference (Look at the B in the Materials and Methods, C in the results, and D in the Discussion)**. Use of computed tomography (CT) scans for planning placement of IVC filters has additionally be shown to be safe and effective.(11)

To provide improved services to the critically ill patient, bedside IVC filter placement was prioritized in our practice. The purpose of this study is to retrospectively compare the outcomes of IVC filters placed in critically ill patients in the ICU at the bedside using CT planning with DR guidance to those conventionally placed during the same period.

METHODS

Study Cohort

This retrospective study was approved by ~~the~~ our institutional review board, and informed consent waived. A retrospective review of the radiology departments pictorial archiving and communication system (PACS) identified 161 IVC filters placed between July 2015 through September 2016. Exclusion criteria were for placements in which additional procedures simultaneously ~~occurred~~ done and filters not planned for the infra-renal IVC segment. In total, 32 ~~IVCF~~ IVC filter placements were excluded due to having multiple procedures performed at the time of placement. Twenty two of the 32 cases with multiple procedures ~~Of those 22~~ had concurrent angiography to diagnose or treat traumatic injury, 5 had concurrent pulmonary embolism thrombolysis, 4 had concurrent DVT thrombolysis, and 1 had concurrent SVC filter placement. The final cohort consisted of 129 IVC filter placements (48 placed at bedside and 81 placed conventionally). A flow chart of the selection is shown in Figure 1.

Our institution follows SIR guidelines for IVC filter indications.(5) For critically ill patients deemed high transfer risk (e.g. intubated, pressor support, intra-cranial pressure monitoring), beside placements were performed at the operator's discretion.

Patients identified to the bedside DR group were younger with an average age of 49 +/- 18 years compared to patients in the CF group with an average age of 56 +/- 17 years (p=0.027). Both groups had a slight male predominance with 32 males (66.6%) and 16 females (33.4%) in the bedside DR group and 49 males (60.5%) and 32 females (39.5%) in the CF group. The indications for placement in the bedside DR group consisted of 33 placements (68.8%) for prophylaxis, 10 (10.8%) for DVT, 3 (6.3%) for PE, and 2 (4.2%) for combined DVT with PE. The CF group indications for placement slightly deferred with 18 (22.2%) placed for prophylaxis, 41 (50.6%) for DVT, and 9 (11.1%) for PE and 13 (16.0%) for combined DVT and PE. Patient demographics and indications are summarized in Table 1.

For bedside planning, cross sectional imaging was carefully reviewed. CT was the majority modality comprising 45 of the 48 bedside DR placements. Two had MRI imaging used for planning and one was performed using DR in conjunction with intravascular ultrasound (IVUS). The median time from cross sectional imaging to ~~IVCF~~ IVC filter placement was 2 days (range 0 to 259 days) and a majority (13 of 48) being within 1 day. Cross-sectional imaging was used to exclude cavomegaly or anomalous anatomy and for anatomy deemed appropriate to proceed, define the lowest renal vein confluence and IVC bifurcation as they correspond to the lumbar level on scout images. Finally, the distance from the planned common femoral vein to the lowest dominant renal vein was measured.

Please use past tense for your current work and present tense for well-known published works. At the bedside, a DR plate was ~~is~~ positioned behind the patient followed by prepping in the usual sterile fashion. Ultrasound guidance was ~~is~~ used to obtain micropuncture access into the common femoral vein. A guidewire was ~~is~~ then placed after estimating distance to chest. A DR image was ~~is~~ used to confirm IVC placement of the wire by relationship to the right of the lumber spine and that sufficient wire was ~~is~~ placed. The filter sheath was ~~is~~ then placed to the pre-measured distance and DR obtained to ascertain lumbar level. Adjustments of the sheath tip were ~~are~~ then made based on real time DR measurements until positioned at the desired lumbar spine level. A DR image ~~confirms~~ confirned filter tip in sheath was ~~is~~ at correct lumbar level and subsequently the filter was ~~is~~ deployed. A post DR image was ~~is~~ obtained to verify correct final position and sheath was ~~is~~ removed with pressure used to achieve hemostasis of access site.

(B) It will be interesting to know if there were any differences in practical techniques and procedural execution between two groups. For example, how many personnel were involved in the procedures, were there any differences in career experiences among IR doctors who were involved in filter placement, were there any difficulties in procedural execution (prepping and in filter placement) on the patient's bed because of its cushion and bedside configurations especially in head injury patients who needed elevation of the head of the bed, and so on. (look at A in the Introduction, C in the Results, and D in the Discussion).

Outcome Measures

Filter positioning was assessed both in distance to renal veins and for degree of transverse filter tilt. For the bedside placement, filter positioning measurements were performed when retrieval cavograms or post placement CTs were available for review. The distance from the IVC filter tip to the inferior margin of the lowest dominant renal vein ~~inferior margin~~ was measured on AP view for radiography and coronal view for CT imaging. Lateral filter tilt was assessed on AP view for radiography and coronal view for CT imaging, measured as the angle between the long IVC axis to the long filter axis. Representative images depicting measurements can be seen in Figure 2. Measurements were performed in Synapse (Fuji Medical Systems, Tokyo, Japan).

Given the retrospective nature of the study, procedural times at the bedside could not be consistently identified. Therefore, the time from first to final radiograph was used as a proxy to procedural time. For comparison purposes, the time of initial to final fluoroscopic image was used as a similar proxy for conventionally placed filters.

Complications ~~screened~~ included mispositioning (defined as the ~~IVCF~~ IVC filter tip being placed ≥ 1 cm superior to the dominant renal vein or within an iliac vein or other aberrant location), filter failure (PE despite filter protection), IVC thrombosis, filter fracture, filter migration, filter retrieval issues (prolonged removal times, need for additional equipment or advanced retrieval techniques, or inability to remove the IVC filter).

Student's t-test was used to determine significance. Statistical analysis was performed using Stata IC 11.2. **To compare the rates of complication and misplacement in the Results section, χ^2 test or fisher exact test should be used (Prof. JH Kim for AMC).**

RESULTS

Both ~~bedside DR and conventionally placed IVC filters~~ group had 100% technical success rates. Procedural duration was longer at the bedside with a mean procedural duration of 14.5 +/- 10.2 minutes for the bedside DR group, and 6.7 +/- 6.0 minutes in the CF group (p<0.0001). **Procedural duration and its p-value are not described in the tables.**

Radiation exposure was estimated to be less at the bedside which required a median number of 5 (3-7) radiographs providing a calculated average exposure dose of 25mGy, assuming average dose for an abdominal radiograph of 5 mGy.(12,13) **(This part of the Results highlighted in red should be described in the Materials and Methods. The Result section should not include any cases or results of techniques that was not described in the Materials and Methods. In other words, please make sure that the result is relevant to the Materials and Methods.)** The mean radiation exposure was 256.94mGy +/- 158.6 for the CF group.

Filter to renal vein distance and degree of filter tilt did not differ based on placement method. The average distance of the filter tip to the renal vein was 14.5 +/- 16.2 mm in the bedside DR group and 11.5 +/- 11.8 mm in the CF group (p = 0.25). In the bedside group 0 of 36 with follow up imaging were misplaced. ~~10~~ Ten (27.8%) filters were located at the level of the lowest renal vein and 26 (72.2%) located in the infrarenal segment of the IVC. In the CF group, 4 of 81 (5%) ~~IVCFs~~ IVC filters placed were considered misplaced as defined within this study, 26 (32%) were located at the level of the lowest renal vein and 51 (63%) were in the infrarenal segment of the IVC. The bedside DR group had a mean lateral tilt of 5.1 +/- 3.9 degrees and the CF group had a mean lateral tilt of 4.0 +/- 4.4 degrees (p = 0.33).

The retrieval rates and dwell times were similar ~~among both placement~~ between two groups. ~~13~~ Thirteen of the 48 filters (27%) placed bedside were retrieved, with a mean dwell time of 170 days (median 136, range 21 to 461 days). Of the 13 filters retrieved, 3 (23%) were noted to have complicated removal. ~~22~~ Twenty two of the 81 (27%) conventionally placed IVC filters were retrieved, with a mean dwell time of 206 days (median 195, range 36 to 499 days). Of the 22 filters retrieved, 3 (14%) were noted to have complicated removal. There was no significant difference in misplacements (p=0.57) or rate of complications (p=0.65). **There is no information about specific complications in each group. Complication rates of IVC thrombosis, filter fracture, and filter migration were not described either in the text or in Tables. And their p-values are not described in Table 2.** See table 2 for summary of main outcome measures.

(C) If there were any data showing differences of practical techniques and procedural execution between two groups, you can describe those data here (look at A in the Introduction, B in the Materials and Methods, and D in the Discussion).

DICUSSION

Bedside ~~inferior vena cava (IVC)~~ IVC filter placement utilizing ~~intravascular ultrasound (IVUS)~~ IVUS is an accepted practice in lieu of traditional fluoroscopically placed IVC filters, though its use seems underutilized secondary to concern for malpositioned filters.(14) This is in spite of several outlined benefits of bedside IVC filter placement among critically ill patients. Hilsop and colleagues ~~suggests~~ reported that pre-procedural computed tomography (CT) planning ~~can~~ could reduce the incidence of malpositioned IVC filters during bedside IVUS insertion.(10) Even prior to this, Vesco and colleagues described a method in which CT scans were used to plan fluoroscopic bedside filters without cavography.(11) Here we show bedside placement of IVC filters using DR and cross sectional image planning has similar outcomes to those conventionally placed with comparable safety profile. In this review, both bedside and conventionally placed IVC filters shared 100% technical success rates with no difference both in final positioning within the IVC relative to lowest dominant renal vein ~~or~~ and in degree of filter tilt. It is worth noting that by a very stringent definition for mispositioning, defined in this review as the filter tip being 1 cm or more superior to the lowest dominant draining vein, that the only 4 meeting this definition were among those conventionally placed, and these were deemed acceptable by the operator at time of placement. Both groups had similar dwell times to retrieval of 170 and 206 days, as well as number retrieved 27% and 23%. The retrieval rates are similar to those reported in the literature during same time periods.(15,16) Both bedside and conventionally placed filters had 3 each IVC filters that were considered complicated removals, noting that these were related to prolonged removal times and use of more advanced techniques. No filter in this study failed retrieval.

This review indicates that IVC filter placement at bedside increases the procedural duration by an average of 7.8 minutes compared to traditional fluoroscopic placement. However, this is a limited observation based on the time from the first radiograph or fluoroscopic image obtained to the final acquired image. When considering that transfers of the critically ill patients are time consuming, high risk and labor intensive, the 7.8 minutes lost to procedural time may be accounted for in transfer time and costs. A 1988 study highlights these issues establishing an average transport time of 81 minutes, with 68% of transfers resulting in increased level of care and the need for 3.3 personnel on average to assist in patient transport.(7) It should be noted that the 81 minutes reported in the study reflected total round trip time of the transport and the transports were related to diagnostic studies rather than procedures. Unfortunately, the study did not further quantify how those 81 minutes were utilized making a direct comparison impossible. None the less, transfer of critical patients should be limited where possible and use of DR when CT planning is available is a viable option to place bedside IVC filters.(7,8)

This study found no evidence to suggest an increased patient risk of harm by performing IVC filter placement at bedside over conventional fluoroscopic placement. The bedside placement procedure using DR results in a decreased radiation exposure to the patient and operator. The estimated radiation exposure produced during the bedside placement procedure is 25 mGy based on average number of radiographs needed and the average exposure per radiograph.(12,13) Whereas the average exposure during fluoroscopic placement was shown to be 257 mGy. This indicates that there is a 10 fold increase in radiation exposure in the fluoroscopic placement procedure. Prior commentary related to a study in which bedside placement using a c-arm without venography brings into question concern of misplacing in the aorta.(11) Access was obtained using ultrasound guidance, identifying the common femoral vein in relation to the femoral arteries. Additionally, using micro-puncture access with standard Seldinger technique to exchange for guidewire allowed for clinical assessment of slow versus pulsatile flow as an initial confirmation to venous access. Finally, assessing wire positioning of the wire to the right of spine gave a final confirmation of appropriate IVC selection prior to placement of the filter.

DR for bedside placement allowed for IVC use in ~~patient's~~ patients who otherwise were too unstable for transport. A group of patients ~~patient's~~ worth noting were those with head injuries requiring intra-cranial pressure monitoring with strict pressure requirements and need for elevated head of the bed. The placement of a DR plate is possible in these patients such that the procedural execution was unhindered. **You could describe the advantages and disadvantages of practical techniques and procedural execution between two groups here. And also, if there are any advantages of DR compared with mobile fluoroscopy or ultrasound in IVC filter placement for bedside configurations, you may describe those issues here (look at A in the Introduction, B in the Materials and Methods, and C in the Results).** While bedside placement facilitates access to the high transfer risk critically ill, not all ICU patients should be considered for bedside placement by DR alone. Patients with no cross-sectional imaging for planning, large clot burden, or patients with variant venous anatomy identified on imaging (cavomegaly, duplicated system, etc.) should not be considered for bedside placement.

This study was limited by its retrospective nature, lack of complete follow up imaging and low retrieval rates. As the placement of bedside filters were not part of a formal research study the data fails to reflect preparation time, as well as total procedure time from needle access to completion of bandage application, and similarly does not look at local transfer times of the critically ill patients to and from the fluoroscopy suite. Just over half those placed at the bedside had either CT imaging and / or were retrieved to provide a more comprehensive assessment of post placement outcomes. Similarly, the overall low retrieval rates in both groups limits full assessment of retrievability. Low retrieval rates are partly attributed to a 21% and 22% associated mortality rate, as well as 33% and 35% of patients being lost to follow up in the bedside DR and conventional groups, respectively.

In conclusion, IVC filter placement at the bedside using digital radiography is comparable to IVC filter placement using conventional fluoroscopy with no appreciated outcome differences based on IVC positioning, degree of lateral tilt or removal issues. IVC filter placement at bedside comes with a tradeoff of decreased radiation dose to both the operator and patient, however, with overall increased procedural time. Lastly, providing bedside placement of IVC filters provides a means to protect the critically ill patient from undergoing labor-intensive high risks transports.

References:

1) Three informative references (Add-1 PE. Semin Intervent Radiol 2018, Add-2 CT guide. Am J surgery 2016, Add-3 US guide. J Vasc Surg 2018) can be added to the references.

(1) Goldhaber SZ, Visani L, De Rosa M. Acute pulmonary embolism: clinical outcomes in the International Cooperative Pulmonary Embolism Registry (ICOPER). The Lancet (British edition) 1999;353:1386-1389.

(2) Dalen JE, Alpert JS. Natural history of pulmonary embolism. Prog.Cardiovasc.Dis. 1975 February 1,;17:259-270.

(3) Minet C, Potton L, Bonadona A, et al. Venous thromboembolism in the ICU: main characteristics, diagnosis and thromboprophylaxis. Crit.Care 2015 August 18;19:287-9.

(4) Caplin DM, Nikolic B, Kalva SP, et al. Quality improvement guidelines for the performance of inferior vena cava filter placement for the prevention of pulmonary embolism. J.Vasc.Interv.Radiol. 2011 November 1,;22:1499-1506.

(5) Kaufman JA, Kinney TB, Streiff MB, et al. Guidelines for the use of retrievable and convertible vena cava filters: report from the Society of Interventional Radiology multidisciplinary consensus conference. Surg.Obes.Relat.Dis. 2006 April 1,;2:200-212.

(6) Rogers FB, Cipolle MD, Velmahos G, Rozycki G, Luchette FA. Practice management guidelines for the prevention of venous thromboembolism in trauma patients: the EAST practice management guidelines work group. J.Trauma 2002 July 1,;53:142-164.

(7) Indeck M, Peterson S, Smith J, Brotman S. Risk, cost, and benefit of transporting ICU patients for special studies. J.Trauma 1988 July 1,;28:1020-1025.

(8) Papson JPN, Russell KL, Taylor DM. Unexpected Events during the Intrahospital Transport of Critically Ill Patients. Academic emergency medicine 2007 Jun;14:574-577.

(9) Rosenthal D, Wellons ED, Levitt AB, Shuler FW, O'Conner RE, Henderson VJ. Role of prophylactic temporary inferior vena cava filters placed at the ICU bedside under intravascular ultrasound guidance in patients with multiple trauma. J.Vasc.Surg. ~~Journal of Vascular Surgery~~ 2004;40:958-964.

(10) Hislop S, Fanciullo D, Doyle A, Ellis J, Chandra A, Gillespie DL. Correlation of intravascular ultrasound and computed tomography scan measurements for placement of intravascular ultrasound-guided inferior vena cava filters. J.Vasc.Surg. 2014 April 1,;59:1066-1072.

(11) Vesco PA, Falimirski ME, Williams HK, Rodriguez A, Young J. Abdominal computed tomography and the placement of inferior vena caval filters. J.Trauma 2006 June 1,;60:1197-3.

(12) Parry RA, Glaze SA, Archer BR. The AAPM/RSNA physics tutorial for residents. Typical patient radiation doses in diagnostic radiology. Radiographics 1999 October 01;19:1289-1302.

(13) Metaxas VI, Messaris GA, Lekatou AN, Petsas TG, Panayiotakis GS. Patient Dose in Digital Radiography Utilising Bmi Classification. Radiat.Prot.Dosimetry 2019 August 01;184:155-167.

(14) Killingsworth CD, Taylor SM, Patterson MA, et al. Prospective implementation of an algorithm for bedside intravascular ultrasound-guided filter placement in critically ill patients. J.Vasc.Surg. 2010 May 1,;51:1215-1221.

(15) Sutphin PD, Reis SP, McKune A, Ravanzo M, Kalva SP, Pillai AK. Improving inferior vena cava filter retrieval rates with the define, measure, analyze, improve, control methodology. J.Vasc.Interv.Radiol. 2015 April 1,;26:491-8.e1.

(16) Guez D, Hansberry DR, Eschelman DJ, et al. Inferior Vena Cava Filter Placement and Retrieval Rates among Radiologists and Nonradiologists. J.Vasc.Interv.Radiol. ~~Journal of vascular and interventional radiology~~ 2018;29:482-485.

Figures and Tables:

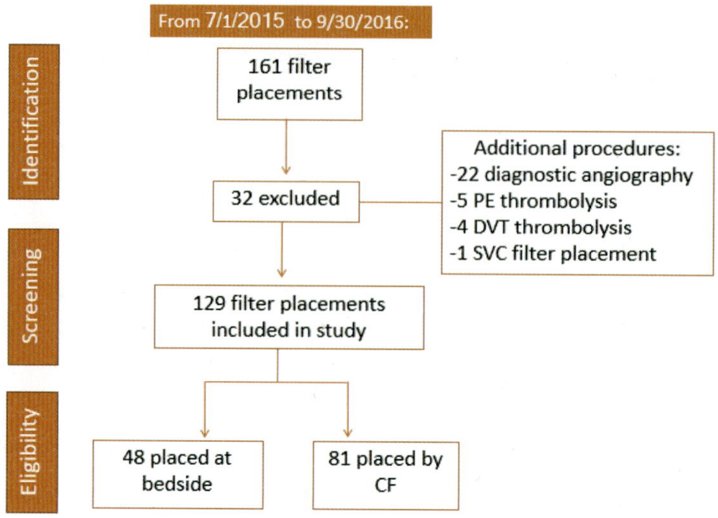

Figure 1. Flow chart of study selection.

Change "From 7/1/2015 to 9/30/2016:" to "From July 2015 to September 2016" in the box.

You can delete "Idenfication, Screening, and Eleigibility" from the flow chart. CF; conventional fluoroscopy.

Table 1. Patient Demographics

	Bedside IVCF	Conventional IVCF
Number of patients	48	81
Mean ± SD age, (range)	49 ± 18 (16-82)	56 ± 17 (20-87)
% Male/female	32/16	49/32
Indication		
Prophylaxis	33 (68.8%)	18 (22.2%)
DVT	10 (10.8%)	41 (50.6%)
PE	3 (6.3%)	9 (11.1%)
Combined DVT/PE	2 (4.2%)	13 (16.0%)

Table 1. Patient demographics. Change “IVCF” to “IVC filter”. DVT; deep vein thrombosis, PE; pulmonary embolism.

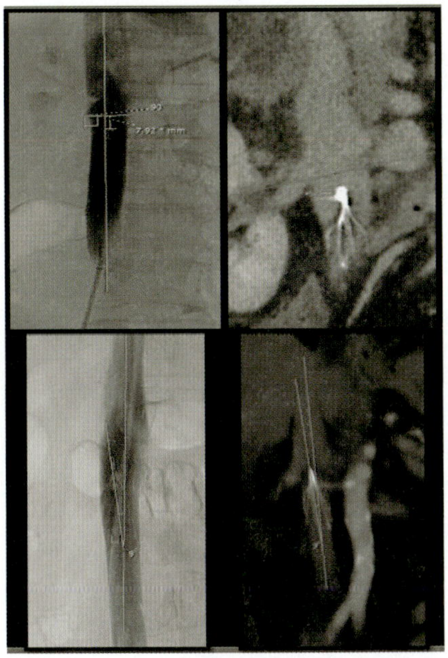

Figure 2. Distance (upper) and tilt (lower) measurements by cavography (left) and CT (right) imaging.

Table 2. Outcome measures		
	Bedside IVCF	Conventional IVCF
Procedural success	48/48 (100%)	81/81 (100%)
Distance to renal vein (mm)	14.5±16.2	11.5±11.8
Filter tilt (degrees)	5.1±3.9	4.0±4.4
Retrieval		
% Removed	13/48 (27%)	22/81 (27%)
Retrieval Success	13/13 (100%)	22/22 (100%)
Dwell time (days)	170±115	206±123
Complicated removal	3/13 (23%)	3/22 (14%)

Table 2. Outcome measures. Change “IVCF” to “IVC filter”.

Please add procedural duration and p-values in Table 2.

CHAPTER 04

임상시험 결과보고서 작성

| 김태원/임윤희

CHECKLIST

(1) 임상시험 전에 임상시험 등록사이트에 의약품/의료기기 임상시험 정보를 반드시 등록한다.
(2) ICH E3와 식품의약품안전처 임상시험 결과보고서의 구성과 내용 가이드라인을 참고한다.
(3) 임상시험 결과보고서는 다른 의학논문들보다 훨씬 상세한 자료가 필요하다.
(4) 요약이 길어지지 않도록 주의한다. 3~4페이지 정도가 적당하다.
(5) 내용을 쉽게 확인할 수 있도록 목차를 마련한다.
(6) 내용 중의 각종 약어, 전문용어, 임상 실험실적 검사 단위 등을 표로 정리한다.
(7) 임상시험심사위원회 승인, 시험대상자 동의서 등 윤리 측면의 관련서류를 부록으로 첨부한다.
(8) 임상시험에 참여한 연구조직을 기관별로 상세히 정리한다.
(9) 각 항목에 대해 연구기간 동안 발생한 중요 변경사항에 대해 빠짐없이 기술한다.
(10) 임상시험 방법상의 문제점과 채용한 대책에 대해 자세히 기술해야 한다.
(11) 시험대상자 선정 및 제외 기준을 명확히 밝힌다.
(12) 임상시험계획서 위반사항에 대해 기술하고 부록으로 자세한 정보를 제시한다.
(13) 중도탈락 시험대상자 자료와 결측치의 처리방법에 유의한다.
(14) 하위군 분석에서는 단정적인 결론을 피한다.
(15) 시험대상자의 개인별 자료도 제시해야 한다.
(16) 이상반응은 해당 약물과의 인과관계에 상관없이 모두 제시해야 한다.
(17) 사망을 비롯한 중대한 이상반응에 대해서는 특히 자세히 기술한다.

임상시험은 연구 주체에 따라서 제약회사 주도 연구와 연구자 주도 연구로 나눌 수 있다. 제약회사 주도의 임상시험뿐만 아니라 연구자 주도 임상시험도 임상시험실시기관의 임상시험심사위원회(이하 IRB)의 승인과 함께, 관련 규정에 따라

식품의약품안전처(이하 식약처)의 승인이 필요한 경우가 있다. 또한 임상시험이 종료된 경우 임상시험 결과보고서(이하 결과보고서)를 임상시험심사위원회 및 필요시 식약처에 보고하여야 한다. 따라서 연구자는 임상시험 결과보고서(clinical study report, 이하 결과보고서) 작성법에 대해서도 잘 알고 있어야 한다.

임상시험의 결과물은 결과보고서와 논문의 형태로 보고되는데, 최근에는 임상시험 등록사이트에 사전에 등록되지 않은 임상시험 논문은 해외저널 출간이 제한되고 있다. 이것은 미국 연방법 규정과 ICMJE (국제의학학술지 편집인 회의)의 사전 등록되지 않은 임상시험연구의 저널 게시 불허 방침에 따른 것이다. 국제적으로 저명한 저널에 임상시험 관련 논문을 등재하기 위해서는 해당 임상시험 등록사이트에 의약품/의료기기 임상시험 정보를 사전에 반드시 등록하기 바란다. 임상시험 등록사이트에는 임상시험의 목적, 계획서 요약본, 실시 장소, 시험대상자 등록 목표 수 및 실제 등록 상황, 참여기준 등의 정보가 게시된다. 대표적인 등록 사이트로는 www.clinicaltrials.gov과 질병관리본부 임상연구정보서비스인 CRIS (Clinical Research Information Service)가 있다.

TIP

임상시험 결과보고서는 임상시험에서 얻은 결과를 임상적, 통계적 측면에서 하나의 문서로 통합 기술한 것으로, 논문과는 기술하는 방법과 형태가 다르다. 일반적으로 임상시험의 계획, 수행, 자료 분석, 결론 도출 등에 대해 충분하고 재현성 있는 자료들을 명료하게 제시하여야 한다. 따라서 자료가 논문에 비해 훨씬 자세해야 하고 평균이나 비율 등과 같은 집단에 대한 통계 자료뿐만 아니라 임상시험의 대상자인 개별 시험대상자들에 대한 정보들도 함께 제시하여야 한다.

결과보고서 작성에 대한 지침은 1995년에 작성된 ICH (International Conference on Harmonisation) E3 (Structure and Content of Clinical Study Reports)를 근간으로 2018년 식품의약품안전처에서 마련한 임상시험 결과보고서의 구성과 내용 가이드라인(2018.6)을 참고하면 된다.

결과보고서는 크게 표지, 개요, 본문, 부록의 네 부분으로 나뉘는데, 각 항목에 대해서 임상시험 결과보고서의 구성과 내용 가이드라인을 근거로 좀 더 자세하게 기술하고자 한다.

표 4-1 임상시험결과보고서의 내용

표지 개요 목차 본문(서론, 이론적 근거, 목적, 방법, 결과, 고찰, 결론, 참고문헌 리스트 등) 추가자료

1. 표지

표지에는 일반적으로 다음과 같은 내용을 기술하여야 한다.

(1) 임상시험 제목
(2) 시험약/임상시험용 의약품 명칭
(3) 대상질환(적응증)
(4) 임상시험 제목에 명시되지 않은 경우, 시험설계(평행, 교차, 눈가림, 무작위 배정), 비교군(위약, 활성, 용량/반응), 기간, 용량, 시험대상자군에 대한 간략한 기술
(5) 임상시험의뢰자 명칭
(6) 임상시험계획서 식별(코드 또는 번호)
(7) 임상시험 단계
(8) 임상시험 시작일(첫 시험대상자 등록일 또는 다른 입증 가능한 일자)
(9) 조기 종료를 했을 경우, 해당 일자
(10) 임상시험 종료일(마지막 시험대상자 종료일)
(11) 임상시험책임자 또는 임상시험조정자 또는 의뢰자의 책임자(responsible medical officer)의 이름과 소속
(12) 회사/의뢰자 서명인의 이름(회사/의뢰자 내의 결과보고서에 대한 책임자. 결과보고서 검토 시 의문점에 대해 문의할 회사/의뢰자 담당자의 성명, 전화번호, 팩스번호가 표지에 기재되거나 신청서에 기재되어야 한다.)
(13) 임상시험의 의약품 임상시험 관리기준(GCP) 준수 수행 여부 진술(임상시험 기본문서 포함)
(14) 임상시험 결과보고서 날짜(제목과 날짜로 동일 임상시험에 대한 이전 보고서와 구분함)

표 4-2 임상시험 결과보고서 표지의 형식

TITLE PAGE

Study title:	
Date of Report:	
Study Sponsors:	
Study Dates:	xxx to xxx
Trial Phase:	III
Indication:	
Name of Principal Investigator:	**Affiliation:**

Personnel Responsible for Clinical and Statistical Analyses:

GCP Compliance: This study was conducted in accordance with GCP guidelines.

DAEHWA Pharm. Co., Ltd.

DHP107 Clinical Study Report
Protocol No.: 107CS-1

Clinical Study Report

전이성 고형암 환자를 대상으로 **DHP107 (oral paclitaxel)**의
최대내성용량 결정 및 약동학적 특성을 평가하기 위한
제 **1**상 임상시험

Phase I clinical trial to determine the Maximum Tolerated Dose and to assess the pharmacokinetic profile of DHP107 (oral paclitaxel) in metastatic solid cancer patients

Report Version:	**Version 1.0**
Report Date:	**21-Jan-2010**
Protocol No. :	**107CS-1**
Study Drug:	**DHP107 (Oral paclitaxel)** **Genexol (IV paclitaxel)**
Indication Studied:	**Metastatic Solid Cancer**
Clinical Phase:	**Phase I**
Date first subject was enrolled:	**14-Feb-2008**
Date last subject completed the study:	**21-Sep-2009**
Sponsor : **Daehwa Pharmaceutical.Co., d.**	**Principal Investigator :** **Kim, Tae-Won**

This study was conducted in accordance with GCP and LSK SOPs for clinical investigation and documentation

The information in this document is the property of Daehwa Pharm. and is **confidential**. Neither the document nor information contained therein may be passed on, reproduced or disclosed outside Daehwa Pharm. without the written consent of the company.

그림 4-1 임상시험결과보고서 표지의 실제 사례

2. 시놉시스(개요)

결과를 포함하여 임상시험의 전체 내용을 간단히 요약, 기술하여야 하며, 대개 3 페이지 이내로 제시한다.

3. 결과보고서 목차

결과보고서 안에 포함되어 있는 요약표, 그림 및 그래프를 포함하여 각 항목의 쪽 번호 또는 다른 위치 정보, 부록, 표 및 증례기록서의 목록 및 위치를 확인할 수 있게 목차를 마련하여야 한다.

4. 약어나 용어의 정의 목록

결과보고서에 사용한 각종 약어 및 전문 용어, 일반적으로 잘 쓰이지 않는 용어 또는 실험실적 검사 단위 등의 목록과 정의에 대해 기술하여야 한다. 약어를 상세히 정의하고, 결과보고서

안에 처음 사용하였을 때에는 괄호 안에 전체 용어를 쓴다.

5. 윤리적 고려에 대한 기술

윤리적인 측면을 충분히 고려하였음을 보증할 수 있도록 해당 임상시험이 변경사항을 포함하여 임상시험심사위원회의 승인을 받았고 헬싱키선언에 근거한 윤리적 원칙 및 의약품 임상시험 관리기준(GCP)에 따라 실시되었음을 기술한다. 또한 시험자 동의 절차에 대해 설명하고 임상시험심사위원회 명단 및 시험대상자에게 제공된 문서화된 정보와 대상자 동의서 서식을 부록에 반드시 첨부하여야 한다.

6. 시험자 및 시험행정조직

임상시험 행정조직(시험책임자, 임상시험조정자, 운영위원회, 관리부, 모니터링과 평가위원회, 기관, 통계전문가, 중앙실험실 시설, 임상시험수탁기관, 임상시험 공급관리)을 결과보고서 내에 간략히 기술하여야 한다.

TIP

만약 임상시험을 여러 기관에서 공동으로 진행했다면 연구자 및 연구지원조직에 관한 내용은 참여 기관별로 기술되어야 한다.

7. 서론

서론은 시험약/임상시험용 의약품의 전체 개발과정에 비추어 볼 때 해당 임상시험이 차지하는 위치를 해당 임상시험의 중요한 특징들(예, 이론적 근거와 목적, 대상 환자군, 치료, 기간, 1차 평가변수)과 관련하여 간략히 기술하여야 한다. 특정 임상시험과 관련하여 계획서 개발에 근거가 되었던 가이드라인이나 의뢰자와 규제당국 간 협의사항/회의가 있었을 경우, 이를 명확히 기술하여야 한다.

8. 임상시험 목적

해당 임상시험의 일차적, 이차적 목적을 임상시험계획서에 기술된 것과 동일하게 적는다.

TIP

결과보고서의 연구 목적, 방법, 수행, 결과를 적을 때는 계획서와 달리 과거형으로 기술한다.

9. 임상시험계획

대개 임상시험계획서로부터 요약 가능하다. 이 항목은 검토자가 무엇이 언제 어떻게 행해졌는지를 정확히 이해할 수 있도록 자세히 기술되어야 한다. 연구 기간 동안 발생한 중요한 변경(protocol amendment) 역시 기술하여야 한다.

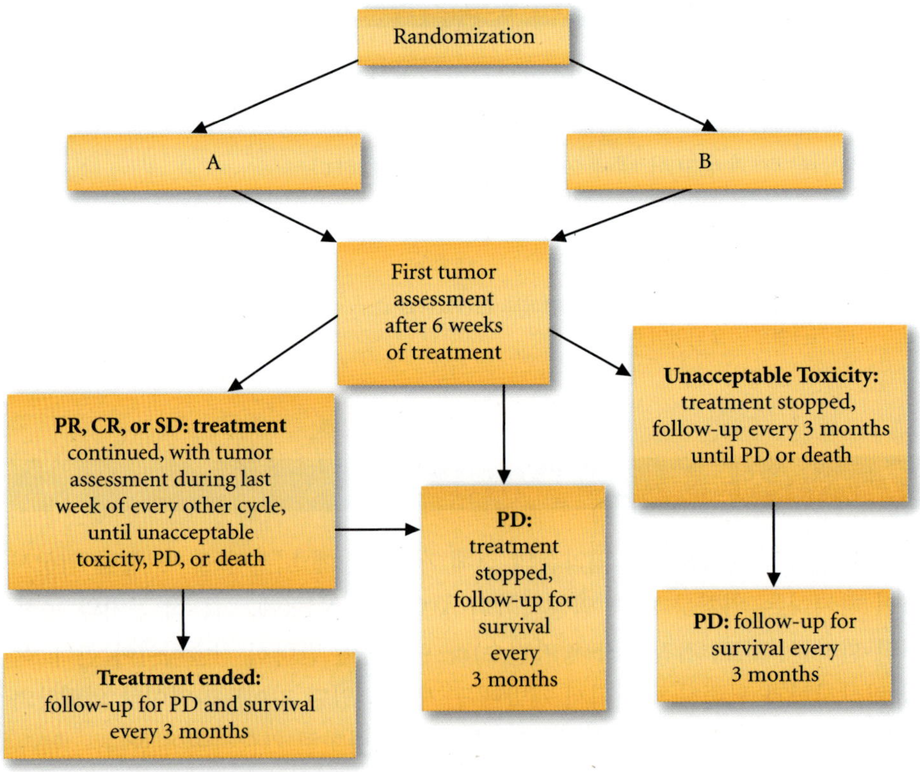

PR: partial response, CR: complete response, SD: stable disease, PD: progressive disease

그림 4-2 임상 시험 디자인의 예

9.1 전반적인 임상시험 설계 및 계획에 대한 기술

전반적인 임상시험 계획과 임상시험 설계(즉, 평행설계, 교차설계), 치료 및 연구 기간(스크리닝, 치료 후 추적관찰 기간 포함)을 간략하고 명확하게 요약/기술하여야 하며, 이러한 정보는 도식을 통해 더 명확하게 전달할 수 있다. 또한 임상시험에서 사용한 시험약 및 대조약의 종류, 용량, 투여기간, 대상 환자군 및 시험대상자수, 눈가림 수준 및 방법, 시험대상자 배정 방법(무작위배정, 층화), 안전성 모니터링 및 데이터 모니터링 또는 특별 운영위원회 또는 평가위원회, 중간분석 등과 같은 중요한 정보도 기술하여야 한다.

시험계획서 및 증례기록서 양식은 부록에 첨부하여야 한다.

9.2 대조군 선정을 포함한 임상시험 설계 근거

임상시험에서 사용한 임상시험 설계 및 대조군 선정 근거, 발생할 수 있는 시험방법상의 문제점 및 이를 해결하기 위해 사용한 대책 등을 폭넓고 자세하게 기술하여야 한다.

9.3 시험대상자 선정

임상시험계획서에 근거하여 시험대상자의 선정기준 및 제외기준을 서술하고, 시험 도중 변경이 있었던 경우 그 이유와 함께 변경 내용을 기술한다. 환자를 약물 투여 또는 평가에서 제외하기로 미리 결정된 이유가 있다면 기술하여야 한다. 이 환자들에 대한 추적관찰 방법과 기간에 대해서도 마찬가지로 기술하여야 한다.

9.4 치료

9.4.1 투여방법

임상시험의 각 군별로, 투여 주기별로, 임상시험용 의약품의 투여 경로와 투여 용법, 용량 등 투여 절차를 기술한다.

TIP

약제는 상품명 대신 INN (International Nonproprietary Names)을 사용한다.

9.4.2 임상시험용 의약품

시험약과 대조약의 제형, 함량, 성상 및 배치(batch) 번호 등을 기술한다.

9.4.3 치료군 배정방법

대상 시험대상자를 각 치료군(시험군 및 대조군)에 배정한 방법, 무작위배정 시점, 사용된 무작위배정 절차 등을 상세하게 기술하여야 한다. 만일 층화배정법이나 블록배정법(block randomization)을 사용했다면, 구체적인 층화 방법과 블록배정의 방법을 기술할 필요가 있다.

9.4.4 시험약의 용량 결정

시험약과 대조약의 용량 선정 근거에 대해 용량 및 용량범위에 대하여 기술하여야 하며, 설정근거를 제시하여야 한다(예, 과거 사람에서 투여 경험, 동물 자료).

9.4.5 각 시험대상자별 용량 및 용법 결정

대부분 미리 정한 고정된 용량에 무작위로 배정되지만, 만일 일정한 기간이 지난 후 또는 시험대상자의 반응에 따라 용량을 가감한 경우에는 시험대상자별로 시험약과 대조약의 용량을 결정한 방법에 대하여 기술한다.

9.4.6 눈가림

눈가림을 유지하기 위해 사용한 구체적인 방법들에 대하여 기술하여야 하며, 중대한 이상반응의 발생과 같은 개인 또는 대상자 전체의 눈가림을 해제해야 하는 상황과 눈가림 해제 절차 등에 대하여 기술하여야 한다. 현실적으로 눈가림을 적용할 수 없는 경우라면 그 이유와 이로 인해 발생할 수 있는 문제점 그리고 그 문제의 발생을 최소화하기 위해 사용한 방법 등에 대해 자세히 기술하여야 한다.

9.4.7 과거 및 병용 치료

임상시험 전과 시험 기간 동안 사용이 허용되거나 금지된 약물과 치료법을 나열하고 이들을 설정한 근거 및 이들의 사용에 대한 기록 여부와 기록방법에 대해 기술하여야 한다.

9.4.8 임상시험 순응도

임상시험 순응도(compliance)를 확인하기 위하여 사용한 방법에 대하여 구체적으로 기술하여야 한다. 예를 들면, 남은 약물의 확인, 투여일지, 혈액/뇨 또는 다른 체액 중의 의약품 농도 측정 또는 복약 상황의 모니터링과 같은 방법이 있다.

9.5 유효성 및 안전성 관련 변수

9.5.1 유효성 및 안전성 평가방법 및 흐름도

임상시험의 목적에 부합하는 유효성/안전성과 관련된 변수의 평가 및 실시된 실험실적 검사의 항목, 검사 시기, 빈도, 측정방법 등을 기술하여야 한다. 이러한 내용은 임상시험 흐름도(flow chart)를 이용하면 효과적이다. 이상반응의 정의 및 중증도 측정 방법, 관련성 평가 방법, 이상 반응 수집 절차 등에 대해서도 기술하여야 한다.

9.5.2 평가방법의 적절성

유효성 및 안전성을 평가하기 위해 사용한 변수나 측정방법이 표준(널리 사용되고, 일반적으로 신뢰성 있으며 정확하고, 의미 있다고 받아들여지는 방법)이 아니라면 사용한 방법의 신뢰성 · 정확성 및 적절성을 기술하여야 한다. 대리평가변수(surrogate endpoint)를 임상시험의 평가변수로 사용한 경우, 대리평가변수 사용의 타당성을 입증하여야 한다(예, 임상자료, 문헌, 가이드라인, 규제당국의 이전 조치 등).

9.5.3 1차 유효성 평가변수(들)

유효성 평가를 위해 사용된 1차 유효성 평가변수 및 평가방법을 명확하게 기술하여야 한다.

9.6 자료의 품질보증(Quality Assurance)

임상시험 자료의 품질을 보증하기 위해 임상시험 품질보증 및 품질관리 시스템을 간략히 기술하여야 한다. 의뢰자가 독립적인 내부 또는 외부의 점검 과정을 사용했다면 점검 과정에 언급해야 하고 부록에 기술해야 하며, 마찬가지로 점검확인서도 가능하면 동일한 부록에서 제공되어야 한다.

9.7 임상시험계획서의 통계적 분석방법 및 시험대상자 수

9.7.1 통계분석 계획

계획서에서 미리 정한 통계적 분석 방법과 임상시험 결과가 나오기 전에 변경하였던 모든 내용에 대해 기술하여야 한다. 이용 가능한 자료가 있는 환자를 분석에서 제외시켜야 하는 사전에 계획된 이유가 있었다면 이를 기술하여야 한다. 결과를 별도로 분석해야 할 하위그룹이 있었을 경우에도 이를 명시하여야 한다. 임상시험 결과 모니터링 계획에 대해서도 기술하여야 한다. 데이터 모니터링 위원회가 있다면 구성 및 운영 절차가 설명되어야 하고, 시험의 눈가림을 유지시키는 절차도 포함하여야 한다. 계획된 중간분석의 빈도 및 특징, 시험이 종료될 상황들, 중간분석으로 인해 사용될 통계적 보정을 기술하여야 한다.

9.7.2 시험대상자 수

계획한 표본크기와 통계적인 고려사항이나 현실적인 제한점과 같은 표본크기 설정의 근거를 제시하여야 한다. 표본 수 산출 방법은 그 유래나 참고문헌과 함께 제시되어야 한다. 계산에 사용된 추정치와 어떻게 추정치를 구했는지에 대한 설명이 제공되어야 한다. 치료 간 차이를 보여주기 위한 시험의 경우, 시험을 통해 검출하려는 차이를 명시하여야 한다. 새로운 치료가 적어도 표준 치료만큼 효과적이라는 것을 보여주기 위한 양성대조군 시험의 경우, 표본 수 결정은 치료 간 차이가 수용 불가능할 정도로 커서 시험이 그 차이를 배제하도록 계획할 수 있는 차이를 명시하여야 한다.

9.8 임상시험 수행 및 분석방법의 변경

임상시험을 진행하는 도중에 계획된 시험방법이나 분석법에 대한 변경이 이루어졌다면 구체적으로 이유와 절차에 대해 분명히 기술하여야 한다.

10. 시험대상자

10.1 시험대상자의 배치

결과보고서 본문에 그림이나 표를 이용하여 임상시험에 참여한 시험대상자의 수, 무작위배정에 따라 각 군에 배정된 시험대상자의 수, 임상시험을 완료한 시험대상자의 수 등에 대해 명확하게 설명하여야 한다. 또한 무작위배정 후 시험 참여 중단 이유를 치료군별, 주요 시험 참여중지 이유별(추적관찰 불가, 이상반응 발생, 낮은 순응도 등)로 제시하여야 한다.

TIP

시험대상자 선정을 위하여 스크리닝한 시험대상자의 수를 제시하면서 가능하다면 제외기준에 해당되어 실제로 연구에 참여할 수 없었던 시험대상자들을 제외기준의 종류별로 별도 제시하는 것도 도움이 될 수 있다. 부록에는 여러 가지 이유로 연구에 끝까지 참여할 수 없었던 시험대상자들에 대한 정보를 표의 형태로 제시해주는 것이 좋다.

Disposition of Patients

A total of 510 patients were enrolled from 15 centers. Of the 510 patients, 260 were randomized to the A treatment group and 256 to the B treatment group.

Figure 1 **Flow Chart of Patient Disposition**

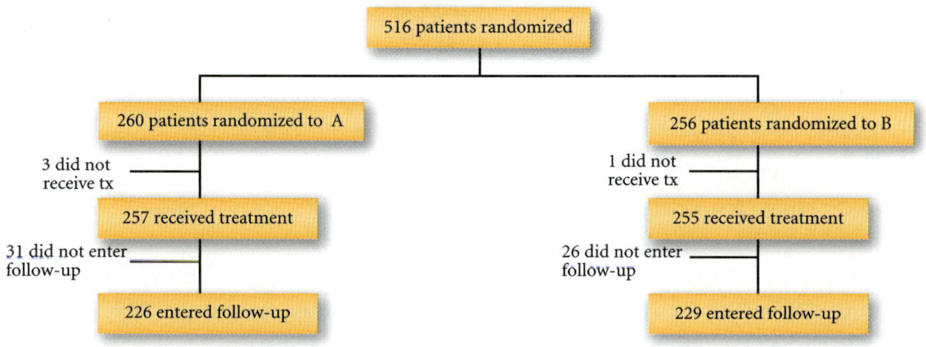

A total of 4 randomized patients (3 in the A group and 1 in the B group) did not receive study medication. A list of patients who were randomized but not treated is provided in Appendix xx. All of the randomized patients who received study medication received the treatment to which they had been randomized.

그림 4-3 연구 참여 환자 배정 현황의 예

10.2 임상시험계획서 위반

시험대상자의 선정기준과 제외기준, 임상시험의 수행 및 시험대상자 관리와 평가에 관련된 중대한 계획서 위반사항에 대하여 기술하여야 하며, 부록의 형태로 자세한 정보를 제시하여야 한다.

11. 유효성 평가

11.1 분석 대상군

각 유효성 분석에 정확히 어떤 시험대상자가 포함되었는지 명확하게 기술하여야 한다.

TIP

계획서 및 보고서에는 분석대상을 정의한 방법에 대한 정확한 기술이 있어야 한다. 일반적으로 계획서의 어떠한 조항에도 위배됨이 없이 임상시험을 종료한 시험대상자들만을 분석대상으로 삼는 방법을 Per-protocol analysis 또는 Patients treated analysis라고 한다. 이와 달리 의약품 투여유무나 계획서의 위반여부, 또는 방문일정의 준수 등에 관계없이 임상시험에 등록된 모든 시험대상자의 자료를 분석에 이용할 수도 있는데, 이를 Intention-to-treat analysis라고 한다.

(1) 시험약/임상시험용 의약품을 투여 받은 모든 환자
(2) 어떤 유효성 관찰 또는 특정 최소 관찰이 이루어진 모든 환자
(3) 시험을 완료한 환자
(4) 특정 기간 동안 관찰된 모든 환자
(5) 어느 정도 이상의 순응도를 보인 환자
(6) 의약품의 투여유무에 관계없이 무작위 배정된 모든 시험대상자

표 4-3 분석 대상 환자군 정리의 예

Overview of Analysis Populations

The numbers of patients excluded from the PP and safety populations and the distribution of reasons for exclusion were similar for the 2 treatment groups (Table). Several patients had multiple reasons for exclusion from the PP and safety populations. In both treatment groups, inadequate information about tumor burden after baseline was the most frequent reason for exclusion from the PP population, and lack of safety data was the most frequent reason for exclusion from the safety population.

Table | Summary of Analysis Populations by Treatment Group

	A	B
No. of Patients Randomized	260	256
No. Included in PER PROTOCOL	239	237
Excluded from PER PROTOCOL	21	19
do not receive at least 2 cycles of treatment	10	6
inadequate information about tumour burden at baseline	1	1
inadequate information about tumour burden post baseline	18	14
violating inclusion/exclusion criteria	5	6
No. Included in SAFETY	253	249
Excluded from SAFETY	7	7
without at least one dose of study medication	3	1
without follow-up safety information	7	7

11.2 인구통계학학적 및 다른 기저상태 특성

무작위배정(randomization)의 목적은 시험대상자를 시험약 또는 대조약에 배정하는 것을 무작위확률의 원칙에 맡김으로써 어느 한 집단에 임의의 특성을 가진 시험대상자가 많이 또는 적게 할당되는 것을 최소화하려는 것이다. 결과보고서에는 임상시험의 결과에 영향을 미칠 수 있는 인구통계학적 정보와 몇 가지 의미 있는 치료 전 기저상태 특성(baseline characteristics)들에 대해 비교집단 간에 차이가 있는지의 유무를 표나 그림의 형태로 제시하여야 한다. Intention-to-treat

표 4-4 치료 전 환자군 특성의 예

Demographic Data at Screening

The 2 treatment groups were similar with respect to demographic characteristics (Table).

Table | Summary of Demographic Variables by Treatment Group (ITT Population)

Sex	A N = 260	B N = 256
MALE	203 (78%)	208 (81%)
FEMALE	57 (24%)	48 (19%)
Age in years		
Mean	55.4	54.7
SD	10.71	10.98
SEM	0.85	0.88
Median	56.0	56.0
Range	26~74	22~73
Weight in kg		
Mean	61.22	58.82
SD	12.787	11.479
SEM	1.011	0.922
Median	60.00	57.20
Range	37.5~110.0	36.0~118.0
The demographic characteristics of the PP population were similar to those of the ITT population.		

analysis에 포함된 환자에 대한 자료가 우선적으로 제시되어야 하고, 그런 후 Per-protocol analysis 분석 또는 다른 분석 등 주 분석에서 사용된 그룹에 대한 자료가 제시되어야 한다.

11.3 시험대상자 순응도 평가

의약품 투여에 대한 환자 각각의 순응도 평가를 종합하여 치료군별, 시간간격별로 분석한 결과를 부록에 제시한다.

11.4 유효성 평가 결과의 분석 및 제시

11.4.1 유효성 분석

시험대상자에 대한 유익성/위해성의 평가뿐만 아니라 수요 평가변수(1차 평가변수, 2차 평가변수 및 약력학적 변수)에 대하여 치료군 간 비교가 이루어져야 한다. 유효성 결과에 대한 설명은 임상시험의 목적과 연관지어 기술되어야 하며, 분석 결과는 치료군 간의 차이, 신뢰구간, 그리고 가설 검정의 결과 등이 제시되어야 한다.

일반적으로는 약물을 투여하고 난 후 일정시점에서 치료군 간의 비교를 실시하지만, 각 유효성 변수에 대한 시간적인 경과에도 관심을 기울일 필요가 있다. 이러한 경시적인 변화양상은 혈압이나 혈중 생화학적 지표의 변화 등이 주결과 변수일 때 특히 중요한 의미를 갖는다.

11.4.2 통계학적/분석학적 문제

유효성 관련자료에 대한 통계학적 분석은 해당 보고서를 검토하는 사람이 임상적인 유의성뿐 아니라 통계학적인 유의성 여부도 충분히 판단할 수 있도록 자세하고 정확하여야 한다.

- **공변량(Covariates) 보정**

  결과보고서에 인구통계학적 자료, 기저치, 병용요법이나 그 외 다른 공변량 또는 예후인자들의 선정과 보정에 대해 설명하여야 한다. 보정방법, 분석 결과 및 추가적인 정보[예, 공분산분석(ANCOVA)이나 Cox Regression 결과]는 상세한 통계적 방법론 부분에 포함되어야 한다.

TIP

자료의 결측치를 처리한 방법에 대한 기술도 필요하다. 보통 임상시험 도중 일회 또는 수 회의 시점에서 필요한 자료가 결측된 경우, 해당 시점에서 각 치료군의 평균이나 중앙값으로 대치하든가 유용한 마지막 방문의 자료를 마치 해당 시점에서 얻어진 것처럼 대치하는 방법(Last-Observation-Carried-Forward Analysis)을 쓰기도 한다. 어떤 경우든지 결측치를 대치한 방법과 그 근거에 대한 명확한 기술이 있어야 한다.

- **중도탈락(Dropouts) 또는 결측치(Missing data) 처리**

  중도탈락자들의 자료를 처리하는 방법도 상세히 기술하여야 한다. 임상시험의 기간, 질환의 특성, 의약품의 유효성 및 안전성, 치료와 무관한 다른 요인들 등이 모두 시험대상자의 중도탈락에 영향을 미칠 수 있다. 따라서 중도탈락된 시험대상자들을 배제하고 단지 임상시험을 종료한 시험대상자들에게서 얻어진 자료만을 분석한 결과라면 잘못 유도된 결론에 도달할 수도 있다. 물론 상당한 정도의 중도탈락이 발생한 경우에는 이들을 최종 분석대상으로 포함시키는 것 역시 비뚤림을 초래하는 원인이 되기도 한다. 특히 한 치료군에서 조기 탈락이 많다든가, 탈락 이유가 치료나 그 결과와 관련 있는 경우에는 비뚤림이 더 생길 수 있다. 대부분의 경우에 이러한 비뚤어짐의 원인과 그 영향을 정확하게 평가하는 것은 매우 어려운 일이나, 다양한 분석의 결과들을 제시함으로써 자료를 여러 가지 면에서 평가할 수 있도록 하여야 한다. 임상시험의 결과는 시험을 완료한 환자뿐만 아니라 무작위배정이 이루어진 환자 전체 또는 시험과 관련된 측정을 한 번이라도 한 환자들을 대상으로도 평가되어야 한다. 중도탈락이 미치는 영향을 분석하는 데에 있어서 치료군 간에 고려 및 비교되어야 할 요인으로는 중도탈락 사유, 중도탈락시점, 다양한 시점에서 치료군 간의 중도탈락자의 비율 등이 있다.

추정치나 유도치의 사용과 같은 결측치를 다루는 방법에 대해서도 기술하여야 한다. 어떻게 추정되었는지 또는 유도되었는지, 기본 가정이 무엇인지에 대해 상세히 설명하여야 한다.

- **중간분석(Interim analysis) 및 자료 모니터링**

임상시험에서 축적된 자료를 가지고 중간분석을 실시한 경우에는 공식적이든 비공식적이든 비뚤림이 발생할 수 있고 또는 제I종 오류가 증가할 수 있다. 따라서 이러한 중간분석은 눈가림을 해제하지 않고 이루어졌을지라도, 공식적이든 비공식적이든, 사전에 계획된 것이든 시험도중 필요에 의해 실시한 것이든(ad hoc analysis), 시험참가자, 의뢰자측 담당자, 자료 모니터링 담당자 중 누구에 의한 분석이든 간에 상관없이 그 과정과 통계학적 방법에 대해 자세히 기술하여야 한다.

- **다기관 임상시험(Multicenter studies)**

다기관 임상시험의 경우, 만일 각 기관에서 등록한 시험대상자의 수가 충분하거나 또는 기타의 이유로 각 기관의 자료를 따로 제시할 필요가 있다면 전체의 자료에 대한 분석과는 별도로 이러한 기관별 분석결과를 기술하는 것이 자료에 대한 엄밀한 검토에 큰 도움이 된다.

- **다중비교(Multiple comparison)/다중검정(Multiplicity)**

다중비교 또는 검정의 다중성에 의해 제1종 오류가 증대되는 경우의 유의수준 조절 방법도 상세히 기술할 필요가 있다. 일반적으로 계획서에서 미리 기술한 바 있는 해당 임상시험의 주 가설(major hypothesis)에 대한 검정이 아닌 다른 비교군을 설정하여 비교하는, 예를 들어 소집단간의 비교라든가 몇 가지 예후인자(prognostic factor)별 비교의 결과들은 탐색적(exploratory)인 의미만을 갖기 때문에 이에 대한 해석은 신중하게 하여야 한다.

- **치료적 동등성 입증을 위한 활성 대조 임상시험**

활성 대조 임상시험이 시험약/임상시험용 의약품과 활성 대조군/대조약 사이의 동등성(즉, 두 치료군 간 효과의 차이가 미리 정한 어떤 값보다 작다)을 보이고자 하는 경우, 주요 결과 변수의 차이에 대한 신뢰구간 및 이 신뢰구간과 미리 정해진 비열등한 정도(prespecified degree of inferiority)와의 관계를 기술하여야 한다.

표 4-5 유효성 결과 제시의 예

Efficacy Results

Principal Efficacy Findings

- In the protocol-specified primary analysis (a?Cox regression analysis stratified by region and adjusted for prespecified covariates), A was shown to be non-inferior to B in PFS; the finding was highly statistically significant. In the PP population, the upper limit of the 2-sided 95% CI for the hazard ratio of A vs B was 1.21, with p = 0.01 comparing the estimated hazard ratio with the pre-specified non-inferiority margin of 1.30. Similar results were obtained for the ITT population: upper limit of 2-sided 95% CI, 1.19; $p < 0.001$.

For all time-to-event parameters, similar results were obtained with and without adjustment for covariates. The hazard ratios (A vs B) were consistent for PFS, duration of survival, and time to progression, ranging from 0.81 to 0.90, as shown in Table 1 for the PP population and in Table 2. for the ITT population. The results indicate 10% to 20% reduction in the risk of progressive disease or death associated with A vs B.

Table 1 | Summary of Results for Key Efficacy Parameters (PP Population)

Parameter	Median (Months) (95% CI) A N = 239	 B N = 237	Hazard Ratio (95% CI)
Progression-free survival	5.7 (4.9, 7.3)	5.1 (4.2, 6.3)	0.81 (0.63, 1.04)* 0.85 (0.65, 1.11)**
Duration of survival	10.6 (9.3, 11.2)	9.4 (7.4, 10.6)	0.85 (0.64, 1.13)* 0.84 (0.63, 1.13)**
Time to progression	5.7 (4.8, 6.9)	5.3 (4.2, 6.6)	0.82 (0.60, 1.11)* 0.87 (0.63, 1.21)**

Table 2 | Summary of Results for Key Efficacy Parameters (ITT Population)

Parameter	Median (Months) (95% CI) A N = 260	 B N = 256	Hazard Ratio (95% CI)
Progression-free survival	5.7 (4.8, 6.9)	5.1 (3.9, 5.7)	0.80 (0.63, 1.03)* 0.83 (0.65, 1.09)**
Duration of survival	10.5 (9.1, 11.0)	9.0 (7.3, 10.2)	0.85 (0.65, 1.11)* 0.83 (0.63, 1.09)**
Time to progression	5.6 (4.8, 6.7)	5.4 (4.4, 6.6)	0.83 (0.61, 1.12)* 0.88 (0.64, 1.21)**

- **하위군 분석**

임상시험의 규모가 커서 분석이 가능할 경우, 처음 임상시험계획서에서 분석하고자 했던 치료군 간의 비교 외에 몇 가지 의미 있는 변수들, 예를 들어 연령, 성별, 예후인자의 중증도, 과거력 등과 같은 변수들에 따라 약물의 유효성이 어떻게 달라지는지에 대해 평가해 볼 수도 있다.

TIP

하위군 분석에서 나타난 결과를 이용해 원래 계획했던 치료군 간의 비교에서는 발견할 수 없었거나 극히 미미한 것으로 분석된 유효성에 대해 단정적인 결론을 내리려는 노력은 피하여야 한다.

11.4.3 시험대상자별 결과자료의 제시

군별 자료를 나타내는 표와 그림 이외에 개인별 반응 자료와 다른 관련 시험 정보들도 표로 제시하여야 한다.

11.4.4 의약품 용량, 의약품 농도 및 반응과의 관계

시험대상자별로 투여받는 의약품의 용량이 다를 때, 실제 시험대상자들에게 투여되는 용량을 개개의 시험대상자별로 표로 제시하여야 한다.

11.4.5 의약품-의약품 및 의약품-질환 간의 상호작용

치료 반응과 병용요법 사이에, 치료 반응과 과거질환/동반질환 사이에 어떤 분명한 관련성이 있다면 이에 대하여 기술하여야 한다.

11.4.6 유효성 결론

1차 평가변수와 2차 평가변수들, 미리 정해졌거나 변경되었던 통계적인 접근법, 탐색적 분석 결과들을 종합하여 유효성에 관한 중요한 결론을 간결하게 제시하여야 한다.

12. 안전성 평가

안전성 관련 자료는 크게 세 가지 수준에서 고려될 수 있다. 첫째, 임상시험으로부터 평가 가능한 안전성의 정도를 결정하기 위해 노출정도(용량, 기간, 시험대상자 수)를 조사하여야 한다. 둘째, 더 일반적인 이상반응, 실험실적 검사 이상 등을 확인하고, 합리적인 방법으로 분류하여야 하며, 치료군 간에 이상반응 발생을 비교한다. 적절한 경우, 시간 의존성, 인구통계학적 특성과의 관련성, 용량이나 약물 농도와의 관련성 등과 같이 약물이상반응/이상반응의 발생빈도에 영향을 미칠 수 있는 요인들에 대해 분석하여야 한다. 마지막으로 의약품과의 관련성 여부와 관계없이 이상반응으로 인하여 투여가 중단되었거나 사망한 시험대상자에 대한 자세한 조사를 통해 중대한 이상반응이나 기타 중요한 이상반응을 확인하여야 한다. 모든 표나 분석에서 시험군과 대조군 양쪽에 관련된 이상반응을 모두 기재하여야 한다.

표 4-6 안전성 결과 제시의 예

Safety Results

Principal Safety Findings

The main safety findings of this study are as follows:

- A and B were similar in terms of the percentage of patients with all-grade, severe or life-threatening adverse events and the percentage of patients withdrawing from trial treatment because of adverse events.
- All-grade diarrhea and stomatitis were less frequent with A than with B.
- There were no major differences between the 2 treatment groups in laboratory results.

12.1 노출정도

시험약/임상시험용 의약품에 대한 노출정도는 노출된 시험대상자 수, 노출기간, 노출된 의약품 용량에 따라 특징화되어야 한다.

12.1.1 투여기간

어떤 용량에 대한 노출기간은 중앙값이나 평균값으로 나타낼 수 있다. 그러나 특

표 4-7 노출의 정도 제시 예

Extent of Exposure to Trial Medication

Number of Cycles and Cumulative Dose

Treatment duration tended to be longer in the A group than in the B group. Although results for the 2 treatment groups were similar for the first 2 cycles, in subsequent cycles the percentage of patients receiving treatment was clearly higher in the A group than in the B group (Table).

Table | Summary of Cycles Received by Treatment Group (Safety Population)

Cycle	A N = 253	B N = 249
1	253 (100.0%)	249 (100.0%)
2	245 (94.8%)	241 (94.6%)
3	221 (79.1%)	202 (68.5%)
.		.
.		.
14	5 (3.3%)	2 (1.3%)
15	3 (2.0%)	1 (0.7%)
16	2 (1.3%)	

정 기간(예, 1일 이하, 2일~1주일, 1주일~1개월, 1개월~6개월 등)에 노출된 시험대상자 수를 기술하는 것도 도움이 된다.

12.1.2 투여용량

사용된 용량의 평균이나 중앙값, 특정 일일 복용 용량별 환자 수 등이 주어져야 한다.

12.1.3 의약품 농도

가능한 경우, 의약품 농도 자료(이상반응이 발생한 시간의 농도, 최대혈장 농도, 곡선하면적)는 개별 시험대상자에서 이상반응이나 임상 실험실적 검사치 이상 변화와의 상관성을 설명하는 데 도움이 된다.

12.2 이상반응

12.2.1 이상반응 요약

임상시험 중 발생한 모든 이상반응에 대해 전체적으로 표나 그림의 형태로 제시하고 또 이에 대해 간단하게 서술하여야 한다. 이때 이상반응은 치료군별로 나누어 제시하여야 한다.

12.2.2 이상반응의 제시

임상시험 치료 시작 이후에 발생한 모든 이상반응은 해당 약물과의 인과관계에 상관없이 모두 제시하여야 한다. 이러한 이상반응을 제시할 때에는 치료군별, 중증도별, 해당 시험약 및 대조약과의 인과관계 유무별, 기타 의미 있는 변수별로 교차표의 형태로 제시하는 것이 일반적이다. 이 경우 발생한 이상반응의 건수뿐만 아니라 안전성 평가가 가능한 총 대상 수에 대한 분율(%)을 함께 제시하여야 한다. 그리고 이런 이상반응들을 신체기관별로 나누어 제시하는 것도 권장할 만하다.

표 4-8 이상 반응 제시의 예

Overview of Adverse Events

Adverse events were reported for nearly all patients (96%) in both treatment groups. Most of the patients had treatment-related adverse events, and half had at least one severe or life-threatening adverse event. A slightly lower percentage of patients in the A group than in B group had treatment-related severe or life-threatening adverse events (24% vs 27%).

(계속)

표 4-8 이상 반응 제시의 예 (계속)

Table | Overview of the Incidence of Adverse Events (Safety Population)

Adverse Event Category	A N = 253	B N = 249
All AEs (related and unrelated)		
No. (%) of patients with at least one AE	147 (58)	143 (57)
Total No. of AEs	921	886
Treatment-related AEs		
No. (%) of patients with at least one AE	142 (56)	141 (57)
Total No. of AEs	651	650
Severe and life-threatening AEs		
No. (%) of patients with at least one AE	77 (30)	76 (31)
Total No. of AEs	136	124
Treatment-related, severe and life-threatening		
No. (%) of patients with at least one AE	60 (24)	66 (27)
Total No. of AEs	96	92

12.2.3 이상반응의 분석

이상반응 분석의 중요한 목적은 이상반응의 발생률이 시험군과 대조군 간에 유의한 차이가 있느냐를 밝히는 것이다. 이러한 분석을 위해 각각의 증상별로 시험군 대 대조군의 비교를 실시하는 것이 필요하다. 중증도 분류와 인과관계 분류를 결합하여 분석하면 더 명료하게 두 군을 비교할 수 있다. 만일 시험대상자 수가 충분하다면 이상반응의 발생률을 몇 가지 소집단별로 나누어 분석함으로써 중요한 정보를 얻을 수도 있다.

표 4-9 안전성 평가 제시의 예

Summary of Safety Results (Safety Population)

Safety Parameter	A (N =253) n (%)	B (N = 249) n (%)
Adverse events (all grades)	147 (58)	143 (57)
Grade 3/4 AEs	77 (30)	76 (30)
Treatment-related AEs (all grades) Most frequent AEs (incidence at least 10% in either treatment group)	142 (56)	141 (57)
Nausea	87 (34)	84 (34)
Vomiting	76 (30)	89 (36)

(계속)

표 4-9 안전성 평가 제시의 예 (계속)

Safety Parameter	A (N =253) n (%)	B (N = 249) n (%)
Neutropenia	51 (20)	46 (18)
Anorexia	49 (19)	46 (18)
Diarrhea	36 (14)	29 (12)
Anemia	27 (11)	11 (4)
Treatment-related grade 3/4 AEs	60 (24)	66 (27)
Treatment-related grade 4 AEs	7 (3)	10 (4)
All deaths during treatment or within 28 days after the last dose of treatment	15 (6.0)	10 (4)
Treatment-related deaths during treatment or within 28 days after the end of treatment	1 (0.4)	2 (0.8)
All SAEs	35 (9.9)	21 (8.4)
Treatment-related SAEs	16 (6.3)	10 (4)
Discontinuation of trial treatment because of AEs	27 (11)	25 (11)

12.2.4 시험대상자별 이상반응 발생목록

부록에는 발생한 모든 이상반응을 시험대상자별로 정리하여 제시하여야 한다.

12.3 사망, 다른 중대한 이상반응, 다른 유의한 이상반응

사망, 다른 중대한 이상반응, 다른 유의한 이상반응에 대해서는 보다 자세한 기술이 필요하다. 사망의 경우에는 환자별로 자세히 기술하며, 또한 사망을 포함한 중대한 이상반응 또는 기타 중요한 이상반응이 임상시험용 의약품의 안전성과 관련하여 해당 임상시험 전체에 미치는 영향 등에 대하여 기술하여야 한다.

표 4-10 중대한 이상 반응 제시의 예

Serious Adverse Events

Serious adverse events were reported in 14% of patients in the A group and 8% in the B group. Five cases of serious diarrhea and 3 cases of serious upper gastrointestinal hemorrhage contributed to the higher percentage of patients with serious adverse events in the A group. Those adverse events were considered treatment related. Treatment-related serious asthenia and fatigue were reported in the B group but not in the A group.

(계속)

표 4-10 중대한 이상 반응 제시의 예 (계속)

Patient Deaths up to 28 Days after the Last Dose

Death occurred during treatment or within 28 days after the last dose of treatment in 15 patients in the A group and 10 in the B group (Table). Two death in the A group and one deaths in the B group were considered by the investigator to be drug related. Seven deaths in each of the 2 treatment groups had causes other than gastric cancer/progressive disease.

Table | Summary of Patient Deaths up to 28 Days after the Last Dose (Safety Population)

Death	Relation to Treatment	A (N = 253)	B (N = 249)
Deaths up to 28 days after the last dose	Unrelated	14 (9.2%)	9 (5.4%)
	Possible		1 (0.7%)
	Probable	1 (0.7%)	1 (0.7%)

12.4 임상 실험실적 검사 평가

12.4.1 시험대상자별 실험실적 검사와 비정상적 실험실적 수치 목록

필요한 경우에는 임상시험에 참가한 모든 시험대상자에 대한 실험실적 검사 결과를 시험대상자 개인별로 제시할 필요가 있다. 여기에는 시험대상자별 중요한 인구통계학적 정보, 투여 용량과 함께 방문 시기별로 실시한 임상 실험실적 검사 결과를 포함한다.

12.4.2 각각의 임상 실험실적 검사 평가

일반적인 평가 원칙은 중요한 실험실 검사 결과에 대해 치료군별로 비교하는 것이다.

표 4-11 임상 실험실적 이상 반응 평가 제시의 예

Laboratory Parameters

Incidence of Laboratory Abnormalities by Grade

Patients were categorized according to their highest grade of various laboratory abnormalities. The pattern of laboratories abnormalities was generally similar for the 2 treatment groups, with the following differences noted (Table). Hyperbilirubinemia was more frequent in the A group than in the B group, but grade 4 elevations in bilirubin were rare in both treatment groups. In addition, grade 3 and grade 4 elevations in ALAT and ASAT were not observed in the A group but were found in several patients in the B group. Grade 4 decreases in he

(계속)

표 4-11 임상 실험실적 이상 반응 평가 제시의 예 (계속)

moglobin, neutrophils, and platelets were less frequent in the A group than in the B group.

Table | Incidence of Grade 1-4, Grade 3/4, and Grade 4 Laboratory Abnormalities (Safety Population)

Laboratory Parameter	A (N=253)			B (N=249)		
	Grade 1-4 N(%)	Grade 3/4 N(%)	Grade 4 N(%)	Grade 1-4 N(%)	Grade 3/4 N(%)	Grade 4 N(%)
ALAT (SGPT)	40 (26.1%)	0 (0.0%)	0 (0.0%)	37 (24.8%)	5 (3.4%)	1 (0.7%)
ASAT (SGOT)	57 (37.3%)	0 (0.0%)	0 (0.0%)	53 (35.6%)	5 (3.4%)	2 (1.3%)
Albumin	88 (57.5%)	8 (5.2%)	0 (0.0%)	76 (51.0%)	6 (4.0%)	0 (0.0%)
Alkaline Phosphatase	74 (48.4%)	3 (2.0%)	1 (0.7%)	76 (51.0%)	7 (4.7%)	1 (0.7%)
Creatinine	22 (14.4%)	1 (0.7%)	0 (0.0%)	20 (13.4%)	2 (1.3%)	0 (0.0%)
Fasting Glucose	90 (58.8%)	7 (4.6%)	1 (0.7%)	72 (48.3%)	3 (2.0%)	0 (0.0%)
Granulocytes	20 (13.1%)	7 (4.6%)	1 (0.7%)	18 (12.1%)	5 (3.4%)	0 (0.0%)
Hemoglobin	146 (95.4%)	35 (22.9%)	5 (3.3%)	140 (94.0%)	30 (20.1%)	13 (8.5%)
Neutrophils	88 (57.5%)	36 (23.5%)	4 (2.6%)	92 (61.7%)	34 (22.8%)	13 (8.5%)
Neutrophils/Granulocytes	99 (64.7%)	42 (27.5%)	5 (3.3%)	105 (70.5%)	39 (26.2%)	13 (8.5%)
Platelets	81 (52.9%)	8 (5.2%)	1 (0.7%)	54 (36.2%)	6 (4.0%)	3 (2.0%)
Potassium	58 (37.9%)	11 (7.2%)	2 (1.3%)	42 (28.2%)	9 (6.0%)	2 (1.3%)
Sodium	65 (42.5%)	15 (9.8%)	1 (0.7%)	53 (35.6%)	10 (6.7%)	2 (1.3%)
Total Bilirubin	48 (31.4%)	6 (3.9%)	2 (1.3%)	31 (20.8%)	4 (2.7%)	2 (1.3%)
White blood cell (WBC)	117 (76.5%)	13 (8.5%)	2 (1.3%)	107 (71.8%)	17 (11.4%)	4 (2.7%)

12.5 활력 징후, 신체검사, 다른 안전성 관련 관찰 결과

임상 실험실적 검사 결과의 자료분석과 유사한 방법으로 평가하고 제시한다.

12.6 안전성 결론

이상의 자료에 근거하여 시험약/임상시험용 의약품의 전반적인 안전성에 대한 최종적인 결론을 내려야 하며, 용량 변화를 가져오거나 병용치료를 필요로 한 반응, 중대한 이상반응, 투여중단의 원인이 된 반응 및 사망에 대해서는 특별한 관심을 가지고 검토하여야 한다.

13. 고찰 및 전반적 결론

이상에서 분석한 임상시험의 유효성/안전성 평가 결과와 유익성/위해성 관계를 간단히 요약하고 논의하여야 한다. 고찰 및 결론에서는 기존의 시험 결과 등과 비교하여 새롭게 발견되었거나 예측할 수 없었던 소견에 대해 명확하게 기술하고 그 중요성에 대해 설명하여야 한다. 시험 결과의 임상적 유의성과 중요성은 다른 기존의 자료들에 비추어서도 논의되어야 한다. 이러한 논의 대신 전반적인 시험의 안전성과 유효성에 대한 요약을 할 수도 있다.

표 4-12 결론 제시의 예

CONCLUSIONS
A was non-inferior to B in the treatment of patients with advanced melanoma; the finding was highly statistically significant. The hazard ratios (A vs B) were consistently less than 1 for PFS, duration of survival, time to progression, and duration of response, indicating a lower hazard of progression or death associated with A vs B. A and B were generally similar in safety profile and equally well tolerated.

14. 참고문헌

임상시험 결과를 평가하고 판단함에 있어서 참고로 이용했던 문헌의 일람표를 포괄적으로 제시하여야 한다. 참고문헌은 국제적으로 채택한 "Uniform Requirements for Manuscripts Submitted to Biomedical Journals"에 대한 1979 밴쿠버 선언이나 "Chemical Abstracts"에서 사용된 체계에 따라 제출하여야 한다.

15. 부록

이 항목은 임상시험 결과보고서에 필요한 모든 부록의 전체 목록을 먼저 기술하여야 하고, 일반적으로 다음과 같은 내용들이 부록에 첨부되어야 한다.

15.1 임상시험 정보

(1) 임상시험계획서와 변경계획서
(2) 증례기록서 양식
(3) 임상시험심사위원회의 목록 및 환자를 위한 문서화된 정보와 대상자 동의서 서식
(4) 임상시험책임자 및 다른 중요 참여자의 명단 및 간략한 기술(이력서나 임상시험 수행과 관련이 있는 훈련이나 경험의 요약 내용을 포함)
(5) 임상시험책임자, 임상시험조정자 또는 의뢰자의 서명(날인)(규제당국의 요청에 따라)

(6) 한 개 이상의 배치를 사용하였을 경우. 각 배치별로 시험약/임상시험용 의약품을 투여받은 시험대상자의 목록
(7) 무작위배정 방법 및 배정표(시험대상자 식별코드 및 배정된 치료)
(8) 점검확인서(이용 가능한 경우)
(9) 통계학적 방법 문서
(10) 실험실간 표준화 방법과 품질 보증 절차 문서(사용되었다면)
(11) 임상시험에 근거한 출판물
(12) 결과보고서에서 참고한 중요 문헌

15.2 시험대상자 목록

(1) 임상시험 중단
(2) 임상시험계획서 위반
(3) 유효성 분석에서 제외된 환자
(4) 인구통계학적 자료
(5) 순응도 및/또는 의약품 농도 자료(이용 가능한 경우)
(6) 시험대상자별 유효성 결과 자료
(7) 이상반응 목록(시험대상자별)
(8) 시험대상자별 실험실적 검사 목록(규정당국이 요청할 경우)

15.3 증례기록서

(1) 사망, 다른 중대한 이상반응 및 이상반응으로 인하여 중도탈락한 시험대상자의 증례기록서 사본
(2) 다른 필요한 증례기록서 사본

15.4 개별 환자 자료 목록

참고문헌

1. International conference on harmonization of technical requirements for registration of pharmaceuticals for human use: ICH Harmonised Tripartitate Guideline. Structure and Content of Clinical Study Reports E3 (1995 Nov 30). http://www.ich.org/cache/compo/276-254-1.html
2. 식품의약품안전처 의약품 임상시험 결과보고서의 구성과 내용 가이드라인 (2018.6)

CHAPTER 05

참고문헌 관리 및 EndNote의 활용

| 김성윤/정승채

수련 중인 전공의나 전임의, 그리고 대학과 같은 연구 기관에서 근무하는 의사들의 경우 논문이나 보고서 작성은 평생을 지고 나아갈 업이다. 이미 왜 논문을 써야 하며 논문을 작성하면 어떠한 장점들이 있는가에 대해서는 이 책 전반에 걸쳐 다양한 시각과 다양한 방법으로 기술되었다. 논문은 의사의 삶을 살아가면서 한 번쯤은 반드시 거쳐야 할 통과의례와도 같다는 데에는 이 책을 읽는 독자들은 모두 공감하는 부분일 것이다.

자, 그럼 논문을 어찌하면 좀 더 쉽게 쓸 수 있을 것인가? 이 장에서 기술될 내용은 논문 작성에 필요한 단순작업들을 손쉽게 수행할 수 있게 함으로써 불필요하게 낭비되는 시간과 노력들을 절약하는 데 도움이 될 것이다. 즉, 매번 참고문헌이 실린 저널을 찾아 복사하여 책상 위에 잔뜩 늘어놓을 필요도 없고, 논문더미 중에서 필요한 논문을 찾아 헤맬 필요도 없으며, 작성 중인 논문을 고치면서 참고문헌의 순서를 일일이 바꾸고 번호를 교정하는 수고를 할 필요도 없다. 여기서 소개되는 내용을 미처 알지 못한 채 논문을 쓰는 것은 마치 21세기를 사는 소설가가 컴퓨터나 타이프라이터 없이 원고지에 만년필로 원고를 작성하다가 틀리면 찢고 다시 쓰는 작업을 반복하는 것과도 같은 일이다.

1. 참고문헌 관리 소프트웨어

자연과학을 전공하다보면 많은 문헌 자료를 접하게 된다. 의학 분야만 하더라도 수없이 많은 임상 관련, 생의학 연구 관련 문헌들이 매일 쏟아져 나오고 있다. 이제는 문헌 데이터베이스에 접속하여 원하는 주제의 관련 문헌을 쉽게 찾을 수 있다. 상당수의 문헌들은 프린트물 출간과 병행하여, 혹은 아예 전적으로 온라인으로 출간되기도 하므로 이제는 예전처럼 도서관 서가 사이를 뒤지고 다니거나, 복사한 참고문헌들을 잔뜩 들고 다닐 일은 점차 줄어들게 되었다.

하지만 구슬이 서말이라도 꿰어야 보배라고, 이렇게 검색한 참고문헌들도 자신의 연구 논문이나 보고서 작성을 위해 의미 있게 쓰이려면 그 내용들이 잘 정리되어 있어야 한다. 자료를 하나하나 모두 읽고, 관련된 내용들을 정리하고, 나중에 참고하기 쉽게 분류, 보관하는 과정을 거쳐야만 한다. 이런 작업을 개인용 데스크탑 컴퓨터에서, 혹은 온라인 클라우드 서버상에서 가능하도록 해 주는 소프트웨어가 문헌관리 프로그램(reference management software, 혹은 bibliography management software)들이다. 기본 기능은 참고문헌을 온라인에서 검색, 수집하고, 자체 데이터베이스로 보관하며 작성중인 문서에 쉽게 삽입할 수 있도록 해준다. 소프트웨어를 데스크탑 컴퓨터에 설치를 해서 사용하는 종류도 있고, 온라인 저장 장소에 참고문헌들을 저장해 두고 이용하는 종류도 있다. 이런 문헌관리 소프트웨어들은 다음과 같은 장점을 지닌다.

- 참고문헌을 체계적으로 모으고 관리할 수 있다. 참고문헌의 유형, 분야, 키워드에 따라 세분화된 서브 그룹을 만들 수도 있다.
- 문헌 검색 기능을 제공하므로 검색 결과를 바로 라이브러리로 불러올 수 있다. 서지 정보를 일일히 입력하지 않아도 된다. PubMed나 Google Scholar와 같은 공공 개방형 온라인 데이터베이스에서는 검색 결과를 문헌관리 소프트웨어로 받을 수 있도록 적절한 필터가 적용된 내보내기 기능을 제공한다.
- 논문을 쓰거나 보고서를 작성할 때 참고문헌 인용과 문헌 목록을 쉽게 만들 수 있다. 대부분의 문헌 관리 소프트웨어는 설치할 때에 워드프로세서와 통합되어 워드프로세서 상의 도구(tool)처럼 작동한다. 온라인 문서작성기(구글 문서 등) 에서도 마찬가지의 기능을 제공한다.
- 각 학술잡지의 고유 투고 기준에 맞추어 인용 형식과 참고문헌 목록의 형식(이를 스타일이라고 한다)을 바꾸어 준다. 학술 원고를 출판사의 투고 형식에 맞추어 매번 수정해야 하는 수고를 덜어준다.
- 프로그램에 따라 하이퍼텍스트(hypertext) 기능을 제공하므로 작성한 문헌에서 바로 참고문헌으로의 링크를 제공하기도 한다. 요즈음에는 대부분의 학술잡지 출판사에서 전자출판물(electronic publication)을 함께 제공하거나, 아예 프린트 출판물 없이 순수한 전자출판물만 간행하기도 한다. 점차 이런 온라인 문서화가 대세로 자리잡을 가능성이 크다.
- 공동 작업에 유리한 환경을 제공한다. 연구를 수행하고 논문을 작성할 때 여러 명의 연구자가 자료를 공유하고 공동으로 문서 작업을 해야 할 경우가 많은데, 공유한 참고문헌은 항상 최신의 상태로 유지될 수 있으므로 공동 작업의 효율을 높일 수 있다.

2. 참고문헌 관리 소프트웨어의 종류

참고문헌 관리 소프트웨어는 1980년대 이후에 개인용 컴퓨터의 사용이 활발해지면서 같이 발달하였다. 주로 학술 저술 분야에서 연구자들이 글을 쓰면서 참고문헌을 인용하고 자료를 정리하는 방편으로 이용되다가, 점차 다양한 기능이 포함되면서 정보를 취합하고 문서 작성을 돕는 본격적인 프로그램의 역할을 하게 되었다.

문헌관리 소프트웨어는 매우 많은 종류가 있다. 무료로 다운로드 받아 설치해 사용할 수 있는 프로그램들도 있고, 상용 프로그램들도 있다. 이런 유형을 설치형 소프트웨어라고 부른다. 반면, 데스크탑 컴퓨터에 설치하지 않고, 온라인으로 접속하여 이용하는 공유 소프트웨어의 형식의 프로그램도 있다. 웹 기반 프로그램들이다. 앞으로의 경향은 네트워크의 발달과 데이터 전송 기술의 발달로 인해 점차 클라우드 서버에 자료를 보관하고 사용자가 온라인으로 접속하여 서비스를 이용하는 웹 기반 프로그램들로 바뀔 것으로 예상된다.

표 5-1에 대표적인 몇 가지 프로그램을 소개했지만 실제로는 매우 많은 종류의 프로그램이 명멸하고 있다. 최신 정보는 위키피디아 등의 웹사이트에서 'reference management software' 등의 키워드로 확인할 수 있다. 대표적인 설치형 소프트웨어인 엔드노트와 웹기반 소프트웨어인 페이퍼파일에 대하여 각각 알아보자.

표 5-1 참고문헌 관리 소프트웨어의 종류

프로그램	최초 출시	최신 버전	가격	참고사항
Citavi	2006년	6.5.0.0	문헌 100개 이하 무료	자료는 개인 컴퓨터에 저장되거나 팀 프로젝트 경우에는 클라우드에 저장
EndNote	1988년	X9.2	약 300 US dollar	웹 버전 EndNote basic은 무료
Mendeley	2008년	1.19	온라인 저장 2 GB까지는 무료	계정 등록 필수, PC용 혹은 Web용, 다양한 운영체제에서 사용 가능
Paperpile	2013년	온라인 업그레이드	학술 목적인 경우 월 3불, 기타 월 10불	구글 문서에서 사용하도록 웹 기반으로 개발. 구글 크롬 사용 필수
Papers	2011년	v.4.4.2	학생용 월 3불, 학술 목적인 경우 월 5불	웹 기반 프로그램으로 다양한 운영체계, 브라우저에서 사용 가능
Reference Manager	1984년	12.0.3		2015년 단종
RefWorks	2001년	3	기관 구입만 가능	웹 기반, 마이크로소프트 워드나 구글 문서 사용 가능
Zotero	2006년	5.0.89	온라인 0.3 GB까지는 무료	웹 기반 프로그램. 다양한 운영체제, 브라우저에서 사용 가능.

2.1 설치형 소프트웨어 EndNote®

대학이나 연구소 등 학계에서 많이 사용하는 프로그램이다. 2020년 현재 20판까지 출시되어 있다. 프로그램을 설치하고 나서 처음으로 참고문헌 데이터베이스 자료를 만들면 *.enl (endnote 라이브러리)라고 하는 이름의 파일이 생겨나는데, 이 파일이 수집된 참고문헌들을 관리하고, 문서에 인용문을 삽입하거나 문서 말미에 참고문헌 목록을 만드는 등의 핵심 역할을 한다(그림 5-1). 일반적인 작업의 순서는 참고문헌 검색하여 수집하기, 수집된 참고문헌을 관리하기, 문서 작성 시 참고문헌을 삽입하기, 문서가 완성되면 출판사의 투고 규정에 맞추어 인용 스타일과 참고문헌 목록 스타일을 변경하기, 투고하기 등의 순서다.

데이터의 입력은 여러 가지 방법으로 할 수 있다. 수동으로 직접 타이핑하거나 PubMed 등에서 검색한 자료를 불러올 수도 있고, 아예 EndNote 프로그램 자체에서 제공하는 데이터베이스 접속 기능을 이용하면 검색과 리스트 내려받기를 한 번에 할 수도 있다. 대부분의 참고문헌 데이터베이스 소스에서는 검색된 자료를 EndNote 라이브러리로 내려받을 수 있는 기능을 제공한다.

EndNote를 처음 설치할 때, 워드프로세서 안에 바로가기 버튼이 자동으로

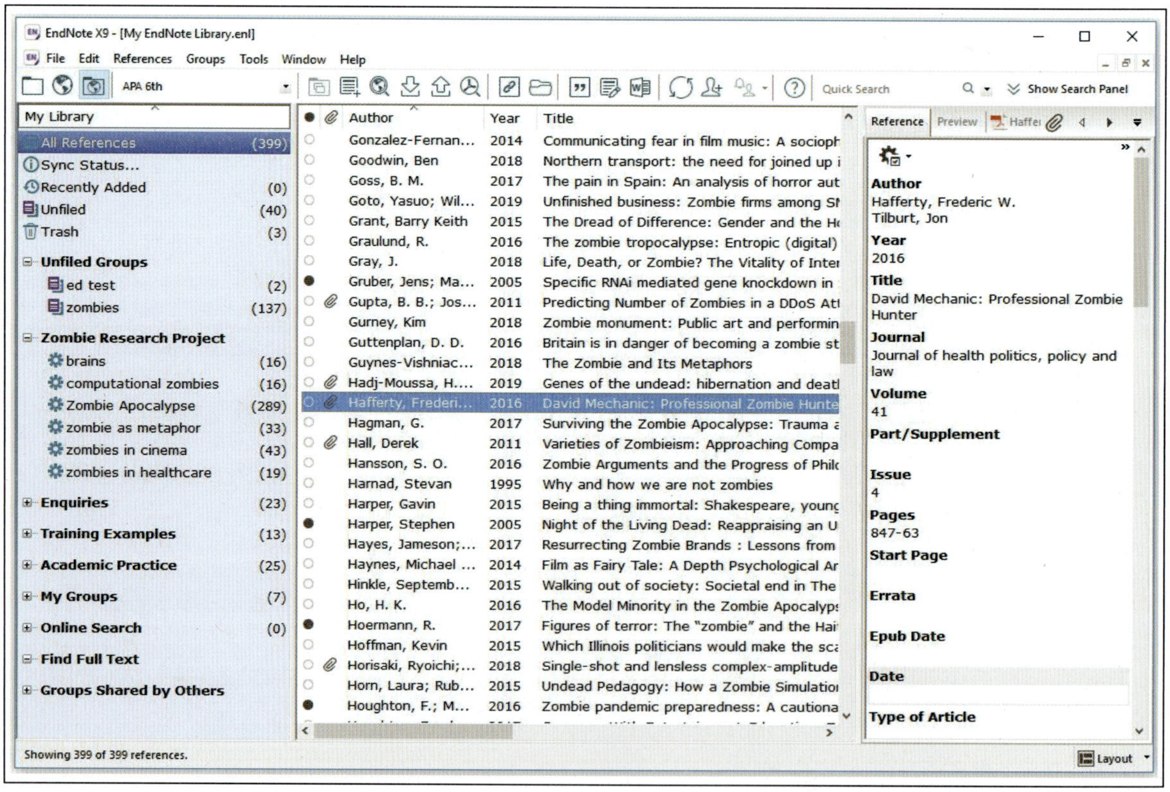

그림 5-1 EndNote(19판) 실행 화면. 분할된 화면 좌측에는 여러 폴더들이, 가운데에는 그 폴더 안의 개별 참고문헌들이, 그리고 우측에는 선택된 참고문헌에 대한 세부사항이 소개된다.

생성된다. CWYW (Cite While You Write) 기능이 있어 문서 작성 도중에 지속적으로 최종 제출 양식에 맞게 실시간으로 포맷을 하면서 문서를 작성할 수 있도록 해준다. EndNote는 개발된 지 30년이 넘었고, 20판 까지 진화를 거듭하다 보니 매우 다양한 기능을 제공하는 한편, 너무 기능이 많아져 프로그램을 익히기 위해 어느 정도의 시간을 투자해야 하는 단점도 있다. 하지만 가장 많이 이용되는 문헌관리 소프트웨어임에는 틀림이 없을 것이다.

2.2 웹기반 소프트웨어 PaperPile®

IT 산업의 발달로 최근 수년 사이에는 아예 온라인 상에서 문서 작성을 하는 경우가 많아졌다. 문서를 클라우드 서버에 올려두고 작업을 하면 보안의 문제, 처리속도의 문제, 대형 자료인 경우 용량 문제 등 해결해야 할 부분이 많지만, 언제 어디서나 지속적으로 문서 작업을 계속할 수 있다는 점, 공유를 통해 연구자들의 공동 작업이 가능하다는 점, 파일의 버전 관리가 매우 쉽다는 점, 소프트웨어의 업데이트가 불필요하다는 점, 윈도우즈나 iOS, 리눅스 등 시스템 OS의 종류에 구애받지 않는다는 점 등이 큰 장점으로 꼽혀 점차 이러한 추세가 확대될 전망이다. 마이크로소프트의 오피스 패키지 못지 않은 기능을 제공하는 구글 문서, 구글 스프레드시트, 구글 프레젠테이션 등이 좋은 예가 될 것이다.

참고문헌 관리 소프트웨어도 이런 경향에 발맞추어 점차 웹 기반으로 옮겨가고 있다. 참고문헌 검색 기능, PDF 파일의 보관과 관리, 인용 문헌 삽입이나 참고문헌 목록 만들기 등이 모두 온라인 상에서 가능하다. Paperpile, Mendeley, Refworks, Zotero, 그리고 EndNote의 웹 버전인 EndNote Basic 등을 예로 들 수 있는데, 일부 프로그램은 데스크탑 워드프로세서를 사용하면서 문헌관리기능만 웹기반인 경우도 있고, Paperpile처럼 아예 문서작성과 문헌관리 모두를 온라인에서 하는 프로그램도 있다.

Paperpile은 2013년에 개발된 구글문서용 문헌관리 프로그램이다(그림 5-2). 구글 문서는 웹기반 워드프로세서로서 마이크로소프트사의 워드에 대응하는 기능을 가지고 있다. 이 온라인 워드프로세서에서 참고문헌 관리를 도와주는 소프트웨어가 Paperpile이라고 보면 된다. 일반적인 문헌관리 프로그램에서와 마찬가지로 다양한 데이터베이스 검색과 수집, 관리 기능을 제공한다. PubMed 등에서 문헌 검색을 하다가 적절한 자료를 바로 라이브러리로 보낼 수 있고, 해당 PDF를 프로그램이 자동으로 검색하여 파일을 가져오기도 하며, 그 PDF 파일을 검토하고 메모나 하이라이트 표시를 해 두는 것도 가능하다(그림 5-3).

Paperpile 역시 다른 참고문헌 관리 소프트웨어와 마찬가지로 문서 중간에 인용문헌 삽입, 투고 학술지에 맞게 스타일 변경, 참고문헌 목록 만들기, 공동연구자들과 라이브러리의 공유 기능을 제공한다. 아래 그림에서 보듯이 구글 문서 작업 도중 원하는 위치에 원하는 참고문헌을 삽입하려 하면, 자신이 수집한 라이브

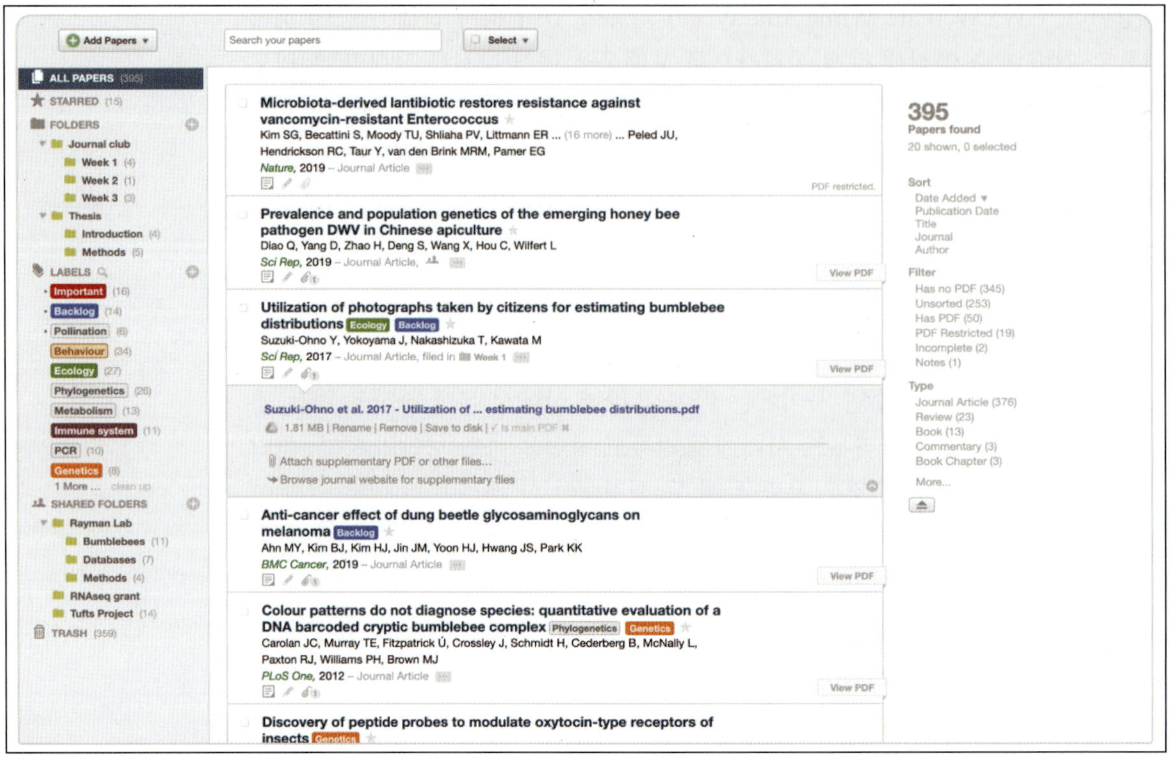

그림 5-2 Paperpile의 구동 화면. 좌측에는 폴더와 태그가 정렬되며 가운데 컬럼에는 문헌들의 내용, 우측에는 일반적인 정보가 제공된다. 가운데 열의 일부 문헌들에는 원문 PDF 파일들이 첨부되어 있음을 알 수 있다.

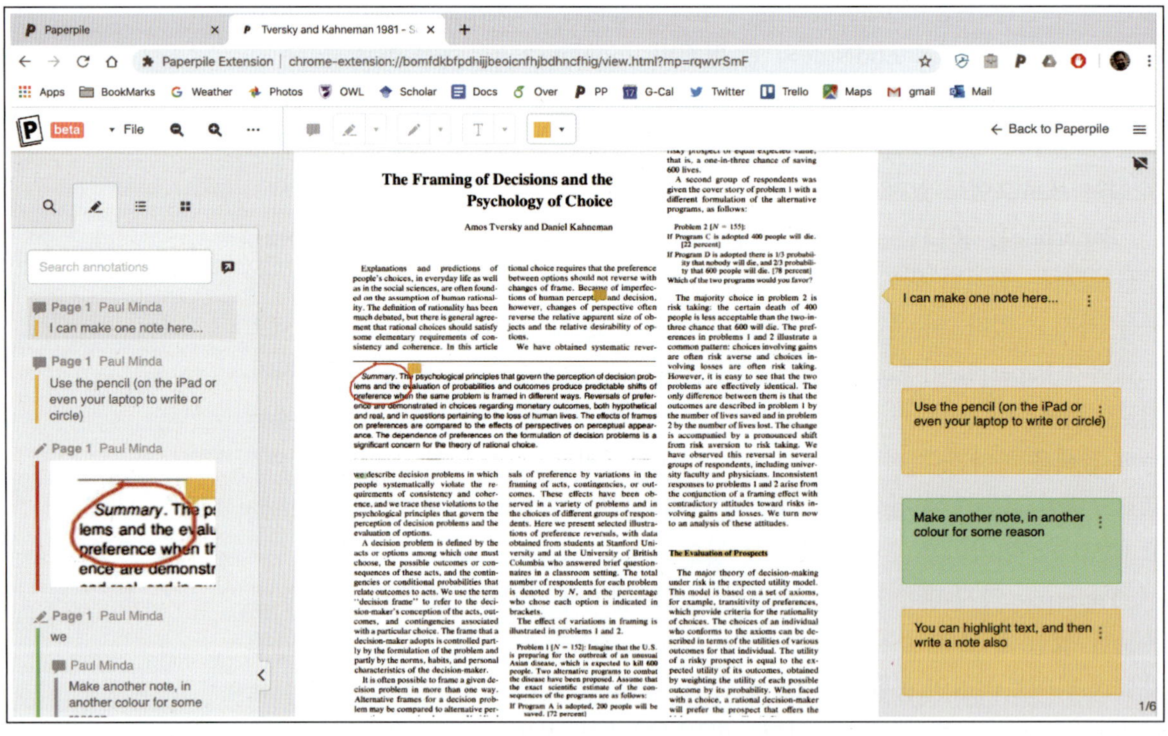

그림 5-3 Paperpile에서 수집된 참고문헌의 원문 PDF 파일에 메모, 형광펜 사용 등이 가능하다.

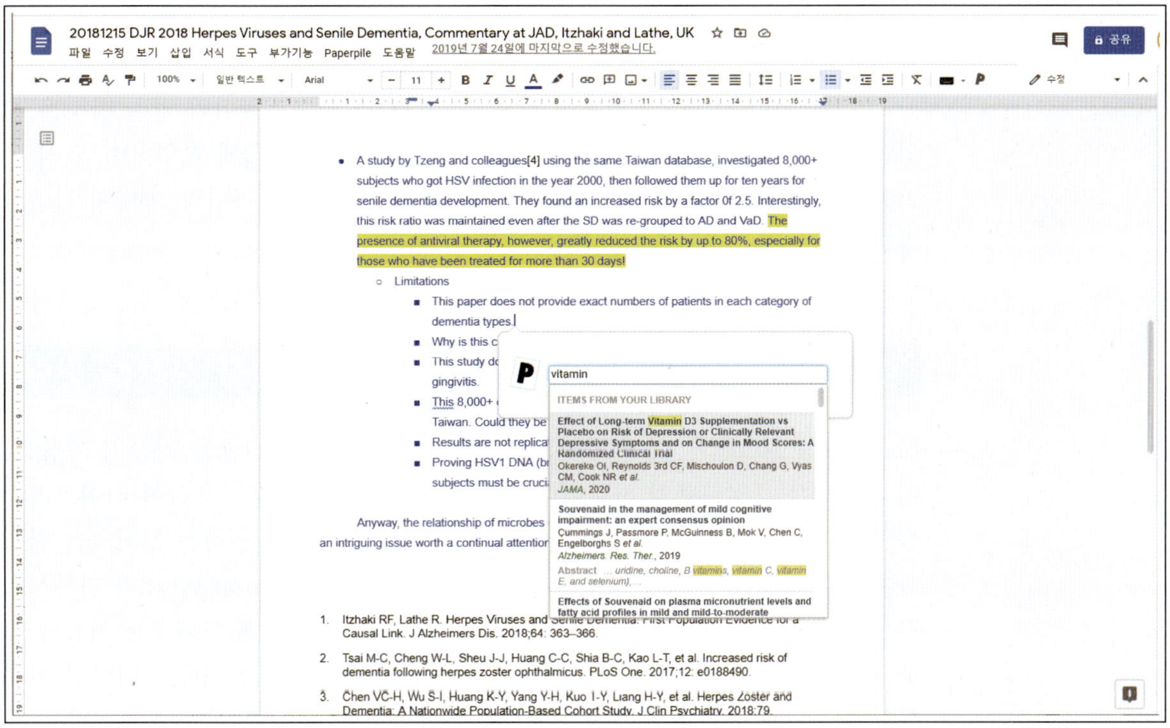

그림 5-4 구글 문서의 본문 안에 원하는 곳에 필요한 참고문헌을 삽입하고 특정 스타일을 지정하면 이에 맞추어 인용문과 문서 말미의 참고문헌이 수정된다.

러리가 팝업으로 열리며, 해당 문헌을 선택하면 그 위치에 인용 문헌이 삽입되고 문서 말미에는 참고문헌 목록(bibliography)이 업데이트 된다(그림 5-4).

3. 문헌관리 소프트웨어의 발전 방향

문헌관리 소프트웨어는 최근 20년 사이에 많은 개선을 거쳐 그 기능과 사용자 편의성이 높아져 왔다. 다양한 사용자의 요구가 반영되다 보니 프로그램들의 크기도 커지고 무거워져서, 구동 속도가 느려지거나 프로그램을 익히는데 많은 시간을 요할 수도 있는데, 이런 불편함도 처리 속도의 개선과 기술적인 개발로 점차 극복될 것이다.

어느 분야나 마찬가지겠지만, 의학 연구 분야도 개방과 교류를 통해야만 발전이 가능하다. 2000년대 초에 누구나 접속하여 편집할 수 있는 위키피디아 같은 개방형 백과사전의 개념이 처음 나왔을 때, 정보의 질적 저하나 정통성에 대해 많은 사람들이 우려했지만, 결과적으로는 현재는 600만 개 이상의 표제어를 자랑하는 온라인 백과사전으로 기능하고 있다. 이는 기존의 명망 높던 브리태니커 백과사전이나 CD-ROM에 수록된 데스크탑용 전자 백과사전의 5만~10만 개의 표제어 숫자와는 비교조차 할 수 없는 발전이다. 양적 성장 못지않게 질적인 부분에서도 여러 사람이 편집에 자유롭게 참여할 수 있다 보니, 비교적 편중되지 않은 정보의 정제가 스스로 이루어져 집단 지성의 가능성을 보여주고 있다.

이러한 예에서 알 수 있듯이 앞으로 문헌관리 소프트웨어의 발전 방향은 온라인 상에서 자료를 취합하고, 온라인 상에서 다른 연구자들과 협업하며, 역시 온라인 공간에서 분석과 문서 작성, 투고가 이루어지는 공동 작업형, 개방형 작업환경의 방향으로 갈 것으로 예상된다.

4. EndNote를 이용한 라이브러리 만들기, 유지 및 관리

EndNote 프로그램은 현재 시판되고 있는 문헌관리 프로그램들 가운데 가장 많이 사용되는 프로그램의 하나이다. 이곳에서는 EndNote를 이용하여 라이브러리를 만들어서 참고문헌들을 모아 데이터베이스를 구성하고 원하는 문헌들을 검색하여 문헌들을 모아 저장하며, 문서작성 프로그램인 Microsoft Word와 연동시켜 작성 중인 논문에서 손쉽게 참고문헌을 인용하고 편집하도록 도와주는 기능에 대해 구체적인 예와 함께 소개하도록 하겠다. EndNote에는 그 외에도 다양한 기능들이 제공되지만 지면 관계상 EndNote를 처음 접하는 분들이 대부분이라는 가정 아래 논문 작성의 준비 단계에서부터 실제 작성에 이르기까지 사용법을 순서대로 기술하였음을 알려드린다. 덧붙여 여기에서 설명하는 EndNote 프로그램은 EndNote X9이며, 이 프로그램을 Microsoft Windows 10 pro와 Microsoft Office 2016이 설치된 컴퓨터에서 활용하는 방법에 대해 기술하였음을 밝혀둔다. 더불어 최근에는 EndNote 홈페이지를 비롯하여 대학교 및 도서관 홈페이지에 EndNote 사용법이 자료로서 많이 올라와 있다. 특히나 일반 검색 엔진에서 EndNote를 검색하면 필요한 자료를 얻을 수 있으며 최근 활발한 유튜브에도 관련자료를 찾을 수 있다. 따라서 저자는 논문 및 저서 작성에서 EndNote를 활용하는 기본적이고 핵심적인 사용법에 대해서 초보자 입장에서 다룰 예정이다.

4.1 EndNote 라이브러리(*.enl) 만들기

EndNote 라이브러리(library)는 PubMed 등의 검색엔진을 통해 찾은 참고문헌(reference)들의 서지사항(예, 저자명, 논문명, 학술지의 이름과 연도, 페이지 등)을 모아놓고 보관하는 파일이다. *.enl의 확장자로 표기되며 저장 가능한 참고문헌의 개수에는 제한이 없다. 편의에 따라 각각의 주제별로 혹은 투고하려는 논문별로 라이브러리를 만들 수 있고, 하나의 라이브러리에 모든 참고문헌을 모으는 것도 가능하다. EndNote를 실행시키면 상단의 메뉴탭 및 실행 아이콘이 보인다. 그 밑에 세 개의 창이 보이며 좌측은 My Library, 중간은 검색 및 참고문헌 리스트, 우측은 참고문헌의 상세내용(Reference 탭), 초록(Preview 탭), 원문파일(Attached PDF 탭)을 담을 수 있는 창으로 구성되어 있다(그림 5-5a). 이 창들의 배치는 우측 하단의 Layout을 통해서 변경할 수 있다(그림 5-5b).

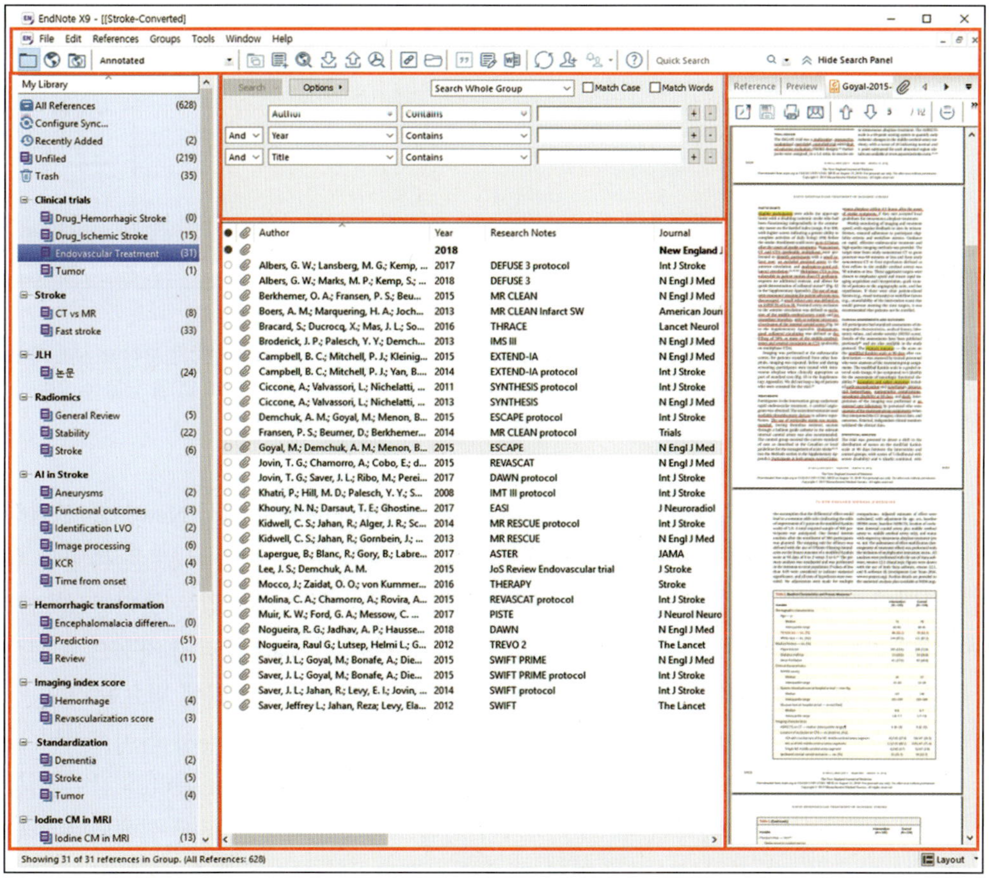

(a)

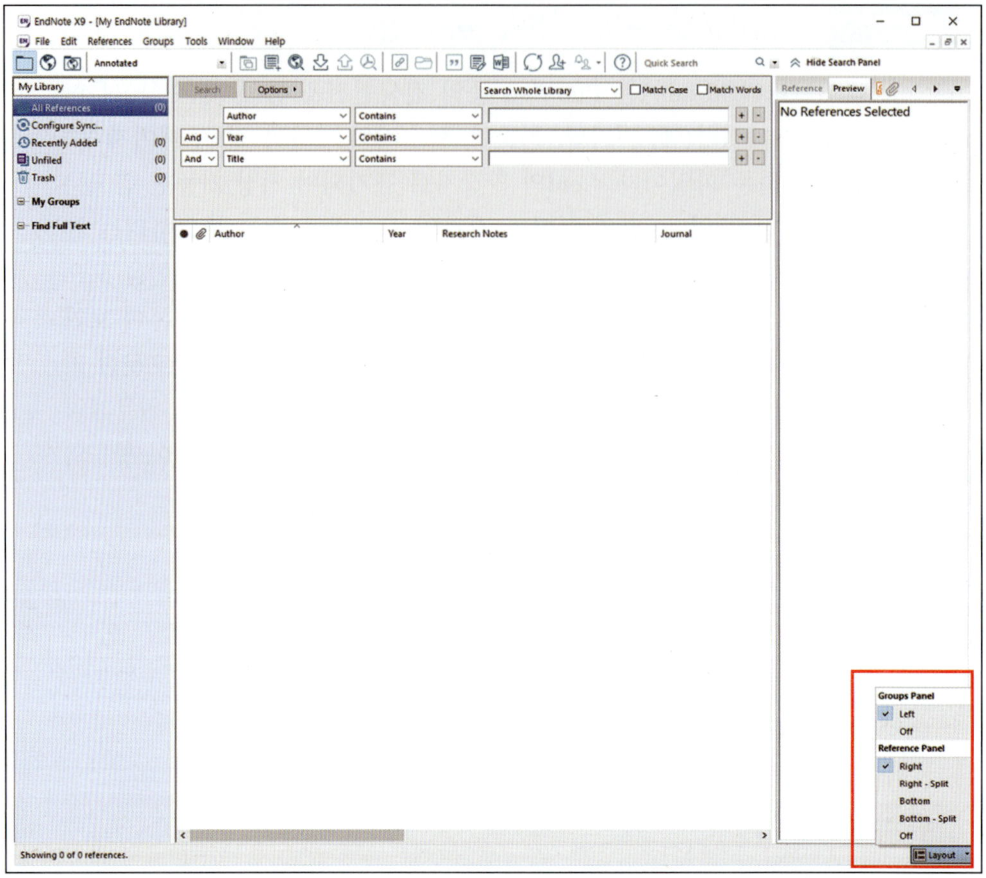

(b)

그림 5-5 EndNote 라이브러리 기본 구성. (a) 좌측은 My Library, 중간은 검색 및 참고문헌 리스트, 우측은 참고문헌의 상세내용(Reference 탭), 초록(Preview 탭), 원문파일(Attached PDF 탭)을 담을 수 있는 창으로 구성되어 있다. (b) 우측 하단의 Layout을 통해서 창들의 배치를 변경할 수 있다.

EndNote 프로그램을 실행시킨 후 아래와 같이 File 메뉴에서 New…를 선택하여 원하는 폴더에 파일을 저장한다(그림 5-6a). 파일을 저장하면 새로운 파일이 형성된 것을 볼 수 있다. 만들어진 라이브러리 파일이 저장되어 있는 폴더를 살펴보면 라이브러리 파일이 저장된 폴더의 안에 같은 이름의 .data 폴더가 자동으로 생성된 것을 볼 수 있다(그림 5-6b). 이 폴더 안에는 라이브러리 파일에 필요한 색인 정보나 첨부한 이미지 혹은 파일의 사본 등이 자동 저장된다. 따라서 라이브러리 파일의 디렉터리를 옮기고자 하는 경우 반드시 같은 이름의 .data 폴더를 같이 이동시키거나 .enlx로 압축한 후 이동시켜야 한다. 즉, .enl 파일은 실제 실행되는 파일(library file)로 서지정보의 수집과 관리가 이루어지는 공간이고 .Data 파일은 PDF, Termlist 반입 시 저장되는 공간, .enlx는 .enl과 data folder를 함께 압축한 압축파일이다. Endnote Library 파일을 압축할 경우, 상단의 File을 클릭 후 Compressed Library (.enlx)를 선택하면 Compressed Library 설정창이 열리고 옵션을 설정하여 Next를 선택하면 압축된 .enlx 파일을 원하는 폴더에 저장할 수 있다(그림 5-7).

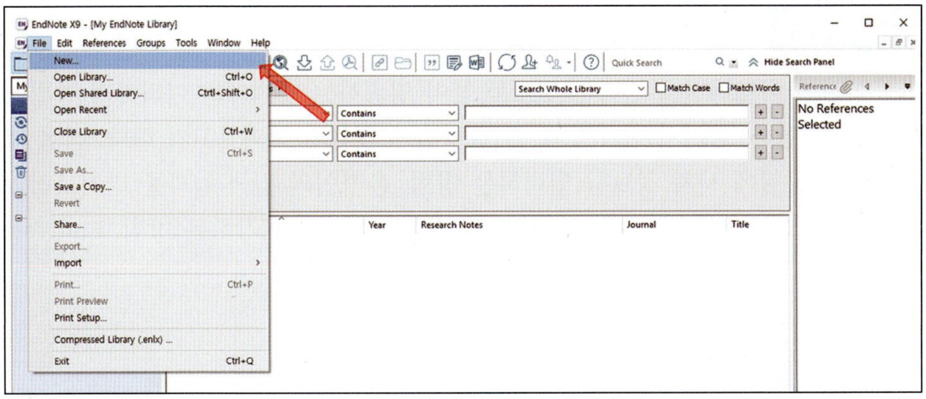

(a)

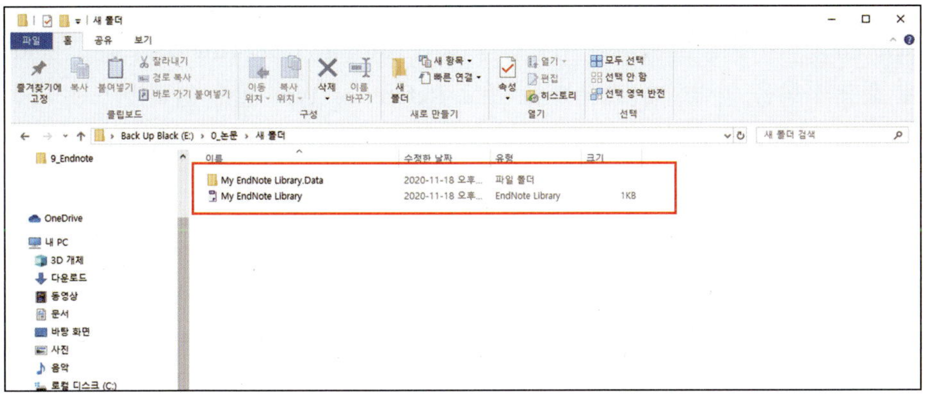

(b)

그림 5-6 EndNote 라이브러리 저장. (a) File 메뉴에서 New…를 선택하여 원하는 폴더에 파일을 저장한다. (b) 파일을 저장하면 같은 이름의 .data 폴더가 자동으로 생성된 것을 볼 수 있다.

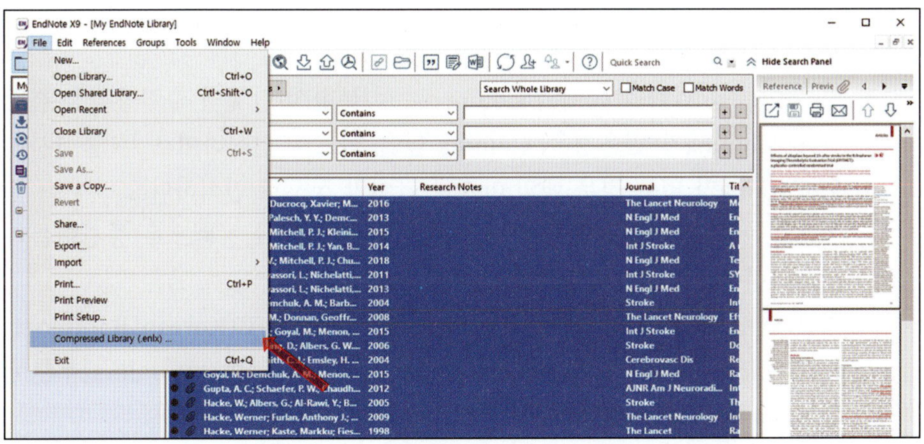

그림 5-7 EndNote 라이브러리 저장. File을 클릭 후 Compressed Library (.enlx)를 선택하면 Compressed Library 설정창이 열리고 옵션을 설정하여 Next를 선택하면 압축된 .enlx 파일을 원하는 폴더에 저장할 수 있다.

4.2 참고문헌(Reference)의 입력

만들어진 라이브러리에 원하는 정보를 찾아 입력하는 방법에는 여러가지 방법이 이용될 수 있다. 여기서는 크게 네 가지 방법에 대해서 살펴보고자 한다. 직접 라이브러리 파일에 서지 정보를 입력하는 방법, 온라인의 검색 결과를 라이브러리 파일에 반입하는 방법, 외부 데이터베이스에서 옮겨서 저장하는 방법, EndNote 상에서 Online Search 메뉴를 이용하여 입력하는 방법이다.

4.2.1 직접 입력

먼저 직접 입력할 경우, 새로 만든 라이브러리를 연 상태에서 메뉴의 References를 클릭하여 나온 창의 리스트 중 New Reference를 선택하여 입력하거나 New Reference 아이콘을 클릭하여 입력창을 열어 Author, Year, Title 등의 필드(field)에 해당 사항을 입력한다(그림 5-8). 주요 Reference Type 필수 입력 필드는 다음과 같다.

- Journal Article: Author, Year, Title, Journal, Volume, Page, DOI (일부저널 필수), Accession Number (PMID 작성권장)
- Book: Author, Year, Title, Place Published, Publisher, Edition
- Book Section: Author (Chapter 저자), Year, Title (Chapter title), Editor (도서편/저자), Book Title (도서명), Place Published, Publisher, Edition
- Web Page: Author, Title, Access Year, Access Date, URL

주요 필드를 입력할 때 주의할 점은 다음과 같다.

- Author
  - ▸ 두 명 이상일 경우 한 줄에 한 명씩 입력한다.
  - ▸ 영문 이름을 입력할 때에는 Comma로 성/복합성/단체명 출력방식을 결정한다. Comma가 있을경우, Comma 앞을 성으로 인식하여 모두 출력시키고 Comma가 없는 경우 행의 마지막 단어만 성으로 인식하다.
  - ▸ 이름을 이니셜로 입력했을 때에는 반드시 마침표나 공백으로 중간이름과 구분하여야 한다(Hong, G D 또는 Hong, G. D.).
  - ▸ 기관/단체 저자의 경우에는 맨 뒤에 쉼표를 붙이고(Korean Radiological Society,) 단체명 중간에 Comma가 있는 경우 중간 Comma 부분에 Comma를 두 번 기재한다.
  - ▸ 복합성일 경우에는 성을 먼저 입력한다(van den Brekel, Michiel W. M.).
  - ▸ Jr. 등과 같은 수식어는 맨 뒤에 입력한다(Bradley, W.G. Jr.).
- Year
  - ▸ 네 자리로 입력한다(예, 2020).

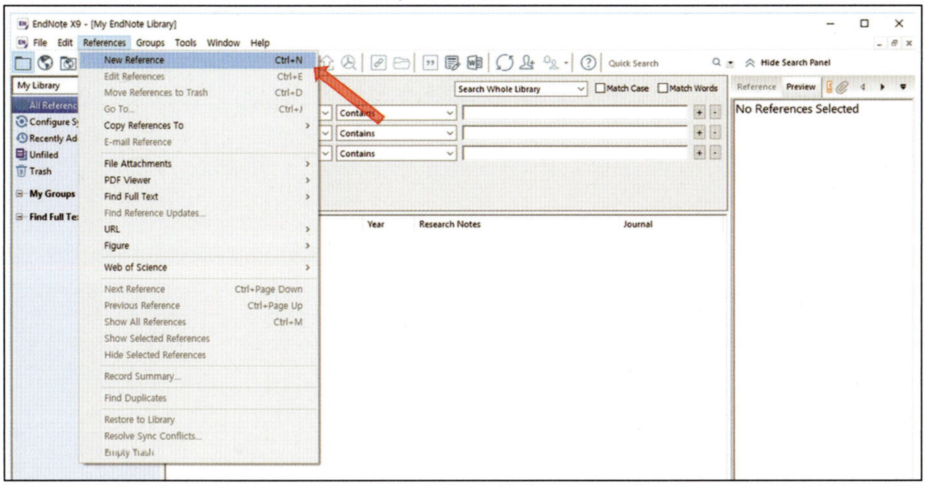

(a)

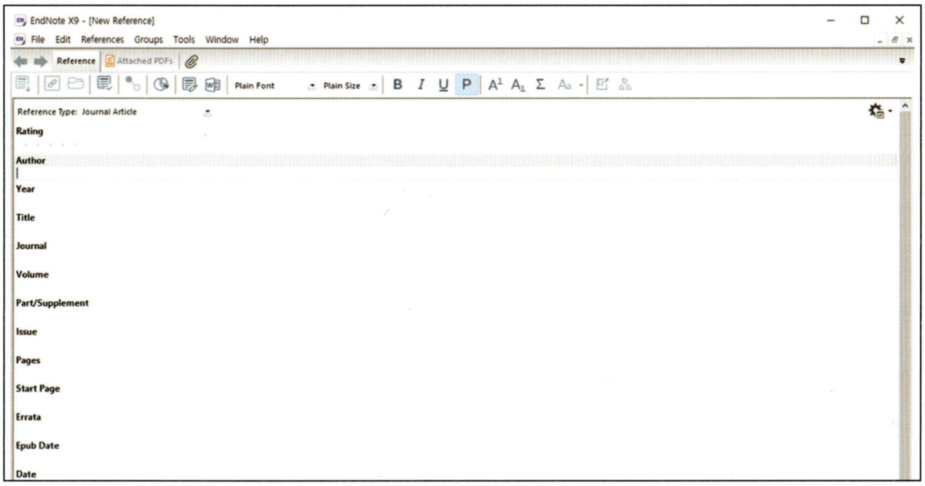

(b)

- Titles
  ▶ 마침표나 다른 구두점을 사용하지 않고 입력한다.
- Pages
  ▶ 전체 혹은 축약된 형태 모두 사용 가능하다(132~137 혹은 132~7).
- Keywords
  ▶ 세미콜론(;) 혹은 백슬래시(\)로 구분하여 입력
- File Attachments
  ▶ 참고문헌과 관련된 pdf 파일을 링크로 연결한다. 끌어당겨 내려놓기 기능(drag & drop)을 이용하거나 오른쪽 마우스를 클릭하여 File Attachments를 선택하여 Attach Files를 이용할 수 있다.

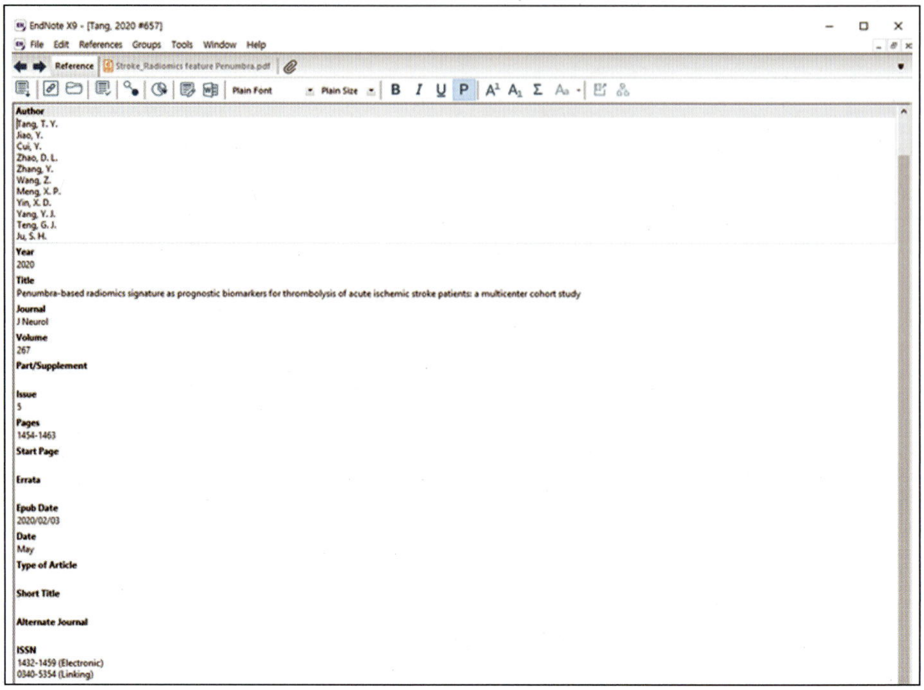

(c)

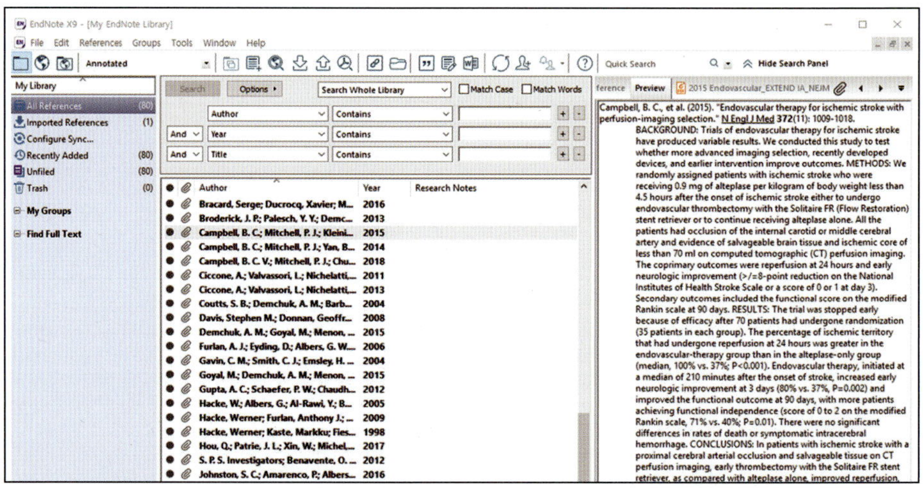

(d)

그림 5-8 직접 참고문헌 입력. (a) References를 클릭하여 나온 창의 리스트 중 New Reference를 선택하여 입력하거나 New Reference 아이콘을 클릭하여 입력창을 연다. (b) Author, Year, Title 등의 필드(field)에 해당 사항을 입력한다. (c) Author, Year, Title 등의 필드(field)에 해당 사항을 입력한 예 (d) 직접 라이브러리 파일에 서지 정보를 입력하는 방법으로 참고문헌이 완성된 예

이러한 입력 방식은 EndNote의 Online Search 메뉴를 이용하여 참고문헌을 찾을 경우에도 마찬가지로 적용된다. 필요한 필드를 채운 후 참고문헌 편집 창을 닫으면 따로 저장 과정이 없이 자동으로 저장된다. 이와 같이 참고문헌을 직접 입력하는 경우 필요한 모든 필드를 직접 입력하여 채움으로써 번거로울 뿐만 아니라 정

확한 입력 규칙에 따라 입력하지 않음으로써 오류가 발생할 수도 있다. 따라서 대부분의 경우 찾은 정보를 직접 입력하기보다는 온라인의 검색 결과를 라이브러리 파일에 반입하는 방법, 외부 데이터베이스에서 옮겨서 저장하는 방법, EndNote 상에서 Online Search 메뉴를 이용하여 입력하는 방법을 사용하는 것이 훨씬 편리하고 대부분의 유저들이 사용하고 있는 방식이다.

4.2.2 온라인 데이터베이스를 통해 내려받기

온라인 데이터베이스를 통해 검색 정보를 가져오는 방법에는 EndNote 프로그램의 Online Search 메뉴를 이용하여 가져오는 방법과 인터넷 상에서 PubMed나 Google Scholar와 같은 검색 엔진을 열고 검색한 정보들을 가져오는 방법이 있다.

EndNote 프로그램에서 인터넷 데이터베이스에 접속하여 정보를 가져올 경우, 좌측 상단창의 Online Search Mode의 PubMed (NLM)나 more…를 클릭하여 원하는 데이터베이스를 선택하여 정보를 검색한다(그림 5-9a). 검색 창이 열리

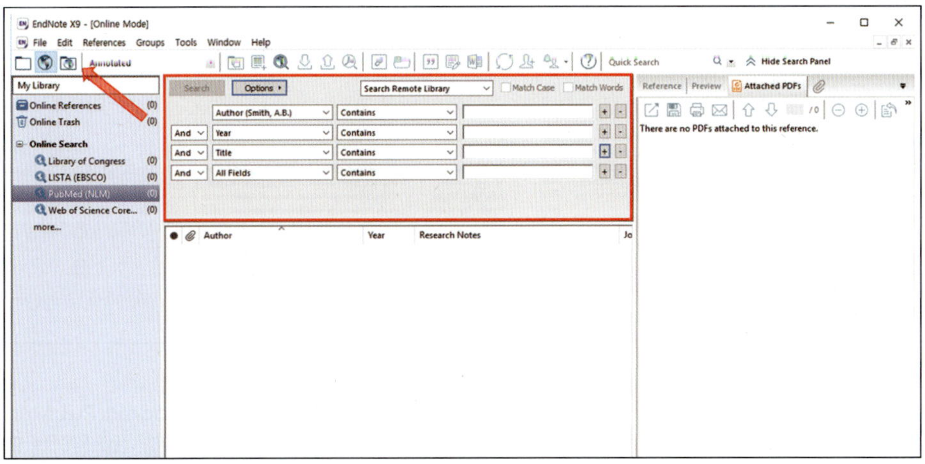

(a)

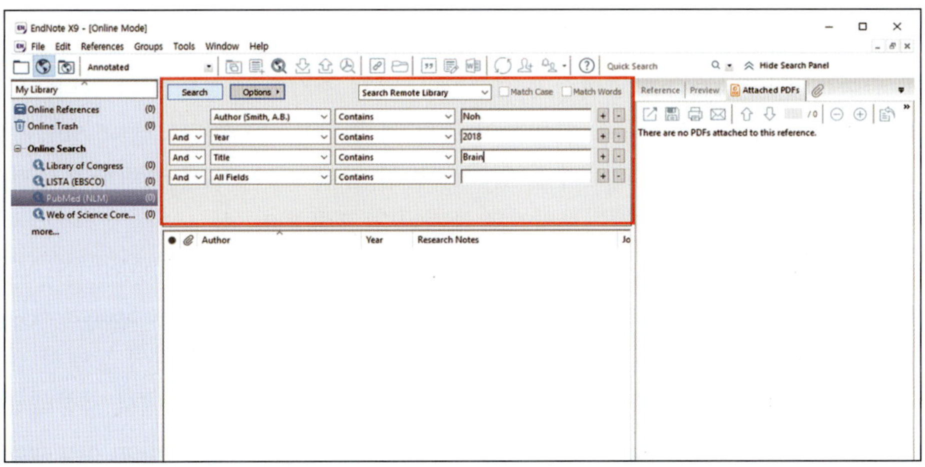

(b)

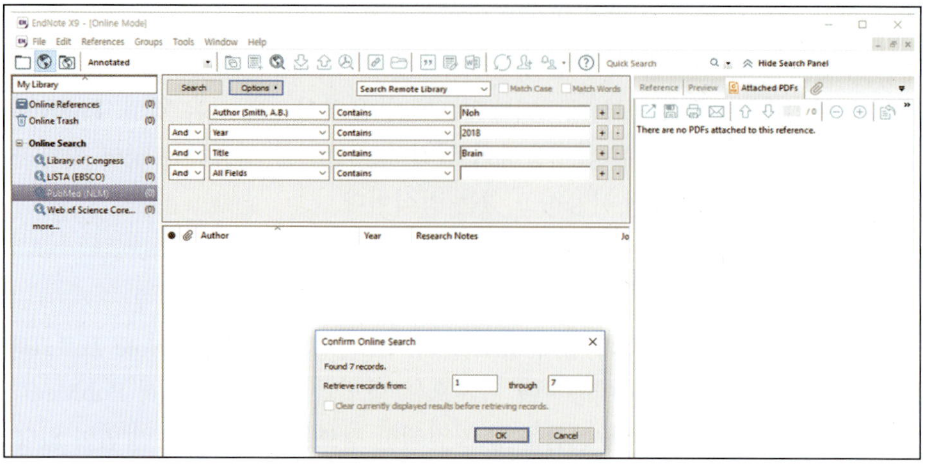

(c)

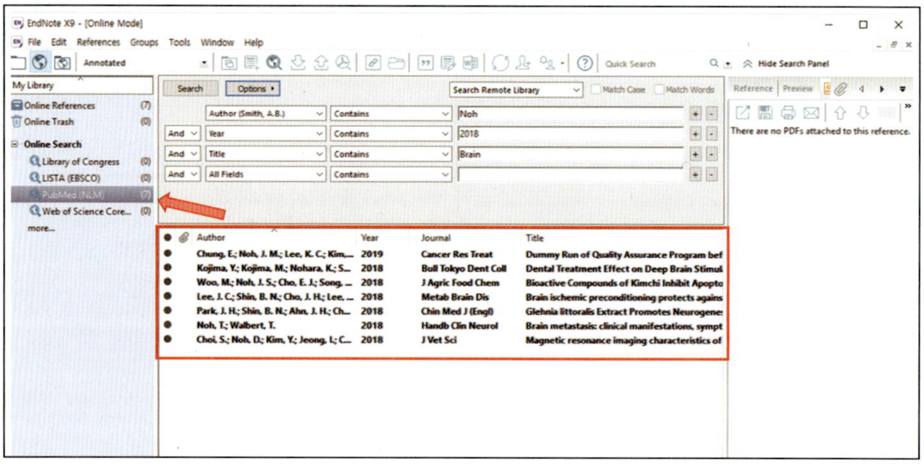

(d)

그림 5-9 온라인 데이터베이스를 통한 참고문헌 입력. (a) Online Search Mode의 PubMed (NLM)나 more…를 클릭하여 원하는 데이터베이스를 선택하여 정보를 검색할 수 있다. (b) 원하는 필드와 조건을 입력하여 검색한다. (c) 검색을 시행하면 검색된 결과의 수를 알리는 팝업 창이 뜬다. (d) OK를 클릭하면 검색된 결과가 바로 EndNote 라이브러리로 추가된다.

면 원하는 필드와 조건을 입력하여 검색한다. 만일 추가적인 정보를 더 입력하고자 하면 오른쪽의 + 아이콘을 클릭하여 조건 검색 칸을 추가한다(그림 5-9b). 검색을 시행하면 검색된 결과의 수를 알리는 팝업 창이 뜨고 OK를 클릭하면 검색된 결과가 바로 EndNote 라이브러리로 추가된다(그림 5-9c, d).

EndNote 프로그램 상 에서가 아닌 인터넷 검색 창에서 직접 PubMed (NLM)에 접속해서 서지 정보를 받을 수도 있다. 이때는 EndNote의 Online Search 기능을 이용할 때와는 달리 약간 복잡한 과정을 거쳐야 하는데, 먼저 검색 창에서 필요한 참고문헌들을 체크하여 선택한 후(그림 5-10a) 검색 결과 화면에서 저장하고자 하는 논문을 선택(논문 앞의 ㅁ 클릭)하고 Send to 메뉴에서 Citation manager

를 선택하고(그림 5-10b) Create File을 클릭하고(그림 5-10c) 파일을 임의의 폴더에 저장한다(그림 5-10d). 만들고자 하는 EndNote 라이브러리를 열고 File --> Import를 클릭한다(그림 5-10e). Import Data File 칸에 임의의 폴더에 저장된 텍스트 파일을 선택한 후 Import Option을 클릭하여 PubMed (NLM)을 선택하여 참고문헌을 반입한다(그림 5-10f, g, h, i). 처음 PubMed 데이터를 가져오는 경우에는 Other Filters…에서 PubMed (NLM) 필터(filter)를 선택해서 지정해야 한다.

PubMed (NLM) 외에도 다양한 데이터베이스가 있다. 그중에서 Google 학술검색(Google Scholar)을 이용하는 방법을 추가적으로 설명하겠다. Google 학술검색을 이용할 경우 먼저 사이트에 접속하여 검색상자 옆의 학술검색 환경설정을 클릭하여 환경설정 페이지로 들어가서 가장 아래쪽의 참고문헌 관리 프로그램과 관련된 옵션을 바꿔주어야 한다. 참고문헌 관리 프로그램 항목에서 EndNote를 선택한 후 환경설정 저장을 클릭한다(그림 5-11a, b). 다시 Google 학술검색의 메인 페이지로 돌아와서 검색한 후 결과 화면에서 검색된 결과의 아래에 위치한

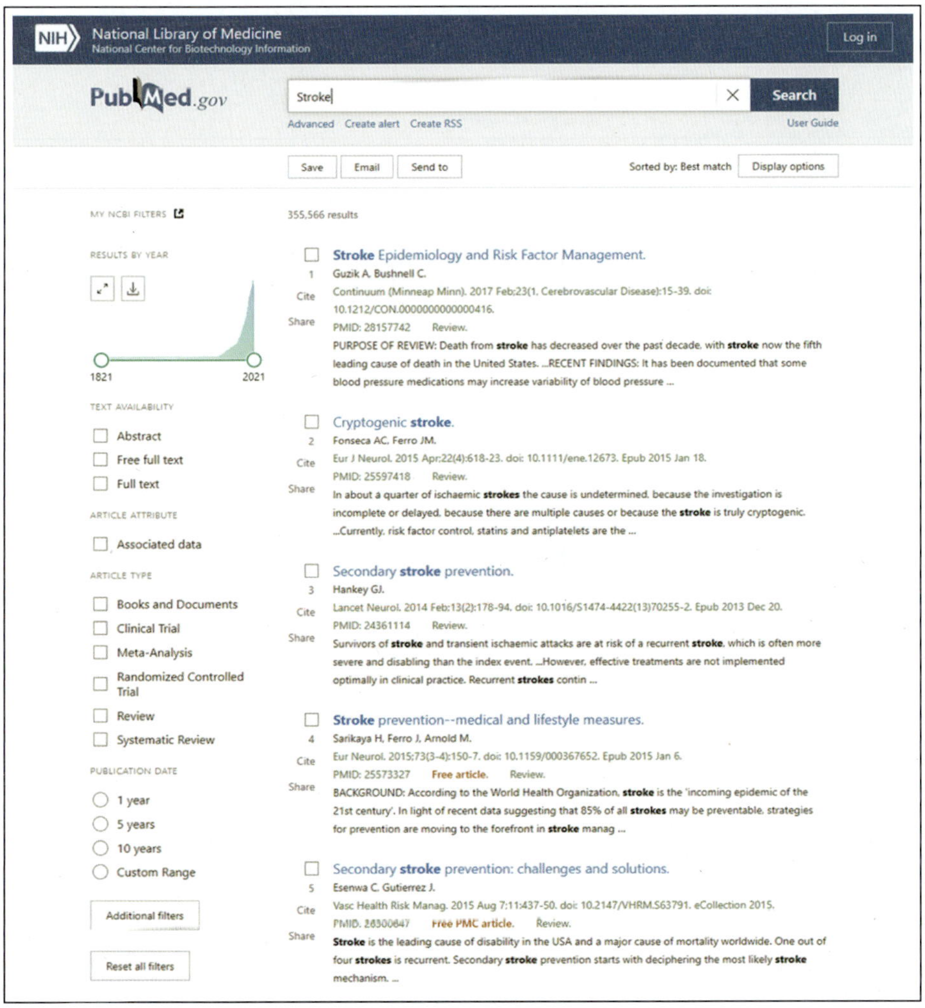

(a)

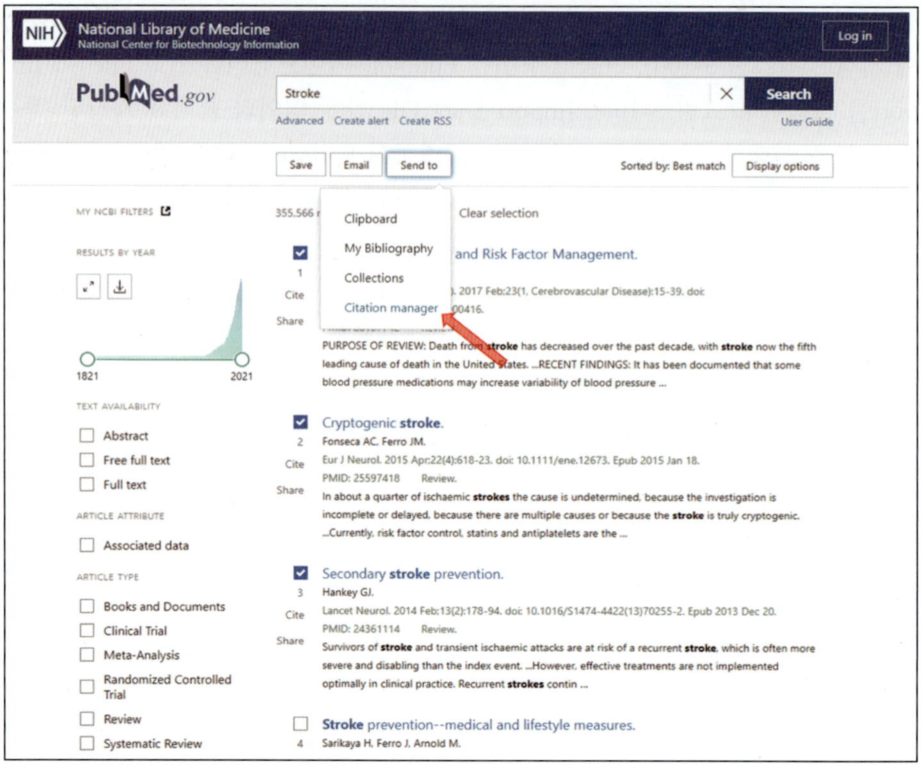
NIH
National Library of Medicine
National Center for Biotechnology Information
Log in
PubMed.gov
Stroke
Search
Advanced Create alert Create RSS
User Guide
Save
Email
Send to
Sorted by: Best match
Display options
Clipboard
My Bibliography
Collections
Citation manager
Clear selection
MY NCBI FILTERS
RESULTS BY YEAR
1821
2021
TEXT AVAILABILITY
Abstract
Free full text
Full text
ARTICLE ATTRIBUTE
Associated data
ARTICLE TYPE
Books and Documents
Clinical Trial
Meta-Analysis
Randomized Controlled Trial
Review
Systematic Review
and Risk Factor Management.
Cite
Share
PURPOSE OF REVIEW: Death from stroke has decreased over the past decade, with stroke now the fifth leading cause of death in the United States. ...RECENT FINDINGS: It has been documented that some blood pressure medications may increase variability of blood pressure ...
Cryptogenic stroke.
Fonseca AC, Ferro JM.
Eur J Neurol. 2015 Apr;22(4):618-23. doi: 10.1111/ene.12673. Epub 2015 Jan 18.
PMID: 25597418 Review.
In about a quarter of ischaemic strokes the cause is undetermined, because the investigation is incomplete or delayed, because there are multiple causes or because the stroke is truly cryptogenic. ...Currently, risk factor control, statins and antiplatelets are the ...
Secondary stroke prevention.
Hankey GJ.
Lancet Neurol. 2014 Feb;13(2):178-94. doi: 10.1016/S1474-4422(13)70255-2. Epub 2013 Dec 20.
PMID: 24361114 Review.
Survivors of stroke and transient ischaemic attacks are at risk of a recurrent stroke, which is often more severe and disabling than the index event. ...However, effective treatments are not implemented optimally in clinical practice. Recurrent strokes contin ...
Stroke prevention--medical and lifestyle measures.
Sarikaya H, Ferro J, Arnold M.

(b)

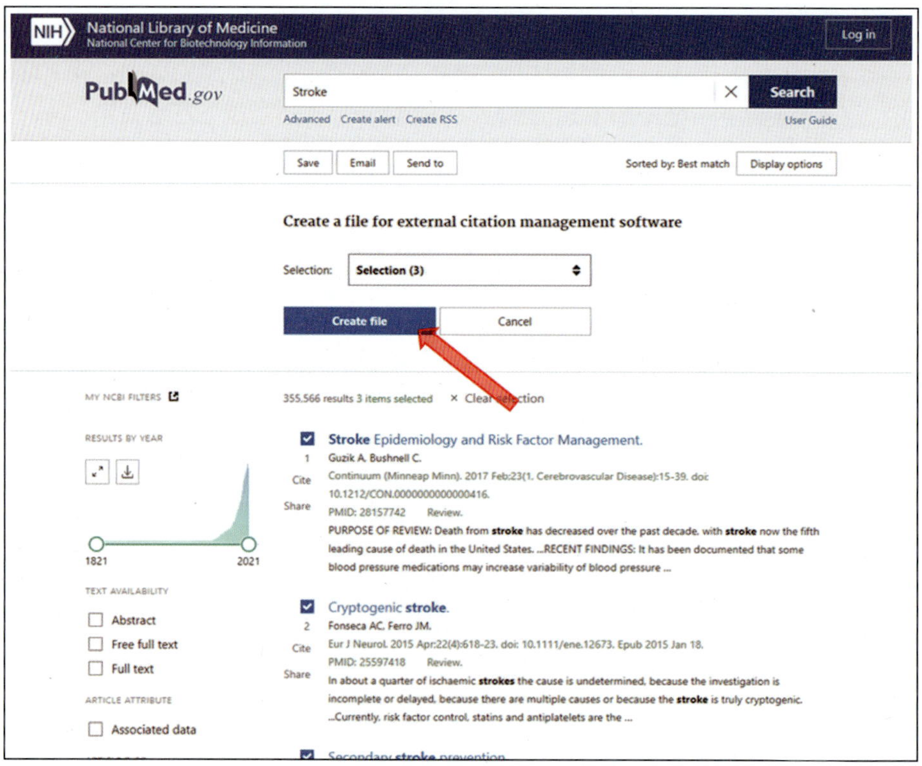
NIH
National Library of Medicine
National Center for Biotechnology Information
Log in
PubMed.gov
Stroke
Search
Advanced Create alert Create RSS
User Guide
Save
Email
Send to
Sorted by: Best match
Display options
Create a file for external citation management software
Selection:
Selection (3)
Create file
Cancel
MY NCBI FILTERS
355,566 results 3 items selected
× Clear selection
RESULTS BY YEAR
1821
2021
TEXT AVAILABILITY
Abstract
Free full text
Full text
ARTICLE ATTRIBUTE
Associated data
Stroke Epidemiology and Risk Factor Management.
Guzik A, Bushnell C.
Continuum (Minneap Minn). 2017 Feb;23(1, Cerebrovascular Disease):15-39. doi: 10.1212/CON.0000000000000416.
PMID: 28157742 Review.
PURPOSE OF REVIEW: Death from stroke has decreased over the past decade, with stroke now the fifth leading cause of death in the United States. ...RECENT FINDINGS: It has been documented that some blood pressure medications may increase variability of blood pressure ...
Cryptogenic stroke.
Fonseca AC, Ferro JM.
Eur J Neurol. 2015 Apr;22(4):618-23. doi: 10.1111/ene.12673. Epub 2015 Jan 18.
PMID: 25597418 Review.
In about a quarter of ischaemic strokes the cause is undetermined, because the investigation is incomplete or delayed, because there are multiple causes or because the stroke is truly cryptogenic. ...Currently, risk factor control, statins and antiplatelets are the ...

(c)

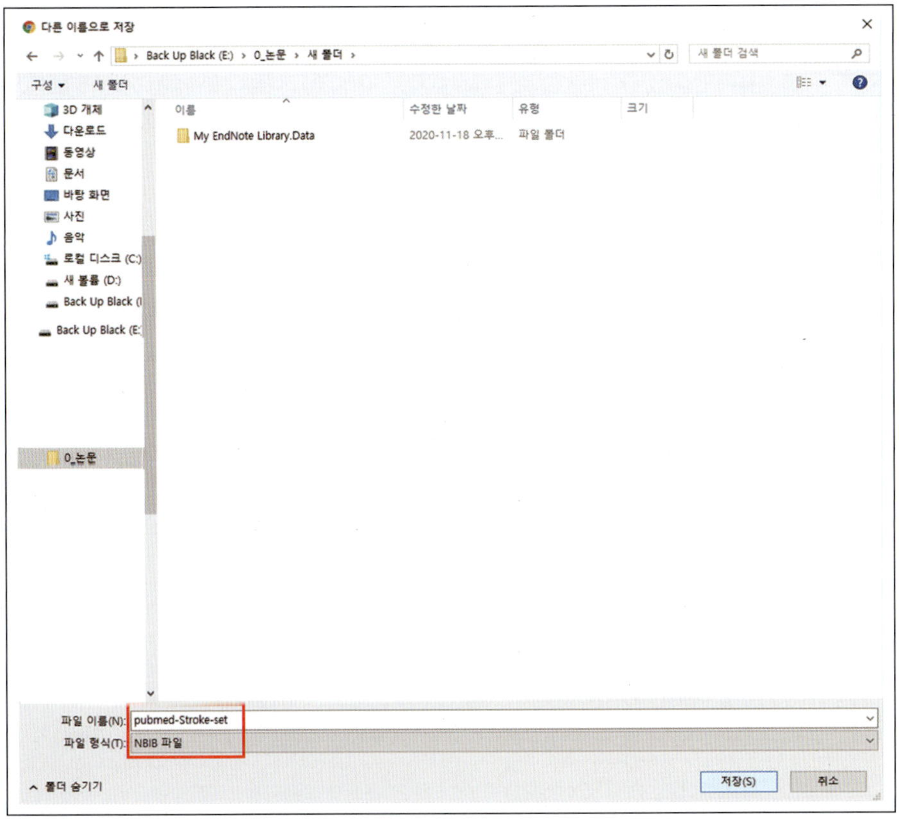
다른 이름으로 저장
Back Up Black (E:) › 0_논문 › 새 폴더 ›
My EndNote Library.Data
파일 이름(N): pubmed-Stroke-set
파일 형식(T): NBIB 파일
저장(S)
취소

(d)

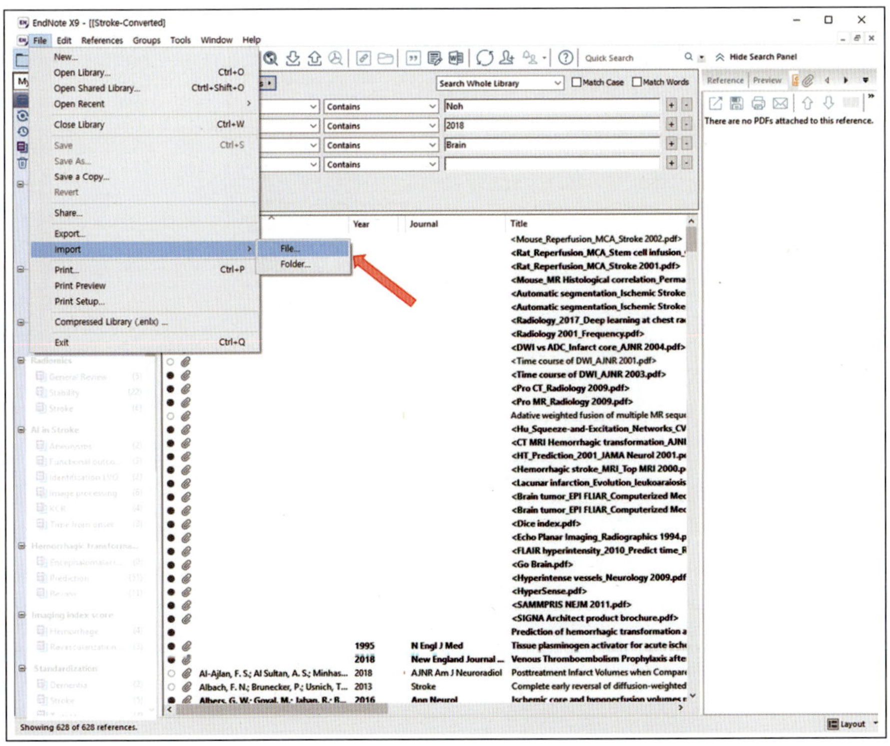
EndNote X9 - [[Stroke-Converted]
File
Import
File...
Folder...

(e)

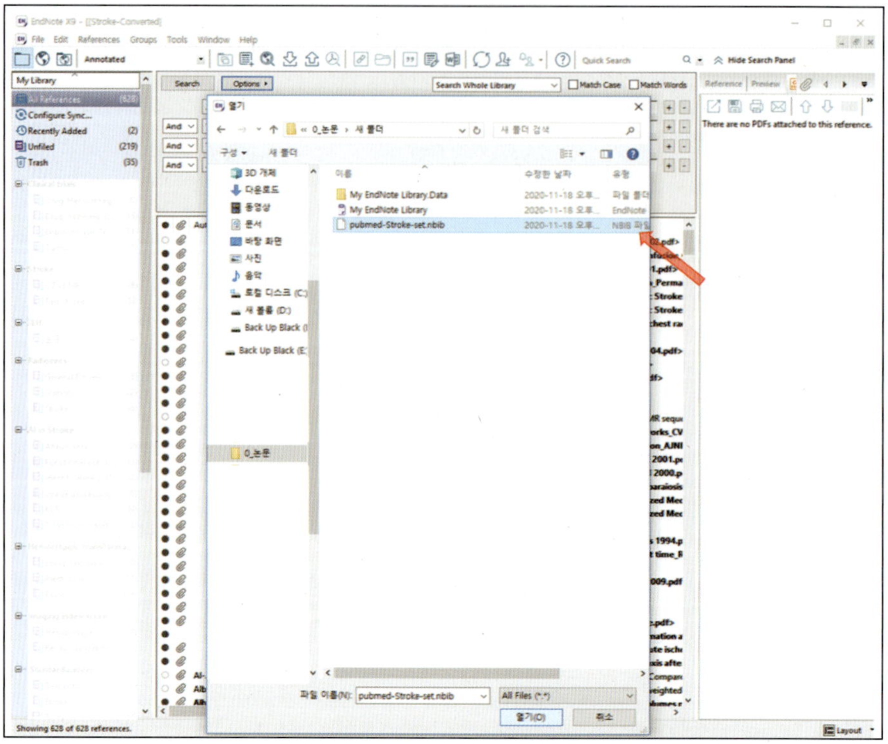

(f)

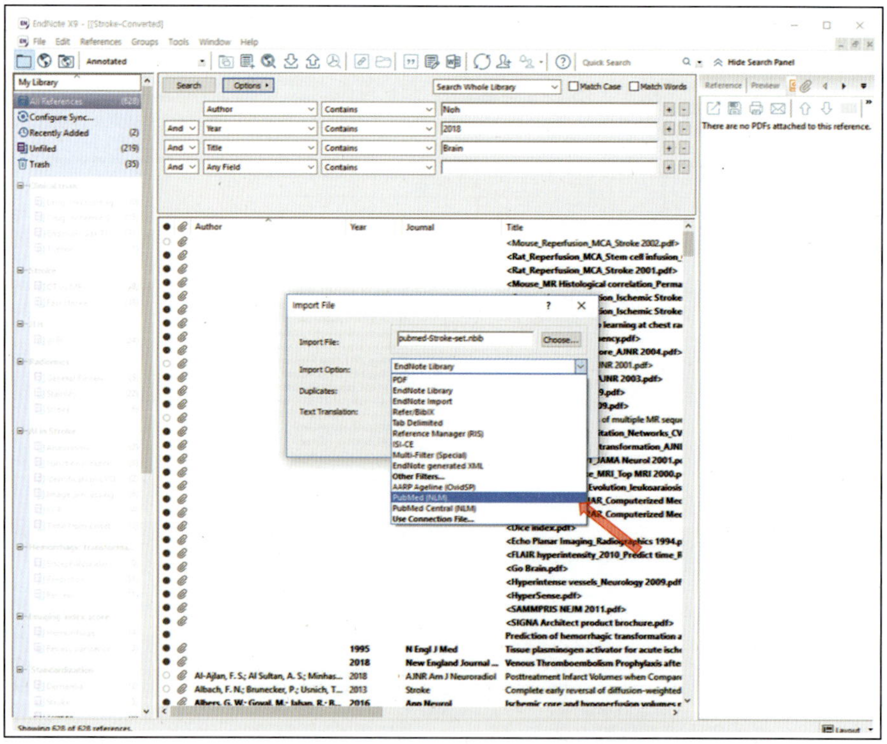

(g)

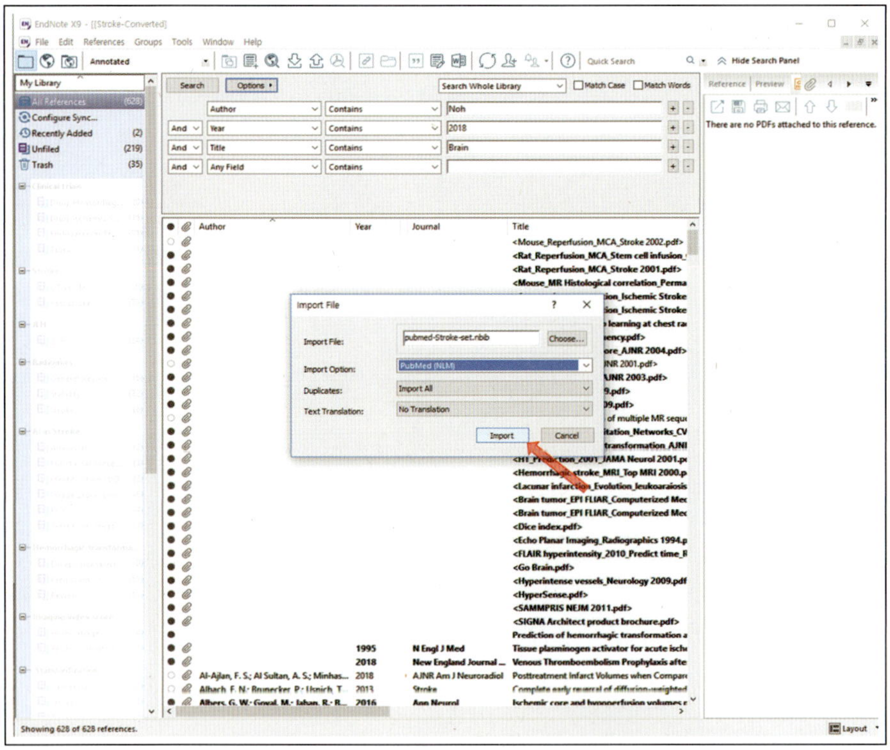

(h)

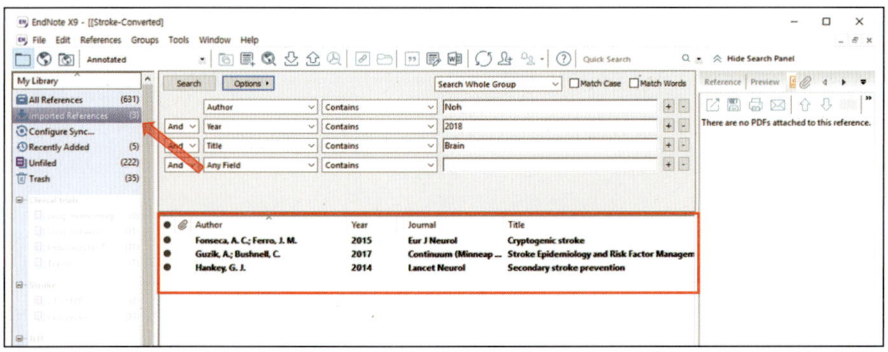

(i)

그림 5-10 PubMed를 통한 참고문헌 입력. (a) PubMed 검색 창에서 필요한 참고문헌들을 검색한다. (b) 저장하고자 하는 논문을 선택(논문 앞의 ▫ 클릭)하고 Send to 메뉴에서 Citation manager를 선택한다. (c) Create File을 클릭한다. (d) 파일을 임의의 폴더에 저장한다. (e) 만들고자 하는 EndNote 라이브러리를 열고 File --> Import를 클릭한다. (f) Import하고자 임의의 폴더에 저장된 텍스트 파일을 선택한다. (g) Import Option을 클릭하여 PubMed (NLM)을 선택한다. (h) Import를 클릭한다. (i) Imported References에 import된 3개의 참고문헌이 보인다.

EndNote로 가져오기를 클릭(그림 5-11c)하고 파일을 저장한 후(그림 5-11d) 원하는 라이브러리를 열어놓은 상태에서 저장된 파일을 열면 열어놓은 라이브러리에 자동 import된다(그림 5-11d, e).

Google 학술검색
내 프로필
내 서재
알리미
통계
고급 검색
설정
Google 학술검색
모든 언어
한국어 웹
COVID-19에 관한 기사
CDC
NEJM
JAMA
Lancet
Cell
BMJ
Nature
Science
Elsevier
Oxford
Wiley
medRxiv
거인의 어깨에 올라서서 더 넓은 세상을 바라보라 - 아이작 뉴턴

(a)

Google 학술검색
설정
검색결과
언어
라이브러리 링크
계정
버튼
페이지당 검색결과 개수
10
Google의 기본설정(페이지당 10개 결과)이 검색결과를 가장 신속하게 제공합니다.
검색결과 여는 창
Open each selected result in a new browser window
서지관리 프로그램
인용정보 가져오기 링크를 표시하지 않습니다.
BibTeX
EndNote
RefMan
RefWorks
용정보 가져오기 링크를 표시합니다.
저장
취소
설정을 유지하려면 쿠키를 사용하도록 설정해야 합니다.

(b)

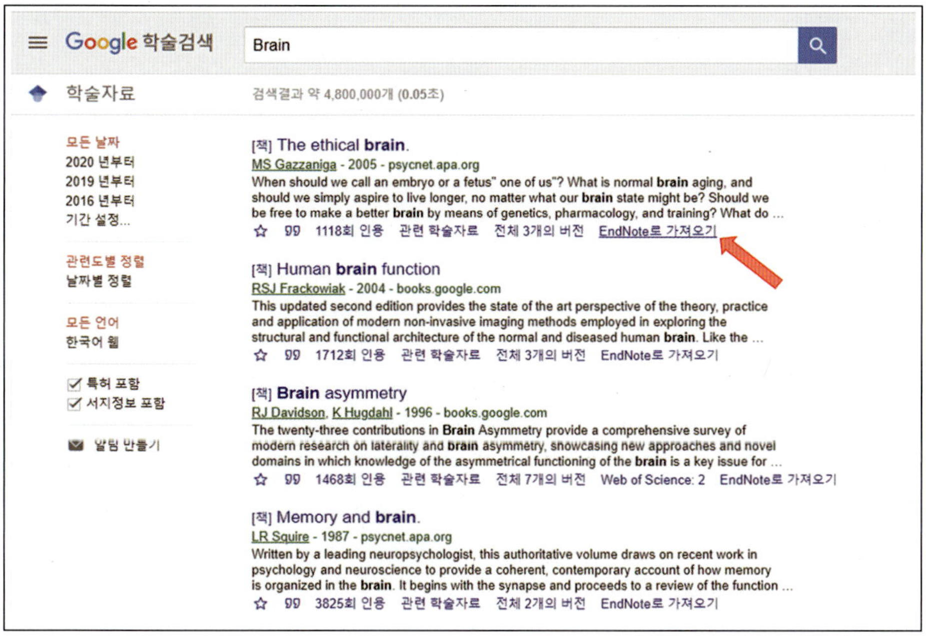
Google 학술검색
Brain
학술자료
검색결과 약 4,800,000개 (0.05초)
모든 날짜
2020 년부터
2019 년부터
2016 년부터
기간 설정...
관련도별 정렬
날짜별 정렬
모든 언어
한국어 웹
특허 포함
서지정보 포함
알림 만들기
[책] The ethical brain.
MS Gazzaniga - 2005 - psycnet.apa.org
When should we call an embryo or a fetus" one of us"? What is normal brain aging, and should we simply aspire to live longer, no matter what our brain state might be? Should we be free to make a better brain by means of genetics, pharmacology, and training? What do ...
1118회 인용 관련 학술자료 전체 3개의 버전 EndNote로 가져오기
[책] Human brain function
RSJ Frackowiak - 2004 - books.google.com
This updated second edition provides the state of the art perspective of the theory, practice and application of modern non-invasive imaging methods employed in exploring the structural and functional architecture of the normal and diseased human brain. Like the ...
1712회 인용 관련 학술자료 전체 3개의 버전 EndNote로 가져오기
[책] Brain asymmetry
RJ Davidson, K Hugdahl - 1996 - books.google.com
The twenty-three contributions in Brain Asymmetry provide a comprehensive survey of modern research on laterality and brain asymmetry, showcasing new approaches and novel domains in which knowledge of the asymmetrical functioning of the brain is a key issue for ...
1468회 인용 관련 학술자료 전체 7개의 버전 Web of Science: 2 EndNote로 가져오기
[책] Memory and brain.
LR Squire - 1987 - psycnet.apa.org
Written by a leading neuropsychologist, this authoritative volume draws on recent work in psychology and neuroscience to provide a coherent, contemporary account of how memory is organized in the brain. It begins with the synapse and proceeds to a review of the function ...
3825회 인용 관련 학술자료 전체 2개의 버전 EndNote로 가져오기

(c)

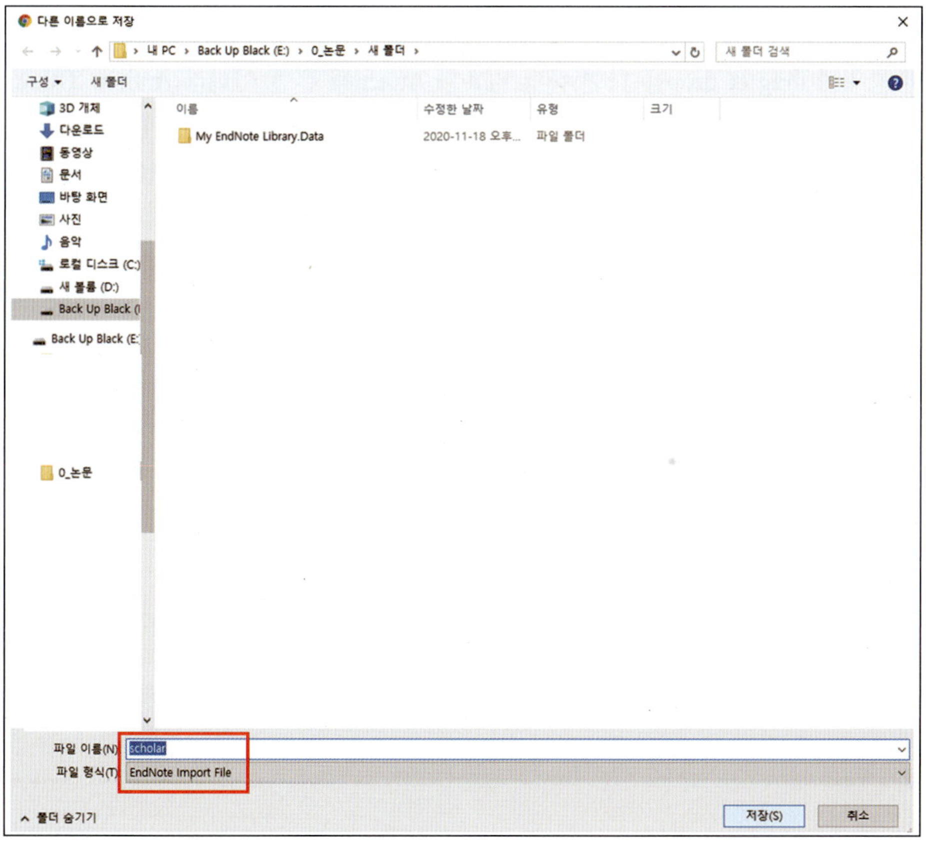
다른 이름으로 저장
내 PC › Back Up Black (E:) › 0_논문 › 새 폴더 ›
새 폴더 검색
구성 새 폴더
3D 개체
다운로드
동영상
문서
바탕 화면
사진
음악
로컬 디스크 (C:)
새 볼륨 (D:)
Back Up Black (
Back Up Black (E:
0_논문
이름
수정한 날짜
유형
크기
My EndNote Library.Data
2020-11-18 오후...
파일 폴더
파일 이름(N):
scholar
파일 형식(T):
EndNote Import File
폴더 숨기기
저장(S)
취소

(d)

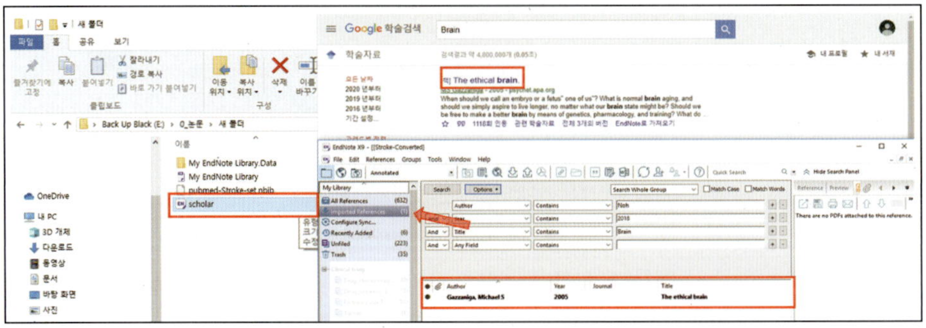

(e)

그림 5-11 Google 학술검색을 통한 참고문헌 입력. (a) 학술검색 환경설정을 클릭하여 환경설정 페이지로 들어간다. (b) 참고문헌 관리 프로그램 항목에서 EndNote를 선택한 후 환경설정 저장을 클릭한다. (c) Google 학술검색의 메인 페이지로 돌아와서 참고문헌을 검색한 후 결과 화면에서 EndNote로 가져오기를 클릭한다. (d) EndNote import file 형태로 파일을 저장한다. (e) 원하는 EndNote 라이브러리를 열어놓은 상태에서 저장된 파일을 열면 열어놓은 라이브러리에 자동 import된다.

4.2.3 외부 데이터베이스를 통해 내려받기

외부 데이터베이스에서 옮겨서 저장하는 방법으로서 논문의 PDF 파일을 이미 가지고 있는 경우, 좌측 상단의 File을 클릭하여 Import를 선택하여 위에서와 같이 해당 라이브러리로 옮기거나 PDF 파일을 마우스를 이용하여 직접 EndNote 라이브러리 창위에 drag & drop을 하면 해당 PDF가 Attach될 뿐만 아니라 Author, Title을 포함한 모든 서지정보가 자동으로 생성된다. 최근의 대부분의 논문 PDF파일(DOI 정보가 들어있는 PDF 원문)의 경우, 이 방식으로 저장이 가능하다(그림 5-12).

Google 학술검색을 이용할 경우 텍스트 파일로 저장하는 단계가 생략되어 좀 더 간편하기는 하지만 PubMed (NLM)에서와 같이 검색어를 자유롭게 조합하여 찾기 어렵고 여러 개의 서지 정보를 한번에 가져올 수 없는 단점이 있으며, EndNote의 Online Search 기능을 사용할 경우 EndNote에서 쉽게 연결되는 장점이 있으나 필드 결합에 의한 검색만 가능하다는 단점이 있다. 따라서 이용자의 필요나 선호도에 따라 적당히 선택하여 사용하기 바란다.

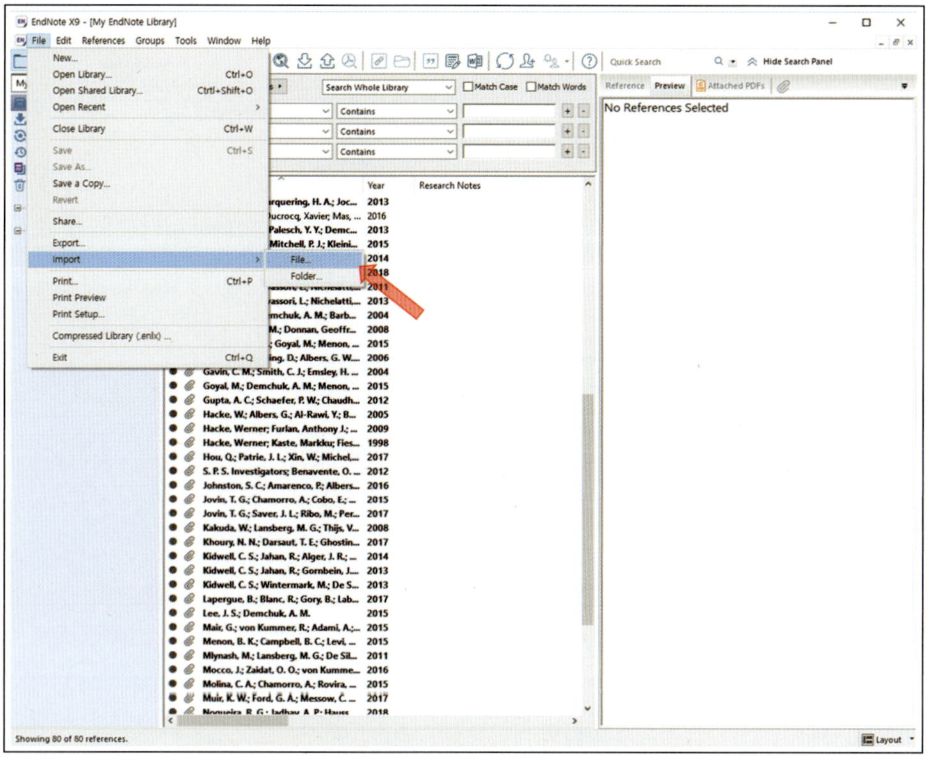

(a)

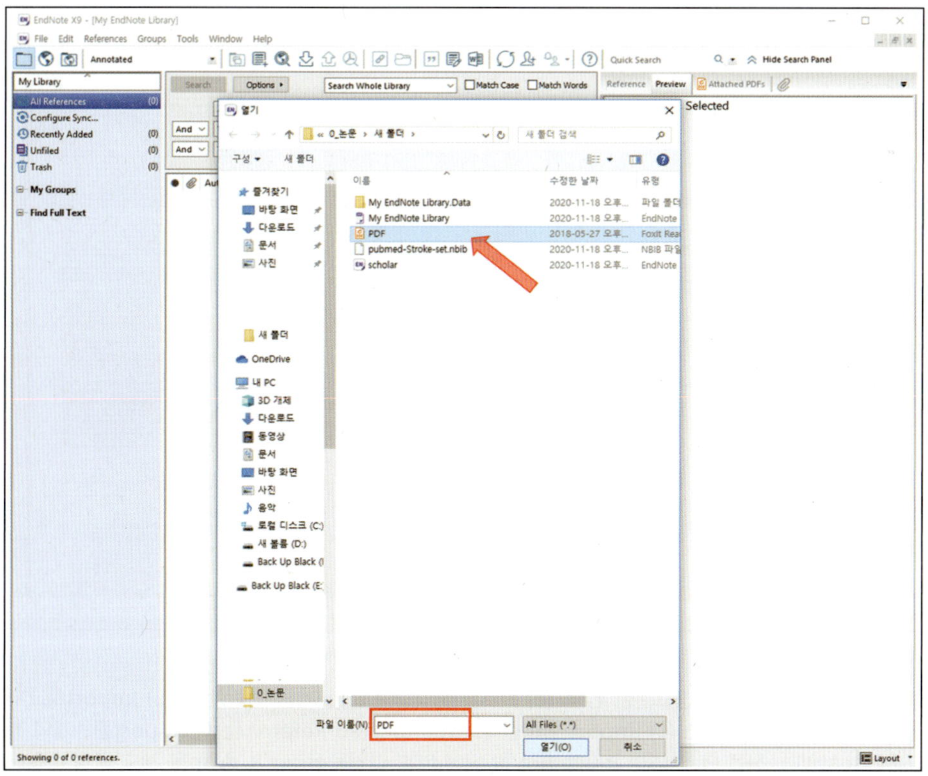

(b)

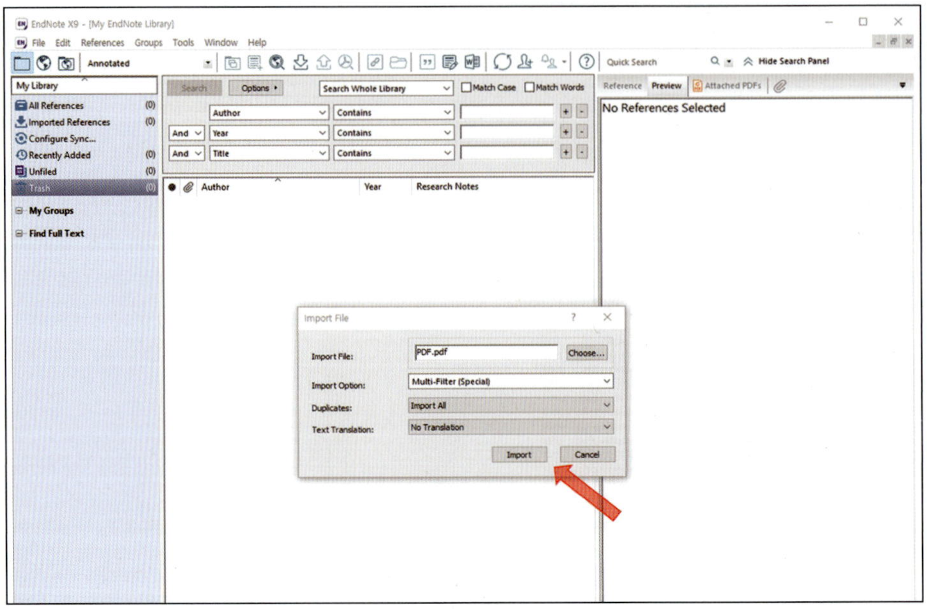

(c)

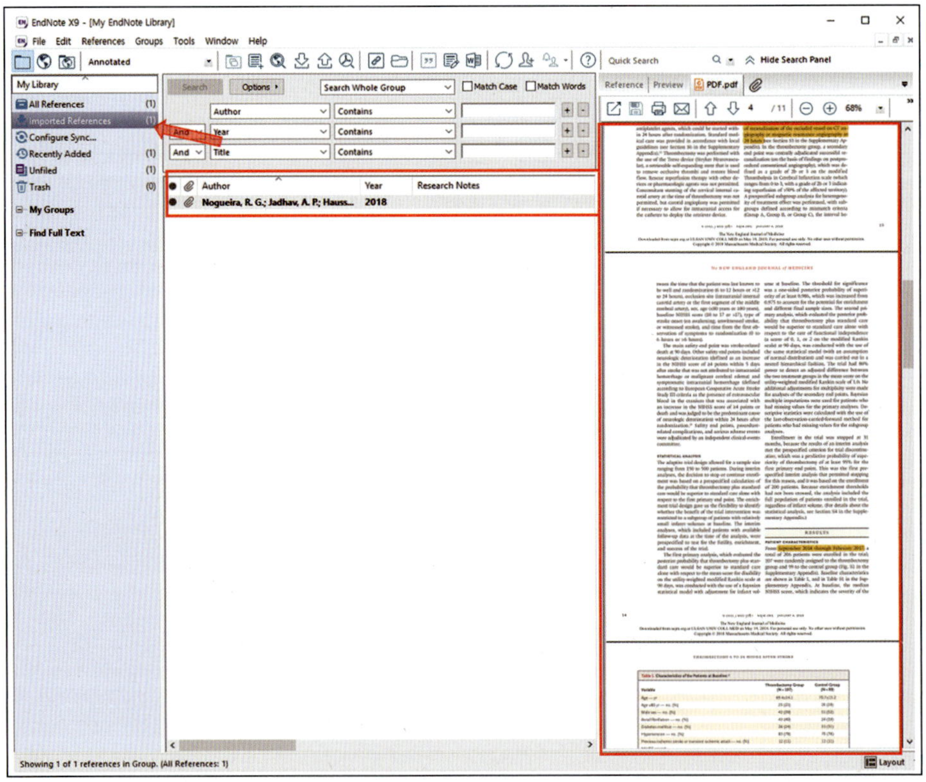

(d)

그림 5-12 PDF를 통한 참고문헌 입력. (a) File을 클릭하여 Import를 선택한다. (b) Import하고자 하는 PDF 파일을 선택한다. (c) Import 클릭한다. (d) Imported References에 import된 1개의 참고문헌이 보인다. 직접 EndNote 라이브러리 창 위에 PDF 파일을 drag & drop을 해도 동일한 형태로 참고문헌이 import된다.

4.3 라이브러리 파일의 관리

4.3.1 전문 검색 기능(Find Full Text)

온라인 상에서 참고문헌의 전문(full text)을 open resource로 제공하고 있는 경우 이를 내려받을 수 있도록 도와주는 기능이다. 전문 검색을 진행하고자 하는 참고문헌을 선택한 뒤 마우스의 오른쪽 단추를 클릭하여 Find Full Text를 선택하여 나온 창에서 Find Full Text… 를 클릭하면 라이브러리에 저장되어 있는 참고문헌의 정보를 가지고 ISI Web of Knowledge, EndNote Web Services, DOI(Digital Object Identifier), PubMed, OpenURL 등을 이용해서 웹에서 제공되는 전문 파일을 라이브러리로 내려받는다(그림 5-13a). 그러나 검색이 되지 않아 Not found로 검색 결과가 나오는 경우가 종종 있으므로 Pubmed를 포함한 검색엔진을 통하여 원문을 직접 다운로드해야 하는 경우가 있다. 이와 같은 과정은 EndNote 프로그램의 좌측 My Library 창의 가장 아래쪽에 위치한 Find Full Text라는 항목에서 확인할 수 있다. 전문 파일을 내려받은 경우, File Attachments 필드 (페이지 글립 그림)에 페이지글립이 생기므로 전문 파일을 내려받은 참고문헌과 그렇지 않은 참고문헌을 구분할 수 있다(그림 5-13b).

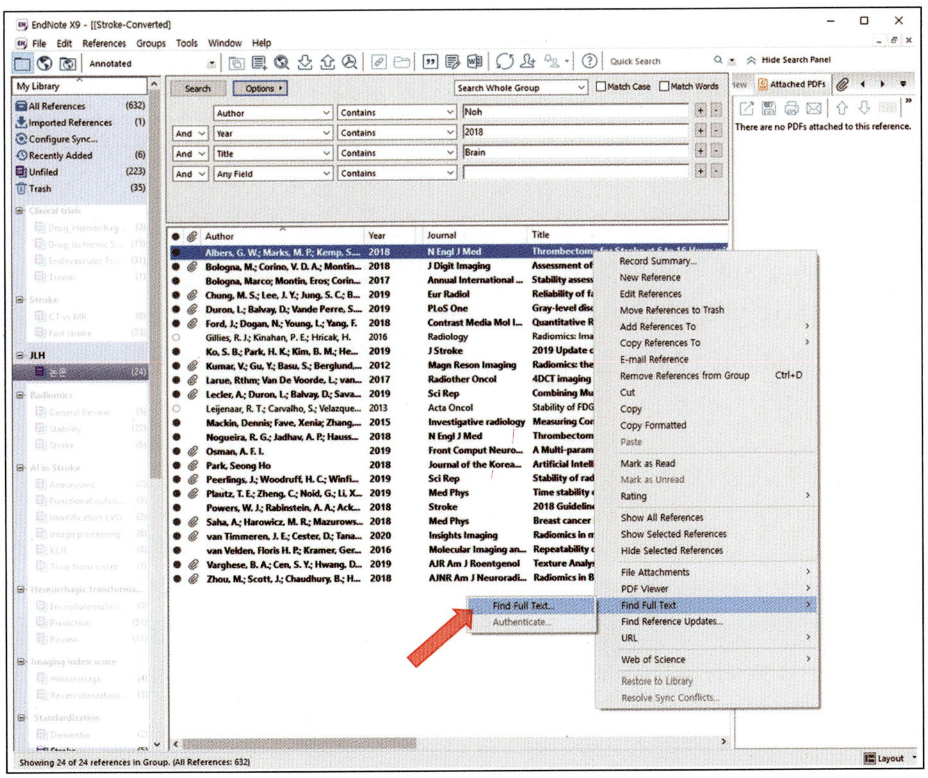

(a)

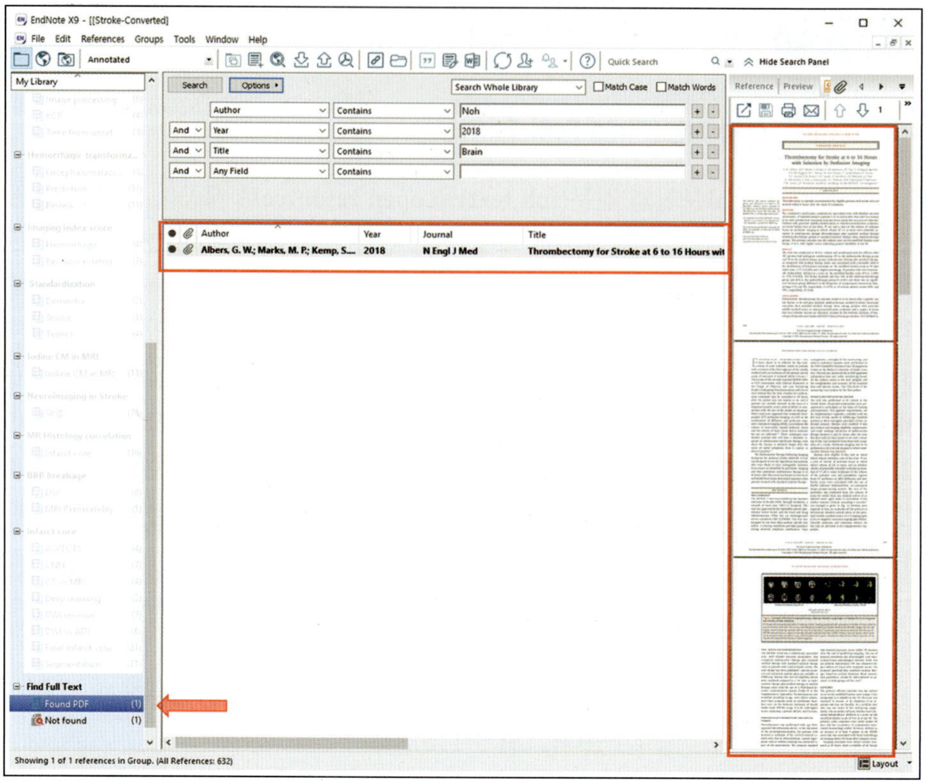

(b)

만일 다른 경로로 내려받은 전문 파일의 복사본을 라이브러리의 참고문헌과 함께 저장하고자 하는 경우에는 앞의 필드입력 규칙에서 설명하였듯이 마우스의 오른쪽 버튼을 클릭하여 File Attachments를 선택하여 나온 창에서 Attach File…을 클릭하여 해당 파일을 첨부할 수 있다. 이때 첨부된 파일은 라이브러리와 같은 이름의 .data 폴더에 저장된다. 오른쪽 창의 Attached PDFs에 원문이 있는 경우, 유저가 기존에 사용하고 있는 PDF 뷰어로 원문을 볼 수 있으며 원문을 보면서 메모, 하이라이트 및 강조 작업을 한 경우 원문창을 종료 시 그 변화사항을 저장하면 다음에 Endnote Library를 통하여 원문을 볼 때 이미 저장된 강조사항을 같이 확인할 수 있다(그림 5-13c, d, e).

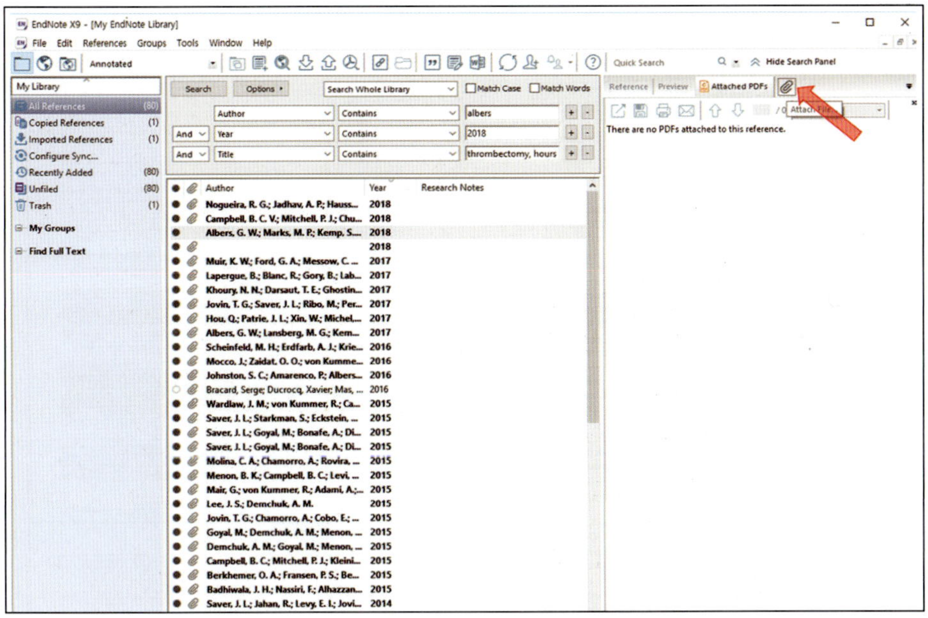

(c)

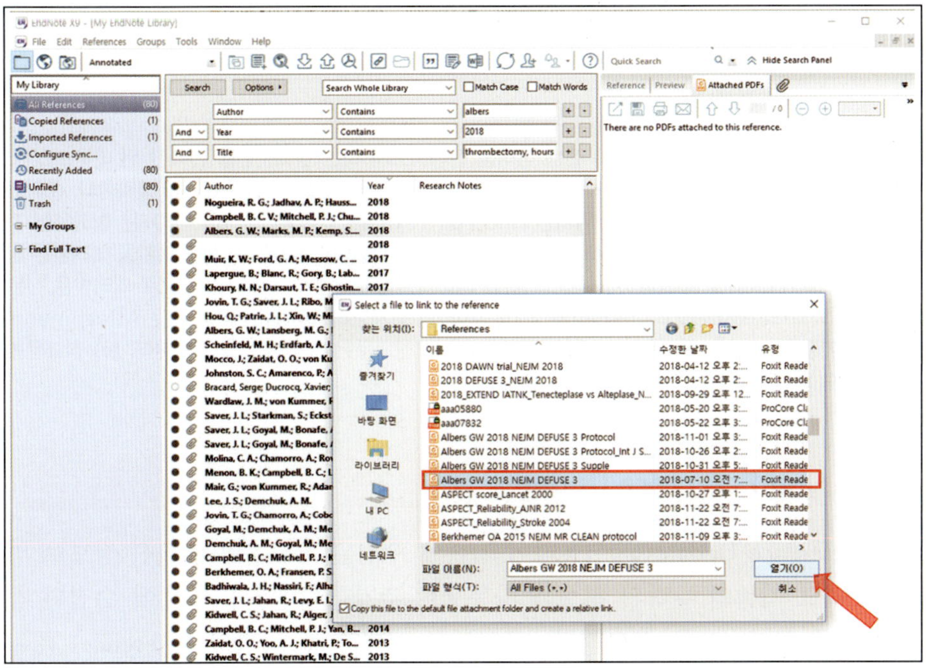

(d)

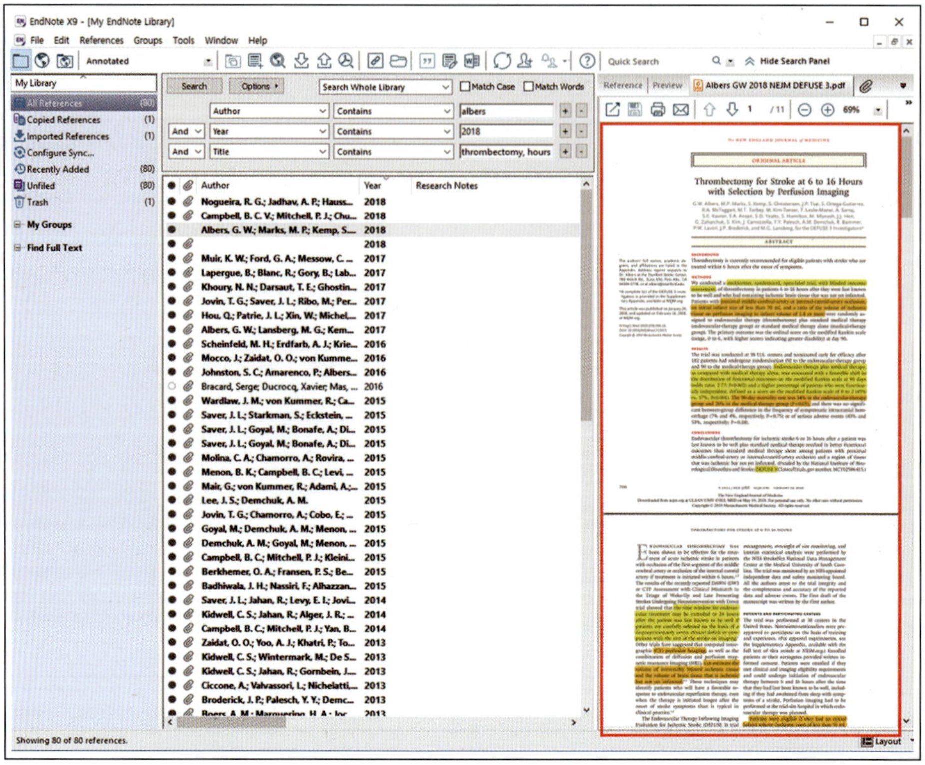

(e)

그림 5-13 참고문헌 전문 검색. (a) 전문 검색을 진행하고자 하는 참고문헌을 선택한 뒤 마우스의 오른쪽 단추를 클릭하여 Find Full Text를 선택하여 나온 창에서 Find Full Text…를 클릭한다. (b) 좌측 My Library 창의 가장 아래쪽에 위치한 Find Full Text라는 항목에서 Found PDF는 참고문헌 전문이 검색되었음을 의미하고 Not found는 전문 검색이 되지 않음을 의미한다. 전문 파일을 내려받은 경우, File Attach ments 필드(페이지클립 그림)에 페이지클립이 생긴다. (c) 다른 경로로 내려받은 전문 파일(PDF 파일)의 복사본을 라이브러리의 참고문헌과 함께 저장하고자 하는 경우, File Attachments 필드(페이지클립 그림)를 클릭한다. (d) 저장하고자 하는 참고문헌 PDF 파일을 선택한다. (e) 참고문헌 PDF 파일이 라이브러리의 참고문헌과 함께 저장되었다.

4.3.2 Find Reference Updates

Find Reference Updates를 이용하여 기존에 수집된 참고문헌을 최신 정보로 업데이트하고 기존의 누락된 정보를 자동으로 추가할 수 있다. 기존에 수집된 참고문헌 중 업데이트를 하고 싶은 문헌들을 선택한 후 상단의 References 메뉴 내 Find Reference Updates를 클릭하거나 마우스 오른쪽 버튼을 클릭하여 Find Reference Updates를 클릭하면 업데이트를 진행할 필드가 새로운 창에서 보여지고 Update All Fields를 선택하면 업데이트가 진행된다(그림 5-14).

4.3.3 그룹 세트(Group Set) 및 그룹(Group) 기능

EndNote 라이브러리에 참고문헌을 보관하고 관리할 때 사용하는 유용한 기능 중 하나는 참고문헌을 주제별로 묶어 보관하는 그룹 세트(Group Set) 및 그룹(Group) 기능이다. 예를 들어 뇌질환과 관련된 참고문헌을 하나의 라이브러리에 모아두고 뇌졸중, 뇌종양, 뇌백질 질환, 뇌염증 질환, 뇌질환 영상 등 논문의 주제에 따라 여러 개의 그룹으로 나누어 보관하면 작성 중인 논문과 관련된 참고문헌을 찾기도 쉽고 서로 관련된 참고문헌을 보고자 할 경우에도 쉽게 찾아볼 수 있어서 매우 유용하다. 그룹 세트(Group Set)의 하부구조로서 그룹(Group)을 생성하여 라이브러리를 관리하면 일반적인 폴더 안의 폴더처럼 라이브러리를 구성할 수 있다. 예를 들면, 뇌졸중의 그룹 세트에 허혈성 뇌졸중 그룹과 출혈성 뇌졸중 그룹으로 구조를 형성할 수 있다. Endnote 라이브러리에 5,000개의 그룹 세트와 5,000개의 그룹 생성이 가능하다. 하나의 참고문헌을 다수의 그룹 세트 및 그룹에 동시에 넣을 수 있으며 문헌의 그룹 세트와 그룹 간의 이동 또한 drag & drop을 손쉽게 할 수 있다. Smart Group을 이용하면 조건(온라인 검색 창과 유사한 Author, Year, Title 등)에 합당한 참고문헌들로 새로운 그룹을 생성할 수 있다.

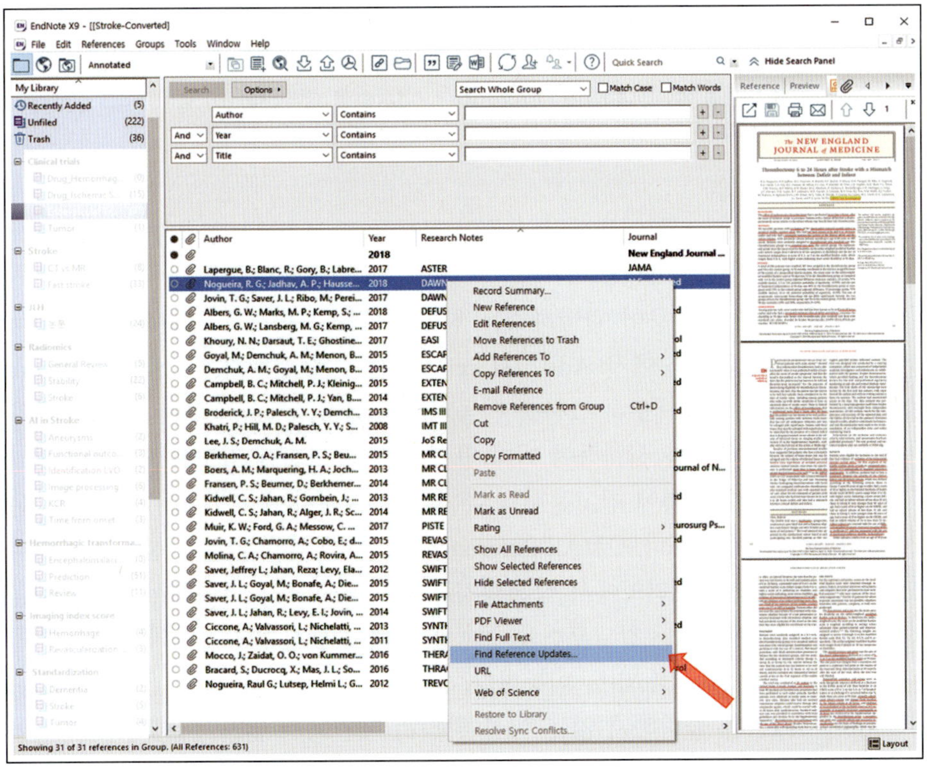

(a)

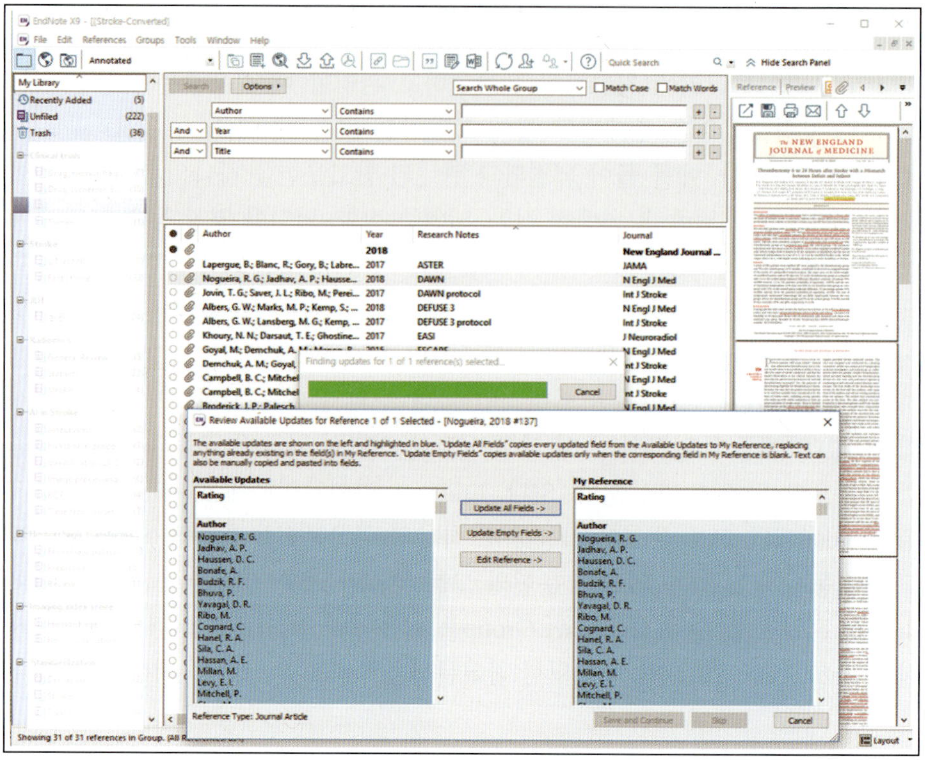

(b)

그림 5-14 참고문헌 업데이트. (a) 기존에 수집된 참고문헌 중 업데이트를 하고 싶은 문헌들을 선택한 후 마우스 오른쪽 버튼을 클릭하여 Find Reference Updates를 클릭한다. (b) 업데이트를 진행할 필드가 새로운 창에서 보여지고 Update All Fields를 선택하면 업데이트가 진행된다.

Create From Groups를 이용하면 기존의 그룹들 중 And/Or/Not의 조합으로 새로운 그룹을 생성할 수 있다.

새로운 그룹으로 묶어 관리하려는 참고문헌을 선택하고 오른쪽 마우스 버튼을 누르면 나오는 창에서 Add References To…를 선택하고 Create Custom Group…을 클릭하여 새로운 그룹을 만들거나 Add References To…를 선택한 후 기존의 그룹 중 하나를 선택하여 이미 만들어 놓은 그룹에 참고문헌을 추가한다(그림 5-15). 이때 그룹에 참고문헌을 추가한다고 해서 참고문헌이 그룹으로 완전히 이동하는 것이 아니므로(All References에 존재) 필요 없는 그룹을 삭제한다고 참고문헌이 라이브러리에서 삭제되지는 않는다. 라이브러리에서 참고문헌을 삭제할 때는 삭제하려는 참고문헌을 선택한 상태에서 컴퓨터 자판의 Delete 키를 클릭하면 참고문헌이 Trash로 이동한다. Trash로 이동된 참고문헌은 References > Empty Trash를 클릭하지 않는 이상 완전히 제거되지 않으므로 References > Restore to Library를 클릭하여 복구할 수 있다(그림 5-16).

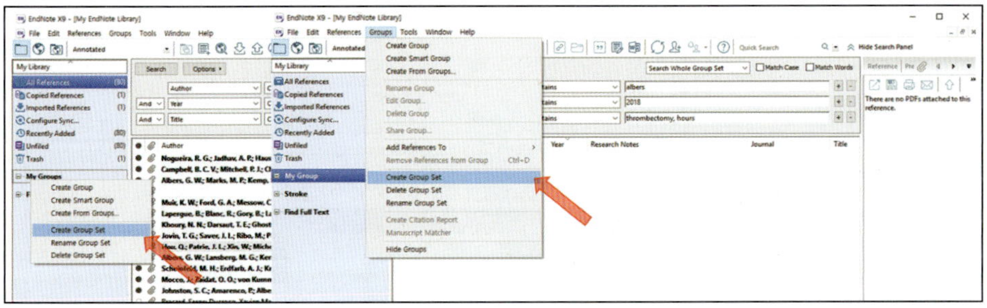

(a)

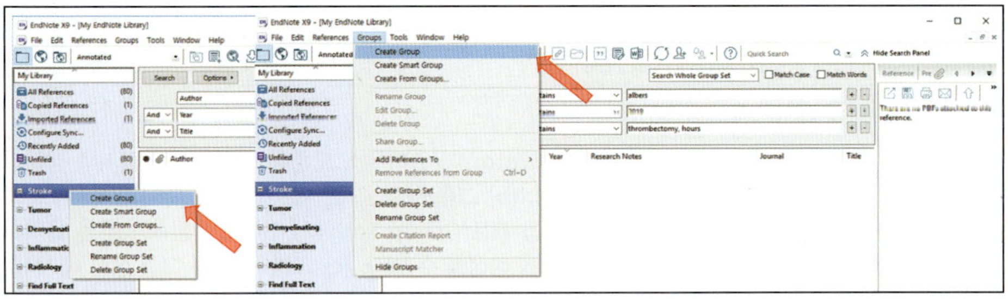

(b)

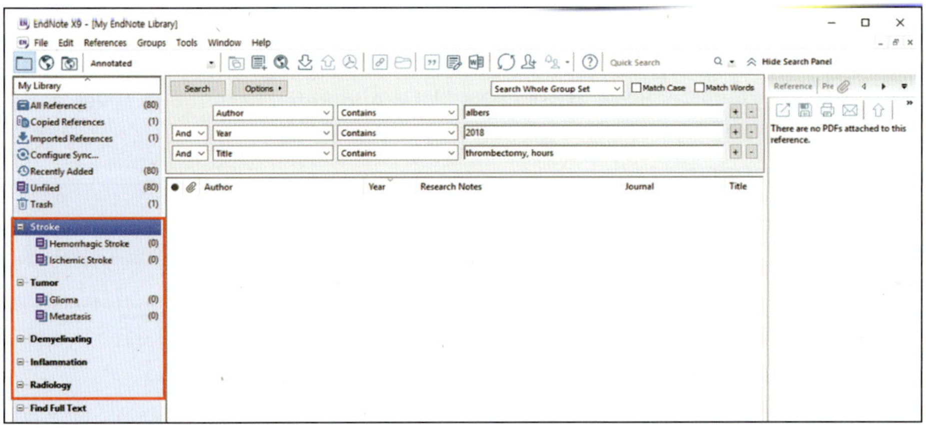

EndNote X9 - [My EndNote Library]
My Library
All References (80)
Copied References (1)
Imported References (1)
Configure Sync...
Recently Added (80)
Unfiled (80)
Trash (1)
Stroke
Hemorrhagic Stroke (0)
Ischemic Stroke (0)
Tumor
Glioma (0)
Metastasis (0)
Demyelinating
Inflammation
Radiology
Find Full Text
Search
Options
Search Whole Group Set
Match Case
Match Words
Author
Contains
albers
Year
2018
Title
thrombectomy, hours
Research Notes
Journal
There are no PDFs attached to this reference.

(c)

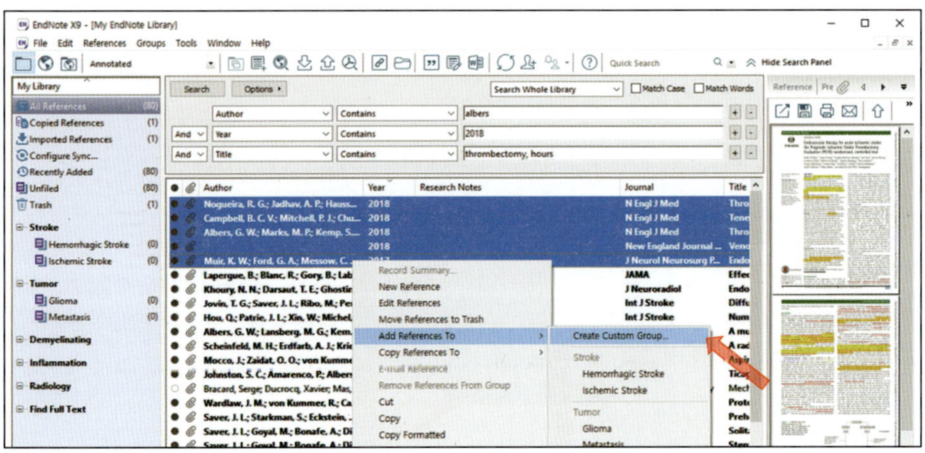

(d)

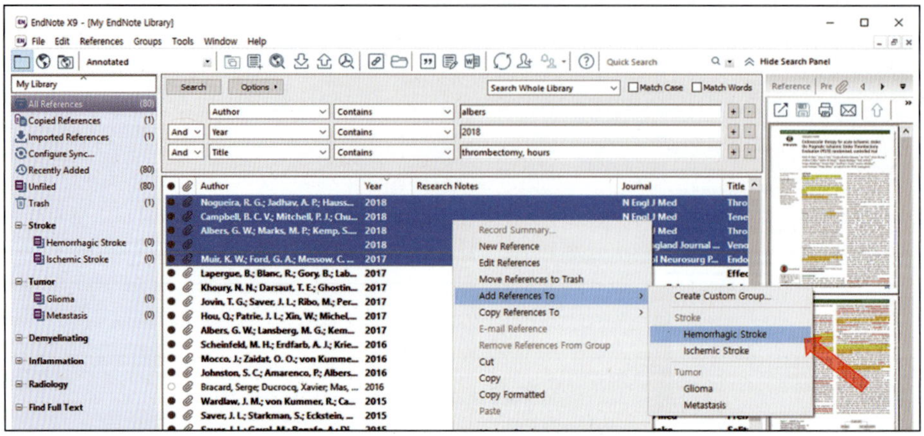

(e)

그림 5-15 그룹 세트 생성. (a) 좌측의 My Groups에서 마우스 오른쪽 버튼을 클릭하거나 상단의 Groups를 클릭하여 그룹세트를 생성할 수 있다. (b) 그룹 생성. 그룹 세트(Group Set)의 하부구조로서 그룹(Group)을 생성하고자 할 때 좌측의 그룹 세트(Group Set)에서 마우스 오른쪽 버튼을 클릭하거나 상단의 Groups를 클릭하여 그룹(Group)을 생성할 수 있다. (c) 그룹 세트 및 그룹 생성 예. 뇌졸중의 그룹 세트에 허혈성 뇌졸중 그룹과 출혈성 뇌졸중 그룹으로 구조를 형성할 수 있다. Endnote 라이브러리에 5000개의 그룹 세트와 5000개의 그룹 생성이 가능하다. (d) 그룹 세트 및 그룹에 참고문헌 추가. 새로운 그룹으로 묶어 관리하려는 참고문헌을 선택하고 오른쪽 마우스 버튼을 누르면 나오는 창에서 Add References To…를 선택하고 Create Custom Group…을 클릭하여 새로운 그룹을 만들어 참고문헌을 추가한다. (e) 그룹 세트 및 그룹에 참고문헌 추가. 새로운 그룹으로 묶어 관리하려는 참고문헌을 선택하고 오른쪽 마우스 버튼을 누르면 나오는 창에서 Add References To…를 선택한 후 기존의 그룹 중 하나를 선택하여 이미 만들어 놓은 그룹에 참고문헌을 추가한다.

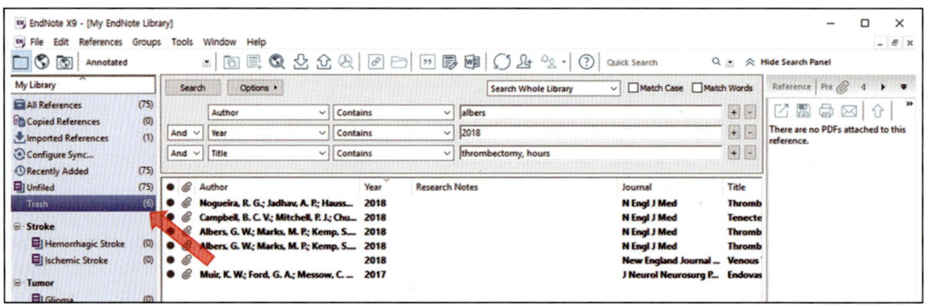

(a)

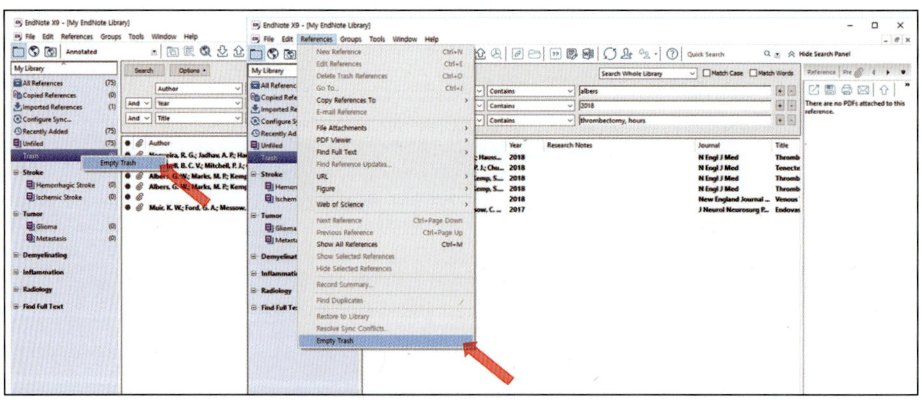

(b)

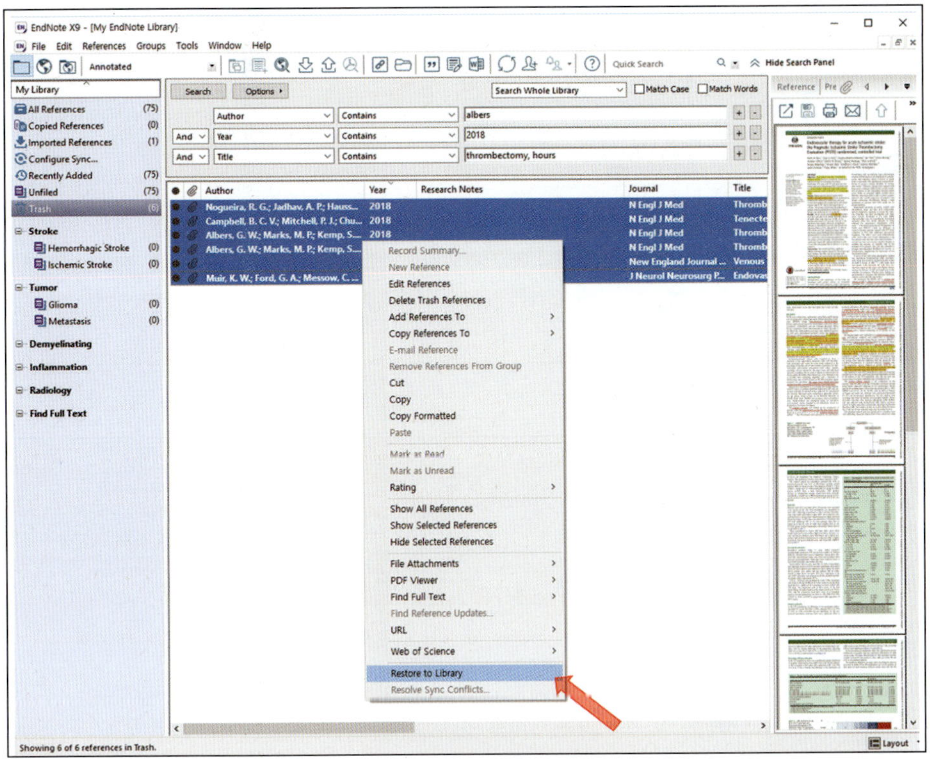

(c)

그림 5-16 참고문헌 삭제. (a) EndNote 라이브러리에서 참고문헌을 삭제할 때는 삭제하려는 참고문헌을 선택한 상태에서 컴퓨터 자판의 Delete 키를 클릭하면 참고문헌이 Trash로 이동한다. (b) Trash로 이동된 참고문헌은 References > Empty Trash를 클릭하여 완전히 제거한다. (c) Trash로 이동된 참고문헌은 References > Empty Trash를 클릭하지 않는 이상 완전히 제거되지 않으므로 References > Restore to Library를 클릭하여 복구할 수 있다.

Smart Group을 만들고자 하는 경우, 상단의 Group을 클릭하여 Create Smart Group을 선택하거나 좌측의 My Library 창에서 마우스 오른쪽 버튼을 클릭하여 Create Smart Group을 선택하면 그림 5-17b와 같은 검색 창이 열린다. 원하는 검색 조건을 입력하고 Create를 클릭하여 New Smart Group에 이름을 입력하면 해당 조건에 맞는 참고문헌들로만 구성된 그룹이 생성된다(그림 5-17).

Create From Groups를 만들고자 하는 경우, 상단의 Group을 클릭하여 Create From Groups을 선택하거나 좌측의 My Library 창에서 마우스 오른쪽 버튼을 클릭하여 Create From Groups을 선택하면 그림 5-18b와 같은 검색 창이 열린다. 원하는 And/Or/Not 조건과 함께 참여시키고자 하는 그룹을 선택한 후 입력하고 Create를 클릭하고 New Group From Group에 이름을 입력하면 해당 조건에 맞는 그룹 안의 참고문헌들로만 구성된 그룹이 생성된다(그림 5-18).

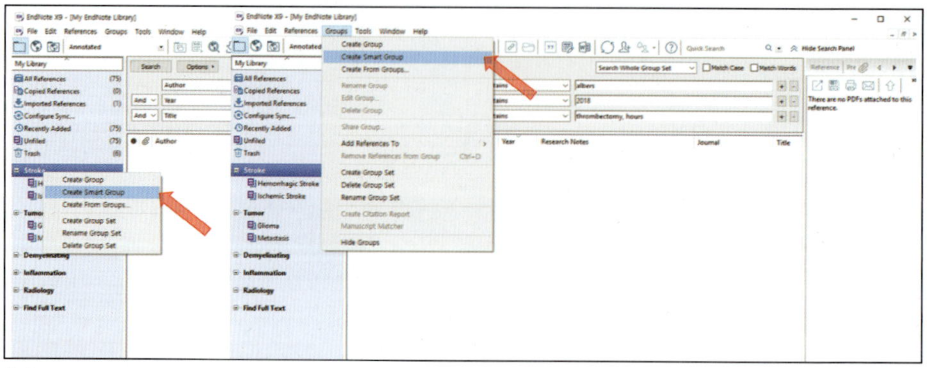

(a)

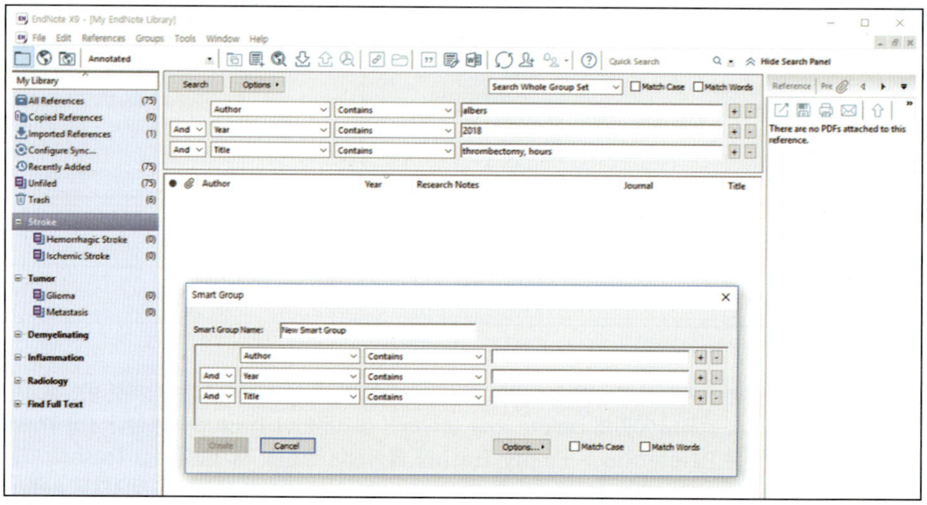

(b)

그림 5-17 스마트 그룹(Smart Group) 생성. (a) Smart Group을 만들고자 하는 경우, 상단의 Group을 클릭하여 Create Smart Group을 선택하거나 좌측의 My Library창에서 마우스 오른쪽 버튼을 클릭하여 Create Smart Group을 선택한다. (b) 원하는 검색 조건을 입력하고 Create를 클릭하여 New Smart Group에 이름을 입력하면 해당 조건에 맞는 참고문헌들로만 구성된 그룹이 생성된다.

4.3.4 중복되는 참고문헌의 처리

이와 같이 여러 번의 검색 과정을 거쳐 라이브러리를 만들고 사용하다 보면 의도하지 않게 참고문헌이 중복되어 입력되기도 한다. Find Duplicates를 사용하여 중복으로 반입된 문헌정보를 검색하고 제거할 수 있다. 상단의 References를 클릭한후 Find Duplicates를 클릭하면 Find Duplicates 창이 생성되고 중복된 문헌 중 Keep This Record를 클릭하여 하나의 References를 선택한다. Keep This Record를 선택하지 않고 우측 상단의 Cancel를 클릭하면 중복문헌 중 나중에 반입된 문

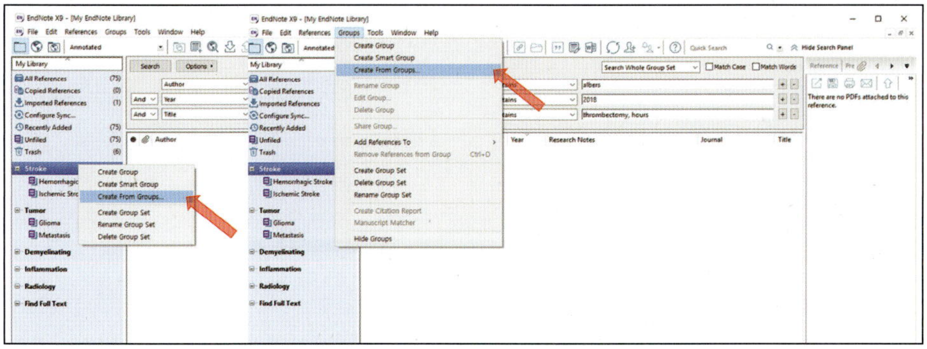

(a)

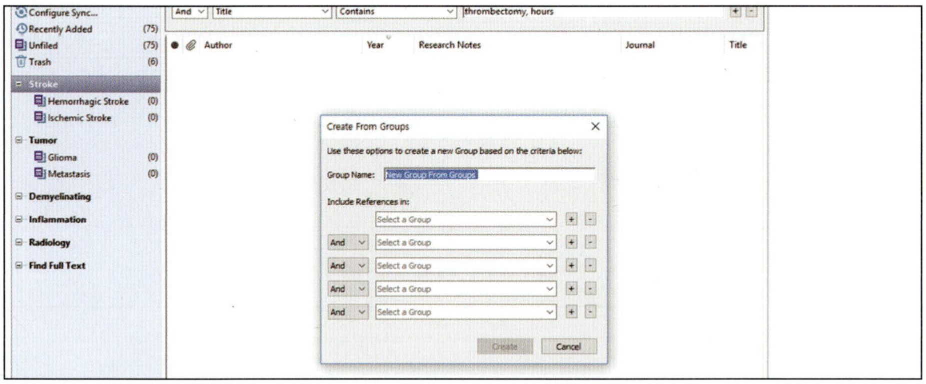

(b)

그림 5-18 Create From Groups 생성. (a) Create From Groups를 만들고자 하는 경우, 상단의 Group을 클릭하여 Create From Groups을 선택하거나 좌측의 My Library 창에서 마우스 오른쪽 버튼을 클릭하여 Create From Groups을 선택한다. (b) 원하는 And/Or/Not 조건과 함께 참여시키고자 하는 그룹을 선택한 후 입력하고 Create를 클릭하고 New Group From Group에 이름을 입력하면 해당 조건에 맞는 그룹 안의 참고문헌들로만 구성된 그룹이 생성된다.

헌이 자동으로 선택되어 리스트가 나온다. 문헌이 선택된 채로 Delete를 누르면 중복된 문헌이 삭제된다. Keep This Record를 선택한 경우 각각의 참고문헌을 유저가 확인한 후 Keep This Record로 선택되지 않은 문헌을 휴지통으로 이동시키는 것이다. 그에 반해 Keep This Record를 선택하지 않고 우측 상단의 Cancel를 클릭한 경우 중복된 문헌 중 나중에 반입된 문헌들을 한꺼번에 선택하여 정리하는 것이다. 참고문헌의 Author, Year, Title 필드 등을 비교하여 중복 참고문헌을 자동적으로 폐기하도록 설정되어 있으나 이와 같은 설정을 바꾸고자 한다면 Edit > Preference…를 이용하여 바꿀 수 있다(그림 5-19).

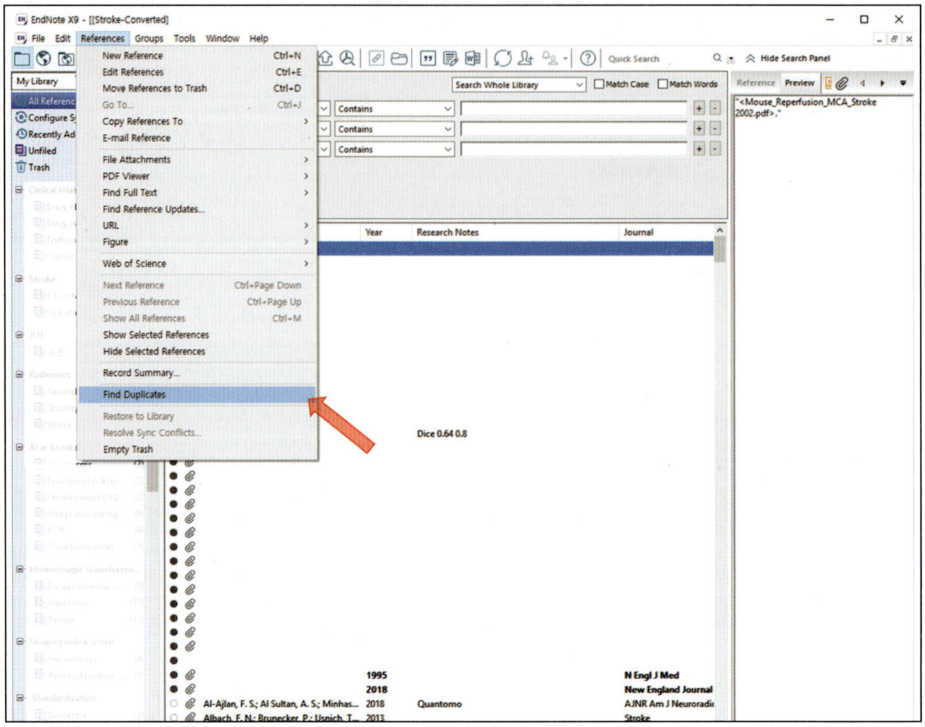

(a)

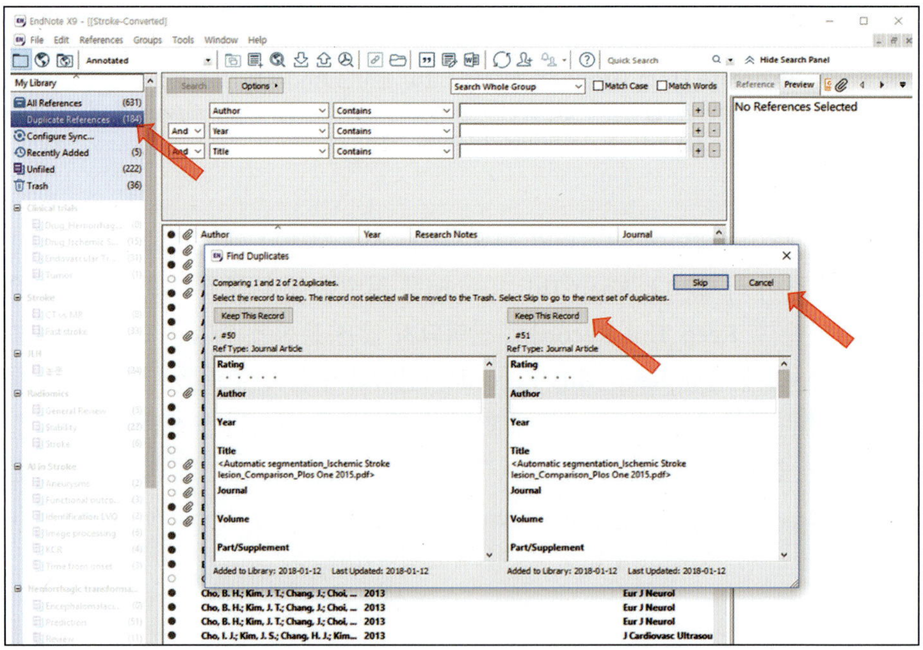

(b)

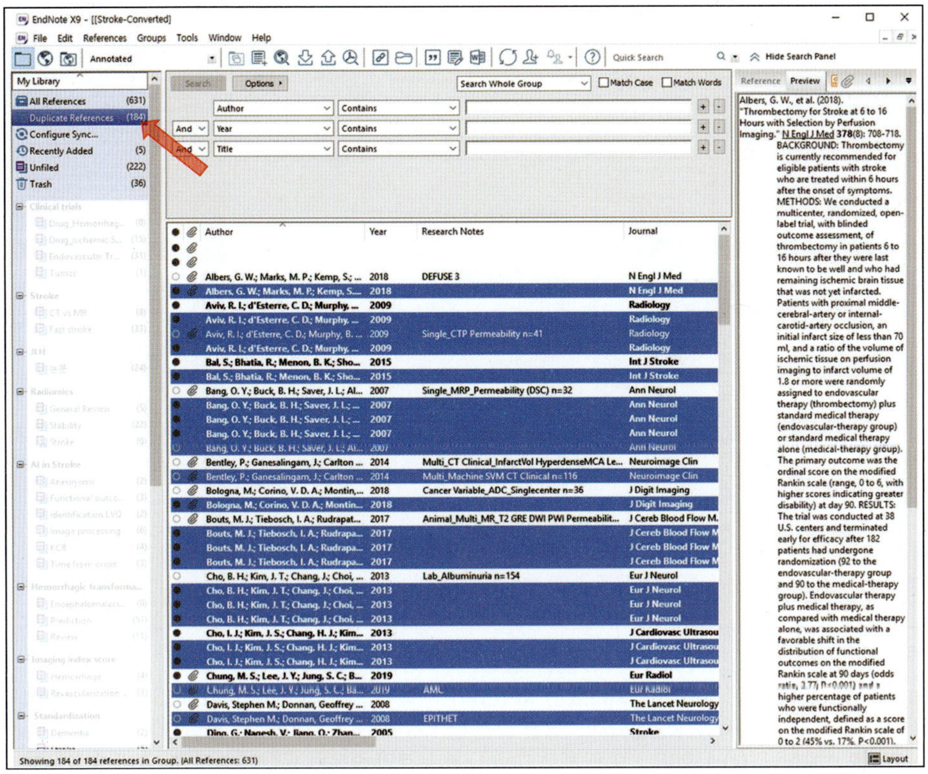

(c)

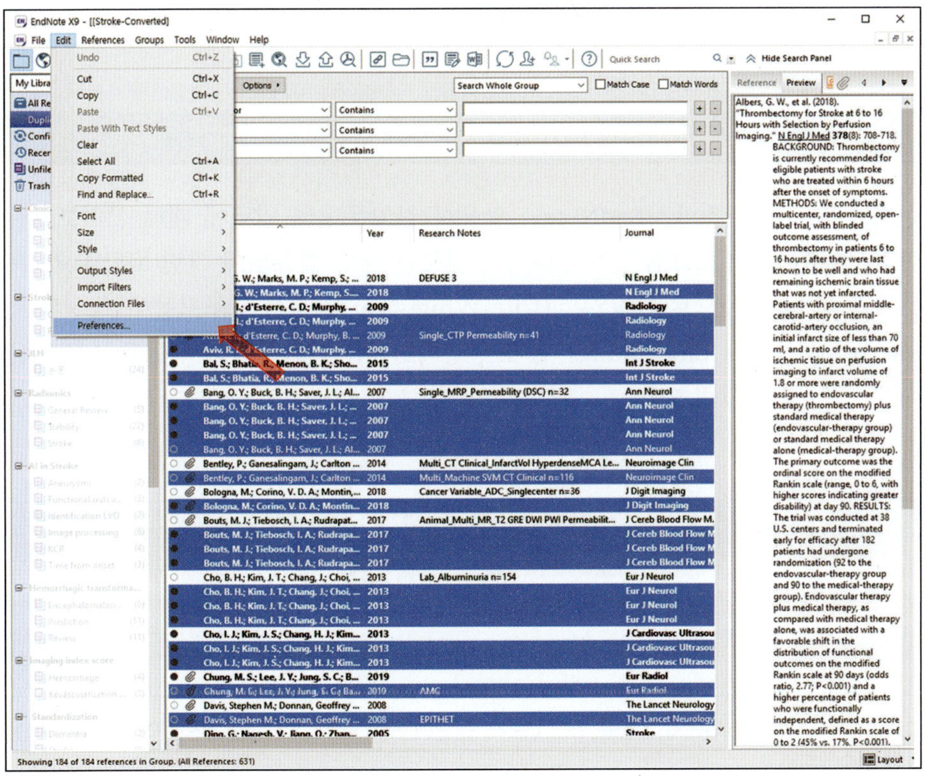

(d)

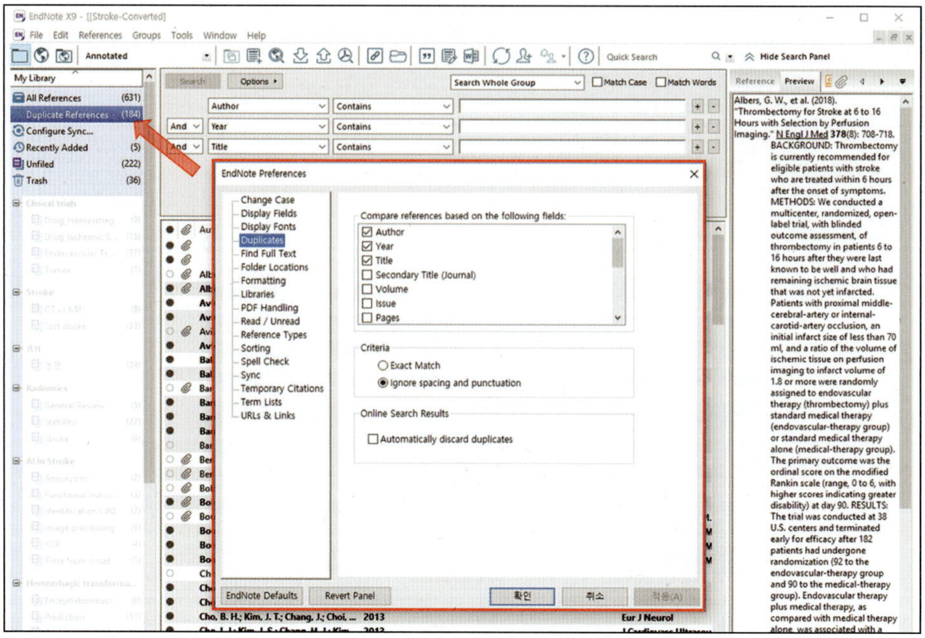

(e)

그림 5-19 중복되는 참고문헌 처리. (a) References를 클릭한 후 Find Duplicates를 클릭한다. (b) Find Duplicates 창이 생성되고 중복된 문헌 중 Keep This Record를 클릭하여 하나의 References를 선택한다. (c) 문헌이 선택된 채로 Delete를 누르면 중복된 문헌이 삭제된다. (d) 참고문헌의 Author, Year, Title 필드 등을 비교하여 중복 참고문헌을 자동적으로 폐기하도록 설정되어 있으나 이와 같은 설정을 바꾸고자 한다면 Edit > Preference…를 이용하여 바꿀 수 있다. (e) 중복 참고문헌의 Author, Year, Title 필드 등의 설정을 바꿀 수 있다.

5. MS Word에서의 활용

실제 논문 작성과정에서EndNote를 활용한 참고문헌의 입력에 대해 살펴보고자 한다. EndNote 프로그램을 컴퓨터에 설치하면 해당 컴퓨터에 깔린 MS Word 프로그램 내에 자동으로 CWYW (Cite While You Write) 도구모음이 생성된다. MS Word 상단에 EndNote X9 탭이 생성되며 이 탭을 클릭하여 필요한 작업을 수행할 수 있다(그림 5-20).

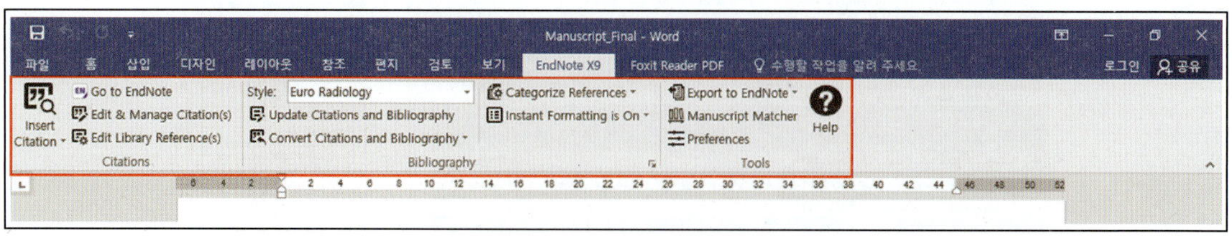

그림 5-20 MS Word에서의 활용. MS Word 상단에 EndNote X9 탭을 클릭하여 필요한 작업을 수행할 수 있다.

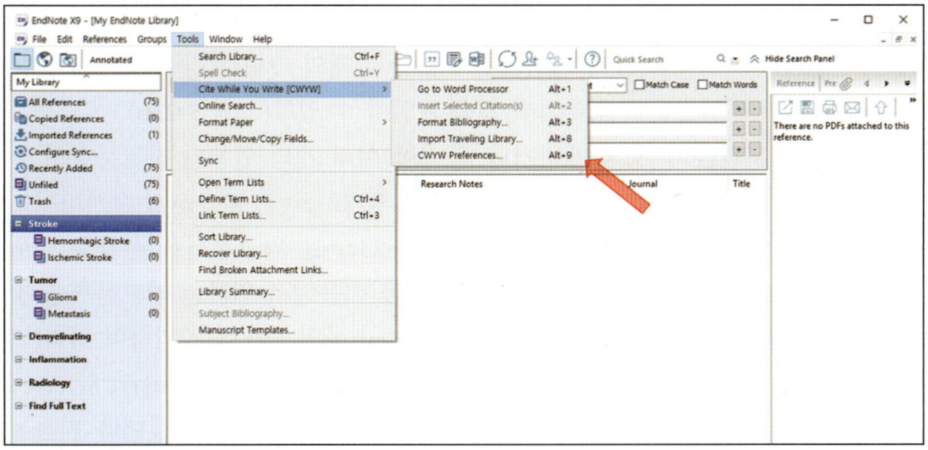

그림 5-21 CWYW를 이용한 참고문헌의 인용. EndNote 프로그램 내에서는 상단의 Tools을 클릭하면 Cite While You Write [CWYW]가 보이고 그 안에 위치한다.

5.1 CWYW를 이용한 참고문헌의 인용

먼저 MS Word 상의 EndNote X9 탭의 구성을 살펴보면, Citations, Bibliography, Tools의 세 가지 항목으로 이루어진 것을 볼 수 있다. Citations의 경우, 필요한 참고문헌의 입력과 편집과 관련된 기능이 모여 있으며 Bibliography에는 참고문헌의 표기 형식인 Output Style을 선택하거나 변경할 때 사용하는 기능들이 모여 있다(그림 5-20). EndNote 프로그램 내에서는 상단의 Tools을 클릭하면 Cite While You Write [CWYW]가 보이고 그 안에 위치한다(그림 5-21). 이후 본문에서는 주로 MS Word에서 사용하는 기능들을 중심으로 설명하겠다.

MS Word로 작성 중인 원고에 EndNote 프로그램을 이용하여 참고문헌을 입력하는 방법은 다음과 같다. 먼저 참고문헌을 입력하고자 하는 MS Word 파일을 열어 EndNote X9 탭의 Go To EndNote를 클릭하여 참고문헌이 모여 있는 라이브러리를 열거나(그림 5-22), 직접 EndNote 프로그램을 실행시켜 원하는 라이브러리 파일을 열어준다.

작성 중인 원고에서 참고문헌을 인용할 곳에 커서를 놓고, EndNote 라이브러리 중에서 입력하고자 하는 참고문헌을 선택한 후 EndNote X9 탭의 Insert

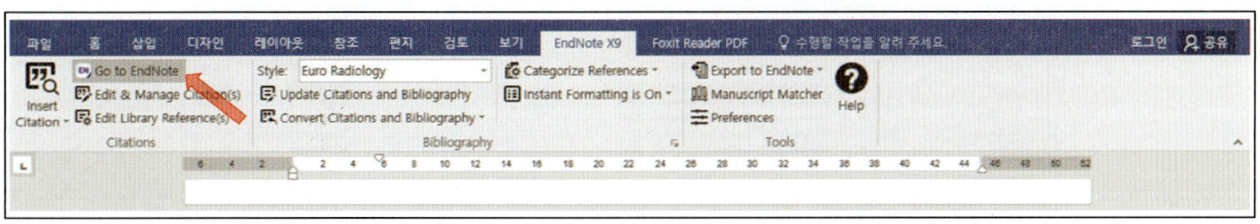

그림 5-22 원고에서 참고문헌 입력을 위해 EndNote 라이브러리 열기. 참고문헌을 입력하고자 하는 MS Word 파일을 열어 EndNote X9 탭의 Go To EndNote를 클릭하여 참고문헌이 모여 있는 라이브러리를 열 수 있다.

Citation에서 Insert Selected Citation(s)을 클릭하거나 Endnote 프로그램 상단의 Insert Citation 아이콘을 클릭하며(그림 5-23a) 아래의 그림과 같이 본문과 본문의 가장 마지막에 참고문헌이 추가된 것을 확인할 수 있다(그림 5-23b).

특정 참고문헌을 추가, 삭제하거나, 동시에 여러 개의 인용된 참고문헌의 순서 등을 바꿀 경우 Edit Citation(s)을 클릭한 후, Insert..., Remove, 순서바꾸기 단추를 이용하여 참고문헌을 편집한다(그림 5-23c, d). 참고문헌을 추가로 입력할 경우 Insert…를 클릭하여 팝업되는 검색창을 이용해서 원하는 참고문헌을 찾아 입력하는 방법도 있지만 특수하게 Author, Year 등의 필드를 제외하여 입력(그림 5-23e)해야 할 필요가 없다면 넣고자 하는 위치에 커서를 놓고 Insert Selected Citation(s)를 클릭하여 입력하거나 선택한 참고문헌을 마우스로 끌어다 원하는 위치에 놓는(drag & drop) 것이 더 간단하다. 그 이외에 참고문헌을 편집할 때 유용한 기능은 표 5-2를 참조하기 바란다.

인용한 참고문헌의 내용을 수정할 경우 커서를 인용한 부분에 놓고 Edit Library Reference(s)를 클릭하면 해당 참고문헌의 편집 창이 열린다. 참고문헌을 수정한 후 편집 창을 닫으면 EndNote 라이브러리와 MS Word의 참고문헌이 같이 수정된다. Reference가 정상적으로 인용된 경우 EndNote 라이브러리에서 현재 MS Word 파일과 연동되고 있는 Reference list를 확인할 수 있다(그림 5-23f).

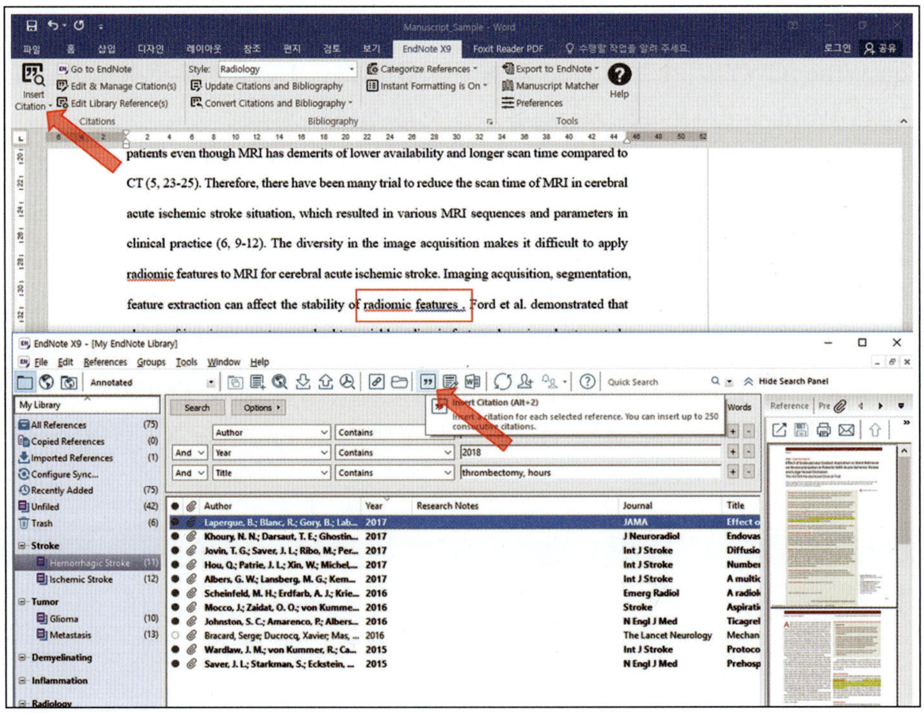

(a)

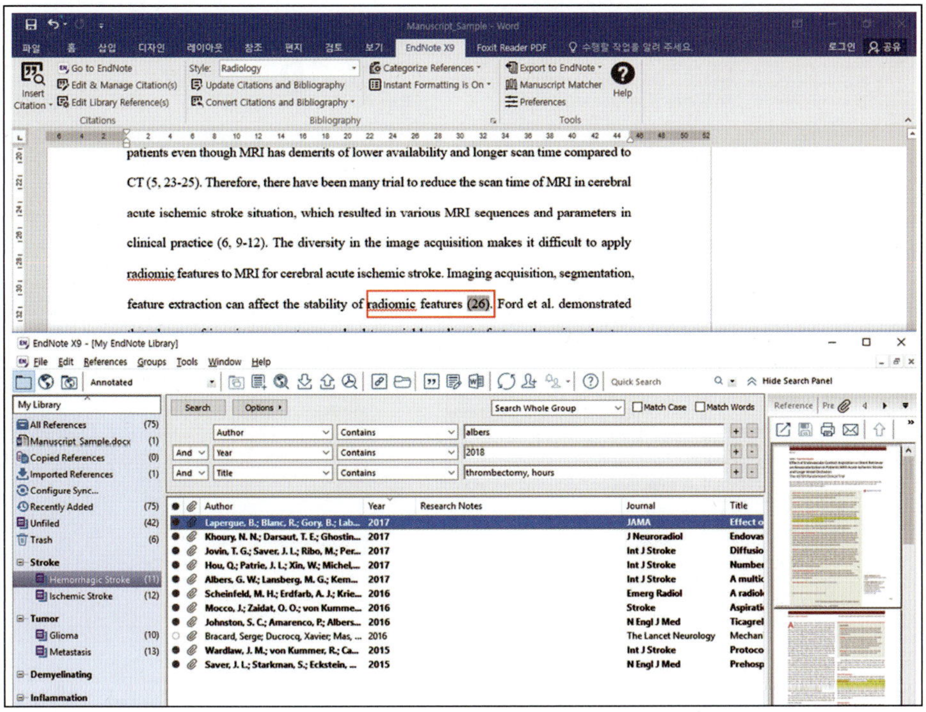
Manuscript_Sample - Word
파일 홈 삽입 디자인 레이아웃 참조 편지 검토 보기 EndNote X9 Foxit Reader PDF
Go to EndNote
Edit & Manage Citation(s)
Edit Library Reference(s)
Insert Citation
Citations
Style: Radiology
Update Citations and Bibliography
Convert Citations and Bibliography
Categorize References
Instant Formatting is On
Bibliography
Export to EndNote
Manuscript Matcher
Preferences
Help
Tools
patients even though MRI has demerits of lower availability and longer scan time compared to
CT (5, 23-25). Therefore, there have been many trial to reduce the scan time of MRI in cerebral
acute ischemic stroke situation, which resulted in various MRI sequences and parameters in
clinical practice (6, 9-12). The diversity in the image acquisition makes it difficult to apply
radiomic features to MRI for cerebral acute ischemic stroke. Imaging acquisition, segmentation,
feature extraction can affect the stability of radiomic features (26). Ford et al. demonstrated
EndNote X9 - [My EndNote Library]
File Edit References Groups Tools Window Help
Annotated
Quick Search
Hide Search Panel
My Library
Search
Options
Search Whole Group
Match Case
Match Words
All References (75)
Manuscript Sample.docx (1)
Copied References (0)
Imported References (1)
Configure Sync...
Recently Added (75)
Unfiled (42)
Trash (6)
Stroke
Hemorrhagic Stroke (11)
Ischemic Stroke (12)
Tumor
Glioma (10)
Metastasis (13)
Demyelinating
Inflammation
Author Contains albers
And Year Contains 2018
And Title Contains thrombectomy, hours
Author
Year
Research Notes
Journal
Title
Lapergue, B.; Blanc, R.; Gory, B.; Lab... 2017 JAMA
Khoury, N. N.; Darsaut, T. E.; Ghostin... 2017 J Neuroradiol
Jovin, T. G.; Saver, J. L.; Ribo, M.; Per... 2017 Int J Stroke
Hou, Q.; Patrie, J. L.; Xin, W.; Michel... 2017 Int J Stroke
Albers, G. W.; Lansberg, M. G.; Kem... 2017 Int J Stroke
Scheinfeld, M. H.; Erdfarb, A. J.; Krie... 2016 Emerg Radiol
Mocco, J.; Zaidat, O. O.; von Kumme... 2016 Stroke
Johnston, S. C.; Amarenco, P.; Albers... 2016 N Engl J Med
Bracard, Serge; Ducrocq, Xavier; Mas, ... 2016 The Lancet Neurology
Wardlaw, J. M.; von Kummer, R.; Ca... 2015 Int J Stroke
Saver, J. L.; Starkman, S.; Eckstein, ... 2015 N Engl J Med
Reference

(b)

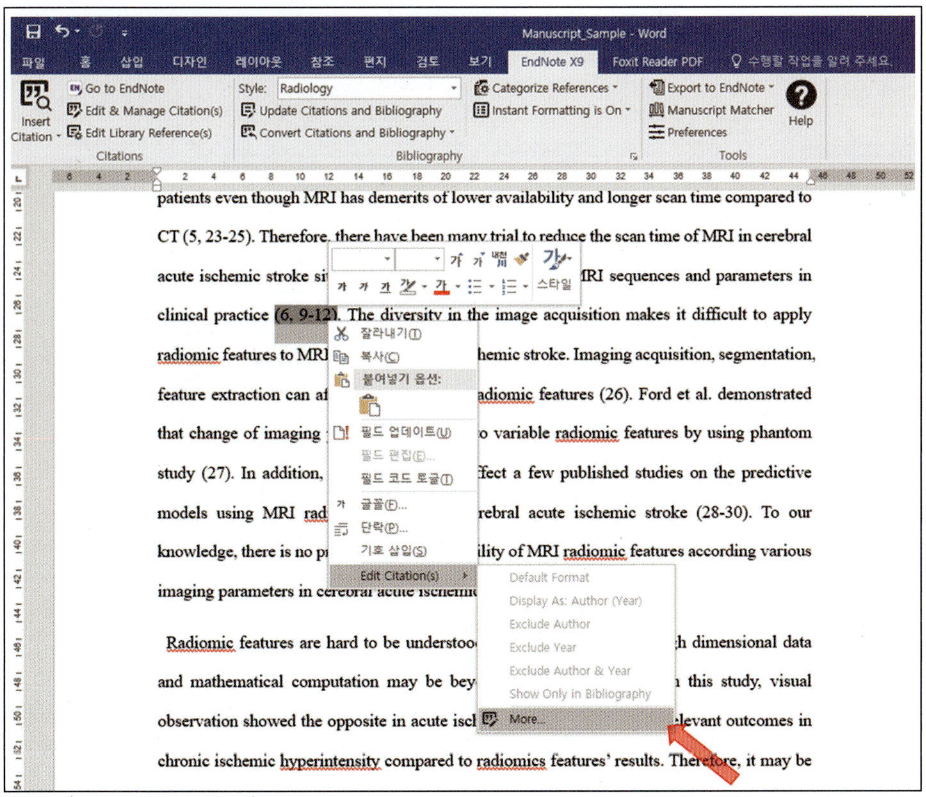
Manuscript_Sample - Word
파일 홈 삽입 디자인 레이아웃 참조 편지 검토 보기 EndNote X9 Foxit Reader PDF
Go to EndNote
Edit & Manage Citation(s)
Edit Library Reference(s)
Insert Citation
Citations
Style: Radiology
Update Citations and Bibliography
Convert Citations and Bibliography
Categorize References
Instant Formatting is On
Bibliography
Export to EndNote
Manuscript Matcher
Preferences
Help
Tools
patients even though MRI has demerits of lower availability and longer scan time compared to
CT (5, 23-25). Therefore, there have been many trial to reduce the scan time of MRI in cerebral
acute ischemic stroke si
RI sequences and parameters in
clinical practice (6, 9-12). The diversity in the image acquisition makes it difficult to apply
radiomic features to MRI
hemic stroke. Imaging acquisition, segmentation,
feature extraction can af
adiomic features (26). Ford et al. demonstrated
that change of imaging
o variable radiomic features by using phantom
study (27). In addition,
ffect a few published studies on the predictive
models using MRI rad
rebral acute ischemic stroke (28-30). To our
knowledge, there is no pi
ility of MRI radiomic features according various
imaging parameters in cerebral acute ischemic
Radiomic features are hard to be understoo
h dimensional data
and mathematical computation may be bey
this study, visual
observation showed the opposite in acute iscl
levant outcomes in
chronic ischemic hyperintensity compared to radiomics features' results. Therefore, it may be
스타일
잘라내기(T)
복사(C)
붙여넣기 옵션:
필드 업데이트(U)
필드 편집(E)...
필드 코드 토글(T)
글꼴(F)...
단락(P)...
기호 삽입(S)
Edit Citation(s)
Default Format
Display As: Author (Year)
Exclude Author
Exclude Year
Exclude Author & Year
Show Only in Bibliography
More...

(c)

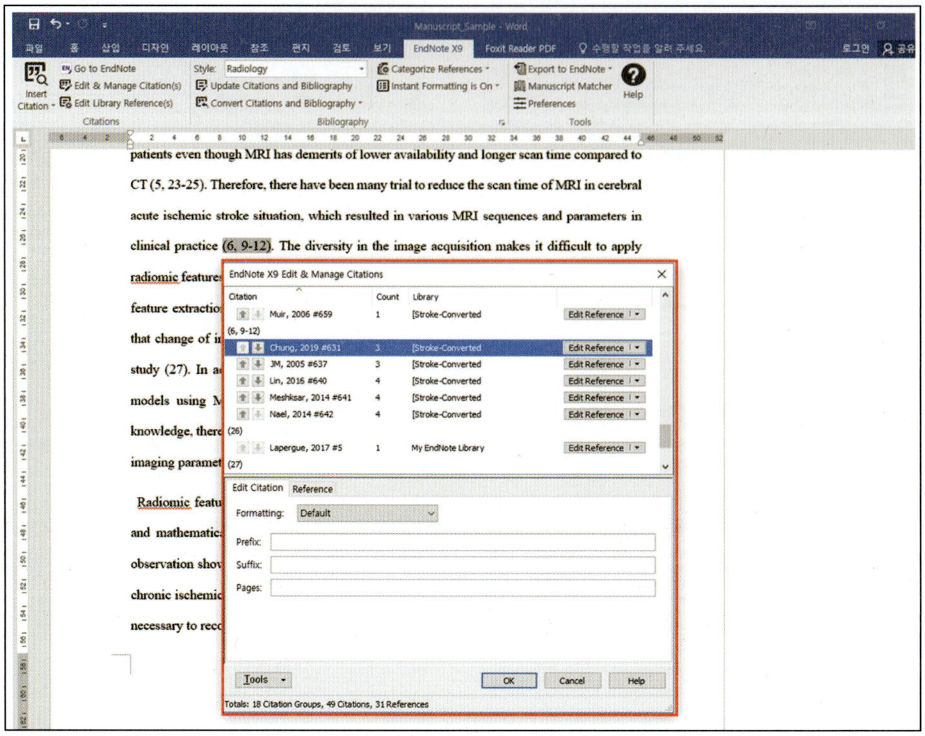

(d)

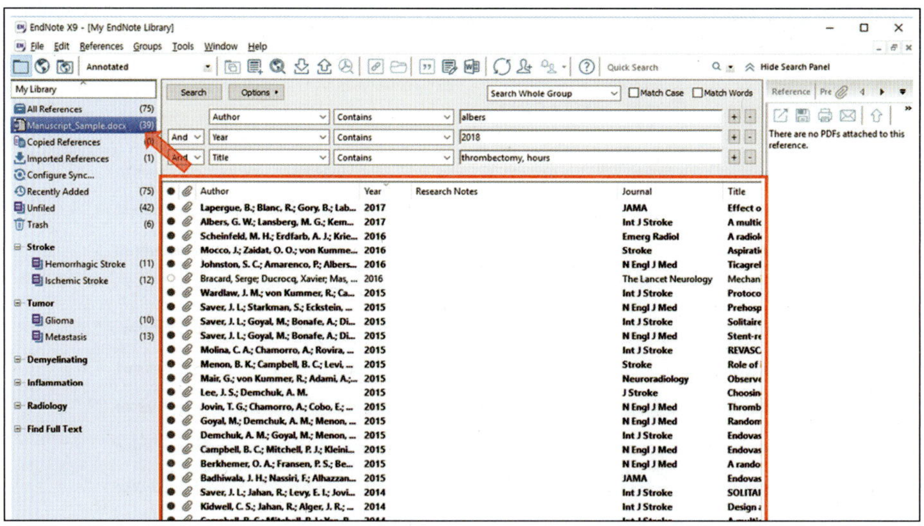

(e)

그림 5-23 (a, b) 원고에서 참고문헌 입력. (a) 원고에서 참고문헌을 인용할 곳에 커서를 놓고, EndNote 라이브러리 중에서 입력하고자 하는 참고문헌을 선택한 후 EndNote X9 탭의 Insert Citation에서 Insert Selected Citation(s)을 클릭하거나 Endnote프로그램 상단의 Insert Citation 아이콘(따옴표)을 클릭한다. (b) 원고에서 참고문헌이 추가된 것을 확인할 수 있다. (c, d) 원고에서 참고문헌 수정. (c) 특정 참고문헌을 추가, 삭제하거나, 동시에 여러 개의 인용된 참고문헌의 순서 등을 바꿀 경우 원고의 참고문헌 숫자에서 Edit Citation(s)을 클릭한 후, More…을 클릭한다. (d) Insert..., Remove, 순서 바꾸기 단추를 이용하여 참고문헌을 편집한다. (e) 원고에서 참고문헌 입력 및 수정. Reference가 정상적으로 인용 또는 수정된 경우 EndNote 라이브러리에서 현재 MS Word 파일과 연동되고 있는 Reference list를 확인할 수 있다.

표 5-2 참고문헌의 추가/수정/삭제와 형식 변경

작업 항목	방법
참고문헌 추가	Insert Citation… 또는 Insert Selected Citation 사용 Drag & Drop 복수 인용의 경우 Ctrl 또는 Shift 키를 사용하여 여러 개의 참고문헌을 동시 선택
인용의 수정과 삭제	논문에서 참고문헌이 인용된 부분(인용번호 또는 저자연도)을 마우스로 블록 지정한 후 수행
위치를 변경	Drag & Drop 또는 Cut & Paste (Ctrl+X, Ctrl+V)
같은 참고문헌을 다른 위치에 추가	Copy & Paste (Ctrl+C, Ctrl+V)
같은 위치에 다른 참고문헌 추가	이미 인용된 참고문헌의 맨 뒤에 빈 칸 없이 Inserted Selected Citation으로 추가, 자동으로 복수 인용 처리됨
단일 참고문헌 삭제	Delete

5.2 서지 형식(Style, Output Style)의 선택과 변경

참고문헌의 표기 형식을 EndNote에서는 스타일(Style, Output Style)이라고 한다. EndNote 프로그램을 처음 시작할 경우, Annotated가 디폴트 값으로 설정되어 있으며 아래의 그림과 같이 연도와 저자의 이름 순으로 참고문헌이 입력된다(그림 5-24a). 투고할 학술지를 미리 정한 경우 참고문헌을 입력하기 전에 먼저 투고할 학술지에서 지정하는 스타일로 지정해줄 수 있으며, 이는 논문 작성 중 언제라도 변경 가능하다. MS Word의 EndNote X9 탭에서 Bibliography 항목에 위

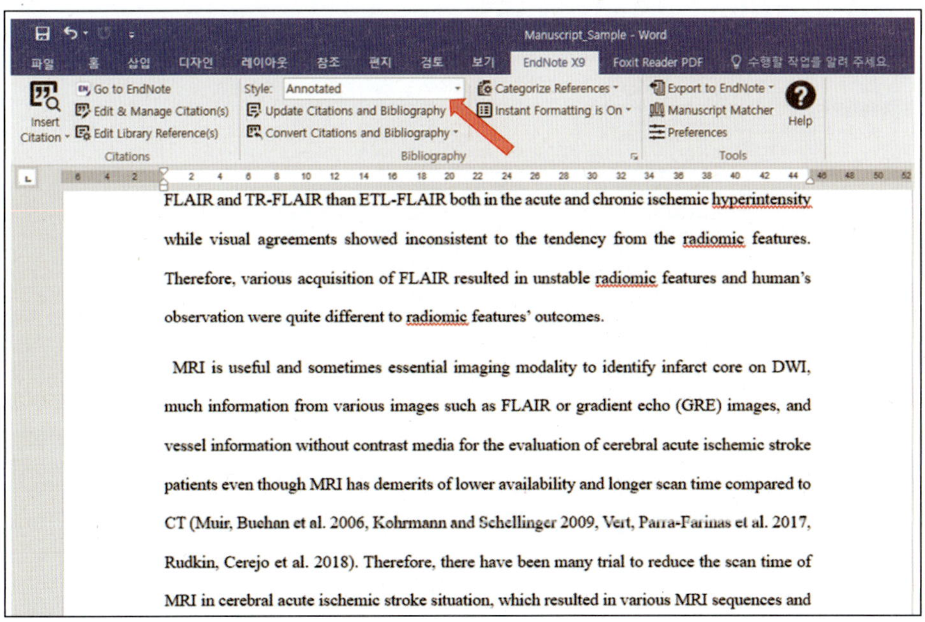

(a)

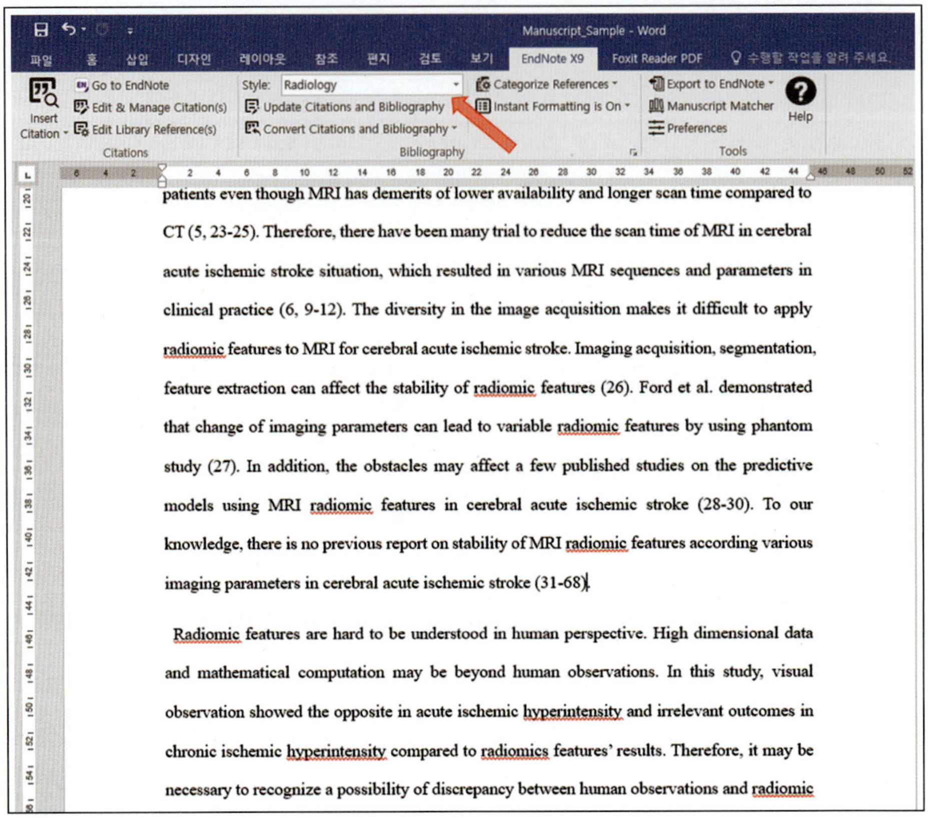
Manuscript_Sample - Word
파일
홈
삽입
디자인
레이아웃
참조
편지
검토
보기
EndNote X9
Foxit Reader PDF
수행할 작업을 알려 주세요.
Insert Citation
Go to EndNote
Edit & Manage Citation(s)
Edit Library Reference(s)
Citations
Style: Radiology
Update Citations and Bibliography
Convert Citations and Bibliography
Categorize References
Instant Formatting is On
Bibliography
Export to EndNote
Manuscript Matcher
Preferences
Tools
Help
patients even though MRI has demerits of lower availability and longer scan time compared to CT (5, 23-25). Therefore, there have been many trial to reduce the scan time of MRI in cerebral acute ischemic stroke situation, which resulted in various MRI sequences and parameters in clinical practice (6, 9-12). The diversity in the image acquisition makes it difficult to apply radiomic features to MRI for cerebral acute ischemic stroke. Imaging acquisition, segmentation, feature extraction can affect the stability of radiomic features (26). Ford et al. demonstrated that change of imaging parameters can lead to variable radiomic features by using phantom study (27). In addition, the obstacles may affect a few published studies on the predictive models using MRI radiomic features in cerebral acute ischemic stroke (28-30). To our knowledge, there is no previous report on stability of MRI radiomic features according various imaging parameters in cerebral acute ischemic stroke (31-68).
Radiomic features are hard to be understood in human perspective. High dimensional data and mathematical computation may be beyond human observations. In this study, visual observation showed the opposite in acute ischemic hyperintensity and irrelevant outcomes in chronic ischemic hyperintensity compared to radiomics features' results. Therefore, it may be necessary to recognize a possibility of discrepancy between human observations and radiomic

(b)

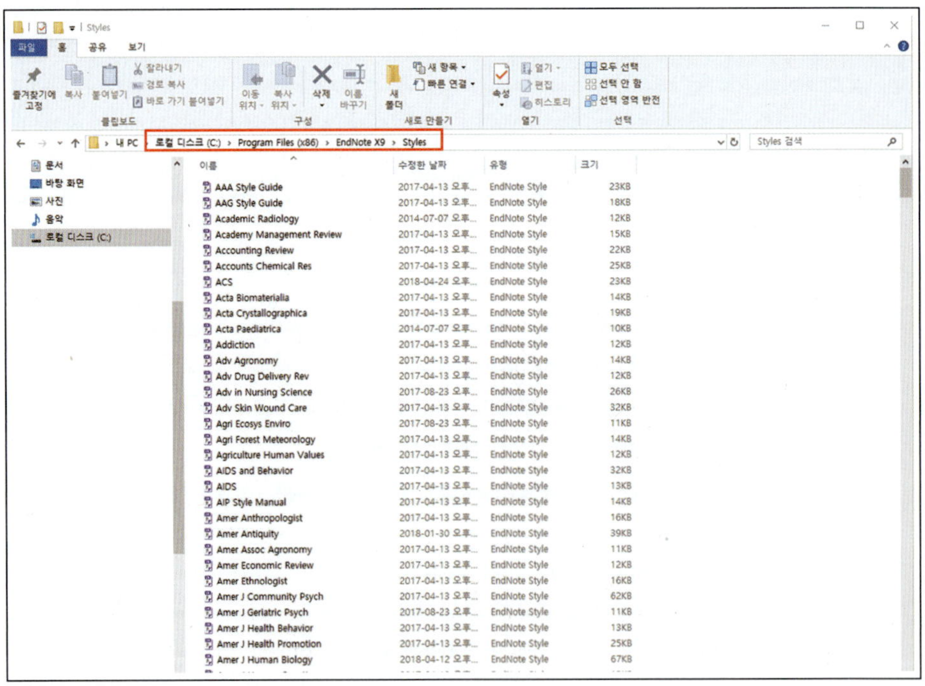
Styles
파일
홈
공유
보기
즐겨찾기에 고정
복사
붙여넣기
잘라내기
경로 복사
바로 가기 붙여넣기
클립보드
이동 위치
복사 위치
삭제
이름 바꾸기
구성
새 폴더
새 항목
빠른 연결
새로 만들기
속성
열기
편집
히스토리
열기
모두 선택
선택 안 함
선택 영역 반전
선택
내 PC > 로컬 디스크 (C:) > Program Files (x86) > EndNote X9 > Styles
Styles 검색
문서
바탕 화면
사진
음악
로컬 디스크 (C:)
이름
수정한 날짜
유형
크기
AAA Style Guide
AAG Style Guide
Academic Radiology
Academy Management Review
Accounting Review
Accounts Chemical Res
ACS
Acta Biomaterialia
Acta Crystallographica
Acta Paediatrica
Addiction
Adv Agronomy
Adv Drug Delivery Rev
Adv in Nursing Science
Adv Skin Wound Care
Agri Ecosys Enviro
Agri Forest Meteorology
Agriculture Human Values
AIDS and Behavior
AIDS
AIP Style Manual
Amer Anthropologist
Amer Antiquity
Amer Assoc Agronomy
Amer Economic Review
Amer Ethnologist
Amer J Community Psych
Amer J Geriatric Psych
Amer J Health Behavior
Amer J Health Promotion
Amer J Human Biology
EndNote Style

(c)

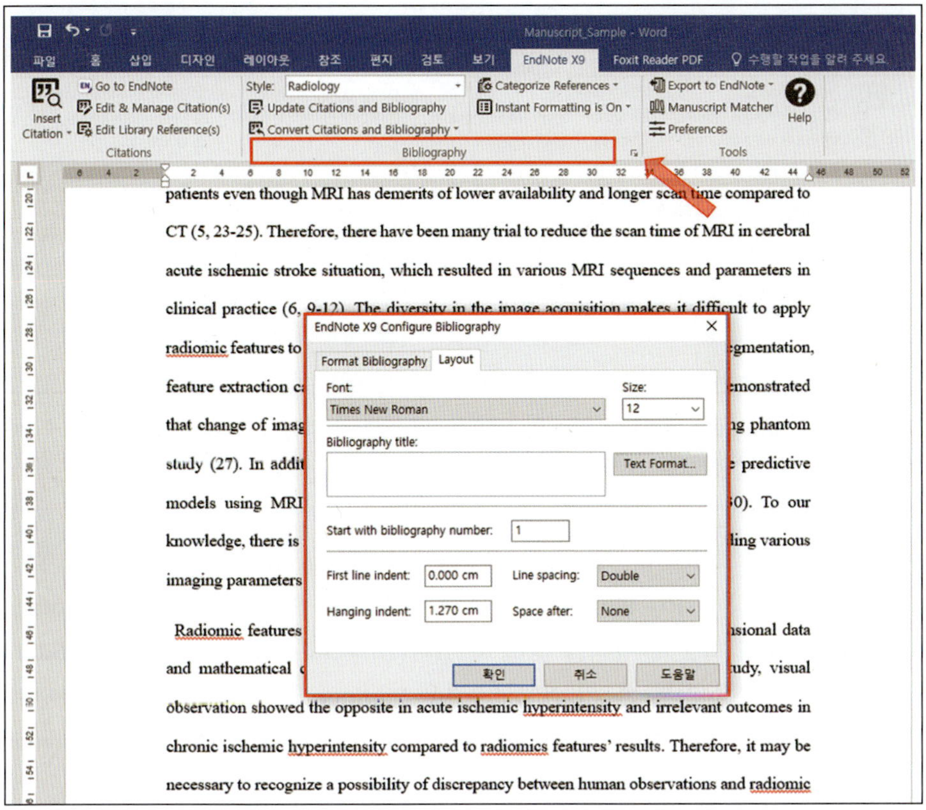

(d)

그림 5-24 서지 형식(Style, Output Style)의 선택과 변경. (a) EndNote 프로그램을 처음 시작할 경우, Annotated가 디폴트 값으로 설정되어 있으며 연도와 저자의 이름 순으로 참고문헌이 입력된다. (b) Bibliography 항목에 위치한 Style 안에 Select Another Style…을 클릭하여 원하는 학술지를 찾아 선택하면 이미 인용된 참고문헌이 있는 경우에는 자동으로 스타일이 바뀌게 되며 이후 입력하는 참고문헌 역시 해당 스타일로 입력된다. (c) EndNote 프로그램이 설치되어 있는 폴더내 Styles라는 폴더(예: C드라이브 > Program Files > EndNote X9 > Styles) 내에 해당 학술지에 해당하는 Output style을 저장시켜야 Bibliography 항목에 위치한 Style 안에 Select Another Style…에서 해당 학술지 형식을 찾을 수 있다. (d) 참고문헌 목록(Bibliography)의 배치를 일부 변경해야 하는 경우 Bibliography 항목의 오른쪽 하단에 위치한 화살표를 클릭하면 Format Bibliography 창이 활성화되고, 여기서 Layout 탭을 선택하여 원고 내 참고문헌 리스트의 글자체, 크기, 줄 간격, 들여쓰기 설정 등을 원하는 대로 바꿀 수 있다.

치한 Style 안의 Select Another Style…을 클릭하여 원하는 학술지를 찾아 선택하면 이미 인용된 참고문헌이 있는 경우에는 자동으로 스타일이 바뀌게 되며 이후 입력하는 참고문헌 역시 해당 스타일로 입력된다(그림 5-24b). Output Style이 default로 저장되어 있지 않은 경우 해당 학술지에 해당하는 Output style을 직접 찾아서 저장시켜야 해당 학술지의 Style로 변경이 가능하다. 유저가 속한 기관에서 제공하는 EndNote Output Style을 찾아보거나 해당 학술지 홈페이지, 혹은 EndNote 홈페이지에 가서 검색하면 대부분 학술지의 EndNote Output Style을 다운로드 받을 수 있다. 다운로드 받은 파일을 EndNote 프로그램이 설치되

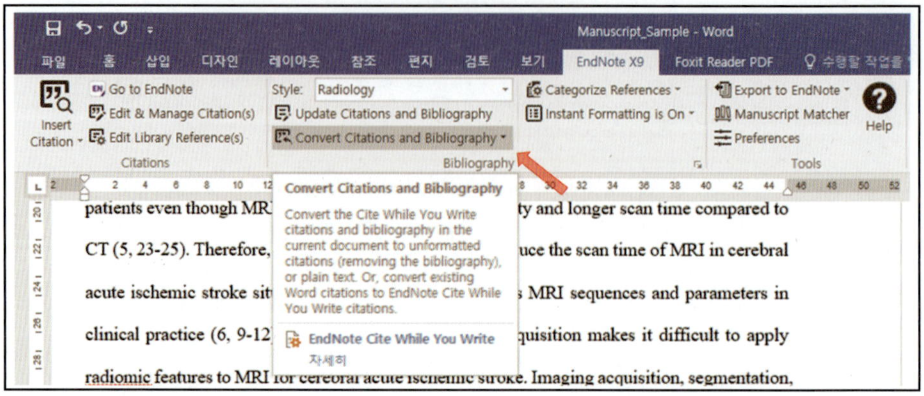

그림 5-25 EndNote와 연결되어 있는 필드코드(field codes) 제거. Bibliography 항목의 Convert Citations and Bilbiography > Convert to Plain Text를 클릭하여 필드코드를 지울 수 있다.

어 있는 폴더 내 Styles라는 폴더(예, C드라이브> Program Files > EndNote X9> Styles) 내에 저장시켜야 Bibliography 항목에 위치한 Style 안의 Select Another Style…에서 해당 학술지 형식을 찾을 수 있다(그림 5-24c). 참고문헌 목록 (Bibliography)의 배치를 일부 변경해야 하는 경우 Bibliography 항목의 오른쪽 하단에 위치한 화살표를 클릭하면 Format Bibliography 창이 활성화되고, 여기서 Layout 탭을 선택하여 참고문헌의 글자체, 크기, 줄 간격, 들여쓰기 설정 등을 원하는 대로 바꿀 수 있다(그림 5-24d). Format Bibliography 탭에서도 참고문헌의 스타일 변경이 가능하다.

EndNote를 이용하여 참고문헌 입력을 끝낸 후에는 EndNote와 연결되어 있는 필드코드(field codes)를 제거한 후 학술지에 제출해야 한다(최근 대부분의 학술지에서는 필드코드의 삭제 없이 논문을 업로드하더라도 추후 오류가 발생하는 일은 드물다). 만일 필드코드를 삭제하지 않으면 제출된 논문을 학술지의 편집실 등에서 작업할 때 EndNote와의 호환성 문제로 편집 오류가 발생할 가능성이 있기 때문이다. 필드코드를 제거하는 방법에는 다음의 두 가지가 있다.

- Ctrl+A (전체 선택)를 한 후 Ctrl+6 (필드 연결 해제)를 실행하면 즉각적으로 필드코드가 제거된다. 따라서, 원본을 반드시 백업해둔 후 필드 연결을 해제시킨다.
- Bibliography 항목의 Convert Citations and Bilbiography > Convert to Plain Text를 클릭하여 필드코드를 지운다(그림 5-25). 원본 파일은 유지된 채 필드코드가 제거된 문서가 새로 만들어지며, 이를 다른 이름으로 저장하여 제출하면 된다. 한번 Plain Text로 Reference가 변경되면 복원이 어려우므로 다른 이름의 복사본으로 파일을 저장하는 것이 좋다.

필드코드를 제거한 후 변환된 파일의 참고문헌 목록이 제출하려는 학술지의 형식에 맞는지 다시 한 번 확인하여 필요한 부분들을 수정한다. 그 이외에도

표 5-3 CWYW의 기능 및 단축키

	명령어	단축키	기능
Citations	Go to EndNote	Alt+1	Word에서 EndNote 창을 활성화
	Return to Word	Alt+1	EndNote에서 Word 창을 활성화
	Find Citations(s)	Alt+7	라이브러리에서 특정 참고문헌을 검색하여 사용
	Inserted Selected Citation(s)	Alt+2	라이브러리에서 선택된 참고문헌을 참고문헌으로 사용
	Find Figure	없음	라이브러리에서 저장된 이미지 정보(figure)를 검색한 후 그림이나 표를 입력하거나 인용
	Edit Citation(s)	Alt+6	현재 구성된 참고문헌 구성을 편집
	Edit Library Reference(s)	Alt+5	참고문헌으로 사용된 개별 참고문헌을 선택하여 EndNote 라이브러리에서 그 내용을 수정
Bibliography	Format Bibliography/Layout	Alt+3	선택한 논문 스타일에 따라 참고문헌 형식을 구성
	Update Citations and Bibliography	없음	참고문헌 인용과 스타일의 변경사항을 적용
	Convert to Unformatted Citations	Alt+4	선택한 참고문헌의 스타일을 지우고 정형화되지 않은 임시 서지형식으로 전환
	Convert to Plain Text	없음	작성한 논문에서 필드코드를 삭제한 사본으로 저장
Tools	Export Traveling Library	Alt+8	작성한 논문에 사용된 참고문헌 정보를 EndNote 라이브러리로 가져옴
	Preferences	Alt+9	CWYW의 단축키 및 일반적인 설정 변경 가능
	EndNote Help	없음	도움말

CWYW에는 많은 기능이 있다. 자세한 기능은 EndNote X9 탭에서 우측 Tools 창의 Preferences를 클릭하면 Word와 연동되는 EndNote 프로그램 설정 및 기능, 그리고 키보드 단축키를 알 수 있다(표 5-3).

5.3 MS Word에서 EndNote로 참고문헌 정보 반출

EndNote를 이용하여 MS Word에서 인용한 참고문헌들은 EndNote 라이브러리로 다시 반출할 수 있다. MS Word 상단의 EndNote X9 탭을 클릭하여 Export to EndNote > Export Traveling Library를 클릭하면 Export Traveling Library 창이 새롭게 나오고 기존 EndNote 라이브러리를 선택하거나 새로운 EndNote라이브러리를 생성하여 반출할 수 있다(그림 5-26).

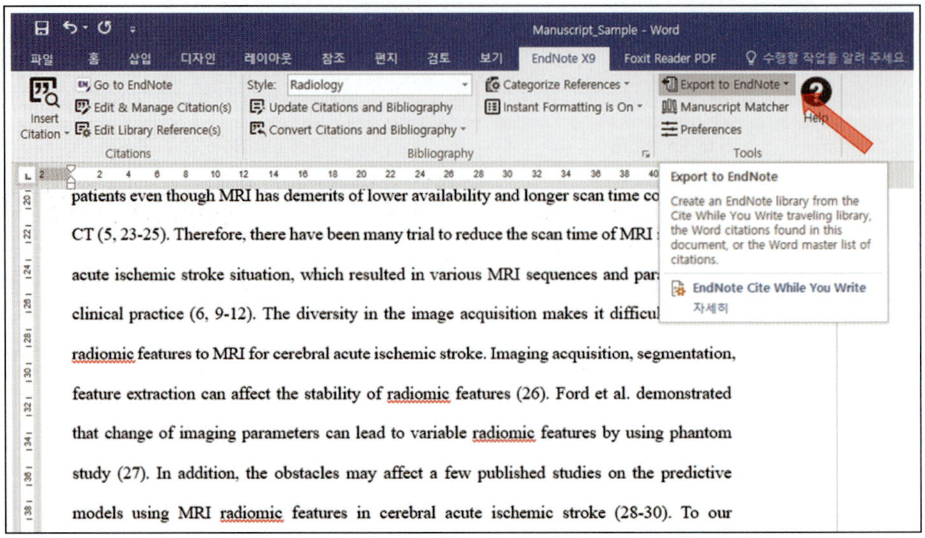

(a)

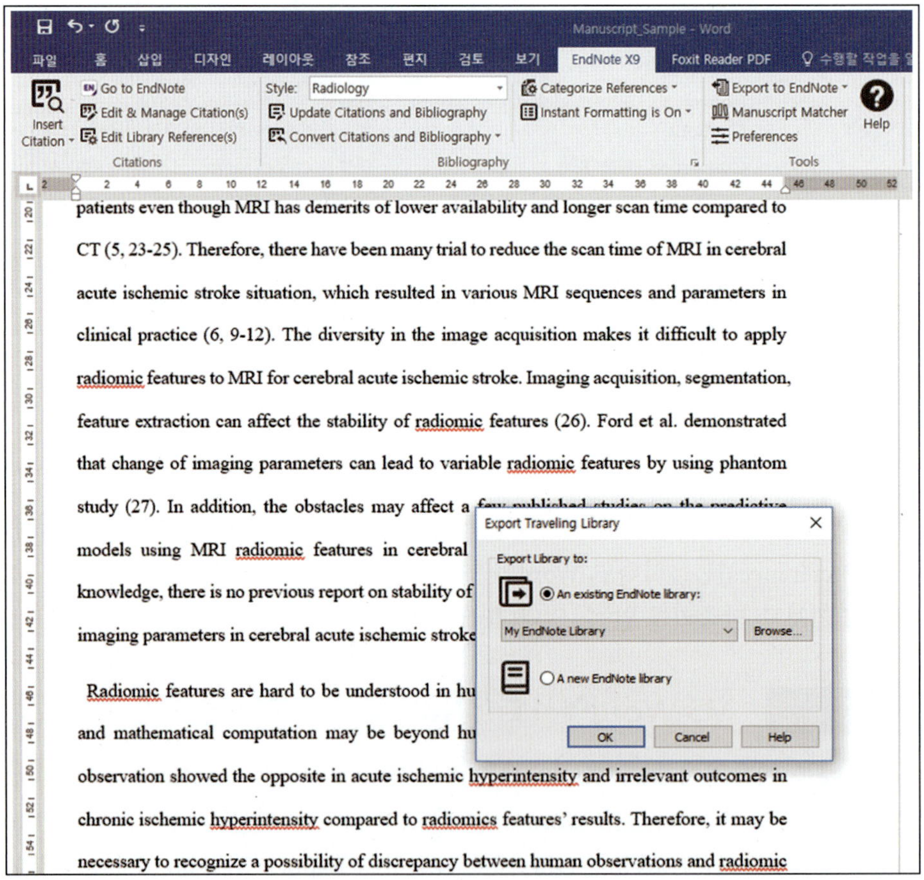

(b)

그림 5-26 MS Word에서 EndNote로 참고문헌 정보 반출. (a) EndNote X9 탭을 클릭하여 Export to EndNote > Export Traveling Library를 클릭하면 Export Traveling Library 창이 새롭게 나온다. (b) 기존 EndNote 라이브러리를 선택하거나 새로운 EndNote라이브러리를 생성하여 반출할 수 있다.

6. EndNote의 추가적 활용

EndNote는 논문 및 저서 작성시 참고문헌을 관리해주는 대표적인 소프트웨어이지만 평소에 문헌을 검색하고 정리하고 읽을 때도 매우 유용하다. 평소에 관심있는 분야에 대해서 문헌을 검색할 경우 EndNote를 사용할 수 있고 검색 당시에는 EndNote를 사용하지 않더라도 검색하여 추출한 문헌들은 EndNote로 문헌을 반입하여 분야별 특성 혹은 유저의 취향에 맞게 정리할 수 있다. 이렇게 EndNote로 정리된 문헌들은 이후에 다시 논문을 읽으려고 할 때 유용하며 정리된 문헌들을 이용해서 논문 및 저서 작성을 할 때 중요한 자료로서의 역할과 시간을 절약해 주는 효과가 있다. EndNote를 이용해서 문헌들을 정리한다면 그룹 세트와 그룹을 이용하여 분류하고 Find Full Text나 File Attachments를 이용하여 직접 원문들을 매치해 놓으면 원문을 읽는 데도 유용하다. 원문을 읽을 때 하이라이트나 강조를 해놓으면 EndNote상에서 저장이 되기 때문에 추후에 그 원문을 다시 읽게 될 때 중요부분을 빠르게 읽을 수 있으므로 시간을 절약할 수 있다.

여기에서 다룬 EndNote의 사용법은 주로 초보자가 EndNote를 통해 할 수 있는 기본적인 내용으로 이루어져 있지만 이 내용만을 알고 사용하더라도 논문 및 저서를 작성할 때 참고문헌 정리 기능 면과 일반적인 문헌 정리 측면에서는 크게 부족함이 없으리라 생각한다. 마지막으로 좀 더 궁금한 내용이 있거나 고급 기능들에 대해 알고자 하는 분들은 EndNote 홈페이지나 인터넷상의 각종 자료 등을 참조하기 바란다.

endnote.com: Output styles 추가 다운로드, EndNote Manual 다운로드 관련

용어 설명

- Reference: EndNote에 수집되는 참고문헌 단위(journal, 단행본 등의 서지정보)
- 라이브러리(library, *.enl 파일과 *.Data 폴더): 참고문헌들을 모아 놓고 보관하는 파일
- 스타일/저널스타일(Output Style, *.ens): 학술지의 투고규정에 맞춰 인용과 참고문헌 표기형식 등이 설정되어 있는 파일
- Citation: 참고문헌의 인용
- Cite While You Write (CWYW): MS-Word와 같은 문서작성 프로그램과 EndNote를 연동시켜 논문을 작성할 수 있도록 하는 기능
- Bibliography: 작성 중인 논문에 인용된 참고문헌들의 목록
- Format Bibliography: MS-Word에서 스타일을 적용하고 표기 형식을 편집하는 등 인용된 참고문헌의 목록의 형식을 관리하는 도구

▸ 필드코드(Field Codes): CWYW로 논문을 작성할 때 함께 생성되며 눈으로는 보이지 않게 숨겨져 있음

참고 웹사이트

aml.amc.seoul.kr > EndNote

CHAPTER 06

연구 윤리

| 강성권/신지훈

CHECKLIST

(1) 윤리에 관한 검토는 연구의 기획 단계부터 연구의 실행, 결과의 도출, 그리고 그 결과를 출판하기까지 모든 과정에서 이루어져야 한다.
(2) 생명과학 기술 범주는 국가 생명윤리심의위원회와 보건복지가정부, 각 기관의 기관생명윤리위원회(IRB)에서 관리 감독한다.
(3) 의학 연구자들이 전문 학술지에 논문을 게재하기 위해서는 헬싱키 선언의 원칙을 준수하여야 한다.
(4) 속임약을 적용하는 임상시험을 할 때는 최대의 주의를 기울여야 한다.
(5) 많은 학술지에서 임상연구논문 발표 시 IRB 승인 여부를 확인한다.
(6) 임상시험을 실시하려면 피험자의 동의서가 필수적이다.
(7) 연구 진실성 관련 연구 위법행위에는 날조(fabrication), 변조(falsification), 표절(plagiarism)이 있다.
(8) 출판진실성 관련 윤리에는 올바른 저자됨(authorship), 이해관계(conflict of interest), 중복출판 등이 해당된다.
(9) 논문 심사과정에서 연구과정에 대한 상세한 기록물이나 연구 결과의 재현성을 요구할 수도 있다.
(10) 먼저 출판된 자신의 논문 내용을 표시 없이 인용하면 자가표절(self-plagiarism)로 논문 게재가 취소될 수 있다.
(11) 연구의 이해관계는 이해관계가 있다는 사실보다 이를 숨기는 것이 문제가 된다.
(12) 이차 출판은 중복 출판과 다르다.
(13) 대부분의 학술지는 중복투고를 금하고 있다.

의학연구는 그 연구 대상이 인간이라는 점에서 윤리 문제를 신중하게 고려하지 않을 수 없다. 윤리에 관한 검토는 연구의 기획 단계부터 연구의 실행, 결과의 도출, 그리고 그 결과를 출판하기까지 모든 과정에서 이루어져야 한다. 최근 증가하는 논문 출간의 압박 속에서 배아줄기세포, 유전자, 인공지능, 신약 개발 등의 연구가 이전보다 훨씬 활발하게 이루어지면서 연구 윤리에 관한 관심이 증가되고 있다. 심지어는 대부분 조작된 데이터에 근거한 논문 공장(paper mills)이라 불리는 회사 차원에서의 논문 양산까지도 이루어지고 있다.

1. 연구 윤리

인간을 대상으로 하는 의학연구는 생명과학 기술이라고 정의되며, 그것은 인간의 배아, 세포, 유전자 등을 대상으로 생명현상을 규명, 활용하는 과학 기술을 말한다. 이에 관한 윤리를 법이나 지침으로 규제하고 있으며 그 목적은 생명윤리 및 안전을 확보하여 인간의 존엄과 가치를 침해하거나 인체에 해를 주는 것을 방지하고 인간의 질병 예방 및 치료 등을 위하여 개발, 이용될 수 있는 여건을 조성함으로써 국민의 건강과 삶의 질 향상에 이바지하는 것을 목적으로 한다.

생명과학 기술의 범주는 배아연구, 줄기세포 연구, 유전자관련 연구를 포함하며, 국가 생명윤리심의위원회와 보건복지가정부에서 관리 감독하고 각 기관에서는 기관생명윤리위원회(Institutional Review Board, IRB)를 두어 관리하고 있다. 국제적인 규약으로는 사람을 대상으로 하는 의학연구의 윤리원칙에 대한 헬싱키 선언이 제정되었다.

1.1 헬싱키 선언

헬싱키 선언은 인체와 관련된 생명의학연구를 수행하는 의학 연구자들이 지켜야 할 구체적이고 현실적인 지침으로, 1964년 세계의사회(World Medical Association, WMA)에서 22개의 조항을 채택한 후 2008년 총 35개 조항으로 개정되었다. 의학 연구자들이 전문 학술지에 논문을 게재하기 위해서는 헬싱키 선언의 원칙을 준수하여야 한다.

헬싱키 선언–사람을 대상으로 하는 의학연구의 윤리 원칙

(대한의사협회 제공 2002. 개정판)

채택 1964. 6. 제18차 총회 (핀란드 헬싱키)
개정 1975. 10 제29차 총회 (일본 도쿄)
개정 1983. 10. 제35차 총회 (이탈리아 베니스)
개정 1989. 9. 제41차 총회 (홍콩)
개정 1996. 10. 제48차 총회 (남아프리카공화국 서머셋 웨스트)
개정 2000. 10. 제52차 총회 (스코틀랜드 에든버러)
개정 2002. 10. 제53차 총회 (미국 워싱턴 디씨)
개정 2004. 10. 제55차 총회 (일본 도쿄)

개정 2008. 10. 제59차 총회 (대한민국 서울)
개정 2013. 10. 제64차 총회 (브라질 포르탈레자)

서문

1. 세계의사회는 헬싱키 선언을 통하여 개인을 식별할 수 있는 인체유래물이나 정보를 이용하는 연구를 포함한 인간 대상 의학연구의 윤리원칙을 제안하고 발전시켰다.
이 선언은 전문을 포괄적으로 이해하여야 하며 각 조항은 관련된 다른 조항을 고려하여 적용하여야 한다.

2. 세계의사회에 위임된 권한에 따라 이 선언은 의사에게 우선적으로 적용한다. 세계의사회는 인간 대상 의학연구에 관련된 다른 연구자들도 이 원칙을 준수하도록 권장한다.

일반 원칙

3. 세계의사회 <제네바선언>은 "환자의 건강은 의사의 최우선 직무이여야 한다,"로 의사의 의무를 촉구하며, <의료윤리에 관한 국제 강령>은 "의사는 진료에 임할 때 환자의 최선의 이익에 입각하여 진료하여야 한다."고 선언한다.

4. 의사의 의무는 의학연구와 관련된 사람을 포함하여 환자의 건강, 안녕 및 권리를 증진시키고 보호하는 것이다. 의사는 지식과 양심에 따라 이 의무를 다하여야 한다.

5. 의학의 발전은 궁극적으로 인간 대상 의학연구를 포함하는 연구에 기반을 둔다.

6. 인간 대상 의학연구의 근본적인 목적은 질병의 원인, 발생 과정, 경과를 이해하고, 예방법, 진단절차, 치료법을 향상시키는 데 있다. 입증된 최선의 시술일지라도 안전성, 효과, 효능, 접근성, 질에 대한 지속적인 연구로 재평가하여야 한다.

7. 의학연구는 모든 연구대상자에 대한 존중을 함양하고 보장하며 그들의 건강과 권리를 보호하는 윤리기준을 따라야 한다.

8. 의학연구의 근본적인 목적이 새로운 지식의 창출이지만 이러한 목적이 결코 연구대상자 개인의 권리와 이익보다 우선할 수는 없다.

9. 의학연구를 수행하는 의사는 연구대상자의 생명, 건강, 존엄, 완전성, 자기결정권, 사생활 및 개인정보의 비밀을 보호할 의무가 있다. 연구대상자 보호의 책임은 항상 의사 또는 다른 의료전문가들에게 있으며 비록 그들이 동의를 하였다고 하더라도 결코 그 책임이 연구대상자에게 있지 않다.

10. 의사는 인간 대상 연구에 있어서 적용 가능한 국제적 규범과 기준뿐 아니라 자국의 윤리적, 법적, 제도적 규범과 기준을 동시에 고려해야 한다. 어떤 국

가적 또는 국제적 차원의 윤리적, 법적, 규제 요건도 이 선언에서 제시하는 연구대상자에 대한 보호조치를 축소하거나 없애서는 안 된다.

11. 의학연구는 환경에 미칠 수 있는 위해를 최소화하는 방법으로 수행하여야 한다.

12. 인간 대상 의학연구는 적절한 윤리적, 과학적 교육과 훈련을 받은 자격이 있는 사람이 수행하여야 한다. 환자나 건강한 자원자에 대한 연구는 적절한 자격을 갖추고 숙련된 의사나 관련 의료전문가가 감독하여야 한다.

13. 의학연구에서 그 대표성이 부족할 수 있는 집단에게 연구에 참여할 수 있는 적절한 기회가 제공하여야 한다.

14. 의학연구와 진료를 겸하는 의사는 잠재적 예방, 진단 및 치료의 가치에 의해 연구가 정당화 될 수 있는 범위에서만, 그리고 연구 참여가 연구대상자가 되는 환자의 건강에 부정적인 영향을 미치지 않을 것이라는 믿을 만한 충분한 근거를 가지고 있는 경우 자신의 환자를 연구에 참여하게 해야 한다.

15. 연구에 참여한 결과로서 해를 입은 연구대상자에게 적절한 보상과 치료를 보장해야 한다.

위험, 부담 및 이익

16. 의료행위와 의학연구에서 대부분의 의학적 중재행위는 위험과 부담을 수반한다. 인간 대상 의학연구는 연구목적의 중요성이 연구대상자의 위험과 부담보다 더 중대할 경우에 한하여 수행할 수 있다.

17. 모든 인간 대상 의학연구의 수행에 앞서, 연구 대상이 되는 개인과 집단에게 예견할 수 있는 위험 및 부담은 이들과 더불어 그 연구로 영향을 받는 다른 개인이나 집단에게 예측되는 이득과 비교하여 신중한 평가를 선행하여 위험을 최소화할 수 있는 조치를 하여야 한다. 연구자는 위험을 지속적으로 감시하고 평가하여 기록하여야 한다.

18. 위험을 적절하게 평가하였고 충분히 관리할 수 있다는 확신이 없다면, 의사는 인간 대상 연구에 참여해서는 안 된다. 위험이 잠재적 이익을 초과하는 것으로 밝혀지거나 확정적 결과에 대한 결정적 증거가 있을 때, 의사는 그 연구를 계속할지, 변경할지 또는 즉각 중단할지를 평가를 해야만 한다.

취약한 집단 및 개인

19. 일부 집단과 개인은 특별히 취약하여 부당한 취급을 받거나 추가적인 해를 입을 가능성이 높을 수 있다. 모든 취약한 집단과 개인은 특성에 맞게 배려된 보호를 받아야 한다.

20. 취약한 집단과 함께하는 의학연구는 오직 이 집단의 건강상의 요구나 우선순위에 부합하는 연구이고, 취약하지 않은 집단에서는 수행할 수 없는 연구

일 때 정당화된다. 더불어, 이 집단은 해당 연구결과로 얻은 지식, 의료행위, 또는 시술의 혜택을 받을 수 있어야 한다.

과학적 요건 및 연구계획서

21. 인간 대상 의학연구는 일반적으로 인정되는 과학적 원칙을 따라야 하고, 과학문헌에 대한 면밀한 지식, 그 밖에 관련된 정보 출처, 적절한 실험, 그리고, 필요할 경우, 동물실험에 기초해야 한다. 연구에 이용된 동물의 복지는 존중되어야 한다.

22. 인간을 대상으로 하는 각각의 연구에 대한 설계와 수행은 계획서에 명확하게 기술하고 그 정당성을 확보하여야 한다. 연구계획서는 관련된 윤리적 고려사항을 명시하여야 하며, 본 선언의 원칙이 어떻게 반영되었는지 기술하여야 한다. 연구계획서는 재원, 의뢰자, 소속 기관, 잠재적 이해 상충, 연구대상자 보상 및 이 연구에 참여한 결과로 인해 해를 입었을 경우 연구대상자에 대한 치료 그리고/또는 보상 규정에 관한 정보를 포함하고 있어야 한다. 임상시험의 경우 임상시험 종료 후 적절한 사후관리에 관한 적절한 계획도 기술하여야 한다.

연구윤리위원회

23. 연구를 시작하기 전에 연구계획서를 관련된 연구윤리위원회에 심의, 조언, 지도, 승인을 위하여 제출하여야 한다. 위원회는 운영에 있어서 투명하여야 하며, 연구자, 의뢰자 그리고 기타 부당한 영향으로부터 독립적이어야 하며, 적법한 절차에 따라 자격을 갖추어야 한다. 위원회는 관련된 국제 규범과 기준뿐 아니라, 연구가 수행되는 국가의 법률과 규정을 고려하여야 한다. 그러나 본 선언에서 제시한 연구대상자를 위한 어떤 보호기준도 축소하거나 없앨 수 없다. 위원회는 수행 중인 연구를 감시할 권리를 가져야 한다. 연구자는 위원회에 감시 정보, 특히 중대한 유해 사례에 대한 정보를 제공해야 한다. 연구계획서는 위원회의 심의와 승인이 없이는 변경 할 수 없다. 연구가 종료된 후 연구자는 연구결과와 결론의 요약이 포함된 최종보고서를 위원회에 제출해야 한다.

사생활과 비밀유지

24. 연구대상자의 사생활을 보호하고 개인정보의 비밀유지를 위해 모든 주의를 기울여야 한다.

충분한 설명에 의한 동의

25. 의학연구 대상자로서 충분한 설명에 의한 동의를 할 수 있는 사람의 참여는

자발적이어야 한다. 연구자는 가족이나 지역사회의 지도자와 의논할 수는 있지만, 충분한 설명에 의한 동의가 가능한 사람이 자유롭게 동의한 것이 아니라면 연구에 등록하여서는 안 된다.

26. 충분한 설명에 의한 동의를 할 수 있는 사람이 관련된 의학연구에서, 모든 잠재적인 연구대상자에게 각 연구의 목적, 방법, 재원의 출처, 가능한 모든 이해상충, 연구자의 소속기관, 연구에서 예견되는 이익과 잠재적 위험, 연구에 수반되는 불편, 연구 종료 후 지원, 그리고 기타 연구에 관련된 측면들에 대해 충분하게 설명하여야 한다. 잠재적인 연구대상자에게 어떠한 불이익 없이 연구 참여를 거절할 수 있는 권리와, 참여에 대한 동의를 언제든지 철회할 수 있는 권리가 있다는 것을 충분히 설명하여야 한다. 또한, 정보의 전달 방법 뿐만 아니라 잠재적인 개별 연구대상자의 특정 정보 요구에도 특별한 주의를 기울여야 한다. 의사 또는 다른 적절한 자격을 갖춘 사람은 잠재적인 연구대상자가 정보를 이해한 것을 확인한 후에 잠재적인 연구대상자의 자발적으로 충분한 설명에 의한 동의를 구해야 하며, 동의는 가급적이면 서면으로 받는다. 만약 동의를 서면으로 할 수 없는 경우라면, 증인의 입회하에 그 사실을 문서로 작성해 두어야 한다. 모든 의학연구의 대상자에게는 연구의 일반적 성과와 결과에 대한 설명을 받을 선택권이 주어져야 한다.

27. 의사는 연구 참여에 대해 충분한 설명에 의한 동의를 구할 때, 잠재적인 연구대상자가 의사에게 의존적 관계에 있는지 또는 강압에 의해 동의하는지 특히 주의하여야 한다. 그런 상황에서라면 그 관계에서 완전히 독립적인 적절한 자격의 사람으로부터 충분한 설명에 의한 동의를 구해야 한다.

28. 충분한 설명에 의한 동의를 할 능력이 없는 잠재적인 연구대상자인 경우, 의사는 합법적인 대리인에게 충분한 설명에 의한 동의를 구해야 한다. 충분한 설명에 의한 동의를 할 능력이 없는 잠재적인 연구대상자들이 속한 집단의 건강증진을 목적으로 하고, 동의가 가능한 사람으로 대체해서 수행할 수 없고, 최소 위험과 최소 부담만을 수반하는 연구를 제외하고는 이들은 자신들에게 이익의 가능성이 없는 연구에 포함되어서는 안 된다.

29. 충분한 설명에 의한 동의를 할 능력이 없다고 여겨지는 잠재적인 연구대상자가 연구 참여에 대한 결정에 찬성할 수 있다면, 의사는 합법적인 대리인의 동의와 함께 본인의 찬성을 구해야 한다. 잠재적인 연구대상자의 반대의사를 존중하여야 한다.

30. 예를 들어 의식이 없는 환자와 같이, 신체적 또는 정신적으로 동의능력이 없는 연구대상자를 포함하는 연구는 충분한 설명에 의한 동의를 못하게 하는 신체적 또는 정신적 상태가 연구 대상 집단의 필수적인 특성인 경우에만 수행될 수 있다. 그런 경우 의사는 합법적인 대리인으로부터 충분한 설명에 의한 동의를 구해야 한다. 법정대리인과 접촉할 수 없지만 연구를 지체해선 안 된다면, 동의를 할 수 없는 상태에 있는 피험자를 대상으로 하는 구체적인

이유가 연구계획서에 명시되어 있고 연구윤리위원회가 그 연구를 승인한 경우에만 동의 없이도 연구를 수행할 수 있다. 단, 연구에 계속 참여할지에 대한 동의는 대상자나 그의 합법적인 대리인으로부터 가능한 한 빨리 받아야 한다.

31. 의사는 환자에게 진료의 어떤 측면이 연구와 관계되는지 충분히 알려주어야 한다. 환자가 연구 참여를 거부하거나 참여를 철회하여도 환자-의사 관계에 부정적인 영향을 미쳐서는 안 된다.

32. 인체유래물은행이나 유사한 저장소에 보관된 인체유래물이나 정보에 관한 연구처럼 개인을 식별할 수 있는 인체유래물이나 정보를 이용하는 의학연구의 경우, 의사는 그 수집, 보관 및 재사용에 관하여 충분한 설명에 의한 동의를 구해야 한다. 동의를 얻는 것이 불가능하거나 비현실적인 예외적 상황은 있을 수 있다. 그런 경우는 연구윤리위원회의 심의와 승인을 받은 경우에만 수행하여야 한다.

위약의 사용

33. 새로운 시술의 이익, 위험, 부담 및 효과는 입증된 최선의 시술의 이익과 위험, 부담, 효과와 비교하여 검증해야 한다. 다음의 경우는 제외한다. 입증된 시술이 없는 경우, 위약을 사용하거나 시술을 하지 않는 것을 허용할 수 있는 경우 또는 설득력 있고 과학적으로 타당한 방법론적 이유로 입증된 최선의 시술보다 효과가 낮은 시술을 사용하거나, 위약을 사용하거나 시술을 하지 않는 것이 시술의 효능과 안전성을 결정하는 데 필요하며, 입증된 최선의 시술보다 효과가 낮은 시술을 받거나, 위약을 받거나, 시술을 받지 않는 환자라도 입증된 최선의 시술을 받지 않은 결과로 중대하거나 돌이킬 수 없는 위해를 입을 추가적인 위험이 없는 경우 이러한 선택의 남용을 방지하기 위하여 최대한의 주의를 기울여야 한다.[1]

임상시험 후 지원

34. 의뢰자와 연구자 및 연구시행 국가의 정부는 임상시험에서 이로운 것으로 확인된 시술이 여전히 필요한 참여자들을 위하여 이들이 임상시험 종료 후

---

[1] 세계의사회 헬싱키 선언 제29조에 대한 해설: 세계의사회는 속임약 대조군을 적용하는 임상시험을 할 때는 최대의 주의를 기울여야 하며 이 방법은 일반적으로 현재까지 증명된 치료법이 없을 경우에 한해서만 사용해야 한다는 입장을 재확인한다. 그러나 다음의 경우에는 비록 증명된 치료법이 있다 하더라도 속임약 대조군을 적용하는 임상시험이 윤리적으로 받아들여질 수 있다.

- 절대적이며 과학적으로 건전한 방법론적 이유로 인해 그 사용이 예방적, 진단적 또는 치료적 방법의 효능이나 안전성을 결정하는 데 필요할 경우
- 예방적, 진단적 또는 치료적 방법이 2번째 방법으로 고려되고 있고, 속임약을 투여받는 환자에게 심각하거나 돌이킬 수 없는 추가적 위험이 없을 경우

에도 이용할 수 있는 지원책을 임상시험에 앞서 마련하여야 한다. 이러한 정보는 충분한 설명에 의한 동의 과정에서 참여자에게 공개하여야 한다.

연구등록 및 결과의 출간 및 배포

35. 모든 인간 대상 연구는 최초 연구대상자를 모집하기 전에 일반대중이 접근할 수 있는 데이터베이스에 등록하여야 한다.

36. 연구자, 저자, 의뢰자, 편집인 및 발행인은 모두 연구결과의 출간 및 배포에 관한 윤리적 책무를 진다. 연구자는 인간 대상 연구의 결과를 일반대중에게 공개할 의무가 있으며, 보고의 완성도와 정확성에 책임을 진다. 모든 당사자들은 윤리적인 보고에 대한 인정된 지침을 준수하여야 한다. 긍정적 결과뿐 아니라 부정적이고 확정되지 않은 결과도 출판하거나 다른 방법으로 대중에게 공개하여야 한다. 출판물에는 재원 출처, 소속기관 및 이해상충에 대해 밝혀야 한다. 이 선언의 원칙을 따르지 않은 연구의 보고서는 출간하도록 허용해서는 안 된다.

임상 실무에서 입증되지 않은 시술

37. 입증된 시술이 없거나 다른 시술이 있지만 효과적이지 않은 환자치료의 경우, 의사의 판단에 의해 그 시술이 환자의 생명을 구하거나 건강을 회복시키거나 또는 고통을 경감할 희망이 있다면, 의사는 전문가의 조언을 구한 후, 환자 또는 합법적인 대리인의 충분한 설명에 의한 동의를 얻어 입증되지 않은 시술방법을 사용할 수 있다. 이 시술은 이후에 그 안전성과 유효성 평가를 위해 고안된 연구의 대상이 되어야 한다. 어떠한 경우라도 항상 새로운 정보는 기록하여야 하고 적절하게 공개하여야 한다.

1.2 연구윤리와 IRB

2차 세계대전 당시 나치의 인체시험이나 터스키기의 매독 연구, Willowbrook의 간염에 관한 연구 등이 역사적으로 비윤리적인 임상시험으로 알려졌고 이러한 비윤리적인 임상시험을 방지하기 위하여 연구윤리 심의가 제도화 되었다. 특히 최근에는 생명과학기술의 윤리에 관한 관심이 높아지면서 IRB의 역할과 중요성이 더욱 강조되고 있다.

IRB 심의의 목적은 연구에 참여한 개인 및 지역사회를 보호하기 위한 필수적인 조치를 정하는 것으로, 연구의 윤리성 및 과학성, 그리고 연구가 충분한 설명에 근거한 동의 또는 동의가 불가능한 사람들을 위한 적절한 보호조치를 했는지 심의하게 된다. 현재 국내에서는 모든 식품의약품안전청 허가를 대상으로 하는 연구는 IRB의 심의를 받도록 되어 있으며, 많은 논문에서 임상 연구를 시행함에 있어서 IRB 승인을 획득하였는지 여부를 요구하고 있다.

1.3 피험자 동의(Informed Consent)

임상시험을 실시하기 위해서는 피험자의 동의서가 필수적이다. 이것은 인간 존엄성의 윤리원칙에 충실함으로써 취약한 피험자를 보호하고 피험자의 자율성을 보장하는 한편 피험자가 임상연구 참여 여부를 결정하기 전에 충분한 정보를 제공하여 연구자와 기관을 법적으로 보호하는 데 목적이 있다. 피험자 동의서는 일반적으로 먼저 윤리위원회, 즉 IRB의 승인을 받아야 하며, 피험자나 피험자의 법정대리인으로부터 서면으로 받아야 하며, 피험자나 피험자의 법정대리인이 이해가 가능해야 하며, 강제적이지 않은 상황에서 받아야 한다. 피험자의 동의에 있어서는 설명, 피험자의 이해, 그리고 자율성이 반드시 요구된다.

표 6-1 피험자 동의서에 포함되어야 할 내용

연구라는 것을 명확히 밝혀야 한다.
연구의 목적이 포함되어야 한다.
연구예상 기간, 실제 진행과정, 실험적인 부분에 대한 설명
피험자에게 예견되는 위험 또는 불편에 관한 기술
피험자에게 도움이 될 가능성이 있는 다른 치료 방법
피험자 기록에 대한 비밀 보장

2. 출판 윤리

임상 연구를 포함한 대부분의 의료 분야 연구는 질병의 예방, 진단 및 치료와 관련하여 여러 질병의 제어력을 향상시킴으로써 질병의 유병률과 치사율을 감소시키는 데 그 목적이 있다. 따라서 연구자들에 의해 이루어지는 여러 의료 분야의 연구는 궁극적으로 인류의 삶의 질을 향상시킬 수 있을 뿐만 아니라 경제적인 관점에서도 공헌할 수 있다. 거꾸로 부정확한 자료에 의한 연구는 인류의 건강을 위협하거나 경제적인 손실을 초래할 수도 있다. 따라서 의료 연구에 의해 얻은 자료는 항상 진실되어야 하고 정확해야 한다.

최근에 국내에서도 고위 공직자들이나 대학교수들의 표절 또는 중복출판 시비로 연구윤리에 대한 관심이 높아지고 있다. 또한 국외뿐만 아니라 국내에서도 여러 연구윤리, 특히 중복게재에 대한 잣대가 높아지고 있어서 과거에 묵인되었던 소위 관행이라고 생각했던 것들이 점점 통하지 않고 있다. Pubmed에 MeSH 검색으로 research ethics (연구윤리)를 입력하면 116,000여 개의 논문이 검색되고 research misconduct (연구 위법 행위)를 입력하면 7,000여 개의 논문이 검색되는 것만 보아도 (2020년 11월 기준) 이에 대한 관심이 매우 높다는 것을 알 수 있다. 이런 시대 흐름에 부응하여 의학학술지 편집인협의회와 일부 대학에서는 자체적으로도 연구 윤리에 관한 보다 구체적인 지침서를 만들고 있는 추세이고 이에 어긋나는 연구 위법행위가 발견될 경우 처벌의 수위도 올라가고 있다.

연구 위법행위의 종류는 COPE (Committee on Publication Ethics, 영국 의학 학술지 편집인들이 조직한 출판윤리위원회) 2000년도 연보를 참조하였다(표 6-2). 흥미로운 것은 연구에 대해서 IRB (institutional review board)와 같은 윤리위원회로부터 승인을 받지 못한 것이나 이해관계(conflict of interest)를 밝히지 않은 것도 연구 위법행위로 볼 수 있다는 것이다. 통계와 관련해서는 post hoc (선후 인과의 오류) 분석을 했으면서도 밝히지 않는 것까지 지적하고 있고 새로운 연구를 착수하기 전에 기존 연구의 충분한 검색을 하지 않은 것까지 위법행위로 볼 수 있다. 최근에는 좋은 학술지의 경우 통계학자를 써서 연구자료의 해석이 제대로 이루어지고 있는지 확인하며, 전반적인 통계 검토를 행하고 있다.

결국 연구윤리는 연구 수행에 관련된 연구진실성(research integrity)과 연구결과의 출판과 관련된 출판진실성(publication integrity)을 모두 포함하는 광범위한 개념의 윤리에 속한다. 이 중 가장 중요한 연구진실성 관련 연구 위법행위에는 날조(fabrication), 변조(falsification), 표절(plagiarism)이 있고 이를 3대 중범죄로 통칭한다.

최근 출판진실성과 관련된 연구윤리의 중요성이 커지고 있으며 이에는 올바른 저자됨(authorship), 이해관계(conflict of interest), 중복출판 등이 해당한다.

표 6-2 연구 위법 행위의 분류

- Fabrication: invention of data or cases.
- Falsification: willful distortion of data.
- Plagiarism: copying of ideas, data, or words without attribution
- Failing to get consent from an ethics committee for research.
- Not admitting that some data are missing.
- Ignoring outliers without declaring it.
- Not including data on side effects in a clinical trial.
- Conducting ressearch in humans without informed consent or without justifying why consent was not obtained to an ethics committee.
- Publication of post hoc analyses without declaration that they were post hoc.
- Gift authorship.
- Not attributing other authors.
- Redundant publication.
- Not disclosing a conflict of interest.
- Not attempting to publish completed research.
- Failure to do an adequate search of existing research before beginning new research.

2.1 자료의 변조와 날조

변조(falsification)는 연구자료를 연구자가 원하는 방향으로 조작하거나 통계분석에서 불확실한 것을 그릇되게 설명하는 것을 말한다. 변조는 여러 수준에서 일어난다. 가령 연구 재료를 조작하는 경우, 새로운 신약을 기존 표준약과 비교할 때 표준약의 농도를 낮추어서 신약이 표준약보다 더 효과적이라는 결과가 나오게 유도할 수 있다. 연구 기자재 또는 연구과정을 원하는 자료가 나오도록 조작할 수도 있다. 또한 특정 자료나 결과 수치를 조작하거나 누락시켜서 자료가 부정확해지는 결과를 초래할 수도 있다. 제1상 연구에서 부작용 사례를 감추어서 안전한 것으로 결론을 낼 수도 있다. 날조(fabrication)는 변조의 극단적인 형태로, 자료를 만들어내서 연구 결과로 기록하는 경우이다.

이러한 위법행위는 심사 및 검색 과정에서 쉽게 발견되지 않으며 대부분 내부 고발자의 제보에 의해 알려지게 된다. 따라서 최근에는 변조나 날조가 의심되는 경우 논문 심사과정에서 연구과정에 대한 상세한 기록물이나 연구 결과의 재현성을 요구할 수도 있다. 연구과정에 대한 철저한 감독이나 단속이 있어야만 이러한 위법행위를 최소화할 수 있을 것이다.

일반적으로 날조는 연구 위법행위 중에서 가장 심각한 것으로 간주되며, 함께 참여한 과학자 모두 연구경력에 종지부를 찍게 될 수 있다.

2.2 표절

표절(plagiarism)은 타인의 업적을 표시 없이 인용하는 것을 말한다. 표절의 범주에는 다른 사람의 작성 내용을 그대로 반복하여 사용하는 것(verbatim), 뜻이 변하지 않는 범위 내에서 단어나 글의 순서를 바꾸어 말하는 것(paraphrasing), 다른 사람의 논문 내용을 줄여서 요약하는 것(summarizing)이 모두 포함된다. 다른 사람의 논문 내용을 인용할 때는 분명히 참고문헌을 밝히고 원래 내용이 가지고 있는 의미가 그대로 전달될 수 있도록 하여야 한다. 인터넷으로 여러 가지 정보를 쉽게 검색할 수 있는 요즘에는 표절의 유혹이 더 커질 수 있다. 표절은 한 언어를 다른 언어로 표현할 때도 그대로 적용된다. 영어로 표현된 문서를 우리말로 번역할 경우에도 표절의 원칙이 그대로 적용된다고 할 수 있다.

연구자들이 흔히 착각하고 있는 사항은 이미 출판된 논문과 논문 내의 증례, 사진, 표 등에 대한 저작권이 자기 것이라고 오해하고 있는 것이다. 이미 출판된 자신의 논문 내용을 표시 없이 인용하는 것을 자가표절(self-plagiarism)이라고 하며, 출판된 논문의 저작권이 학술지에 이양된다는 것을 모르기 때문에 생기게 된다. 실제 자가표절로 인해 논문이 취소되는 경우도 찾을 수 있다.

이미 출판된 자신의 연구 내용을 다시 쓰기 위해서는 그 논문의 편집인으로부터 사용에 대한 허락을 받아야 한다. 대개 이메일 등으로 연락을 하면 빠른 시간 내에 허락의 답신이 오게 되고 해당 논문을 인용하면 된다. 표절이 발견될 경우 해당 논문이 취소되는 것은 물론이고 연구자의 도덕성에 치명적인 흠이 될 수 있어서 각별한 주의가 요구된다. 연구자 소속기관으로부터의 처벌 수위도 높아지는 추세이다.

표절의 한 형태로 주형화(templating)이 있다. 이것은 자신이 쓰려는 논문과 관련 있는 다른 논문의 내용을 베끼는 것이 아니라 서식(format)이나 구조를 같게 하는 것으로, 너무 비슷할 경우 문제의 소지가 될 수 있다.

2.3 저작자

저작자(authorship)에는 책임감(accountability), 신뢰성(responsibility), 그리고 명예(credit)가 따르므로 저작자 인정기준(authorship credit)을 지켜나가는 것 또한 연구윤리에 매우 중요하다. 특히 최근에는 공동연구가 보편화되고 대학별 논문 실적 기준이 강화되면서 한 논문당 저자들이 많아짐에 따라 저작자 기준에 맞지 않는 사람들의 숫자가 증가하고 있다.

저작자로 인정되려면 가장 중요한 것은 실제적이고 직접적인 지적 공헌(substantial, direct, intellectual contribution)을 해야 한다는 것이다. 자료에 대한 개념, 설계, 그리고 해석에 직접 공헌해야 함이 강조된다. 자료의 단순 획득에 관여했거나 기술적인 부분, 환자나 실험재료를 공급하는 것은 논문 작성에 꼭 필요한 부분이기는 하나 저작자의 자격을 정당화하지는 못한다.

국제의학학술지편집인위원회(International Committee of Medical Journal Editors, ICMJE)에서는 다음 네 가지 기준을 모두 충족할 경우를 저자됨으로 정의할 것을 권고한다.

(1) 연구의 구상이나 설계에 실질적인 기여, 또는 자료의 획득, 분석, 해석
(2) 연구 결과에 대한 논문 작성 또는 중요한 학술적 부분에 대한 비평적 수정
(3) 출판되기 전 최종본에 대한 승인
(4) 연구의 정확성 또는 진실성에 관련된 문제를 적절히 조사하고 해결하는 것을 보증하고, 연구의 모든 부분에 책임을 진다는 점에 동의

올바르지 못한 저작자에는 다음과 같은 유형이 있다.

2.3.1 Honorary authorship (guest or gift authorship)

이것은 논문에 적절한 기여를 하지 않은 사람이 저자로 들어가는 것을 말한다. 대개 중진 연구자들이 신진 연구자들의 연구에 함께 포함되는 경우를 말하며, 신진 연구자 입장에서는 중진 연구자들의 이름이 들어가면 논문 채택에 도움이 되지 않을까 하는 기대 심리가 작용하게 된다. 또한 신진 연구자들이 중진 연구자들에

게 저자의 위치를 선물함으로써 감사 표시를 하고 장차 호의를 베풀어줄 것을 기대할 수도 있다.

2.3.2 Ghost authorship

이것은 honorary authorship과 반대 개념으로, 논문 작성에 충분한 기여를 했지만 저자가 되지 않는 경우이다. 회사에서 후원하는 연구의 경우 후원자가 해당 논문과의 연관성을 밝히고 싶지 않을 때 저자의 명단에서 빠지는 것이 대표적인 경우이다. 또한 큰 연구과제에서 시행되는 연구의 경우 신진 연구자가 우선순위에서 밀려 저자의 명단에서 빠지게 되는 경우도 생길 수 있다.

TIP

저자들의 순서 및 기여자

저자들의 기록 순서는 각 나라 혹은 연구집단에 따라 다르지만 일반적으로 논문 작성이나 연구수행을 이끈 사람을 제1저자로 하고 상대적인 기여도에 따라 순서대로 하게 되는데, 아직도 많은 경우에 가장 경험 많은 연장자를 마지막 저자로 하는 경향이 있다. 저자들의 순서는 연구팀의 joint decision of the co-authors에서 결정하여 배열하는 것이 바람직하다. 저자들의 순서에 일반적인 원칙이 없다 보니 최근에는 학술지마다 author contribution form을 작성하게 해서 각 저자들이 실제로 어떤 기여를 했는지를 밝힐 것을 요구하기도 한다.

연구에 기여했지만 부분적이어서 저자로 인정받지 못한 연구자를 기여자(contributor)라고 하며 이들은 감사의 글(acknowledgement)에서 언급한다. 가령 연구 수행에 기술적인 도움을 주었거나 총괄적인 지원을 한 부서의 일원 등이다.

2.4 이해 관계

이해 관계(conflict of interest, 이해 충돌)란 어떤 특정 연구와 관련하여 학술적 이해 관계 외에 다른 재정적 또는 권리적 이해 관계가 있을 때 생길 수 있다. 이런 이해 관계를 가진 연구자는 연구에 있어서 잠재적인 편견을 가질 수 있고 객관성이 결여되므로 이에 따른 연구 위법행위를 할 수 있다.

ICMJE에서는 이해관계가 발생하는 유형으로 재정적인 관계(특정 단체로부터의 재정적 지원, 연구비 수혜, 자문, 주식보유 등), 사적인 관계(겸직 또는 지적재산권 등), 연구경쟁(경쟁 관계의 저자와 전문가, 심사자의 관계 등), 지적인 관심사 등을 들고 있다. 이러한 이해 관계는 연구의 타당성과 진실성이 생명인 학술논문의 출판과 관련된 판단에 왜곡을 유발할 수 있으므로 특히 경계의 대상이 된다.

이러한 이해관계를 줄이기 위한 방법으로 여러 가지가 소개되고 있다. 가장 확실한 방법은 이러한 이해관계를 가능하면 많이 없애는 것이다. 이것이 안 될 경우 차라리 확실하게 밝혀야 한다. 따라서 논문이나 연구결과의 저자들은 해당 연구의 이해관계 여부를 밝힐 것(disclosure of interest)을 요구받는다. 즉, 이해관계가 있다는 사실보다 이를 숨기는 것이 문제가 되는 것이다. 또한 심사자의 입장에서 이해관계가 있다면 해당 논문이나 연구의 평가를 기피하는 것이 좋다. 그 외에 제삼자 평가(third-party evaluations)를 도입할 수도 있다. 가급적이면 ICMJE나 COPE 등의 웹사이트에 나와 있는 윤리 관련 부분을 고수하는 것이 바람직하다.

2.5 중복출판(Redundant or Duplicate Publication)

중복출판은 이미 출판된 논문과 상당부분(considerable parts)이 겹치는 내용을 다시 출판하는 경우를 말한다. 그러나 겹치는 '상당 부분'이 어느 정도인지에 대한 명확한 구분이 없어서 중복 출판의 판정이 어려운 경우도 흔히 있으며 학술지에 따라 중복출판의 기준이 약간 다를 수도 있다. 이러한 중복 출판을 막기 위해 각 잡지마다 논문을 받을 때 다른 논문에 제출되거나 출판된 적이 없음을 저자들로 하여금 확인하게 한다. 과거에는 한 논문을 국내 학술지에 국문으로, 외국 학술지에 영어로 쓴 경우도 많았지만 이 경우도 중복 출판에 해당한다. 학회와 관련된 학술지는 대부분 학술대회에서 구연한 논문이나 학술 전시는 완전한 논문으로 간주하지 않아 논문으로 전환하여 투고하였을 경우 중복 출판으로 취급하지 않는다. 그러나 일부 엄격한 학술지는 논문의 표, 그림 등 지적 자료가 포함된 학술 발표나 전시를 거쳤다면 이미 '새로운 것'을 상실하였다는 이유로 게재를 거부하기도 한다. 학위 논문은 출간할 수 있으나 Acknowledgement에 이 논문의 결과는 ○○○의 학위 논문에 포함된 것이라는 밝힘으로써 중복출판을 피할 수 있다.

이러한 중복출판은 임용, 승진, 연구과제에서의 요구 등 여러 개인적 필요에 의한 유혹 때문에 이루어진다. 저자의 고의가 거의 대부분이며 중복 출판에 대한 감시가 소홀하거나 발견 후 사후조치가 미흡할 때 중복출판의 유혹이 증가하게 된다.

국내의 경우 2004년에 출간된 논문 9,030편에서 무작위로 추출한 455편의 논문 중 27건(5.93%)이 중복출판으로 판정되었다. 외국의 경우 학술지별 또는 전공 유관 학술지별로 된 보고들을 볼 때 1.8~22.3%의 다양한 중복출판의 빈도를 보고하고 있다. 보고 범위가 다양하게 나타나는 것은 중복출판에 대한 기준이 서로 같지 않은 것이 가장 큰 원인인 것으로 보이며, 실제로 중복출판을 모두 검색하지 못하는 것을 감안할 때 국내와 같은 5% 전후의 중복출판이 있을 것으로 추산된다.

학술지에 따라 기존 논문을 다른 언어로 발표할 경우, 독자층이 다른 경우, 그리고 종설은 이차 출판(secondary publication)을 허용하기도 한다. 이것은 중복 출판과는 달리 정당한 방법이다. ICJME에서는 다음과 같은 경우에 이차 출판이라는 명목으로 중복 출판을 허용한다.

(1) 저자는 두 잡지 편집인 모두에게 승인을 받아야 한다. 이차 출판 원고를 받은 편집인은 일차 출판물의 복사본을 가지고 있어야 한다.

(2) 일차 출판과 1주일 이상의 출판 간격을 둔다.
(3) 이차 출판 논문은 독자층이 달라야 하고 축약본만으로도 충분할 수 있다.
(4) 이차 출판 논문은 일차 논문의 자료와 해석을 충실히 따라야 한다.
(5) 표지의 각주를 통해서 독자, 심사자, 사무국에 원고 전체 혹은 부분이 다른 잡지에 출판되었음을 알려야 한다.
(6) 이차 출판물의 제목에 이차 출판임을 표현하는 문구(재출판, 요약 재출판, 완역, 요약 번역 등)가 있어야 한다.

논문 제목이나 내용이 비슷할 경우 기준이 명확하지 않은 부분이 있어서 중복 출판의 시비가 생길 수 있다. 우리나라와 미국의 언어가 다르다는 한 가지 이유로는 이차 출판이 허용되지 않으므로 주의해야 한다. 중복 출판의 판단은 심사위원과 편집인의 역할이다. 따라서 유사성이 있어 보여도 저자가 새로운 논문이라는 판단을 하고 그러한 내용을 솔직하게 편집인에게 밝히면 논문이 거부되더라도 중복 출판의 오명에서 벗어날 수 있다. 중복 출판이 사후에 밝혀지게 되면 해당 두 학술지에서 이차 출판에 대한 공지의 글(notice)을 게재하고 대개는 시간상으로 늦은 출판 논문이 취소된다. 철회된 논문에는 'retracted'라는 표시가 해당 논문 PDF 파일의 페이지마다 생기며, 해당 논문을 검색할 때마다 보이게 된다. 중복 출판의 대가가 평생 꼬리표처럼 따라다니게 되는 것이다.

2.6 기타 투고 및 출판과 관련된 위법행위

중복투고(shotgunning)는 두 학술지 또는 그 이상에 하나의 논문을 동시에 내는 것이다. 대부분의 학술지는 해당 투고 내용이 다른 곳에 투고된 상태가 아닌지를 명기하게 하여 중복투고를 엄금하고 있다.

부분 출판(salami publication)은 논문 출판의 수를 늘리기 위해 한 연구자료를 여러 개의 최소출간단위(least publishable unit)로 나누어 출판하는 것으로, 분절(segmented) 또는 조각(fragmented publication)라고 표현하기도 한다. 일반적으로 한 연구의 여러 부분을 통합하여 가능한 한 하나의 논문으로 출판하는 것이 옳다. 만약 연구자료가 크고 복잡하다면 여러 논문으로 나누어 한 잡지에 시리즈로 보내는 것이 바람직하다.

Imalas publication (salami의 알파벳 역순)은 거꾸로 자료를 조금씩 추가해 가면서 여러 번 출판하는 것을 말한다.

2.7 연구와 출판윤리 위반자에 대한 처리

출간된 학술논문에 윤리위반이 있을 경우 편집인은 이를 공시하고 위반행위 당사자에게 해당 행위에 따른 꾸짖음이나 징벌을 할 의무가 있다.

2.7.1 저자의 연구 위법행위

저자의 행위가 고의성 없이 출판윤리에 대한 무지에서 생긴 경우라면 교육적 목적과 감시의 역할을 환기시키고자 위반사항을 지적하고 통용되는 윤리 기준을 알려주는 공식서한을 발송하는 것이 적절하다.

그러나 의도적인 날조, 변조와 같은 중범죄에 해당할 경우, 편집인은 저자의 소속기관 혹은 연구비 지원기관에 이러한 사실을 통보하고 위법 행위에 대한 조사를 요구하게 될 것이다. 이렇게 되면 소속기관이나 연구비 지원기관으로부터의 제재조치가 사실판단에 따라 이루어지게 된다. 최종 위법행위가 판명된 경우, 학술지는 원고의 투고금지 조치와 같은 제재 조치를 취할 수 있고 심각한 위법행위의 경우 법적인 문제로도 발전할 수 있다.

영국의 COPE에서는 연구자의 위법 행위에 대한 제재 조치에 관하여 가벼운 조치에서 무거운 조치의 순으로 다음과 같이 정리하고 있다.

(1) 단순히 원칙에 대한 몰이해로 인한 경우 교육적 내용을 담은 설명 서한을 발송
(2) 꾸짖음의 편지(letter of reprimand)와 함께 향후 위법행위에 대한 경고 서한 발송
(3) 소속 기관장이나 연구비 지원기관에 공식 서한 발송
(4) 중복출판이나 표절에 대한 공지의 글 발간
(5) 위법행위의 전모에 대한 편집인의 글 발간
(6) 위법행위의 책임이 있는 개인, 집단 및 기관에 대하여 일정기간 동안 원고 투고 금지
(7) 학술지로부터 해당 논문의 공식적 철회 또는 취소와 함께 타 학술지 편집인 및 색인기관에 통보
(8) 적법절차에 따라 조사와 조치를 취할 수 있는 General Medical Council 이나 유사 기관에 보고

2.7.2 원고 심의자의 위법행위

원고 심의자의 위법행위가 확인될 경우 편집인은 해당 학술지에 대한 원고 투고의 금지나 심의 및 기타 편집에 관한 업무에서의 축출 조치를 취할 수 있다.

3. 연구 위법행위의 예방

우리나라의 의학수준이 선진국과 어깨를 나란히 함에 따라 학술논문의 수도 계속 증가하고 있다. 연구 위법행위를 한 연구자를 발견하여 처벌하는 것은 연구 위법행위를 예방하는 데 큰 도움이 되지 않는다. 교육이 가장 효과적인 방법이며, 연

구를 시작하는 모든 연구자에게 연구수행방법과 연구윤리 및 출판윤리 원칙을 교육하여야 한다. 한 논문은 한 연구자나 연구 집단에 의해 쓰이지만 출판되기만 하면 전 세계에서 수많은 독자가 보게 된다. 그 수많은 독자가 감시자인 만큼 연구 위법행위의 발견이 그만큼 쉬워지게 됨을 명심하여야 한다.

참고문헌

1. WMA Declaration of Helshiki. https://www.wma.net/policies-post/wma-declaration-of-helsinki-ethical-principles-for-medical-research-involving-human-subjects/. Accessed 03 Nov 2020
2. China's research-misconduct rules target 'paper mills' that churn out fake studies.
3. Mallapaty S.Nature. 2020 Aug 21. doi: 10.1038/d41586-020-02445-8. Online ahead of print.
4. 의학논문 출판윤리 가이드라인(Good publication practice guidelines for medical journals). 대한의학학술지편집인협의회 2008년
5. Gilbert FJ, Denison AR. Research misconduct. Clin Radiol. 2003; 58:499~504. Committee on Publication Ethics. The COPE Report, 2000.
6. Recommendations for the Conduct, Reporting, Editing, and Publication of Scholarly Work in Medical Journals. Accessed Nov 2020. Available at: http://www.icmje.org/icmje-recommendations.pdf
7. 의학학술지에 게재되는 학술 저작물의 생산, 보고, 편집 및 출판에 대한 권고안. Accessed Nov 2020. Available at: file:///C:/Users/admin/Downloads/2019_ICMJE_%EA%B6%8C%EA%B3%A0%EC%95%88%20(1).pdf
8. Nyika A. Professional ethics: An overview from health research ethics point of view. Acta Trop. 2009 Nov;112 Suppl 1:S84-90.
9. Feeser VR, Simon JR. The Ethical Assignment of Authorship in Scientific Publications: Issues and Guidelines. Acad Emerg Med. 2008;15:963~969.
10. Irwin RS. The role of conflict of interest in reporting of scientific information. Chest 2009; 136:253~259.
11. 함창곡. 연구출판윤리의 중요성, 중복출간. 의학논문 출판윤리 워크숍 2006년
12. Kim SY, Hahm CK, Bae CW, Cho HM. Duplicate Publications in Korean medical journals indexed in KoreaMed. J Korean Med Sci. 2008 Feb; 23(1):131~3.
13. Notice of redundant publication. Does the oropharyngeal fat tissue influence the oropharyngeal airway in snorers? Dynamic CT study. Korean J Radiol. 2007; 8:262.
14. Retraction. Dynamic upper airway soft-tissue and caliber changes in healthy subjects and snoring patients. AJNR Am J Neuroradiol. 2007; 28:1624.
15. Kwon IH. Issues in Publication Ethics of *Healthcare Informatics Research* since 2010. Healthc Inform Res. 2020;26(1):78-79.

CHAPTER 07

과학적 영문 표현법

| 임준서

1. 서론

이 챕터에서는 효과적인 연구논문 작성을 위한 과학적인 영문 표현법에 대해 알아보고자 한다. 두말할 것 없이 연구논문에서 가장 중요한 것은 주제와 데이터이다. 그렇기 때문에 중요한 주제에 대해 좋은 데이터를 확보해 잘 분석해 보고하기만 하면 되며, 그에 있어 영문 표현법은 중요하지 않으며 전문영문교정 서비스에 맡기기만 하면 되는 일이라 생각할 수 있다. 어떤 면에서는 타당한 생각이지만, 이와 관련해 연구자가 간과하면 안 되는 사실들도 있다. 첫째, 영어와 한국어는 1:1 대응이 되지 않는 경우가 많기 때문에 한국인 연구자의 의도가 효과적으로 전달이 되지 않을 수도 있다. 둘째, '아 다르고 어 다르다'는 속담이 내포하는 언어의 성질을 고려할 때 미묘한 표현의 차이가 큰 의미의 변화를 가져올 수도 있다. 셋째, 에디터와 리뷰어가 객관적으로 논문을 평가하고자 노력하다가도 잘못된 표현이나 연구자가 의도치 않은 과장된 문장 등을 보게 되면 연구 자체에 대한 편견이 생길 수 있으며, 이는 어느 연구자도 원치 않을 것이다.

1.1 영어와 한국어는 종종 1:1 대응이 되지 않는다

필자는 우리나라 말 중 영어로 번역하기 힘든 말이 많다는 것을 유학시절에 깨닫게 되었다. 어느 날 미국인 가정에 저녁식사 초대를 받아 식탁에 앉았고 크게 막힘없이 도란도란 이야기를 나누고 있었다. 그러다 음식이 나왔고 맛있어 보여서 "잘 먹겠습니다!"라고 하고자 하였다. 한데 아무리 빨리 머리를 굴려보아도 "잘 먹겠습니다"의 영어 표현이 무엇인지 생각이 나지 않는 것이었다. 결국 "Wow..."라고 말을 흐리며 다소 어색하게 식사를 시작했던 기억이 난다.

"잘 먹겠습니다"를 Google 번역으로 직역하면 "I will enjoy this food."라고

나온다. 하지만 내가 아는 한 영미권에서 이 문장이 사용되는 일은 없을 것이며, 다소 무섭게 들리기도 하는 매우 어색한 문장이다. N*사의 번역 프로그램을 이용하면 "Thank you for the meal."이라고 나오며 이것이 훨씬 식사자리에서 자연스러운 표현이다. 하지만 이것은 "잘 먹겠습니다"의 의역이지 직역이라고는 볼 수 없으니 1:1 대응이 안 되는 것은 마찬가지이다. 이외에도 '눈치', '억울하다', '귀찮다' 등 일상에서 자주 쓰이는 표현들의 경우에도 영어로 표현하려면 아예 개념 자체가 잘 전달이 안되거나 한 단어로 표현이 안 되어 문장을 써야 하는 경우가 많다. 비록 지금 든 예들은 연구논문에는 쓰이지 않는 표현들이지만 이렇게 영어와 한국어 사이의 간격이 크다는 것, 그리고 문화적 차이가 크다는 것을 알 수 있다. 그러니 특히 Discussion 같은 곳에서 자신의 의견을 피력하고자 할 때 번역기 등을 사용하는 것을 지양하고 가능하면 한국말과 영어 모두 유창한 사람에게 적절한 표현인지를 확인하는 것을 추천하는 바이다.

1.2 언어는 '아 다르고 어 다르다'

문장구조가 한글보다 다소 단순한 영어의 경우에는 작은 차이가 큰 의미의 변화를 가져올 수 있다. 이를 잘 보여주는 유명한 예로 "I hit him in the eye (나는 그의 눈을 때렸다)"라는 문장에 "only"를 넣는 위치에 따라 의미가 판이하게 바뀌는 것을 볼 수 있다(그림 7-1). 우선 "**<u>Only</u>** I hit him in the eye"는 많은 사람 중 **<u>나만</u>** 그를 때렸다는 의미인데 "I hit **<u>only</u>** him in the eye"는 내가 많은 사람 중 **<u>오직 그만</u>** 때렸다는 뜻이다. 그에 반해 "I hit him **<u>only</u>** in the eye."는 주변에 사람이 많은지 적은지는 알 수 없고, 대신 내가 그의 신체 중 **<u>눈만</u>** 때렸다는 의미로 바뀐

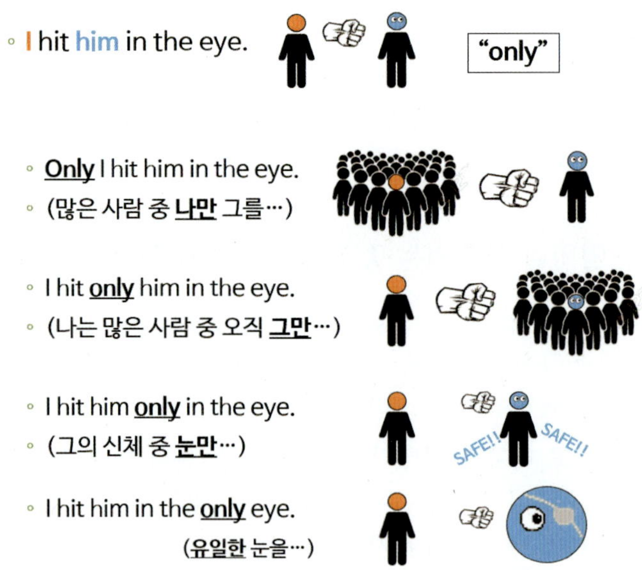

그림 7-1 I hit him in the eye.

다. 가장 특이한 버전은 "I hit him in the **only** eye"인데, 이것은 내가 그의 **유일한 눈**, 즉 외눈을 때렸다는 뜻이다.

이처럼 'only'라는 단어 하나가 어디에 배치되는지에 따라 문장이 아예 다른 상황을 설명하게 되는 것을 볼 때 연구논문에서도 단어의 선택이나 위치를 사려 깊게 고려하는 것이 중요하다.

1.3 에디터와 리뷰어가 편견을 갖게 될 여지를 주지 말자

악기를 다루지 못하는 사람도 연주자가 음을 틀리면 눈치를 챌 수 있다. 그처럼 영어를 잘 하지 못하는 비영어권 출신 에디터나 리뷰어도 영어가 많이 어색하다면 눈치채고 연구와 데이터에 대해 불필요한 편견을 갖게 될 수 있다. 물론 어색한 영문표현 몇 개가 논문의 당락에 직접적 영향을 미치는 일은 드물겠지만 정성들여 쓴 내 글이 곡해되거나 설득력을 잃게 되는 일은 최대한 피하고자 노력해야 한다.

반대로 에디터나 리뷰어가 원고를 집어들었을 때 비영어권 국가에서 쓰인 것을 보고 나서 cover letter나 초록이 매끄럽게 읽히고 정확하게 잘 쓰인 영문표현을 한두 개 보게 된다면 오히려 좋은 인상을 받을 수 있으며 데이터에 대해 선입견을 덜 가지고 읽어나갈 수 있기 때문에 결국에는 논문의 설득력에도 도움이 될 수 있다.

이러한 이유들을 고려했을 때 정확한 영문 표현법을 습득하는 것이 중요할 것이라 믿는다. 이를 위해 영어 문법 수준의 표현법과 연구논문 수준에서 중요한 표현법을 알아보고자 한다. 특히 연구논문 수준의 표현법은 (1) 옳은 표현 고르기, (2) 더 나은 표현 고르기, (3) 한국인이 자주 틀리는 표현법들, 그리고 (4) 보다 좋은 문장 만들기(ex. 단단익선/강약 섞기)로 구성해보았다.

2. 영어 문법 수준의 표현법

2.1 형용사 간의 순서 파악하기

"한국인 임산부"라는 단어를 영어로 표현하면 "Korean pregnant women"이 맞을까, "pregnant Korean women"이 맞을까? 결론적으로 말하자면 "pregnant Korean women"이 맞다. 영어에서 한 명사에 대해 여러 개의 형용사를 쓸 때는 다음과 같은 순서가 적용된다: number – opinion – size – age – shape – color – origin – material + NOUN (참고 1, 참고 2). Physical quality (ex. thin, rough)가 shape 앞에 들어가기도 하고 type (ex. U-shaped)와 purpose (ex. cooking)가 맨 나중에 들어가기도 하고 상황에 따라 약간 앞뒤가 바뀔 순 있지만 기본적인 순

서는 이와 같다. 이를 들여다보면 size부터 color쯤까지가 "상태"를 나타내는 부분으로 보이는데, Korean은 origin에 해당하기 때문에 pregnant Korean이 맞는 것이다. 이렇게 사뭇 복잡해 보이는 형용사 간의 순서가 원어민에게는 체득되어 있는 것이라 어렵지 않지만 비영어권 연구자들은 헷갈릴 때는 이 순서를 참고하는 것이 필요하다.

2.2 빈도를 나타내는 표현의 스펙트럼

특정 사건이 얼마나 자주 일어나는지를 나타낼 때 always, sometimes, rarely, never 등의 부사가 쓰인다. 이 표현들의 순서를 대략적으로 나열해보면 다음과 같다(그림 7-2).

부사들 옆에 표시된 퍼센트는 필자가 임의로 부여한 숫자이기 때문에 크게 괘념치 않아도 된다. 이는 임상 분야에 따라 특정 빈도가 어떻게 표현되는지가 상이하기 때문이다. 예를 들어 COVID-19에 걸린 환자들 중 60% 정도가 소화기 관련 증상을 보인다면 "patients with COVID-19 **often** have gastrointestinal symptoms"라고 표현하는 것이 무리가 되지 않는다. 하지만 특정 유전자가 자폐아동들 중 2~3%에서 변이를 보인다면 그 역시 "mutations in gene X are **often** found in children with autism"이라고 표현되는데, 이는 워낙 자폐증의 유전적 요인들이 산재하기 때문이다. 그래서 빈도를 나타내는 부사를 고를 땐 절대적인 퍼센트를 고려하기보다 다음 문장과 같이 해당 임상 상황 안에서 비교되는 다른 무언가와의 상대적 빈도를 고려해 선택하는 것이 좋다. "Whereas fever is **frequently** observed in patients with COVID-19, neurologic symptoms such as seizure and ataxia are **rarely** documented in such patients."

100%	Always
90~99%	Almost always
80~90%	Usually/normally/generally
60~80%	Often/frequently
40~60%	Sometimes
20~40%	Occasionally
1~5%	Rarely
<1%	Almost never
0%	Never

그림 7-2 빈도를 나타내는 부사들

2.3 중요도를 나타내는 표현의 스펙트럼

보통 연구의 필요성을 드러내고자 할 때 이 특정 인자가 이 질병에 있어 얼마나 중요한 역할을 갖는지 등을 introduction에서 언급하게 되며, discussion에서는 새로 찾아낸 인자들이 얼마나 중요한지 또 피력한다. 그때 중요성에 대한 표현이 실제 데이터나 현상과는 거리가 있게 과장되는 일이 종종 있는데, 이는 에디터나 리뷰어에게 꽤나 거슬릴 수 있다. 예를 들어 병원 인턴 합격을 위해 필요한 요소들과 그 상대적 중요도를 고려할 때 어떤 표현들이 쓰일지 알아보면 다음과 같다 (그림 7-3).

의사 자격증	필수(없으면 불가)	Indispensable/essential/vital
국가고시 점수	매우 중요(당락 가름)	Critical/crucial/decisive
의대 학점	매우 중요	Significant
면접 점수	중요	Important
영어 점수	반영은 됨	Meaningful
연구/봉사 경험	있으면 도움 됨	Beneficial
뛰어난 체력	당락에 큰 영향 안 미침	Unimportant
수려한 외모	전혀 상관없음	Dispensable

그림 7-3 중요도를 나타내는 표현들

이 역시 필자가 임의로 작성한 내용인데, 이는 연구자들이 본인들의 finding을 표현할 때 자주 쓰는 crucial, significant 등의 표현이 얼마나 강한 것인지 대략 가늠할 수 있게끔 돕고자 만든 것이다. 연구 결과를 들여다봤을 때 A라는 인자가 질병 치료에 있어서 마치 인턴 합격에서 영어 점수나 봉사 경험 정도의 중요도를 가지는 것으로 보이는데 이를 가지고 "factor A played an **essential** role in the treatment of the disease"라고 표현하는 것은 문제가 될 수 있다.

3. 연구논문 수준의 표현법

3.1 옳은 표현 고르기

3.1.1 Compare to vs. compare with

"Group A had a higher mortality rate **compared to** group B." 이런 구조의 문장은 의학논문에서 굉장히 빈번하게 쓰인다. 한데 compare to는 A와 B 간의 비슷함, 유사함을 드러낼 때 쓰는 표현이다. 예를 들어 "그녀의 삶은 전쟁 같았다"라는 문장을 쓸 때 "Her life has been compared to a battle."이라고 쓰는 것이다. 연구 논문에서는 대부분 A와 B 간의 차이를 드러내고자 compare를 쓰기 때문에 compare with를 써야 한다. "Group A had a higher mortality rate **compared with** group B." 한데 요즘 출판되는 논문들 중 간혹 compare to가 쓰이는 것을 볼 수 있는데, 이것은 비록 잘못된 표현이지만 다수의 연구자들이 그렇게 사용하고 있기 때문에 크게 문제 삼지 않고 허용되고 있는 현상이다. 하지만 아직은 사전에는 그러한 용법이 반영되어 있지 않기 때문에 원어민 에디터들은 대부분 compared with로 고치는 것을 추천한다.

3.1.2 Increased vs. higher

"Serum cholesterol was **increased in** group A than in group B." 이러한 문장도 자주 보이는데, 여기에서처럼 두 군 간의 단순 비교를 할 때는 higher/lower를 써야 한다. 그렇기 때문에 후향적 연구에서 군 간 비교를 하거나 기초 연구에서 군 간 비교를 할 때도 higher/lower를 쓰는 것이 원칙적으로 옳다. Increased/decreased는 한 군 안에서 시간/치료/처치에 따른 변화를 보여줄 때 쓰는 표현이다. "Serum cholesterol **decreased** upon statin treatment." "On day 3, serum cholesterol was **increased** in group A."

3.1.3 Evaluate vs. measure

Evaluate (평가하다)와 measure (측정하다)가 혼용되는 경우를 자주 보게 된다. 하지만 '평가'는 단위가 없는 것을 연구할 때 쓰는 표현이며, '측정'은 단위가 있는 것을 연구할 때 쓰는 표현이다. "We **evaluated** the effect of drug A on inflammation." "We **measured** the levels of inflammatory cytokines." 이처럼 약물의 '효과'는 '평가'해야 하며, 염증성 사이토카인의 '농도'는 '측정'한다고 하는 것이 맞다. 비슷한 원리로 induce/inhibit은 현상에 대한 표현이기 때문에 단위가 없는 것 (ex. inflammation)에 대해 써야 하며, increase/decrease는 측정 가능한 outcome에 대한 표현이기 때문에 단위가 있는 것 (ex. cytokine level)에 대해 써야 한다.

3.1.4 Patient/subject/case/participant/individual

임상연구의 대상을 지칭할 때 한 논문 안에서 patient, subject, case, participant 등이 혼용되는 경우가 있다. 하지만 이들은 비슷하게 들리면서도 용법이 분명히 다르기 때문에 정확히 사용하는 것이 필요하다.

- **Patient:** (healthy하지 않은, 치료를 필요로 하는) "환자"를 뜻하며, 임상연구 전반에 가장 널리 쓰일 수 있다. Patient가 분야에 따라 다르지만 간혹 asymptomatic patient라는 개념을 부정하는 리뷰어도 있기 때문에 그렇게 말하

는 경우에는 asymptomatic individual 등으로 바꿔서 작성하는 것이 선호될 때가 있다.

- **Subject:** (연구에 포함되는) "대상"을 뜻하며, 보통 randomized clinical trial (RCT) 등 전향적 연구에 포함되는 환자 혹은 건강한 사람을 뜻한다. Patient와 가장 큰 차이점은 patient가 받는 처치의 목적은 '병의 치료'이지만 subject가 받는 처치의 목적은 '데이터의 창출'이다. 이 차이를 염두에 두고 연구 디자인을 고려해 patient과 subject를 잘 구분해서 사용해야 한다. 때문에 대부분 후향적 연구에서는 subject는 부적절하며, RCT의 post-hoc analysis 같은 경우는 예외로 허용이 가능하다.
- **Case:** (질병의) "사례" 혹은 "증례"를 뜻하며, 원칙적으로는 사람을 지칭하는 단어가 아니다. 하지만 많은 임상연구에서 1 patient = 1 case로 취급되기 때문에 혼용되는 경우가 많다. 원래 용법으로라면 한 환자에서 다수의 case가 나올 수 있기 때문에 이를 잘 구분해서 쓰지 않으면 모호해질 수 있다. 예를 들어 10명의 폐암 환자 중 2명이 재발하였다면 "There were 12 cases (10 patients) of lung cancer in our study."라고 사례 숫자와 환자 숫자를 모두 명시해 주는 것이 좋을 수 있다.
- **Participant:** (연구에 능동적으로) "참여한 사람"을 뜻하는 단어이며, 그렇기에 전향적 연구나 RCT에 주로 쓰이는 단어이다. 후향적 연구에서는 연구대상이 데이터 제공에 대한 동의를 했다 하더라도 participant로 지칭하는 것이 보통 부적절하다. 환자와 건강한 사람 모두 participant가 될 수 있다.
- **Individual:** 말 그대로 한 "개인"을 뜻하며, 연구 디자인에 크게 구애받지 않고 널리 쓰일 수 있지만 그만큼 밋밋한 단어라고 할 수 있다. 그 사람의 질병 상태나 연구에 대한 참여도 등이 잘 드러나지 않으니 연구 디자인을 고려해 이보다 더 적합한 단어를 위주로 사용하는 것을 추천한다.

3.1.5 Included/enrolled

"Patients were included/enrolled in this study." 이때 연구가 후향적 연구라면 enroll은 부적절하다. Enroll은 "등록"이라는 뜻이기 때문에 환자가 능동적으로 참여 의사를 표현하는 전향적 연구나 RCT에 적절한데, 후향적 연구에서 enroll이라는 표현을 쓰는 것은 꽤 자주 보이는 오류이며 리뷰어나 에디터도 자주 지적하는 사항이다. 그렇다면 전향적 연구나 RCT에 included라는 표현은 적절할까? (ex. Ten patients were **<u>included</u>** in this randomized, controlled trial.) 틀리진 않지만 이러한 디자인의 연구를 보고할 때에는 환자의 동의를 내포하는 enroll이 더 적절하다.

3.1.6 Draft/manuscript/article/paper

연구 논문을 표현할 때 다소 혼용되는 단어들이다. 이 중 draft는 아직 작성 중인 초고를 뜻하기 때문에 그나마 많이 혼용되지는 않는다. 하지만 manuscript/article/paper는 자주 혼용되고 또 자칫 잘못 쓰이기도 한다. Manuscript는 저널 투고용으로 준비된 원고를 뜻하며, 이것이 출판되면 article 혹은 paper가 되는 것이다. 그렇기 때문에 "I wrote a manuscript on ***"은 가능한 문장이지만 "I published a manuscript on ***"은 다소 어색한 표현이다. Article과 paper는 write와 publish가 모두 가능하다.

3.2 더 나은 표현 고르기

3.2.1 Suffer from/afflicted with

증례보고 등에서 환자들의 질병 상태를 언급할 때 다음과 같은 표현을 쓸 때가 있다. "The patient **suffered from** extreme pain." "We recruited patients **afflicted with** spinal disorders." 한데 AMA Manual of Style에 따르면 "suffer from"이나 "afflicted with" 등의 표현은 감정적이고 구어적이기 때문이 가능하면 피하는 것이 좋다(참고 3). 대신 단순하게 have 등의 동사를 쓰는 것을 추천하는 바이다. "The patient **had** extreme pain." "We recruited patients **with** spinal disorders."

3.2.2 환자 중심 표현법

"We enrolled autistic children and normal children." 이 문장이 문법적으로 틀린 것은 없고 종종 이렇게 쓰인 경우가 있었지만 최근 트렌드에 따라 두 군데가 바뀌어야 한다. 우선 장애나 신경질환 등이 없는 대상들을 언급할 때 normal이라고 표현하는 것을 금하는 추세가 있기 때문에 normal children을 healthy controls로 바꾸어야 한다. 그리고 autistic children, cancer patients, diabetics 등 표현들은 질환이 환자들의 정체성인 것처럼 표현되는 것이기 때문에 요즘 저널들에서는 지양하는 추세이다. 그래서 다소 번거롭더라도 children with autism, patients with cancer, patients with diabetes 등으로 표기하는 것을 추천하는 바이다.

3.2.3 Not different

"There was no difference between group A and group B in terms of mortality."와 같은 문장도 자주 보인다. 한데 논리적으로 따지자면 not different 하다는 것은 same과 같은 의미인데, 이는 자연적으로는 거의 불가능한 일이기 때문에 적절하지 않다. 일란성 쌍둥이도 차이를 보이기 마련이며, 군 간 비교를 할 때 항상 차이는 존재한다. 다만 그것이 통계적으로 유의하냐, 유의하지 않으냐의 문제일 뿐이다. 그래서 설사 평균값이 두 군 간 동일하다 하더라도 not different라고 하기 보다는 "There was no significant difference between…", "Group and group B did not show statistically significant differences in…" 등으로 표현하는 것이 대부분 경우에 좀 더 자연스럽다.

3.2.4 P value 표현법

통계를 돌렸더니 P value가 0.051로 나왔을 때 느끼는 미묘한 실망감은 직접 겪어본 사람들이 생생하게 알 것이다. 그래서 0.05를 (본인 기준에) 살짝 넘기는 p value를 표현하고자 할 때 not significant라고 하고 싶지 않아서 고군분투한 사람들의 노고를 정리해 놓은 블로그가 있다(참고 4). 그중 예를 들어보면 almost significant (p=0.06), remarkably close to significance (p=0.05009), as good as significant (p=0.0502), just fails to reach conventional levels of statistical significance (p=0.07) 등이 있으며, a very slight trend, a moderate trend, a clear trend, a significant trend 등으로 표현하는 예시도 있다. 이렇게 통계 데이터를 문학적으로 표현하는 것이 에디터와 리뷰어에게 좋지 않게 받아들여질 수 있는 가능성은 고사하고, significant trend (p=0.09)처럼 오해를 불러 일으킬 수 있는 표현은 정말 자제해야 한다.

P < 0.05는 특정한 통계학적 이유 없이 학계에서 으레 사용하는 cut-off이며, 분야마다 유의한 결과의 기준은 다르다. 증례보고는 p value가 계산될 수도 없는 내용이지만 의학적 중요성을 담고 있으며, 세포나 동물을 이용한 실험들에서는 0.05가 너무 관대한 기준이기 때문에 significant cut-off를 0.01이나 0.001로 낮추자는 움직임도 있다. 중요한 randomized controlled trial에서 약물의 효과가 p=0.049로 나오면 강력하게 추천되고 p=0.051로 나오면 non-significant result로 치부하고 후속 연구를 그만두게 되는 것이 아닌 것처럼, 약물이나 치료의 임상적 중요성은 한 개의 p value가 아니라 다수의 연구와 임상 경험을 통해 확증되는 것이기 때문에 0.05라는 기준으로부터 자유로워질 필요가 있고, 그래서 p value의 카테고리화(significant vs. not significant)를 벗어나자는 의견이 나오고 있다 (참조 5).

그래서 필자가 개인적으로 추천하는 바는 secondary result에 있어서는 p value가 0.05에서 0.10 사이 정도에 들어올 때 굳이 not significant했다고 표현하지 않고 읽는 사람이 알아서 판단하게끔 단순하게 결과의 방향성을 보고하면서 p value를 적는 것이다. "BMI **was higher** in group A than in group B (**p=0.055**)." "Group A and group B showed **numerical differences** in BMI (**p=0.06**)." 그러면 이를 읽는 연구자가 다른 내용과 더불어 이 결과를 판단해 본인 연구에 어떻게 적용할지를 결정하게끔 도와줄 수 있다.

3.3 한국인이 잘 틀리는 표현법

3.3.1 암에 좋은 음식

필자는 암에 좋은 음식이나 당뇨에 좋은 음식은 먹지 않는 것을 추천하는 바이다. 대신 암 **예방**이나 당뇨 **조절**에 좋은 음식을 먹는 것이 좋을 것으로 보인다. 이처럼 "암에 좋은 음식" 같은 표현이 미디어에 난무하고 있기 때문에 대중들은 그것이 왜 틀리거나 어색한 표현인지 잘 인지하지 못한다. "오늘은 미세먼지가 좋다"는 말도 생각해보면 매우 이상한 표현이다. 미세먼지는 적거나 많은 것이고, 좋거나 나쁜 것은 공기질이지 않을까 싶다. 이런 표현은 대중이나 대중을 위한 광고에는 쓰여도 무방하다고 볼 수 있지만, 연구 논문에서는 이와 같이 편하게 말하지 말고 정확하며 과학적인 표현을 써야 할 것이다. "We found that drug A is **good** for **diabetes**"가 아니라 "We found that drug A **is effective for managing glucose levels**"처럼 더 명확한 표현을 찾고자 노력하는 것이 좋다.

3.3.2 Pain improvement

"The patient's pain **improved** after physical therapy"는 엄밀히 얘기하자면 환자의 통증이 물리치료 후에 "향상"되었다는 뜻이다. 앞선 내용에서 암이 좋아하는 음식을 먹으면 안되는 것처럼, 통증은 향상되는 것이 아니라 줄어들어야 한다. 이것도 compare to와 마찬가지로 원래 의미에서 벗어나게 쓰는 사람들이 많아지고 있어서 사전적 의미가 확장되지 않을까 생각되지만, 지금으로서는 통증이 줄어들었다고 표현하고자 하면 "The patient's pain was **reduced** after physical therapy"라고 하는 것이 좋다. 우리가 환자에서 improve되길 바라는 것은 condition, function, health, mood, 혹은 symptom management이며, pain이나 symptom은 reduce, relieve, resolve, diminish, 혹은 alleviate되길 바란다.

이와 관련해서 너무 까다롭게 생각하는 것이 아니냐고 여길 수 있다. 특정 표현이 얼마나 자주 쓰이는지, 아니면 실제로 쓰인 예가 있는지 궁금할 때는 Google에서 따옴표 검색을 하는 것이 매우 유용하다. 검색창에 그냥 pain was improved라고만 쓰면 저 문구와 비슷한 표현까지 모두 검색이 되지만, "pain was improved"라고 따옴표를 이용해 검색하면 정확히 그 문구가 들어간 결과들만 나온다. 그래서 "pain improvement"와 "pain was improved"를 검색하면 각각 409,000개와 316,000개의 결과가 나온다. 이 정도 결과숫자가 나온다면 내가 처음 사용하는 문구는 아니라는 것을 알 수 있다. 한데 그에 반해 "pain reduction"이나 "pain was reduced"를 검색하면 각각 26,200,000개와 1,880,000개의 결과가 나온다. 앞선 것들보다 훨씬 많이 나오니 이것이 더 자주 쓰이는 표현이라는 것을 알 수 있다. 만약 reduce가 너무 단순한 것 같아서 좀 특별한 단어를 써보고 싶어 유의어 사전(thesaurus)를 써보니 "trimmed"가 나오길래 "pain was trimmed"는 얼마나 쓰였을까 검색해보면 고작 4건이 나온다. 이렇게 따옴표 검색을 했을 때 결과가 한 두 자리 숫자로 나온다면 정말 드물게 쓰이는 것이니 다른 표현으로 바꾸는 것을 고려해보는 것이 좋다.

3.3.3 Respectively

임상연구에서 여러 군들의 측정값을 제시하고자 할 때 respectively가 자주 쓰인다. 이때 respectively의 올바른 사용법은 다음과 같다. "The survival rates of group A and group B were 30% and 20%, respectively." 다시 말해 비교되는 대상들을 함께 나열하고 그 측정값/특성 등을 나열한 후 쉼표 + respectively로 표기하는 것이다(대상 1, 대상 2, 값 1, 값 2, respectively). 필자가 보는 자주 틀리는 방식은 다음과 같다: "The survival rate of group A was 30% and that of group B was 20%, respectively." (대상 1, 값 1, 대상 2, 값 2, respectively). 자주 쓰이는 표현인 만큼 어떻게 사용하는 것이 옳은지 알아 두는 것이 도움이 된다.

3.4 보다 좋은 문장 만들기

3.4.1 단단익선

글을 쓰는 사람은 종종 자신이 전달하고자 하는 메시지가 충분히 전달되지 않을까 우려해 단어와 절을 추가하고, 심지어 문장과 문단도 덧붙일 때가 있다. 그에 반해 글을 읽는 사람은 (특히 논문을 읽는 연구자들은) 정보를 얻어내기 위해 논문을 읽는 것이니 불필요한 표현이나 내용을 읽는 데 있어 피로감과 스트레스를 느낄 수 있다. 삶에서 많은 것이 다다익선(多多益善)이지만 글을 쓸 때만큼은 단단익선(短短益善; 짧으면 짧을수록 좋다)의 원칙을 고수해보자. 같은 내용을 전달할 수 있다면 가능한 더 짧게, 더 단순하게 표현하는 것이 더 많은 사람에게 더 명확하게 의미 전달이 된다. 불필요하고 중복되는 표현, 즉 redundant한 문장은 부담스럽고 fat하게 느껴지니 그런 것들을 줄여 fit하게 만드는 것이 가능하다(그림 7-4).

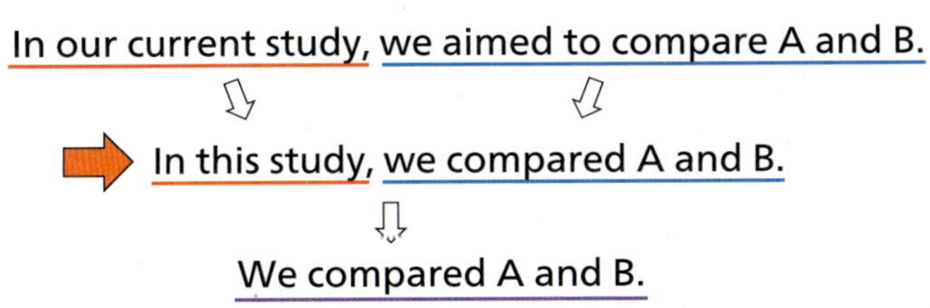

그림 7-4 Fat한 문장을 fit하게 만들기

Introduction의 마무리에 자주 사용되는 문장의 fat한 버전을 fit하게 줄여보자. "In our current study"는 "In our study", "In the current study", 혹은 "In this study"로 줄여도 충분히 의미전달이 된다. 연구의 목적을 얘기할 때 "we aimed to compare A and B"라고 할 필요 없이 "we compared A and B"라고만 해도 된다. 사실 "we aimed to compare…"라고 하면 "비교하는 것을 목표로 삼았다"는 것인데 그렇게 말하면 비교하는 것의 성공 여부가 result에 들어가야 할 것 같은 느낌을 준다. 비교 자체는 성공이 당연시되는 것이고, 그 비교의 결과가 어떠한지를 드러내는 것이 연구의 목적이기 때문에 "we aimed to…"는 introduction의 마무리에서 연구 목적을 드러낼 때 딱히 유용한 표현이 아니다. 그렇게 하면 원래 문장을 "**In this study, we compared A and B**"로 줄일 수 있다.

여기서 한걸음 더 나아가 "**We compared A and B**"라고도 할 수 있겠지만, 이렇게 무조건 짧기만 한 것이 항상 능사는 아닐 수 있다. 이 문장은 언제 그러한 비교를 시행하였는지가 모호해지기 때문에 필수적 요소가 빠진 문장이 되버린다. 그래서 가운데 문장처럼 sweet spot을 찾는 것이 중요하다. 필요한 내용은 **모두**, 그리고 **꼭 필요한 내용만** 넣자는 생각으로 문장 구성을 하도록 노력하자.

3.4.2 Redundant한 단어 조합

다음 예시들에서 밑줄 친 부분들은 서로 중복되는 뜻을 갖고 있지만 자주 함께 쓰이는 불필요한 단어조합이다. 그중 볼드체로 된 부분만 쓰는 것이 좋다. "The patient's past **history** revealed that…" "The polyps were completely **eliminated**." "The procedure was **repeated** again until…" "This side effect was simultaneously **accompanied** by…" "These drugs have exactly **the same** mechanism."또한 "due to the fact that"은 단순하게 "**because**"로, "whether or not"은 "**whether**"로 쓸 수 있다.

또한 한 문장에서 가정형이 두 번 나오는 것은 불필요할 때가 많다. 예를 들어 "We hypothesized that drug A may be effective for diabetes."처럼 약물 A가 당뇨에 효과적일 수 있지 않을까 가정하였다는 것은 적절하지 않은 표현이며, 대신 "We hypothesized that drug A is effective for diabetes"처럼 약물 A가 당뇨에 효과적일 것이라 가정하였다고 표현하는 것이 좋다. 비슷한 예로 "A possible explanation for this result could be that…"이라고 필요 이상으로 불확실함을 피력하기보다 "A possible explanation for this result is that…"으로 더 자신 있게 말하는 것이 더 나은 문장을 쓰는 데 도움이 된다.

3.4.3 강약 섞어 쓰기

연구 결과를 총체적으로 정리할 때, 특히 conclusion을 작성할 때는 강한 표현(ex. show, indicate)과 약한 표현(ex. suggest, may)을 섞어서 문장을 구성하는 것이 효과적이다. 약+약으로 구성되는 문장은 다음과 같다.

"Our results suggest that smoking may be associated with DNA damage."
(흡연이 DNA 손상을 **일으킬 수도** 있다고 **암시**하였다).

이 문장은 필요 이상으로 결론이 약화되는 효과를 낳는데, 만약 학회 초록집 등에서 연구 제목을 보고 관심을 가진 사람이 이러한 결론을 보면 과연 그 포스터에 가볼 필요성을 느낄지 의문이다. 이는 연구 디자인이나 statistical power 등이 너무 약해서 의미 있는 결과를 담고 있지 않다고 느끼게끔 만드는 문장이기 때문에 가능하면 피하는 것이 좋다. 반대로 다음처럼 강+강으로 구성되는 문장도 종종 보인다.

"Our results show that smoking induces DNA damage."

이 문장은 강력하긴 하지만 너무 단정적으로 들릴 수 있기 때문에 연구 디자인과 sample size, statistical power 등이 충분히 받쳐줄 때 이렇게 쓰는 것이 좋다. 그렇기 때문에 다음과 같이 강+약을 섞어서 쓰는 문장을 고려해보자.

"Our results show that smoking may induce DNA damage."
"Our results suggest that smoking induces DNA damage."

4. 정리

언어의 상대성을 논하는 가설 중 '사피어 워프 가설(Sapir-Whorf hypothesis)'에 따르면 언어의 사용이 우리의 사고와 행동에 지대한 영향을 미친다고 한다. 특히 신조어가 생겨나면 그 사회 구성원들의 문화와 사고, 행동이 바뀌는 것을 볼 수 있다. 그 예로 필자가 대학생이던 시절 '썸'이라는 신조어가 생겨난 이후로 속칭 '그냥 친구' vs. '남자친구/여자친구'로 이분화되던 때와는 달리 애매한 남녀관계들이 많이 늘어나는 것을 느낄 수 있었다. 부정적인 예로는 '김여사'라는 신조어가 소수의 경우를 일반화하면서 차별/혐오를 유도하는 것도 우리 사회에서 볼 수 있다. 이와는 다르게 '심쿵'이라는 신조어는 단순히 마음에 든다는 것을 넘어서 가슴이 쿵 하고 떨어질 만큼 마음에 든다는 것을 효과적으로 표현할 수 있게 해주기 때문에 서로 간 전달되는 감정의 폭이 넓어지는 효과를 갖는다.

Cancer immunotherapy라는 신조어는 어떤가? 더 이상 시도해볼 treatment option이 없는 암환자들의 차트를 보며 답답해하던 임상의들에게 면역치료법을 시도해보면 어떨까 라는 새로운 사고를 가능케 하는 신조어가 아닌가? iPS (induced pluripotent stem cell)라는 신조어는 윤리적, 면역적 이유로 인해 시도해볼 수 없던 줄기세포 치료법을 가능케 만들었고, CRISPR-Cas9 기술은 유전자 조작의 폭과 잠재적 능력을 크게 늘림으로 인해 이를 발견한 과학자들이 2020년에 노벨화학상을 수상하게 되었다.

물론 cancer immunotherapy, iPS, CRISPR-Cas9은 단순한 신조어가 아니며, 다년간의 연구를 통해 나온 신개념들이다. 좋은 연구를 통해 이렇게 획기적인 신조어들이 계속해서 생겨나길 바란다. 언어는 사고의 매체이자 실체라고 볼 수 있다. 그래서 과학적인 언어사용을 생활화하면 과학적 사고를 하는 데 좋은 밑거름이 될 수 있으며, 정확한 영문표현으로 자신의 연구결과를 들여다보고 보고하는 습관을 들이면 더 과학적인 후속 연구를 할 수 있을 것이다.

참고문헌

1. AMA Manual of Style, 10th edition. New York: Oxford University Press

참고 웹사이트

1. https://www.merriam-webster.com/dictionary/adjective#learn-more
2. https://dictionary.cambridge.org/grammar/british-grammar/adjectives-order
3. https://mchankins.wordpress.com/2013/04/21/still-not-significant-2/
4. https://www.nature.com/articles/d41586-019-00857-9

CHAPTER 08

Cover Letter, Response Letter

| 임준서

1. 서론

21세기에 들어서 편지라는 매체는 일상적인 소통에 잘 활용되지 않는다. 아주 뜻 깊은 날에 마음을 표현하는 일이 아니면 쓸 일이 없는 편지가 'cover letter'와 'response letter'라는 이름을 달고 논문 게재의 시작과 끝을 장식한다는 것이 흥미롭다. 논문 심사 과정에는 editorial review와 peer review라는 두 개의 관문이 있으며(그림 8-1), 이 관문들을 넘어가기 위해서는 앞서 말한 편지들을 설득력 있게

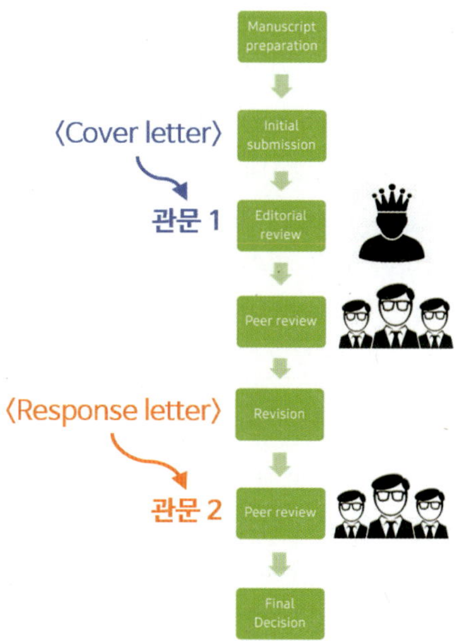

그림 8-1 논문 심사 과정의 두 관문

쓰는 것이 필수적이다.

우선 editor-in-chief (편집장)에게 우리가 준비한 논문이 얼마나 중요한 주제에 대한 것인지, 어떤 흥미로운 데이터를 담고 있는지, 그래서 왜 해당 저널에 실로 적합한지를 효과적으로 설득하기 위해 'cover letter'를 써야 한다. 그리고 내 연구의 부족한 점이나 맹점 등을 날카롭게 지적하는 peer reviewer들에게 우리 연구를 효과적으로 방어하고, 그러한 부족한 점에도 불구하고 우리 연구는 저널에 게재될 만한 가치가 있음을 다시금 설득하기 위해 'response letter'를 써야 한다. 이 챕터를 통해 두 종류의 편지를 효과적으로 작성하는 법에 대해 알아본다.

2. Cover letter

2.1 중요성

커리어가 긴 연구자들일수록 첫인상의 중요성에 대해 많이 공감할 것이다. 연구실에 새로 들어온 사람의 첫인상이 좋지 않다면 그에 대한 생각이 바뀌는 데는 많은 시간과 노력이 필요하다. 더군다나 그렇게 오랜 시간을 두고 이미지를 바꿀 수 있는 기회가 없는 상황이라면 첫인상의 중요성은 더욱 더 커진다. 인터뷰가 바로 그런 상황에 대한 좋은 예인데, 짧게는 10분 남짓 진행되는 인터뷰에서 좋은 첫인상을 남기기 위해, 아니면 적어도 부정적인 첫인상을 남기는 것은 피하기 위해 면접 대상자들은 준비에 있어 심혈을 기울인다.

이를 볼 때 cover letter는 마치 내 연구를 소개하는 인터뷰와 같은 역할을 갖기 때문에 이를 작성하는 연구자 역시 면접 대상자의 마음으로 심혈을 기울여야 한다. 바쁜 편집장들이 하루에도 수십 개씩 들어오는 논문들을 심사할 때 좋은 첫인상을 받을 수 있도록 하려면 cover letter는 (1) 스탠다드한 포맷과 적절한 길이 (1~1.5페이지 남짓)를 가져야 하며, (2) 내 연구가 채우는 기존 지식 상의 gap이 무엇인지 확실히 드러내고, (3) 그 gap을 채우기에 적합한 연구 디자인을 이용해 괄목할 만한 데이터를 얻었다는 것을 명시해야 한다. 특히 cover letter가 면접에 준한다는 것을 유념하고 편집장에게 본인의 연구를 잘 어필하는 것이 중요하다.

2.2 연구 어필하기

내 연구를 잘 어필하는 방법 중 가장 효과적인 것은 내 연구에 관심 가질 만한 저널에 투고하는 것이다. 내 연구에 관심이 없을 만한 저널에는 그 어떤 방법을 쓰더라도 어필하는 것이 불가능하기 때문이다. 이를 위해 내가 투고하고자 희망하는 저널들의 scope와 출판 동향을 잘 파악해야 한다. 연구 디자인 면에서는 해당 저널이 randomized controlled trial 위주로 출판하는지, meta-analysis는 보통 한 이슈당 몇 개 정도 나오는지, 중요한 증례 보고도 출판하는지 등을 파악해야 하며, 인공지능이나 smart healthcare 기술, 빅데이터 연구 등 최신 기술 접목에 관심을 갖는지 등을 알고 그에 맞춰 연구를 수행했으면 그것을 담백하게 기술하는 것만으로도 충분히 편집장에게 어필할 수 있을 것이다. 그래서 **투고를 희망하는 저널들을 구독해서 follow**하는 것을 추천한다. 이때 메일링 리스트 등에 가입해 이메일로 새로 나오는 이슈에 대한 정보를 받아보거나 웹브라우저에 즐겨찾기로 등록해놓고 들어갈 수도 있지만, 마치 헬스장에 개인 교습(PT)을 등록하는 것이 돈 아까워서라도 더 잘 이용하게 되는 것처럼 실제 잡지를 돈 주고 구독해 하드카피를 받아보는 것도 바쁜 와중에 연구 동향을 따라가는 데 도움이 될 수 있다.

만약 특정 저널을 처음부터 염두에 두지 않고 연구를 진행하였을 때는 **논문을 쓰면서 본문에 자주 인용하게 된 저널**에 투고하는 것을 고려하는 것도 좋다. 아무래도 해당 주제에 대해 여러 번 논문을 출판한 저널이라면 편집장이 내 연구의 중요성에 대해 공감할 확률이 더 높기 때문이며, 자기 저널의 논문들이 다수 인용되는 것도 플러스 요인이 될 수 있기 때문이다.

내 연구를 잘 어필하는 또 하나의 방법은 논문과 cover letter 작성 전에 내 연구 내용에 대한 비전문가의 견해를 들어보는 것이다. 필자가 예전에는 비전문가의 견해를 듣기 위해 가족에게 내 연구결과를 설명해보라고 조언을 했었는데 나중에 피드백을 받아보니 가족들 반응이 싸늘하거나 무관심으로 수렴하게 되어 큰 도움을 받지 못했다는 얘기를 들어 경솔하게 조언한 것에 대해 반성하였다. 그래서 지금 추천하는 바는 바로 **내 연구 내용을 다른 진료과나 다른 학과, 다른 실험실에서 일하는 친한 학교 동기 등에게 설명**해보는 것이다. 같은 과나 연구팀 안에서는 전문가의 관점을 파악하기는 쉬워도 비전문가의 관점을 얻는 것은 쉽지 않은데, 비전문가의 관점을 미리 파악하는 것은 cover letter 작성에 있어 굉장히 중요하다. 왜냐면 아무리 투고하고자 하는 저널이 내 주제만을 다루는 specific한 저널이라 하더라도 편집장이 내 세부 연구 주제(ex. 특정 단백질, 세포/동물 실험 단계인 신약 등)에 대해 갖는 이해도가 얼마나 될지는 모르기 때문이다. 그래서 어련히 편집장도 이 주제에 대해 많이 알고 있겠거니 하고 전문가인 내가 생각할 때 흥미로운 부분만 어필하는 것은 충분치 않을 수도 있다. 대신 다른 분야에 있는 동기에게 커피라도 사주면서 내 연구 내용에 대해 얘기하게 되면 그들이 흥미를 갖는 포인트와 의문을 갖는 포인트를 정리해서 보완할 것은 보완하고 더 하이라이트 할 부분을 부각시키면 좀 더 넓은 범위의 편집장들을 설득하기 좋은 편지를 작성 할 수 있다. 이러한 준비는 나아가 cover letter뿐만 아니라 본문의 introduction과 discussion 섹션들의 작성에도 도움이 되니 꼭 친한 동기들에게 연구 내용을 설명하는 시간을 가져보자.

연구를 잘 어필하는 데 있어 마지막 팁은 cover letter 작성에 많은 공을 들이라는 것이다. 많은 경우에 cover letter의 내용은 본문 초록과 자연스럽게 겹치는 경우가 많다. 하지만 그렇다고 해서 초록에 쓰인 문장들을 그대로 복사–붙여넣기 하는 식의 cover letter 작성은 효과적이지 못할 수 있다. 또한 편집장이 볼 때도 너무 형식적으로 그렇게 붙여넣기 한 것이 티가 나는 cover letter를 볼 때 논문에 대한 이미지가 좋아질 것이라 기대하기는 힘들다. 내 논문에 있어 cover letter가 편집장이 읽게 되는 유일한 내용이 되지 않게 하려면 더 공을 들여서 매력적으로 cover letter를 써야 한다. 매력적인 사람은 보통 군더더기 없고 자신감이 있으며, 자신이 하고 싶은 말만 하기보다는 내가 듣고 싶은 말을 해주는 사람이다. 우리가 작성하는 cover letter도 그렇게 매력 있어 보이게끔 써보자.

2.3 디자인

앞서 말했듯이 cover letter는 내 연구가 면접을 보러 옷을 차려 입고 면접장에 간 모습이라 생각하면 좋다. 이때 면접 대상자는 아무리 자신의 이력에 자신감이 있다 하더라도 어느 정도 정형화된 복장을 갖추고 옷매무새를 다듬고 들어가는데, 이것은 굳이 좋은 인상을 주기 위해서라기보다는 어설픈 인상을 주지 않기 위함이 크다. Cover letter도 영미권 문화에서 일반적으로 통용되는 정형화된 포맷이 있으며, 본 섹션에서는 그러한 디자인적 면에 대해 알아봄으로써 편집장에게 어설픈 인상을 주는 것을 피하는 방법을 알아보고자 한다.

2.3.1 길이

Cover letter는 말그대로 내 논문 원고를 덮는(cover) 편지다. 그래서 전통적인 원칙은 1페이지 안에 모든 내용이 담기는 것이지만, 디지털 시대에 굳이 1페이지를 고수할 필요는 없다. 특히 우리나라에서는 통상적으로 A4 사이즈 용지(210 mm × 297 mm)를 쓰는 데 반해 미국에서는 위아래가 좀 더 짧은 letter 사이즈 용지(215.9 mm × 279.4 mm)를 쓰기 때문에 A4 용지에서 딱 맞게 1페이지에 보기 좋게 채운다 하더라도 미국에서 출력하면 1페이지를 넘어갈 수도 있다. 오히려 충분한 내용을 담으면서도 가독성을 유지하고자 한다면 교신 저자 연락처까지 모두 기재했을 때 1~1.5페이지 정도 길이가 되게 쓴다고 생각하는 것이 좋다. 2페이지를 넘어가게 되는 것은 아주 특별한 경우를 제외하고는 삼가는 것이 좋다.

2.3.2 폰트(Font)

Microsoft Word®의 기본 영문 폰트는 'Calibri'으로 설정되어 있다. 현재 상용되고 있는 폰트는 수백 가지가 넘지만 영미권, 특히 의학 계통 학계에서는 Times New Roman이나 Arial 폰트 두 가지만을 선호한다. Cover letter의 작성에 대해서는 저널 투고 가이드라인이 자세하게 나오는 경우가 많지 않기에 자유롭게 작성해도 괜찮다고 생각할 수 있지만, cover letter에서 제목 이외 다른 것이 먼저 편집장들의 눈에 띄는 것은 보통 좋은 일이 아니니 가장 널리 이용되는 상기 폰트 중 하나를 사용하도록 하자. 폰트 크기는 11~12 pt가 적당하다.

2.3.3 단락

논문 본문 원고는 통상적으로 2줄 간격(double-spaced)로 작성하게 된다. 하지만 cover letter 같은 편지는 1줄 간격이 원칙이다. 문단 들여쓰기와 문단 맞춤 등은 아래 그림 8-2를 참고하자.

논문 본문 원고는 많은 경우 한 섹션의 두 번째 문단부터는 들여쓰기(indentation)를 하게 되지만 cover letter에서는 통상적으로 들여쓰기를 하지 않는다.

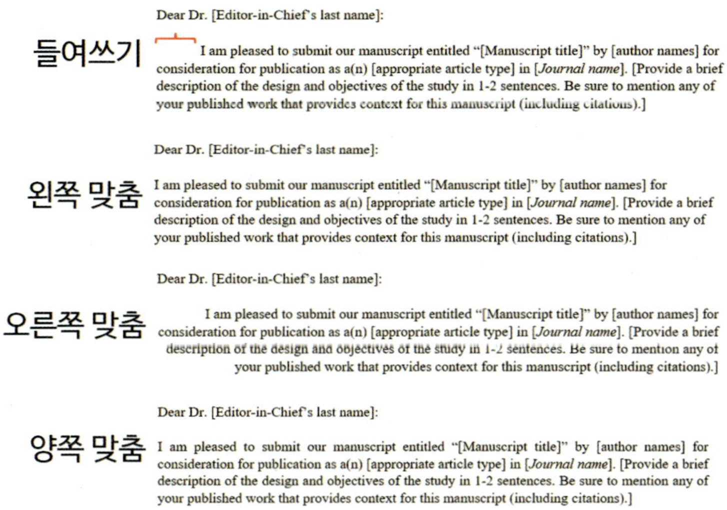

그림 8-2 Cover letter의 단락 구성

또한 문단 전체적으로 '왼쪽 맞춤'(left-aligned)을 하는 것이 권장된다. 그림 8-2에 나온 '오른쪽 맞춤'을 쓰는 사람은 많지 않겠지만 '양쪽 맞춤'(justification)을 사용하는 사람은 꽤 많다. '양쪽 맞춤'이 멀리서 보기에는 깔끔하게 보여 좋게 여겨질 수 있지만, 실제로 가독성은 '왼쪽 맞춤'보다 떨어지게 된다. 이는 '왼쪽 맞춤'에서 생기는 오른쪽의 지그재그 모양이 빈 공간 때문인데, 인지과학적으로 우리가 글을 읽다가 다음 줄로 시선을 옮길 때 무의식적으로 그러한 빈 공간을 이용하여 어느 줄을 읽을지 가늠하기 때문이다. '양쪽 맞춤'으로 구성된 글은 오른쪽 공간이 밋밋해져 버리기 때문에 그러한 줄 간 탐색이 용이하지 않다. 또한 다른 양의 글자수를 같은 공간에 맞추려다 보니 자간이 들쭉날쭉해지는 현상이 있다. 예를 들어 그림 8-2의 '양쪽 맞춤'을 보면 첫 줄(I am pleased…)에서 단어 간 간격이 그 아래 줄들의 그것들보다 훨씬 넓은 것을 볼 수 있다. 그래서 보기 좋게 하려 선택한 '양쪽 맞춤'이 오히려 이렇게 불균형을 가져오는 결과를 낳을 수 있으니 '왼쪽 맞춤'을 추천하는 바이다. 실제로 저널들 중에서 논문 본문 원고를 작성할 때는 '왼쪽 맞춤'을 사용하라고 지정하는 경우도 있으니 cover letter와 main text 모두 '왼쪽 맞춤'이 좋다고 할 수 있다.

끝으로 cover letter에서 문단 간에는 1줄의 띄어쓰기를 하는 것이 좋다. 두 줄 이상 띄어 쓸 필요는 보통 없으며, 들여쓰기를 하지 않는 상황에서 1줄 띄어쓰기를 하지 않고 한 번 엔터만 친 상태로 쓰게 되면 답답해보일 수 있다.

2.4 구성

Cover letter는 일반적으로 다음과 같은 구성을 지니고 있다.

[투고 날짜 & 받는 사람–인사 및 논문 소개–Background, Design, Methods–Results, Implication, Conclusion–저널과의 궁합–각종 확인 statement–리뷰어 추천/비추천–마침 인사 및 교신저자 정보]

2.4.1 투고 날짜 & 받는 사람

날짜를 기입할 때는 가장 널리 쓰이는 방식이 아래 그림 8-3에 나와있듯 January 1st, 2020처럼 적는 것이다. January 1, 2020이나 2020/01/01, 또는 1/1/2020 등도 가능은 하다. 하지만 마지막 방식은 추천하지 않는 바인데, 이는 영미권에서 month – day 순서와 day – month의 순서가 혼용되고 있기 때문에 모호해질 여지가 있기 때문이다.

Cover letter의 수신자는 무조건 편집장이며, 편집장의 이름은 저널 웹사이트의 “Editorial Board” 등 메뉴에서 확인할 수 있다. 만약 확인할 수 없다면 그 저널의 Wikipedia page라도 검색해서 찾아보는 것이 좋으며, 편집장에 대한 정보가 혹 모호하다면 반드시 피해야 할 predatory journal일 수 있으니 잘 알아보고 투고하도록 한다. 그래서 cover letter의 최상단은 다음과 같은 모습을 띄게 된다.

January 1st, 2020

1 줄 {

Eric J. Rubin, M.D., Ph.D.
Editor-in-Chief
New England Journal of Medicine

1 줄 {

Dear Dr. Rubin:

1 줄 {

그림 8-3 Cover letter의 수신자 부분 작성법

간혹 편집장이 두 명 이상인 경우가 있는데 그때는 그들 모두에게 써야 한다. 특이한 예로 Global Spine Journal은 편집장이 세 명인데, 이 경우에는 다음과 같이 작성해야 한다.

이름들을 나열하는 방식과 Dear…에 나오는 부분들은 1안과 2안에 나온 방식을 섞어 써도 무관하다.

January 1st, 2020

1안

Jeffrey C. Wang, MD, Jens R. Chapman, MD, Karsten Wiechert, MD
Editors-in-Chief
Global Spine Journal

Dear Dr. Wang, Dr. Chapman, and Dr. Wiechert:

January 1st, 2020

2안

Jeffrey C. Wang, MD
Jens R. Chapman, MD
Karsten Wiechert, MD
Editors-in-Chief
Global Spine Journal

Dear Drs. Wang, Chapman, and Wiechert:

그림 8-4 편집장이 여러 명인 경우 수신자 부분 작성법

여기에서 잠시 영문 표기법상 미국식과 영국식의 차이를 짚고 넘어가고자 한다. 우리가 아는 철자법 상의 차이(ex. -or vs. -our) 외에도 각종 표기법 상의 차이가 있는데, Dr, Mr, Mrs 등의 호칭을 이름 앞에 붙일 때 미국식 표기에서는 마침표(period)를 붙이지만 영국식 표기에서는 붙이지 않는다. 또한 이름 뒤에 콜론(:)을 붙이는지, 쉼표(,)를 붙이는지도 차이가 나는데 미국에서는 두 가지 모두 가능하지만 콜론이 조금 더 정중한 느낌을 주기 때문에 cover letter에서는 좀 더 선호된다. 하지만 영국식 표기에서는 이름 뒤에는 쉼표만 쓰도록 되어 있다. 그래서 미국식 표기를 사용하는 많은 저널들에 투고할 때는 "Dear Dr. Newton:" 이라고 표기하는 것이 가장 스탠다드한 표기이며, 영국 저널들(ex. Lancet, BMJ, British Journal of *** 등)에 투고할 때에는 "Dear Dr Newton,"이라고 표기하는 것이 더 적절하고 좋은 인상을 줄 수 있다.

2.4.2 인사 및 논문 소개

Dear Dr. ***: 아래 나오는 첫 문단에는 이 편지를 쓰는 이유와 논문의 대략적인 소개를 하게 된다. 여기에서 상황에 따라 background나 primary finding을 간략하게 말할 수도 있지만 다음 내용 정도까지만 쓰는 것이 일반적이다(그림 8-5).

여기에 나오는 두 가지 문장이 가장 널리 쓰이는 문구이다. 이때 주의해야 할 점은 같은 방식의 연구라 하더라도 각 저널마다 출판하는 article type의 이름이 상이하므로(ex. Original Research/Original Article, Correspondence/Letter to the editor) 어떤 이름으로 내가 내고자 하는 문건이 불리고 있는지 투고 가이드라인과 최신 호를 참고해서 작성해야 한다는 점이다. 저널 이름은 통상적으로 이탤릭체로 쓴다(ex. *New England Journal of Medicine, Science*). 물론 저널 이름도

1안

Dear Dr. ***:

Please find enclosed our manuscript entitled "[Manuscript title]", which we are submitting for consideration for publication as a/an [article type] in [*Journal name*].

2안

Dear Dr. ***:

I am pleased to submit our manuscript, "[Manuscript title]", for consideration for possible publication as a/an [article type] in [*Journal name*].

그림 8-5 인사 및 논문 소개

다시 한번 꼭 확인해보아야 한다. 필자가 cover letter 교정을 하다 보면 비록 드물지만 수신자 부분의 저널 이름과 첫 인사 문장의 저널 이름이 서로 다른 경우를 보게 되는데, 실로 등골이 살짝 서늘해지는 순간들이다.

이 인사말 문단에 저자들을 추가할 수도 있다. 저자 수가 많지 않다면(5~6명 이하) 그들 이름을 모두 명시할 수도 있고 아니면 1저자 이름만 명시하고 나머지는 et al.로 쓸 수도 있다(ex. Lee et al.). 위치는 보통 논문 제목 뒤에 붙이거나(… "[Manuscript title]" by Lee et al. for consideration for…) 아예 문장으로 뒤에 추가할 수도 있다(…in [Journal name]. This manuscript was written by AAA, BBB, and CCC.). 공간적인 면을 고려한다면 논문 제목 바로 뒤에 쓸 때는 1저자 이름만 쓰는 것이 보통 적당하며, 새로운 문장으로 추가할 때는 1저자만 나오면 썰렁할 수 있으니 전체 저자 이름을 쓰는 것이 좋을 수도 있다.

2.4.3 Background, design, methods

첫 문단에서는 본 연구의 배경, 즉 어떠한 지식 상/치료법 상의 gap을 채우고자 하였는지를 드러내고 어떠한 연구 디자인으로 그 gap을 채우고자 했는지 피력한다. 이 문단과 아래 문단(results & implication)은 연구의 주제와 디자인에 따라 구성 방식이 많이 달라질 수 있지만, 가장 기본적으로 사용할 수 있는 구성은 다음과 같다. 우선 본 문단은 연구의 중요성 관련 2~3문장 + 연구 디자인 설명 1~2문장 정도를 쓴다고 생각하면 쉽다.

연구 중요성 관련 첫 1~2문장에서는 우선 필요한 만큼의 배경지식을 제공하는데, 이때 general한 저널들(NEJM, JAMA, Journal of Clinical Oncology, Annals of Surgery… 등)은 연구 주제에 대한 좀 더 넓고 기초적인 내용부터 설명하는 것이 좋고, 그보다 좀더 specific한 저널들(Journal of Vascular Surgery, Journal of Thoracic Oncology… 등)은 상세한 배경 설명과 gap으로 바로 넘어가도 무관하다. 만약 editor-in-chief의 전공 분야 등을 잘 파악하고 있다면 그에 맞출 수도 있다. 그 다음 1~2문장에서는 보통 아직 채워지지 않은 지식 상/치료법 상의 gap을 피력하는데, 그러다보니 이 문장은 'however'로 시작하게 되는 경우가 많다. 이때 기존 연구의 맹점을 부각하고자 필요 이상으로 기존 연구를 폄하하거나 불필요하게 부정적/감정적으로 다가서는 내용을 쓰는 경우들을 보았다. 하지만 그러한 어조는 좋게 받아들여지기 쉽지 않고 긍정적인 효과를 기대하기 힘들 수 있으니 삼가는 것이 좋다.

다음 1~2문장에서는 앞서 설명한 gap을 잘 채우기 위해 어떤 디자인으로 연구를 시행했는지 알린다. 특히 editor-in-chief가 보기에 강점으로 봐줄 수 있을 만한 것들(ex. 전향적 연구 디자인, multi-center, multinational 디자인, 많은 수의 환자, 새로 개발된 치료법/기계 등의 사용)을 부각하면 좋다. 종합해보면 결국 논문 본문의 Introduction에서 대부분의 내용을 가져오게 될 터인데, 반드시 이 포맷을 따라가기보다는 어떻게 해야 좀 더 부드럽게 잘 연구의 중요성이 전달될지를 고민하면서 작성해보는 것이 가장 효과적이다.

2.4.4 Results, implication, conclusion

이 문단에서는 논문의 key finding 혹은 take-home message라 불릴 만한 결과들을 제시하게 된다. 이때는 좀 더 빠른 이해를 돕기 위해 raw number보다는 해석 가능한 숫자, 즉 %나 P value 등 위주로 제시하는 것이 도움이 된다. 특히 secondary한 결과까지 모두 제시하느라 cover letter 길이를 늘리는 것은 삼가는 것이 좋다. 이 key finding과 더불어 key discussion, 즉 clinical implication도 함께 제시해주는 것이 필요하다. 초록 같은 경우에는 key finding과 implication/interpretation이 보통 분리되어 있지만 cover letter에서는 key finding 중간중간에 implication을 넣어주는 것도 가능하며 경우에 따라 도움이 될 수도 있다. 다시 말해 result 1 – result 2 – result 3 – implication 1 – implication 2 – implication 3처럼 나중에 한꺼번에 implication들을 제시하는 방법도 있으며, result 1 – implication 1 – result 2 – implication 2 – result 3 – implication 3처럼 데이터를 제시하면서 바로 그것이 무엇을 의미하는지 보여주는 것도 가능하다.

Implication과 conclusion을 작성할 때는 너무 단정적인 표현이나 너무 약한 표현은 모두 지양하는 것이 좋다. 강약을 섞어 씀으로써 우리 결과를 overstate하는 것을 방지하는 동시에 undersell하는 것도 피하는 것인데, 예를 들어 강하게 나갈 땐 show/indicate 등을 쓰고 약하게 말할 땐 suggest/may 등을 쓰는 것이다. 이에 대한 조합은 다음과 같다(그림 8-6).

강+강 Our results **show** that smoking **induces** DNA damage in lung epithelial cells.

강+약 Our results **suggest** that smoking **induces** DNA damage in lung epithelial cells.
Our results **show** that smoking **may induce** DNA damage in lung epithelial cells.

약+약 Our results **suggest** that smoking **may induce** DNA damage in lung epithelial cells.

그림 8-6 강약 조절하기

그림 8-6를 보면 같은 문장에 대해 강/약을 조절한 4가지 버전이 제시되어 있다. 만약 강+강의 조합으로 결론을 내렸는데 실제로 연구 디자인이 그렇게 강하게 제시하기에는 약하다거나 연구의 evidence strength가 충분히 강하지 않다면 에디터나 리뷰어들에게 분명히 지적을 받게 된다. 반대로 약+약의 조합으로 결론을 쓴다면 editor-in-chief가 본문을 들여다볼 가치를 많이 느끼지 못할 수도 있다. 그래서 많은 경우에는 강+약을 조합하여 결론을 제시하는 것이 효과적일 수 있다.

2.4.5 저널과의 궁합

앞선 문단이 연구의 implication을 통해 전반적으로 학계에 기여하는 내용을 담고 있다면 이번 문단은 본 저널과 그 저널의 독자들에게 본 연구가 어떻게 기여할 것인지, 얼마나 흥미로우며 중요한 족적을 남길 수 있는지를 어필하게 된다. 보통은 본 연구는 novel하며 would be of general interest to the readers라고 어필하게 되는데, 엄밀히 따진다면 novel하지 않은 연구는 없다. 그러므로 왜 본 연구가 독자들에게 흥미로울 것이라 생각하는지 좀 더 근거를 추가하는 것이 도움이 된다. 그때 보통 저널의 scope를 언급하게 되는데, 이때 저널 홈페이지에서 aim & scope 페이지에 들어가 저널이 추구하는 방향성을 복사해서 붙여넣는 방식도 자주 쓰이는 것을 보았다. 하지만 그러한 방향성들은 보통 포괄적이고 모호할 때가 많으며, 저널의 편집장이 항상 숙지하고 있는 내용을 굳이 드러내봤자 다른 cover letter들 사이에서 두드러지는 효과를 기대하기는 힘들 것이다.

그래서 그보다는 해당 저널에서 최근 나온 비슷한 주제의 연구들을 인용함으로써 본 연구가 그들과 같은 선상에 있으면서도 새로운 시점이나 해결방안 등을 제시함으로써 on-going discussion에 좋은 addition이 될 것이라 언급하는 것이 좋게 비춰질 수 있다. 만약 해당 저널에서 그러한 내용을 찾기 힘들다면 앞서 적은 Background & method 문단에서 언급한 기존 연구들이 채우지 못했던 gap을 어떻게 본 연구가 잘 채웠는지 등을 잘 어필하는 것이 좋다. 이러지 않고 다음처럼 generic한 문장으로 끝마치게 되면(ex. We believe that our study contains novel results and is thus suitable for publication in [Journal name], which has a wide readership and is dedicated to the dissemination of important clinical findings.) 앞서 제시한 본 연구의 finding과 implication들이 모두 맹하게 흐려지고 기억에 남지 못하는 효과를 가져올 수 있으니 가능하면 연관되는 기존 연구나 gap등을 언급하며 강하게 끝내는 것을 추천한다.

2.4.6 각종 확인 Statement

이 문단은 연구의 내용과는 별개로 연구 자체가 연구윤리, 그리고 출판윤리에 저촉되는 사항이 없이 이뤄졌는지를 확인하는 곳이다. 많은 연구자들이 기계적으로 복사/붙여넣기를 하는 곳이지만 나중에 혹 연구/출판 윤리에 저촉되는 사항이 발견되면 편집장들이 이곳에 적힌 내용을 기반으로 윤리 저촉 외에 허위 진술까지 하였다고 언급할 수 있는 곳이며, 이런 경우에는 심한 경우에는 연구자의 기관에 직접 연락을 취해 관련 내용에 대해 조사를 요청하기까지 할 수도 있으니 꼭 내용들을 하나하나 확인하고 작성하여야 한다.

이 문단에는 다음 내용들이 들어가게 되며, 순서는 특별히 정해져 있지 않다. (1) 연구의 내용 중 일부나 전체가 타 저널에 투고된 상태이거나 출판된 적이 있는지, (2) 연구의 내용에 관련된 초록이나 포스터, 또는 구연 발표 이력이 있는지, (3) 현재 투고되는 최종본을 모든 저자들이 읽었으며 동의하였고 이 저널에 투고하는 것에 대해서도 동의하였는지, (4) 저자들 중 이 연구 내용과 직간접적으로 관련된 이해관계를 가진 저자가 있다면 누구이며 어떤 이해관계인지, (5) 직합한 연구 윤리위원회(IRB, IACUC)에서 승인을 받았는지, 그리고 (6) informed consent가 필요한 연구라면 환자들로부터 informed consent를 받았는지 여부 정도이다. 저널에서 직접 확인하기 힘든 3번을 제외하고 나머지는 검색이나 기관 연락을 통해 쉽게 알 수 있는 것들인데, 조금이라도 문제가 될 만한 것이 있다면 이 문단에 상세히 설명하는 것이 나중에 저널에서 알아차리는 것보다 백 배 낫다. 특히 이해관계 같은 경우 NEJM과 Lancet 등에 다수 논문을 낸 암 연구자 José Baselga 가 재정 관련 이해관계를 고지하지 않은 이유로 2018년에 다수 논문들이 철회되고 자신이 일하던 Memorial Sloan Kettering Cancer Center에서 사임하게 된 일이 있었다. 연구 윤리 관련 이슈는 저널들이 갈수록 중요하게 보는 사안이며 한 번 문제가 사후에 제기되면 설사 완전히 해결된다 하더라도 한동안 편집장 입장에서 찝찝한 기분을 지우기 힘든 이슈이기 때문에 조심하여야 한다.

2.4.7 리뷰어 추천/비추천

이 문단은 선택사항이며, 요즘은 투고 시스템에 입력 가능한 경우가 많다. 하지만 그러한 옵션이 투고 시스템에 없거나 저널 투고 가이드라인에 cover letter에 리뷰어로서 추천하는 연구자를 기입하라고 나와있다면 이 자리를 활용해보도록 하자. 보통 3명에서 5명 정도를 추천하면 되며, 이때는 간단하게 이름과 소속, 연락처(e-mail) 정도만 적으면 된다. 물론 연구자가 추천한 것을 무조건 따라서 리뷰어를 정하지는 않게 되지만, 에디터들로 하여금 적절한 리뷰어를 찾는 데 있어 좋은 시작점을 제공할 수 있게 되니 자유롭게 적으면 된다. 만약 비추천하고자 하는 연구자가 혹 있다면 그때는 간략하게 이유를 같이 제시하면 된다. 보통 이해 관계 때문에 배제해달라고 하는 요청이 잘 받아들여지며, 단순히 연구 주제에 대해 나와 반대 의견을 갖고 있다고 얘기하면 오히려 리뷰어로 선택되는 불상사가 생길 수도 있으니 비추천하는 항목은 좀더 신중하게 작성하는 것이 좋으며 보통 경우에는 적지 않는 것이 가장 무난하다.

2.4.8 마침 인사 및 교신 저자 정보

마치는 인사를 할 때에는 간단하게 "Thank you. Sincerely, ***"라고 적을 수도 있고 "Thank you for your consideration of our manuscript. We look forward to hearing from you soon. Best regards, ***" 정도로 길게 적을 수도 있다. 이때 "We look forward to hearing from you at your earliest convenience"라고 적는 것을 종종 보게 되는데, 이는 자칫하면 필요 이상으로 재촉하는 것으로 들릴 수 있기 때문에 지양하는 것이 좋다. 상황이 편해지시면 바로 답변 달라는 말을 들은 사람의 심기가 마냥 편하기는 힘들지 않겠는가? 그러니 "We look forward to hearing from you soon" 정도가 적절하다고 보인다. 또한 Sincerely나 Best regards 외에 with warmest regards나 your truly 등을 적는 경우도 보았으나 이는 안면이 있는 사이에서 개인적인 메일을 보낼 때나 적절한 문구이기 때문에 논문 투고와 같은 공식적인 상황에는 어울리지 않으니 주의해야 한다.

Thank you for your consideration of our manuscript. We look forward to hearing from you soon.

1 줄

Sincerely,

3 줄

(signature)

[Name, degree]
[Position]
[Department, institution]
[Address]
[City, zip code, country]
[Telephone #] [Fax #] [E-mail address]

그림 8-7 Cover letter 마침 인사 및 교신 저자 정보

위 그림 8-7을 보면 cover letter의 마치는 부분을 어떻게 구성하는지를 알 수 있다. 특이하게도 전통적으로는 sincerely 뒤에 3줄을 내리고 자신의 이름을 적게 되어 있는데, 이는 실제로 cover letter를 프린트해서 그 3줄 공간에 자신의 서명을 하고 논문 원고와 함께 붙이던 것을 고려한 것이다. 요즘은 그러한 과정이 생략되고 있으니 굳이 3줄까지 띌 필요는 없다. 마지막에는 교신 저자의 이름, 학위, 직위, 소속, 주소, 연락처 등을 기재하면 되며, 교신 저자가 한 명 이상일 경우에는 다른 공동 교신 저자들의 정보도 동일하게 계속 아래에 기재하면 된다.

3. Response letter

정성 들여 쓴 cover letter를 논문과 동봉해서 보냈더니 별다른 말 없이 peer review가 진행되었고, 이제 리뷰어 코멘트에 대해 답변하는 response letter를 제출하라는 이메일이 왔다고 가정해보자. 이때 이 챕터의 서론으로 돌아가서 그

림 8-1을 한번 다시 보자. 원고 준비부터 최종 게재 승인까지 이어지는 기나긴 여정에서 revision하는 단계와 response letter를 제출하는 단계가 얼마나 final decision에 가까운가? 이를 잘 아는 많은 연구자들이 response letter가 논문 출판 과정에서 가장 중요한 스텝이라는 말에 충분히 공감할 것이다. 담당 에디터가 peer reviewer들을 찾아서 논문 리뷰를 요청했고, 그들의 코멘트를 돌려 받은 후 reject하지 않고 그에 대해 답변 및 적절한 수정을 하라고 요청하는 것은 생각보다 고무적인 상황이기 때문에 꼭 그 기회를 잘 잡아야 한다. 그리고 이때 response letter는 직접적으로 논문의 생사를 가르는 역할을 하게 된다. 이 챕터에서는 response letter를 효과적으로 작성하는 방법에 대해 알아보도록 한다.

3.1 Response letter 작성 관련 Tip

3.1.1 맛있는 저녁 먹기

효과적인 response letter를 쓰는 데 있어 가장 먼저 해야 하는 것은 맛있는 저녁을 먹으러 나가는 것이다. 뜬금없는 소리처럼 들리겠지만 이는 두 가지 이유로 필요하다. 우선 다소 때 이르지만 축하할 만한 일이 생긴 것이기 때문이다. 논문 출판에 있어 editorial rejection과 initial reviewer rejection을 모두 통과하는 것은 결코 쉬운 일이 아니기 때문에 자축하는 것이 마땅하다. 그리고 더 중요한 이유는 뜸 들이는 시간을 갖기 위해서이다. 밥을 지었을 때 뜸을 들이는 시간을 가져야 더 좋은 결과물이 나오는 것처럼 response letter를 쓰는 데 있어도 뜸 들이는 시간이 중요한데, 이는 부정적인 코멘트가 많을 때 특히 중요하다. Revision 과정은 과학적인 토의의 장이며, 다투는 곳이 아니다. 하지만 연구자에게 있어 마치 자식과 같은 논문이 얼굴도 이름도 모르는 사람들에게 안 좋은 소리를 들었다면 기분이 좋을 리가 없는데, 그러한 이유로 **감정적으로 대응**하게 되면 연구자에게 득 될 것이 전혀 없다. 대신 맛있는 저녁을 먹으며 일단 자축을 하고, 다음 날 아침에 돌아와서 모든 코멘트를 다시 한번 주의 깊게 살펴보며 읽어보자. 이러한 과정을 통해 감정은 줄이고, 이해는 높인 상태에서 response letter 준비를 하는 것이 좋다.

3.1.2 카테고리화 하기

Response letter에서 첫 번째로 피해야 할 것이 앞서 말한 **감정적으로 대응**하는 것이며, 두 번째는 **동문서답**하는 것이다. 필자가 비록 각 세부 의학분야에 대한 식견은 부족하지만, response letter를 교정하다 보면 아무리 봐도 저자들의 답변이 리뷰어가 물어본 내용에 대한 답변이 되지 않는 것을 볼 때가 간혹 있다. 그렇게 동문서답하는 것을 미연에 방지하고 답변 작성 과정을 효율적으로 만들기 위해서는 리뷰어의 코멘트를 어떤 식으로 답변해야 하는지(ex. 데이터 추가[main figure, supplementary figure, reviewer-only], 데이터 변경, 텍스트 변경, 부연 설

	번호	Comment	종류	Response 개요	상태
	1	Please say explicitly in which month & year that manuscript editing work was first available at this center vs when the SPT was introduced.	부연 설명	처음 교정 시작한 시점: 2011년 1월. SPT 시작 시점: 2017년 1월로 잡음(이때부터 자체적으로 REDCap을 이용하여 교정 접수함).	
	2	This is important to demonstrate that any change observed can be attributable to the SPT, as well as to confirm that the author satisfaction survey was in place before the SPT was introduced. A change in the satisfaction of authors before and after introducing the SPT would be compelling. A change in the number of editing requests is not compelling enough.	데이터 추가 - reviewer only	SPT 설립 전후로 전반적 영문교정 만족도의 변화에 대한 질문. 설립 전(2011 - 2016) 회사별 만족도 조사 결과 제시 예정. 이때는 response rate가 매우 낮았음(10% 미만). 그래서 정확한 비교가 힘들며, 질문도 심층적이지 않기 때문에 QC에 활용도가 높지 않았음. 분석 후 reviewer-only figure로 제공 예정이며, 리뷰어와 에디터가 요구한다면 supplementary figure로 추가 고려.	분석 중
	3	6. Line 230. Why not at least present summary results for the survey, instead of merely saying what the response rates were.	데이터 추가	설문응답률 상세 데이터 추가(supplementary figure).	분석 중
	4	7. Line 254. 'revisions editing and comments' – this phrasing is awkward.	영문	교정 예정	
	5	8. This Discussion section is a lengthy re-analysis of the Results section in the absence of a literature review. Please revise and shorten. A more direct, succinct discussion section will pass the information better. The paragraphs are too lengthy.	영문	교정 예정	
Reviewer #1	6	What was the "clearly defined point in time" of the "intervention" in this population since segmented regression analysis is being used? When in 2017 exactly did the SPT start?	부연 설명	2017년도 1월에 SPT가 시작하였기 때문에 그때를 intervention으로 잡았음.	문의 중
	7	6. Line 230. Why not at least present summary results for the survey, instead of merely saying what the response rates were.	데이터 추가	설문응답률 상세 데이터 추가(supplementary figure).	분석 중
	8	4. Line 175. What did the validity check entail?	부연 설명	이미 있음(line 176). 조교수 이상 저자를 통해서 들어온 건인지, 교정 대상이 맞는지 등이 validity check에 들어감.	
	9	5. Please specify how EECs were selected, and paid. Discussing some more about the characteristics of the EEC could be helpful too – how large were the companies, what was the typical qualification of the staff, etc.	데이터 추가	아카데미 시절 업체 선정 관련 문의. EEC 관련 설명 supplementary table 추가.	문의 중
	10	6. Line 230. Why not at least present summary results for the survey, instead of merely saying what the response rates were.	데이터 추가	설문응답률 상세 데이터 추가(supplementary figure).	분석 중

그림 8-8 Response letter 카테고리화 하기

명, 참고 문헌 추가/변경, 영문 교정 등)에 따라 분류하는 것이 도움이 된다(그림 8-8).

3.2 구성

3.2.1 에디터에게 보내는 내용(Response letter의 cover letter)

Response letter의 첫 1~2장은 처음 투고 시 첨부한 cover letter와 유사한 구성을 가진다. 대신 cover letter는 항상 저널의 editor-in-chief에게 쓰는 것이나, response letter는 수신자가 상황마다 다르다. 가장 흔한 방식은 내 논문을 실제로 담당한 associate editor/deputy editor에게 보내는 것이다. 통상적으로 리뷰어들의 코멘트를 담은 review letter의 끝에 보낸 사람을 보면 내 논문을 담당한 에디터를 알 수 있으며, 아니면 투고 시스템에 기재되는 경우도 있다. 만약 review letter의 발신자가 editor-in-chief라면 그에게 보내면 되며, 아무런 에디터의 이름도 적혀있지 않고 그냥 저널의 editorial office라고만 적혀있다면 "Dear editorial office of [*Journal name*],"이라고 적어서 보내면 된다.

그렇게 수신자에게 인사를 한 후, 논문을 수정해서 다시 보낼 수 있는 기회를 준 것에 대해 감사하다는 표현을 하고 리뷰어들의 코멘트에 대해 point-by-point로 답변하였으며 본문에 바뀐 내용은 가독성을 위해 폰트 색깔을 바꿨다거나(푸

른색, 붉은색, 노란 하이라이트 등) 워드의 변경 내용 추적 기능(Track Changes function)을 사용하였다고 언급하면 된다. 그리고 만약 에디터가 코멘트한 내용이 있다면(ex. 단어 수 줄임, article type 변경[full article, short report, correspondence]) 그에 맞추어 바꿨다는 것도 설명하는 것이 좋다.

3.2.2 리뷰어 코멘트에 대한 답변

Response letter의 cover letter 이후에는 본격적으로 리뷰어들의 코멘트에 대한 point-by-point 답변을 제시하면 된다. 이 부분의 구성은 통상적으로 총 3개의 레벨로 이루어진다: 리뷰어 코멘트 – 저자들의 답변 – 관련 본문 변경 사항(선택사항)(그림 8-9).

리뷰어 코멘트

Comment: A majority of the results sections are accompanied by a mini-discussion of the findings and what they may mean in the context of the manuscript. This is not the purpose of the results section and the discussion of these findings should be left for the discussion as to clearly describe the findings of the present work. As written it gets confusing as to which data is from the current project and what is being referenced.

저자 답변

Response: We agree with the reviewer's comment that some of our Result sections contain sentences that better belong in the Discussion section. We revised the manuscript accordingly. We removed the following sentences from the Results section and incorporated them into the Discussion section. We hope that these changes would render the manuscript more suitable and logical to the reviewer. (page 5, lines 125-134)

본문 변경사항

"A compelling majority of children with ASD (up to 90%) suffer from various GI disorders such as IBD, indigestion, and constipation.[4,26] Numerous studies have also reported significant alterations in the composition of gut microbes in ASD children burdened with GI disorders,[12,13,27,28] the dysbiosis of which is highly responsible for the development of GI disorders and IBD.[7]"

그림 8-9 리뷰어 코멘트에 대한 답변 구성

그림 8-9에 보이는 것처럼 response letter를 들여다보았을 때 어떤 부분이 코멘트이고 어디가 답변인지, 그리고 어떤 부분이 본문 변경 사항인지 손쉽게 알 수 있도록 가독성을 높이기 위해 노력해야 한다. 필자가 개인적으로 추천하는 방식은 리뷰어의 코멘트는 딱히 꾸밈 없는 텍스트로 구성하고 검은색 폰트로 유지하며, 그에 대한 저자들의 답변은 파란색 등의 적절히 밝은 색상으로 적는 것이다. 이때 그림 8-9에서처럼 **Response:** 라고 보여주고 시작할 수도 있고, 아니면 화살표 (→) 이후에 답변을 시작할 수도 있다. 여기에 전반적으로 들여쓰기를 이용해서 답변을 코멘트로부터 구분할 수도 있겠지만, 들여쓰기는 본문 변경 내용을 보여주고자 할 때 사용하는 것도 유용하다.

답변 내용과 상응하는 본문 변경 내용을 대략적으로 위치(page number, line number)로만 알려줄 수도 있지만, 변경 내용이 간결하거나 많이 중요하기 때문에 굳이 리뷰어로 하여금 revised manuscript를 들여다보는 수고를 겪지 않게 하고 싶을 때는 아예 본문 변경 내용을 붙여 넣는 것도 효과적이다. 하지만 이때 자칫 잘못하면 답변과 본문에서 가져온 텍스트가 잘 구분이 되지 않아 헷갈릴 수 있다. 그래서 필자는 본문에서 가져온 텍스트를 쌍따옴표로 묶고 전반적으로 기울임꼴을 적용하고 들여쓰기를 하는 것을 추천하는 바이다(그림 8-9, "본문 변경사항”). 그리고 실제로 변경된 부분은 답변과 비슷한 색깔로 표시하고, 어떤 문맥에서 그러한 변경사항이 생겼는지를 알려주기위해 적절히 앞뒤 문장들을 함께 검정색으로 보여주는 것도 좋다. 좀 번거롭지만 이러한 사항들을 적용하면 가독성이 크게 좋아지면서 리뷰어가 response letter를 검토하는 데 있어 많은 도움이 될 수 있다.

끝으로 답변과 본문 변경 사항의 텍스트 색깔은 적절히 밝은 파란색을 추천하는 바이다. 붉은색으로 답변을 작성한 경우도 간혹 보았는데 이는 원치 않은 공격적인 느낌을 줄 수 있기 때문에 적절치 않으며, 버건디 정도 색을 대신 쓸 수도 있겠으나 파란색이 좀 더 긍정적인 분위기를 자아낼 수 있을 것이라 생각한다. 참고로 필자가 선호하는 색은 오피스 2016 기준 글꼴 색 메뉴에서 “다른 색(M)”을 선택하면 나오는 각종 색 중 위에서 두 번째 줄의 오른쪽에서 세 번째 파란색이다.

3.3 리뷰어 코멘트에 답변하기

3.3.1 Thank you!

Peer reviewer들은 다른 직접적인 대가 없이 본인의 시간과 노력을 들여가며 내 연구를 검토해주는 사람들이니 그들에게 감사함을 표현하는 것이 마땅하다. 하지만 모든 크고 작은 코멘트들에 답변을 달 때마다 “Thank you for your excellent comment.”이라고 기계적으로 말하며 시작하는 것은 피하는 것이 좋다. 리뷰어가 많이 신경 써서 달아준 코멘트나 연구자가 놓친 중요한 점을 잡아주는 코멘트, 그리고 논문의 질을 높여주는 코멘트에 대해서라면 그렇게 감사를 표현하며 시작하는 것이 당연히 필요하지만, 단순 오타를 잡아내는 등 마이너한 코멘트에까지 “Thank you for your excellent comment.”라고 말하게 되면 앞서 표현한 모든 감사들이 의미를 잃게 되고 오히려 리뷰어가 불쾌해 할 수 있다. 그래서 이러한 감사 표현은 리뷰어에게 답변을 시작할 때와 끝마칠 때, 그리고 정말 신경을 써서 해준 코멘트들에 선택적으로 사용하는 것이 좋으며, 마이너한 코멘트들에 대해서는 “As per your comment, we revised/deleted/added…” 같은 식으로 간단하게 시작하는 것을 추천하는 바이다.

3.3.2 효과적으로 “no”라고 하기

리뷰어의 제안에 대해 동의하지 않는다고 말하는 것은 연구자들에게 많은 부담이 되기 때문에 앞서 말한 것처럼 답변을 질질 끌게 되거나 마음에 들지 않음에도 동의하는 경우가 많다. 물론 리뷰어가 제안한 변경 내용이 실제로 논문에 도움이 되거나, 도움이 되진 않지만 연구자들의 의도에 피해를 끼치지 않는 다면 그대로 따르는 것이 좋다. 하지만 실제로 리뷰어가 오해를 했거나 그들이 제안한 내용이 논문과 연구자들이 의도한 결론에 많이 어긋난다면 효과적으로 "no"라고 할 수 있어야 한다. 이는 리뷰어들이 완벽하지 않으며, bias가 있을 수 있고, 검토 과정에서 실수가 있었을 수도 있기 때문이다. 그리고 리뷰어들이 자신들의 코멘트에 100% 동의해야만 통과시켜주는 것도 아니기 때문에 리뷰어의 의견에 반대하는 이유를 침착하게, 근거를 들어가며 설명하면 된다.

우선 두괄식으로 답변하는 습관을 기르는 것이 좋다. 리뷰어들이 피곤해하는 답변 유형 중 하나가 미괄식 답변이다. 답변 시작에 뜬금없이 해당 내용에 대한 기존 논문이나 배경 설명이 계속 나오다 마지막에 가서야 동의한다, 동의하지 않는다 등 저자들의 실질적인 답변이 나오는 것은 보통 효과적이지 않다. 특히 이런 전개는 저자들이 리뷰어의 코멘트에 대해 동의하지 않을 때 보통 쓰이는데, 그때 시작부터 우리는 당신의 의견에 동의하지 않는다고 직접적으로 말하는 것이 부담스러워 자신들도 모르게 답변을 빙빙 돌릴 때 생기는 현상이다. 하지만 미괄식 답변은 오히려 짜증만 일으킬 뿐이다. Peer review 과정 같은 scientific communication에 있어서 효과적인 소통 방식은 두괄식이며, 특히 리뷰어의 의견에 반박하고자 할 때는 리뷰어에게 사려 깊은 의견을 주어 감사하지만 우리는 다음과 같은 반론을 제기하고자 한다고 시작하는 것이 좋다.

이후에는 적어도 부분적으로는 동의하거나 왜 그런 질문을 하였는지 이해한다는 것을 어필하는 것이 좋다. 리뷰어가 간혹 논지에서 벗어난 것 같은 질문을 하게 되면 연구자는 '이 리뷰어가 우리 논문의 내용을 정확히 이해한 걸까?'라는 의문을 갖게 되며, 그러한 의문이 머릿속에 자리잡고 나면 다른 코멘트들에 대한 신뢰도 떨어지게 마련이다. 이와 마찬가지로 연구자가 자신의 코멘트에 대해 동의하지 않는다는 답변을 보게 되면 리뷰어 역시 '이 연구자가 내 코멘트를 제대로 이해한 걸까?'라는 의문을 가지게 될 수도 있다. 이러한 오해는 언제고 피해야 하며, 그래서 "no"라고 대답하기에 앞서 "We agree with the reviewer that ___; however, …", "The referee is right to point out that ___. Nevertheless,…", 또는 "It is true that ___, but …"같은 식으로 리뷰어의 코멘트에 대한 이해를 "___" 부분에 삽입하는 것이 좋다.

3.3.3 까다로운 코멘트에 답변하기

앞서 말한 것처럼 연구자들에게 있어 논문은 자식과 같은 존재이다. 헌데 그런 논문이 부정적인 코멘트, 또는 감정이 들어간 코멘트를 받았다고 해서 연구자도 감정적으로 답변을 다는 것은 연구자에게 잠시 동안의 후련함을 줄 뿐 결국 논문의 당락에는 도움을 주기 힘들다. 아무리 리뷰어가 필요 이상으로 내 연구를 깎아내린다고 해도 연구자는 침착하게 답변하는 것이 필요한데, 이때 다음과 같은 두 개의 과정을 통해 까다로운 코멘트(ex. "Your study is clinically meaningless.")에 답변하는 것을 시도해보자.

(1) 주어/목적어 객관화하기

"Your study is clinically meaningless."라는 코멘트에 대해서 "**We** do not agree with **you** that our study is clinically meaningless."라고 답변하고 싶을 것이다. 하지만 이때 we와 you라는 주어와 목적어를 객관화하여 "the authors"와 "the reviewer"로만 바꿔줘도 조금 답변의 분위기가 가라앉을 수 있다. 나아가 저자들이 disagree하는 것은 리뷰어라는 사람 자체가 아니라 리뷰어의 의견이라는 것을 더 피력하기 위해 "the reviewer's comment"라고 하면 더 나아진다 ("**The authors** do not agree with **the reviewer's comment** that our study is clinically meaningless.") 이렇게 답변을 바꾸면 '우리와 리뷰어'라는 사람 간의 다툼으로 번질 수 있는 상황을 '연구자와 리뷰어의 코멘트' 간의 불일치를 줄여가는 과정으로 긍정적으로 바꿀 수 있는 여지가 생긴다.

(2) 부정적 표현을 긍정적/발전적 표현으로 승화시키기

"Do not agree", "disagree" 같은 직접적으로 부정적인 어휘 역시 좀 더 긍정적이고 발전적인 논조를 표현하기 위해 "offer a counterargument"등으로 바꿀 수도 있다. 그리고 리뷰어가 부정적이고 단정적인 표현("your study **is clinically meaningless**")을 사용했다 하더라도 그것을 재사용하지 말고 그보다 덜 부정적이고 덜 단정적인 표현으로 바꾸는 것도 도움이 될 수 있다("The authors **would like to offer a counterargument** to the reviewer's comment that our study **may lack clinical significance**."). 이러한 과정을 통해 부정적이고 까다로운 코멘트에 효과적으로 대답할 수 있기를 바란다.

3.3.4 What not to do

어느 상황이든지 리뷰어에게 답변할 때 피해야 할 두 가지를 추가로 언급하고자 한다. 여러 명의 리뷰어들이 동일한 문제를 제기할 때가 있다. 이때 맨 처음 그것을 질문한 리뷰어에게는 자세히 답변을 단 후, 다음 리뷰어들에게는 동일한 답변을 적지 않고 "See our response to Reviewer 1's comment #2."라고만 적는 경우가 왕왕 있다. 하지만 이와 같은 답변은 절대 금물이다. 우선 저널 시스템에 따라 리뷰어가 자신의 코멘트에 대한 답변만을 받아볼 수도 있는데, 그렇게 되면 답변 내용을 알 수조차 없게 되어 버린다. 그리고 설사 다른 리뷰어들의 코멘트와 그에 대한 답변을 볼 수 있는 상황이라 하더라도 본인이 신경 써서 적은 코멘트에 대한 답변은커녕 다른 사람과 똑같은 내용이니 거길 찾아보라는 식의 답변이 좋게 받아들여질 리 만무하다. 그러니 동일한 코멘트에 대해 답을 달 때에는 매번 충실히 답변을 해야 한다.

두 번째는 실제로 논문에 이미 기재되어 있는 내용인데 리뷰어가 그를 보지 못하고 해당 내용을 추가하라는 코멘트를 하였을 때 답변하는 방식이다. 많은 경우에 "This was already explained in the original version of the manuscript."라고 답변하는 것을 보았는데, 이 문장은 생각보다 부정적인 말투이며 원어민 리뷰어 귀에 들리는 말투는 "이미 이 내용은 다뤘는데 당신이 못 본거다."라는 정도로 들릴 수도 있다. 이때 논조를 완화하는 법은 생각보다 간단한데, already를 빼고 시제를 현재형으로 바꾸면 된다. "This issue is described in the main text (page ***, line ***)." 이렇게 적으면 해당 내용이 언제부터 그 자리에 있었는지가 굳이 밝혀지지 않게 되면서 읽는 사람이 많이 민망해하지 않게 된다. 혹은 "Please refer to page ***, line *** for further description on this issue."라고 하는 것도 가능하다.

3.4 기타 사항(데드라인, 영문 교정)

Response letter의 작성과 제출은 그 내용에 따라 제출 기한이 정해진다. 한데 갖가지 이유로 그 제출 기한에 맞추지 못하는 경우가 생길 수 있는데, 대부분의 경우 어느 정도의 기한 연장이 가능하니 담당 에디터나 편집국에 대략적인 사정을 설명하고 조금 넉넉하게 기한 연장을 요청해보는 식으로 미리 요청하면 된다. 그리고 에디터나 리뷰어가 영문 교정 받을 것을 제안할 때가 있는데, 그런 경우엔 전문교정업체를 통해 전반적으로 교정을 받고 업체에서 발행하는 교정 확인서 (certificate of English editing)를 투고 시스템에 함께 업로드하면 된다. 만약 그러한 코멘트가 없었다 하더라도 저자들의 답변 내용과 revision 과정에서 수정된 본문 내용에 대해서라도 영문 교정을 받는 것을 추천한다. 그리고 간혹 초고에 대해 영문 교정을 받았음에도 불구하고 에디터나 리뷰어가 영문 교정을 제안할 때가 있는데, 이는 영문교정자의 자질 문제 때문일 가능성도 있지만 그보다는 저자들이 비영어권 출신임을 보고 으레 영문 교정에 대한 코멘트를 다는 경우도 있으니 그러한 코멘트를 받았다고 해서 전문교정업체에 대한 신뢰를 버릴 필요는 없다. 대신 revised manuscript 교정은 새로운 교정자에게 부탁함으로써 처음 교정자가 보지 못한 부분을 커버할 수 있게끔 요청하는 것이 도움 될 수 있다.

3.5 추가 Tip

효과적인 response letter를 쓰는 데 있어 처음에 두 가지 팁을 언급했었다(ex. 맛있는 저녁 먹기, 카테고리화 하기). 그리고 추가로 언급하고 싶은 팁은, 본인이 peer reviewer가 되어 보는 것이 효과적인 response letter를 쓰는 데 도움이 될 수 있다는 것이다. 리뷰를 받는 입장이 아니라 리뷰하는 입장이 되어 보면 논문에 코멘트하는 것이 어떤 기분이며 어떤 의도로 특정 코멘트를 달게 되는 것인지, 그리고 response letter를 받아보는 기분과 잘 쓴 답변, 잘 못 쓴 답변을 받아보는 것이 어떤 느낌인지를 알 수 있게 되기 때문에 향후 response letter를 쓸 때 많은 도움이 될 수 있다. 나아가 저널 에디터와 편집국과 함께 일하는 경험을 통해 그들이

peer review 과정에서 중요하게 생각하는 것과 논문의 당락을 좌우하게 되는 경우들이 어떤 것인지 체득할 수 있게 된다. Peer reviewer가 되는 것은 연구자로서 커리어가 쌓인 후에 저널들에서 요청이 오는 경우가 대부분이지만 자신이 저널에 먼저 어필하는 것도 가능하다. 저널 투고 시스템들 중에 저자로서 등록을 할 시 peer reviewer로서 일할 의향이 있는지를 체크하는 경우도 있는데, 그때 적극적으로 참여 의사를 보여주는 것은 좋은 자세로 비춰지게 되며 실제로 생각보다 빨리 peer review 요청이 들어올 수 있다. 그렇게 해서 잘 쓴 response letter의 성공적인 요인을 답습하고, 어설프게 쓴 response letter를 타산지석의 기회로 삼을 수 있게 되기를 바란다.

CHAPTER 09

의학논문 제출부터 출간까지

| 한영민/송호영

CHECKLIST

(1) 투고 규정에 맞게 작성되었는가를 저자점검사항(checklist of requirements)을 토대로 확인한다. 투고 규정이나 저자점검사항은 학술지나 학술지의 홈페이지에 들어가면 있다.

(2) 공저자들은 투고 전에 한 번 더 원고를 읽어보면서 제1저자(first author)의 주장이 합당한지 판단하고 원고 작성상 오류가 있는지를 확인해야 한다.

(3) 온라인 제출 시 PDF 파일 제출 형식이 학술지 규정에 맞는지 확인한다.

(4) 문장은 원어민이 사용하는 영어여야 하며, 겸손하고 분명해야 한다.

(5) 심사위원 및 편집위원장이 지적한 사항들은 논문의 질을 높이는 데 유용하다.

(6) 지적사항을 받아들이지 않을 때는 편집위원장에게 합당한 이유를 설명하여야 한다. 지적사항을 받아들이지 않을 경우에는 먼저 공저자들의 의견을 확인하는 것이 좋다.

1. 원고의 제출

앞에서 읽고 배운 방법에 준하여 한 편의 논문을 완성하였으면 원하는 내용을 충분히 수록하였는지, 수정할 내용은 없는지, 불필요한 내용이 아직도 남아 있는지 등을 반복하여 점검한 후에 공저자들(co-authors)에게 교정을 받아야 한다. 공저자들이 연구를 계획할 때부터 원고가 완성될 때까지 정기적인 또는 부정기적인 모임을 가지면서 서로 의견을 교환하고 일을 분담하는 것이 제일 바람직하다.

그러나 불가피하게 그러한 모임을 가질 수 없거나 일의 분담 없이 거의 모든 것을 제1저자와 책임저자 또는 제1저자 단독으로 결정하고 원고를 작성해야 하는 경우라면 공저자들은 마지막으로 해야 할 역할이 있다. 투고 전 마지막 원고를 읽어보면서 제1저자(first author)의 주장이 합당한지 판단하는 것도 중요하지만 더 중요한 것은 원고 작성상 오류가 있는지를 확인해 주는 일이다. 제1저자 자신이 작성한 논문을 혼자 반복하여 읽으면서 교정에 교정을 반복하다 보면 오류가 있는 부분이 있다 하여도 눈에 잘 들어오지 않는 경우가 흔하다. 가능하면 투고 전 마지막 원고를 공저자들이 미리 읽어본 후 한 자리에 모여서 마지막 점검을 하여 실수 및 오타를 걸러내는 과정을 갖도록 권하고 싶다. 이때 다음과 같은 몇 가지 사항에 염두를 두고 점검을 하면 도움이 될 것이다.

▸ 투고 규정에 맞게 작성되었는가를 저자점검사항(checklist of requirements)을 토대로 확인한다. 투고 규정이나 저자점검사항은 학술지나 학술지의 홈페이지에 들어가면 있다.
▸ 초록의 글자수가 규정에 맞는지 그리고 내용이 독립적이면서 뜻이 잘 통하는지 확인한다.
▸ 숫자 및 숫자의 합이 잘 되어 있는지 확인한다.
▸ 오타가 없는지 확인한다.
▸ 그림과 그림설명이 서로 조화를 이루고 있는지, 사용한 화살표는 제대로 되어 있는지 확인한다.
▸ 참고문헌은 형식에 맞게 작성되어 있는지, 본문에 빠짐없이 인용되어 있는지 확인한다.

옛날에는 원고를 우편으로 제출할 때도 있었지만 지금은 거의 모든 학술지가 온라인(online)으로 제출해야 한다. 학술지에 따라 다소 제출하는 방법이 다르지만 원고를 제출할 때 저작권에 관한 동의서(copyright and certifications agreement), 재정적 권리(financial interest), 편집위원장에게 보내는 투고 편지(covering letter 또는 submission letter)를 같이 제출해야 하는 경우가 많으니 투고 규정을 자세히 읽고 그대로 진행하여야 한다.

완성된 원고(PART I의 부록 별첨 1 참조)를 온라인으로 올리기 위하여 접속할 때 제1저자의 ID와 Password를 사용하지 않고 책임저자(corresponding author)의 ID와 Password를 이용하여야 하는 학술지가 대부분이다. 참고로 Radiology에 온라인으로 투고하는 방법은 그림 9-1과 같고 투고부터 채택 또는 거절의 결정까지의 과정을 도식화하면 그림 9-2와 같다. 또한 참고로 Radiology와 JVIR의 동의서 및 재정적 권리 형식과 저자가 사용한 투고 편지를 그림 9-3, 9-4, 9-5에 소개한다.

(a)

원고를 Radiology에 제출하기 위해서는 Radiology 홈페이지(http://radiology.rsnajnls.org)에 들어가서 좌측의 “submission”을 클릭하여 들어간다.

(b)

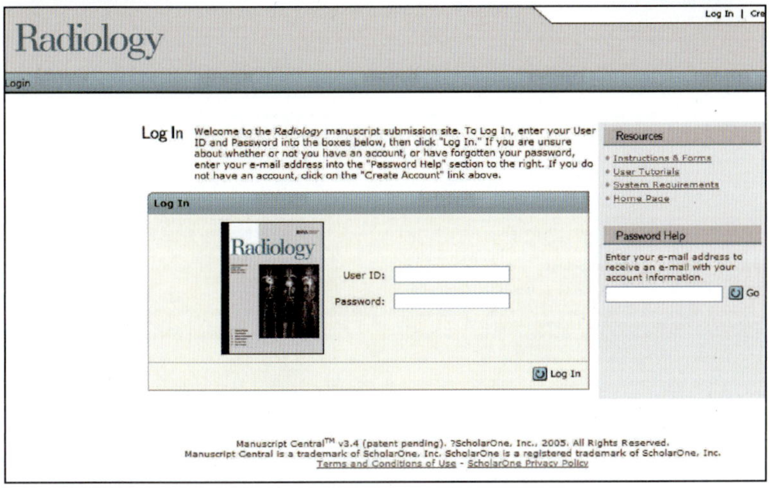

통신저자의 ID와 패스워드를 입력한다.

(c)

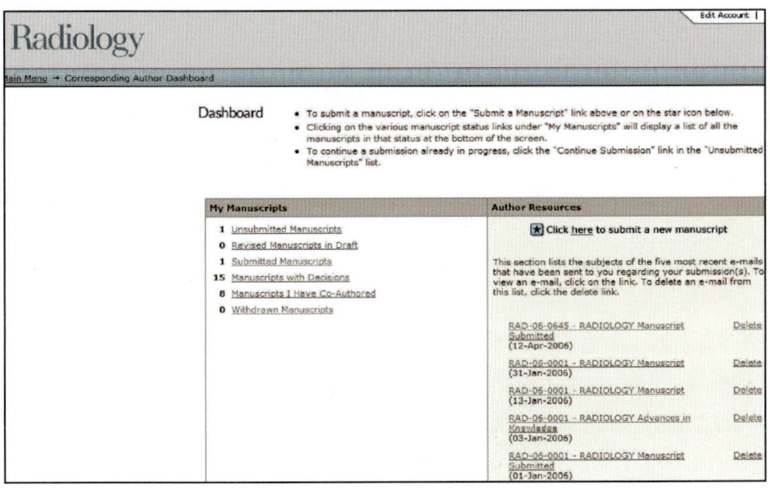

Click here to submit a new manuscript로 들어가서 지시한 대로 따르면 된다.

그림 9-1

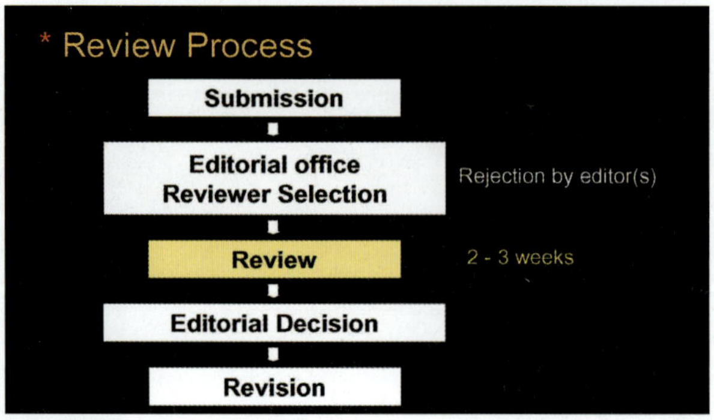

그림 9-2 투고부터 원고 교정까지의 과정을 나타낸 그림

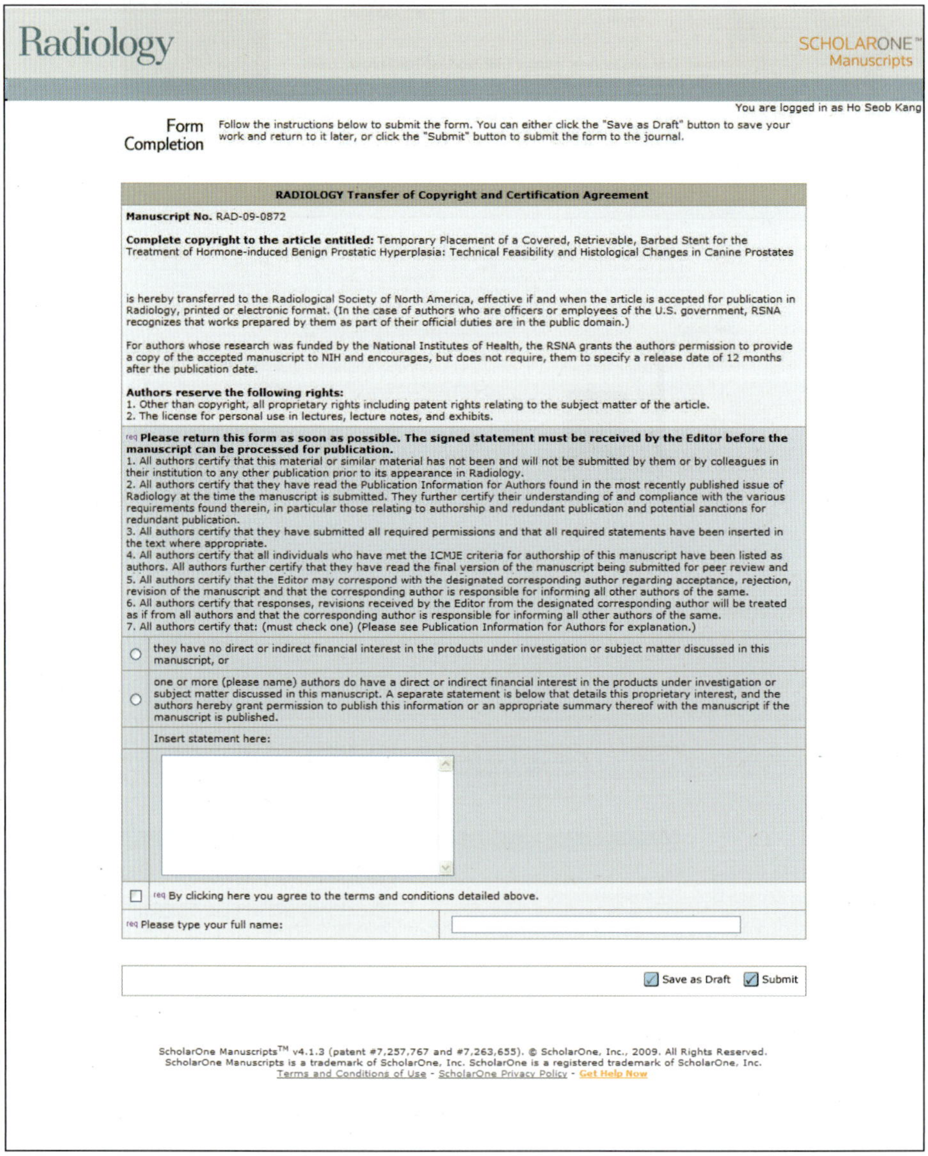

Radiology

SCHOLARONE™ Manuscripts

You are logged in as Ho Seob Kang

Form Completion

Follow the instructions below to submit the form. You can either click the "Save as Draft" button to save your work and return to it later, or click the "Submit" button to submit the form to the journal.

RADIOLOGY Transfer of Copyright and Certification Agreement

Manuscript No. RAD-09-0872

Complete copyright to the article entitled: Temporary Placement of a Covered, Retrievable, Barbed Stent for the Treatment of Hormone-induced Benign Prostatic Hyperplasia: Technical Feasibility and Histological Changes in Canine Prostates

is hereby transferred to the Radiological Society of North America, effective if and when the article is accepted for publication in Radiology, printed or electronic format. (In the case of authors who are officers or employees of the U.S. government, RSNA recognizes that works prepared by them as part of their official duties are in the public domain.)

For authors whose research was funded by the National Institutes of Health, the RSNA grants the authors permission to provide a copy of the accepted manuscript to NIH and encourages, but does not require, them to specify a release date of 12 months after the publication date.

Authors reserve the following rights:
1. Other than copyright, all proprietary rights including patent rights relating to the subject matter of the article.
2. The license for personal use in lectures, lecture notes, and exhibits.

req **Please return this form as soon as possible. The signed statement must be received by the Editor before the manuscript can be processed for publication.**
1. All authors certify that this material or similar material has not been and will not be submitted by them or by colleagues in their institution to any other publication prior to its appearance in Radiology.
2. All authors certify that they have read the Publication Information for Authors found in the most recently published issue of Radiology at the time the manuscript is submitted. They further certify their understanding of and compliance with the various requirements found therein, in particular those relating to authorship and redundant publication and potential sanctions for redundant publication.
3. All authors certify that they have submitted all required permissions and that all required statements have been inserted in the text where appropriate.
4. All authors certify that all individuals who have met the ICMJE criteria for authorship of this manuscript have been listed as authors. All authors further certify that they have read the final version of the manuscript being submitted for peer review and
5. All authors certify that the Editor may correspond with the designated corresponding author regarding acceptance, rejection, revision of the manuscript and that the corresponding author is responsible for informing all other authors of the same.
6. All authors certify that responses, revisions received by the Editor from the designated corresponding author will be treated as if from all authors and that the corresponding author is responsible for informing all other authors of the same.
7. All authors certify that: (must check one) (Please see Publication Information for Authors for explanation.)

○ they have no direct or indirect financial interest in the products under investigation or subject matter discussed in this manuscript, or

○ one or more (please name) authors do have a direct or indirect financial interest in the products under investigation or subject matter discussed in this manuscript. A separate statement is below that details this proprietary interest, and the authors hereby grant permission to publish this information or an appropriate summary thereof with the manuscript if the manuscript is published.

Insert statement here:

☐ req By clicking here you agree to the terms and conditions detailed above.

req Please type your full name:

Save as Draft   Submit

ScholarOne Manuscripts™ v4.1.3 (patent #7,257,767 and #7,263,655). © ScholarOne, Inc., 2009. All Rights Reserved.
ScholarOne Manuscripts is a trademark of ScholarOne, Inc. ScholarOne is a registered trademark of ScholarOne, Inc.
Terms and Conditions of Use - ScholarOne Privacy Policy - Get Help Now

그림 9-3 Radiology의 저작권에 관한 동의서 (계속)

Radiology

SCHOLARONE™ Manuscripts

You are logged in as Ho Seob Kang

Form Completion

Follow the instructions below to submit the form. You can either click the "Save as Draft" button to save your work and return to it later, or click the "Submit" button to submit the form to the journal.

RADIOLOGY Author Contribution Form

Each author should meet the criteria for authorship as established by the International Committee of Medical Journal Editors (ICMJE). As an author, I certify that I have made the following contributions to this manuscript.

1. To meet the ICMJE criteria for authorship, ALL of the following three boxes must be checked:

- [x] Study concepts/Study design OR Data acquisition OR Data analysis/interpretation
- [x] Manuscript drafting OR Manuscript revision for important intellectual content
- [x] Approval of final version of submitted manuscript.

NOTE: If you are not able to check all 3 boxes above, then you must let us know by e-mail or fax if you give us permission to remove your name from the list of authors.

2. At least one author should check the following box:

- [ ] Guarantor of integrity of entire study

3. All authors should also check any of the following contributions that apply:

- [x] Literature research
- [ ] Clinical studies
- [x] Experimental studies
- [ ] Statistical analysis
- [ ] Manuscript editing

Name: Dr. Ho Seob Kang

Phone:

Fax:

Email: jeff0619@hanmail.net

Corresponding Author: Professor Ho-Young Song

Manuscript Title: Temporary Placement of a Covered, Retrievable, Barbed Stent for the Treatment of Hormone-induced Benign Prostatic Hyperplasia: Technical Feasibility and Histological Changes in Canine Prostates

Manuscript Number: RAD-09-0872

Save as Draft | Submit

ScholarOne Manuscripts™ v4.1.3 (patent #7,257,767 and #7,263,655). © ScholarOne, Inc., 2009. All Rights Reserved.
ScholarOne Manuscripts is a trademark of ScholarOne, Inc. ScholarOne is a registered trademark of ScholarOne, Inc.
Terms and Conditions of Use - ScholarOne Privacy Policy - Get Help Now

그림 9-3 (계속)

1. TRANSFER OF COPYRIGHT AGREEMENT, Manuscript No. ______________

Complete copyright to the article entitled: ______________________________

____

____

is hereby transferred to the Society of Interventional Radiology (for U.S. government employees: to the extent transferable), effective if and when the article is accepted for publication in the *Journal of Vascular and Interventional Radiology*. In the case of the authors who are officers or employees of the U.S. government, the Society of Interventional Radiology recognizes that works prepared as part of their official government duties are in the public domain.

Authors reserve the following rights:

A. Other than copyright, all proprietary rights including patent rights relating to subject matter of the article.

B. The license for personal use in lectures, lecture notes, and exhibits.

Part 1 is to be signed by at least one of the authors who agrees to inform the others, if any. Please return this form as soon as possible. The signed statement **must** be received by the Editor **before** the manuscript can be processed for publication.

____

Signature Date

2. Certificate of Exclusive Submission

All authors certify that this material or similar material has not been and will not be submitted by them or by colleagues in their institution to any other publication prior to its appearance in the *Journal of Vascular and Interventional Radiology*. If a signature of one of the authors is difficult to obtain, please let us know.

TO BE SIGNED BY ALL AUTHORS:

Name (print) (First) ______________ Signature ______________

Name (print) ______________ Signature ______________

Name (print) ______________ Signature ______________

Name (print) ______________ Signature ______________

Name (print) ______________ Signature ______________

Name (print) ______________ Signature ______________

Name (print) ______________ Signature ______________

Name (print) ______________ Signature ______________

Name (print) ______________ Signature ______________

Name (print) ______________ Signature ______________

그림 9-4 JVIR의 저작권에 관한 재정적 권리형식 (계속)

TRANSFER OF COPYRIGHT AGREEMENT, *continued*

3. Financial Interest Disclosure

By signing below and by inserting the appropriate code number, each author indicates that he/she has complied with the policy on financial disclosure outlined in the Publication Information for Authors. Note: If your code number is greater than 0 (zero), you must submit a brief paragraph describing your financial relationship(s) with the company or organization involved.

TO BE COMPLETED BY ALL AUTHORS:
Codes:

0 = No financial relationship
1 = Paid consultant
2 = Salaried by the company or organization
3 = Patent ownership or part ownership
4 = Royalty agreement
5 = Owner of or shareholder in company
6 = Combination of two or more of the above

Name (print) ______ Signature ______ Code ______

Name (print) ______ Signature ______ Code ______

Name (print) ______ Signature ______ Code ______

Name (print) ______ Signature ______ Code ______

Name (print) ______ Signature ______ Code ______

Name (print) ______ Signature ______ Code ______

Name (print) ______ Signature ______ Code ______

Name (print) ______ Signature ______ Code ______

Name (print) ______ Signature ______ Code ______

4. Compliance with Institutional Review Board and HIPAA Requirements.

I certify that this report complies with all IRB requirements at the institution(s) where the work was performed. If the work was performed in the United States, all regulations of the Health Insurance Portability and Accountability Act (HIPAA) of 1996 were followed.

______

Corresponding Author Date

Return the signed form by mail or FAX to:

Albert A. Nemcek, Jr, MD, Editor
JVIR Editorial Office
Northwestern Medical Faculty Foundation
Department of Radiology
676 N. St. Clair St., Suite 800
Chicago, IL 60611
Phone: (312) 695-0755
Fax: (312) 695-5645
E-mail: jvir@radiology.northwestern.edu

그림 9-4 (계속)

David C. Madoff, M.D.
Deputy Editor
Journal of Vascular and Interventional Radiology

Dear Dr. Madoff:

Enclosed is an original article of "Use of a Guiding Sheath in Fluoroscopic Colorectal Stent Placement" by Ho-Young Song, Jin Hyung Kim, and Ji Hoon Shin. The article is submitted to be considered for publication as a research article in the Journal of Vascular and Interventional Radiology.

The manuscript has been written according to the guidelines provided by the Journal of Vascular and Interventional Radiology. This or similar material has not been previously published and will not be submitted by me or my colleagues to any other publication prior to its appearance in the Journal of Vascular and Interventional Radiology, and that all of my co-authors have made a substantive and specific, intellectual contribution to the article.

All of the authors have read and approved this manuscript and have no conflict of interests to disclose and industry relationship. I would appreciate very much if you could review the manuscript for publication in the Journal of Vascular and Interventional Radiology.

Sincerely,
Ho-Young Song, M.D.
Department of Radiology, Asan Medical Center
University of Ulsan College of Medicine
388-1, Poongnap-2dong, Songpa-gu, Seoul, 138-736, Republic of Korea
Telephone 82-2-3010-4370
FAX 82-2-476-0090
E-mail: hysong@amc.seoul.kr

그림 9-5 JVIR의 편집위원장에게 보내는 투고편지

2. 원고 접수증(Acknowledge Receipt)

원고를 온라인으로 올릴 때 대부분의 학술지는 원고를 부분별로 올리는 형식, 즉 투고편지, 제목 페이지, 초록, 본문, 그림, 표 등으로 나누어 각각 올린 후 PDF 파일로 변환하는 방식을 요구하고 있다. 이때 변환된 PDF 파일에 올린 파일이 빠짐없이 순서대로 모두 수록되어 있는지 자세히 확인한 후 "제출"이라고 표시된 부분을 클릭하여야 원고가 온라인으로 접수된다. 그러나 학술지에 따라서는 원고를 부분별로 올리지 않고 처음부터 올리려는 모든 파일을 PDF 파일로 전환하여 올리는 방식을 요구하는 학술지도 있으니 학술지 규정을 꼼꼼히 살펴야 한다. Circulation에 제출하였던 예를 들면 다음과 같다.

먼저 원고를 부분별로 올릴 경우 부분별로 올린 파일을 PDF 파일로 변환한 후 제출하여 달라는 서신이 먼저 오고 성공적으로 변환이 되면 아래와 같은 서신이 자동적으로 온다(예문 9-1).

예문 9-1

MS ID#: CIRCULATIONAHA/2009/896001
MS TITLE: The ALK5 Inhibitor, IN-1233, Prevents Neointimal Hyperplasia after Bare Metallic Stent Placement in a Rat Common Iliac Artery Model

Dear Ho-Young Song,

Your files for manuscript CIRCULATIONAHA/2009/896001 have been successfully converted to PDF format and the submission now needs your approval in order to be officially submitted.

Please return to the Author Area:

http://submit-circ.ahajournals.org/submission/submit?msid=CIRCULATIONA-HA/2009/896001

and enter the Papers Ready for You to Proof section to proof and approve the submission.

If you have not used the system before, you must first register. Please visit http://submit-circ.ahajournals.org/ and click on "Create a new account."

If you have not already done so, we ask that you also send to our office the completed Copyright Transfer Agreement to us at 617-542-6539. Please be sure to include your manuscript number on all items.

**Note*: If you find that the manuscript does not appear in the Proof section of your Author Area, please check to see its status in the Active Papers section. The person submitting on your behalf may have already proofed and approved the submission.*

Best wishes,
Circulation
560 Harrison Avenue, Ste. 502
Boston, MA. 02118
Phone:617-542-5100
Fax:617-542-6539
circ@circulationjournal.org

PDF 파일로 변환된 원고를 제출하면 다음과 같이 원고접수를 알리는 서신이 자동적으로 온다(예문 9-2).

예문 9-2

MS ID#: CIRCULATIONAHA/2009/896001
MS TITLE: The ALK5 Inhibitor, IN-1233, Prevents Neointimal Hyperplasia after Bare Metallic Stent Placement in a Rat Common Iliac Artery Model

Dear Dr. Ho-Young Song,

This is an automatic message acknowledging your online submission to Circulation.

Thank you for your submission.

Best wishes,

Circulation
Editorial Office

그 다음 심사위원에게 보낼 것인지 아닌지를 결정하기 전에 다음과 같은 서신이 온다(예문 9-3).

예문 9-3

MS ID#: CIRCULATIONAHA/2009/896001
MS TITLE: The ALK5 Inhibitor, IN-1233, Prevents Neointimal Hyperplasia after Bare Metallic Stent Placement in a Rat Common Iliac Artery Model

Dear Dr. Song:

Thank you for submitting your manuscript to Circulation. If suitable for review, it will be sent to expert reviewers. If thought unsuitable, we will notify you immediately.

Please note, your paper is considered on the understanding that it has not been submitted to another journal for publication and will not be submitted elsewhere unless it is rejected. To follow the progress of your paper, please go to:
http://submit-circ.ahajournals.org

and log in to your Author Area.

Sincerely yours,

Editorial Office
Circulation

온라인으로 원고가 접수되면 사무국에서는 접수된 원고제목, 접수번호 등이 기록된 서신(PART I의 부록 별첨 2 참조)을 책임저자에게 보내고 동시에 편집위원장은 접수된 원고를 2~3명의 심사위원에게 보내어 심사를 의뢰한다. 그러나 저명한 학술지는 수시로 또는 매주 열리는 편집위원회(weekly meeting of the editorial board)에서 심사를 하여 가치가 있다고 판단되는 원고만 심사위원들에게 보내고 심사할 가치가 없다고 판단되는 원고는 거절(rejection in house)을 한다는 서신을 책임저자에게 보내기도 한다. 심사위원의 심사도 없이 거절을 하는 이유는 수없이 많이 제출되는 원고를 심사하느라 많은 시간을 보내는 심사위원들의 노고를 덜어주기 위함이기도 하고 저자들이 빠른 시일 안에 다른 학술지를 선택하게 도와주기 위함이기도 하다. 위에서 예로 들었던 Circulation에 투고한 원고는 예문 9-4와 같이 심사위원의 심사 없이 거절되었다(rejection in house).

예문 9-4

MS ID#: CIRCULATIONAHA/2009/896001
MS TITLE: The ALK5 Inhibitor, IN-1233, Prevents Neointimal Hyperplasia after Bare Metallic Stent Placement in a Rat Common Iliac Artery Model

Dear Dr. Song,

Thank you very much for submitting your manuscript, "The ALK5 Inhibitor, IN-1233, Prevents Neointimal Hyperplasia after Bare Metallic Stent Placement in a Rat Common Iliac Artery Model," to Circulation and allowing us to consider it for publication. After an in-house evaluation by the Editors, we have reached the conclusion that this manuscript's priority for publication in Circulation will not be high enough to allow us to accept it. We are, therefore, notifying you as soon as possible to avoid delays in your being able to publish this work in another journal.

We have a very high regard for your work, and we hope that you will send us other manuscripts to consider for publication in Circulation. Please note that we are receiving a very large number of manuscripts, and we can accept only a very small percentage of them. We wish you the best of success in publishing your work in another journal.

Sincerely yours,

Joseph Loscalzo, MD, PhD
Editor-in-Chief

3. 원고 심사(Revision) 및 심사위원의 역할

편집위원장은 심사위원에게 심사를 의뢰하면서 가능하면 빨리(보통 1~3주) 심사 결과를 보내주도록 요청하며, 좋은 학술지일수록 심사기간도 짧다.

3.1 심사위원의 역할

저자들에 의하여 작성된 원고의 내용은 주관적 판단에 의한 것이기 때문에 그 원고의 사고나 결과가 독창적이고 중요하다는 사실을 공적으로 인정받는 과정이 필요하며, 그 과정이 학술지의 편집인과 심사위원들이 진행하는 심사과정이라고 할 수 있다. 편집인과 심사위원이 심사과정에서 해야 할 근본적인 일은 2가지로 요약할 수 있다. 첫째는 원고의 옥석을 가리는 일이다. 옥이라고 판단될 경우는 채택하고 석이라고 판단될 경우에는 거절을 하는 일이다. 원고를 거절해야 하는 이유는 학술지에 제출되는 원고의 수에 비하여 게재할 수 있는 지면이 부족(lack of space)하기 때문이라고 할 수 있다. 저명한 학술지일수록 독자가 많으며, 지면 부족 현상은 더 심하여진다. 둘째는 저자가 간과한 내용이나 부족한 내용에 대해 공정하고 건설적인 조언을 제시하여 원고의 질을 높이는 일이다.

심혈을 기울여 작성한 원고의 옥석을 가리고 질을 높여주는 일은 결코 쉽지 않다. 따라서 처음으로 심사위원이 된 분들이나 경험이 부족한 심사위원들의 시행착오를 줄이고 심사의 평준화를 제정하기 위하여 학술지마다 심사지침을 마련하고 워크숍 등을 통하여 편집위원과 심사위원들을 한자리에 모아서 교육을 받거나 서로의 소중한 경험을 나누는 기회를 마련한다. 심사위원은 원고의 내용이 독창적인지, 새롭고 중요한지, 짜임새 있게 잘 구성되어 있는지, 대상 및 방법 그리고 결과가 타당하고 신뢰성이 있는지 등을 심사하면서 제목부터 참고문헌 및 그림까지 잘못된 점이나 보충할 내용 등을 지적한 심사용지를 편집위원장에게 보낸다.

다수의 SCI논문을 작성한 경험이 있는 학자가 영문학술지의 심사위원이나 편집위원이 될 경우 그 역할을 훌륭하게 감당해 낸다는 사실은 여기서 굳이 그 이유를 설명하지 않아도 이해가 가리라 믿는다. 따라서 많은 학술지에서는 출간된 SCI논문의 수가 많은 사람을 발굴하여 심사위원으로 위촉하게 되고 또한 심사위원 역할을 훌륭하게 해내는 사람에게 편집위원을 위촉하고 편집위원 역할을 능숙하게 잘 감당해 내는 사람에게 분과 편집위원장 또는 편집위원장을 위촉하게 된다.

Radiology의 편집장이었던 Proto AV가 간결하게 잘 작성한 심사위원의 역할(Radiology 2000; 215:619-621)을 아래에 소개한다.

심사위원의 역할

Identifying Information

Indicate the manuscript number and manuscript title.

Summary

Provide a one-paragraph summary of what was done and what was found. This summary provides the Editor with a background that is helpful in determining the importance of the specific suggestions for revision appearing later in the review.

Major Strengths

List the three major strengths of the manuscript-give more or fewer than three as appropriate. Examples include, although are not limited to, the following: importance of the findings, sound methodology, control for bias, appropriate subject population, topic of current interest, appropriate statistical analysis, immediate practical value for daily image interpretation, innovative technique, prospective study, message of immediate importance for patient care.

Major Weaknesses

List the three major weaknesses of the manuscript-give more or fewer than three as appropriate. Examples include, although are not limited to, the following: minimal or no importance of the findings, flawed methodology, biased subject population, insufficient number of subjects, missing exclusion and inclusion subject criteria, topic already well studied by others as evidenced in the published literature and no substantial incremental knowledge is provided, subject matter not appropriate for the Journal, data do not support the conclusions, study limitations are not discussed by the authors, interobserver and intraobserver agreement not evaluated although appropriate for the study, inadequate or inappropriate statistical analysis, excessive speculation, evaluations performed with outdated techniques.

Advances in Knowledge

List the advances in knowledge provided by the study. These should be readily apparent from reading the manuscript. Do you agree that the advances as stated by the authors are true advances? Or have they been previously reported? If so, is another study documenting a prior report warranted? Are the advances important? Or do they have no apparent application or very minimal application?

What to Do and Not to Do

There are a number of general guidelines for evaluating a manuscript. They are important not only for the author but also for our Editorial Office:

1. Do not ask a colleague, who may have expertise in the subject matter, to review the manuscript for you unless you first notify the Editorial Office of your intent and receive our permission to do so. We may wish you to return the manuscript instead for reassignment to another reviewer.
2. Do not share the contents of the manuscript with anyone. It is permissible to ask a colleague with special expertise in a subject matter area of the manuscript to assist you with the review provided he or she understands that the contents of the manuscript are strictly confidential and are not to be shared with others.
3. Do not copy the entire manuscript or any of its sections (see no. 4).
4. Do not make marks in the original manuscript, as they are distracting should the manuscript be sent to another reviewer for comments. If you copy the manuscript for the sole purpose of expediting your review procedure (marking areas that need improvement), please destroy this copy once your review has been sent to us.
5. Do return the entire manuscript to the Editorial Office with the review.
6. Do not contact the authors for clarification of any items in the manuscript should the authors have unblinded their identities.
7. Do not speculate in the comments for authors as to who are the authors of the manuscript. If you consider that your knowledge of the authors of the manuscript, whether by speculation or unblinding by the authors themselves, may cause you to be biased for acceptance or rejection, do not review the manuscript. Notify the Editorial Office immediately so we can reassign the manuscript.
8. Do notify the Editorial Office if you are aware of a publication that is substantially similar to the manuscript you are reviewing (eg, number of patients, methodology, textual information). This will allow us to look into the possibility of redundant publication (see the Publication Information for Authors appearing in the most recent issue of Radiology).

9. Do not send the review on letterhead or other paper containing identifying information (use plain paper). Just as the reviewer is blinded to the author's identity, so is the author blinded to the reviewer's identity. There are differences of opinion regarding blinding of the authors' and reviewers' identities (2-4). However, we currently subscribe to blinding of both in our review process.
10. Do not use derogatory statements. They alienate authors and serve no constructive purpose. In fact, they can be destructive, especially for those young in their academic careers. Instead, offer a series of comments that point out the deficiencies and indicate how improvements may possibly be made.
11. Do number your individual comments consecutively for the entire review beginning with the "Major Strengths" section, rather than numbering the comments consecutively within each section.
12. Do not include multiple comments in a single paragraph. List each comment separately with consecutive numbering of all.
13. Do not send a one-sentence review such as "This manuscript contains flaws that are too numerous to list." This is of no help to the authors or the Editor. Instead, be specific and list several of the more important flaws. Similarly, it is uncommon that a study is in need of no revisions.
14. Do not focus your review on grammatical and spelling errors (our manuscript editors will perform this task) UNLESS they might cause misinterpretation of the meaning apparently intended by the authors.
15. Do advise the Editor if companion manuscripts (Parts I and II) can be combined into one. Alternatively, does each part stand on its own and does the content of each merit a separate manuscript? It has been my experience that most companion manuscripts contain substantial redundancies, and thus I typically encourage consolidation into one manuscript.
16. Do check for inconsistencies in the numerical data (within a section of the manuscript and between sections, between the text and the tables and figures, within a table, and within a figure).
17. Do check for contradictory statements throughout the manuscript.
18. Do substantiate generic statements you make, such as "The methodology is flawed," "The authors have introduced bias," "The data have been misinterpreted," and other such statements, by giving specific information.
19. Do offer references to document your comments that relate to the authors' results disagreeing with the published literature, if not already done so by the authors, or to the results contained in the man-

uscript having already been published.

20. Do not encourage authors to provide information that is extraneous to the study, in spite of your own interest in the same.
21. Do indicate if you consider the subject matter of the manuscript inappropriate for our readership and state why.
22. Do indicate your overall impression regarding acceptance or rejection on the Reviewer Evaluation Sheet, which is intended for this purpose. Make sure the impression is substantiated by the comments contained in the review.
23. Do use the Reviewer Evaluation Sheet and Comments for the Editor to indicate if a rejected manuscript has potential for publication if revised and resubmitted. If included in the comments for the authors instead, such information can be misleading for the authors who might then follow your suggestions, although the Editor may have rejected the manuscript without offering an opportunity for resubmission in view of the comments of all reviewers and the evaluation performed in the Editorial Office.
24. If you wish to communicate comments intended for the Editor only, do so on the reverse side of the Reviewer Evaluation Sheet or on a separate sheet of paper.
25. Lastly, do read the review you have prepared as if you were the author receiving it. Are the comments derogatory? Is it clear that the reviewer understood the study and made suggestions for improvement of deficiencies? Or has the reviewer made generic statements without providing specific information?

3.2 원고심사의 요령

저자는 지난 30년 동안 다수의 영문학술지의 편집위원과 심사위원을 지내 오면서 수많은 영어원고를 심사하여 왔지만 모국어가 아닌 영어로 심사평을 작성한다는 것이 아직도 부자연스럽고 어렵다. 그러한 어려움을 극복하여 보고자 제1저자나 책임저자로 SCI논문이 출간되는 과정에서 접하게 되었던 영어논문 심사평 중에서 유용하다고 생각되는 영어표현이나 저자가 영어심사평에 자주 사용하였던 영어표현을 노트나 컴퓨터 속에 차곡차곡 정리하여 오고 있다. 오랫동안 모아서 정리한 원형(template)을 영문원고를 심사할 때 참조하면 매우 유용하였고 언제부터인가 그 표현들이 자연스럽게 내 것이 되어 있다는 것을 알 수 있었다.

저자가 작성한 영어논문 심사평과 저자의 원고에 대해 다른 심사위원이 작성했던 영어논문 심사평 각각의 예는 이 장의 7절에, 그리고 상기한 저자가 사용하고 있는 영어표현 원형은 8절에 소개했다. 전공분야에 따라서 심사위원이 사용하는 영어표현에 다소 차이가 있겠고 심사위원에 따라서 선호하는 영어표현이 서로 다르겠지만 아직 원형이 없는 심사위원은 저자의 것을 기본으로 각자의 개성에 맞는 영어 표현을 추가하여 각자의 것을 만들어 가면 좋을 것 같다. 아울러 영어가 모국어가 아닌 심사위원이 원고의 심사평을 영어로 작성할 때는 가능하면 원어민이 사용하는 영어를 사용하면서 겸손하고 분명한 영어문장을 사용할 수 있을 때까지 나름대로 많은 노력을 기울일 필요가 있을 것이다.

4. 원고 심사 결과의 통보

심사위원이 심사평과 심사결과를 분과 편집위원장 또는 편집위원장에게 보내면 편집위원장은 심사위원들의 결과를 종합한 후 채택(acceptance) 또는 거절(rejection) 여부의 서신을 책임저자에게 보내는데, 이때 심사위원들의 심사평과 편집위원장 또는 분과 편집위원장의 심사평을 같이 보낸다.

학술지에 따라서는 채택과 거절의 종류를 각각 몇 개로 더 세분화하기도 한다. 참고로 Journal of Vascular Interventional Radiology의 예를 그림 9-6에 소개했다

2. Write narrative review of the manuscript including?

a. A section-by-section critique (title, abstract, introduction, method, results and discussion).

b. A numbered list of queries for the authors with suggestions for revision.

c. A summary of your recommendation (accept, reject, etc.) regarding publication

Please Circle One Number in Each Category										
Scientific Merit	1	2	3	4	5	6	7	8	9	10
Interest to Readership	1	2	3	4	5	6	7	8	9	10
Overall Rating	1	2	3	4	5	6	7	8	9	10
		(Reject)						(Accept)		

Recommendation section : Please check one recommendation

_____ Accept the manuscript for publishing, as it is now.
_____ Accept the manuscript, but only after my recommended revision.

_____ Reject the manuscript, but encourage resubmission after revision
_____ Reject the manuscript, and do not consider it further.
_____ Reject the manuscript, but encourage submission to another journal
Name of other journal that you recommend :

그림 9-6

4.1 거절된 경우는 어떻게

거절된 경우는 "보완 후 재투고"와 "게재 불가"로 나눌 수 있다. "보완 후 재투고"는 원고에 어느 정도 가치가 있으나 전체적으로는 수준이 미달되어 심사위원들이 지적한 사항들을 보완하면 다시 검토해 봄직한 경우라고 할 수 있고 "게재 불

가" 판정은 보완을 한다 해도 가치가 없다고 판단된 경우라고 할 수 있다. 거절된 두 가지 경우 모두 심사위원 및 편집위원장이 지적한 사항들을 통하여 심사위원이 거절이라는 판정을 내린 이유가 무엇인지 알 수 있으며, 일반적으로 이들이 지적한 사항들은 논문의 질을 높이는 데 매우 유용한 내용들이 많다. "보완 후 재투고"의 판정인 경우는 지적한 사항을 토대로 원고를 수정 또는 보충하여 다시 동일한 학술지에 투고를 해 볼 가치가 충분히 있다. "게재 불가"일 경우는 동일한 학술지에 다시 투고를 못하게 하는 규정이 있는 학술지도 있으며 수정을 한다 하여도 채택될 가능성이 적으니 한 단계 낮은 다른 학술지 또는 더 세분화된 학술지에 투고를 하는 편이 좋다.

투고한 원고를 거절하면서 학술지 심사위원이 지적한 사항의 예를 예문 9-5에 소개한다.

예문 9-5

Dear Prof. Song:

Your manuscript RAD-07-1481, entitled "Use of a Guiding Sheath in Fluoroscopic Colorectal Stent Placement," has recently returned from review. Based on the overall recommendation of the reviewers and our assessment, we are not able to offer you publication of your work. The use of a guiding sheath to aid in the placement of colonic stents represents a novel application of this known entity. Though the number of subjects is large, the skewed distribution of obstruction sites does not allow for definitive conclusions.
Below are some comments we received from the reviewers.

Reviewer #1

Manuscript number: RAD-07-1481
Title: Use of a guiding sheath in fluoroscopic colorectal stent placement

Summary
The authors have developed a new guiding sheath system for placement of colorectal stent. They applied this system to the malignant colonic obstructions, and demonstrated the usefulness of the device especially for proximal colonic obstructions.

Major Strengths:
This device is a unique system and this study includes sufficient clinical experiences to discuss about the feasibility of the system. And they investigated the technical difficulties depending on the site of the obstructions. Based on their experiences and investigations, the clinical benefit of the guiding sheath system was described clearly.

Major weakness
The authors haven't mentioned about the informed consent and approval of the

institutional review board at all, despite they applied a new device to clinical treatments.

Specific Comments:

Introduction
Page 4, 2nd paragraph:
There is a spelling mistake; asses?

Materials and Methods
Page 5, 1st paragraph:
The inclusion and exclusion criteria are too sparse.
This treatment aims at advanced malignant diseases, so the criteria for treatment should be described in more detail. Why was stent placement selected for the subjects instead of surgical resection? How was the patient's performance status? Is there any distant metastasis in other organs?

Page 5, 2nd paragraph, line 3-4:
What were the exact causes for the technical difficulty? Tortuousity? Level of stenosis?

Page 6, 1st paragraph, line 5:
Does the number 80 mean 80-degrees?

Page 6, 2nd paragraph, line 6:
The sizing coil catheter seems to be one of the key devices. The detailed characteristics of the catheter should be shown (shape, size, material, etc.).

Page 7, 2nd paragraph, line7-9:
The authors described as qkche sheath loading the stent delivery system was then passed over -? however the stent delivery system cannot be identified within the advanced sheath system on Fig.2. How was the guiding sheath advanced through the tortuous sigmoid colon?

Results
Page 8, 2nd paragraph, line 1:
What was the fluoroscopic failure? Advancing guidewire or advancing stent delivery system?

Reviewer #2

Page 1 - Advances in Knowledge. The authors should give some summary statement regarding guiding sheath length as well as inner and outer diameter.

Page 5, line 1. You discuss the dual colorectal stent (S&G Biotech, Seongnam, Korea). Is this stent in general use? Is it available in the US? What is its regullatory status?

Reviewer #3

Abstract: Clear and concise.
Introduction: Good
Materials and Methods:
Use of guiding sheath: as this has been so successful, did the authors consider using it routinely to perhaps reduce the time taken to insert all stents? Cost considerations of this stent would also be an issue. Therefore, is this made of easily sterilizable material or must it be discarded after use.

Most radiologists who place colonic stents, use some kind of a sheath to assist them. What is it that makes this sheath so special?

It is noted that the guiding sheath was developed by the authors. It would be interesting to know if this sheath is easily available outside their unit.

Time taken to do the procedure: It would be of interest to know when did the authors consider that the procedure was a technical failure and then resort to the the sheath. For instance, what measurements did they use? Time, patient discomfort, etc? On this basis, it would again be of interest to know, why the guiding sheath was not used routinely once it was shown to work well.

Stent Placement Technique: Good description.

Results: It is not clear for how long the stents stayed in place following placement. The question is asked to ascertain how successful was the guiding sheath in obtaining good placement of the stent.

Discussion: In the review of the literature, percentages of success at the different levels in the colon are given. In addition to percentages, I would suggest including the number of patients in each segment. The total number of cases in this paper where the sheath was used is small and mentioning the number of cases in the papers discussed, would give it some perspective.

In the concluding paragraph, it is suggested that further investigation is warranted. It can only be done if the sheath is readily available to everyone who wants to use it. Therefore it is important to know its availability.

Table: Good
Images : Overall, good illustration of paper.
Figure 1. Labels are incorrect. The sheath is on the left and not right as stated in the legend.

Deputy Editor:
General Comments:
The major weakness of this manuscript is not the number of patients, but rather the distribution of the location of the sites of colonic obstruction. By far the greatest number were in the sigmoid colon or rectal area (64) with only 3 occurring in the ascending colon. The fluoroscopic failure rate which was found to be directly related to the location of the obstruction (proximal=most failures, distal=least failures) is obvious, already known, but cannot be concluded by the authors from the data presented. The distribution may also indicate that the authors have the least amount of experience with more proximal lesions, which may explain their need to resort to a guiding catheter (100% requirement for those within the ascending colon, only 5% in the sigmoid colon or rectum).

1. The aim of this prospective study is to assess the technical success rate of fluoroscopic stent placement in 97 patients with colorectal carcinoma and to investigate the technical feasibility, clinical usefulness and safety of a guiding sheath. The authors should consider expanding the title which only mentions the guiding sheath.
2. Were the cases in which a guiding sheath was used, first attempted without a guiding sheath or was a guiding sheath used from the onset. This cannot be extracted from the statement where a guiding sheath was used if the area of interest was deemed difficult or impossible to get to under fluoroscopic guidance.
3. Please separate the number that were considered difficult and the number that we considered impossible. The authors also need to list their reasons for difficulty/impossibility and the number and experience of the operators performing these procedures.
4. Please document how the average length of the colonic strictures was determined.
5. Sheaths were bent to create a J-shape, briefly describe how this shape was arrived upon.
6. The caption in Figure 1 needs clarification. Reference is made to a photograph in the left upper and left lower though the images are shown side-by-side.
7. The authors assess a patient's tolerance to the procedure. Though this is stated as part of the Materials and Methods section, the actual way this was performed needs to be documented (how assessed, who assessed, criteria used).
8. Distinguishing between the fluoroscopic and technical failure is confusing and does not seem to add anything to the manuscript. Why not just consider those in which eventual stent deployment failed as technical failures?
9. The authors need to explain why the stent delivery system failed to reach a site of obstruction over a super stiff wire but yet the guiding sheet could be passed to the level of obstruction.

10. It is stated that the majority of patients reported mild discomfort during sheath insertion to the area of interest but the procedure was tolerable to all patients. This is extremely qualitative and needs to be quantified (see comment above). Also there needs to be mention of whether conscience sedation and pre-procedure meds were given.
11. The authors distinguish between cases where sheath or passage was successful but stent placement was unsuccessful. The authors should consider instead, presenting the overall number of successful cases of stent placement within the 22 individuals who required a guiding sheath. 100% passage of a guiding sheath in clinical practice may not translate to 100% procedural success.
12. Much of the first paragraph of the Discussion is a repeat of the Introduction and should be excluded or at least summarized and shortened.
13. No statement is made concerning stent sizing, are all the same? If not, should the authors consider analyzing their results with respect to stent size, which implies stent delivery system size with the understanding that stent delivery system size may affect the ability to navigate through the colon.
14. The authors compare their work to those of reference 13. They state the technical failure rate for reference 13. Is technical failure defined the same in reference 13 as that used here? If so, this should be stated.
15. The authors need to reconcile the 15.4% technical failure rate for the transverse and ascending colon within reference 13 compared to their failure rate without a guiding sheath (under the assumption that in reference 13, guiding sheaths were not used). In this current work, 100% of cases within the ascending colon and 57% of cases in the transverse colon required guiding sheaths and without them there would have been failure of stent placement in these cases.
16. In references cited, actual numbers should be given rather than simple percentages as per Radiology guidelines. Also, as presented there is a wide variation in technical failure rates between reference 13 and reference 14. Perhaps this relates to operator experience.
17. There were 2 of 22 patients who had a guiding sheath past in which stent placement failed. Please document the location of the lesions in these two patients.
18. Consider placing the technical failure rate within Table 1. Also within Table 1, please define what the p-value column is in reference to. (We are told that statistical evaluation of two variables were evaluated).
19. The authors only had three lesions within the ascending colon. These numbers are too small to truly and definitively make any conclusions.

Although we are sorry this letter does not bring you positive news, we do hope you will consider RADIOLOGY for publication of your future work.

Sincerely,
Robert G. Sheiman, M.D.
Deputy Editor- Designate
Herbert Y. Kressel, MD
Editor- Designate

4.1.1 왜 거부되는가?

학술지에 제출된 원고를 거절해야 하는 이유는 제출되는 원고의 수에 비하여 게재할 수 있는 지면이 부족(lack of space)하기 때문이라고 할 수 있다. 저명한 학술지일수록 독자가 많고 원고를 투고하는 학자들이 많기 때문에 채택되는 데 경쟁이 더 치열하고 지면 부족 현상은 더 심하여진다. 어떤 학술지는 지면보다는 원고가 부족한 경우도 있지만 이러한 학술지는 독자가 없으며, 독자가 없는 학술지에 실리는 것은 승진을 하거나 연구비 수혜 후 의무사항을 준수하는 역할을 할 수는 있을지 모르나 청중이 없는 강당에서 혼자 강의를 하는 꼴이 될 수 있다.

처음 작성한 원고부터 자기 분야의 최고 학술지에 채택이 되면 더없이 기쁘고 좋은 일일 것이다. 그러려면 첫째, 작성한 원고가 단순한 지식의 나열이나 관찰의 반복이 아니라 반드시 기존의 개념과 다른 새로운 사실(originality)을 포함하고 있어야 한다. 둘째, 완벽한 연구계획하에서 논리적이면서 명확하고 정확하게 그리고 투고규정을 준수하며 잘 작성하여야 한다. 다시 말해서 이러한 요건이 부족한 원고는 거절될 가능성이 높다고 할 수 있다. 그러나 전혀 원고를 작성한 경험이 없는 사람이 처음부터 자기 분야의 최고학술지에 채택이 되는 경우는 흔하지 않다. 특히 우리나라의 경우 처음 원고를 작성하는 시기는 대부분 전공의 시절이기 때문에 전공의 신분에 새로운 사실을 발견하기는 매우 어렵다.

원고가 거절되어 돌아오면 실망스럽고 힘이 빠지는 것은 누구나 마찬가지일 것이다. 그러나 언제까지나 실망만 하고 있을 수는 없다. 실망스런 며칠을 보내고 나서 먼저 심사위원과 편집위원이 지적한 심사평을 읽어보면 왜 거절되었는가를 짐작할 수 있을 것이다. 그 심사평을 읽은 다음에 또는 읽으면서 투고하였던 원고를 다시 읽어보자. 만일 거절된 이유가 새로운 사실이 없었기 때문이라면 다른 학술지에 제출을 하여도 거절될 가능성이 많다. 그러나 만일 괄목할 만한 새로운 사실은 아니지만 기존의 개념과 다른 사실이 있거나 또는 원고를 작성하는 과정이 잘못되었거나 영어 표현력이 부족한 것이 원인이었다면 급을 조금 낮추어 다른 학술지에 투고할 가치가 충분히 있다.

어떻게 생각하면 첫 원고가 거절되는 것은 당연한 일일지도 모른다. 경험이 아주 풍부한 학자들의 원고도 거절되는 경우가 많기 때문이다. 훌륭한 하술지라면 거절되는 비율이 80~95%에 달하니 거절되는 원고가 채택되는 원고보다 많다. 또한 거절이나 실패를 통하여 많은 것을 배울 수가 있다는 것도 알아야 한다. 그러려면 거절된 원고의 문제점을 철저히 분석한 후 새로운 사실이 있다고 판단이 되면 심사평을 참조하여 수정 및 보강을 하고 다른 학술지에 투고를 하여야 한다. 중요한 것은 다른 학술지를 택할 때는 그 학술지의 투고규정을 숙독하고 준수하여야 한다는 것이다. 학술지에 따라 초록이나 본문의 글자 수, 초록의 형태, 참고문헌의 형태가 각각 다르기 때문에 이를 무시하고 적당히 수정하여 제출하면 다시 거절되기 십상이다.

아주 드물지만 심사위원이 내용을 잘못 오해를 하였다든지 심사위원의 편견 때문에 거절되었다고 생각되는 경우도 있을 것이다. 알고 보면 심사위원이 잘못 오해를 한 경우라고 하여도 그 원인은 제출한 원고의 내용이 불충분하였거나 불명확하게 표현되었기 때문일 때가 대부분이다. 그러나 제출된 원고에도 잘 표현되었고 심사위원의 결정이 확실한 편견이라고 판단되면 편집위원장에게 항의의 서신을 보내면 편집위원장이 검토한 후 다른 심사위원에게 심사를 요구를 하는 경우도 있다.

4.1.2 거절되는 원고의 유형

다음은 저자가 제1저자, 책임저자, 또는 공동저자로 Radiology, New England Jouranl of Medicine, Gastroenterology, Ophthalmology에 투고하여 거부되었던 20개의 원고를 분석한 것이다. 거절된 원고의 유형은 다음과 같이 분류할 수 있었다.

- No scientific merit (n=14)
  - (1) I am personally concerned about the very short follow-up on these patients. I would be willing to consider a manuscript, revised as a technical note, when you have at least six-months follow-up on your series of 11 consecutive patients. Without such a follow-up, I find the paper inadequate.
  - (2) With no control group, however, it is not clear that stent placement was beneficial, even for the 12 patients who required no dilation after stent removal.
  - (3) As a general rule, we do not accept manuscripts which establish a technique based on the experience in a single patient. I would be willing to reconsider a manuscript based on three cases.
  - (4) Shortening of the manuscript should permit this to be acceptable as a worthwhile technical note.
- No practical value (n=4)

  First, the authors note in this study an excessively high rate of overall failure of the procedure. This is consistent with previous reports on balloon dacryoplasty as referenced in this paper. The standard techniques for the correction of epiphora related to nasolacrimal duct obstruction, external or internal dacryocystorhinostomy with placement of lacrimal stents, have been widely reported for many years to attain success rates of 90% or greater. Unless the authors can offer evidence that balloon dacryocystoplasty as described in this paper is less invasive, less expensive, less painful, or more successful than the standard techniques now employed, I cannot find a reason to utilize the technique.

- No reader's interest (n=1)

  This article is well written and complete but in my opinion it is too long for an ophthalmology journal. Since ophthalmologists probably would not do the procedure, they only need to know that the procedure is effective and that it is done by radiologists.

- Poor English (n=1)

  The article is not very well written which seems partly due to the fact that the authors are probably not English speaking. In addition, there are a number of typos and awkward sentences, and many areas are therefore unclear. In addition, the data are not very well presented as indicated below. Nevertheless, the article could certainly be interesting, provided that revisions are made.

4.2 채택된 경우는 어떻게

채택된 경우에도 보낸 원고 그대로 채택되는 경우는 드물다. 대부분이 교정 후 재심사를 요구하며, 심사위원들이 요구한 사항을 잘 읽고 그에 따라서 교정 내지 보충하여 보내면 대부분 재심사에서 최종적으로 채택된다. 그러나 교정에 성의가 없다든지 기준에 미달되면 재심사를 요구하기도 하고 드물게는 거절을 당하는 경우도 있기 때문에 교정은 가능한 한 빠른 시일 내에 심사위원이 지적한 사항들을 하나하나 짚어가면서(point by point fashion) 최선을 다하여야 한다.

4.2.1 심사위원은 무엇을 지적하나?

저자가 제1저자로 Radiology에 채택된 논문 18개 중 나중 12개의 논문을 대상으로 심사위원이나 편집위원이 지적했던 사항들을 분석하여 보았다(총 지적사항 259개, 논문당 3~50개).

- **항목별 지적사항**

항목	제목	초록	서론	재료(방법)	결과	고찰	표	그림	합계
개수	2	24	16	84	53	42	11	27	259
%	1	9	6	32	21	17	4	10	100

- **항목별 지적내용**
  - ▸ 제목(총 2개)

  A modified Gianturco stent in the palliation of carcinoma of the esophagus and gastrointestinal tract.

The title is misleading---Gastrointestinal tract.

▶ 서론(총 16개)

Content	Editing	More precise	Specific goals
%	69	23	8

※서론에 관하여 지적한 16개 중 69%는 Editing에 관한 내용이었고, 좀 더 구체적인 기술을 요구했던 경우가 23%, 뚜렷한 연구의 목적을 제시하라고 지적하였던 경우가 8%였다.

- Editing: 주로 문법, 어휘, 문맥상의 오류를 지적했다. 아래는 몇 가지 예이다.

  At the end of the first line change "a" to "the".

  In the third line change "by" to "to".

  The last word should be "presented" rather than "discussed".
- More precise: 좀 더 명확한 내용을 위하여 보충할 점을 지적했다. 아래는 몇 가지 예이다.

  The authors need to be more precise in discussing the problems of the modified Gianturco stent.

  Might include brief data on published literature of esophageal rupture and success rates as a reference for the focus of this paper.
- Specific goals: 뚜렷한 목적 제시를 원했다.

  There are no specific goals of the work.

▶ 재료 및 방법(총 84개)

Content	What	How	Why	Editing	Reference	others
%	46	22	4	17	4	7

※총 84개 지적사항 중 무엇을 하였고 무엇을 사용했는지 정확히 기술하라는 내용이 46%, 어떻게 하였는지 부연설명을 요구한 경우가 22%, 왜 사용하였는지 부연설명을 요구한 경우가 4%, Editing이 필요한 경우가 17%, 참고문헌 추가 요청이 4%, 그 밖의 것이 7%이었다.

- What (give more specific informations)?

  What is meant by "total dysphagia"?

  What is a Tygon tube?

  What was the standard follow-up used in this small study?

  Were these consecutive patients?
- How?

  How can one tell it is 2 mm into the bladder?

  How was the introducing tube withdrawn?

  How was the balloon catheter used as a "guiding catheter"?

How was tumor excluded in these patients?

- Why?

  Why were these stents chosen over other standard synthetic plastic ones?

- Others

  Line diagrams.

  Disparity in numbers.

▶ 표(총 11개)

Content	Unclear	Editing	More specific	Too many
%	40	30	20	10

※표에 관한 지적 11개 중 내용의 불명확성 40%, Editing 30%, 구체적 설명 필요 20%, 도표의 수가 너무 많다는 지적이 10%였다.

Too many: Table 1 can be eliminated.

▶ 그림설명(총 27개)

Content	Clarify	Arrow	Too many
%	40	33	27

※그림에 관한 지적 중 명확한 설명을 요하는 내용이 40%, 화살표를 사용하여 설명하라는 내용이 33%, 사진의 수가 너무 많다는 내용이 27%였다.

Arrows need to be used to indicate the strictures.

Can be omitted.

It is unclear what the anatomy is in this case.

4.2.2 심사위원과 편집위원의 지적사항에 답하기

제출한 원고가 채택되면 기분이 좋지만 그것도 잠깐이다. 심사위원이 지적한 사항을 참조하며 원고를 수정하다 보면 몇 개월 전에 씨름을 하며 겨우 마쳤던 원고의 내용을 다시 읽으려니 짜증도 나고 많은 부분은 이미 잊은 상태여서 그 내용이 잘 생각나지 않아 새롭게 느껴지기도 한다. 심사위원이 지적한 사항이 많을 경우에는 교정하는 데 시간도 많이 걸린다. 더구나 답하기 어려운 까다로운 지적사항이 있으면 "왜 이런 지적을 했을까" 하며 은근히 화가 나기도 한다. 그러나 심사위원들이 지적한 사항을 자세히 읽고 심혈을 기울여서 수정을 해야 한다. 심사위원들은 일반적으로 풍부한 경험이 있어 문제점을 잘 지적하는 학자들이고 그들을 위해서가 아니라 나의 원고를 위하여, 그리고 학문의 발전을 위하여 없는 시간을 쪼개어 봉사를 하고 있기 때문이다. 따라서 그들의 지적을 긍정적으로 기꺼이 받아들이면서 지적한 내용을 기본으로 초고를 수정 및 보완을 하고 나면 자신의 원고가 훨씬 높은 질의 원고로 탈바꿈하여 있는 것을 발견할 것이다.

심사위원이 지적한 사항들을 모두 받아들이면서 하나하나 답을 하고 수정을 하는 것이 원칙이나 아주 드물게는 심사위원이 지적한 사항이 이미 제출된 원고에 설명되어 있었다든지 지적사항을 수긍하기 곤란한 경우도 있을 수 있다. 이러한 경우에는 공저자에게 다시 한번 확인을 할 필요가 있으며, 그들도 그렇다고 판단할 경우에는 그 지적사항을 받아들이지 않아도 된다. 그러나 편집위원장에게 보내는 서신에는 수정을 하지 않은 합당한 이유를 설명하여야 한다.

심사위원의 지적사항란에는 심사위원의 이름은 기재되지 않고 편집위원장이 임의로 제1심사위원, 제2심사위원 또는 제3심사위원 등으로 기재하기 때문에 교정할 때는 이 번호를 사용하면 된다. 이렇게 교정한 원고를 두 종류의 파일로 작성한다. 하나는 처음 투고한 원고에 "변경내용추적의 기능(track change function)"을 이용하여 수정이나 추가를 하는 과정을 보여주는 파일이고 다른 하나는 수정이나 추가를 한 후 새로 작성한 파일이다. 또한 심사위원의 지적사항에 대하여 저자는 어떠한 의견을 가지고 있으며, 어떠한 방식으로 수정 및 추가를 하였는지 설명하는 서신을 편집위원장에게 보내야 한다(PART I의 부록 별첨 4와 5 참조).

이러한 서식을 갖추어 온라인으로 제출하면 편집위원장 또는 분과편집위원장은 이를 검토한 후(필요 시 원래의 심사위원이나 다른 심사위원이 재검토) 최종적으로 채택 또는 재심사의 판정을 내린다. 최종적으로 채택된 원고는 출판사로 보내지며, 저자에게는 8주 내지 12주 내에 교정쇄(galley proof)를 보낼 예정이니 그 기간 내에 교정쇄를 검토할 수 없는 처지이면 출판사로 연락하기 바란다는 내용의 서신을 보낸다(PART I의 부록 별첨 6 참조).

5. 교정쇄의 교정

출판사에 보내진 원고는 해당 학회지의 일정한 틀에 맞추어 내용을 배열하는 과정, 즉 편집과정을 거치게 된다. 인쇄소에서는 이러한 틀에 맞추어 찍어낸 초벌을 최종적으로 저자에게 보내어 이대로 출간해도 되겠느냐는 허락을 받는다. (PART I의 부록 별첨 7 참조). 교정쇄의 교정은 가능한 한 서둘러서 진행하여 2~3일 이내에 보내달라는 요청이 있으면 그대로 실행해 줘야 한다. 교정쇄의 교정은 원고를 다시 교정한다기보다는 마지막으로 오타나 숫자의 오류 등을 수정한다고 생각하고 가급적이면 간결하고 최소한으로 하는 것이 좋다(PART I의 부록 별첨 8 참조).

6. 출간

교정쇄를 보낸 후 논문이 발간되기까지의 기간은 학술지에 따라 다르지만 보통 2~5개월 정도 소요되며 교정쇄 내에는 보통 출간되는 권, 호, 월이 기록되어 있다. 또한 인쇄소에서는 별책이 필요하면 신청을 하라는 서신을 출간됨과 동시에 책임저자에게 보낸다.

7. 영어논문심사의 사례

사례 1

JVIR manuscript #2002-326: Long-term follow-up of Nasolacrimal Stents: Occlusion factors and Outcome of Stent Removal

Title: Appropriate.

Abstract

1. The abstract is more than 250 words. It needs to be condensed.
2. Page 2, line 3 from the top. "With respect to obstruction, various factors were assessed including age, gender, residence time of the stent, duration of the stent placement, site of obstruction (before stent placement), etiology of the obstruction (idiopathic vs. chronic dacryocystitis) and original size of lacrimal sac" seems to be redundant because the above mentioned items were mentioned in "Materials and Methods". It would be better to describe it in only one of the two sections.
3. Page 2, lines 6 and 7 from the top. Over a period of 4 years, 332 nasolacrimal stents were placed in 321 lacrimal systems. The authors also stated that 307 systems had complete and 15 systems had incomplete obstructions. Since 307 + 15 = 322, please check the number again.
4. Page 2, line 12 from the top. The authors stated that the initial technical success rate of stent placement was 93.4%. It would be clear to describe the total number (324 ?) in the Materials and Method section.
5. Page 2, line 2 from the bottom. "… preclude definitive conclusions perhaps because of …" could be replaced with "There seems to be no definite causative factors associated with stent obstruction".

Introduction

6. The first and second paragraphs of the Introduction section and the first paragraph of the Discussion section are overlapped, which looks redundant.

Please describe the contents in only one of the two sections.

Materials and Methods

7. It would be better to add a sub-title "Patients" ahead of the first paragraph.
8. Page 5, line 2 from the top. Please specify the period of the study, e.g. from November 1996 to May 2001.
9. Page 5, line 5 from the top. The authors should more fully define the grade III-IV peripheral (Munk scale) and include the reference at the end of sentence.
10. Page 5, lines 2 and 7. Regarding the number of the lacrimal systems, please refer to the number 3.
11. Page 5, lines 2, 11, and 12 from the top. The authors stated that 332 nasolacrimal stents were placed in 283 patients. The authors also stated that obstruction was bilateral in 38 cases and unilateral in 234. Since 38 + 234 = 272 patients, and 38 + 38 + 234 = 310 lacrimal systems, they need to be clarified.
12. Page 5, line 11. The authors stated that the etiology of the obstruction was idiopathic in 182 (56.7%) of cases and chronic dacryocystitis in 139 (43.3%). It would be better for the authors to describe the causes of chronic dacryocystitis in detail. Originally, the underlying causes of obstruction are not clearly defined in most of cases. While there are many causes of lacrimal outflow obstruction such as trauma or infection (streptococcus, tuberculosis, sarcoidosis, and so on), the majority of the underlying causes of obstruction (chronic dacryocystitis) are due to idiopathic inflammation and scarring of the nasolacrimal duct. Page 6, lines 4~10 from the top, and page 9, lines 11 and 12 from the top. What were the indications for the different removal instruments (simple Song's hook, curved-tip tweezers, and Amplatz goose neck)? It should be described in past tense, not present tense.
13. Page 7. The contents under sub-title "Interpretation of Results" are not properly described. Please describe used statistical package (such as SPSS or S.A.S. with its manufacturer's information) using parenthesis behind the used statistical test. Some descriptions that should be under sub-title "Interpretation of Results" are described under the sub-title "Patency rate and obstruction-related factors" in page 11 and 12. One example is about definition of duration of the stent; short (less than 7 months) and long term (more than 7 months).
14. Page 7, line 14 from the top. The authors should specify the description of "refinement of the technique". Does that mean the stent placement (procedure) time described in line 1 from the bottom in page 11?
15. Page 7, line 13 and 14 from the top. The authors should include the statistical method about the retrospective analysis of some items.

Results

16. Page 8, lines 4-8, and lines 12 and 13 from the top. "A second successful at-

tempt------- a second placement" and " The etiology ---- in the rest" would be more appropriate in the Materials and Method section.

17. Page 9, line 12~14 from the top. The authors stated that the sum of numbers of Song hook (n=10) plus curved-tip tweezers (n=30) plus Amplatz gooseneck snare (n=11) is 51, and is discrepant with the total number of 53 patients. Please clarify it.
18. Page 11, line 6~10 from the top. The numbers (43 and 23) are very confusing again, they need to be clarified.
19. From line 5 from the bottom on page 11 to line 2 on page 12. "This is not to imply-----may prove to be spurious" is not appropriate for the Results section. It would be more appropriate in the Discussion section.

Discussion

20. Page 13, line 4 from the top. It would better to spell out 'ENL-DCR'- that is 'endonasal laser-DCR' because this word was used only once.
21. Page 14, line 11~14 from the top. The use of simpler tools (albeit based on the same principle) should be described in detail in the Materials and Method section.

References

22. The authors should adhere to the rule of JVIR. Right sample is "Song HY, Jin YH, Kim JH, Sung KB, Han YM, Cho NC. Nasolacrimal duct obstruction treated nonsurgically with use of plastic stents. Radiology 1994; 190:535-539." Please revise reference numbers 1(comma should be changed to semicolon), 3, 4, 6, 7, 8, 9, 12, 13, 14, 15, 16, 20 (one blank after semicolon is needed), 5, 10 (remove the parenthesis).

Figures

23. The quality of the figures is not good.
24. The description about pathologic findings is not sufficient. It needs to be described in detail.

Overall Impression:

This is an interesting manuscript which provides useful information on the efficacy and problems of lacrimal.

사례 2

RAD-06-0711 Efficacy of Mitomycin-C Irrigation after Removal of an Occluded Nasolacrimal Stent

SUMMARY

After removal of occluded nasolacrimal stents, most patients are patent at first, then re-occlude. The authors are testing whether serial irrigation with a Mitomycin-C solution.

can prevent this re-occlusion. They compared their current patency rates (using Mitomycin-C) with historical controls, and found a dramatic improvement.

Fluoroscopically-guided nasolacrimal stent removal is performed in very few centers. A subspecialty journal such as the JVIR might be more appropriate.

MAJOR STRENGTHS

1. The text is well-organized and well-written, with logical formatting, and it is of appropriate length.
2. Although the total number of patients might seem small, this is probably the largest experience anyone has with this technique.

MAJOR WEAKNESSES

3. The control patients received no irrigation except as part of the stent removal procedure. Thus, it is difficult to be sure whether the increased patency is from the physical effects of irrigation or from the effect of the drug. A better control population would be one which receives saline irrigation at the same intervals after stent removal.
4. Using historical controls introduces bias that is hard to estimate. Are the authors more skilled nowadays? Has the stent removal technique changed subtly? Are there now different thresholds for severity of obstruction (as the figures suggest)? A randomized series would be more convincing (but might be unethical).

ADVANCES IN KNOWLEDGE

5. Appropriate.

SPECIFIC COMMENTS

Abstract

6. Mention in the abstract that patients were clinically assessed for complications at 1 wk, 1 mo, and 6 mo, so that the sentence in the results section about 'side effects' has context.

Materials and Methods

7. Were all the procedures performed by the same operator? Details about this individual (years of experience, training, invention of nasolacrimal stent, etc.) would be useful.
8. In the follow-up section, explicitly state what complications were excluded during follow-up clinical exams. Then, in the results section, you can say "follow-up exams revealed no side effects."

9. Please explicitly state that the minimum follow-up period for patent ducts was one year (if this is true).
10. If the patency results of these patients have been presented in other publications, please indicate this to prevent overcounting in meta-analyses.

Results

11. The mean follow-up times are skewed by short follow-up in patients who occluded early. Please include the mean follow-up for patent ducts.

Tables

12. What about severity of obstruction just before stent removal?
13. Size of lacrimal sac: compared to what? (You say it in the text, but you should also say it in the table.)

Figures

14. Fig 1a) State that this image is from initial presentation.
15. Fig 1c) This is really partial obstruction at the level of the junction. This is concerning because the counterexample (fig 2) shows complete obstruction. Is this difference characteristic of your two patient populations?
16. Fig 3: Use dashed or dotted lines, instead of color, to differentiate the curves.

References

17. Do you have reference for your DCG technique? The figures suggest that you are using a direct sac puncture, even for your diagnostic exams.

8. 저자가 논문심사시 사용하고 있는 영어표현 원형

8.1 Summary

1. The authors have developed a new guiding sheath system for placement of a colorectal stent. They applied this system to the malignant colonic obstructions, and demonstrated the usefulness of the device especially for proximal colonic obstructions.
2. After removal of occluded nasolacrimal stents, most patients are patent at first, then re-occlude. The authors are testing whether serial irrigation with a Mitomycin-C solution can prevent this re-occlusion. They compared their current patency rates (using Mitomycin-C) with historical controls, and found a dramatic improvement.
3. This is a study that evaluates the tolerability and safety of colonic stents that are placed low in the rectum. The authors find that although stents placed within 5 cm of the anal verge cause some discomfort, this is typically manageable with analgesics and felt to be tolerable by patients.

8.2 Major Strengths

1. This device is a unique system and this study includes sufficient clinical experiences to discuss the feasibility of the system. And they investigated the technical difficulties depending on the site of the obstructions. Based on their experiences and investigations, the clinical benefit of the guiding sheath system was described clearly.
2. The text is well-organized and well-written, with logical formatting, and it is of appropriate length.
3. Although the total number of patients might seem small, this is probably the largest experience anyone has with this technique.

8.3 Major Weakness

1. The authors haven't mentioned about the informed consent and approval of the institutional review board at all, despite they applied a new device to clinical treatments.
2. The control patients received no irrigation except as part of the stent removal procedure. Thus, it is difficult to be sure whether the increased patency is from the physical effects of irrigation or from the effect of the drug. A better control population would be one which receives saline irrigation at the same intervals after stent removal. Using historical controls introduces bias that is hard to estimate. Are the authors more skilled nowadays? Has the stent removal technique changed subtly? Are there now different thresholds for severity of obstruction (as the figures suggest)? A randomized series would be more convincing (but might be unethical).
3. The major weakness of this manuscript is not the number of patients, but rather the distribution of the location of the sites of colonic obstruction. By far the greatest number was in the sigmoid colon or rectal area (64) with only 3 occurring in the ascending colon.

8.4 Title

1. Appropriate (OK, Satisfactory).
2. The title is appropriate for the content of the manuscript.
3. Embolic materials play a very important role in this study. It would be better if the title changes like this; "Stabilization of an Aortic Aneurysm Using an Endovascular Stent-graft and Embolic Materials: an Experimental Study" or "Endovascular Stabilization of an Experimental Abdominal Aortic Aneurysm by Use of a Stent-graft and Embolic Materials."
4. The title is long and difficult to understand. This could be replaced by "A Simple Fluoroscopic Technique for Placing a Non End Hole Jejunal Feeding Tubes".
5. It would be better if the title changes like this; "A New Nanothin Passive

Coating for Vascular Stents Using Polyzene-F to Reduce Thrombogenicity and Restenosis."

6. I would reword the title to read, "Safety and Effectiveness of Image-guided Biopsies: Coaxial Technique vs. Conventional Fine Needle Aspiration".
7. The title could be replaced by "Percutaneous Removal of an Embolized Port Catheter: Description of a New Coaxial Recovery Technique including a Case Report."
8. Consider slight modification to title to more accurately depict the novel treatment aspect: Transhepatic assisted trans-oral placement of a duodenal stent in malignant gastric outlet obstruction.
9. Please change "stents" to "Stents".
10. It would be better to change "Non-Hilar" to another more appropriate term because there are two portions such as non-hilar intrahepatic portion and non-hilar extrahepatic portion. Another option, "Non-Hilar" could be removed from the title.

8.5 Abstract

1. The abstract is suitably concise.
2. Purpose. It looks too long. Particularly, the first two sentences can be deleted because the authors described them in the Introduction section.
3. Purpose: explain BRIEFLY why mitomycin-C was used.
4. Materials and Methods. It would be helpful to include the total number of patients in whom 14-Fr modified Wills-Oglesby gastrostomy catheters have been placed over a thirty month period.
5. Materials and Methods. Please spell out 'IR'.
6. Please specify that the stents were placed under fluoroscopic guidance, with use of endoscopy in only a small number of cases.
7. Add follow-up interval in the M&M sub-section.
8. Results. The first sentence of the results, "Transluminal perforation------ in all cases", is a repeat of what is given under the materials and methods. It could be eliminated and the sentence of the materials and methods could probably be changed to something like " Five patients with previously placed 14 Fr modified Wills-Oglesby type gastrostomy catheter experienced viscus perforation by the distal limb of the catheter over a thirty month period".
9. Results. The number of the patients with surgical revision is four, but it is discrepant with the five patients with stent explantation in the text (Results section). Please clarify it.
10. Results. The sum of total patients is 39. Please clarify it.
11. Results: It looks necessary for the authors to describe actual number of the patients with elevated serum creatinine levels instead of "most of the patients".

12. Conclusions. The last sentence of the conclusions, "Because of these ---gastrointestinal perforation.", should be omitted. See my later remark mentioned in the Discussion.
13. Conclusion. It looks somewhat inappropriate to say that the Polyzene-F seems to offer a variety of advantageous properties over the existing carbon backbone polymers because this statement was not proved in this study.
14. Conclusion section: Please change "congenital heart disease" to "patent ductus arteriosus, secundum atrial septal defect, and perimembranous ventricular septal defect".
15. I am afraid that the author's data are not sufficient to substantiate the conclusion statement. It would be more appropriate if the Conclusion changes like this; The technique of percutaneous injection of gelfoam seems to decrease acute blood loss from PRC.
16. Conclusion: Clinical follow up data at least for the benign strictures are not sufficient to substantiate this statement.
17. I think that in the conclusion portion of the abstract the authors should mention their conclusions regarding the risk of bleeding with larger stent size and in patients in whom radiotherapy was used. I also think they should mention the problems with migration, particularly in patients with benign strictures.
18. The authors concluded that perivascular paclitaxel represents a potential approach for prevention of restenosis in humans. Conclusion seems to be a bit strong. I would rather soften the conclusion.
19. The indications for stent placement should be stated in the Abstract.
20. The abstract is more than 250 words. It needs to be condensed.
21. Over a period of 4 years, 332 nasolacrimal stents were placed in 321 lacrimal systems. The authors also stated that 307 systems had complete and 15 systems had incomplete obstructions. Since 307 + 15 = 322, please check the number again.
22. Abstract is required to be revised according to the rules of JVIR. The authors should divide the abstract into four parts; Purpose, Materials and Methods, Results, and Conclusion.
23. Three to six key words should be listed.
24. The statistically significant data on longer catheter indwelling times and shorter interval between dislodgement and reinsertion in the Results section should be also stated in the Abstract.

8.6 Introduction

1. The last part of the Introduction, 'The aneurysm was of a suitable volume -----the branch arteries proximally to achieve stabilization and halt natural progression', would be more appropriate if it is described in the Materials and Methods section.

2. Page 4, line 2 and 3 from the bottom. 'The aneurysm was stabilized immediately…' tends to get a little confusing because the authors described that 'three pigs and three sheep underwent two separate procedures ' in the second paragraph on page 10. Please clarify it.
3. Is "hyperproliferation" an accepted term?
4. Could shorten it by excluding most of the second paragraph and include that in the discussion. Suggest that only a short reference to the fact that stent placement in post surgical patients is different because of the changes in anatomy.
5. The Introduction should include the purpose of this study.
6. Sequential numbering should begin with the Introduction.
7. I would recommend condensing the Introduction, provide a brief summary of background material and a succinct statement of the purpose of the study.
8. The references should be numbered in the order in which they appear in the text, but reference No. 3 does not appear in the Introduction.
9. Page 5, line 4 from the top. "partial or complete re-obstruction of the fistulous tract" could not be a complication of the surgical procedure. Please clarify it.
10. It would be better to mention the rationale of the hyperthermia to prevent tissue proliferation within the stent with references.
11. Page 2, lines 1 and 2 from the top. Awkward phrases need reworking.
12. Page 2, line 7 from the top. The authors mentioned that the loop snare technique needs the use of larger sheath. It needs clarifying how big the sheath is.
13. Line 7 from the top. It would be better to include "percutaneous angioplasty" with a reference as one of the major alternatives.
14. It would be better to describe the reported percentage of bleeding after PRC in the second paragraph of the Introduction section.
15. Lines 1, 2, and 3 from the Introduction. A retrievable stent has been used in the treatment of a benign colorectal stricture (Cardiovasc Intervent Radiol 2003;26:181-183). Please refer to the article.
16. Page 2, paragraph 2, line 1. References 3-5 are not related with prostate cancer, but the reference 4 is about liver cancer and the reference 5 is about an experimental study using phantom. Please check them again.
17. The authors excluded 37 patients with stent placement for preoperative decompression and focused on 38 patients with stent placement for palliation. By the way, the first paragraph and half of the second paragraph of the Introduction are dealing with the stent placement for preoperative decompression. Please provide background contents on stent placement for palliation.
18. Introduction section should be provided in the text.
19. What were the devices used (catheter, guidewire, introducer sheath, balloons, etc.) If the technique was the same in all Institutions, please consider

using case # 1 to describe the technique and then simply mention that it was the same one in the other two cases.

8.7 Materials and Methods

1. Page 3, line 6 from the top. It looks necessary for the authors to describe how many pigs and sheep were used for this study.
2. Were all the procedures performed by the same operator Details about this individual (years of experience, training, invention of nasolacrimal stent, etc.) would be useful.
3. The mean follow-up times are skewed by short follow-up in patients who occluded early. Please include the mean follow-up for patent ducts.
4. Please explicitly state that the minimum follow-up period for patent ducts was one year (if this is true).
5. Please state type, sizes, manufacturer details for all equipment mentioned and provide details of all catheters and guidewires used.
6. Please add more information describing the first procedure.
7. Page 4, line 5, manufacturer's name and location (city and state) of the feeding tube in parentheses should be presented.
8. Please briefly describe how the authors decided the doses of paclitaxel.
9. If the patency results of these patients have been presented in other publications, please indicate this to prevent overcounting in meta-analyses.
10. It would be helpful to include the total number of patients who underwent central venous catheterization, gastrotomy or jejunostomy, nephrostomy, biliary drainage, and transhepatic hemodialysis in order to know the incidence of accidental removal of catheters.
11. Page 3, line 7 and 8 from the top. The phrase 'in the same procedure' is inconsistent with that of the second paragraph on page 10.
12. Were these consecutive patients? For example, were these patients selected out for treatment with this stent because of certain characteristics of their tumor disease, or were all patients included in this trial who had esophagogastric strictures?
13. What is the status with regard to FDA approval in the United States? Is this stent under clinical trials, or available for general use?
14. Were patients sedated during the procedure? If so, what was used for sedation?
15. An illustration demonstrating the placement procedure or a reference for the placement would be helpful.
16. On page 3, there is a typo with regard to the "Radiogocus", instead of "Radifocus". The first sentence would be improved if the word "relatively" was inserted before new.
17. Water soluble contrast material is usually preferred if esophageal perforation

is suspected or to be ruled out. Why was barium used to detect any esophageal perforation early after stent placement?

18. The authors should describe why the stents were removed three to six months after stent placement ?
19. Page 9, line 5 from the top. What is the definition of "adhesion of the stent to the lacrimal apparatus"?
20. Why were these stents chosen over other standard synthetic plastic ones?
21. What is a Tygon tube? Most radiologists probably are not familiar with this item.
22. How was the balloon catheter used as a "guiding catheter"?
23. How was biliary access achieved? Ultrasound guide? What type of access system-micropuncture?
24. The authors state that stent implantation was performed 3-7 days after airway clearance, but it is stated that stents should be implanted 2 weeks after airway clearance in the discussion. This discrepancy should be explained.
25. The authors should describe the stent in detail: which metal, which covering, presence of a distal side hole in 'L' design, and diameter and length.
26. It should be stated how stents are sized and selected for individual patients. It is unclear if they are using an "off the shelf" or "tailor made device". The insertion technique should be described clearly especially in reference to airway protection.
27. The description of the technique of stent insertion is totally inadequate. The steps are described in abbreviated fashion with the result that the whole thing is totally unclear to the reader. The confusion is so great that a mental picture of such a basic stent as expanding the stents cannot be obtained. This part needs to be reworded, with a precise, detailed description given of each step, accompanied by line drawings so that important points can be immediately apparent.
28. The maneuver to measure the length of the Prostatic urethra needs to be clarified. The term "interested site" needs to be changed.
29. What is meant by "total dysphagia"?
30. The authors do not describe in detail how the placement of the stent was accomplished.
31. How difficult is it to remove the stents Can this be done radiologically or is urological instrumentation required?
32. Some of the wording and phrases are awkward---e.g--- paragraphy 2 sentence beginning with "Five patients----."
33. In line eleven, I would change the wording of this sentence to read "in this group of patients, especially when they are severely malnourished".
34. The authors state that they assess clinical improvement by 5 categories. However, 6 categories are listed.
35. How was tumor excluded in these patients?

36. What antibiotics were used?
37. What was the correlation between rupture and number of sessions of dilation?
38. Did the patients in this series have any prior treatments for their esophageal strictures such as bougienage? This should be mentioned. Even if the answer is "no," it would be a pertinent negative.
39. How was the proper balloon size determined?
40. Page 3, paragraph 1, line 7. It would be helpful if the authors described what Cope loop mechanism is. It also needs to be clarified how the gastrostomy catheter was secured externally with 0-prolene.
41. How was it decided which size of needle should be used for each individual patient? For example, what were the indications for the different size of needle?
42. The information about the goal of this study would be more appropriate in the Introduction.
43. Consider to perform a multivariate analysis evaluating what determines clinical success and pain in patients with a stent within 5 cm of the anal verge. Factors to evaluated include for example: stent length, stent diameter, distance to anal verge, prior chemoradiation, etc.
44. There is no mention of whether or not Institutional Review Board approval was obtained or necessary to report this case. If an Institutional Review Board (IRB) exists at the institution(s) in which any study involving human subjects is conducted, the investigators must obtain prior approval. This requirement applies to prospective and retrospective studies (including technical notes and case reports) that involve any direct interaction with patients OR evaluation or review of private information (e.g., imaging studies or chart reviews). See Valji K. IRB Approval- Who Needs It? J Vasc Interv Radiol 2002; 13:225-226. If the IRB at the participating institution does not require approval for the type of research being performed, a statement to this effect must be included in the manuscript. If no IRB existed at the time the study was initiated, the authors must include a statement in the manuscript indicating as such.
45. Titles of "Case Report, Discussion, and References" should be listed in the text.
46. The number of patients should be consistent. In one place the authors indicate that they studied 45 patients but in the introduction they mention, "30 cases of bronchial and tracheal diseases airway stenosis."
47. What was the standard follow-up used in this small study?

8.8 Results

1. Page 5, paragraph 2. Please briefly describe about hemoptysis. What ml (amount) of blood ? What was done to treat the hemoptysis ?

2. The sentence, "The average blockage in 2/3 of the lumen was found in 22 cases of malignant diseases before APC treatment" is unclear and should be rewritten.
3. The patient died 7 days after placement- any idea of cause of death(7 days?)?
4. Was the biliary access given up after the stent placed? If so this should be mentioned.
5. The authors need to explain why the stent delivery system failed to reach a site of obstruction over a super stiff wire but yet the guiding sheet could be passed to the level of obstruction.
6. Distinguishing between the fluoroscopic and technical failure is confusing and does not seem to add anything to the manuscript. Why not just consider those in which eventual stent deployment failed as technical failures?
7. In the complication section, it would be useful if the authors start with a statement summarizing all complications before going into specifics of each type.
8. Page 8, paragraph 2. This paragraph is unclear.
9. In the complication section, do the 4 patients in the first and second sentences represent the same 4 patients? Please clarify.
10. The first half of paragraph 1 belongs in the M&M.
11. If stent placement was painful, why was no intravenous sedation and analgesia given in addition to topical anesthesia (see methods)? It would be most interesting to state briefly what was found at autopsy in the stents of the patients who died.
12. The authors should be more specific in the last sentence of paragraph 1, e.g.---morbidity and mortality should be stated.
13. Why did the authors choose to insert multiple short stents rather than one longer one?
14. What are the residual urine volumes in these patients? These values should be included in the table.
15. Patient #4 underwent prostatectomy. Did the presence of the stent make the procedure more difficult or cause it to be modified in any way?
16. Page 5, line 6 from the bottom. The authors should clarify how many pigs or sheep underwent MR angiography, abdominal CT scans, or Doppler ultrasound.
17. It would be better to summarize the results of the animal experiment in Table.
18. Add "of cases" immediately after "25%".
19. Might include brief data on pulblished literature of esophageal rupture and success rates as a reference for the focus of this paper.
20. what were the range of catheter indwelling times before dislodgement in the success versus unsuccessful groups? Time to formation of mature tract to allow reinsertion varies on several factors including patient factors. Whether

your results indicate if there was a significant time frame after which reinsertion became much more likely to be successful would be interesting.

8.9 Discussion

1. I would recommend condensing the Discussion.
2. The authors state that the risk of stent migration is low in afferent loop and recommend covered stents for afferent loops. Why should there be a difference in stent migration rates between the afferent and efferent loops? Please explain.
3. Much of the first paragraph of the Discussion is a repeat of the Introduction and should be excluded or at least summarized and shortened.
4. The authors compare the stent placements with surgery? They also need to compare this with the alternative option of placing a feeding jejunostomy tube placement.
5. The statement regarding the advantages of balloon dilatation should be weakened: Most radiologists would argue that dilatation is neither easier nor less invasive: the perforation rate is higher and it may be easier to accurately place a stent than maintain position during inflation of a balloon. However, as the initial procedure it is certainly cheaper. Local experience may be influenced by the lack of sedation.
6. Do the authors not think the long-term improvement in the balloon group was due to the adjuvant chemo-radiotherapy?
7. A further limitation in the study is the fact that the stenting was not performed in short strictures, therefore it does not compare different treatments in the same context. Stent migration rate in short strictures may be even higher, favoring balloon dilatation.
8. The statement "combination of balloon dilatation and stent placement may reduce overall complication rates" is misleading and should be removed (incl. Table 5). If patients have both procedures the complication rates are additive.
9. Cost comparison of the two procedures, incl. the cost for chemotherapy should be included.
10. Can the authors suggest an approach to treatment using PTA and if necessary a temporary stent. In addition it may be necessary to use drugs such as steroid sprays or other drugs.
11. The authors compare their work to those of reference 13. They state the technical failure rate for reference 13. Is 'technical failure' defined the same in reference 13 as that used here? If so, this should be stated.
12. In references cited, actual numbers should be given rather than simple percentages as per Radiology guidelines. Also, as presented there is a wide variation in technical failure rates between reference 13 and reference 14. Perhaps this relates to operator experience.

13. Although 4 of the 5 patients with stent patterns 1, 4, and 13 did not show afferent loop obstruction, that is a distinct possibility and should benefit by stent placement in both loops.
14. The authors should also summarize their recommendations of stent patterns suitable for various types of obstructions and surgeries.
15. The authors are not mentioning the two perforations (2/30 !!) in the Abstract and in the Discussion. I think this is serious and worth discussing. Please correct.
16. The authors do not mention incontinence as another problem with distally placed stents. Was this evaluated? If so, please include. If not, this should be mentioned as a possible complication in the discussion.
17. Discuss movement of anal verge relative to a fixed stent during defecation.
18. Discuss why colonoscopic measurements of distance from the anal verge are inaccurate.
19. Page 14, line 3 from the top. The author's name of the reference 10 is wrong. The correct name is 'Hallisey MJ', not 'Michael JH'.
20. Under this section, it may be useful if the authors would describe when the optimum time to remove the temporary stent is.
21. Are there ways to predict if a migrated stent will cause problems downstream? One would like to avoid surgery if a straightforward retrieval can be accomplished.
22. Please discuss the appropriateness of stenting benign strictures.
23. In the review of the literature, percentages of success at the different levels in the colon are given. In addition to percentages, I would suggest including the number of patients in each segment.
24. It seems that complication rate is very high. Only 14% of stents were removed electively while the rest 86% was removed because of complications. This should be discussed.
25. Page 16, second paragraph. The authors mentioned 'superior mesenteric artery'. However, in the reference 16, a brief report by Martin ML, there was description of inferior mesenteric artery instead of superior mesenteric artery. Please clarify it.
26. The authors conclude that the "initial experience.. (shows) no significant procedure-related morbidity or mortality." I believe the rectal pain requiring analgesics in many of the low stent group patients could be considered morbidity.
27. The conclusions of the paper should be limited to those that follow from the data at hand. The ones included in the paper so far, are too sweeping and pre-conceived. It does not follow from the data provided that the new stent procedure is easy, safe, and efficacious.
28. Conclusions about patient's tolerability are at best limited in this retrospective study. This was not prospectively assessed in a uniform manner with a

validated pain scale. Thus the author's conclusions about tolerability of the stents may be biased by their own impressions.

29. I would ask the authors to comment on other treatment options to consider:
    - Trans hepatic feeding using the biliary tree with a tube in the jejunum.
    - Gastrojejunostomy tube with gastric emptying by the gastric component and feeding by the jejunal approach. I quess the downside of both of these was the added tube exiting the stomach.
30. The authors should also include any limitations of the procedure if any.
31. In discussion the issue of infection with reinsertion is briefly addressed with respect to existing literature. Were there known instances of infection/bacteremia post reinsertion of central lines? And it would be worth briefly stating if there were any complications in your review to reinsertion or attempted reinsertion. If not, adds strength to positive safety aspect of this technique you discuss.

8.10 References

1. References No. 32 and No. 33 are not referred in the text.
2. Give reference to your table here since it contains important data.
3. References # 11. Change "Journal of Clinical Oncology" to " J Clin Oncol".
4. The authors should adhere to the rule of JVIR. When there are seven or more authors, the first three should be given, followed by "et al". References 10, 11, 12, and 20 should be changed according to this rule.
5. Paper 17: Wenger et al. is now published.
6. References are required to be revised according to the rules of JVIR. For example, change "1) Noman, E. Peterson.: Fate of functionless post-traumatic renal segment. Urology.,27:237242,1986." to "1. Peterson NE. Fate of functionless post-traumatic renal segment. J Urol 1986;27:237-242." The rest of references are required to be done the same way.
7. The abbreviations used for journals cited in the references should follow the style of Index Medicus. For example, change "Urology or J.Urol" to "J Urol", and "Am. J. Roentgenol." to "AJR". The rest of references are required to be one the same way. When seven or more authors are listed, only the first three names need to be identified, followed by "et al". References # 4, 5, 7, 8, 10, 13, 22, 23, 24, and 39 include seven or more authors.
8. There are 3 pairs of duplicating references: #3 and #15, #5 and #20, #6 and #9.
9. I would suggest that the authors shorten the list of references to a total of perhaps 20 to 25.
10. References are generally old. In Discussion describe briefly, with up to date refs: i) Palliation with stents vs surgical or laparascopic gastrojejunostomy. Mehta S. Surg Endosc 2006; 20:239. Jeurnink SM. J Surg Oncol 2007;

96:389. ii) Endoscopic vs Radiologic vs combined stenting. Yoon CJ. JVIR 2006; 17:319-82 pts treated by per-oral radiologic method. iii) Covered vs uncovered stents. Kim JH. Gastrointest Endosc 2007; 66:256-chemotherapy improves patency but increases migration rates.

11. Brief reports should have no more than 15 references.
12. Please remove all periods following the journal abbreviation.

8.11 Figures

1. In each figure, please use arrows for specific indication (especially in Figures 3b, 4, 6, 8a, 9a, 9b).
2. There are too many illustrations. Please select representative illustrations. For example, figure 2 could be omitted because the readers could see angiography in figure 3, and some of the gross and pathologic figures could be omitted.
3. Either Figure 1A or 1B can be omitted.
4. Indicate with arrows where the stent is located.
5. Information needs to be given on the cause of the strictures in the patient in Figure 3A.
6. Figure 7: Consider deletion.
7. Label the incompletely expanded portions of the stent as well as the stricture.
8. The authors should label "the elongation of the stent."
9. Figure 1. Labels are incorrect. The sheath is on the left and not right as stated in the legend.
10. Figure 2 is not referred in the text.
11. No arrow is on the Figure despite being so labeled.
12. Please reduce Figure 2 and 3 to one Figure with 4 panels showing the most important technical aspects.14. Please change "(arrow)" to "(arrow heads)".
13. Please change "(arrow)" to "(arrow heads)".
14. Figures 1 and 2 should be combined.
15. Figure legend 2: two figures, thus "A" and "B" should be acknowledged.
16. Figures are good, but please provide a better initial image of the recurrent stricture.

8.12 Tables

1. Table 1 should be simplified.
2. From table 2, it would seem that more covered stents were used. Therefore would you not expect more of them to migrate as only 4 stents were not covered? Please mention details about Song stent in the table 2.

3. Consider placing the technical failure rate within Table 1. Also within Table 1, please define what the p-value column is in reference to.
4. Dysphagia scores: Ranges should be included.
5. Percentages should be added to the raw figures in all tables.
6. Table 4 could be replaced by one sentence stating the respective migration rates for esophageal and gastric tumors.
7. Table 2. Please mention the number of patients as well in each group.
8. Table 1. Please provide the range of time to removal in all groups in addition to the mean time.
9. Table 3. The mean time to removal for the last two groups should be in days and not weeks.
10. Table 2 should be re-done per patient not per stent. Also Routine Adult/Elective doesn't make sense.
11. Table 3 and 4 can be condensed into a table.
12. Table 1 could be more informative (but still not too busy) if "sample sizes," i.e. number of patients in each group and success versus non were included.

8.13 Overall Impression

1. This manuscript is overall very thorough and informative providing useful information on AAA stabilization. There are, however, somewhat troublesome points that must be clarified. Especially, the sections of Materials and Methods, and Results need to be explained more clearly and consistently. In spite of this, I feel that this manuscript contains valuable information worthy of publication in JVIR, after major revision has been made.
2. This is an interesting article describing the use of plastic covered expanding metal stents for both benign and malignant esophageal strictures. Although there are numerous other papers on the subject, I think this paper could be of interest to Radiology readers, due to the removable nature of the stent, and the use in benign strictures.
3. This is an interesting manuscript which provides useful information on the effectiveness of duodenal stent placement in patients with acute duodenal obstruction after percutaneous biliary metallic stent placement. I feel that this manuscript contains valuable information worthy of publication in JVIR, after the above corrections have been made. In general the writing is clear, but it is not likely that English is the authors' first language. I encourage them to submit the manuscript to an English editor.
4. The concept of heating vascular stents with use of alternating magnetic fields is interesting. The topic is, however, pretty marginal in the field of radiology. There are also somewhat troublesome points that must be clarified. This paper does not add much to previously published material.

5. The authors describe two interesting cases of fluoroscopically Guided Placement of the Kopans Hookwire. However, this paper does not add much to previously published material and it would be more appropriate to be published in the JVIR if reasonably more cases are treated by this method.
6. The topic is pretty marginal in the field of radiology. Application, imaging and also validation techniques are very straightforward, but simple and not innovative. The only new aspect is the use of a covered, drug-loaded stent in a different tubular system.
7. This is an interesting and novel study. The short follow-up permits no general conclusions other than the stents are straightforward to insert, safe, and reasonably effective in the short term.
8. Application, imaging and also validation techniques are very straightforward, but simple and not innovative. The only new aspect is the use of a covered, drug-loaded stent in a different tubular system.
9. The authors report technical aspects and first clinical results of a polyurethane-covered retrievable esophageal stent. The authors describe an interesting case of post-traumatic urinoma treated by selective arterial embolization. If reasonably more cases in whom a drainage is contraindicated could be treated by this method, it would be more appropriate to be published in the JVIR.
10. I would recommend resubmission of the manuscript as a technical note including considerable revisions describing the methodology and results and the need for follow-up studies with passive DCG techniques. I would recommend use of only one Figure (1 A, B, C) with removal of the other Figures.
11. This article is well written and complete but in my opinion it is too long for an ophthalmology journal. Since ophthalmologists probably would not do the procedure, they only need to know that the procedure is effective and that it is done by radiologists.
12. The article is not very well written which seems partly due to the fact that the authors are probably not English speaking. In addition, there are a number of typos and awkward sentences, and many areas are therefore unclear. In addition, the data are not very well presented as indicated below. Nevertheless, the article could certainly be interesting, provided that revisions are made.
13. The biggest hesitation, I have in accepting this manuscript for publication is that it adds little that is new to Radiology 1994;192:503 (reference 7), which the authors (admirably; appropriately) acknowledge as their own work. The main difference between the two papers is the placement of the balloon with respect to the stenosis: placement for the current study creates an hourglass deformity of the inflated balloon, and gets better results.

참고문헌

1. 지제근. 의학논문이란 무엇인가? 의학논문작성법. 울산대학교 대학원 의학과 교재. 1997:4-11.
2. 송호영. 의학논문 제출부터 출간까지. 의학논문작성법. 울산대학교 대학원 의학과 교재. 2006:59-70.
3. Proto AV. Radiology 2000: Reviewing for Radiology. Radiology 2000; 215:619-621
4. Provenzale JM, Stanley RJ. A systemic guide to reviewing a manuscript AJR 2005; 185:848-854

PART 02

영어논문 발표 및 좌장

학습목차

CHAPTER 10

머리말

송호영

시야를 우리나라에서 세계로 넓히려면 의학 분야는 물론이고 거의 모든 분야에서 영어의 사용은 필수 과제 중의 하나라고 할 수 있다. 저자는 중학교 3년, 고등학교 3년, 대학교 6년, 그리고 틈틈이 짬을 내어 영어공부를 했던 전공의 기간과 군대 기간의 7년을 합하면 총 19년이나 영어공부를 한 셈이다. 그럼에도 불구하고 처음으로 국제학회에서 영어로 8분 발표하고 2분 질문을 받는 것이 참으로 어려웠고 긴장되었다. 그때의 어려움과 긴장의 기억은 30년이 지난 오늘까지 생생하다. 국제학회나 외국 대학에서 처음으로 영어로 진행했던 강의와 좌장의 경험 또한 예외는 아니다. 물론 구연과 강의를 영어가 아니고 우리나라 말로 한다고 하여도 어려운 것은 마찬가지일 수 있으나 우리나라 말로 할 경우에는 곧 익숙해지고 나름대로의 노하우를 터득하게 된다.

저자는 첫 영어구연발표 이후 현재까지 국제학술대회 및 외국대학에서 수많은 영어구연, 좌장, 강의를 소화해 오면서 영어로 강의나 좌장을 하는 것이 얼마나 긴장이 되고 어려운가를 잘 알고 있다. 강의 전날 걱정이 되어 잠을 잘 이루지 못한 일도 수없이 많고 그렇게 긴장하여 준비를 하였는데도 막상 토론 마당에서는 그들이 하는 영어를 못 알아들어서, 아니면 영어가 짧아서 머뭇거리다가 표현을 못한 경험도 많았다. 영어가 모국어가 아닌 국가에서 태어난 것을 원망한 때도 많았고 영어권에서 태어난 학자들을 무척이나 부러워한 적도 한두 번이 아니다. 물론 영어가 전부는 아니다. 전공 분야의 실력이 더 중요하고 우선하는 것이 사실이지만 영어를 잘 구사하지 못하면 전공분야의 실력도 100% 발휘를 못하기에 영어는 학문에 있어서 보조품이 아니라 필수품이 된 것 같다.

영어와 오랫동안 씨름을 하면서 언젠가는 좀 더 나은 영어를 구사해 보려고, 그리고 후배와 제자들이 국제무대에 진출할 때 나보다는 좀 더 쉽게 진출하도록 도움을 주고자 지난 30년 동안 국제학회에 참석할 때마다 접하게 되는 새로운 영어 표현을 노트에 기록해 왔다. 또한 잘 못 알아들었던 말은 들은 대로 적당히 적어두었다가 휴식시간이나 강좌가 끝난 후 주위의 원어민이나 그 말을 사용한 연사 또는 청중을 직접 찾아가 재확인하여 적어두었다. 기회가 있을 때는 노트에 차곡차곡 쌓아둔 내용을 영어 교사나 원어민 친구와 한 문장 한 문장 검토하면서 수정에 수정을 거듭하였고 영어가 유창하거나 발음이 또렷한 사람을 만났을 때는 대가를 지불하고 쌓아둔 내용을 녹음하여 달라고 부탁을 하였다. 그리고 그 내용을 짬이 날 때마다 수없이 반복하면서 듣고 외우고 사용하다 보니까 언제부터인가 그 표현들이 자연스럽게 내 입에서 나온다는 것을 알 수 있었고 강의할 때나 좌장을 할 때 원어민들이 사용하는 영어가 그 범주에서 크게 벗어나지 않는다는 것을 알 수 있었다. 그러다 보니 국제무대에서 내가 구사하는 영어에 조금씩 조금씩 자신감이 생기면서 반대로 긴장되는 순간이 서서히 여유롭고 편안하고 즐거운 순간으로 변해가는 것을 알 수 있었다.

저자는 오랜 친구들이자 국제적으로 잘 알려진 5명의 미국 또는 영국 출신의 대학교수들과 같이할 자리가 있었다. 그들에게 그동안에 모아둔 내용 중 많이 사용하는 내용을 발췌하여 잘못되었거나 어색한 영어 표현을 교정해 줄 것을 요구하였으며 또한 그것을 참조로 그들이 많이 사용하는 유용한 영어표현을 추가하여 달라고 요청하였다. 참으로 재미있는 것은 그동안에 저자가 원어민 의사나 영어 교사와 수없이 교정에 교정을 반복하고 직접 오랫동안 사용하기도 했던 영어 표현들을 5명의 교수들이 다시 교정하였는데, 그 교정한 내용을 보니 경륜이 쌓인 학자일수록 참으로 겸손하고 분명한(clear) 문장을 사용한다는 것을 알게 되었다.

그들이 교정하여 준 내용 중 일반연제의 구연(oral presentation, scientific session) 및 좌장 부분만 PART II 영어논문 발표 및 좌장에서 소개하였다. 저자의 그동안의 노력이 영어로 구연이나 강의, 좌장을 처음으로 하게 되는 분들에게 조금이라도 도움이 되길 바라며 저자의 틀을 바탕으로 각자의 개성에 맞는 영어 표현을 추가하여 각자의 틀을 만들어 가면서 끊임없이 반복하여 외우고 사용하면 누구나 언젠가는 긴장이 편안함과 즐거움으로 탈바꿈하는 것을 만끽하리라 믿는다.

CHAPTER 11

연제의 구두발표

| 송호영

CHECKLIST

(1) 구두발표를 먼저 한 후 원고를 작성하기보다는 원고를 작성한 후 구두발표를 하는 것이 좋다.
(2) 전달하고자 하는 내용이 중요하고 새로워야 한다.
(3) 내용을 논리적이면서 최대한 쉽고 간략하게 발표하여야 한다.
(4) 발표 자세는 물론 발표 매개체인 슬라이드도 세련되고 자연스러워야 한다.
(5) 초록을 작성하는 것처럼 가장 핵심적인 내용을 정하고 이를 뒷받침할 수 있는 데이터와 자료를 제시한다.
(6) 슬라이드의 데이터는 쉽게 이해할 수 있도록 단순화한다.
(7) 슬라이드 숫자는 너무나 많아서도 적어서도 안 된다.
(8) 글자 슬라이드의 경우 전체를 7줄 이하로, 1줄은 7단어 이내로 배열한다.
(9) 글자의 크기, 색과 바탕의 색도 중요하다.
(10) 복잡한 그래프나 표는 피해야 한다.
(11) 화려한 배경화면은 피해야 한다.
(12) 특정 회사를 선전하는 내용은 피한다.
(13) 내용을 목적, 재료 및 방법, 결과, 결론으로 배분하여 논리적으로 발표한다.
(14) 슬라이드의 모든 내용을 다 읽거나 설명할 필요가 없다.
(15) 발표할 내용은 미리 기록해 둔다.
(16) 기록한 내용을 반복하여 교정하면서 자신이 생길 때까지 연습해야 한다.
(17) 평소 많이 사용하던 단어도 사전을 찾으면서 의미와 발음기호가 맞는지 확인해둬야 한다.
(18) 연습하는 내용을 녹음하여 다시 들으면서 발음을 교정하고 정해진 시간에 맞춰본다.
(19) 버릇이 되어 있는 불필요한 말이나 표현을 찾아 교정한다.
(20) 가능하면 국내 학술대회에서나 동료 앞에서 발표하면서 질문이나 코멘트를 받아본다.
(21) 가상 질문을 적으면서 대답을 연습해 본다.
(22) 미리 좌장 및 청중에 대한 정보를 얻어두는 것이 좋다.

(23) 발표 전에 사전관람실(preview room)에서 슬라이드를 점검해둬야 한다.
(24) 발표장에는 미리 가서 좌장을 만나 인사해라.
(25) 발표시간 준수는 기본이다.
(26) 레이저 포인터나 마우스는 남용하지 말아야 한다.
(27) 청중과 눈을 마주치면서 그들의 마음을 읽어라.
(28) 슬라이드를 사용하지 못하게 될 경우에도 대비해야 한다.

의학에 관한 학술대회에서의 발표형식은 크게 구두발표와 전시발표로 나눌 수 있다. 구두발표는 연구한 내용을 일정한 시간 내에 청중 앞에서 전달하는 형식이며 시청각자료를 많이 사용한다. 전시발표는 연구한 내용을 정하여진 틀이나 규격 내에서 포스터, 비디오, 컴퓨터 등을 이용하여 일정한 공간 내에 배치를 하는 형식이다. 이 장에서는 구두발표를 중심으로 설명하고자 한다.

구두발표를 하려면 먼저 학술대회에 초록을 제출하여 채택이 되어야 한다. 초록제출 방법 및 마감일 등에 대한 안내는 학술대회의 홈페이지에 소개되어 있으며 초록이 채택되는 비율도 학술대회에 따라서 매우 다양하다. 즉 정평이 나 있는 학술대회에서는 초록 채택률이 낮기 때문에 초록이 채택되는 것만으로도 영광인 경우도 있는가 하면 초록 제출이 적어 제출된 초록을 모두 채택하는 학술대회도 있다. 영상의학회 중에서 가장 정평이 나 있는 북미영상의학회(RSNA)에 초록을 제출하는 요령과 제출부터 채택까지 오고 간 이메일을 PART II의 부록(별첨 1 초록 제출부터 채택까지)에서 소개했으니 참고하기 바란다.

현대사회의 각종 의학 학술대회의 구두발표는 국내외를 막론하고 슬라이드가 보편화되어 널리 사용되고 있기 때문에 슬라이드 없는 구연발표는 생각할 수조차 없는 것 같다. 따라서 처음으로 구두발표를 하려는 사람에게는 파워포인트를 이용해 슬라이드를 제작하는 과정을 습득하는 것이 필수적이다. 구두발표는 학술대회마다 다소 차이가 있기는 하나 보통 한 시간에 4 내지 6연제를 배당하기 때문에 각 연제당 6~12분 발표하고 2~4분간 질문을 받는 시간을 갖는다. 이렇게 정하여진 시간 내에 연구한 내용을 요약하여 청중을 이해시켜야 하기 때문에 발표할 내용 및 슬라이드의 구상에 대하여 많은 정성과 시간을 들여야 한다.

저자는 구두발표를 먼저 한 후 원고를 작성하는 것보다는 원고를 작성한 후 구두발표를 하는 것을 권하고 싶다. 그 이유는 원고를 작성한 후에는 자신의 연구내용뿐만 아니라 다른 연구자들이 발표한 기존의 연구내용에 대하여도 풍부한 지식을 가지게 되므로 발표 및 질문에 대하여 좀 더 자신감이 있고 마음의 여유를 가질 수 있기 때문이다. 또한 구두발표를 하고 나서 청중의 질문이나 구두발표를 하면서 얻은 지식을 토대로 이미 작성한 원고를 한 번 더 교정하여 학술지에 제출하는 것은 쉬워도 반대로 구두발표를 한 다음에 다시 시간을 내어 집중적으로 원고를 작성하는 것은 쉽지 않기 때문이다. 연구한 내용을 학술대회에서 발표를 하

그림 11-1 슬라이드를 이용하여 강연하는 모습

는 것도 중요하지만 더 중요한 것은 연구한 내용을 원고로 작성하여 출간을 하는 것이다. 연구한 내용은 일종의 검증과정이라고 할 수 있는 논문화하는 과정을 거쳐야 비로소 나의 소유가 될 수 있기 때문이다.

구두발표는 청중이 있기 때문에 행하여지는 것이기에 청중을 위하여 정성을 기울여야 한다. 한 시간 또는 두 시간 동안 밀폐된 공간에서 휴식 없이 여러 연제를 듣고 있는 청중은 피로하여 모든 연제에 집중하여 경청하는 데 한계가 있다. 이들이 흥미를 갖고 즐거운 마음으로 집중할 수 있도록 하려면 첫째, 전달하고자 하는 내용이 중요하고 새로워야 한다. 둘째, 그 새로운 내용을 논리적이면서 최대한 쉽고 간략하게 발표하여야 한다. 셋째, 발표 자세는 물론 발표 매개체인 슬라이드도 세련되고 자연스러워야 한다.

1. 슬라이드의 구상

1.1 핵심적인 발표내용을 정하자

연구한 내용을 짧은 시간에 자세히 전달한다는 것은 불가능하고 또 그렇게 할 필요도 없다. 원고 중 초록을 작성하는 것처럼 가장 핵심적인 내용을 정하고 이를 뒷받침할 수 있는 데이터와 자료를 제시하면 된다. 청중이 더 자세한 내용을 알고 싶거나 궁금한 내용이 있으면 논문을 읽거나 질문시간을 활용하게 하면 된다.

1.2 데이터를 쉽게 이해할 수 있도록 단순화하자

청중이 한 슬라이드를 보고 전체의 내용을 파악하는 데 많은 시간이 걸리면 머리가 아프고 지루해져서 결국 흥미를 잃게 된다. 예를 들어서 청중이 한 슬라이드를 보았을 때 20초 내에 전달하고자 하는 내용의 전체적인 윤곽을 파악할 수 있도록 슬라이드를 단순화시켜야 한다.

1.3 슬라이드 숫자는 너무나 많아서도 적어서도 안 된다

6분 발표일 경우 슬라이드의 내용에 따라 다소 차이는 있을 수 있으나 최대 12장을 넘지 않는 것이 좋다. 다시 말하여 슬라이드 1장을 설명하는 데 걸리는 시간을 20초 내지 60초(평균 30초) 정도로 계산하고 슬라이드를 준비하는 것이 좋다. 저자의 경우는 보통 1배 반, 즉 6분 발표의 경우 총 9장의 슬라이드를 준비한다. 슬라이드가 너무나 많으면 청중이 발표속도를 따라가기 힘들어 내용을 파악하는 데 어려움이 있을 수 있고 너무나 적어 슬라이드 한 장에 소요되는 시간이 길면 지루함을 느낄 수 있다.

1.4 글자 슬라이드의 경우 전체를 7줄 이하로, 1줄은 7단어 이내로 배열하자

청중이 한 슬라이드를 보았을 때 20초 내에 내용을 파악할 수 있게 하려면 단어와 숫자를 잘 배열하여야 한다. 사용한 글자의 크기에 따라 차이는 있으나 각 슬라이드의 제목을 제외한 내용의 배열에 있어서 가로의 줄을 7줄 이하로 하고 각 줄을 7단어 이내로 배열하면 적당하고 최대한으로 잡아도 10줄 이하, 8단어 이내로 하는 것이 좋다. 그림 11-2에서 두 슬라이드의 내용은 같지만 그림 a는 제목 포함 9줄이고 그림 b는 제목 포함 7줄이다. 그림 b가 한눈에 잘 들어오는 것을 알 수 있을 것이다.

1.5 알맞은 크기의 글자를 사용하자

발표장의 크기와 의자의 배열에 따라서 슬라이드에 사용하는 글자의 크기를 조절할 필요가 있다. 예를 들어서 500석 이상의 강당 또는 200석 정도의 강당이지만 의자 배열이 앞뒤로 길게 배열된 강당에서는 연단으로부터 맨 뒤의 줄에 앉은 청중은 슬라이드의 글씨가 작을 경우 잘 보이지 않는다. 반대로 60석 정도의 소회의실에서 글씨가 클 경우 앞쪽 몇 열에서는 눈이 피로하다. 일반적으로 슬라이드의 제목과 내용에 36폰트에서 28폰트의 글씨를 잘 배열하여 사용하면 무난하지만 강당의 크기와 의자의 배열을 고려하여 폰트를 결정할 필요가 있다.

(a)

(b)

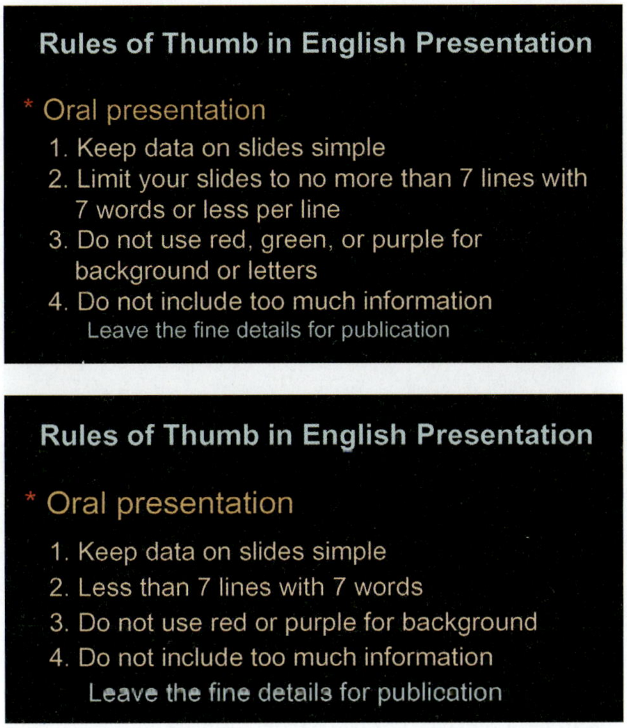

그림 11-2

1.6 글자나 바탕의 색 선택이 중요하다

글자와 바탕의 색 배열은 대단히 중요하다. 화려한 색은 청중의 눈을 피로하게 만들기 때문에 빨강, 초록, 자주색은 가능하면 피하는 것이 좋다. 그림 11-3의 슬라이드 배열 중에서 여러분에게는 어느 것이 제일 마음에 드는가?

아마 1번 아니면 2번을 골랐을 것이다. 바탕색과 글자의 색은 안정감을 주면서 쉽게 읽힐 수 있도록 정성을 들여서 색깔을 배열하도록 노력해야 한다.

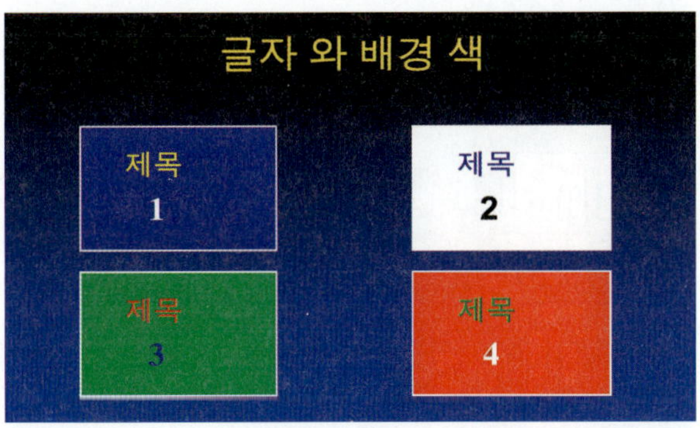

그림 11-3

저자가 일본 오사카 시립대학병원에서 강의를 하면서 있었던 일이다. 한 슬라이드(그림 11-4)를 예로 들며 "이런 배열은 피하는 것이 좋다"고 설명을 하였는데, 청중이 약속이라도 한듯 한꺼번에 웃음을 터트렸다. 웃을 만한 말을 하지 않았는데 왜 청중이 웃는지 의아했지만 그때는 일단 강의를 계속했다. 그리고 강의가 끝난 후 한 청중에게 왜 웃었는지 듣고서 저자도 웃고 말았다. 그는 "우리 과장님이 가장 자주 사용하시는 색상"이라고 대답하였다.

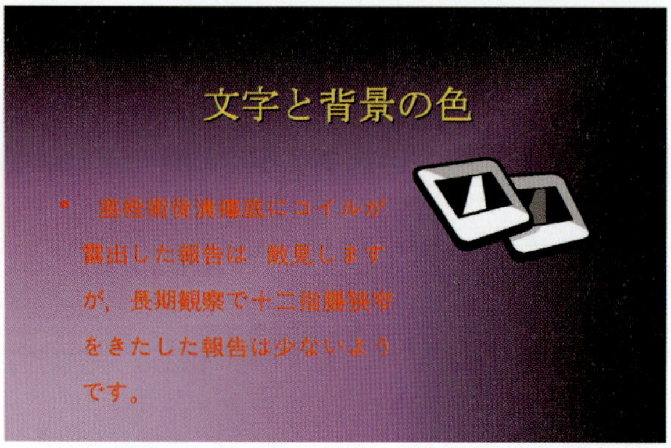

그림 11-4 이 슬라이드의 바탕색은 보라색이고 글씨는 빨간색이다. 따라서 글씨를 읽는 것이 힘들고 눈이 피로할 뿐만 아니라 이러한 종류의 슬라이드를 한 시간 동안 보고 있으면 두통을 느낄 것이다.

1.7 복잡한 그래프나 표는 피해야 한다

표나 그래프를 사용할 때 글자나 숫자, 도표가 많이 포함된 내용을 그대로 보여주면 안 된다. 청중이 읽을 수도 없을 만큼 글자나 숫자가 많으면 고통을 주는 것이나 다름이 없기 때문이다. 키포인트가 되는 부분 위주로 나타내어 최대한 단순화하여야 한다. 일반적으로 표보다는 그래프가 낫고 그래프보다는 모식도가 한눈에 더 잘 들어온다. 그림 11-5와 같이 슬라이드 한 장에 많은 내용을 나타내면 청중은 이해하기 힘들어 다른 생각을 할 수가 있고 심하면 졸게 된다. 발표자들은 자

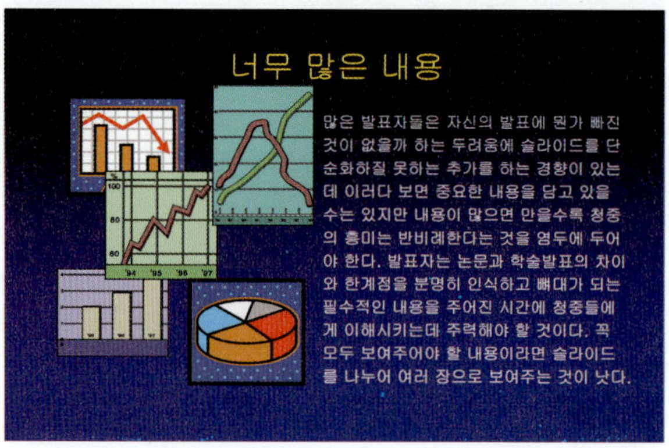

그림 11-5

신의 발표에서 뭔가 빠진 것이 없을까 하는 두려움에 슬라이드를 단순화하지 못하고 내용을 자꾸 추가하는 경향이 있는데, 중요한 내용을 담고 있더라도 내용이 많으면 많을수록 청중의 흥미는 반비례한다는 것을 염두에 두어야 한다. 발표자는 논문과 학술발표의 차이와 한계점을 분명히 인식하고 뼈대가 되는 필수적인 내용을 주어진 시간 내에 청중들에게 이해시키는 데 주력해야 할 것이다. 꼭 모두 보여주어야 할 내용이라면 슬라이드를 나누어 여러 장으로 보여주는 것이 낫다.

1.8 화려한 배경화면은 피하자

청중의 눈을 끌고자 슬라이드의 한쪽 또는 배경으로 유명한 화가의 그림이나 유명한 배우의 사진 등 강의 내용과는 관계없는 자료를 넣는 경우를 가끔 본다(그림 11-6). 이러한 경우 청중은 전달하고자 하는 내용보다는 그림이나 사진에 눈이 가게 되어 주객이 바뀌는 현상이 생기고 산만해지게 된다. 따라서 슬라이드의 배경으로 포함시킬 그림을 선택할 때는 신중을 기하여야 한다.

그림 11-6

1.9 특정 회사를 선전하는 내용은 피하자

청중들은 논문 원고와 마찬가지로 구두발표 또한 편견이 없고 공정한 내용이기를 바란다. 어떤 회사의 연구비를 받아서, 또는 어떤 회사가 주관하는 학술대회이기 때문에 마치 그 회사를 선전하듯 하는 슬라이드 내용이나 설명은 연구자의 신용을 떨어뜨리게 한다. 그리고 연구가 어느 회사의 지원을 받아 이루어졌다는 사실을 구두발표에서 밝혀서 그 연구결과에 대한 판단은 청중이 하도록 하여야 한다.

1.10 구두발표용 슬라이드 사례

참고로 저자가 미국 인터벤션영상의학회에서 구두발표에 이용하였던 슬라이드를 소개한다(그림 11-7). 당시 12분 발표에 3분 질문의 구두발표여서 슬라이드는 총 18장 준비하였다.

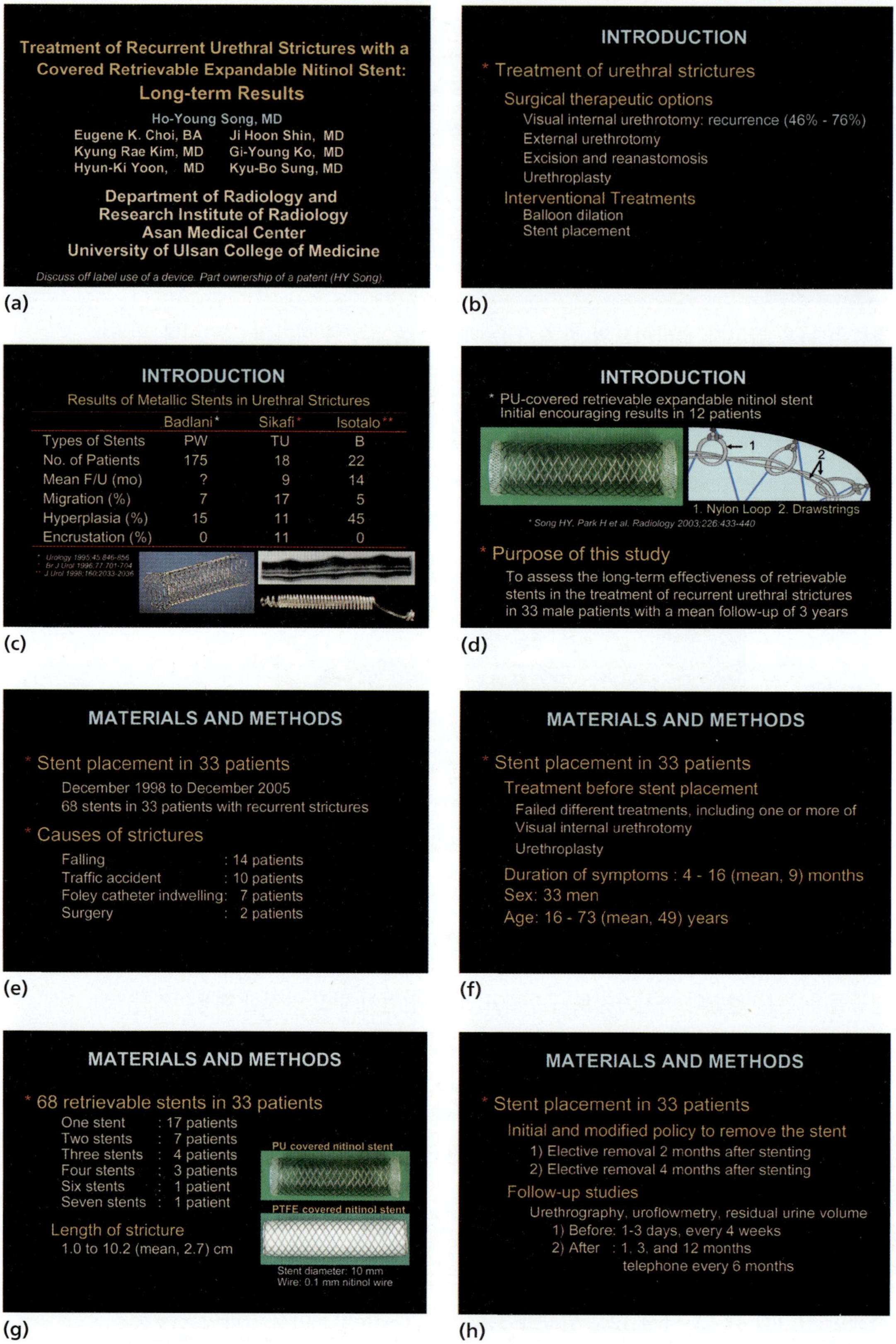

그림 11-7 구두발표용 영문 슬라이드 사례 (계속)

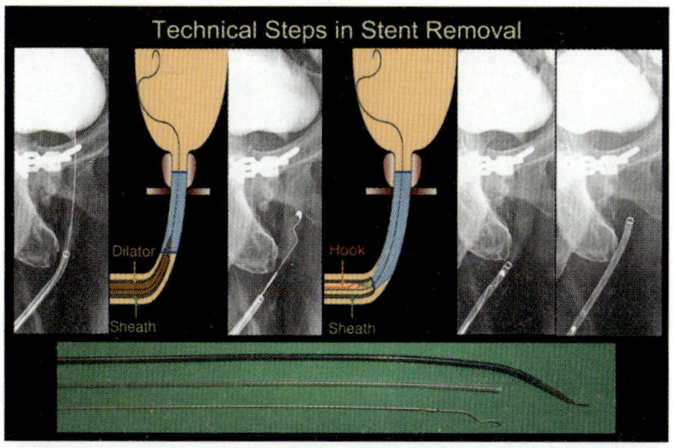

(i)

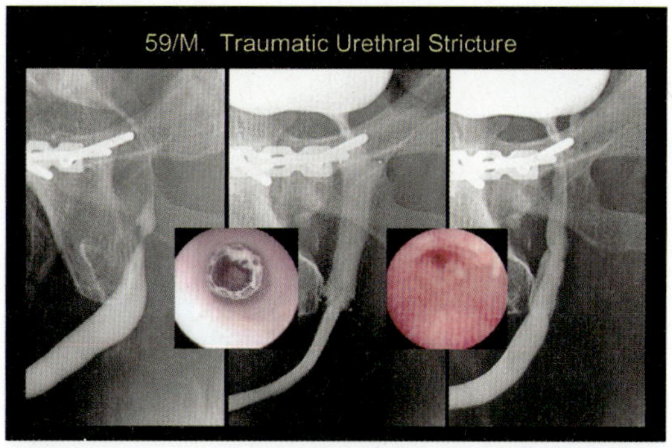

(j)

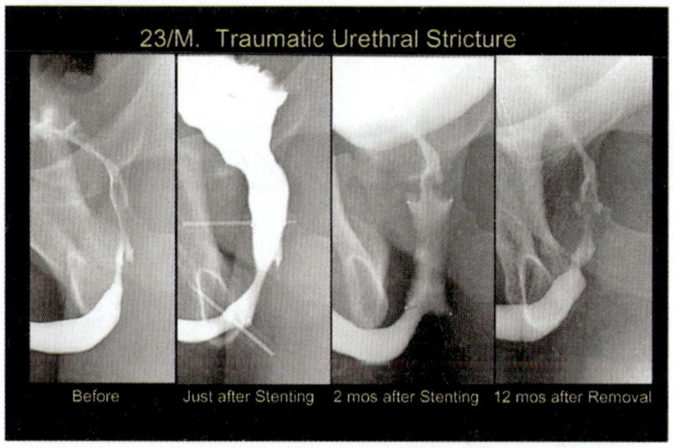

(k)

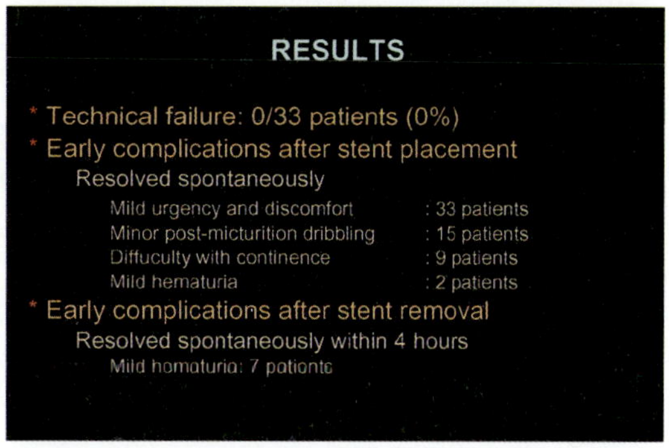

(l)

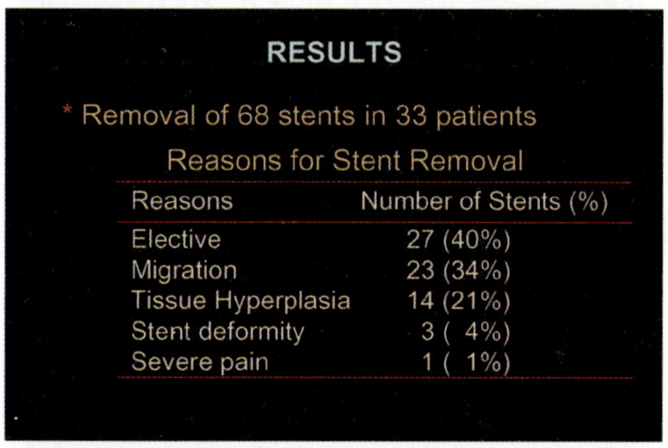

(m)

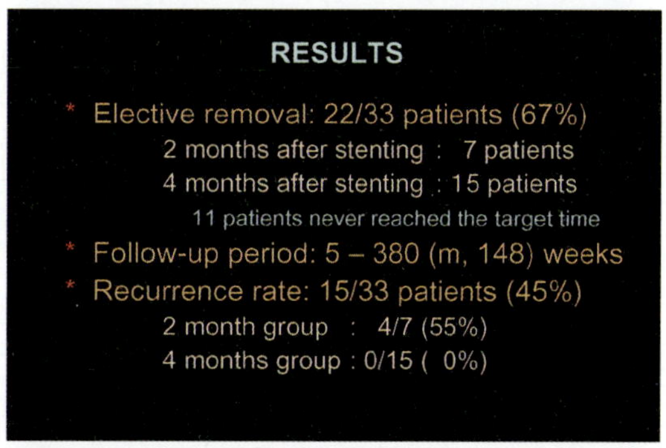

(n)

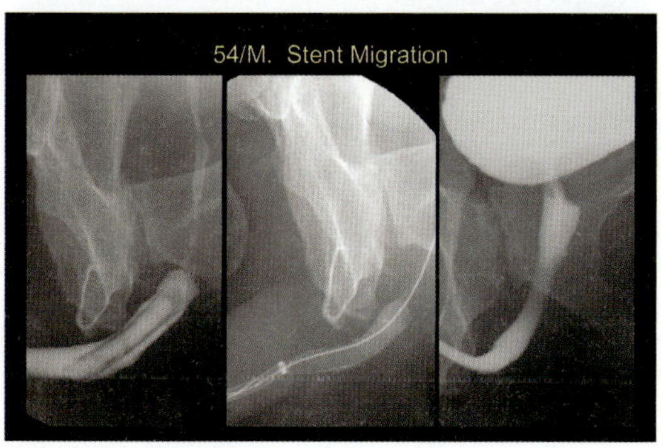

(o)

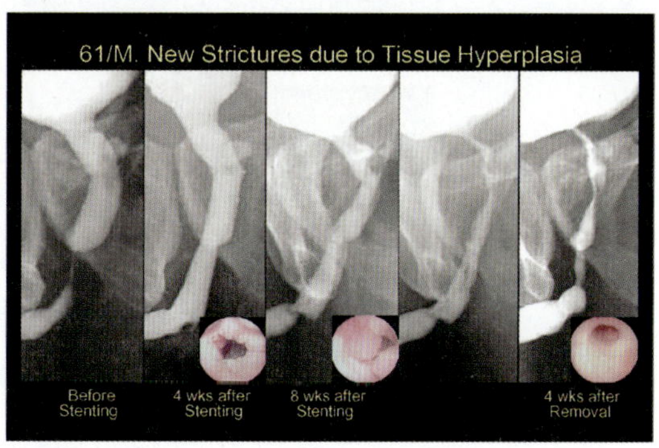

(p)

그림 11-7 (계속)

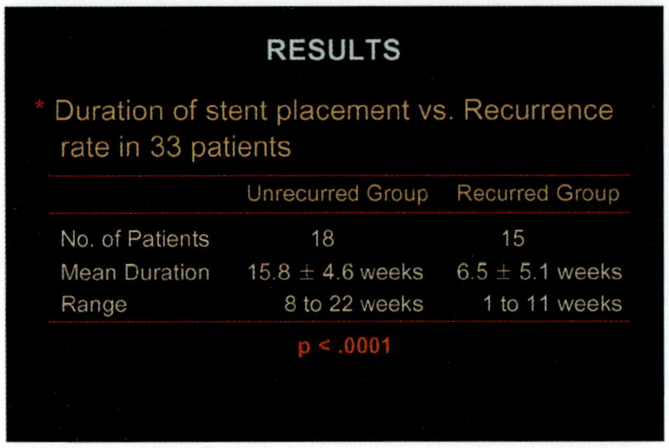

(q)

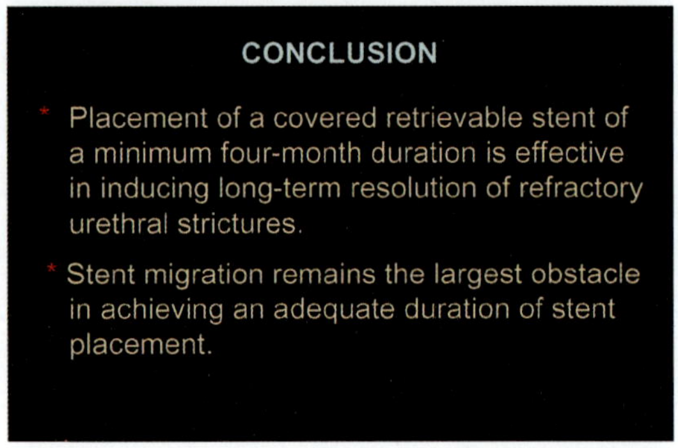

(r)

그림 11-7 (계속)

2. 영어로 발표하기의 기본수칙들

2.1 내용을 목적, 재료 및 방법, 결과, 결론으로 배분하여 논리적으로 발표하자

발표할 슬라이드의 내용과 형식을 원고 작성 순서대로 제목, 목적(서론), 재료 및 방법, 결과, 고찰, 결론의 형태를 취하면 논리적이고 발표하기도 편리하다. 제목 슬라이드(그림 11-7의 a)에는 연제의 제목, 발표자(연자) 및 공동연구자, 그리고 발표기관의 이름을 표시한다. 좌장은 발표자가 연제를 발표하기에 앞서 발표자이름, 발표기관, 연구제목을 청중에게 소개한다. 또한 다수의 학술대회에서는 청중들의 편리를 위하여 발표자가 연제를 발표하는 동안 보조 슬라이드 프로젝터를 이용하여 발표자의 제목 슬라이드를 계속 켜 놓기도 한다. 따라서 발표자는 제목 슬라이드를 소개할 때 좌장이 소개한 내용을 반복하여 다시 소개할 필요가 없이 간단히 제목만 소개하든지 "Thank you Mr. Chairman"이라고 하면서 두 번째 슬라이드로 넘어가기도 한다. 그리고 짧은 시간의 구두 발표에서는 시간이 많지 않기 때문에 고찰 슬라이드를 생략하는 경우가 많다.

2.2 슬라이드의 모든 내용을 다 읽거나 설명할 필요가 없다

슬라이드의 내용이 원고를 축약한 중요한 내용이라고 하여 슬라이드에 적힌 모든 내용을 다 열거하거나 설명할 필요는 없다. 그림 11-7의 b를 보자. 이 슬라이드에서는 배경설명을 하기 위하여 기존의 수술적인 요도협착 치료방법 4가지, 즉 Visual internal urethrotomy, External urethrotomy, Excision and reanastomosis, Urethroplasty를 열거하였다. 이 슬라이드를 설명할 때는 4가지 방법 중 가장 널리 사용되는 Visual internal urethrotomy만 설명하고 나머지 3가지는 언급을 하지 않아도 좋다. 나머지 3가지 방법을 설명하지 않아도 Visual internal urethrotomy를 설명하고 있는 동안에 청중은 나머지 3가지 방법도 있다는 것을 한눈에 알 수 있기 때문이다. 또한 연제의 내용이 제거가 가능한 스텐트를 이용하여 요도협착을 치료한 장기결과를 소개하려는 것인데 나머지 3가지 수술방법마저 설명할 경우 발표하고자 하는 주 내용이 약해질 수 있다.

이러한 경우 "설명도 할 필요가 없는 3가지 방법을 슬라이드에서 빼면 슬라이드가 더 간단해지고 일목요연해진다"고 반문을 할 수 있다. 그러나 설명은 없더라도 이 3가지 방법의 추가만으로도 청중들에게 기존의 수술 방법이 4가지가 있다는 개념을 심어주는 역할을 하기에 충분하다. 예를 하나 더 들어서 그림 11-7의 e를 보자. December 1998 to December 2005라는 기간을 언급하지 않아도 같은 이론으로 청중들은 그 기간에 시술을 하였다는 것을 알게 된다.

2.3 발표할 내용을 기록하자

슬라이드만 보고 영어가 술술 나오면 좋겠지만 발표자에게는, 특히 영어가 모국어가 아닌 경험이 적은 발표자에게는 슬라이드를 보여주면서 하고자 하는 말을 기록하는 것은 대단히 중요하다. 저자의 경우는 슬라이드 한 장에 한 문단의 발표 문장을 만드는 식으로 기록을 한다. 따라서 슬라이드가 10장이면 10개의 문단을 작성한다.

참고로 저자가 앞에서 예로 든 슬라이드(그림 11-7)를 발표할 때 기록한 예(예문 11-1)를 소개한다. 슬라이드가 총 18개이기 때문에 18문단이 있고 전체의 분량이 A4용지로 2쪽이 채 안 된다. 이러한 형식으로 작성하면 A4용지 1쪽당 발표하는 데 약 6분 정도 소요된다.

예문 11-1: 슬라이드 설명을 위한 발표 문장

Treatment of Recurrent Urethral Strictures with a Covered Retrievable Expandable Nitinol Stent: Long-term Results

Thank you Mr. Chairman. Good morning, ladies and gentlemen. Today, I'd like to talk about Long-term Results of Placement of Covered Retrievable Urethral stents. We will discuss off label use of a device. I have part ownership of a patent and the other doctors have nothing to disclose financially.

Although there are a number of surgical therapeutic options for urethral strictures, internal urethrotomy is commonly used in the treatment of urethral strictures. But its recurrence rate is as high as 46 to 76%. Balloon dilation of the strictures as an alternative to surgery has also a high recurrence rate.

This table shows the results of expandable metallic stents in urethral strictures. Dr. Badlani placed a permanent wallstent in 175 patients, Dr. Sikafi placed a temporary coil stent in 18 patients, and Dr. Isotalo placed a biodegradable stent in 22 patients. The migration rates are from 5 to 17% of the cases. The rates of tissue hyperplasia within or near the placed stents are reported to be from 15 to 45% of the cases.

To overcome the problems, we designed a PU-covered retrievable expandable nitinol stent. In 2003, we reported our initial encouraging results in 12 male patients with recurrent urethral strictures. The purpose of this study was to assess the long-term effectiveness of retrievable stents in the treatment of recurrent urethral strictures in 33 male patients with a mean follow-up of 3 years.

We placed a total of 68 retrievable stents in 33 patients with a traumatic stricture. The sites of obstruction were predominantly at the posterior bulbar urethra near the external sphincter.

All patients had a stricture refractory to visual optical urethrotomies, urethroplasties, and dilations. The mean duration of symptoms was 9 months.

We placed a PU-covered or PTFE covered nitinol stent in the order in which they were devised. Seventeen patients each received a single stent and the other patients received two to seven stents. The mean length of the strictures was 27 mm.

It was our initial policy to electively remove the stent two months after placement, but our experiences of frequent recurrences prompted an extension of the stent placement duration to four months. In case of complications, we also removed the stent from the patients. As for the follow-up study, we performed retrograde urethrography, uroflowmetry, and urine cultures 1-3 days after stent placement, and then every four weeks until the placed stent was removed. Clinical examinations, uroflowmetry, and retrograde urethrography were also performed 1 month, 3 months, and 12 months after the removal of the stent to assess recurrence.

To place the stent, we introduced a Terumo guide wire into the urinary bladder. Then, advanced a 9-F dilator with sheath over the guide wire into the posterior urethra. After removal of the dilator and the guide wire from the sheath, we compressed and loaded a stent into the sheath to place the stent.

Let me show you some examples. Here you can see a stricture near the external sphincter. 2-month follow-up retrograde urethrograph and endoscopic photograph after stent placement show full expansion of the stent. Take a look at the lower end of the stent with its nylon drawstrings. 3-month follow-up urethrogram and endoscopic photogram after stent removal show improvement of the stricture.

Here is another example. These are retrograde urethrographs obtained immediately after and 2 months after stent placement. Here you can see that the placed stent continued to expand until it reached the preset expanded diameter and that the placed stent straddled the external sphincter. 12-month-follow-up urethrograph after stent removal shows improvement of the stricture. Where is the external sphincter? Note that the external sphincter maintains its function.

As for the results, we had no technical failure in stent placement and removal in all patients. We could remove the Foley catheter from the patients because they could void immediately after stent placement. As for the early complications, all patients had mild urgency and mild discomfort at the site of stent placement for 1-7 days after stent placement. 15 patients had minor post-minturition dribbling, 9 patients difficulty with continence, 2 patients mild hematuria, which disappeared spontaneously within 4 weeks. After stent removal, 7 patients had mild hematuria.

Elective stent removal was done only in 40% of the cases. The most common complication resulting in premature retrieval was stent migration, occurring in 23 (33.8%) out of 68 placed stents.

The stent was electively removed 2 months after placement in 7 patients and 4 months after placement in 15 patients, but the remaining 11 patients never reached the target time for stent removal due to complications. During the mean follow-up of 148 weeks after stent removal, recurrence occurred in 55% of the two month removal group, and in 0% of the 4 month removal group.

Here is a case of stent migration. Here you can see a stent below the stricture. We removed the stent from the patient and placed a second stent.

Here is an example of new strictures due to tissue hyperplasia. Here you can see a good flow of contrast medium 4 weeks after stent placement. 8 weeks follow-up urethrogram and endoscopic photogram show new strictures above and below the stent. Take a look at the persistent new strictures just after stent removal. Interestingly, 4-weeks follow-up studies show almost normalization of the new strictures and slight reduction of the original stricture. Again, the external sphincter maintains its function after removal of the stent.

The mean duration of stent placement in no recurrence group was significantly longer than that in recurred group.

In conclusion, placement of a covered retrievable stent of a minimum four-month duration is effective in inducing long-term resolution of refractory urethral strictures. Stent migration, however, remains the largest obstacle in achieving an adequate duration of stent placement.

2.4 기록한 내용을 반복하여 교정하면서 자신이 생길 때까지 연습하자

슬라이드 내용과 기록한 내용을 반복하여 수정하면서 연습하다 보면 슬라이드와 기록한 내용이 점점 좋아지는 것을 알 수 있을 것이다. 또한 발표할 내용을 일부러 암기하려 하지 말고 시간이 날 때마다 반복하여 연습을 하면 6분 내지 12분 발표분량은 자연적으로 암기가 된다.

연습을 하면서 사전찾기는 기본이다. 생소한 단어는 물론이고 평소 많이 사용하던 단어도 사전을 찾으면서 의미와 발음기호가 맞는지 확인해 보자. 요즘에는 단어의 발음을 원어민의 목소리로 제공하여 주는 웹사이트가 많이 발달되어 있으니 이를 활용하면 생소한 단어를 정확히 발음하는 데 어려움이 없다. 저자의 경험에 의하면 발표하려는 내용의 영어 단어들을 모두 하나씩 하나씩 발음을 제대로 하고 있는지 확인할 필요가 있다. 의외로 평소 많이 사용해 오던 단어, 특히 전공단어의 발음이 잘못되어 있다는 것을 발견할 것이다. 이럴 때는 그 단어와 발음기호를 따로 적어서 보관을 하면서 발표 전에는 물론이고 발표 후에도 잘못된 발음이 옳게 고쳐질 때까지 연습을 하여야 한다(그림 11-8).

그림 11-8 일과 후 짬을 내어 영어 발음 연습을 하고 있다.

2.5 연습하는 내용을 녹음하여 다시 들으면서 발음을 교정하고 정해진 시간에 맞추자

연습할 때의 자기 음성을 녹음하여 들어보는 것도 많은 도움이 된다. 첫째로, 발표하는 데 걸리는 시간을 측정할 수 있다. 정해진 시간보다 빨리 끝나면 슬라이드를 추가하거나 발표하는 속도를 늦추는 등 정확한 준비를 할 수 있다. 둘째로, 자기가 발표하는 영어의 발음이 정확한지, 듣기에는 편안한지, 버릇이 되어 있는 불필요한 말이나 표현, 즉 "어"라고 말과 말 사이에 들어가는 표현이나 코를 킁킁거리는 습관은 없는지 확인할 수 있다.

가능하면 발표할 내용을 원어민에게 부탁하여 녹음을 할 수 있으면 금상첨화이다. 그 원어민의 발음을 반복하여 들으면서 흉내를 낼 필요가 있다.

2.6 국내 학술대회나 동료 앞에서 발표하면서 질문이나 코멘트를 받아보자

국제학술대회에서 현장 발표하기 전에 국내 학회에서 미리 발표를 하면 많은 도움이 된다. 청중 앞에서 발표하면서 분위기를 파악할 수 있을 뿐만 아니라 청중이나 좌장이 하는 질문이나 코멘트의 내용을 받아볼 수 있어서 좋다. 최근에는 국내 학회에서도 영어로 발표하는 세션이 늘고 있는데, 그러한 기회를 활용할 수 있도록 노력을 하여야 하겠다.

국내 학회에서 사전연습을 할 기회가 없다면 대학 내에서나 과 내에서 기회를 마련해 보는 것도 좋고, 아니면 공동연구자나 공저자들 앞에서 발표를 하고 질문을 받아보는 것도 좋다.

2.7 가상 질문을 적으면서 대답을 연습하자

처음 영어로 구두발표를 하는 사람이 가장 어렵게 생각하는 것은 질문을 잘 알아들을 수 있을까, 그리고 질문을 알아들었다 하더라도 대답은 영어로 잘할 수 있을까 하는 걱정이다. 이러한 경우 가상질문에 대한 답을 미리 적어서 연습을 하는 것도 좋다. 그 가상질문은 국내 학회나 동료로부터 나온 질문과 원고 내용의 대상 및 방법이나 결과 중에서 슬라이드에 기술을 하지 않은 내용 또는 고찰에 기술한 내용 중 논란의 소지가 있는 내용을 정리하면 될 것 같다. 참고로 저자가 앞에서 예로 든 슬라이드(그림 11-7)를 발표한 후 진행될 3분간의 질문 및 토의시간에 대비하여 준비한 예(예문 11-2)를 소개한다.

예문 11-2: 구두 발표 후 진행되는 질문시간에 대비하여 준비한 가상질문에 대한 답

Questions:

All patients had mild urgency and mild discomfort at the site of stent placement for 1-7 days after stent placement. 15 of them also had minor post-micturition dribbling, which resolved spontaneously within 4 weeks.

This complication represents the most significant obstacle for achieving stent placement of long duration, which is integral in minimizing the recurrence rate of the stricture. Discussions of an optimal time period for stent removal, therefore, is widely debated in the literature.

Although our original therapeutic plan was to leave the stent in place for four months, the absence of any symptoms or radiographic evidence of tissue hyperproliferation at four months prompted an additional two-month extension. Therefore, achieving the maximal duration of stent placement is critical for successful management of refractory strictures that are highly prone to relapse.

Hyperproliferation at the area of contact between the mucosa and the ends of the stent, however, represents a major obstacle for achieving such a goal. We emphasize the point, however, that early signs of tissue hyperproliferation do not necessarily warrant prompt removal as long as the patient is asymptomatic.

Normalization of hyperplastic tissue growth after stent removal is well-documented and should assuage fears of irreversible induction of new areas of stenosis with stent placement. Although addition of multiple stents may potentially induce new sites of tissue hyperproliferation, resolution of stent-induced tissue hyperproliferation after stent removal should not make this a major concern.

It is now our aim to achieve a stent duration of six months in cases where tissue hyperproliferation does not manifest as a complication. Otherwise, we add additional stent(s) to one or both ends in order to extend the stent duration period of the initial stent to a minimum of four months in cases of early complications of tissue hyperproliferation. In cases of early tissue hyperproliferation, insertion of additional stents at the site(s) of stenosis may prolong the duration of stent placement necessary for long-term resolution.

Alternatively, we can aggressively insert multiple stents to thwart hyperplastic tissue growth and then subsequently remove all stents once an optimal duration of stent placement is attained. Drug-eluting stents are currently under investigation to reduce tissue hyperplasia associated with stent placement and may soon obviate the need for multiple stents. In patients where stent placement is not well-tolerated, radioisotope-filled balloon dilation has also been used with success in preliminary studies.

The most common complication causing premature stent removal is stent migration-a known problem associated with covered stents. Up to now, we have routinely used stents of 10-mm in diameter. An optimal stent diameter, however, is undetermined. Utilizing stents of wider diameter in patients with problems with migration may help anchor the stent in place, and we are currently exploring this strategy.

An important additional advantage of the stent utilized in the present study is the preservation of external sphincter function after stent removal. Although the stent achieves sufficient radial force to dilate the stricture, its soft and flexible characteristics minimize the potential for permanently damaging the external sphincter. As a result, despite initial difficulties with continence in association with stent placement, complete resolution eventually occurred in all patients.

Therefore, we propose an expansion of the indications for stent placement to include patients with a stricture near the external sphincter.

2.8 좌장 및 청중에 대한 정보를 얻자

학술대회에 따라서는 프로그램을 회원이나 발표하는 사람들에게 미리 소포로 보내주기도 하고 홈페이지에 올려놓기도 한다. 그 프로그램에서 좌장의 이름과 발표장소는 물론이고 발표장소의 크기 및 예상되는 청중수도 가늠을 할 수 있다. 잘 나와 있지 않으면 학술대회에 이메일을 보내어 필요한 정보를 얻을 수 있다.

3. 발표장에서의 기본수칙들

3.1 발표장을 확인하자

발표시간 및 발표 수칙은 학회마다 다르며 발표를 준비하면서 그리고 학회장에 참가하기 전에 반드시 읽고 숙지하여야 한다(PART II의 부록 별첨 2~4 참조).

학회장에 도착하게 되면 먼저 발표할 장소를 방문하여 연단에 한번 올라가 볼 필요가 있다. 강당의 크기, 발표자가 사용하는 마이크의 위치 및 작동방법, 리모컨이나 레이저 포인터 또는 마우스의 사용방법, 연단과 스크린의 배치 및 거리, 청중들이 사용하는 마이크의 숫자 및 위치 등을 미리 파악하는 것은 여유 있는 발표 및 만일의 경우에 대비하기 위하여 중요하다(그림 11-9).

3.2 사전관람실에서 슬라이드를 점검하자

국제학술대회에 따라서는 슬라이드를 사전에 인터넷을 통하여 접수하는 학회가 있고 현지에서 접수하는 학회가 있다. 옛날에는 개인 컴퓨터의 사용을 허용하는 학회도 있었으나 최근에는 없다고 보아도 될 것 같다. 개인 컴퓨터를 사용할 경우 컴퓨터를 바꿀 때 시간이 경과하고 예기치 않은 일이 생기기도 해서 학술대회의 정하여진 시간에 맞추기가 어렵기 때문이다.

학회장의 컴퓨터를 사용할 경우 간혹 제작한 슬라이드의 글자나 줄이 바꾸어지는 수가 있고 동영상이 작동하지 않는 경우도 발생할 수 있다. 연습하였던 슬라이드와 학회장의 슬라이드가 다르게 되면 발표자는 당황하게 되고 서두르게 되어 발표가 엉망이 될 수도 있으니 반드시 사전관람실(preview room)에서 발표할 슬라이드가 제대로 되어 있는지 확인 및 교정 절차를 거쳐야 한다. 가능하면 사전관람실에서 발표할 슬라이드를 보면서 한두 번 더 발표연습을 해보자.

그림 11-9 강연 전에 청중이 없을 때 미리 강당에 들러 연자석과 컴퓨터, 청중석 등을 점검해둬야 한다. 사진은 미국 Mayo Clinic의 강당에서 학회가 열리기 직전의 모습이다.

3.3 발표장에 미리 가서 좌장을 만나 인사해라

정평이 나 있는 국제학회의 경우 좌장은 시작시간보다 약 20분 정도 일찍 도착하여 연사들을 기다린다. 발표자 또한 시작시간보다 일찍 도착하여 좌장에게 도착하였음을 알리면서 인사를 하는 것이 예의이다. 좌장에게 인사를 하면서 간단히 자기소개를 하고 구두발표가 처음이라서 긴장도 많이 되고 질문을 잘 알아들을 수 있을지 걱정이 되는데 잘 못 알아들을 경우 천천히 반복하여 달라고 부탁도 할 수 있다. 그리고 좌장이 준비한 질문이 있으면 미리 알려달라고 부탁을 하는 것도 실례는 아니다.

이렇게 좌장과 대화를 함으로써 좌장을 사귈 수 있고 발표 전에 긴장도 다소 풀 수도 있으며, 좌장이 하는 영어에 다소 익숙해질 수 있어 청중이 하는 영어를 못 알아들을 경우 좌장이 반복하여 주면 어렵지 않게 알아들을 수 있는 장점이 있다. 때로는 좌장이 미리 알려준 질문을 하지 않고 다른 질문을 하는 경우도 있는데, 이러한 경우는 좌장이 초록만 보고 질문을 준비하기 때문에 질문하려는 내용을 발표자가 이미 발표했거나 발표과정에서 준비하지 않았던 중요한 내용을 발견한 경우라고 할 수 있다.

3.4 정해진 발표시간을 준수하라

정해진 발표시간을 정확히 지키는 것은 발표자의 의무이다. 시간을 넘기는 것은, 특히 좌장으로부터 "시간이 넘었으니 끝내주십시오"라는 말을 듣는 것은 금물이다. 그러나 정하여진 시간에 1초도 틀리지 않게 정확히 끝내기는 힘들고 또 그럴 필요도 없다. 예를 들어서 정하여진 발표시간이 10분이라면 9분이나 9분 30초에 끝낼 수 있도록 준비를 하면 된다. 일반적으로 연습할 때보다 현장에서 발표할 때의 속도가 다소 빠르다.

사실은 경험이 많은 사람이 경험이 적은 사람보다 주어진 시간을 초과하는 경우가 많다. 그 이유는 매너리즘에 빠져 사전준비가 부족하고 연습을 적게 하기 때문이기도 하고 습관적으로 초과하는 버릇이 생기기 때문이기도 할 것이다. 초심자이든 대가이든 주어진 시간은 꼭 지켜야 한다.

3.5 서두르지 말고 천천히 발표하자

영어가 모국어가 아닌 사람, 특히 영어가 서툰 사람이 영어를 빨리 말하면 원어민들도 그 말을 잘 알아들을 수가 없다. 발표하는 사람은 발표내용을 모두 암기하여 유창하게 발표를 하였다고 생각을 하는데 왜 그들은 못 알아들었을까? 대답은 간단하다. 그들이 하는 영어와 억양이 다르고 강약이 다르고 발음이 다르기 때문이다. 외국사람이 우리나라 말을 빨리 하면 알아들을 수 없는 것과 같은 이치이다.

저자는 학술대회에서의 첫 영어구연이 전임강사 시절이었으니 매우 늦은 나이에 시작하였다고 할 수 있다. 그리고 내가 발표하는 영어를 우리나라 사람이나 일본 사람은 알아듣는데 서양 사람들이 잘 못 알아듣는다는 사실을 나중에 알았다. 그래서 미국이나 영국의 저명한 교수들이 하나 둘 나의 친구가 되어갈 때 그 친구들에게 내가 구두발표나 강의를 할 때의 문제점을 적어달라고 미리 부탁을 하였다. 거의 대부분이 빨리 말하지 말고 천천히, 그리고 정확하게 하라(Do not rush, speak slowly and clearly)고 지적을 하였다.

3.6 레이저 포인터나 마우스를 남용하지 말자

레이저 포인터나 마우스는 슬라이드를 설명할 때 특정한 곳을 지적함으로써 청중들이 이해하는데 도움을 주기 위하여 사용한다. 그런데 많은 사람들, 특히 경험이 적은 사람일수록 발표 시작부터 끝날 때까지 레이저 포인터나 마우스를 필요 이상으로 사용하는 경우가 흔하다. 심한 사람은 슬라이드의 모든 줄에 밑줄을 긋듯이 하나하나 표시를 하기도 하고 해당하는 단어를 중간에 두고 크고 작은 동그라미를 계속 그리면서 설명을 하기도 한다.

청중의 눈은 발표자가 사용하는 레이저 포인터나 마우스를 따라가게 마련이다. 발표자가 그리는 붉은색 또는 초록색의 동그라미나 줄을 따라가다 보면 눈이 많이 피로하게 되기 때문에 레이저 포인터나 마우스는 꼭 필요한 곳을 잠깐 동안 지적해 주는 정도면 충분하다. 특히 슬라이드를 앞에서 설명한 방식대로 만든 경우에는 레이저 포인터나 마우스를 사용하지 않아도 청중들이 발표내용을 쉽게 파악할 수 있기 때문에 사용할 기회는 더 적다.

3.7 청중과 눈을 마주치면서 그들의 마음을 읽어라

초심자는 발표할 내용, 영어, 슬라이드 제작, 질문 등 생각해야 할 것이 많을 뿐만 아니라 청중 앞에 선다는 자체만으로도 긴장이 된다. 더구나 청중의 수가 많을 경우에는(그림 11-10) 청중에 의하여 오히려 압도가 될 수 있기 때문에 청중과 눈을 마주치면서 그들의 마음을 읽는다는 것은 매우 어려운 과제일 것이다. 그러나 발표하는 기회가 많아질수록 꼭 신경을 써서 노력을 해야 하는 과제이다.

청중을 보지 않고 슬라이드만 보면서 발표를 하거나 청중의 눈을 피하여 바닥을 보거나 천장만 보면서 발표를 하면 자신이 없어 보인다. 발표는 청중이 있어서 하는 것이기 때문에 발표의 대상인 청중의 마음을 읽는 것은 매우 중요하다. 청중이 열심히 경청을 하고 있는지, 지루해 하는지, 눈은 발표자를 보면서 다른 생각을 하고 있는지 등은 청중을 바라보지 않으면 알 수 없다. 청중의 마음을 읽는 것은 짧은 구두발표 때보다는 오랫동안 진행되는 강의나 심포지엄에서 더욱 중요하다. 청중이 지루해할 때는 강의를 중단하고 질문을 한다든지 잠깐 다른 이야기를 한다든지 해서 분위기를 반전시킬 수 있어야 한다.

그림 11-10 대강당에서 발표를 듣는 청중. 청중의 수가 많더라도 압도당하지 않고 눈을 마주치면서 그들의 마음을 읽으려고 노력해야 한다.

3.8 질문받는 것을 두려워하지 말고 질문을 기다려라

초심자들의 경우 원고도 제1저자로 직접 작성하고 발표준비도 많이 했음에도 불구하고 질문에 대하여 지나치게 많이 걱정을 하는 경우를 종종 본다. 몇 년 전에 저자의 동료교수가 책임저자이고 전공의가 제1저자인 원고가 북미영상의학회(RSNA)에 채택되었다. 그런데 책임저자가 학회에 같이 갈 수 없게 되자 제1저자인 전공의는 매우 걱정을 하였다. 마침 그 논문의 공저자였던 저자가 그 학회에 참석할 수 있었기에 전공의에게 만일 질문을 못 알아들으면 내가 대신 답을 해줄 테니 걱정하지 말라고 다독거렸다. 그리고 발표 후 질문이 두 개 나왔는데, 걱정했던 것과 달리 전공의는 늠름하게 대답을 잘 해내었다. 이처럼 막상 질문을 받아보면 그 내용은 대개 발표자가 이미 알고 있는 것이다.

참조적으로 북미영상의학회와 미국인터벤션학회에서 저자가 구두발표를 한 후 청중들로부터 나왔던 질문 221개를 소제목별로 분석하여 본 결과 대상 및 방법에 관한 내용(예: Commercially available? Was it easy to remove the stent?)이 122개(55%)로 가장 많았다. 그 다음으로 결과에 관한 내용(예: Recurrence rate? Complications?)이 71개(32%), 고찰에 관한 내용(예: Can apply for the pediatric patients? The recurrence rate is very high because?)이 26개(12%), 코멘트에 관한 내용(예: Need a randomized study)이 2개(1%)의 순이었다.

TIP

저자는 구두발표나 강의 후 나오는 질문이나 코멘트의 내용을 적어서 보관을 해 둔다. 질문을 보관해 두는 습관을 들이면 많은 장점이 있다. 첫째, 다음에 비슷한 내용의 구두발표나 강의를 할 때 그 동안의 질문을 분석하여 강의에 추가를 하거나 질문에 대한 준비를 할 수 있다. 둘째, 질문의 내용에서 새로운 연구에 대한 아이디어를 구할 수 있다. 셋째, 다른 연자에게 같은 또는 비슷한 질문을 하는 데 도움이 된다. 질문 및 대답에 자신감이 생기면 언젠가부터는 질문이 없으면 허전하고 이상하게 여겨질 것이다.

위의 분석에서 알 수 있는 것처럼 질문 중 87%는 대상 및 방법 또는 결과에 관한 내용이기 때문에 원고를 작성하여 내용을 잘 파악하고 있는 제1저자는 이미 그 답을 안다. 고찰에 관한 질문 12%에 해당하는 내용이 때로는 알아듣거나 답하기가 다소 어려울 때가 있지만 경험이 많아질수록 이것 또한 어렵지 않게 느껴질 것이다. 나머지 1%인 코멘트에 관한 내용은 답할 필요가 없이 "Thank you"라고만 하면 된다. 다시 말해서 발표하는 사람은 그 내용에 대하여 누구보다도 잘 알고 있고 대부분의 질문은 그 범주를 벗어나지 않기 때문에 질문에 대한 지나친 걱정에서 벗어나서 자신감을 가질 필요가 있다. 오히려 청중에게 한 수 가르쳐 주겠나는 배짱과 "우리가 한 연구는 이러한 결과가 나왔는데 다른 사람들은 그 결과 및 발표에 대하여 어떻게 생각을 하고 있을까"하는 자세로 좋은 질문이나 코멘트를 기다려 보자.

3.9 질문의 내용을 정확히 듣고 대답하자

청중이나 좌장이 하는 질문을 잘못 이해하고 동문서답을 하는 경우가 가끔 있다. 그 이유는 긴 질문을 받았을 때 내용을 다 알아듣지를 못하고 대충 알아들은 말로 어떠한 질문일 것이라고 짐작을 하거나 잠깐 다른 생각을 했기 때문일 것이다. 또한 가상의 질문에 대한 답을 준비해간 경우 상대방이 그 준비한 내용을 질문하여 주기를 간절히 바라고 있을 때 그러한 현상이 발생할 수 있다. 질문의 내용을 파악하지 못한 경우는 주저 없이 "I am sorry, I did not understand your question, can you rephrase your question?","Could you perhaps rephrase your question?","I'm sorry I could not follow your question. Can you please repeat it slowly?", "Well, before I get to answer your question, let me just make sure that I understood you. You mean……." 등 무슨 뜻인지 다시 확인하여 질문의 내용을 정확히 알고 대답을 해야 한다.

TIP

질문에 답을 할 때는 "Thank you for your question"이라고 먼저 질문을 해준 것에 대한 감사표현을 한 후 답을 하는 것이 좋다. 질문을 한다는 것은 발표한 연구에 관심이 있다는 것이고 경청을 했다는 의미이기에 감사를 하는 것이다. 또한 그 감사표현을 하면서 대답을 어떻게 할 것인지 잠깐 생각할 여유도 생긴다. 좋은 질문일 경우 "That's a good question", "Thank you for asking such a good (excellent) question"이라고 질문한 사람을 치켜세워 주는 것도 좋으나 남용을 해서는 안 된다.

때로는 청중석에서 마이크를 사용하지 않고 육성으로 질문을 하는 사람이 있다. 이러한 경우 그 질문을 정확히 알아듣기가 힘들다. 초심자의 경우에는 이런 경우에 "I am sorry, would you please use the microphone?"이라는 표현을 알아두었다가 사용하면 좋다. 그러면 그 사람은 마이크가 있는 곳으로 가서 다시 질문을 반복할 수밖에 없다. 그 사람이 마이크를 사용하기 위하여 걸어가는 동안에 무슨 질문이었는지, 답은 어떻게 할 것인지도 생각을 할 수 있고 질문을 두 번 들음으로써 질문의 내용을 정확히 파악할 수 있다. 만일 그 사람이 마이크를 사용하면서 질문을 반복하였는데도 잘 알아듣지 못한 경우에는 좌장에게 "Mr. Chairman, if you understood the question would you please repeat it for me?"라고 하면 좌장이 한 번 더 반복 또는 요약을 하여 준다. 이렇게 하면 질문을 정확하게 알아들을 수 있어서도 좋고 질문받기를 두려워하는 초심자에게는 질문시간 2분 또는 3분 동안에 2~3개의 질문을 받지 않고 시간 경과로 1개의 질문만 받을 수도 있어서 좋다.

3번 정도를 반복하였는데도 질문을 알아들을 수 없는 경우는 더 이상 반복을 요구하지 말고 "I'm very sorry, it's hard for me to answer that question because of my poor English" 또는 "I'm very sorry, I don't understand your question. I will get back to your question after this session"이라고 표현할 수도 있다. 그러나 초심자라 하여도 이러한 말을 사용할 상황까지 가는 경우는 극히 드물고 그 이전에 질문의 내용을 파악하게 마련이다.

질문의 내용은 알아들었는데 답을 알 수가 없는 경우가 있다. 이러한 경우에는 "Thank you for asking such a good question. However, that answer is beyond my expertise"이나 "Unfortunately, that is a question that I do not know the answer to. If you give me your contact information, I would be happy to find the answer for you"라고 겸손하게 답을 하면 좋다.

3.10 슬라이드를 사용하지 못하게 될 경우를 대비하자

슬라이드에만 너무나 의존하다 보면 구두발표를 하는 데 낭패를 당하는 일이 생길 수 있다. 예를 들어서 슬라이드를 USB에 저장하여 갔는데 USB를 잃어버렸거나 USB를 학회장에서 사용하는 컴퓨터가 읽을 수 없는 등 슬라이드를 사용할 수 없는 경우이다. 만일의 경우를 대비해서 발표 내용을 복사하여 간다든지 아니면 한 번 정도 슬라이드 없이 발표를 연습하여 보는 것도 한 방법이다.

CHAPTER 12

연제의 좌장

| 송호영

CHECKLIST

(1) 역할이 좌장인지(moderator) 부좌장(co-moderator)인지 파악해둬야 한다.
(2) 맡게 될 연제의 숫사, 제목, 저자, 소속기관을 파악해둬야 한다.
(3) 초록을 읽고 초록당 2~3개의 질문을 준비해둬야 한다.
(4) 초록의 연구내용과 유사한 문헌을 찾아 미리 읽어두어야 한다.
(5) 부득이 좌장 역할을 못하게 될 경우 반드시 사전에 양해를 구해야 한다.
(6) 사회를 진행하기 1시간 전에는 학회의 사무실에 들러서 프로그램 변화유무를 확인한다.
(7) 세션을 시작하기 전에 발표장의 상태를 미리 확인해둔다.
(8) 좌장이 2명 이상일 경우 다른 좌장 또는 부좌장을 미리 만나본다.
(9) 발표자보다 20분 정도는 미리 발표장에 도착하여 발표자를 만나본다. 발표자의 이름이나 소속기관의 이름이 생소한 경우 발음을 확인하여 정확하게 소개를 하도록 노력하여야 한다.
(10) 개회선언 시 진행요령을 간단히 소개한다.
(11) 발표가 끝나면 청중으로부터 질문을 유도한다.
(12) 정해진 시간에 맞춰 사회를 진행하는 것은 좌장의 의무이다.
(13) 발표자가 오지 않은 경우에는 빈 시간을 어떻게 할 것인지 다른 발표자 및 청중과 상의를 한다.
(14) 폐회선언을 할 때는 발표자와 참석자에게 감사표시를 잊지 않는다.

SCI논문의 수가 점점 늘어가고 영어로 하는 구두발표에 조금씩 자신이 생기면 청중과 자연스럽게 눈을 마주치면서 하고자 하는 말을 전할 수 있게 된다. 이때 즈음부터 영어로 좌장이나 강의를 해달라는 요청이 하나둘 들어온다. 강의는 구두발표와 비슷한 섬이 많이 있지만 좌장은 구두발표와 사뭇 다르다고 할 수 있다. 구두발표나 강의는 내가 연구한 내용과 거기에 관련된 다른 학자의 연구내용만 알고 있어도 되지만 좌장은 다른 학자들의 발표연제 내용에 대한 폭넓은 지식이 있어야 한다. 또한 좌장은 발표자들이 편안한 마음으로 알고 있는 지식을 청중에게 전달할 수 있도록 도와주고 반대로 청중은 발표자의 내용을 어려움 없이 잘 알아들을 수 있도록 도와주는, 즉 발표자와 청중을 중개해주는 사회자 역할을 할 수 있어야 한다.

학회에 따라서 좌장이 하는 역할이 다소 다르기 때문에 해야 할 좌장의 역할을 미리 자세히 읽고 필요한 사항을 숙지하여야 한다(PART II의 부록 별첨 5~9 참조).

1. 영어로 좌장하기의 기본수칙들

1.1 역할이 좌장인지 부좌장인지 파악하자

구연의 경우 좌장은 학술대회에 따라서 다소 차이는 있으나 보통 2명이 진행하는 경우가 많으며, 이 경우 한 명이 좌장 역할을 하고 다른 한명은 부좌장 역할을 한다. 학술대회에 따라서 좌장을 위촉할 때부터 좌장과 부좌장으로 구분하여 위촉하는 경우도 있고 그렇지 않은 경우도 있다. 그리고 정평이 나 있는 학회일수록 좌장이 해야 할 일에 대하여 사전에 철저한 교육을 시키며, 가이드라인을 정하여 주기도 한다. 좌장과 부좌장을 미리 정하지 않고 위촉을 한 경우, 보통 프로그램에 이름이 먼저 적혀 있는 사람, 주최측의 사람, 경험이 많은 연장자 등이 좌장을 맡고 그 외의 사람이 부좌장을 맡으면 무난하다.

1.2 맡게 될 연제의 숫자, 제목, 저자, 소속기관을 파악하자

먼저 진행을 맡을 연제의 숫자가 몇 개인가를 파악하고, 제목을 내용별로 분석하여서 좌장 또는 부좌장과 어떻게 사회를 진행할 것인지 사전에 구상을 해 볼 필요가 있다. 또한 제목과 저자이름 그리고 소속기관을 정확히 알고 있어야 하며, 가능하면 사전에 리허설을 해보면서 새로운 단어, 특히 발표자의 이름과 소속기관의 이름을 정확히 발음할 수 있도록 연습을 하여야 실전에서 실수를 줄일 수 있다.

1.3 초록을 읽고 초록당 2~3개의 질문을 준비하자

좌장을 맡게 될 초록을 하나하나 읽으면서 한 연제당 2~3개의 질문이나 코멘트를 준비하는 것은 좌장의 의무 중 하나이다. 한 연제에는 발표시간과 질문시간이 정하여져 있고 발표가 끝나면 좌장은 청중에게 질문이나 코멘트가 없는지를 묻는다. 청중들로부터 질문이나 코멘트가 있는 경우에는 청중들에게 먼저 기회를 주는 것이 바람직하다. 만일 청중들로부터 질문이 없을 때는 좌장이 먼저 발표자에게 질문을 한 후 다음 질문은 청중들로부터 나올 수 있도록 분위기를 이끌어가야 한다.

1.4 초록의 연구내용과 유사한 문헌을 찾아 읽자

좌장의 역할을 잘 하려면 초록을 자세히 읽는 것은 물론이고 각 연제에 대한 문헌 검색도 하여 좌장을 맡을 각 연제의 연구내용에 대해 충분한 이해와 지식을 갖추는 것이 필수적이다. 발표자가 청중의 질문을 알아듣지 못하였거나 이해하지 못하였을 때 좌장은 그 질문을 반복해 줄 필요가 있다. 어떤 학술대회에서는 청중으로부터 나온 모든 질문을 청중과 발표자를 위해서 좌장이 다시 한번 반복하거나 요약한 후 발표자에게 대답을 하도록 하기도 한다. 이러한 경우 연구내용을 좌장이 잘 알지 못하고 있으면 청중의 질문을 정확히 이해하여 질문을 반복하거나 요약하기가 어렵다.

1.5 부득이 좌장 역할을 못하게 될 일이 발생할 경우 반드시 양해를 구하자

좌장의 역할은 매우 중요하기 때문에 좌장을 해달라는 초청을 받게 되면 날짜가 다른 행사와 중복이 없는지, 어렵지 않게 좌장 역할을 할 수 있는 분야인지, 비자 발급에는 문제가 없는지 등을 신중하게 고려한 후 가능할 때 수락을 하여야 한다. 만일 무턱대고 수락을 하였다가 좌장 역할을 못하게 된다면 해당 세션은 진행을 할 수 없게 된다. 설령 다른 좌장을 급구하여 진행을 하게 된다 하여도 준비된 좌장이 아니기 때문에 발표자나 청중은 진행에 실망을 하게 되고 해당 학술대회에 대한 신뢰는 무너지게 된다.

여러 사항을 고려하였다 하여도 부득이 참가를 할 수 없게 되는 경우가 있을 수 있다. 이러한 경우는 즉시 이메일이나 서신을 보내어 양해를 반드시 구하여야 한다. 그러나 초청을 수락한 상황에서는, 특히 프로그램이 나온 이후에는 어떠한 일이 있어도 참가하여 맡은 역할을 수행하는 것이 좌장의 예의이고 의무이다.

2. 학회장에서의 기본수칙들

2.1 사회진행 전에 학회의 사무실에 들러서 프로그램 변화 유무를 확인하자

좌장은 사회를 진행하기 최소 1시간 전에는 해당 사무실에 들러서 발표가 취소되었거나 추가된 연제가 없는지, 발표자의 이름이나 발표의 순서가 바뀐 경우는 없는지 확인하는 것이 좋다. 뛰어난 학술대회일수록 이러한 사항을 사전에 점검하는 것을 의무화하고 있다.

학술대회에 따라서 좌장이 발표자의 발표수준을 평가하는 평가표를 작성하여 제출하게 하기도 하며, 회사와의 이해관계(financial disclosure)를 발표 전에 밝히는 것을 의무화하는 경우도 있다. 이러한 평가표나 정보는 대개 학술대회 사무실에 비치하지만 발표장의 좌장석에 비치하여 놓는 경우도 있으니 이 내용도 확인할 필요가 있다. 그리고 연제를 발표하는 도중에 녹화나 사진 촬영을 허용하지 않는 학술대회도 있으니 이러한 내용도 점검을 할 필요가 있다.

2.2 발표장을 확인하자

발표장에 들러 좌장석의 위치, 연단 및 스크린의 위치, 전등의 배열상태, 마이크의 위치, 타이머의 작동방법, 레이저 포인터나 리모컨 작동하는 방법 등을 확인하여 발표장 및 작동기구에 익숙해져야 좌장 역할을 편안하게 진행할 수 있다. 간혹 발표자가 레이저 포인터나 리모컨 작동 방법을 몰라서 당황하는 경우가 있으면 좌장이 발표자에게 가서 조용히 사용방법을 알려줄 필요가 있다. 또한 실내가 너무나 밝아서 스크린의 슬라이드가 잘 보이지 않는다든지 반대로 너무나 어두워서 청중이 메모를 하기가 어려울 정도이면 조명을 조절해 줄 필요가 있다(그림 12-1).

그림 12-1 소강당에서 어두운 가운데 슬라이드를 이용하여 진행하는 연제발표를 듣는 청중

2.3 좌장이 2명 이상일 경우 다른 좌장 또는 부좌장을 만나자

좌장을 위촉할 때부터 좌장과 부좌장으로 구분하고 각각의 역할분담도 구분하여 위촉을 한 경우에는 좌장과 부좌장이 발표장에서 만나 서로 인사를 하면서 서로의 역할분담을 간단히 확인하는 정도면 충분할 것이다. 그러나 좌장과 부좌장을 미리 정하지 않고 위촉을 한 경우에는 사전에 상의하여 역할분담을 할 필요가 있다.

저자의 경우에는 보통 좌장은 개회선언과 폐회선언을 맡고, 연제 수를 반으로 나누어 좌장이 반을, 부좌장이 나머지 반을 맡아서 사회를 진행한다. 간혹 연제를 진행하는 것을 매우 부담스럽게 생각을 하는 부좌장과 사회를 진행할 때는 모든 것을 좌장이 하고 질문이나 코멘트만 부좌장이 맡게 하기도 하였다.

2.4 발표자를 만나자

발표자들보다 먼저 또는 비슷하게 발표장에 도착하려면 늦어도 10분 전까지는 도착을 하여야 한다. 좌장석에 앉아 있으면 발표자들이 하나둘 찾아와서 자기소개를 하게 되는데, 이때 한 명 한 명을 표시하면서 발표자 전원이 도착을 하였는지 확인하여야 한다. 어떤 발표자는 자기 소개를 하지 않고 청중석에 소용히 앉아 있는 경우도 있고 어떤 이유로 발표장에 늦게 도착하는 경우도 있으니 시작 전이나 세션 도중에 표시되지 않은 발표자의 도착 여부를 점검하여야 한다.

발표자들에게 발표시간을 지켜줄 것을 부탁하고 발표시간의 경과를 알 수 있는 방법을 설명한다. 즉, 발표가 시작되면 연단 앞에 있는 작은 전구에 파란 불이 들어오고 종료 1분 전에 노란색으로 바뀌게 되고 정해진 시간이 다 되면 빨간색으로 바뀐다든가 아니면 종을 이용하여 종료 1분 전임을 알린다든가 하는 학술대회의 규칙을 말해준다. 이때 종료 1분 전에는 마칠 준비를 하고 종료시간 이전에 반드시 발표를 마쳐야 한다고 확인을 하자.

발표자의 이름이나 소속기관의 이름이 생소한 경우 발음을 어떻게 하는지 확인을 하여서 그들의 이름과 소속을 정확하게 소개를 하도록 노력하여야 한다. 또한 발표자에게 좌장이 사전에 준비한 질문을 미리 줄 수도 있고 반대로 "좌장이나 청중이 어떠한 질문을 하기를 원하느냐"라고 발표자에게 물어봐서 그 질문이 청중으로부터 나오지 않을 경우 좌장이 대신하여 질문을 하여 주면 발표자에게 도움이 된다. 이러한 좌장의 작은 배려는 처음 발표하는 발표자에게 큰 도움이 될 수 있다.

2.5 개회를 선언하고 진행요령을 간단히 소개하자

청중들에게 개회를 선언하고 좌장 및 부좌장을 소개한 다음 간단히 발표할 선제의 연제수, 발표시간, 질문시간 등 진행요령을 소개한다. 만일 프로그램과 다른 변경사항이 있으면 변경사항을 알리고 설문서를 작성해야 하는 경우에는 그에 대한 설명과 녹화나 사진의 허용여부를 설명한다. 그러나 좌장이 너무나 장황하게 설명하여 시간을 소모하는 것은 금물이다.

2.6 발표자를 소개하자

첫 발표자와 연제를 소개할 때는 연제 번호, 제목, 발표자 이름, 발표자 소속기관, 도시 또는 나라 순으로 하면 좋으나 상황에 따라서 적절히 순서를 바꿀 수 있다. 첫 발표가 끝나면 정해진 질문시간을 지키고 질문이 끝나면 다음 발표자와 연제를 소개하면 된다. 원어민들은 같은 영어를 반복하여 사용하는 것을 꺼려하기 때문에 말을 조금씩 바꿔서 소개를 하는 경향이 있다. 예를 들어서 두 번째 연사를 다소 다르게 소개하는 4가지 방법을 소개하면 다음과 같다.

- I'd like to call on our second speaker, Dr. A from B hospital, New York, to talk about C.
- The next paper will be No. 20 by Dr. D from E Hospital, Paris. His (Her) topic is F.
- I think we'd better move on to the next paper. The next paper is F presented by Dr. D from E Hospital, Paris.
- Now, we have Dr. D from E Hospital, Paris. His title is F.

2.7 청중으로부터 질문을 유도하자

질문은 발표자나 청중에게 매우 중요하다. 발표자는 질문을 받음으로써 객관적인 견해 및 미처 생각을 하지 못하였던 사실을 알 수 있고 여러 종류의 질문에 대하여 답을 하는 요령을 터득할 수 있다. 또한 청중은 새로운 연구에 대하여 궁금한 내용 및 좀 더 구체적인 내용을 질문을 통하여 배울 수 있고 자신들의 경험이나 견해를 토론할 수도 있다. 질문은 학술대회의 성패를 결정하는 데 매우 중요한 역할을 하기 때문에 우수한 학술대회일수록 좌장을 선임할 때 여러 가지 면을 고려하여 임무를 잘 수행해 낼 수 있는 사람을 위촉하려고 많은 노력을 한다.

때로는 청중으로부터 질문이나 코멘트가 전혀 없는 경우도 있고 반대로 너무 많은 경우도 있다. 좌장은 청중으로부터 질문이 없을 경우는 질문을 이끌어 낼 수 있는 능력이 있어야 하고 너무나 많은 경우에는 질문한 사람의 비위에 거슬리지 않게 하면서 질문을 막을 수 있어야 한다. 어떤 좌장은 발표가 끝나자마자 청중보다 앞서서 먼저 자기가 하고 싶은 질문을 하기도 하고 마치 강의를 하듯 발표 내용을 비판하면서 질문시간을 다 사용하기도 한다. 그러나 좌장은 자기 실력을 과시하듯 사회를 진행해서는 안 되고 다음과 같은 2가지 경우가 아니면 청중에게 질문이나 코멘트를 할 기회를 먼저 주는 것이 좋다. 첫째, 청중으로부터 질문이 없어 좌장이 먼저 질문을 하고 다음 질문을 청중들이 준비할 수 있는 시간을 주는 경우이다. 둘째, 발표자의 주장이나 내용이 불분명하거나 오류가 있어 좌장이 먼저 바로잡아 청중의 오해를 풀어야 하는 경우이다.

청중석에서 마이크를 사용하지 않고 질문을 할 경우 발표자 및 다른 청중이 알아듣기가 힘들 수 있으니 질문을 할 때는 마이크를 사용하도록 하고 질문자의 이름과 소속을 먼저 밝힌 후 질문을 하여달라고 요구를 하는 것이 좋다.

좌장이 발표자에게 질문을 할 경우 좌장의 질문을 받은 발표자가 대답을 할 때 마치 좌장에게만 답을 하듯이 작은 소리로 좌장만 쳐다보면서 하는 경우가 드물지 않게 있다. 이러한 경우 좌장은 발표자에게 청중을 보고 큰 소리로 대답을 하도록 요구하되 그들이 수치심을 느끼게 해서는 안 된다. 이러한 경우를 대비하여 사전에 발표자에게 설명을 하여 주는 것도 좋다.

2.8 정해진 시간에 맞게 사회를 진행하는 것은 좌장의 의무이다

정평이 나 있는 학술대회일수록 좌장은 사회를 잘 진행할 뿐만 아니라 시작시간과 종료시간을 잘 엄수한다. 예를 들어서 발표자가 시간을 초과할 경우 제지를 하며, 발표가 빨리 끝날 경우는 그 시간만큼 질문시간을 갖는다.

첫 세션이 정해진 시간을 지키지 못하고 시간을 초과하면 다음 세션까지 영향을 미치게 된다. 간혹 한 세션의 지나친 시간 초과로 휴식시간이나 식사시간을 줄이는데도 불구하고 다음 세션들까지 연속적으로 늦어지는 경우가 있다. 마지막 세션 다음에 중요한 학회 행사가 있을 경우 마지막 세션을 맡은 좌장은 당황하게 되고 그 당황은 발표자에게 전염이 된다. 정해진 발표시간을 지키는 것은 좌장의 의무이다.

2.9 발표자가 오지 않은 경우에는 빈 시간을 어떻게 할 것인지 다른 발표자 및 청중과 상의를 하자

발표자가 부득이하게 발표를 할 수 없게 되거나 늦어지는 상황이 발생할 경우 발표자는 사전에 해당 학술대회의 사무국에 연락을 한다. 그러나 사전 연락이 전혀 없이 발표자가 발표장에 나타나지 않는 경우나 자기 순서가 지난 후 도착을 하는 경우가 드물게 있다. 이러한 경우는 좌장에 따라서 다음 연제로 넘어가기도 하고 질문시간을 늘려 잡기도 하며, 아예 그 시간에 실내나 실외에서 휴식시간을 갖게 하는 경우도 있다. 이러한 경우 어떤 방법을 택하든 좌장이 독단적으로 결정을 하는 것보다 상황을 다른 발표자와 청중에게 상세히 설명하면서 의견을 물어 결정을 하는 것이 좋다.

2.10 발표자와 참석자에게 감사표시와 함께 폐회 선언

마지막 연제 발표와 질문시간이 끝난 다음에 폐회를 할 때는 “I’d like to congratulate all the presenters on the excellent work. I hope all of you enjoyed this session. I will close this session with my thanks to co-moderator (Dr. Becker) and to you all for your participation." 또는 "I want to thank everyone who has taken part in and contributed to this session."이라고 표현하여 발표자와 청중에게 감사표시를 할 필요가 있다.

CHAPTER 13

유용한 영어 표현들

| 송호영

앞에서 언급한 것처럼 처음으로 하는 영어 구두발표, 좌장은 준비하는 데 많은 정성과 시간이 든다. 이렇게 소요된 많은 시간과 노력을 한 번으로 끝내지 않고 그 다음 발표로 연속이 되게 하려면 발표가 끝난 후에도 주기적으로 시간을 내어 반복 연습을 함으로써 시간을 절약할 수 있다. 즉 한 번 발표를 하고 나서 반복을 하지 않으면 사용한 영어표현의 대부분을 잊어버리게 되어 다음 발표 때에도 같은 노력과 시간이 들게 되는데, 발표 때 터득하거나 배운 내용을 평소에 시간을 조금씩 내어 반복하다 보면 다음 발표까지 연결을 할 수 있고 그 반복을 계속하다 보면 언젠가는 더 이상 반복을 하지 않아도 내 것이 될 것이다.

한두 번의 구두발표를 넘어 학문을 하는 데 있어서 원어민들과 어깨를 나란히 하려면 영어를 잘 알아듣고 구사할 수 있어야 한다. 영어에 관한 책을 보고 공부 하는 것도 중요하겠지만 학술대회에 갈 때마다 원어민들이 사용하는 말들을 메 모하면서 흉내내어 사용하면 기억하기도 쉽고 현장감이 있는 생생한 표현이라서 좋다.

저자가 경험하였던 몇 가지 예를 들어보겠다. 저자의 전공인 영상의학은 대부 분의 경우가 X-선 사진 슬라이드가 많기 때문에 완전히 또는 부분적으로 소등을 하여 실내를 어둡게 하고 구두발표나 강의를 시작한다. 이때 우리나라 말로는 보통 "불을 꺼주세요"라고 하기 때문에 영어로도 "Could you turn off the light, please?"라고 표현을 많이 한다. 하지만 원어민들은 "Could you dim the lights, please?"라는 말을 많이 사용한다. 불을 완전히 끄는 것이 아니니까 'turn off '보다 'dim'이란 표현이 적합하고 전등도 하나가 아니고 여러 개니까 'lights'라고 표현해야 한다.

좌장이 연사를 소개하면 연사는 좌장에게 감사의 표현을 한다. 이때 우리나라 의 연사들은 "Thank you Chairman."이라고 표현하는 경우가 많다. 사실 이 경우는 "Thank you Mr. Chairman."으로 Mr.를 앞에 붙여야 한다. 그리고 좌장의 이름이 Becker라면 칭호를 붙여서 "Thank you Dr. Becker." 또는 "Thank you Professor Becker."라고 해도 좋다.

또 다른 예로 연사에게 질문을 할 때 경험이 상당히 있는 학자임에도 불구하고 "I have two questions to Dr. Becker."라고 표현하는 경우가 많은데 "I have two questions for Dr. Becker."라고 하여야 한다. 물론 "I'd like to ask two questions to Dr. Becker."는 옳은 표현이다. 사전을 보면 have 동사는 방향성이 없기 때문에 to를 사용하면 안되고 ask는 방향성이 있기 때문에 to가 가능하다고 설명이 되어 있다.

다음에 저자가 사항별로 기록해 둔 현장감 있는 유용한 표현들을 소개해 두었다.

1. 연제의 구두발표 때 사용하는 유용한 영어표현

- Thank you (Mr. chairman). Good afternoon, ladies and gentlemen. Today, I'd like to talk about our clinical experience with polyurethane stents in the treatment of complete obstruction of the lacrimal system.
- May I have the first slide please?
- Could we move on to the next slide, please?
- Could you dim the lights please?
- First, let's start with this slide.
- Let me start with an overview.
- What I'm going to do now is to start with an overview.
- Can you go back to the previous slide on the right?
- Could we please have the video turned off, and the slide projector turned on?
- Can everybody hear me? (I want to check whether people in the back can hear me.)
- Is the microphone on?
- Could you turn on the microphone please?
- Can all of you see the slide clearly?
- Our recommendation again is to provide good anesthesia.
- My topic is divided into 3 sections.
- Our study population consisted of 59 patients.

- This 60-year-old man presented with urinary retention which he had for 5 months despite medical therapy. He also had a history of hypertention.
- After stent placement, the patient remained asymptomatic.
- F/U studies are shown here.
- What's your guess?
- Even in experienced hands, this step can be problematic.
- The question is why this happened.
- This is a lateral view before stent placement.
- Here is a before and after example of the procedure.
- How many ophthalmologists are here today?
- In terms of results, we are quite encouraged.
- As you can see, the the long-term results are quite good.
- What we found with this is.
- Since I am running out of time, I'll skip a couple of slides.
- Since I am running out of time, I'll skip a couple of slides. (Since I am running out of time, I will go through the remaining slides quickly).
- That is our treatment strategy.
- What's important here is that, that good technique should be emphasized.
- In conclusion. colorectal metallic stent placement can provide a useful option to avoid colostomy, by facilitating safer single-stage surgery.

2. 발표자와 회사의 관계를 설명하는 영어표현

- I will discuss off label use of a device.
- I have nothing to disclose financially.
- I am an owner of the patent.
- I have a grant from Company A.
- I am a consultant for Company A.
- I am a shareholder in Company A.
- This study is partly supported by Company A.
- I am a member of the Board of Company A.
- He has disclosed a relationship with a product of Company A. He will discuss products which are off label.

3. 질문을 하거나 받을 때 사용하는 영어표현

- Excuse me, would you please use the microphone (Speak directly into the microphone)?
- Would you please repeat the question a little louder for the people seated in the back of the room?
- Let me repeat the question for the audience.
- I am sorry, I did not understand your question, can you please rephrase your question?
- I can't hear your question. Could you stand a little bit closer to the micro-phone?
- I'm having problems understanding what you mean, could you perhaps rephrase the question?
- I'm sorry I could not follow your question. Can you please repeat it more slowly?
- Mr. Chairman, if you understood the question would you please repeat it for me?
- I'm not sure how to answer that question exactly.
- Did I answer your question (sufficiently)? (I hope I answered your question.)
- I'm sorry I can't fully answer that question (It's hard to answer that question fully).
- I can't adequately answer that question(It's hard to answer that question properly).
- I'm not sure how to fully answer that question (exactly).
- Let me answer the first part of your question.
- We don't have much experience in that area.
- Thank you (for your comments). I completely agree with your opinion.
- I'm not sure about that. Let me check on it.
- Let me get back to you on that.
- This is all that I can say in my reply to that question (This is my point of view). But there could be a better answer. Is there anyone who has another possible explanations?
- I think either way is acceptable.
- We're carrying out an experimental study to look at that.
- That's exactly what we are interested in now.
- We are considering that possibility.

- We are eager to know about that, but we haven't encountered such a case yet.
- We didn't know of that possibility until the very end of the study.
- I think everybody wants to ask about that.
- That's a good point and another possibility.
- I don't have much experience.
- In our experience, it was not possible.
- How long do you keep the balloon inflated for tibial angioplasty?
- Before I start, let me ask the audience a question. How many of you here have performed balloon dilation? Please hold up your hands.
- Can you explain the invidual roles of the radiologist and urologist during this procedure?
- Why did you need two stents?
- How is she doing clinically?
- What are your definitions of recurrence?
- What's your philosophy regarding repeat procedures?
- Our recommendation again is to carefully select your first case.
- What was the complication rate associated with the larger 20 G needle?
- From the current perspective, some aspects of past treatments look ridiculous. For the same reason, some aspects of present treatments might look ridiculous in the future.
- Whose responsibility is it to make such decisions?
- What's your follow-up modality?
- How many patients were lost on follow-up?
- What were the inclusion criteria?
- What were the exclusion criteria?
- I don't like to pretend that I know about peripheral stents.
- They are like apples and oranges – not really comparable.
- We are not out of the tunnel yet.
- The success rate is low, but remember there is no alternative treatment.
- It is beyond the scope of this paper to discuss the details of the procedure.
- Thank you for asking such a good question. However, the answer is beyond my expertise.
- Unfortunately, that is a question that I do not know the answer to. If you give me your contact information, I would be happy to find the answer for you.

4. 연제의 좌장을 하는 데 유용한 영어표현

4.1 소개

- Good afternoon ladies and gentlemen. Welcome to this scientific session. This is scientific session number 6. The session topic this afternoon is hepatobiliary disease.
- My name is Dr. Song from Asan medical center, Seoul Korea.
- My Co-chairman is Dr. Barron from the Mayo Clinic in Minnesota, USA.
- We have many excellent papers this afternoon and I would like to start immediately by inviting the presenter of the first paper to speak. The title of the first paper is approaches to intervention.
- The paper will be given by Dr. Klaus from Oachen, Germany.

4.2 첫 발표 후 다음 발표까지

- Thank you Dr. Klaus for your interesting paper.
- I would like to invite questions from the audience. Please wait for a microphone and give your name, city and country before your question.
- Are there any more questions? If not, I have a question for Dr. Klaus.
- Thank you Dr. Klaus.
- The second paper is entitled "New stents for biliary use." and will be given by Dr. Michelle.

4.3 발표시간을 초과하는 발표자에게(구두 발표시간 5분, 질문시간 2분인 경우)

- I am sorry Dr. Michelle. Your time is up. Please quickly summarize your findings.
- Dr. Michelle, you must stop now.
- There is unfortunately no time for questions. I would like to ask our next speaker to come to the podium.

4.4 좌장 넘기기

- I would now like to hand over moderation of this session to my Co-chairman.

4.5 좌장 끝내기

If there are no more questions, that brings us to the end of this Scientific Session number 6. I hope you will agree that we have had some excellent presentation and I would like to thank all the speakers and their co-authors for presenting their work to us today. May I also thank everyone who has attended and contributed to this sesion. Good afternoon and enjoy the rest of the meeting.

4.6 연제의 좌장진행 1례 소개

Could everyone take a seat, please? We are ready to start. Good afternoon, ladies and gentlemen, welcome to the scientific session on Vascular interventions AVM and Experimental. I am Ho-Young Song from Asan Medical Center, Seoul, Korea and will be Chairman for this session. Serving with me as a Co-chairman is Dr. A, Professor of the Medical University of A. We have 10 papers. Each presentation will be limited to 12 minutes including 3 minutes of discussion. Please try to keep to your time limit. I will chair the first five papers and Professor A will chair the second five.

I'd like to call on our first speaker, Dr. B from Hospital A, in New York city, to talk about "Long-Term Follow-up of Embolization of High-Flow Pelvic Arteriovesnous Malformations". Are there any questions or comments for Dr. B? When you ask a question, please speak clearly into a microphone, and state your name, affiliation, city, and country.

- What size of stent did you use for the 10 weeks-old infant?
- Four of 40 patients underwent surgical revision. What kind of surgical revi- sion did they have? Was the surgical revision more difficult because of the placed stent?
- What do you think about using covered metallic stents in the treatment of benign tracheobronchial disease?
- How did you keep the airway open or patent during tracheal stent placement?
- Do you perform balloon dilation for benign tracheobronchial disease before stent placement?

The next paper will be No. 208 by Dr. C from Ambroise Hospital in Paris. His topic is "Embolization of Localized Pulmonary Arteriovenous Malformations in Adults". Any questions from the audience? (We have time for one question. If there are no further questions, let's move on to the next paper.)

- Were myocarditis and ischemic myocardial injury confirmed in all patients?
- 40% of group B showed subendocardial sparing of hyperintensity on delayed MRI after GD-DTPA injection, but the other 60% did not? What's the mechanism of sparing of hyperintensity on delayed MRI?
- What dosage of GD-DTPA do you use?

I think we'd better move on to the next paper. The next paper is "Embolization of Peripheral Vascular Malformations with Ethylene Vinyl Alcohol Copolymer (Onyx)" presented by Dr. D from Istanbul University, Istanbul, Turkey. Off-Label use of a device will be discussed.

- When you place a second stent for the case of stent migration, do you use the same size stent or larger one?
- There have been some reports describing disruption of the polyurethane membrane. Did you note this in your cases (Did disruption occur in any of your cases)?
- Was there no mucosal overgrowth even after 6 months?

Now, we have Dr. E from Medical College of Wisconsin, Milwaukee for abstract No. 210. His title is "Absolute Ethanol Sclerosis for Symptomatic Venous Malformations".

- Do I understand that the complication rate associated with the large-bore access is not higher than that associated with small-bore?
- Do you give general anesthesia?
- Do you use prophylactic antibiotics?

Now, I'd like to call on Dr. F from the Hospital for Sick Children, Toronto to pre- sent their experience with "Sclerotherapy of Venous Malformations: Retrospective Analysis of EtOH and Sodium Tetradecyl Sulfate". Are there any questions or com- ments for Dr. F?

- What amount of TGF a day is released?
- Is there any specific method to prevent the initial out burst?

I'd like to congratulate all the presenters on the excellent work. I hope all of you enjoyed this free paper session. I will close this session with my thanks to Dr. A and thanks to you all for your participation and contribution.

4.7 기타

- I would like to call this meeting to order.
- There are some seats available in front, please come forward and be seated.
- The schedule is rather tight, so may I ask the speakers to keep to the allotted time so that we have an opportunity for discussion. So, it is important to keep to schedule so that we can complete this session on time. We are 15 minutes late.
- At the end of today's presentation, we will have a better understanding of lacrimal stent placement (From our discussion today, we will have learned more about lacrimal stent placement).
- Does anyone have any questions at this point? (I will hold a Q&A session at the end of the presentation. Please try to hold your questions until the Q&A session at the end of the presentations.)
- The speakers have 8 minutes to present, which will leave two minutes for dis- cussion. If we have any time at the end, we will have an opportunity for a group discussion.
- Unfortunately, Dr. B who was expected to be the Co-chairman for this session could not attend the meeting. We are honored, however, to have in his place, Dr. C who is the Director of the Norwegian Institute of XYZ. Unfortunately there has been a slight change in the program, because Dr. A has not arrived. The first speaker will be Dr. B who will talk about ABC.
- Before we begin, I would like to call your attention to a few changes in the program. Paper No. 6 by Drs. A and B will be presented first and the others will then follow as detailed in the program. Also, Dr. C, the presenter of Paper No. 3, was unable to attend. We will include the paper of Drs. D and E which was Posted No. 30 entitled "______________________".
- Dr. A. I'm sorry, but we have to move on: we're running short of time (behind schedule). Are you almost finished, Dr. A? Your time is almost over.
- Excuse me, Dr. A, but your time is up. Will you please briefly summarize the rest of your talk?
- Since the first three papers are on the same subject, I would like to have the discussion time at the end of the third paper.
- Now, I will open the floor to questions (The paper is now open for discussion). Are there any questions or comments from the floor?
- Are there any urgent questions? We would appreciate it if you could be brief with your question.

- We have time for just one more short question (I would like to close with one more question).
- Could you tell us a bit more about the complications (I'd appreciate it if you would explain your complications more specifically).
- We will have a 10 minute break now (Now, we have coffee break for 20 min- utes).
- I have been asked to make an announcement. If Dr. A is in the room, please contact the secretariat.
- I want to thank everyone who has taken part in and contributed to this session.
- Thank you all, including my co-chair, for participating today. I hope you have learned what you expected to from this session.
- I thank all the participants for having attended this session and for the honor of having been with you here (I am particularly grateful to those of you who have traved a great distance to be here with us).
- Please feel free to contact us through email. You will find our addresses in the Syllabus.

PART II의 부록

| 송호영

1. 별첨 1 초록 제출부터 채택까지

1.1 인터넷을 통한 초록제출

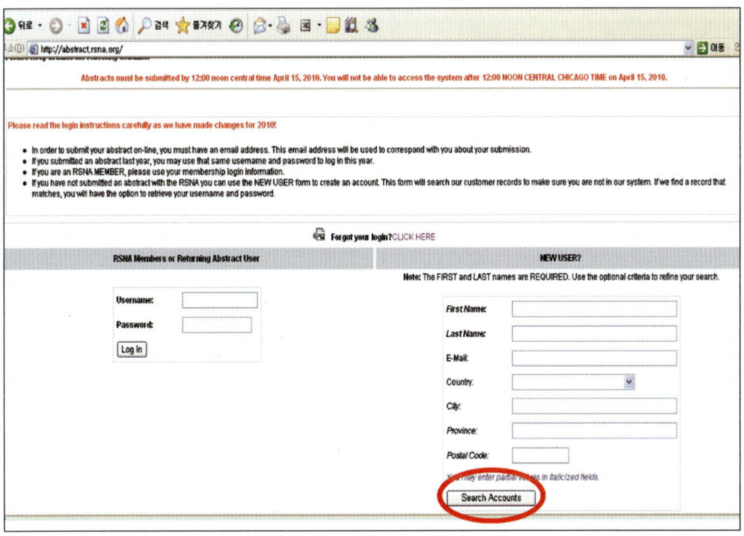

별첨 1-1 처음 제출하는 사람일 경우 'NEW USER?' 항목을 채운 후 search accounts 클릭

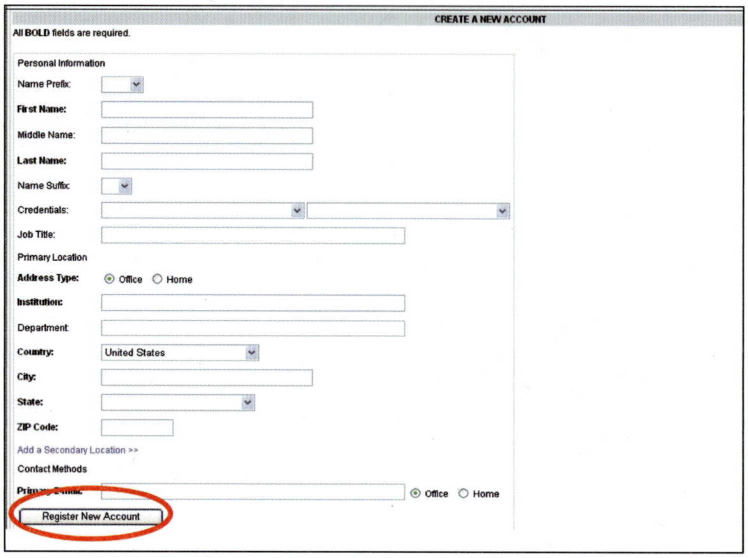

별첨 1-2 진한 글씨는 필수로 채운 후 register new account 클릭

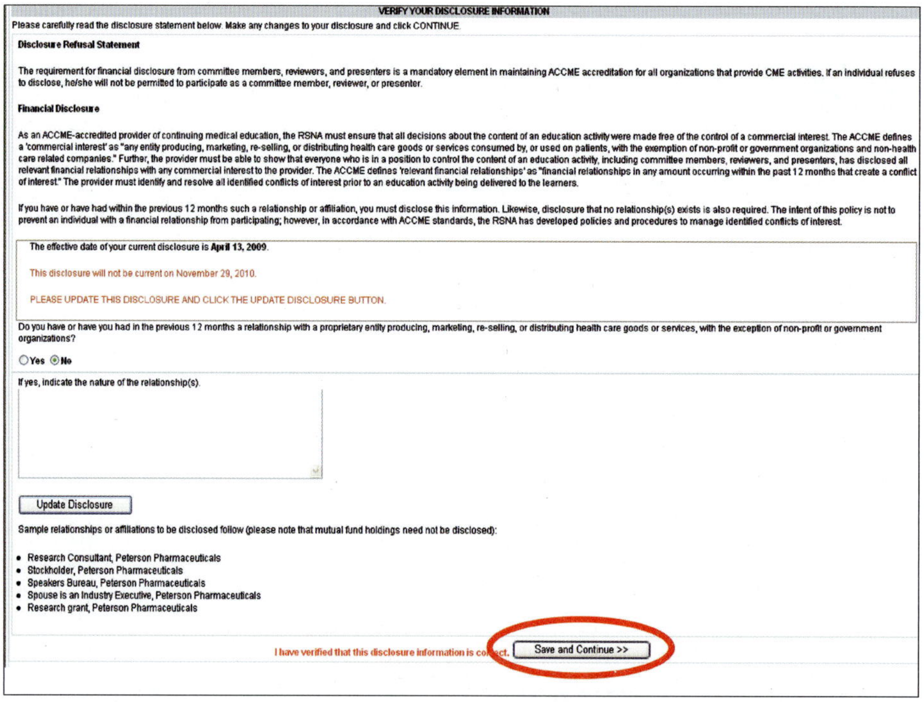

별첨 1-3 Disclosure할 사항이 있는 경우 사항을 입력, 그렇지 않으면 no를 클릭하고 update disclosure를 클릭한 후 save and continue 클릭

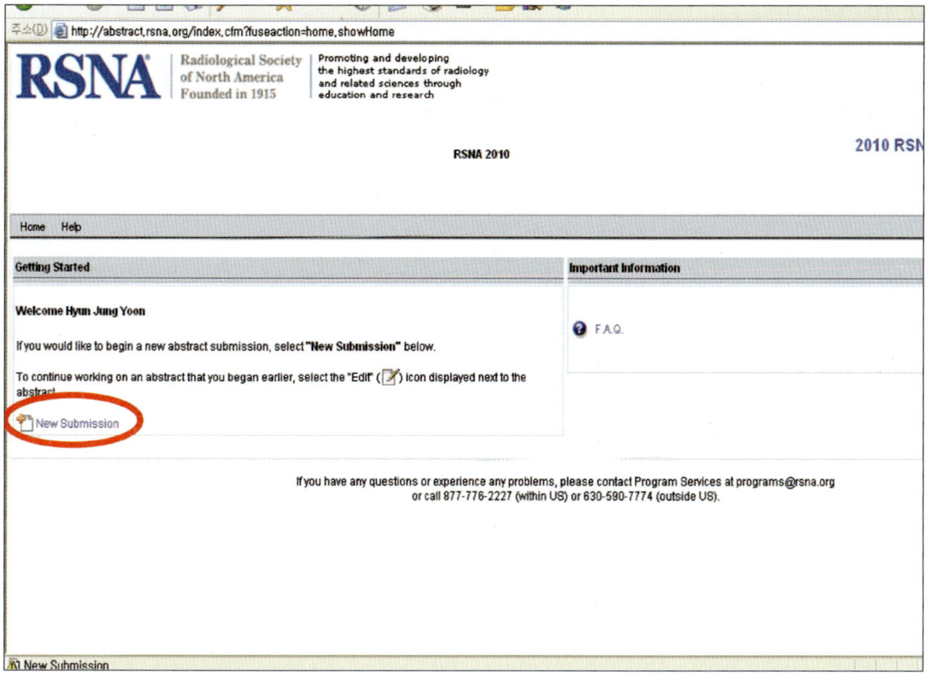

별첨 1-4 New submission 클릭

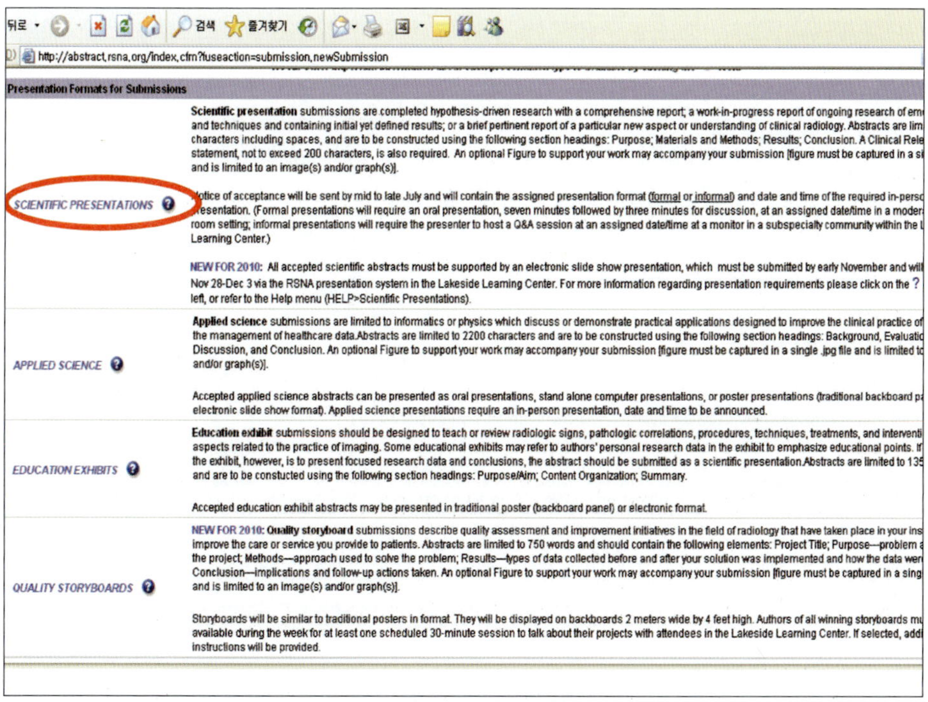

별첨 1-5 위의 4가지 항목 중 자신에게 해당하는 항목에 클릭(구연일 경우 scientific presentations, 전시일 경우 education exhibits)

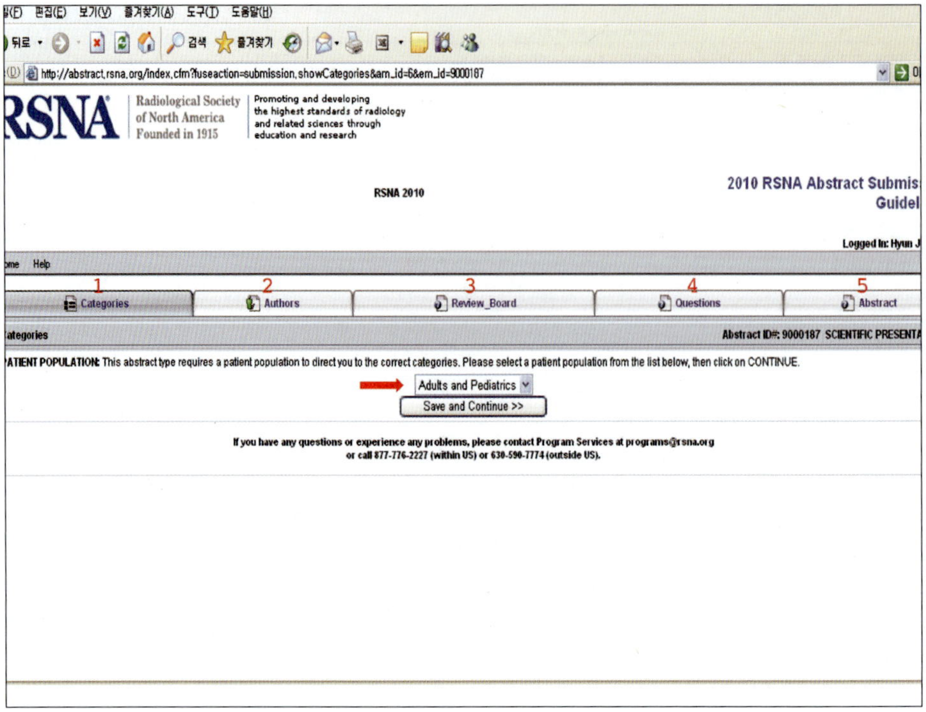

별첨 1-6 구연일 경우 위 순서대로 항목을 작성, 1번인 categories에서는 화살표 부분에서 해당 카테고리를 찾은 후 save and continue 클릭

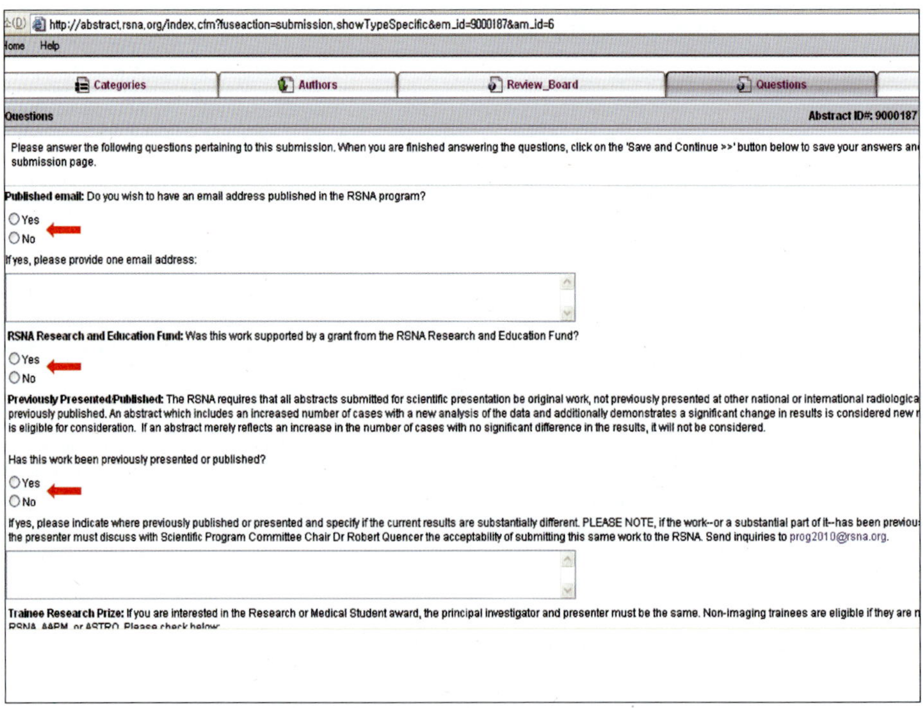

별첨 1-7 그 다음, 2번(authors), 3번(review board) 다 순서대로 채우고 save and continue 클릭하여 저장 후, questions 항목에서는 아래의 question에 적절히 대답한다.

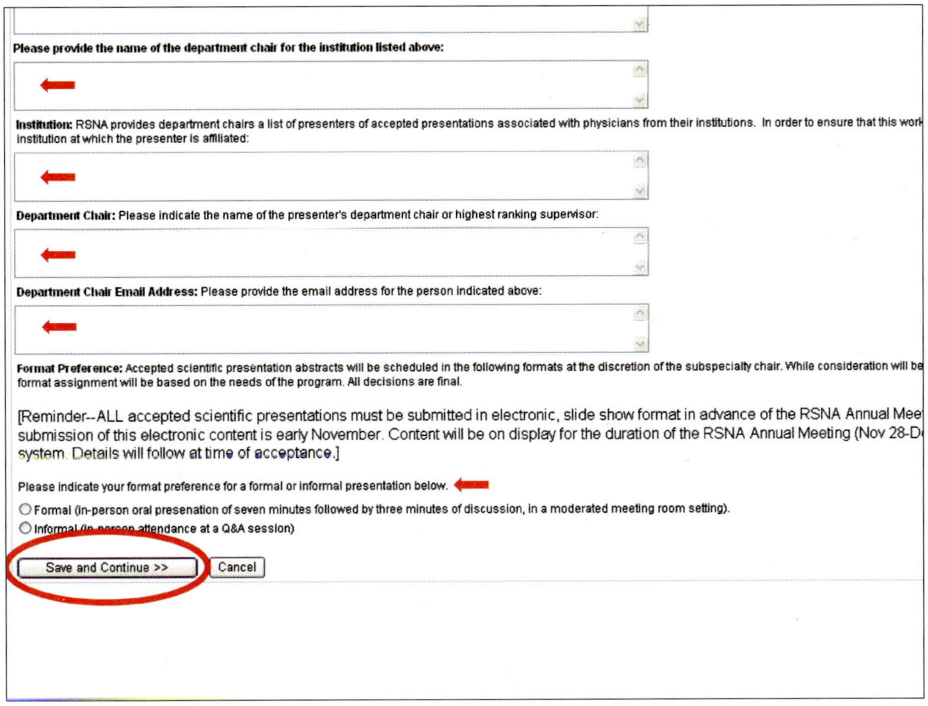

별첨 1-8 대답 항목을 다 채운 후 역시 save and continue 클릭

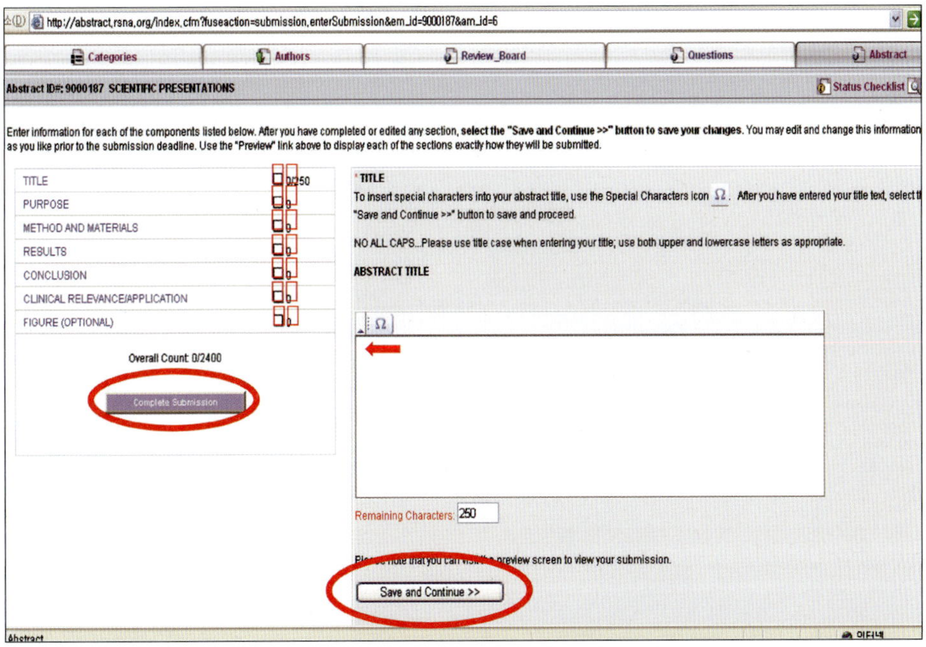

별첨 1-9 마지막으로 abstract에서는 자신이 쓴 초록을 좌측 위에 제시된 대로 title부터 figure까지 클릭하여 본인의 워드파일에서 copy and paste로 붙여넣는다. 만약 각 항목에 적절히 채워지면 좌측 윗부분에 보이는 것처럼 '체크' 표시가 된다. 각각의 항목마다 채운 후 각각 save and continue로 저장하고 마지막에는 complete submission을 눌러 제출하면 된다.

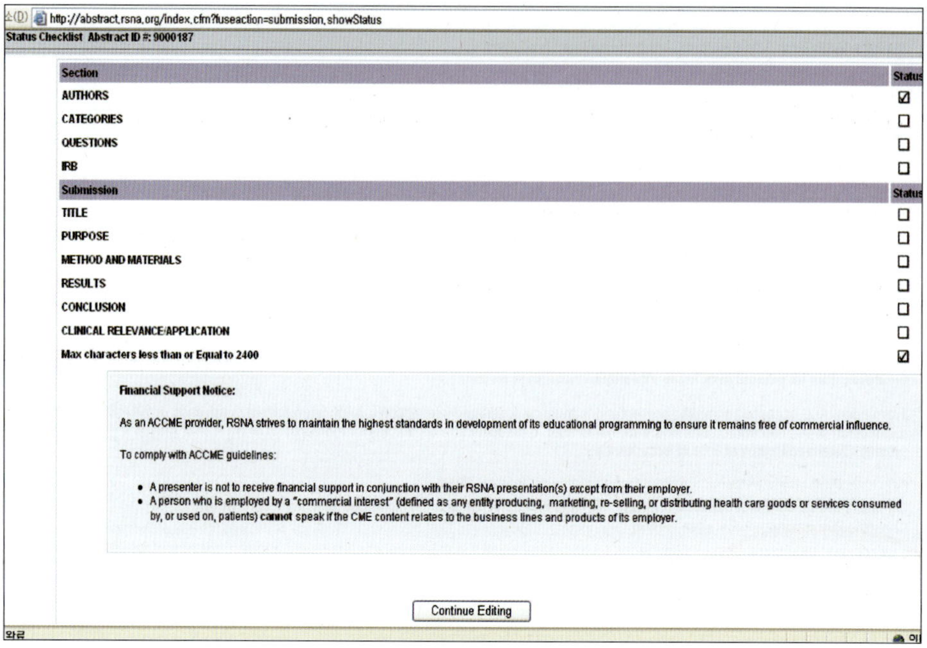

별첨 1-10 만약 다 제출하게 되면 우측 status 부분에 전부 체크 표시가 된다. 그것으로 제출과정이 모두 끝난다.

RSNA Scientific Status Notification – Accepted Presentation

ID: 8009875
Title: "An ALK5 Inhibitor, IN-1233: Prevention of Granulation Tissue Formation after Bare Metallic Stent Placement in a Rat Urethral Model"
Contact: "Hyun Jung Yoon, MD"
Presenter: "Hyun Jung Yoon, MD"

Thank you for your interest in the scientific program for the RSNA 95th Scientific Assembly and Annual Meeting, November 29 - December 4, 2009, McCormick Place, Chicago, Illinois. The review committees have completed their evaluation of abstracts, and your scientific submission has been accepted. To review important information go to the following URL and enter your login information:

http://abstract.rsna.org/

Once you have logged in:

1. **Click on the Accepted link for each accepted presentation to acknowledge receipt of this notice.**

2. **To learn the date, time, and location of your presentation, click on the Submission Details link at the top right of the acceptance letter (Accepted link).**

3. **Go to the Questions tab (Edit> Questions) to respond to the newly posted** Submission of Manuscript **question, and to review/update responses to earlier questions.**

If you do not know your RSNA login, click on the 'forgot password' link located on the RSNA Submission Site and information will be sent to your email address. You will also need your login information when registering for the RSNA Annual Meeting: Please **retain** this email for future reference. All notifications will take place electronically. Please print the appropriate documents from the screens.

별첨 1-11 RSNA 구연당첨을 알리는 메일 (계속)

Note: This notice has been sent to the official contact, and when different than the official contact, to the presenter. The presenter has been given access to review the posted acceptance letter and detail screen, and is allowed to update general questions information. The official contact is the only person authorized to add, delete, or change the order of the co-authors associated with this accepted presentation.

별첨 1-11 (계속)

RSNA Scientific Paper Presenter Reminder

Dear RSNA Scientific Paper Presenter:

We are looking forward to your presentation at the upcoming RSNA 95th Scientific Assembly. To review the time and location of your presentation and upload your AV, access the speaker site at the following url (http://abstract.rsna.org).

Please note that your accepted abstract had been selected to participate in a special series program during the meeting. Series courses combine education and research on related topics. These have been designed to achieve a seamless integration of didactic lectures and scientific abstract presentations. To review the entire program you are participating in, please visit the Online Program (rsna2009.rsna.org) and search on the following ID# VI31-06.

As a reminder English is the official language of the RSNA Meeting. If you do not feel comfortable answering questions in English, the RSNA asks that you invite a colleague who is fluent in English to assist you.

To receive your presenter ribbon, print this email and visit one of two locations:
Program Office (Room N426B - north building)
Lakeside Learning Center Office (Hall E, Level 2, Lakeside Center)

If you have any questions or concerns, please contact program services at (programs@rsna.org) or call 877-776-2227 (within U.S.) / 630-590-7774 (outside U.S.) We look forward to seeing you at the meeting. Thank you for volunteering to participate in the scientific assembly.

별첨 1-12 본인의 구연이 special series program session에 채택되었고 어떤 방식으로 진행되는가를 알리는 메일

RSNA 2009 Audiovisual Information

Dear RSNA Program Participant:

We look forward to your presentation at the RSNA 2009 Annual Meeting in Chicago, November 29 – December 4.

The site for submitting your presentation in advance is now available. Please go to the appropriate URL listed below and follow the system prompts. [Click on the icon under the (AV) column to access the system].

(http://abstract.rsna.org/rc.htm): Invited Faculty (Refresher Courses, Plenary, Focus Sessions, Multisessions, Student Theater, Introduction to Research, and Informatics)

(http://abstract.rsna.org): Scientific Paper Presenters and Scientific Presiding Officers

Guidelines and Audiovisual Instructions for Speakers have been posted on the speaker/faculty site for your review.

An email confirmation from the contracted audiovisual company will be sent to you after your presentation has been uploaded. ***Please review this email for confirmation that your presentation was successfully uploaded.*** Your PowerPoint presentation will be reviewed for embedded video playback problems. If problems are determined, corrections will be made to ensure optimal video performance. No other modifications will be made relative to content or image quality.

In the event that you need to make changes to a presentation that you have already submitted, resubmit the files on the web site utilizing a new file name and delete the earlier one submitted. You cannot edit your original presentation via the web site.

AS A REMINDER…if you require any special requirements, such as sound for your presentation, Internet, use of your own personal computer, etc., please contact Kim Christianson at kchristianson@rsna.org or Janet Cooper at jcooper@rsna.org. All special requirements are subject to review for approval. ***Please plan on reviewing your slides in the Speaker Ready Room at least 4 hours prior to your presentation.***

We look forward to seeing you in Chicago!

별첨 1-13 구연 ppt 파일 upload 안내 메일

Confirm your Name Badge and Mailing Address for RSNA 2009!

Dear Hyun Jung Yoon,

Your name badge for RSNA 2009 will be mailed soon to this address that we have on file:

HYUN JUNG YOON

ASAN MEDICAL CENTER, DEPARMENT OF RADIOLOGY

38-1 PUNGNAP-DONG, SONGPA-GU, SEOUL 138-736, KOREA

NONE

Before it is printed and mailed, we would like you to ensure accuracy. A sample of your badge is shown below.

The fields shown on your virtual badge are dictated by RSNA and directly connected to your specific registration category and therefore, cannot be changed.

HYUN JUNG
YOON, MD
SEOUL, NONE

69235 RED
13

Are the mailing address and name badge information above correct?

Clicking the "Yes" button will allow you to confirm your badge and mailing information is correct. Your badge will be produced EXACTLY as shown. Clicking the "No" button will allow you to make changes to your badge and/or mailing address. **Your badge will be produced 72 hours after this email is sent.** If you do not respond to this email we will print your badge as shown below. If

별첨 1-14 연자의 badge와 우편주소 확인을 요하는 메일 (계속)

you have any trouble viewing the badge please contact our Customer Service Department at 1-800-650-7018, 1-847-996-5876 or email rsna@experient-inc.com.

Thank you for taking the time to ensure we have everything correct. Your badge will be mailed shortly, so please be on the lookout. We look forward to seeing you November 29 ?December 4 at the McCormick Place Convention Center in Chicago, IL.

Forward to a friend
Unsubscribe from this service
Change format of future eMessages

별첨 1-14 (계속)

RSNA 2009 – Author and Registration Deadline Reminder

July 31 – deadline to modify author lists for the printed program
Nov 6 – deadline for discounted registration fee; housing; and course enrollment

ID 8010077 (VI31-06)
"An ALK5 Inhibitor, IN-1233: Prevention of Neointimal Hyperplasia after Bare Metallic Stent Placement in a Rat Common Iliac Artery Model"

"Hyun Jung Yoon, MD; Ho-Young Song, MD; Jin Hyoung Kim, MD; Hyung Gyu Park; Dae-Kee Kim, PhD; Jung-Hoon Park, RT"

Presentation Type: Scientific "Paper, please check URL below for date, time, location"

Contact: "Hyun Jung Yoon, MD" / Presenter: "Hyun Jung Yoon, MD"

Author List Reminder – Production on the RSNA printed program will begin shortly. RSNA will print the author list that is on file in our abstract management site as of 12 noon central time, Friday, July 31. Per RSNA policy, your author list will include the names of the first six authors; et al will represent

별첨 1-15 초록 저자관련 변경 및 등록 및 숙소 예약 deadline 공지안내 (계속)

any that follow the first six. After July 31, please notify the program services department of presenter changes via email (programs@rsna.org). Changes received after the July 31 deadline will be displayed in the online program beginning late October. To review and modify your author list, please go the URL below and click on the Authors tab:

http://abstract.rsna.org

Registration Reminder – If you have not done so already, please attend to completing your arrangements for registration, housing, and course enrollment as soon as possible. To register, please visit RSNA.org/register.

International visitors: If you plan to attend the meeting, personalized invitation letters are available for request at RSNA2009.RSNA.org - click International Visitors. This section of the annual meeting Web site also includes important information about the visa application process. It is recommended that international visitors start their visa process now.

The deadline for discounted registration fee, housing, and course enrollment is November 6.

Acceptance Notice Acknowledgment – As a reminder, when you log in to the abstract management site, please click on the Accepted link for each accepted presentation to acknowledge receipt of our acceptance notice. If you have already done this, thank you and please disregard.

Thank you,

RSNA Program Services Dept

별첨 1-15 (계속)

2. 별첨 2

미국인터벤션의학회(SIR)에서 구두발표자에게 제공하는 안내.

2005 SIR Annual Meeting
Guidelines for Electronic Presentations

(Categorical - Plenary - Feature Symposia - Scientific Sessions)

March 31 - April 5, 2005 - New Orleans, LA

OVERVIEW

Speakers must bring their presentation to the Speaker Ready Room (284-285) on any of the following formats:

- CD-ROM
- DVD-ROM
- Floppy disk
- Zip disk
- Compact flash card
- Memory Stick
- Multi-media card
- SD Card
- a laptop (additional driver installation / reconfiguration may be required)

Checking in at the Speaker Ready Room is the single most important action you will take to ensure that your presentation is a success. ALL speakers are required to check into the Speaker Ready Room **24 hours before the start of the session.**

Process upon arrival to the speaker ready room:

1. Stop by the check in table and tell the attendant your name. They will give you a card for each presentation for the Meeting.

2. Take the card(s) to the computer station and give to the AV technician, along with your presentations. The technician will load your presentation(s) onto the server and then open it on a terminal for your review. You should make sure all fonts appear as expected and all sound/video clips are working properly at this time. You will be able to edit your presentation, as well. Once you are through reviewing your presentation and certify it is ready, we will electronically send your presentation to the designated presentation room. **ALL EDITING MUST BE COMPLETED 1 HOUR PRIOR TO THE START OF THE SESSION.**

3. Keep your cards if you wish to make changes to your presentation. It is easier for the technician to find your presentation if you have this card.

Each presentation room will be staffed with an audiovisual (AV) technician, who will assist in starting each presentation. Once the presentation is launched, you (the speaker) will control the program from the podium using a computer mouse (which will also be used in lieu of a laser pointer). At the end of the meeting, all files will be destroyed, and the computer hard drives will be reformatted.

The computers in the presentation rooms will be Windows-based PCs with Microsoft PowerPoint (**Office XP installed**). We recommend PowerPoint (.ppt) for all users. We will, however, accept Adobe Acrobat (.pdf) and HTML (.html) files as well. Presentations created both on PC and Macintosh platforms should work, but verification of proper performance, particularly if video is included in the presentation, is essential. Please make note that Internet access will **not** be available during your presentation or in the Speaker Ready Room.
The recommended video format is mpeg1 (.mpg). For more detailed information regarding fonts, sound, video, and general compatibility, please refer to www.avhqspeakerservices.com/powerpointtips.

PACK AND GO (WINDOWS AND MACINTOSH OFFICE-OS X ONLY)

The "pack and go" feature of PowerPoint may also be useful if there are video or sound files associated with the presentation. PC users will create two files, which will contain all the video and sound files, which can then be unpacked in the speaker ready room. Mac users will create a folder with all the associated files. This can be done in PowerPoint by selecting (PC)**File / Pack and Go** or (MAC)**File/Save As/Package (file type).**

별첨 2-1 (계속)

AT THE MEETING

You are required to check-in at the Speaker Ready Room **24 hours** prior to your session. If you are unavoidably delayed please go directly to the Speaker Ready Room. **DO NOT BRING YOUR LAPTOP TO THE SESSION** - it is very possible that your laptop may not be compatible with the system computer and this could cause a malfunction and difficulties in presenting your materials.

SPEAKER READY ROOM

The Speaker Ready Room is located in room 284-285

Hours of Operation:

DAY / DATE	HOURS
Wednesday - March 30, 2005	3:00 PM - 6:00 PM
Thursday - March 31, 2005	9:00 AM - 6:00 PM
Friday - April 1, 2005	7:00 AM - 6:00 PM
Saturday - April 2, 2005	7:00 AM - 6:00 PM
Sunday - April 3, 2005	7:00 AM - 6:00 PM
Monday - April 4, 2005	7:00 AM - 6:00 PM
Tuesday - April 5, 2005	7:00 AM - 11:30 AM

SECURITY

- You will need to provide identification in order to submit your presentation and also to access it in the Speaker Ready Room.
- All media are returned to the speaker once it is loaded on the server.
- Cameras and video equipment are not permitted in the Speaker Ready Room.
- All files on the computers are deleted at the end of each day of presentation.
- All files are deleted off of all computers at the end of the meeting.

별첨 2-1 (계속)

3. 별첨 3

미국인터벤션의학회(SIR)에서 보내온 구두발표자의 이해관계를 밝혀야 한다는 내용의 서식.

SOCIETY OF INTERVENTIONAL RADIOLOGY
Enhanced care through advanced technology™

Policy on Off-Label Use of Devices and Drugs

The scientific program of the SIR Annual Meeting shall be developed with the goal of satisfying the overall educational objectives of the annual meeting. The content of the scientific program will be developed solely by the physician members of the SIR Annual Meeting Committee in accordance with the ACCME Standards for Commercial Support of Continuing Medical Education. Commercial supporters and their representations will not participate in the development of the meeting content except to respond to requests for technical assistance with the preparation of conference-related educational materials. Such materials may not, by their content of format, advance the specific proprietary interests of the commercial supporter. Commercial supporters may also provide names of suggested speakers in response to specific requests by SIR for such information.

Presentations during the scientific program are considered to represent the work and opinions of the speaker, and do not necessarily reflect the views or policies of SIR. The SIR annual meeting provides a forum for these presentations in order to educate and promote the dissemination of new ideas, but SIR does not necessarily endorse the findings or conclusions reported by the speaker.

Faculty at the SIR Annual Meeting are required to inform the audience when they are discussing off-label or unapproved uses of new devices or drugs. Devices or drugs that are still undergoing clinical trials should also be identified as such and should not be portrayed as standard, accepted therapy. Faculty are also required to disclose any significant financial relationships they have with the manufacturer(s) of any commercial product(s) discussed in an educational presentation. Such relationships must also be disclosed in promotional materials for the annual meeting.

Exhibitors at the SIR annual meeting are required to comply with all applicable FDA regulations and ACCME standards, including but not limited to any and all approval requirements and the FDA's prohibition on advertising or other promotion of investigational or unapproved drugs or devices. The FDA also forbids manufacturers and distributors from promoting approved drugs and devices for unapproved uses.

Representatives of commercial supporters may attend SIR educational presentations, but may not engage in sales activities while in the room where the activity takes place.

Approved by the SIR Executive Council November 1997.

별첨 3-1

4. 별첨 4

아세아오세아니안 영상의학회(AOCR)에서 구두발표자에게 제공하는 안내.

12th Asian Oceanian Congress of Radiology
October 24 - 28, 2008, COEX, Seoul, Korea

GUIDELINES FOR ORAL PRESENTATION

Presenting Time

- 7-minute presentation and 3-minute discussion
- Overruns just penalize the other presenters and will not be allowed. Chairpersons have been given instructions to curtail each presentation to the allotted.
- Presentation should be made in English.

Presentation File

- Presenters should prepare the presentation file in MS-PowerPoint in English.
- If you use fonts other than standard Windows Office 2007 fonts, please bring the font files themselves with the presentation file.
- Please bring your PowerPoint presentation file with you on a CD or USB memory stick. Please make sure that the file is copied correctly onto the CD or USB memory stick.

Preview Lounge

- Place: ASEM Hall Lobby, 2F, COEX
- Operation Hours

October 24 (Fri)	October 25 (Sat) – October 27 (Mon)	October 28 (Tue)
10:00 – 18:00	07:30 – 18:00	07:30 – 12:00

- Please visit the Preview Lounge to check your presentation file at least 4 hours before your session starts to ensure your presentation file appears properly. A technician will be ready to assist you with checking your presentation file.
- If your presentation file contains animations or movies, you are advised to check over the technical matters 6 hours prior to your session.
- All presentations will be stored on a network server and will be accessible from the PC in each session rooms where the presentations will be held 30 minutes prior to the start of the session.

How to upload your presentation file,

a. Go to the Preview Lounge, ASEM Hall Lobby, 2F, COEX
b. Log-in with your ID and password which was issued when you signed up for your abstract submission.
c. Check your presentation schedule(s) and upload your file according to the schedule(s).
d. After the presentation, go back to the Preview Lounge and eliminate your file at the desk-top by yourself to secure your property rights for the file.

Prior Meeting

Presenters are requested to meet chairperson at the session room in advance and take a seat to the **'Reserved Seat'** for Speakers in session room at least 10 minutes before it starts.

Security Policy

All presenting file will be kept safe before or after the presentations from any accesses. If you do not delete your file by yourself after the presentation, they will be automatically deleted after the congress.

AOCR 2008 Seoul Secretariat
4F Yoongjeon Bldg., 829-6 Yeoksam-dong, Gangnam-gu, Seoul 135-936, Korea
Phone: +82-2-3471-8555 Fax: +82-2-521-8683 E-mail: abstract@aocr2008.org / info@aocr2008.org

별첨 4-1 (계속)

12th Asian Oceanian Congress of Radiology

October 24 - 28, 2008, COEX, Seoul, Korea

Audio Visual Equipment

- All presenters should use only venue facilities. Each session room will be equipped with the following equipments.
  ⊙ Laptop (operated by a technician at the control box) running MS-Office PowerPoint 2007 operated in Windows XP, equipped with compact disk reader (CD & DVD) and USB drive.
  ⊙ A smart pointer, a desk lamp, a mouse and a timer which will be shown on monitor.
  ⊙ One beam projector (RGB Port)
  ⊙ One screen
- To avoid frequently occurring technical problems in the presentation, all presenters are asked to use only IBM compatible PC and single LDC project preset in the session room for all presentations in scientific meetings.
- It is strongly discouraged to bring your own laptop computer (especially Macintosh laptop) unless your presentation requires it for special software and/or hardware.
- If you would like to use any other A/V equipments, please let us know no later than September 30, 2008.

Equipment on the Podium

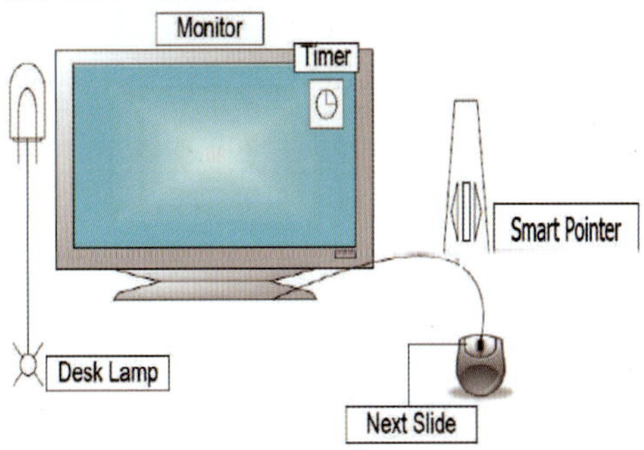

* Upon reaching at the podium, the lights will be dimmed and the first slide will be projected onto the screen. The timer will be going for 7 minute, you will be alarmed at the last 2-minute.

* You could operate the screen by clicking the left button of mouse to go forward next slide when you need it. The Smart pointer is also available to control your slide back and forth.

Should you have any inquiries, please contact the AOCR 2008 Seoul Secretariat.

AOCR 2008 Seoul Secretariat
4F Yoongjeon Bldg., 829-6 Yeoksam-dong, Gangnam-gu, Seoul 135-936, Korea
Phone: +82-2-3471-8555 Fax: +82-2-521-8683 E-mail: abstract@aocr2008.org / info@aocr2008.org

별첨 4-1 (계속)

5. 별첨 5

미국인터벤션의학회(SIR)의 좌장 초청서신과 답장.

Dear Dr. Song,

I would like to invite you to moderate a Scientific Session at the 2006 Annual Scientific Meeting of the Society of Interventional Radiology in Toronto, Canada. The scientific sessions define the future of our specialty. We are excited about the strength of the accepted abstracts and the participation of acknowledged experts like you.

To confirm receipt and accept our invitation, simply reply to this email. You will have a co-moderator. I would ask you to be in contact with your co-moderator before or at the meeting to plan your session.

You are requested to moderate:
Scientific Session: *Laboratory - Animal*
Day - Date: Saturday - 4/1/2006
Time: 2:15 PM - 3:45 PM

The scientific sessions define the core of our specialty and its future. We are excited about the strength of the accepted abstracts, and with the participation of acknowledged experts like you. To confirm receipt and accept our invitation, simply reply to this email.

My thanks in advance,
Ziv J. Haskal, MD FSIR FAHA FACR
Chair, 2006 Scientific Sessions

별첨 5-1 연제의 좌장을 해달라는 초청

Dear Dr. Haskal:

Thank you very much for inviting me to the SIR meeting as a co-moderator. It will be a great opportunity for me to share my experience with American interventional radiologists. I am very honored and willing to accept your invitation

Sincerely yours,
Ho-Young Song, M.D.

별첨 5-2 초청수락의 답장

Dear 2006 SIR Moderators -

A few last minute items:

- **Arrive before the session begins to review and become familiar with the AV equipment.**
- **Moderator Guide Sheets** will be placed on the podium before your session. Please please sure to return them to the Speaker Ready Room after your session.
- If you need to leave BJ a message, you can call the **on-site Membership Office at 416.585.3808 after Wednesday, March 29th.**

If you have any questions, please let me know - SEE YOU NEXT WEEK!

별첨 5-3 학회에서 좌장에게 알리는 마지막 안내

6. 별첨 6

미국인터벤션의학회(SIR)에서 요구하는 좌장의 역할에 관한 안내.

GUIDELINES FOR MODERATING SIR ANNUAL SCIENTIFIC SESSIONS

BEFORE THE MEETING

- Please familiarize yourself with the papers and the presenters' names for your session. You can read the abstracts by visiting the *Scientific Sessions* on the Annual Meeting Web site at http://www.sirmeeting.org/index.cfm?fuseaction=Locator.EventsByType&EventTypeCode=SS&DisplayAbstractStatus=Yes&EventByTypeCustom=ABSTRACT.
- Prepare at least one question to ask the speaker in case none are forthcoming from the audience. You may wish to contact the presenter in advance to decide upon an appropriate question to further enhance the presentation.
- If a group of papers deals with a very similar topic, we suggest you take this into account. Such prior knowledge will add to the perspective, discussion, and impact of the session.
- If you are aware of previous work of the author relative to the presentation, you may wish to mention this briefly.
- The moderator may enrich the session with a brief commentary when appropriate. However, speeches are not appropriate.
- If you are unable to attend the meeting because of a last minute emergency, call BJ Hillier at (703) 691-1805 or (800) 488-7284. Beginning Monday, March 28, please report any changes to the Education Office (Room 298).

THE DAY OF YOUR SESSION

- It is most important for us to be assured of your presence for your session and for you to know of any last minute program changes; therefore, check in at the Speaker Ready Room (Room 284-285) approximately **1 hour** before the start of your **session** to see if there are any program changes.
- At the podium in the session room, you will be given a large-point, bold-face presentation list to facilitate introduction of speakers (moderator guide sheet). This list will include any last minute program changes and should be used to record any changes that occur in the meeting room on this list. It also contains financial disclosure information for the presenters. **It is very important that the financial disclosure information is announced prior to each presentation.**
- Be at your session **30 minutes** early to meet the presenters, to familiarize yourself with the equipment, and to confer with the AV tech. Presenters will be using PowerPoint projections; please ensure that the PowerPoint files are functional and accessible (e.g., on the desktop).
- Rehearse the name of the presenter, especially if foreign in origin, and seek help if necessary.
- Ensure that your watch is accurate.

DURING YOUR SESSION

- Familiarize yourself with the timer available at your session.
- Introduce yourself. Announce the topic of the session.
- Take charge. Start on time and keep the session at least within one minute of schedule.
- Remind the presenters of the time limit.
  - Abstract presentations are **eight (8)** minutes in length with a **four (4)** minute discussion.
  - Featured Abstracts presentations are **eight (8)** minutes in length with **five (5)** minutes of commentary.
  - Late Breaking Abstracts presentations are **eight (8)** minutes in length with a **four (4)** minute discussion.
- Keep the presentations as close to the printed schedule as possible; attendees plan their attendance schedule based on the printed program. **In order to accommodate participants planning to attend the next scheduled presentation, if a presenter does not appear, please do not begin the next paper until its scheduled time.** Please be prepared for this uncommon and uncomfortable event and be ready for continued comment and discussion. Note any such occurrence on the presentation list.
- Encourage questions from the audience.
- Lavaliere microphones will be provided for attendees to ask questions.
- **REMEMBER**: The sessions are being recorded. Please remind attendees who ask questions to speak clearly into the microphone.
- Take charge of the discussion period. Recognize questions from the audience as a priority and repeat each question through the microphone. Be prepared to ask pertinent questions, should none be forthcoming from the audience. In the case of foreign presenters, you may have to explain or paraphrase a question or the answer.
- **DO NOT ACCEPT MANUSCRIPTS FROM THE PRESENTERS.**

별첨 6-1 (계속)

DURING YOUR SESSION (CONT'D)

- Representatives of the press or others may not place microphones or tape recording devices on the lectern or speaker's table.
- Flash photographs are not to be taken during the presentation.
- Interviews are to be conducted outside of the meeting room. No commercial handouts are permitted.
- Formally close the session, make any necessary announcements, and thank the presenters and the audience for their efforts and interest.
- Return the list to the Education Office (Prescott 8) immediately following your session.

GUIDELINES

All moderators of scientific sessions are requested to limit the introduction of each scientific paper to the following elements - in order:

1. paper number
2. paper title
3. name of presenter
4. city, state or country of origin
5. financial disclosure, if any

Only a single author will be introduced by the moderator. (The names of the multiple authors appear in the program and can be found there by any interested party. The presenter is at liberty to acknowledge any persons(s).)

FEATURED ABSTRACTS (8 MINUTES FOR PRESENTATION + 5 MINUTES FOR DISCUSSION)

For sessions in which a featured abstract will be presented:

- Announce that the paper has been selected this year as a one of ten featured abstracts on the basis of overall scores and perceived interest to the society. As such, the abstract will be followed by an invited commentary.
- Introduce the commentator in a manner similar to the abstract presenters. Also announce that the commentary may be published in *JVIR*.
- After the commentator finishes, if there is time, ask for questions. Include the commentator in the dialog. It is very important to ask that any persons with questions please state their name and city, state or country of origin, or to state "anonymous" if they wish to remain so, and to speak clearly into a microphone when they ask their question. The audience comments for the featured abstracts are transcribed for possible *JVIR* inclusion, so it is especially important that we can identify the audience members asking questions

LATE BREAKING ABSTRACTS (8 MINUTES FOR PRESENTATION + 4 MINUTES FOR DISCUSSION)

For sessions in which a Late Breaking Abstract will be presented:

- Please announce that the following: **The goal for expanding the Scientific Program to include these abstracts, was to provide a mechanism to present new, evidence-based, interesting and valuable scientific information that might have otherwise been excluded from our program due to the regular abstract deadline in early Fall. They were graded using extremely stringent criteria; of those submitted for consideration, only a small number were accepted. [This statement will be found on the Moderator Guide Sheet also]**
- Ask that any persons with questions please state their name and city, state or country of origin, or to state "anonymous" if they wish to remain so, and to speak clearly into a microphone when they ask their question.
- Try to preserve enough time in your session to allow the late breaking presentation and questions before the session ends. You may want to announce when you begin that there will be an extra late breaking presentation at the end of the session.

별첨 6-1 (계속)

7. 별첨 7

아시아오세아니안 영상의학회(AOCR)에서 보내온 좌장 초청서신.

AOCR 2008 SEOUL

12th Asian Oceanian Congress of Radiology

Congress President
Byung Ihn CHOI

Vice Presidents
Ki Whang KIM
Deuk Lin CHOI
Woo Jin YANG

Secretary General
Dong Ik KIM

Vice Secretary General
In One KIM

Program Planning
Seung Hyup KIM

Treasurer
Koun-Sik SONG

Secretaries
Hyo Keun LIM
Jin Mo GOO
Eun Kyung KIM
Ji Hye KIM
Chang Kyu SUNG
Seung-Koo LEE
Jung-Eun CHEON

Financial Auditors
Heoung Keun KANG
Hye Young CHOI

Chairs
Scientific Program
Hyo Keun LIM
Scientific Paper
Sang Hoon CHA
Scientific Exhibition
Hae Giu LEE
Refresher Course
Choon-Sik YOON
Image Interpretation Session
Tae-Hwan LIM
Case of the Day
Dong Ho LEE
Audiovisual Equipment
Byung Hee LEE

Technical Exhibition
Yun Hwan KIM

Registration
Hyung Jin SHIM
Young Hi CHOI

Accommodation
Pyo Nyun KIM

Social Program
In Ho CHA

Publication
Kyung Soo LEE

Communication
Joon Koo HAN

Promotion
Jae Hyun CHO

August 4, 2008

Dear Dr. Ho Young Song,

On behalf of the Organizing Committee, it is our great pleasure to invite you as a Chairperson to the 12th Asian Oceanian Congress of Radiology (AOCR 2008) to be held in Seoul, Korea from October 24 to 28, 2008.

AOCR 2008 is the largest international radiological meeting in Asian and Oceanian region and it is expected to attract 3,000 attendants with more than 200 world-renowned invited guests. We are also expecting the strong support of the leaders such as you. Your expertise and experience will greatly contribute to the success of AOCR 2008. Please refer to the allocation as below.

[Session Information for Chairpersons]

- Session Date & Time: October 27 (Mon) 10:30-12:00
- Session: Scientific Session (Oral Presentation)
- Session Title: BILIARY AND GENITOURINARY, MISCELLANEOUS
- Chairpersons: Ho Young Song / Shigeru Furui

The Organizing Committee of AOCR 2008 will provide you with 200,000 Korean Won for the honorarium as a token of our appreciation. We hope you understand that we are not able to offer more financial support due to our budgetary restriction.

It would be grateful if you would let us know of your acceptance of the invitation no later than August 9, 2008 by e-mail at sci@aocr2008.org or fax (+82-2-521-8683).

We extend our sincere appreciation in advance for your kind cooperation and expect your strong support to make the congress a great success.

If you have any questions, please feel free to contact the secretariat office.

Sincerely yours,

Byung Ihn Choi, M.D.
President
The Organizing Committee of AOCR 2008

Dong Ik Kim, M.D.
Secretary General
The Organizing Committee of AOCR 2008

CC. Hyo Keun Lim, M.D., Chair of Scientific Committee, AOCR 2008

AOCR 2008 Secretariat
INSESSION International Convention Services, Inc
3rd Fl., 672-35 Yeoksam-dong, Gangnam-gu, Seoul 135-915, Korea
Phone +82-2-3452-7139 Fax +82-2-521-8683 Email info@aocr2008.org Website www.aocr2008.org

별첨 7-1

8. 별첨 8

아시아오세아니안 영상의학회(AOCR)에서 보내온 좌장의 역할에 관한 안내.

AOCR 2008 SEOUL
12th Asian Oceanian Congress of Radiology

Guidelines for Chairperson

Thank you for taking on the role of chairperson for AOCR 2008 Seoul. Your role is to make things as easy and enjoyable as possible for the speaker(s) and participants by facilitating the session to ensure that it runs smoothly. Please read the following guidelines.

[Your Session]

- Session Code: S4G
- Session Date & Time: Oct 27 (Mon) 10:30~12:00
- Session: Scientific Session
- Session Title: BILIARY AND GENITOURINARY, MISCELLANEOUS
- Chairpersons: BJJ Abdullah, Ho Young Song
- Lectures:
  - ✓ Jae-Ik Bae - Complex stenting using open cell nitinol stents for malignant biliary hilar obstructions
  - ✓ **Chang Won Kim - Bilateral metal stent placement for advanced hilar cholangiocarcinoma: percutaneous T-configured and endoscopic Y-configured dual stent placement**
  - ✓ Gi-Young Ko - Efficacy of Percutaneous Transhepatic Treatments for Biliary Strictures after Living Donor Liver Transplantation
  - ✓ Hwan Hoon Chung - Newly designed Polytetrafluoroethylene Covered Metallic Stent for Malignant Ureteral Obstruction
  - ✓ Soon Chan Park - Percutaneous Radiological Placement of Peritoneal Dialysis Catheters in Pediatric Patients: Technical Aspects and the Clinical Outcomes
  - ✓ Ferdinand Chu - Use of room air as contrast in percutaneous nephrsotomy
  - ✓ Liu Wengui - Long-Term Outcomes of Patients with Lumbar Disc Herniation Treated by Percutaneous Discectomy: Comparative Study with Microendoscopic Discectomy
  - ✓ **See Hyung Kim - Ablation of symptomatic cysts using n-butyl cyanoacrylate and iodized oil in autosomal dominant polycyst kidney disease: Long-term results**
  - ✓ Sue Yon Kim - Mid-term Result of Radiological Placement of Bare Stent for the Treatment of Malignant Colorectal Obstruction

[Registration]

1. Please go to the Congress website at www.aocr2008seoul.org.
2. Click 'E-Registration' and 'for Invited Guests' button.
3. If you have not signed-up yet, click 'Sign-up' button.
4. Follow the sign up steps. After completing the sign up, click 'E- Registration' and follow the registration steps.
5. If you have your ID and PW, please log in and follow the registration steps.

별첨 8-1 (계속)

AOCR 2008 SEOUL
12th Asian Oceanian Congress of Radiology

[Preparation Guidelines]

1. At the registration desk, you can pick up your name tag and materials required for the chairmanship of your session (final session program, guidelines).
2. Upon your arrival, please let the room assistants in the session room know of your presence. If you encounter any problems (sound, microphones, monitor, timing devices and audio-visual equipments, etc.), instruct the room assistant to contact the headquarters of the meeting.
3. Please meet the speakers and go through the overall schedule so that they do not overrun their presentation time. If the speaker is not sufficiently fluent in English, please offer to help him/her with any possible questions from the audience.
4. If you have a co-chairperson, please decide how to share the responsibility of the running of the session (introducing the speakers, monitoring time, managing discussion, and drawing the session to a conclusion).
5. During the session, you are able to check the remaining time. When the time is up, you should end the presentation immediately.
6. Chairpersons should inform the speakers of the time allotted to him/her, but you can adjust the allotted time at your discretion as long as you finish your session on time.

[For Presentation]

* **7**min. oral presentation / **3**min. discussion

[During the Session]

1. Please be there ahead of the scheduled start time and make sure that the speakers have everything they need, and check that the audiovisual aids are in place and working.
2. After opening the session, the chairperson should
   - ▶ Introduce yourself and the co-chairperson
   - ▶ Identify the session, its theme or subject
   - ▶ Introduce authors and papers to be presented
3. Should a speaker not show up, proceed to the next presentation after making sure the next presentation material is ready.
4. If the presentation is finished earlier than the schedule, use the extra time for questions and comments from the audience and start the next presentation on time.
5. At the end of the session, thank the speakers and the audience, and summarize the discussion with a few 'take home points'.
6. **The session must adhere strictly to the time schedule.** Any running over means the next session start late and this must be avoided. It is recommended for chairpersons to warn the speaker of the remaining time to ensure the session is concluded on schedule.
7. You are kindly requested to evaluate a few of presentations which are nominees(marked in the list in **brown & bold**) of AOCR 2008 Best Scientific Paper Award. It would be highly appreciated to grade A to F according to the evaluation form that will given to you on site prior to the session.

별첨 8-1 (계속)

AOCR 2008 SEOUL

12th Asian Oceanian Congress of Radiology

AOCR 2008 SEOUL Secretariat

The AOCR 2008 Secretariat is in charge of the general operation of the scientific program, and would be pleased to assist you during the congress.

InSession International Convention Services, Inc.
4F, Yoongjeon Bldg., 829-6 Yeoksam-dong, Gangnam-gu, Seoul 135-936 Korea
Phone: +82-2-3471-8555, Fax: +82-2-521-8683
E-mail: sci@aocr2008.org / info@aocr2008.org
Website: www.aocr2008.org

별첨 8-1 (계속)

9. 별첨 9

아시아오세아니안 영상의학회(AOCR)에서 좌장이 맡을 논문들의 초록.

BILIARY AND GENITOURINARY INTERVENTION, MISCELLANEOUS

S4G-01 October 27, Monday, 10:30-10:40

Complex stenting using open cell nitinol stents for malignant biliary hilar obstructions

Jae-ik Bae[1], Auh Whan Park[2], Nam Seon Park[2], Je Whan Won[1]

[1]Ajou University Hospital, Korea, [2]Busan Paik Hospital, Inje University, Korea

PURPOSE: To evaluate technical and clinical efficacies of complex stenting with open cell nitinol stents in patients with a malignant biliary hilar obstruction.
MATERIALS AND METHODS: Twenty six consecutive patients (21 men and 5 women; mean age, 64 years) with a malignant hilar biliary obstruction were prospectively enrolled. Multiple nitinol stents with open cell design were placed passing each other through interstices in various configurations (T, Y, or crisscross). Technical success, clinical success, procedural complications, and long-term results were analyzed.
RESULTS: Technical success was achieved in 24 patients (93%). In 2 patients (7%), crushing of the left limb of the first transverse stent was occurred during insertion of the second stent through a left access. Consequently, an additional stenting was needed. Clinical success was achieved in 24 patients (89%). The stents expanded at least 80% of their normal diameter in all. Major complication occurred in one patient who had percutaneous biliary drainage (PTBD) related bleeding. Median stent patent period was 214 days. Insertion of a drainage catheter through the interstices of occluded stents was carried out successfully in all 10 patients who needed reintervention.
CONCLUSIONS: Open cell nitinol stent can be a useful option in patients who need complex hilar biliary stenting.

Nominee of the Best Scientific Paper Award

S4G-02 October 27, Monday, 10:40-10:50

Bilateral metal stent placement for advanced hilar cholangiocarcinoma: percutaneous T-configured and endoscopic Y-configured dual stent placement

Chang Won Kim, Ung Bae Jeon, Suk Kim, Gwang Ha Kim, Dae Hwan Kim

Busan National University Hospital, Korea

PURPOSE: We evaluated the clinical efficacy of bilateral drainage with percutaneous T-configured and endoscopic Y-configured dual stent placement using 'Kim stent' (Taewoong, Seoul, Korea) with a central wide mesh.
MATERIALS AND METHODS: Between January 2001 to December 2007, 105 patients with unresectable hilar cholangiocarcinoma were enrolled in this study. Among them, 65 patients were treated with percutaneous T-configured dual stent placement (group A) and endoscopic Y-configured dual stent placement (group B) was performed for 40 patients.
RESULTS: Technical success rate was achieved in 100% of group A and 80% (32/40) of group B. All 8 cases which were failed by endoscopic Y-configured dual stent placement were Bismuth type III (n = 4) or IV (n = 4). Among 97 patients in whom bilateral stents were successfully placed, clinical success rate was 100%. The mean survival times were 316 days in group A and 300 days in group B. The mean stent patency times were 241 days in group A and 217 days in group B.
CONCLUSIONS: Percutaneous or endoscopic dual stent placement can be a useful palliative method in advanced hilar cholangiocarcinomas which are not suitable for surgery. The percutaneous T-configured dual stent placement is more effective and feasible in far advanced cases than the endoscopic Y-configured dual stent placement.

S4G-03 October 27, Monday, 10:50-11:00

Efficacy of percutaneous transhepatic treatments for biliary strictures after living donor liver transplantation

Gi-young Ko, Kyu-bo Sung, Hyun-ki Yoon, Dong-il Gwon, Kyung Rae Kim, Jin-hyung Kim

Asan Medical Center, Korea

PURPOSE: To evaluate the efficacy of percutaneous transhepatic balloon dilation (PTBD) followed by indwelling drainage tube placement for treating biliary strictures following living donor liver transplantation (LDLT).

별첨 9-1 (계속)

MATERIALS AND METHODS: PTBD and subsequent balloon dilation of biliary strictures was performed in 253 patients. Serial exchanges of drainage tubes with larger diameters up to 14F were performed at 4- to 6-week intervals. Drainage tubes were removed if follow-up cholangiography revealed fluent passage of contrast media with residual stenosis less than 50% of normal extrahepatic bile ducts and there was no recurrence of symptoms or changes in biochemical findings. Clinical outcome, tube independence rate, and the factors influencing drainage tube removal were retrospectively evaluated.
RESULTS: Clinical success and tube independence rates were 88.9% (225/253) and 69.2% (175/253), respectively. The recurrence rate at a mean 28.1 ± 19.0 months following drainage tube removal was 13.7%. Multivariate Cox regression analysis showed that type of biliary anastomosis (duct-to-duct anastomosis), type of biliary strictures (complex biliary strictures), and interval between LDLT and PTBD (less than 3 months) were independent factors associated with difficulty of drainage tube removal.
CONCLUSIONS: Our treatment protocol was an effective alternative in the treatment of biliary strictures when endoscopic management failed or was contraindicated. However, further research is required to minimize the duration of treatment and the recurrence rate following tube removal, and to maximize the tube independence rate.

S4G-04 October 27, Monday, 11:00-11:10
Newly designed Polytetrafluoroethylene covered metallic stent for malignant ureteral obstruction
Hwan Hoon Chung[1], Seung Hwa Lee[1], Sung Bum Cho[1], Nu Rhee Hong[1], Man Deuk Kim[2], Je Hwan Won[3]
[1]Korea University Ansan Hospital, Korea, [2]Bundang Cha Hospital, Korea, [3]Ajou University Hospital, Korea

PURPOSE: To know the feasibility, safety and patency of newly designed Polytetrafluoroethylene (PTFE) covered metallic stents for malignant ureteral obstruction.
MATERIALS AND METHODS: The covered stent was made by PTFE material sandwiched between two Niti-D stents to prevent tumor ingrowth and stent migration. This particular type of stents were placed to 11 patients with malignant ureteral obstruction (M:F = 4:7, mean age, 55.4 years). Nine patients had lower ureteral obstruction, and the other two had long segmental obstruction involving upper and lower ureter. All of the Stents were introduced through the preexisting percutaneous nephrostomy tract without any problem. Technical and clinical success, complication and patency rate were evaluated. Clinical follow up was assessed with recurrence of symptom and Intravenous pyelogram performed on 1, 3, 6, 9, 12 months after stent placement
RESULTS: Initial technical and clinical success was achieved in all of the patients. No stent was migrated. Two patients had mild dull pain for 2-3 days and 3 had transient hematuria. No major complication was developed. Clinical follow up was done for 30 to 423 days (mean; 229 days). While two patients needed secondary intervention with recurrent obstruction, the other 9 didn't need any further intervention until their death or study end point (mean FU; 240 days). Primary patency rates were 90% ± 9.5, 90% ± 9.5, and 67.5% ± 20.7 on 3, 6 and 12 months, respectively.
CONCLUSIONS: Placement of PTFE covered metallic stent for malignant ureteral obstruction is feasible, safe and has acceptable primary patency rates.

S4G-05 October 27, Monday, 11:10-11:20
Percutaneous radiological placement of peritoneal dialysis catheters in pediatric patients: technical aspects and the clinical outcomes
Soon Chan Park, Se Hwan Kwon, Joo Hyeong Oh
Kyung Hee University Medical Center, Korea

PURPOSE: To evaluate the technical and clinical outcomes of percutaneous radiological placement of peritoneal dialysis catheters in pediatric patients under 20 years old.
MATERIALS AND METHODS: 27 peritoneal dialysis catheters were placed percutaneously in 17 patients by interventional radiologists, between August 2001 and March 2008. The patients group consisted of 13 males and 4 females with mean age of 12 years (range: 9 days-20 years). There were 15 straight catheters, 11 spiral catheters, 1 all-purpose catheter. Technical success, complication rate and catheter survival (continuous patency without infection or mechanical dysfunction) were reviewed. The catheters were removed in cases of resistance to conservative management, elective transfer to hemodialysis, or death from concurrent disease.

별첨 9-1 (계속)

PART 03

영어로 국제회의 사회 보기

학습목차

CHAPTER 14

머리말

| 최병인

국제적으로 우리나라는 여러 분야에서 단기간에 엄청난 발전을 이룩한 대표적인 나라로 인식되고 있다. 우리나라는 20세기 후반에 이룬 경제 성장에 힘입어 경제협력개발기구(OECD)에도 가입하였고 G20 회원 국가가 되었다. G20 정상회의는 과거의 주요 선진국의 운영위원회 역할을 하던 G7 회의가 세계 경제위기를 맞아 지구촌의 경제력 판도가 크게 달라짐에 따라 우리나라를 포함한 주요 신흥 경제국이 함께 참여하는 회의로 확대된 것으로, 2010년에 우리나라가 신흥 경제국 중 최초로 G20 의장국으로 지명되었으며 한국에서 G20 정상회의를 개최하게 되었다. 즉, 지구촌 유지들 단체의 좌장이 된 것이다. 더 나아가 한국은 인구 5000만명이 넘는 국가, 미국, 일본, 독일, 영국, 프랑스, 이탈리아에 이어 역대 7번째로 1인당 국민소득 3만달러를 넘어서며 선진국 이정표를 하나 더 세우게 되었다.

이와 같은 글로벌 한국의 격상된 위상은 과학기술분야의 국제화에도 긍정적인 영향을 미치게 되었다. 이에 따라 한국과학기술 연구분야도 비약적인 발전을 하여 2015년에 발간된 한국의학연구업적보고서에 의하면 논문수는 2014년 기준 세계 12위를 차지하였고 논문점유율은 전 세계의 2.7%를 차지하였다. 과학기술 논문 중 의과학 분야의 논문수는 20%를 상회하고 있으며 특히 생명과학분야의 논문까지 합하면 전체의 1/3 이상을 차지하고 있다. 일 예로 필자의 전공인 영상의학의 경우는 2000년 이후의 12년간 이 분야의 가장 좋은 전문지인 Radiology에 한국인의 논문수가 미국, 일본, 독일에 이어서 4위였는데 그 기간 중 최근 3년의 게재논문 수는 한국이 미국에 이어서 2위를 차지하였다. 이와 더불어 각 전문분야 국제학술회의의 주최도 증가하였고 국제학술단체의 회장을 포함한 임원진에도 한국인들의 진출이 대폭 늘어나게 되었다. 이에 따라 한국인들이 국제학회에 끼치는 영향력도 커졌고 학회에 대한 공헌과 기여도가 증대됨에 따라 여러 국제학회에서 명예회원이나 공로회원(gold medalist)으로 추대되는 일들이 빈번하여 지는 것은 주지의 사실이다(그림 14-1). 따라서 각 개인은 능력 함양에 힘써야 하며 각 학회는 조직적인 대비 또한 필요할 것이다.

국제회의(convention, congress, conference 등)는 여러 종류가 있다. 그 가운데 필자가 주로 참석하는 의생명과학분야의 국제회의는 대부분 국제학술단체(international academic society)가 개최하는 정기 연차 학술대회(annual or biennial congress)이다.

그림 14-1 한국의학자들의 외국학회 명예회원, 수상식. A. 2005년 유럽영상의학회(ESR) 한만청 교수(사진 중앙 인물) 명예회원 수상. B. 2011년 미국영상의학전문의학회(ACR) 필자(사진 우측) 명예 Fellow 수상. C. 2015년 북미영상의학회(RSNA) 임정기 교수(사진 우측) 명예회원 수상

국제학술대회에서는 통상 개회식에 이어 본격적인 학술회의가 다양한 프로그램을 통하여 전개되는데, 기념강연, 특별강연, 초청강연, 교육강연 등으로 불리는 강연이 있으며, 이 외에 심포지엄, 패널 디스커션, 워크숍, 라운드테이블 디스커션, 일반 구연, 포스터 세션 등으로 다채롭게 전개된다. 또한 학회의 발전을 위하여 헌신한 회원들에 대한 존경과 노고에 대한 감사를 표시하는 명예회원이나 공헌회원(gold medalist)들에 대한 시상식도 거행된다(그림 14-1).

한편 전시장에서는 국제학술대회의 성격에 맞는 각종 의생명과학기기, 보조기구 및 재료, 약품 등의 신제품과 기존 제품에 대한 전시가 열려 각 제품에 대한 최신 정보가 제공된다. 끝으로 표창식 등을 포함한 폐회식이 있다. 학술대회가 진행되는 동안 집행이사회, 운영이사회, 총회, 분과위원회 등의 소위 업무회의(business meeting)도 있고, 밤에는 리셉션, 연회(banquet) 등도 개최된다. 회의장도 국제학회의 규모에 따라서 여러 방을 사용하며 20개 이상의 방에서 동시에 진행되는 큰 학술대회도 있다(그림 14-2).

그림 14-2 북미영상의학회(RSNA) 학술대회장면: 매년 미국 시카고에서 개최되며 6만명 정도가 참석하는 세계 최대의 학술대회의 하나이다.

국제학회 업무 회의를 주관하고 사회자가 되려면 국제학술단체의 장이 되어야 한다. 이들은 글로벌 리더(global leader)들이다(그림 14-3). 글로벌 리더가 되려면 어떤 소양을 길러야 할까? 우선 자기 분야에서 최고의 전문가가 되어야 한다. 한편으로는 원활한 의사 소통 능력(국제어 실력)이 있어야 하고 또 다른 한편으로는 다양한 국제학술활동과 학술단체 임원으로서의 경험을 쌓아 광범위한 인적 네트워크를 구축해야 한다. 그리고 여러 나라의 다양한 문화에 대한 이해와 교양을 바탕으로 한 국제적 감각과 매너를 함양해야 한다.

그림 14-3 아시아오세아니아영상의학회(AOSR) 학술대회(AOCR)에 참가한 국제학회의 회장단

필자가 국제회의에서 영어로 구연발표를 하기 위하여 난생 처음 미국에서 개최된 국제방사선의학회 학술대회에 참석한 것이 1985년도였으니 36년 전이다. 그 후로 크고 작은 국제학술회의에 구연발표, 포스터 전시발표 등 발표자로, 그리고 교육강의, 심포지엄 강의, 특별강연 등 강연자로, 여러 종류의 구연 및 강연의 좌장으로, 여러 국제학술단체의 회장단, 상임이사 및 위원으로 36년간 350회 이상 국제학술대회 및 회의에 참석하여 왔다. 국제학회 임원은 1992년부터 시작하였는데, 회장으로 일했던 것을 포함하면 지금까지 6개 국제학술단체의 집행부로 일해왔고 7개의 국제학술대회를 서울로 유치하여 사무총장 한 번, 대회자문역 한 번, 부대회장 한 번, 대회장 네 번의 경험을 하였으며 현재도 다행인지 불행인지 2개의 국제학회 임원과 2개 국제단체의 자문위원을 맡고 있다.

3부 영어로 국제회의 사회보기에서는 이와 같은 경험을 바탕으로 최대한 생생하게 국제학술대회의 모습을 독자들에게 전달하는 데 주력하였다. 이 글을 집필하기 전에 교과서적인 객관적 사실을 주로 나열할 것인가, 실수투성이의 주관적 경험을 주로 기술할 것인가 꽤 고민하였지만 주관적 경험 쪽이 국제회의가 생소한 이 책의 독자들에게 더 다가갈 것이라고 생각하였다. 따라서 객관적 사실은 기본 사항만 적고 주로 개인 경험을 적다 보니 사실(fact)에 입각해서 기술했지만 본의 아니게 자화자찬하는 난처한 경우들도 있음을 독자들은 혜량하여 주시기 바란다.

CHAPTER 15

특별강연 및 심포지엄 좌장

| 최병인

학술대회는 일반구연 외에 특별강연, 초청강연, 기념강연, 교육강연, 심포지엄, 패널토의, 워크숍, 학술전시, 교육전시 등 여러 형태로 진행된다. 이와 같은 여러 형태의 학술 프로그램에서 좌장의 역할은 기본적으로 동일하나 학술 프로그램의 성격에 따라 조금씩 달라질 수 있다(그림 15-1).

일반구연(oral presentation, scientific session)의 좌장 역할이 학술회의 좌장의 기본이며, 각 학술단체에서는 미리 좌장에게 일반구연의 시간, 장소 그리고 발표자들의 이름, 소속과 발표제목을 초록과 함께 보내준다(별첨 3부의 부록 별첨 1), 또한 좌장의 역할에 관해서 각 학회는 단체 고유의 일정한 기본 원칙을 제시하고 있다(3부의 부록 별첨 2). 일반구연 세션(session)의 변형 형태로 좌장에게 구연 세션과 관련이 있는 주제 연설(keynote speech)을 일반구연의 첫 연제로 부탁하는 경우도 있다(3부의 부록 별첨 3). 이 장에서는 특별강연과 심포지엄에서의 좌장의 역할을 기술하고자 한다.

그림 15-1 서울에서 개최된 아시아오세아니아영상의학회 학술대회 개회식

1. 특별강연 좌장

학술회의 프로그램 중 특별강연(special lecture)은 특정한 목적으로 선택된 연자를 학회가 지정하여 강연을 의뢰하는 것이다. 학술대회강연(congress lecture), 개회강연(opening lecture), 폐회강연(closing lecture), 명예강연(honorary lecture), Marie Curie lecture와 같이 특정인을 기리기 위하여 이름이 붙어 있는 기념강연(eponymous lecture), 특정 전문 학술단체간의 초청강연 등 여러 가지가 있으나 진행 형식은 거의 대동소이하고 좌장의 역할도 유사하다.

좌장(chairperson, moderator) 역할의 기본원칙은 일반구연 좌장과 같다. 청중을 환영하고 발표자와 주제를 소개하며, 발표 순서와 시간을 준수하면서 공정하고 원만한 진행이 되도록 해야 한다. 일반구연과 다른 특별강연 좌장의 역할은 다음과 같다.

1.1 강연자 소개

특별강연에서는 연자가 혼자이거나 많아야 두 명이므로 소개가 중요하다(3부의 부록 별첨 4).

특별강연을 사회하는 좌장은 해당 분야의 권위자인 연자와 대등한 지명도 높은 사람이 맡는 것이 통례인데, 이때 좌장의 자기 소개는 이름, 소속 등만 간단히 하는 것이 좋다. 좌장 역할의 중심은 연자의 이력, 업적, 연제 등을 명확히 설명하는 일이다. 따라서 세션의 일반적인 개회표현도 생략되는 예가 많다. 좌장이 강연자의 이력, 전공분야, 수상내력 등에 관한 소상한 정보를 미리 알고 있어야 함은 물론이다. 강연자를 존중하고 청중으로 하여금 강연자의 강연에 보다 깊은 관심을 갖도록 하기 위해서는 용의주도한 사전준비가 필요하며, 강연을 빛내고 진행을 매끄럽게 하기 위해 사전에 계획을 세워서 약간의 연습을 해둘 필요가 있다.

특별강연 연자의 소개에 이어 청중에게 선택된 연제의 의의를 충분히 납득시키는 것도 중요하다. 동시에 강연자가 해당 강연에 적합한 인물이라는 것을 밝혀주는 것이 중요하다. 이를 위해서는 강연자의 경력과 업적 등을 간단명료하게 청중에게 알려야 한다.

좌장에게는 강연자와 청중이 서로 잘 융합될 수 있도록 편안한 분위기를 만들어낼 의무가 있다. 이를 위해서 소개말을 신중하게 준비하는 등 언어적 표현에도 신경을 써야 한다.

1.2 소개 내용의 구성

강연자 소개는 대개 서론, 본론, 결론으로 구성된다.

서론의 목적은 청중의 주의를 환기시키는 것이다. 이를 위해 청중의 흥미와 관심을 끌 수 있도록, 특별강연의 의의를 다루는 이야기를 재미있게 하거나 관련된 시사성 있는 말들을 비유적으로 간단히 하여 강연자와 연제와의 관련성을 소개한다.

본론에서는 어떠한 이유로 강연자가 이 연제를 위하여 선택되었는가를 말한다. 특히 강연자의 업적, 관련 분야에서의 경력, 과거의 주요 활동 등을 강조한다. 그러나 경력 소개를 너무 상세하게 하는 것은 곤란하며 강연과 관련해 필요한 최소한의 범위 내에서 하는 것이 바람직하다. 또한 강연자가 유명한 사람인 경우는 소개를 간단히 하는 것이 좋다.

서론과 본론이 끝나면 결론에서 최종적으로 강연자를 정식으로 소개한다. 이때 청중을 강연자에게 주목시킨다. 청중이 마음속으로 "자, 강연을 듣자"라는 기대와 열의를 갖도록 하는 것이다. 결론에서는 간결하게 연제, 강연자의 이름을 다시 한번 알린다. 소개말의 마무리에 들어가기 전에 강연자가 준비를 다 갖추었는지 확인하는 것도 좌장이 할 일이다.

1.3 소개 시의 주의 사항

좌장 자신의 강연이 아니라는 점을 잘 인식해서 소개하는 말은 간단 명료하게 짧은 시간 내에 끝마치도록 한다. 사회자 자신도 연자의 강연을 듣는다는 마음의 자세로 열의를 다해서 소개하도록 한다. 그래야만 청중의 기대를 환기시킬 수 있다.

어설픈 유머는 안 하느니만 못하므로 유머에 능하지 않은 사람은 각별히 주의를 기울여 언어 선택을 하여야 한다.

강연자의 연설능력에 대해서는 말하지 않도록 하는 것이 바람직하다. 예를 들면 "I know you will surely enjoy and appreciate this outstanding speaker."라는 식으로 소개한 강연자가 만약 기대에 못미치는 수준의 강연을 하게 되는 경우에는 사회자도, 강연자도, 청중도 곤혹스러워지기 때문이다.

TIP

소개를 할 때 사회자는 청중을 똑바로 쳐다보면서 마이크에 입을 가까이 대고 말을 해야 한다. 마이크에서 비껴 있으면 가장 중요한 강연자의 이름이 청중에게 들리지 않을 수 있기 때문이다.

좌장은 카드에 강연자의 이름과 연제를 메모하여 가지고 있는 것이 좋다. 소개를 하는 순간에 강연자의 이름과 연제를 잊어버리는 해프닝이 자주 일어난다. 소개하는데 원고를 보면서 읽어 내려가는 것도 보기 좋지 않다. 만약 장소가 적합하다면 사회자의 소개가 끝나고 강연자가 등장할 때 청중에게 박수를 보내도록 유도한다.

1.4 강연 중의 역할

강연 도중에는 사회자 자신도 열심히 경청하도록 한다. 청중의 강연자에 대한 태도에 사회자의 태도가 크게 영향을 미친다는 점을 기억해야 한다. 이를 위하여 좌장은 강연 도중 중요사항에 대한 메모를 하면서 초록에 기재되어 있지 않은 강연 내용도 파악하고 가끔 연자와 청중을 쳐다보기도 하는 등 강연 분위기를 고조시킬 필요가 있다. 강연 도중 좌장이 눈 감고 조는 모습을 상상해 보라. 이와 함께 시간 경과를 점검하는 것도 중요한 업무이다.

1.5 강연 후의 역할

강연이 끝나면 연자에게 간단히 감사의 뜻을 전한다. 이때 연제에 대해서는 가급적 평을 하지 말아야 한다. 과장해서 칭찬을 하면 오히려 당혹하게 만드는 요인이 된다. 진심으로 감사하는 마음으로 간단히 말해야 한다.

통상적으로 특별강연에는 질의응답시간이 주어지지 않으므로 이를 청중에게 알려줄 필요가 있다.

2. 심포지엄 좌장

심포지엄(symposium)은 특정 분야의 정보 습득 및 교환을 위하여 어떤 주제에 관해서 서로 다른 각도에서 비교적 짧은 몇 개의 강연을 듣기 위해 마련된다. 큰 학술대회 프로그램의 일환으로 계획되기도 하고 독립적으로 이루어지기도 한다. 저자가 속해 있는 기관에서도 1년에 1회씩 International Radiology Symposium을 1~2일에 걸쳐서 시행한다.

심포지엄은 청중에게 상세한 정보를 제공하고 가능하다면 그 정보에 대한 청중의 반응도 심포지엄 도중에 수용한다. 일반적으로는 우선 몇 사람의 전문 지식을 갖고 있는 연자(symposist)가 순서에 따라 간단한 발표를 한다. 청중에게는 각 연자와 각각의 문제점에 대해서 참여할 수 있는 기회가 주어진다. 청중의 개별 질문에 대해서는 발표 후에 연자가 답변하거나 각 연자의 발표를 다 들은 후 좌장이 연자들을 연단으로 모아서 질의응답시간을 갖는 등 상황에 맞추어 진행한다. 연자와 청중 간의 토론은 심포지엄의 핵심 부분이다.

심포지엄 좌장의 기본 역할은 다음과 같다.

2.1 심포지엄의 주제와 연자의 선택

주제와 연자를 선택한다. 주제를 여러 가지 각도에서 고찰하기 위해서는 연자의 선택이 매우 중요하다. 큰 학술대회의 일환으로 진행될 경우는 조직위원회의 학술분과위원회에서 결정하지만 독립적으로 계획될 경우에는 주제를 선정한 조직위원과 사회자가 상의하여 결정하는 경우도 있다. 선택된 연자에게 전체 주제, 각 연자의 분담 소주제를 알려준다. 각 연자로부터 발표 내용의 개요를 회의 전에 제출 받아 연자 간에 내용이 중복되는 부분과 부족한 부분을 조정한다(3부의 부록 별첨 5).

연자의 발표 시간을 정한다. 대개 15분 이내가 적당하다. 강연은 예정 시간을 초과하는 것이 대부분이어서 공식적으로는 10분 정도로 제한해 두는 것이 바람직하다. 실제로 요령 있게 발표하고 청중에게 문제점을 던져서 생각을 자극하도록 하는 데는 그 정도의 시간이면 충분하다. 그리고 한 연자에게 주어진 시간을 연장시키면 다른 연자와 청중에 대해서 불공평하게 되기 때문에 제한 시간을 엄수토록 한다.

각 연자에게 강연의 목적은 상세한 정보를 제공하는 데만 있는 것이 아니라 청중으로부터 질문을 받는 데도 있다는 점을 반드시 주지시킨다. 연자가 던진 문제에 대한 청중의 반응은 매우 중요하기 때문에 주어진 시간의 3분의 2는 강연에, 3분의 1은 토론과 청중 참여에 사용하는 것이 좋다.

2.2 심포지엄 중의 역할

심포지엄 개시 전에 강연자와 심포지엄 진행방법에 대해서 협의하고 발표 순서를 정해 둔다. 심포지엄을 시작하게 되면 우선 청중에게 주제를 간단히 소개한다. 다음에 청중의 참여방법을 설명한다. 청중의 참여방법에는 여러 가지가 있는데, 예를 들면 각 소주제 발표가 끝날 때마다 질문 토론을 할 것인지, 각 소주제를 모두 발표한 후에 패널 식으로 연자들이 질의, 응답, 토론 시간을 가질 것인지를 알려준다. 그 후에 각 세부 주제와 연자들을 간단히 소개하면서 발표와 토론을 진행한다.

2.3 좌장이 발표 후에 할 일

좌장이 미리 토론에 적절한 질문을 준비해 두고 스스로가 질문을 함으로써 토론을 시작할 수도 있지만, 많은 참석자들이 질문하기를 원할 때는 자신의 질문은 포기해야 한다. 좌장은 질문의 수를 제한할 수 있으며, 비생산적인 얘기는 짧게 하도록 하고 긍정적인 토론을 지원한다. 논쟁이 있을 경우 좌장은 공정해야 하며, 필요한 경우 청중을 위해서 논쟁의 요지를 정리해 주는 것이 좋다.

좌장의 마지막 임무는 발표와 토론을 모두 끝낸 후 발표내용 중에서 중요한 점, 훌륭한 연구 결과 등에 대해 언급하는 것이다. 좌장 자신이 발표내용에 동의하지 않더라도 이를 원만하게 결론지어야 한다. 마지막으로 발표자와 청중에게 감사의 표현을 하고 박수로 심포지엄을 종료시킨다.

2.4 기타 사항

심포지엄을 포함한 학술회의는 연자에 따라서 지루해질 수도 있기 때문에 유머가 필요하다. 물론 유머는 좌장 자신이 아닌 발표자나 청중에게 유익하도록 사용해야 한다. 좌장은 어떠한 상황에서도 발표자, 토론자, 그리고 연제들을 짜 맞춤으로써 그들을 빛나게 하는 연출가와 같은 위치임을 잊지 말아야 한다.

유머를 사용할 때 몇 가지 주의사항이 있다. 우선 자신이 한 얘기에 자기가 웃지 않아야 하고, 특정인을 놀림감으로 만들어서도 안 된다. 종교적인 농담은 절대 금물이며, 지저분한 농담도 무례해 보이므로 하지 말아야 한다. 제일 중요한 것은 농담도 짧게 하는 것이다.

저자는 2009년 유럽 복부영상의학회 학술대회에서 암 치료의 효과 판정 심포지엄의 연자로 참석한 적이 있다. 좌장은 저자도 잘 아는 분으로 해당 분야에서 유명한 프랑스 명문 대학 교수였다. 그 당시 발표 연자 수가 배정된 시간에 비하여 많아서 시간이 지체될 우려가 있었는데, 좌장이 첫 번째 연자를 소개하면서 발표 제한 시간이 지나면 자동적으로 연단 바닥이 푹 꺼지는 장치가 가동되어 연자가 아래층으로 떨어질 거라는 농담을 하는 바람에 청중은 폭소를, 연자는 은연중 시간 경고를 받은 즐거웠던 기억이 있다.

3. On-line 학술대회 좌장

2019년 말에 중국 우한에서 신종코로나 바이러스 감염증이 알려진 이후 2020년 1월에 처음 보고가 있었고 곧 전 세계로 전파되었으며 이 질환이 코로나바이러스 감염증-19 (COVID-19)라는 공식명칭으로 알려지게 되었다. 국내에서도 2월에 중국에서 입국한 환자가 발생되며 2021년 8월 현재 누적확진자수가 23만명을 상회하였고 사망자수도 2200명을 넘어섰으며 전 세계적으로 누적확진자수는 2억 일천만명을 상회하고 있고 사망자수도 440만명을 넘는 판데믹(pandemic) 현상을 보이고 있다.

따라서 이에 대한 방역대책으로 세계의 각국은 해외 여행을 금지하고 사회적 거리두기를 실시하고 마스크 착용과 손씻기 운동을 대대적으로 전개하고 있으며 학교 등교나 종교 집회 등 단체 활동을 가능한 금지하고 이에 따라 모든 학술활동도 학술대회를 일정 장소에서 모여서 하는 대면(contact)의 on-site 형태에서 비대면(untact)의 on-line 형태로 전환하게 되었다(별첨 6). 따라서 학회의 집행부 회장과 총무이사, 학술이사 등 몇사람과 좌장과 현장에서 직접 발표(live streaming)를 원하는 발표자들만 일정장소에 소규모로 모여서 학술대회 진행을 하고 녹화 발표(video on demand: VOD)를 원하는 발표자나 일반 참여자는 각자 직장이나 집에서 개인 컴퓨터를 이용하여 발표나 참관하는 형태가 보편화되었다(그림 15-2).

당연히 사회 전반에 걸쳐서 on-line system을 위한 기술이 개발되고 있으며 이에 따른 회사들도 출현하고 있다. 학회도 자체적으로 on-line system에 적응하기 위한 여러 방편을 마련하고(별첨 7, 8) 학술대회를 도와주는 전문용역업체(professional convention organizer: PCO)들도 Hardware와 software들을 이용하

그림 15-2 2020년 On-line 국제 심포지엄 장면. 조직위원, 진행요원, 발표자 및 좌장만 지정된 영상 송출장소에 참석. On-line 참석자는 집이나 사무실에서 개인 컴퓨터로 참관

그림 15-3 2020년 On-line 국제 학술대회 장면. 좌장이 송출장소에서 15개국 대표들과 COVID-19에 대한 Special session 주재 On-line Technical supporting team이 좌장과 연자를 camera 2대를 이용하여 연결

는 방법들을 개발하여 급변하는 환경에 대처하고 있다(그림 15-3).

이와 같은 학술대회 환경변화에 따른 좌장의 역할도 달라지고 있으며 on-line system의 특성을 파악하고 발표자와 참여자들을 on-line 상으로 적절하게 교류할 수 있게 하는 역량을 좌장은 갖추어야 한다(별첨 9).

4. 유용한 표현

4.1 좌장의 자기소개

- My name is Dr. Kim from Seoul National University. It is a privilege for me to chair this honorary lecture.
- I am Dr. Yoon from Seoul, Korea, and will Chair this symposium entitled perfusion imaging of the abdomen.

4.2 특별 강연자의 소개

4.2.1 소개의 앞부분

- Our speaker is well known_______________.
- Our speaker is one of the world's leading authorities on this subject.
- The opening lecture will be given by Dr. Song.

4.2.2 강연자의 경력 및 업적소개

- Our speaker is a recognized authority on esophageal stenting.
- His list of accomplishments is too long to go through here.
- Let me give you a few examples of his achievements.
- He has spent more than a decade developing his esophageal stent.
- She is a graduate of Asan University.
- She holds degrees from Seoul National University.
- He received his doctorate from Havard medical school.
- He graduated with honors from Samsung University.
- He is a distinguished professor of medicine from Stanford University.

4.2.3 소개의 끝부분

- It is my honor to introduce Dr. Song.
- We are honored to have you speak to us today.
- I am indeed privileged to have this opportunity to introduce to you this audience.
- I am pleased to introduce to you Dr. H. Y. Song.
- Will you please welcome Dr. Song.

예문 15-1

- The opening lecture will be given by Doctor A. Dr. A holds degree from the University of C. His list of accomplishments includes outstanding service as the president of the University of D and as President of the society of E Foundation.

중략

- I am indeed privileged to have this opportunity to introduce to you one of the world's leading authorities on G. Dr. A.
- Our honorary lecturer is a well-known researcher who has spent more

than twenty years conducting playback experiments which have been revolutionary. We are honored to have her speak to us today the distinguished Professor H at the Unive-rsity of I. Her presentation is entitled "J". Will you please welcome Professor H.

- Ladies and gentlemen. It is a great honor for me to introduce our guest speaker today. Dr. I is a professor of the University of J. He obtained his M.D. licence in 1960. After his residency in general surgery at K University hospital, Dr. I has worked as a professor at the University of Z since 1973. His main interest is in hepatobiliary system and he is a distinguished investigator in this field. This afternoon he is going to tell us about M. Dr. A, please.
- Ladies and gentlemen: It is a great pleasure to introduce our guest speaker today. Dr. A is a professor of biology at the University of Pennsylvan-ia. He was born in Chicago in 1952. He received his B&S. and M. S. in bio from the University of Chicago and his Ph.D. in organic chemistry from Washington University. Following his Ph.D., he took a postdoctoral course with Professor B at Harvard University and then moved to the Massachusetts Institute of Technology, where he taught for several years. Dr. A joined the University of Pennsylvania in 1990. His main research interest is in X, and he is a distinguished investigator in this important field. This morning he will tell us about Y.

4.3 심포지엄에서의 강연자 소개

4.3.1 강연자와 연제 소개

- This paper will be given by Dr. Z.
- Our speaker for the next topic is Dr. A.
- The subject of his talk is new trends in hepatobiliary stenting ________.

예문 15-2

- Our next speaker is Dr. Smith. Dr. Smith is a graduate of Northewestrn University, where he is currently a chairman of the Biology Department. The topic of his presentation is the Latest Advances in Cell Biology Research. Dr. Smith, please.
- Our first lecture will bc given by Dr. Fred Katz. Dr. Katz is a director of Neural Systems Research at Brooks Institute. He will speak on adaptation in a Marine Snail.

4.4 강연 중 연자에게 시간을 알리는 표현

- We have four speakers for this symposium and each speaker will have 15 minutes of presentation. After 60 minutes, there will be a 30 minute Q and A period.
- For the speakers, there will be a green light which goes on one minute before the end of the presentation. At the end of the presentation, there will be a red light. If that is not sufficient, a buzzer will sound to serve as a final reminder to end the talk.
- Dr. Smith, are you almost finished?
- Dr. Smith, your time is almost over.
- Excuse me, Dr. David, but your time is up. Will you please summarize your table briefly?
- Will you please conclude your remarks?
- We have time now for only a concluding sentence from you. Will you please summarize briefly?

4.5 특별강연 후 감사 표현

- On behalf of the Korean Society of Radiology, I would like to express our heartfelt gratitude for your fascinating and encouraging lecture. We are deeply impressed by the innovative and provocative work that you have accomplished in this very important and difficult field of research.
- Professor Smith, in the name of the members of the WFUMB, I would like to express our sincere gratitude (deep appreciation) to you for your stimulating presentation on one of the most important aspects of angiogenesis. Your presentation has helped us to keep up with the recent progress in this particular field. We sincerely wish you continued health and activity as the leader of the study of contrast agents in the world. Thank you very much.

4.6 심포지엄 발표 및 토론 후 감사 표현

- Thank you (very much), Dr. Smith, for your excellent presentation.
- Thank you (very much), Dr Smith, for your excellent review of the very difficult subject.
- Thank you for a lucid presentation of a complex issue, Dr. Smith.
- Thank you (very much), Dr. Adams. This is an excellent study. Certainly I would like to compliment the authors of this paper.

- Thank you (very much), Dr. Adams. That's an excellent experience and something that we could spend the rest of the afternoon discussing, I'm sure.

4.7 연사의 시간 엄수에 대한 표현

- Thank you (very much), Dr. Smith, and thank you particularly for finishing within the 15 minute time limit.
- Perfect timing, Dr. Smith.
- Thank you (very much), Dr. Smith, for keeping (very closely) to the allotted time.

4.8 On-line 발표 좌장에 필요한 표현

- After pre-recorded lecture (presentation) video, we have the next speaker connected on-line, so please submit your questions using LIVE Q & A button on your personal computer (PC) to the speakers.
- For on-line participants, if you have any questions, please click LIVE Q & A button on the right side of your PC and submit questions in English. I'll ask them to speakers on behalf of you.

5. 국제학술회의 기본용어

abstract: 초록(요약본)
acclamation: 갈채
accompanying person program: 동반자 행사
adjourn: 종료
advance program: 잠정 프로그램
advisory committee: 자문위원회
amplifier: 앰프(확성기)
announcement: 안내
annual assembly meeting: 연차대회
annual report: 연차보고서
application for registration: 참가신청서
attendees: 참가자
award acceptance speech: 수상소감
back side of the page: 뒷면

backstage: 무대 뒤
baggage claim: 공항 수화물 회수대
ball: 무도회
beep: 발신음
black tie: 정장(연미복)
block: 블록 예약
blueprint: 청사진
body: 본문
booth: 전시장 단위
booth personnel: 부스담당직원
(the) bottom line: 결론, 핵심
breakdown: 분류
bulletin board: 게시판
business wear: 사무복
cancellation: 예약 취소
capacity: 수용량(수용 인원)
cashier: 회계 담당
certified copy: 공증 사본
chairperson: 좌장
chairman of organizing committee: 조직(위원회) 위원장
chancellor: 대학 총장
chart hanger: 괘도걸이
check-in: 입실 수속
check-out: 퇴실 수속
check-out time: 퇴실 시간
circular: 안내서
circular letter: 회람장
citation index: 인용지수
classroom setup: 교실형 배치
cloak room: 휴대품 보관실
closing address: 폐회사
closing ceremony: 폐회식
co-chairman: 공동의장(공동좌장)
complimentary registration: 등록비 무료
complimentary room: 무료제공 객실
conference: 회의

congratulatory address: 축사
congress: 회의
consultant: 고문
convention: 회의(컨벤션)
convention bureau: 국제회의국
cordless mike: 무선 마이크
corkboard: 게시판
cutting edge content: 최첨단 내용
deletion: 삭제
depreciation and amortization: 감가상각비
deputy: 대리
desk lamps: 책상 램프
diagram: 도표
discounted fare: 할인 요금
dismantle: 철거
display area: 전시실
distinguished guests: 귀빈
door prize: 경품
downstage: 무대 앞
dress code: 의복 착용방식
entertainment: 유흥(여흥)
entertainment expenses: 접대비
exhibition: 전시회
exhibition directory: 전시장 안내서
farewell address: 고별사
fees for outside services: 외부용역비
final registration list: 최종 등록명단
fixed mike: 연단고정마이크
floor podium: 마루 연단
folding screen: 병풍 혹은 보조용 칸막이
foreign press room: 외신 기자실
forklift: 지게차
formal invitation: 공식 초청
group booking: 단체예약
guest speaker: 초청연사(초청 강연자)
guests: 초대 손님(내빈)

half-day sightseeing program: 반나절 관광프로그램
honorary member: 명예회원
honorary president: 명예회장
honored guests: 귀빈
hospitality committee: 영접위원회
house light: 객석의 조명
ice carving: 얼음조각
illuminations: 조명
important notice: 유의사항
incidentals: 개인지불비용
index: 색인
informal wear: 평상복
information center desk: 안내소
information kit: 안내자료
invitation to official function: 공식행사 초청장
jet lag: 시차로 인한 피로
keynote speech: 주제발표
kiosk: 광고탑
knock down: 조립식 전시품
lapel mike: 옷깃에 부착하는 마이크
lavaliere mike: 소형부착마이크
lectern: 발표자 연대
lecture: 강연
logo: 대회 상징 문양
lost and found: 분실물 보관소
loudspeaker: 확성기
main hall: 주회의실
minutes: 회의록
name card: 명패
news letter: 회보
notice board: 게시판
no-show: 예약하고 나타나지 않는 고객
off-season: 비수기
off-site event: 회의장 밖의 행사
on-season: 성수기
opening address: 개회사

opening ceremony: 개회식
outside exhibit: 야회설치 부스
overstay: 투숙 연장
panel discussion: 패널토의
participants: 참가자
partition: 칸막이
PA (public address) system: 확성장치
penthouse suite: 최상층의 객실
performance: 공연
platform: 연단
plenary session: 본회의
podium: 연단
pre and post conference tours: 회의 전후 관광
professional conference organizer (PCO): 국제회의 전문용역업체
professional congress organizer: 국제회의 전문용역업체
presentations: 발표
presiding officers: 의장단
press release: 보도 자료
press room: 기자실
printing and stationery: 인쇄 및 사무용품
proceedings: 회의록
proposal: 제안서
protocol: 의전
public relations expenses: PR비
receiving line: 영접 인사 도열 순서
receptionist: 접수담당
red carpet: VIP용 안내 카페트
reference: 참조
refund: 환불
refunding of travel expenses: 여행비 환불
registration desk: 등록대
registration fee: 등록금
registration of speakers: 강연자(연사) 등록
reminder card: 참석 확인을 위한 초청장
rostrum: 연단
round table: 원탁

R.S.V.P for official function: 공식행사 참석회신 카드
rubber cement: 접착제
ruler: 자
scrim: 무대배경용 커튼
seat: 좌석
seating board: 좌석 배열도
secretary: 총무간사
secretary general: 사무총장
secretariat: 사무국
security guard: 안전(경호)요원
simultaneous interpretation: 동시통역
sky cap: 공항포터
speaker: 발언자(연자)
speaker's lounge: 연자 휴게실
spouse program: 배우자행사
standing mike: 입식마이크
surrogate: 대리, 대치품
thumbtacks: 압정
tours booking form: 관광행사참가 신청서
traffic flow: 전시장에서의 사람들의 이동
travel expenses: 여비
upstage: 무대 안쪽
venue: 회의 장소
walkie-talkie: 휴대용 무선전화기
welcome reception: 환영연
welcoming address: 환영사

CHAPTER 16

국제 업무회의 사회

| 최병인

1. 국제 업무회의의 개념 및 종류

1.1 국제회의의 정의

국제회의의 사전적 의미는 어떤 특별한 사항을 심의, 결정할 목적으로 사전에 일정을 잡아 여러 나라의 대표자들이 모여서 지식과 정보를 교환하고 필요에 따라 부수적인 행사를 수반하는 공식적인 회의를 말한다.

1.2 회의의 종류

성격별로 기업회의(corporate meeting), 협회회의(association meeting), 비영리단체회의(non-profit organization meeting), 정부주관회의(government agency meeting) 등이 있지만 필자가 참석하는 회의는 독자들도 쉽게 예상할 수 있듯이 비영리 학술단체(이하 학회)의 업무회의가 대부분이다. 이와 같은 업무회의는 회의의 목적상 다음과 같이 분류한다.

1.2.1 총회(General assembly)

모든 회원국가 단체 대표들이 참석할 수 있는 회의로서, 참석자들은 제출된 의제에 관하여 의견을 표시할 권한을 갖는다. 이러한 사항 중에는 정관 수정, 방침 결정 또는 상임이사, 집행위원의 지명·해임 등 모든 사항이 포함된다(그림 16-1).

개최빈도는 정관에 의거하며, 참석범위는 모든 회원 국가 단체 대표들이다. 학회본부의 공고에 의해 소집되고, 소집할 때 준비된 의제를 첨부하여 발송한다(3부의 부록 별첨 10-1). 회의가 끝난 후에는 후속조치로서 총무이사와 사무직원

그림 16-1 아시아오세아니아영상의학회(AOSR) 총회

이 회의록을 상세히 작성하여 모든 회원국 단체에게 송부하여 회의 내용을 알린다(3부의 부록 별첨 10-2).

1.2.2 집행위원회 회의(Executive committee, Executive bureau meeting)

회장단을 포함한 집행부 회의라고 할 수 있다. 학회 업무의 주요의제에 대하여 미리 토의하고 방향을 설정하는 회의로서 어느 정도 결정권을 가지고 있으나 운영이사회의에서 대부분 재토의하며, 대부분의 경우 총회의 인준을 요한다. 상정 의제는 학회의 주요 업무의 집행을 요하는 사항을 다룬다. 회의 개최 수개월 전부터 준비가 진행되며, 초청장과 더불어 의제가 사전에 참석자에게 송부된다(그림 16-2).

회의 참석범위는 후보추천위원회 또는 총회에서 선출된 회장단을 포함한 10명 내외의 인원으로 구성된다. 회의 후 후속조치로 운영이사회 또는 총회에 제출하기 위한 상세한 보고서가 작성된다.

그림 16-2 아시아복부영상의학회(ASAR) 집행이사회

1.2.3 운영이사회(Administrative council meeting)

회장단과 집행부 및 상임이사로 구성되며, 상정된 의제에 관하여 상당한 결정권을 갖는다. 그러나 이사회의 결정 사항은 총회에서 인준되어야 한다. 상정 의제는 학회업무의 모든 사항을 취급하며, 부여된 결정권을 가지고 토의할 수 있다.

회의 참석범위는 20명 내외의 총회에서 선출된 이사들로 구성되며 회의 전 회의 일정과 상정 의제가 참석자에게 미리 발송된다(3부의 부록 별첨 11). 회의 후속조치로는 토의 내용이 총무이사와 사무직원에 의하여 회의록에 기록되며, 총회의 참석자들에게 전달되고 인준을 거친다.

1.2.4 위원회(Committee)

학회별로 위원회의 종류가 다를 수 있으나 재무위원회, 교육위원회, 공천위원회, 학술대회위원회, 정관 및 회칙위원회, 회원위원회, 역사위원회, 홍보위원회, 편집위원회, 국제협력위원회 등이 있다. 상정 의제는 각 분과별로 특정한 주제가 지정되며 참석위원들에게 미리 발송된다(3부의 부록 별첨 12-1).

참석범위는 전체 이사회에서 선임된 위원들로 구성되며 대부분 10인 이하이나 편집위원회 수는 그 이상이다. 회의가 종료되면 회의록이 작성되고 전 위원에게 송부된다(3부의 부록 별첨 12-2).

예를 들어 국제협력위원회의 역할의 2가지 유형을 소개하고자 한다. 한 유형은 국내의 2개의 기관끼리 공동으로 대외 국제협력을 하는 예로서 대한민국 의학한림원과 과학기술한림원이 공동으로 Artificial Intelligence에 대한 한림국제심포지엄을 열 수 있다(별첨 13). 다른 유형은 한국이 속하여 있는 아시아 학술단체와 타 지역, 예를 들면 유럽의 학술단체와 공동으로 암을 주제로 국제심포지엄을 열 수 있다(별첨 14). 이와 같은 경우 위원회는 위원장을 중심으로 국제 심포지엄을 기획하고 시행하며 마무리하여야 한다. 주제 및 소주제 선정, 연자 및 좌장 선정, 개회사, 축사 폐회사 연사 선정 등 초청단계에서부터 국제적인 인적 network을 잘 이용하고 심포지엄 내용에 대한 국제적 경향을 파악하는 전문가적 식견이 있어야 하며, 초청강연자를 위한 만찬 등 social function을 잘 소화할 수 있는 문화적 소양을 갖추어야 한다(그림 16-3).

1.2.5 소위원회(Subcommittee)

어떤 문제에 관하여 총체적으로 자문하도록 구성된 협의체로서 각 소위원회는 위원장을 선임하여 제기된 문제를 논의한 뒤, 각 위원장이 소위원회의 의견을 집행위원회나 운영이사회에 보고한다.

그림 16-3 2014년 AOSR의 학술대회(AOCR)에서 AOSR과 유럽영상의학회(ESR)의 국제합동심포지엄에 참석한 연자들과 좌장

1.3 회의 개최 주기

1.3.1 정기회의

총회는 정관이나 회칙의 회기에 의하여 1년, 혹은 2년마다 소집되나 대부분의 학회가 학술대회를 개최하는 시기에 열린다. 집행이사회나 운영이사회는 각각 1년에 1회를 개최하는 것이 상례이다. 위원회는 운영이사회 전에 대부분 소집되어 회의를 하고 결과를 운영이사회에 보고한다.

1.3.2 임시 회의

주기가 일정치 않다. 임시총회는 정관이나 회칙에 의거하여 소집되며, 기타 회의는 집행위원회나 운영(상임)이사회가 소집하여 열린다. 위원회는 필요에 따라 소집하여 회의를 개최한다.

2. 국제 업무회의 참석에 필요한 기본 사항

2.1 영어에 대한 지식

국제회의의 임원, 내빈, 의장, 분과위원장, 강사, 연사, 토론자들에 대한 영어표현을 포함하는 회의공용어(영어) 지식이 있어야 한다.

국제학술회의의 공용어는 대부분 영어(English)로 되어 있으나 필자는 영어보다는 국제어(Global English, Globish)라는 용어를 즐겨 쓴다. 미국이나 영국의 원어민 영어와 세계 여러 나라의 영어는 다르다. 예를 들면 한국 사람이 하는

Korean English, 프랑스 사람이 하는 French English는 각각 다르다. 그런데 국제회의는 영미 사람만 참석하는 것이 아니다. 따라서 international English는 native English가 아니라 broken English라는 말도 있지 않는가?

필자와 같이 청소년 시절에 원어민에게 영어를 배울 기회가 적었던 기성 세대들은 원어민과 비슷한 영어를 하기보다는 자기의 전문 분야 내용에 초점을 맞춰 국제사회에서 인정받는 논리적인 영어를 하려고 노력하는 것이 더 효과적이다.

발음이 원어민 영어가 아니더라도 가치 있는 내용을 자신 있게 전달하면 국제무대에서 잘 통한다. 기성세대들은 회화에 많은 시간을 투자하기보다는 전공 내용이라든지 회의내용 등 전문 분야 내용을 영어로 익히는 것이 훨씬 더 경제적이고 효율적이며, 원어민의 유창한 영어를 흉내 내기보다는 원어민을 설득하고 압도할 수 있도록 수준 높은 내용을 논리적으로 전달하는 글로벌 리더로서의 국제영어를 구사하는 능력을 키워야 한다. 그러나 아직 젊은 세대들은 원어민 영어를 접할 교육 기회가 많으므로 유창하고 고급스런 국제화를 구사하는 양수겸장을 할 수 있으리라 희망한다. 이것이 말은 쉽지만 실제로는 대단히 어렵다는 것을 쉽게 짐작할 것이다.

필자는 1990년도에 미국 MD Anderson 대학병원에서 처음으로 영어 강연을 했다. 강의 원고(script)도 없이 만들어 놓은 slide를 보고 적당히 연습이랍시고 한두어 번 입 속으로 홍얼대고는 발표했는데, 그때는 청중이 그 과의 전공의, 전임의들로 20명 정도였고 필자를 초청한 교수도 평소에 잘 알던 한국계 교수라 별다른 비평도 안 받았다.

그리고 2년 후 필자가 속해 있는 미국의 세부전문학회에서 미국 전문의들을 대상으로 하는 연수강좌의 강사에 위촉되어 강연을 하게 되었다. 그 사실을 안 미국 뉴욕의 선배 교수가 학회에서 강의하기 전에 자기의 대학병원에서 강의를 해달라고 초청해서 갔는데, 그때도 강의 준비 및 발표는 지난 번과 같이 했다. 필자의 강의를 듣고 난 후 그 선배가 솔직한 평과 함께 해준 충고가 아직도 영어 강의를 준비할 때마다 뇌리에서 떠나지 않는다.

"당신 강의는 외국인이 하는 것이야(foreign feeling). 미국 전문의 연수교육은 미국 강사나 국제적인 강사가 하지."

그날 밤에 강의 원고(script)를 새로 작성하고 학회장 방에 틀어박혀 원고를 몽땅 외운 뒤에 5번을 연습하였다. 1시간 강의에 10시간을 연습한 것이다. 그런데도 유창하게 할 수가 없었다.

미국 학회는 연수교육이 끝나면 강사에게 청중이 평가한 성적을 보내준다(아주 나쁘면 1점, 최고로 좋으면 5점). 필자의 성적표는 3.7점. 학술대회 연수교육 강사들 중 꼴찌에서 3번째였다. 필자보다 하위였던 강사들은 외국인 강사들이었음에 틀림없다. 우리말로 하는 강의도 물론 그렇지만 원어민을 대상으로 하는 강연은 청중이 지루하지 않게 유창(fluency)하게 하는 것이 대단히 중요하다.

요사이도 미국 전문의 연수교육 강연을 하게 되면 강연을 끝내기 전까지는 밥맛이 없다. 하물며 전공과목 강연도 아닌 국제학회 업무회의 사회를 보는 상황은 어떠할까? 요즈음은 덜하지만 처음에는 하루 종일 회의를 하고 나면 저녁 때는 머리가 아프고 헛구역질이 나오곤 했다.

2.2 국제어를 배우는 법

국제어 능력은 아무리 강조해도 지나침이 없다. 그러니 다시 기초로 돌아가 보자(back to the basic). 국제어를 습득하는 비법은 모방과 일상 생활 속에서 꾸준히 하는 연습 속에 들어 있다.

개그맨들 중에는 유명 정치인이나 유명 가수의 성대모사, 모창을 잘해서 인기 있는 사람들이 있다. 이들이 선사하는 웃음은 수없이 반복되는 모방과 연습의 산물이다. 국제어도 이와 같다. 자신은 열심히 영어로 떠들었다고 생각하는데 외국인들이 저게 어느 나라 말이야 하는 수준은 곤란하다. 발음을 완벽하게 흉내 내지는 못하더라도 국제어의 강세(accent), 억양 (intonation) 등은 어느 정도 흉내 내야 외국인들이 알아듣는다.

필자가 생각하는 국제어를 습득하는 가장 이상적인 방법은 원어민과 결혼하는 것이다. 좋거나 싫거나 국제어를 매일 쓸 수밖에 없으니까. 그렇다고 국제어 배우려고 국제 결혼을 한다는 것도 현실적으로 어렵다. 또한 매일 시간을 정해놓고 영어 공부를 하는 것도 강한 의지를 가진 사람 빼고는 어렵다.

대신 지하철 타고 출근하는 시간이나 저녁 식사 후 TV로 뉴스나 연속극 보는 시간 같은 일상의 자투리 시간을 영어공부 시간으로 활용하는 것은 어떨까? 요즈음은 녹음 장치가 매우 발달되어 있고 국제어 교재는 사방에 널려있다. 출퇴근 시 지하철에서 또는 운전하면서 흥얼거릴 수 있다. 저녁 식사 후에 한국 TV방송에서 정치인들이 치고 받고 싸우는 장면 보면서 속상해 하는 대신에 BBC나 CNN을 보면 되지 않는가. 세계 곳곳에서 일어나는 사건보도를 뉴스 진행자의 표준 영어 발음으로 듣다 보면 스트레스 덜 받으면서 영어 능력을 기를 수 있을 뿐만 아니라 외국인과 만났을 때 영어회화 책에 소개된 틀에 박힌 주제들을 벗어난 다양한 주제로 대화를 나눌 수 있게 된다. 매일 공부해야 한다는 스트레스도 없고 방송 내용도 덜 짜증나고 국제화되어 있지 않는가. 처음에는 잘 못 알아듣겠지만 은연중 발음이나 억양 등이 귀에 익숙해지게 된다.

국제어의 또 다른 진입 장벽은 외국어에 대한 두려움이다. 필자가 전공의(resident) 2년차 시절이었던 1976년에는 무의촌에 전공의가 의무적으로 파견 나가는 제도가 있었다. 필자의 전공은 방사선과(현재는 영상의학과로 개명되었음)였기 때문에 방사선 장비가 있는 춘천 도립병원으로 6개월간 파견 나갔었다. 이 도립병원에는 장비는 있었으나 방사선과 전문의가 없었기 때문이다. 그곳에서 작고하신 이종욱 WHO 사무총장을 만나게 된 것이 필자가 국제어 실력을 그나마 향상시킬 수 있었던 계기가 되었다.

이종욱 사무총장은 필자의 대학 2년 후배라 의대 생활을 같이 해서 평소에 안면은 있었지만 영어 능력에 대해서는 자세히 알지 못했다. 그는 의대를 졸업하고 미국으로 가기 전에 그곳에서 근무하고 있었는데, 영어 공부를 매우 열심히 해서 TIME지를 사전 없이 줄줄 읽었고 AFKN 방송을 시사성 있는 농담 빼고 다 이해했다. 필자는 솔직히 감탄했다. 하루는 필자에게 저녁 때 시간 있느냐고 하더니 그 당시 춘천에 주둔하고 있던 미군 부대 캠프 페이지(Camp Page)의 군의관이 X ray 사진 판독해 줄 의사를 찾고 있는데 만나보지 않겠느냐고 묻는 것이었다. 특별히 바쁜 일도 없고 해서 수락을 하고 그 후로 일주일에 한 번씩 미군 부대에 가서 일주일 동안 촬영해 놓은 X ray 사진을 미군 군의관과 같이 1~2시간가량 판독하고 끝나면 장교 클럽에 가서 맥주와 식사를 즐겼다.

필자가 어떻게 미국 군의관을 영어로 가르치고 미 팔군(8th Army) 자문관비를 챙겼을까? 다행히 필자는 대부분의 다른 한국 의사들처럼 의학용어를 영어로 공부했기에 X ray 사진을 보면서 서투르나마 영어로 설명할 수 있었고 손짓 발짓도 할 수 있었기 때문이다. 그러나 그 당시 필자를 도립병원에서 군부대 의무실(dispensary)까지 앰뷸런스 차로 태워다 주었던 운전병의 웅얼거리는 영어는 당최 알아들을 수가 없었다. 외국어는 닥치면 하게 되어 있고 낯이 두꺼워지면서 두려움은 사라진다. 그리고 외국인과의 빈번한 접촉 자체가 언어 학습에 대한 강력한 동기 부여가 되므로 겁내지 말라.

2.3 국제학회에 관한 지식과 소양

국제학회 임원이나 위원들의 의무, 권한, 책임들에 대한 지식과 소양을 갖추어야 한다. 이와 같은 내용은 학회의 정관이나 회칙에 기술되어 있으므로 이를 숙지하면 된다.

필자가 처음 국제 업무회의에 참석한 것이 1992년 아시아 초음파의학회 학술기간 중 열린 아시아 초음파의학회 운영이사회였다. 그 당시 서울에서 3차 아시아 초음파의학회 학술대회의 사무총장(secretary general)을 맡아서 대회 뒤치다꺼리를 한 것이 학회 집행부의 눈에 들었던지 필자에게 재무이사(treasurer)를 맡겼다. 그런데 막상 맡고 보니 기본용어부터 무지한 터라 이사회 재무보고 자료를 작성할 수가 없었다. 참고서를 구해보려 해도 없고 주위 선배들께 자문을 구하려 해도 그 당시는 한국인으로 국제학회 이사는 간혹 있었지만 총무, 재무 등 상임이사를 맡아본 분은 없어서 전 재무이사인 일본인 교수에게 매달릴 수밖에 없었다. 이메일도 없던 시절이라 팩시밀리 비용을 상당히 많이 날렸다. 운영이사회를 1년에 한 번씩 개최하는데 그 다음 해에 처음 재무이사 자격으로 업무회의에 참석히였다. 회의 진행 방법이나 회의용어를 잘 몰랐기 때문에 회의 내용을 잘 파악하지도 못하고 꿔다 놓은 보릿자루마냥 가만히 앉아있다가 재무이사 보고 순서가 되어서 준비해 간 자료로 설명하였다. 설명이 끝난 후 집행부로부터 여러 가지 질문을 받았는데 재무회계 관련 전문용어들이 있어서 등줄기에 땀 날 정도로 애를 먹었음에도 제대로 답변하지 못한 기억이 있다.

독자들도 아실 테지만 학회 집행부 구성은 회장, 차기 회장, 부회장, 회장의 오른팔 격인 총무이사, 왼팔이라 할 수 있는 재무이사로 구성된다. 학회의 업무에 대한 부담은 회장과 총무이사가 가장 많으리라는 것을 쉽게 짐작할 것이다. 총무이사는 회장을 도와 학회의 모든 업무를 관장하고 업무회의 준비도 해야 한다. 우선 집행위원회나 운영이사회에서 결정된 총회나 이사회의 일정(시간, 장소 등)에 대해 정관에 의거하여 참석자별로 공식 서한을 보내며, 참석여부에 대한 답신을 받아서 회의장소 및 참석자 숙박 예약 등을 해야 한다. 한편으로는 상정 안건을 준비해서 이를 참석자에게 미리 고지하여 추가 안건을 받은 후에 전체 안건을 회의 의제(agenda)로 준비하며, 이에 부수되는 첨부 문건들을 다 준비하여야 한다. 물론 각 회원국 대표들과 집행위원, 상임이사 등의 주소, 연락처 등도 계속 최신 것으로 유지하면서 집행부와 회원국 간의 연락을 원활하게 할 책임이 있다. 그리고 회의가 끝난 후에도 회의록을 작성하여 회장단을 포함한 이사 집행위원들과 각 회원국 대표에게 첨부하여 회의의 내용을 정확히 알릴 의무가 있다.

필자가 아시아 몇 개 학회의 집행부에서 회장단의 업무를 도와 나름대로 노력한 결과로 2007년에 아시아초음파의학회(AFSUMB)의 회장이 되었고 2010년에는 아시아오세아니아영상의학회(AOSR)의 회장이 되었다. 이에 따라 국제영상의학회(ICR)의 당연직 이사가 되었고 유럽영상의학회(ESR)과 북미영상의학회(RSNA)에 AOSR 대표로 주로 국제 협력에 관계되는 회의에 International Advisory Committee member로 참석하게 되었다. 회의 때마다 그동안에 연마한? 보잘것없는 경험으로 아시아의 입장을 밝히는 의견 개진을 하였는데 그 결과 인지 2012년에 RSNA 국제자문의원회(International Advisory Committee: IAC)의 Vice-chair가 되었고(별첨 15) 2013년에는 아시아인으로는 최초로 국제자문위원장(Chair of IAC)에 임명되었다(별첨 16 사진).

이 당시가 지금 생각하면 메뚜기도 한철이라고 필자가 일정이 가장 바쁜 시기였는데 RSNA에 일주일 학회 참석의 스케줄을 보면 각종 업무회의로 학술대회의 학술발표장은 들어가 보지도 못할 정도였다(별첨 17). 더구나 업무회의의 단순참석자가 아니고 회의를 주재하는 위원장의 역할을 그것도 세계에서 가장 크고 수준이 최상인 미국학회의 유럽, 아시아를 포함한 전 세계와의 국제협력 업무를 다루는 회의였으니 그 중압감은 매우 컸다(그림 16-4). 이런 난국을 대과 없이 타개할 수 있었던 것은 놀랄 만한 미국의 체계화된 System이었다. 이 committee의 Co-chair로 필자와 전공분야가 같고 아주 친한 professor Richard Baron (Chicago 의대 영상의학과장, 후에 RSNA 회장이 됨)이 임명되었고 RSNA 사무국에 포진하고 있는 국제협력팀원의 환상적인 지원 덕분이었다(별첨 18, 19).

따라서 미국의 RSNA 학회 참석 전에 이메일로 각 회의의 안건들을 미리 점

그림 16-4 2013년 북미영상의학회(RSNA)의 International Advisory Committee 회의를 주재하는 필자

검하고 역할 분담을 정하여 회의의 잔행을 발언내용까지 시나리오를 작성하여 준비하였는데(별첨 20) 서울에서 CHICAGO까지 13시간의 긴 비행시간도 도움을 주었다.

2.4 주요 영어표현에 대한 이해

국제회의장에서의 토론, 토의, 협의, 대담 등에서 사용되는 영어의 중요표현에 익숙해지도록 노력함과 동시에 이런 표현들의 논리적, 심리적인 배경을 이해하여야 한다.

국제학회의 규모가 매우 클 경우 본부 사무국이 있고 상근 사무직원이 있어 이와 같은 업무들을 처리하므로 회장이나 총무 재무이사 등은 계획을 세우고 이를 지시 감독하기만 하면 되나(3부의 부록 별첨 15, 16) 규모가 작은 학회들은 사무국을 둘 수가 없어서 회장이나 이사들이 직접 일을 처리하여야 하므로 상당한 시간과 노력이 소요된다(3부의 부록 별첨 11).

필자가 처음 국제학회 총무이사가 된 것이 1998년이었는데 학회의 규모가 비교적 작은 아시아 초음파의학회였다. 그 전에는 회의에 건성으로 앉아있다가 관련업무나 보고사항이 있을 때만 주의를 집중하면 되었는데 총무이사는 모든 사항에 관계가 있는 경우가 많기 때문에 회의 중간에 잘 수도 없고 처음부터 끝까지 경청해야 하는 데다 끝나고 회의록(minutes)까지 직접 작성해야 하므로 그야말로 장난이 아니었다. 녹음기를 회의석상에다 놓고 내용을 녹음해서 회의 종료 후 잘 들리지도 않는 테이프를 몇 번씩 들으며 회의록을 작성하는 고역을 생각해보시라. 나중에 요령이 생긴 후에는 회의종료 직후 호텔방에서 기억이 없어지기 전에 회의록부터 작성했지만 말이다. 따라서 의견빌표, 논평, 질문, 납변, 농의, 찬성, 반대, 반론, 긍정, 부정, 강조, 칭찬, 감사, 희망, 의뢰 등의 표현을 숙지하고 있어야 한다.

업무가 바쁘거나 기록에 자신이 없는 경우는 학술대회의 조직위원회에 통역사(translator) 겸 기록사(recorder)를 요청하면 회의록 작성에 도움이 되나 추가 경비가 발생한다.

2.5 공식적인 행사에 관한 지식

공식적인 대외 연설 등 전문분야의 행사 방법과 의전 등에 대하여 필요한 최소한의 지식을 갖추는 것이 좋다.

특히 국제학회의 회장은 행사의 주역이므로 소속해 있는 학회의 학술대회의 공식 개회사, 환영사, 만찬사, 등은 물론이고(그림 16-5, 16-6, 16-7) 학술대회의 홍보를 위한 각종 연설문 작성 그리고 각종 업무회의를 주재하여야 하므로 국제

그림 16-5 2012년 AOSR의 Annual assembly 총회를 주재하는 필자

그림 16-6 2014년 AOCR 개회식에서 환영 연설을 하는 필자

그림 16-7 2008년 AOCR 회장 만찬장에서 명예회원 시상 후 건배 장면

어 능력은 물론 공식적인 의전에 필요한 지식을 숙지할 필요가 있다(3부의 부록 별첨 21). 규모가 큰 학회는 이러한 일들을 사무국이 기본적인 안을 제공하여 주므로 이를 바탕으로 작성하면 되나 사무국이 지원을 못할 경우는 직접 작성하여야 한다(3부의 부록 별첨 22).

필자가 1993년도에 일본 초음파의학회의 정기 학술대회에 조정연사로 참석한 적이 있다. 독자들도 아시다시피 학술대회를 하면 대회 종료 전날에 간찬회(congress banquet)를 갖는다. 회원 간의 친목을 도모하는 여흥프로그램이다. 필자도 무심히 파티에 참석하여 맛있는 일본 생맥주를 마시고 있는데 갑자가 사회자가 이름을 부르더니 나와서 한 말씀 하라는 것이 아닌가! 그 순간의 당황스러움은 이루 말할 수 없었다. 그도 그럴 것이, 당시 필자의 나이는 40대 초반이었는데 참석자들 중에는 나이 지긋한 일본 및 외국의 저명학자들이 다수 있었다.

나중에 알고 보니 필자의 직함 때문이었다. 당시 필자가 재무이사로 있었던 아시아 초음파의학회가 일본 초음파의학회의 상급 단체인 데다 아시아 초음파의학회 임원 중 외국사람이 필자 혼자이다 보니 대표격으로 조직위원회에서 축하인사를 청했던 것이다. 중앙연단에 나아가서 엉겁결에 일본말 두 마디(곤방와, 아리가토), 영어 두 마디(Thank you, congratulation!) 하고 들어 온 기억이 있는데, 지금 다시 생각해도 식은땀 나고 민망스럽다.

그로부터 5년 후 일본 초음파의학회에 다시 초청 연자로 참석하였는데 그동안의 세월이 필자에게 세계 초음파의학회 이사, 아시아 학회 총무이사 등 국제학회의 감투를 씌워준 덕분인지 일본 학회 임원이 간친회 석상에서 간단한 축사를 부탁드린다는 귀띔을 미리 해주었다. 물론 필자는 이미 간단히 준비를 하고 있었지만. 그런데 그날 축사는 5명의 초청 연자에게 부탁했었고 필자의 순서는 맨 꼴찌였다.

첫 번째 연자는 미국 메이요 클리닉(Mayo Clinic)의 세계적인 심초음파의 대가였고 유창한 미국어로 멋있는 축사를 하였다. 두 번째로 등장한 영국의 케임브리지 대학 교수 역시 유창한 영어로 고상하고 교양을 갖춘 축사를 했다. 청중들의 반응은 그야말로 엄숙한 침묵 그 자체. 같이 듣고 있는 필자는 본인의 언어 구사력을 생각하면서 당혹감을 지나서 두려움에 휩싸였다. 맨 끝찌 연자의 형편없는 영어 축사의 낯뜨거움을 상상하면서 말이다.

그러나 세 번째 축사가 시작될 때쯤 불안을 가라앉히려고 심호흡을 하다 머릿속에 유창한 축사를 해야 한다는 강박관념에서 벗어날 수 있는 생각이 번득이며 스쳐 지나갔다. 그 동안 세 번째, 네 번째 원어민 교수들의 멋진 축사들이 이어졌다.

그리고 드디어 필자의 차례가 되었다. 연단 중앙에 올라서서 청중들을 천천히 둘러본 후 일본말로 저녁 인사, 자기 소개를 간단히 하였다. 청중들은 기대하지 않았던 자기 나라 말로 하는 인사말에 박수를 보내주었다. 이어서 영어로 다시 간단한 자기 소개와 인사말을 천천히 또박또박 말한 후 "I think my talk is easy to understand for you because I can speak broken English which is a real international English I believe." 청중들 폭소 속에 박수 소리가 들려왔다. 그렇게 간단한 축사를 마친 후 연단을 내려선 필자에게 악수를 청한 청중들의 반응은 무엇을 의미하는가?

한 가지 덧붙이자면 스피치의 철칙은 원고를 보고 읽지 말고 꼭 외워서 해야 한다는 것이다. 사전에 초안을 만들어서 열심히 연습하면 그 효과는 보고 읽는 것과는 하늘과 땅 차이이다. 보고 읽는 것은 유창하게 하기 위해서가 아니라 아주 중요하고 민감한 표현이 있어 실수하지 않아야 할 경우에만 해야 한다. 보고 읽으면 가슴으로부터 우러나오는 이야기가 아니라 남이 써준 것을 단지 읽는 것으로 여겨질 수도 있어서 효과나 감동이 적기 때문이다.

2.6 원어민과 비원어민의 사고방식

영어를 쓰는 국민의 사고방식이나 이에 따른 표현은 우리들의 사고방식이나 이에 기초한 표현방식과 차이가 있다. 그 둘 사이의 차이를 이해하는 것이 좋다.

필자는 미국 일변도에서 벗어나 세계의 다양한 나라들과 관계를 맺고 교류할 필요가 절실하다는 생각으로 1991년부터 유럽 영상의학회 학술대회(European Congress of Radiology, ECR)에 꾸준히 참석해 왔다. 2003년도에 처음 회장 만찬(president dinner) 초청을 받았다. 참석한다는 답신을 보내려고 RSVP로 답장하는 초청장을 자세히 들여다 보니 dress code에 black tie라고 적혀 있었다. 점잖은 자리이니 검정 계통으로 넥타이를 매고 가면 되겠다고 혼자 생각하고 필자의 옷 중에서 가장 짙은 회색 양복에 검정 계열 넥타이를 매고 회장 만찬이 열리는 비엔나(Vienna) 시내의 왕궁인 Hofburg 궁전에 도착하였다. 휴대품 보관소(cloak room)에 코트를 맡기려고 줄을 서 있는데 참석자들이 대부분 연미복에 나비넥타이를 매고 있는 것이 아닌가? 순간의 당혹감을 어떻게 표현하여야 할까? 다시 호텔로 돌아가야 하나 고민하다가 '에이, 기왕 왔는데 설마 내쫓기야 하겠는가?'라는 배짱으로 들어갔는데, 그날 저녁 참석한 약 200쌍의 귀빈들 가운데 나비넥타이를 안 맨 신사분은 일본 사람 포함하여 대여섯 명뿐이었다.

그 후 필자의 집사람과 ECR 회장 만찬에 두어 번 참석했는데, 한번은 필자의 집사람에게 사정이 생겨 미국 유학 중이던 필자의 딸을 대신 데리고 참석하게 되었다[실제 답신 용지를 보면 I will attend alone ( ), I will attend with my spouse/ partner ( )에서 선택하게 되어 있다]. 필자의 딸을 성장시키고 회장 만찬장에 도착하여 입구에 도열한 이제는 친숙한 사이가 된 회장단 부부들과 악수를 하는데 필자와 딸을 쳐다보는 이들의 눈치가 예사롭지가 않았고 식사 도중에 대화도 매우 조심스러운 분위기였다. 나중에 알게 된 이야기이지만 필자의 유럽 친구들은 필자의 딸을 재혼한 젊은 부인으로 생각했단다. 이와 같은 만찬은 부인이나 애인을 동반하는 것이 구미식이라나. 물론 자식이나 친구를 동반하는 경우도 때때로 있지만 그날의 참석자들은 필자가 집사람을 동반한 채 여러 번 만났었기에 그런 오해를 했다면서 그 후 그 일을 자주 즐거운 농담의 재료로 삼곤 한다.

필자가 몇 년 전에 캐나다의 밴프(Banff)에서 열린 학술대회에서 겪은 이야기. 대회 도중 강연자 만찬(faculty dinner)에 참석하였는데, 초청장 내용은 만찬장이 그 동네 야외 목장의 통나무집이고 dress code는 평상복(casual)이며, 동반자도 참석하기를 요망한다는 것이었다. 필자는 아내와 함께 가벼운 점퍼를 걸치고 만찬장에 도착했다. 연자들 모임이니까 대부분 다 아는 사람들이고 심지어 동반자까지도 구면인 사람이 많았는데 처음 보는 카우보이 모자를 쓴 잘생긴 남자(tall and dark)가 있어서 학회 사무국장보고 저 사람 누구냐고 물었더니 A 교수의 배우자(spouse)라는 것이 아닌가. 태연한 척하고 그들과 즐겁게 어울렸지만 속으로는 아연실색했었다.

2.7 임원과의 친분

업무회의에 참석하는 임원이나 이사들의 출신, 배경, 사고방식, 가치관 등을 가능하면 파악하는 것이 좋고 평소에 개인적으로나 공적으로 좋은 친분 관계를 유지하는 것이 매우 중요하다.

국제회의 업무회의에 참석하는 회장이나 총무이사는 바쁘다. 대부분 국제학회의 정기 학술대회 기간에 업무회의가 열리기 때문에 강의하랴, 좌장하랴, 회의하랴, 저녁 때 여러 환영연, 회장 만찬, 강연자 만찬, 학회 연회 등 사교행사 참석하랴 눈코 뜰 새 없다. 따라서 회장단, 특히 회장은 학회 기간 중 시간 관리를 철저히 하지 않으면 큰 낭패를 본다. 학회 기간 동안의 업무회의는 대개 분과위원회회의, 집행위원회의, 전체운영이사회, 총회, 새로 선임된 이사들로 구성된 운영이사회의 순으로 학술대회 기간 중 열린다.

안건이나 의제에 따라 회의시간이 다른데, 집행위원회의 전에 열리는 각 분과위원회의는 대개 1~2시간, 집행위원회의는 반나절 내지 1일, 운영이사회는 대개 1일, 총회는 1~2시간, 신임 운영이사회는 2~3시간 정도 소요된다.

이와 같이 많은 시간이 소요되는 업무회의의 효용성을 높이기 위해서는 회장의 역할이 매우 중요하다. 즉, 사회자가 얼마나 능숙하게 회의를 진행시키는가에 따라 회의가 효율적으로 진행이 되고 시간이 단축된다.

훌륭한 회장(의장)이 될 수 있는 덕목은 무엇인가? 필자는 회의 의제에 대한 치밀한 사전 준비와 회의 참석자들과의 원만한 인간관계 구축이라고 생각한다.

따라서 회장은 총무이사가 회의에 관한 모든 문서를 잘 준비하도록 지시를 하고 사전에 상정되는 의제와 관련되는 문서 등을 파악한다. 필자와 같이 사전 준비성이 부족하고 당일치기로 시험을 준비하는 습관, 강의 직전까지 슬라이드 만드는 습관을 못 버리는 사람은 비행기 내에서 시간을 매우 유용하게 보낼 수 있다. 미국이나 유럽에 갈 경우 최소 10시간을 사용할 수 있으니까.

상정 의제를 잘 분석하고 각 의제의 문제점을 파악하고 문제를 해결하기 위하여 중요한 참석자들을 아군으로 만드는 작업이 필요하다. 필요하면 회의 전에 필요한 임원이나 이사를 미리 만나 의견을 조율할 수도 있다.

회의장에는 일찍 도착하여 총무이사 또는 사무직원과 함께 시설물을 점검하고 회의 의제와 첨부문서들을 확인한다. 회장은 회의를 진행할 경우 열린 마음으로 사고해야 하고 비판을 할 경우 사안에 대해서 해야 하며 사람 개인에 대하여 하는 것은 절대 금기이다. 대립하는 사안에 대해서는 유머 감각이 도움이 되는 경우가 많으며, 원칙과 상식으로 판단하여야 한다.

회장의 다른 덕목인 원만한 인간관계, 즉 원활한 국제적인 인적자원망(network) 구축은 왜 필요한가? 올림픽 게임이나 월드컵 축구를 자국으로 유치하려고 국가 간에 대통령부터 나서서 총력전을 펼치는 이유는 독자들도 다 아시다시피 이 행사가 그 나라의 정치, 경제, 사회, 문화 등 모든 면에서 국가의 위상을 높이기 때문이다. 그런데 유치 경쟁 투표에서 승리하는 것이 IOC나 FIFA의 투표권을 갖는 인적자원 확보에 달려 있음은 주지의 사실이다. 국제학술단체의 조직운영이나 학술대회 행사도 이와 같은 현상에서 예외가 될 수 없다.

그러면 어떻게 원활한 국제적인 인적자원 네트워크를 형성할 수 있는가?

필자는 신참 조교수 시절에 그 당시 복부영상 분야의 유명한 학자들과 친분을 쌓아 학술적인 도움을 받으려고 학회장에서 만났던 저명학자들에게 공손히 인사하고 명함을 건네고 했었지만 허사였다. 그들은 필자가 누구인지 전혀 관심이 없었으니까. 뒤늦게 약간 철이 든 필자가 국제학술대회에서 발표를 계속하고 여러 국제학술지에 논문들을 게재하자 종종 국제학술대회 좌장도 하게 되었는데, 그렇게 되니 신기하게도 주위의 유명한 교수들이 "Are you Dr. Choi?"라고 먼저 인사를 건네는 것이었다. 더욱 다행스럽게도 그 무렵 큰 국제학술대회에서 한국인들의 발표논문 편수가 늘고 수준 높은 국제학술지에 게재되는 한국 연구자들의 논문 수도 급증하여 한국의 위상이 크게 격상되었다.

즉, 국제적인 인적자원망 구축의 가장 기본적이고 확실한 길은 개인적으로 그 분야의 최고의 전문가가 되고 언어 구사력과 봉사정신을 갖춘 행정 능력을 인정받는 것이다. 더불어 국가적으로도 해당 분야의 수준과 능력을 국제사회에서 인정받는다면 금상첨화라 할 수 있다. 또 다른 지름길은 국제학술행사를 유치하여 성공적으로 개최함으로써 개인이나 단체의 능력과 수준을 국제사회로부터 인정받는 것이다.

큰 국제학술대회에는 그 분야의 모든 글로벌 리더들이 대부분 참석하므로 큰 국제학술대회를 유치한 후 치밀하게 준비하여 성공적으로 대회를 치러 내게 되면 그 결과물로 국제적인 인적자원망의 일단계가 구축된다. 학술행사 조직위원회의 핵심 멤버 중 능력을 인정받은 사람들은 국제단체의 임원이나 위원으로 발탁되는 좋은 기회도 얻을 수 있다.

국제학술단체의 임원이 되어 성실히 학회 발전을 위하여 봉사하면 글로벌 리더들과 보다 개인적으로 친밀해지는 이단계의 인적자원망이 구축된다. 이러한 망(network)은 특정한 개인이 단체의 장(회장) 자리에 앉았을 때 회무를 효율적으로 수행하는 데 필수 요건이다. 특히 큰 국제학술단체의 회장이나 중요 임원은 해당 분야의 학술활동 전반에 걸쳐 미래의 방향을 정하고 정책을 결정하여 추진하려 할 때 업무 추진이 원활히 되도록 아군(supporter)들의 지원이 필요한 것이다.

2.8 세계인으로서의 소양

20세기말 에 미래학자들이 21세기의 5가지의 세계의 Megatrend를 예측하였는데 Globalization, Demographic change (Aging society), Convergence (IT, BT, NT, HT), Climate change, Urbanization 등이었고 그중 세계화가 가장 각광을 받아 모든 분야에서 추진되었다. 의학을 비롯한 학술단체도 예외가 아니어서 아시아의 학회들도 미국과 유럽학회들을 대상으로 win-win 전략하에 국제협력을 추진하게 되었다. 영상의학분야의 예를 들면 아시아오세아니아영상의학회(AOSR)는 21세기에 들어와서 북미영상의학회(RSNA)와(그림 16-8) 유럽영상의학회(ESR) 등

그림 16-8 2018년 미국 Chicago에서 RSNA 학술대회 기간 중 AOSR-RSNA Business meeting에 참석한 대표단

그림 16-9 2014년 오스트리아 Vienna에서 ESR 학술대회 기간 중 AOSR-ESR Business meeting에 참석한 대표단

과 MOU를 체결하고 밀접한 교류를 하고 있다(그림 16-9).

국제지도자가 되려면 과거의 폐쇄적 민족주의에서 탈피하여 세계의 여러 나라 사람들과 더불어 잘 살 수 있는 개방적 세계주의를 지향하며 인류에 기여한다는 세계인(Cosmopolitan)으로서의 소양을 쌓아야 한다.

과거 한국이 경제성장에만 매진하던 시절에는 세계 여러 나라와의 관계를 경쟁자의 입장에서만 보았다. 적을 알아야 싸움에서 이길 수 있다는 지피지기는 백전백승이라는 전략을 좌우명으로 삼았다.

그러나 이제 글로벌 리더십을 발휘하기 위해서는 국제사회 성원들을 협력의 대상으로 보고 상생의 관계를 만들어 나가려 노력해야 한다. 또한 인류애를 바탕으로 약자에 대한 배려 같은 리더의 기본 소양을 길러야 한다. 글로벌 리더는 자리가 만들어주는 것이 아니며 성취의 대상은 더더구나 아니다. 글로벌 사회 구성원들로부터 세계의 여러 나라 사람과 어울려 잘 살 수 있는 의식을 갖춘 세계인으로 인정받을 때 진정한 글로벌 리더가 될 수 있는 것이다.

필자도 1980년대 후반 한참 연구에 열중하고 있었을 때 일차 경쟁상대로 일본의 방사선과 의학자들, 그중에서도 동경과 경도대 교수들을 내심 타도할 생각으로 한민족의 민족주의에 한껏 고양된 적이 있었다. 당연히 벤치마킹(bench marking)을 위하여 1988년도 겨울방학 기간에 한달 동안 일본의 동경대 방사선과를 비롯한 국립암센터, 경도대학, 오사카대학, 나라대학 등을 둘러보았다. 그때 동경대학의 방사선과 조교수(우리나라로는 부교수)였던 유지 이타이(Yuji Itai) 교수를 만난 것은 내 일생의 큰 복이었다. 필자보다 8살이 위였던 이타이 교수는 이미 세계적으로 알려진 소화기 영상의학 분야의 석학이었고 아시아인으로는 유일하게 Radiology(영상의학 분야의 가장 권위 있는 학술지)의 편집위원이었다. 필자도 그 학술지를 보고 이타이 교수에게 사전에 연락하여 동경대를 방문했었다.

그때 필자가 처음 Radiology에 기고(submission)한 논문을 이타이 교수가 심사(review)하고 있는 것을 우연히 알게 되었는데, 필자의 논문에 대하여 매우 자세하고 과학적으로 평해주면서 당신의 논문의 결과가 우리 인류의 질병에 대한 영상 지식을 추가할 수 있고 진료에 도움을 줄 수 있다고 축하해 주면서 자기도 인류의 의학 지식에 조금씩 보탬이 되는 보람이 힘든 연구활동을 할 수 있는 원동력이라면서 자기는 일본사람(Japanese)이 아니라 세계인(Cosmopolitan)이라고 했다. 그 이야기를 듣는 순간 필자의 얼굴은 화끈거렸다. 그 이후에 이타이 교수와는 의형제를 맺었는데, 이 분을 통하여 필자는 일본뿐 아니라 전 세계의 복부영상분야의 최고 전문가들을 소개받았고 지금까지도 인적자원망(human network)을 형성하고 있다. 필자가 형님(my elder brother)으로 모셨던 이타이 교수는 불행히도 2003년 일찍 타계하여서 지금도 마음속 한구석이 허전하다.

2.9 문화인으로서의 소양

국제적인 감각과 매너를 익히기 위해 세계 각국의 역사나 문화적 차이에 대한 소양이나 문화인의 교양을 갖추는 것이 좋다.

이 책을 읽는 독자들도 학술회의 참석, 유학, 관광차 외국에 많이 나갈 것이다. 그렇다면 흔한 관광지를 둘러보는 것도 좋지만, 먼저 그 나라의 미술관, 박물관에 들러보고 수준 있는 예술(무용, 뮤지컬, 오페라)을 감상해보는 건 어떨까 한다. 재미를 느끼면 동기 부여가 되어 책도 보고 CD도 듣게 되고 DVD도 보게 될 것이다. 그리고 서점에도 가보자. 대형 서점은 그 나라 문화의 척도라고 한다. 서점에서 자신이 몸담고 있는 분야의 트렌드를 살펴보는 재미도 크다. 그런 후에는 그 지방의 와인, 맥주, 사케 등 주류를 곁들인 다양한 현지 음식을 맛보면서 우연히 만난 사람이라도 현지인에게 먼저 인사를 건네며 대화할 기회를 만들어 본다면 그것이야말로 살아있는 글로벌 매너와 품격을 갖추는 데 상당히 도움이 될 것이다. 그렇게 경험이 쌓여가다 보면 삶의 질이 향상될 것이고, 외국 인사들과 만나서 할 수 있는 대화의 소재가 하나씩 더 늘어날 것이다.

필자가 최근에 유럽학회 회장 만찬에 참석한 적이 있었다. 부부끼리 마주보는 좌석 배치라 필자의 오른쪽에는 영국 교수(유럽 저명 학술지 편집위원장)의 부인, 왼쪽에는 이탈리아 교수(전 학회장)의 부인이 앉았는데, 이분들은 영어도 물론 잘했고 이야기도 재미있게 잘했다. 문제는 대화 중에 우연히 정원 이야기가 나오면서 시작됐다. 영국 교수의 부인이 케임브리지 대학의 사택에 살고 있어서 대학의 정원이 자기집 정원이라 매일매일 산책이 즐겁다고 하니까 옆의 이탈리아 교수 부인이 영국 정원과 이탈리아 정원, 프랑스 정원의 같은 점, 다른 점 등에 대해 영국정원의 좋은 점을 곁들이면서 설명하고 영국 부인은 더욱 신이 나서 맞장구를 치는데, 필자는 대화에 전혀 끼어들 수가 없어 술만 마신 기억이 있다.

그분들이 아시아 정원에 대해서 물어보지 않은 것이 다행이었다. 필자는 그 후에 쇤부른 궁전과 베르사이유 궁전의 정원을 걸어본 적이 있다.

그림 16-10 2011년 오스트리아 Vienna에서 개최된 유럽영상의학회(ESR) 학술대회. A. 학술대회 개회식에서 ESR 명예회원증을 수상하는 필자. B. 필자의 수상을 축하하는 VIENNA 관현악단의 아리랑 연주 장면

필자가 가장 감명받은 일화로는 2011년에 유럽영상의학회(ESR) 회장으로부터 명예회원(honorary member)으로 추대되었다는 소식과 함께 개회식에서 소개를 할 테니 인적사항과 취미 등 여러가지 세세한 내용을 사진과 함께 보내 줄 것을 요청 받았다. 그동안 여러나라에서 명예회원에 추대되었기 때문에 너무 많은 요구에 의아심을 가지면서도 공식 요청이었으므로 답신을 하여 주었다. 막상 개회식상에서 Honorary member awarding ceremony에 참석하여 보니 필자가 보내준 자료를 video를 만들어 필자의 일대기를 화면으로 보여 주면서 Vienna 실내악단이 필자가 보낸 한국 노래 중 아리랑을 연주하는 것이 아닌가? 더욱 놀라운 것은 이 절의 멜로디를 현악기들이 현을 튕기면서 가야금, 거문고 소리를 내며 연주를 하는데 눈물이 날 정도였다(사진 16-10). 다른 나라의 문화를 이해하고 공감하며 공유하는 것이야말로 인간에게 가장 감명을 준다는 사실을 새삼스럽게 깨닫고 이와 같은 높은 문화적 소양을 갖춘 유럽학회의 회장단에게 감사와 존경심을 갖지 않을 수 없었다.

3. 국제업무회의 영어의 기본 사항

정치, 외교나 통상에 관한 국가 간의 국제회의는 형식이 필요하며, 이에 따른 법규나 운영 절차도 있다. 그러나 의생명과학분야 국제학술단체의 업무는 좀 더 자유롭게 운영되는 일반 회의 영어가 쓰인다.

3.1 회의 참석자들에 대한 호칭

회장 직위에 있는 사람이 회의를 사회할 때는 의장을 Mr. President (여성의 경우는 Madam President)라고 부른다. 이런 직함이 없는 사람이나 임시로 사회하는 사람이 의장일 때는 Mr. Chairman (여성일 때는 Madam Chairman)이라고 부른다. 의장을 이름으로 불러서는 안 되며, 'You'라는 대명사를 쓰지 않고 'the chair'라는 용어를 쓴다. 총무이사는 Mr. Secretary, 재무이사는 Mr. Treasurer, 차기 회장은 Mr. President-elect 등으로 부른다.

의장이 자기를 가리킬 때는 I라고 하지 않고 'the chair'라든가 'your President'라고 말한다. 또 의장이 참석자들에 대해 말할 때는 통상 'you'라는 대명사를 쓰지 않고 'the member'를 쓴다. 형식을 중시하는 회의에서는 참석자 간에는 가급적 이름을 부르지 않고 'the gentleman' 등을 쓰도록 되어 있다.

그러나 실제적으로 학술단체회의는 이와 같은 형식에 너무 치우치지 않아도 무방하다. 즉, 회장이나 참석자가 I (자기)를 사용해도 되고 the member라고 부르지 않아도 무방하다.

- Mr. President, do I understand the chair to state____________?
- The chair rules that_________. /your President is pleased to report______ .
- Mr. Secretary, please update the current address of national delegates of each affiliated society.

3.2 의장 개회사

형식을 갖추려면 call to order 등이 있으나 딱딱한 표현이다. 학술단체 회의에서는 "I (The chair) would like to open our executive committee meeting." 등이 더 흔하다.

- On behalf of the executive committee of AOSR, I (would like to) declare the fifth general assembly open.
- The Chairman (Chair) calls the thirteenth general assembly of WFUMB to order.
- The fifth general assembly of AFSUMB is (now) called to order.
- I have the honor to open the meeting. / I call the meeting to order.

- Let me, first of all, extend my warm welcome to the delegates.
- The provisional agenda of this meeting is contained in document A. Does any delegate wish to comment on the agenda? If not, I will take it that the agenda is adopted.
- I would like to bring your attention to agenda item B.

3.3 의장의 전 회의록 낭독과 승인

전 회의록 승인은 통상 다음에 열리는 정례회의에서 총무이사가 낭독한 후에 승인 절차를 밟는다. 경우에 따라선 낭독을 생략하고 승인할 때도 있다.

- Will the secretary please read the minutes of the last meeting? (The Secretary read the minutes).
- Thank you. Are there any corrections to the minutes?
- If there is no correction, the minutes stand (are) approved as read.

3.4 동의(Motion)

업무회의에서는 안건들이 회의에 상정되고 상정된 안건들이 토의를 거치며, 필요하면 투표 절차까지 거쳐 표결 결과에 따라서 안건들이 채택되거나 부결된다.

동의는 안건을 상정하는 절차다. 회의 참석자가 동의하려면 먼저 의장으로부터 발언권을 얻을(obtain the floor) 필요가 있다. 즉, 의장을 향해 "Mr. President" 또는 "Mr. Chairman" 등으로 부르면서 발언권을 요청(claim the floor)하면 의장이 그 참석자의 성명, 직함, 대표기관명 등을 부르면서 승낙하는데, 소회의 등에서는 회장이 손짓이나 고개를 끄덕임으로써 발언을 인정한다(recognize). 그러면 그 참석자는 발언하게 된다(have the floor). 동의에는 여러 종류가 있는데 몇 가지만을 선정하여 소개하기로 한다.

3.4.1 수정동의(Motion to amend)

- I move to amend by inserting the words ABC after DEF.
- I move to insert 'ABC' before 'DEF.'
- I move to add the following paragraph: ____________.
- I move to amend by substituting 'ABC for 'DEF.'

3.4.2 결의안 제출에 의한 동의

중요하거나 복잡한 동의는 즉석에서 구두로 동의하는 것보다 사전에 작성한 결의문 초안을 동의할 때 낭독하든지 그것이 곤란할 때는 사전에 의장에게 발송해 놓거나, 회의에 앞서 총무이사에게 보내놓고 동의를 한다.

낭독하여 동의하는 예:

- I move the adoption of the following resolution that AFSUMB requests to WFUMB____________ .

사전에 의장에게 제출했을 때:

- I move the adoption of the resolution relating to X which I have sent to the chair (have delivered to the secretary).

3.5 동의에 대한 찬성

위원 중 한 사람이 동의하면 그것을 지지하는 다른 위원이 찬성(second)하는 발언을 한다. 이 '찬성'이라는 낱말은 반드시 시인한다는 것으로는 볼 수 없고, 동의가 채택되어 검토하는 것을 지지한다는 뜻이다. 또한 '찬성'할 때는 의장으로부터 발언권을 얻을 필요가 없다.

- I second the motion.
- I second it (that).
- Seconded!
- Byung Choi of the AFSUMB. Mr. President (Chairman), I second the motion. (큰 회의에서 기립한 경우)

3.6 동의찬성의 유무

한 사람으로부터 동의가 있어도 어떤 사람이 그것을 second하지 않으면, 그 동의는 무효가 된다. 의장은 여기서 이 동의에 대한 찬부를 확인하여 다음과 같이 말한다.

- Is there a second to the motion?
- Mr. A has moved the adoption of the resolution just read. Is there a second to the resolution?
- The motion (resolution) is not seconded. The next item of business is____________ (Is there any further business?)

3.7 의장이 동의를 토론으로 유도하는 표현

동의가 있었고 그에 대한 찬성이 있을 경우, 의장은 그 동의를 토론(debate)에 붙이게 된다. 토론의 최초발언권은 동의제출자(mover)에게 있다.

- (It is moved and seconded to allocate two thousand dollars for the ABC project.) Are you ready for the question?

3.8 의장이 동의를 표결에 붙이는 표현

동의에 대한 토론이 끝나면 의장은 표결에 부친다. 기립표결(a rising vote), 거수표결(a vote by show of hands), 만장일치(unanimous consent), 무기명투표(voting by ballot) 등이 있다.

3.8.1 구두표결

찬성하는 사람(all those in favor)과 반대하는 사람(those opposed)을 구두로 물어보는데 항상 찬성표(affirmative vote)를 먼저 묻는다. Aye [ai](찬성)는 특히 영국회의에서 사용되나, 미국회의에서도 yes와 함께 쓰인다. 찬성다수는 The "Ayes" [ayes] have it.

▸ We will now proceed to vote on the amendment "to change from two hundred dollars to three hundred dollars." All (those) in favor of the amendment will say "Aye."___________ Those opposed will say "No."___________ The "Ayes" have it, and the amendment is passed.

3.8.2 거수표결

찬성하는 사람과 반대하는 사람이 손을 들어 표결을 하는 경우이다.

▸ The question is on the motion that the bill for building repairs be paid as rendered. All those in favor of the motion will(please) raise the right hand___________ Please lower hands___________ Those opposed will raise the right hand___________ Please lower hands.

3.8.3 만장일치일 경우

만장일치(unanimous/general consent)에 의한 표결. 이것은 반대가 없을 것이 예상되는 경상업무나 그다지 중요하지 않은 안건에 적용되며, 시간도 절약된다.

▸ If there is no objection, the minutes will stand approved as read ___________ Since there is no objection, the minutes stand approved as read.

3.9 표결 결과 보고

표결이 끝나면 의장은 반드시 그 결과를 보고하여야 한다.

3.9.1 찬성이 정관에 의하여 과반수나 2/3 이상이어서 동의 가결되는 경우

▸ The ayes have it (The affirmative has it) and the motion is carried (adopted).

- There are 22 in the affirmative and 20 in the negative. The affirmative has it and the motion is carried (adopted).
- There are 42 in the affirmative and 15 in the negative. There are two(-)thirds in the affirmative and the motion is adopted.

3.9.2 반대가 과반수나 2/3 이상이어서 동의 부결되는 경우

- The noes have it (The negative has it) and the motion is lost.
- There are 19 in the affirmative and 23 in the negative. The negative has it and the motion is lost.
- There are less than two(-)thirds in the affirmative and the motion is lost.

위에 기술한 안건상정과 토의 및 투표 후 의결과정의 예제는 다음과 같다.

예문 16-1

D: delegate C: chair

- D(a): I move the adoption of the following Resolution A.
- D(b): I second the motion.
- C: It has been moved and seconded that Resolution A be adopted. Now, the floor is open to discuss the Resolution.
- D(c): I move to amend the Resolution by inserting the following paragraph.
- D(d): I second the motion.
- C: There are three amendments to Resolution A. The Resolution and its amendments shall be put to vote now(through voting by voice/vote by rising/vote by show of hands/vote by ballot/roll call voting in the alphabetical order/vote by machine).
- C: The Committee shall vote first on the amendments in the order I propose. If any of the amendments are adopted, the Resolution shall be put to vote as amended. All those in favor, say "Aye". Those opposed, say "No".
- C: The ayes have it, and the motion is carried(The noes have it, and the motion is lost). The Chair declares the Resolution adopted as amended. The voting of each representative shall be inserted in the records of the meeting.

3.10 폐회사

회의의 폐회사는 일반적으로 간결함이 바람직하다. 참석자들에게 효율적이고 건설적인 토의 덕분에 회의가 성료되었다는 치사와 주최측의 회의에 대한 협조와 환대에 감사한다는 취지의 인사를 하고 폐회를 선언한다.

- I would like to thank all the delegates for their support and cooperation, without which we would not have been able to make the progress made through this meeting.
- My special thank goes to the organizing committee of this congress and the impressive hospitality for all delegates.
- I (The Chair) declare(s) the meeting closed (adjourned).
- We will now close the meeting (general assembly).
- We will have to close (come to an end/a close of) the executive council meeting.
- If there is no other business, the meeting will now adjourn.
- Since there is no other business, the meeting is adjourned.

4. 국제업무회의 기본용어

absentee: 불참자
absentee voting: 부재자 표결
acting chairman: 의장 서리(의장 권한 대행)
ad hoc committee: 특별전문위원회
administrative secretary: 사무직원
administrative council meeting: 운영이사회
agenda: 의안(의제)
alteration: 변경
alternate: 대리
alternate delegate: 교체대표
amendment: 수정안
appended documents: 첨부서류
appendix: 부록
approved agenda: 확정의제
arbitration committee: 중재위원회
auditor: 감사
ballot: 투표지
ballot box: 투표함
ballot vote: 투표 표결(무기명 투표)
bilateral agreement: 쌍무 협약
board of directors: 이사회
board of directors setup: 이사회 형 배치

by-laws: 회칙
committee: 위원회
call to order: 개회선언
candidate: 후보자
chair: 의장직
chairman: 의장(좌장)
chairwoman: 여성 의장
changes or cancellations: 변경 또는 취소
charter: 헌장
chief delegate(representative): 수석대표
closed meeting: 비공개회의
committee: 위원회
constitution and by-laws: 헌장
committee rooms: 위원회 회의실
common law: 보통법
communication expenses: 통신비
conference hall: 회의실
confidential document: 비밀문서
conflict of interest: 이해의 충돌
constitution: 헌법, 정관
cooperation committee: 협력위원회
copy: 사본
delegates: 대표자
deputy director general: 부국장
directors: 이사
document distribution center: 문서 배포 센터
document processing center: 문서 처리 센터
document reproduction service: 문서 복제 서비스
draft resolution: 결의안 초안
duplicate: 사본
election: 선거
election committee: 선거관리 위원회
eligibility to attend a meeting: 회의 참가 자격
executive committee: 집행위원회
executive director: 본부 진무이사
executive staff: 본부사무국 직원

executive summary: 요약 보고서
expenses: 지출
expert's report: 전문가 보고서
filibuster: 회의진행방해
final draft: 최종안
finance committee: 재무위원회
financial reports: 재정보고서
first draft: 초안
flip-chart stands: 괘도걸이
floor manager: 회의장 관리인
formal report: 정식 보고서
gavel: 의사봉
general assembly: 총회
general consent: 전원 동의
general order: 일반심의사항
head of delegation: 단장
immediate past president: 직전회장
impromptu speech: 즉석 연설
inaugural(opening) address: 개회사
incidental motions: 부수동의
income: 수입
incoming vice president: 신임부회장
informal consideration: 약식심의
informal report: 간이 보고서
informal vote: 가표결
infringement: 위반
interim chairman: 의장서리
interim committee: 임시위원회
internal regulations: 내규
interpreter: 통역관
item: 조항
item on the agenda: 의제조항
joint committee: 공동위원회
joint meeting: 합동회의
joint resolution: 공동 결의안
legal votes cast: 유효투표

liaison officer: 연락관
life member: 평생회원
main motion: 주동의
majority requirement: 의사결정 정족수
majority vote: 다수결
maker of a motion: 동의 제출자
mandatory documents: 필수조항
master-copy: 원본
meeting in camera: 비공개회의
member: 회원
memorandum: 메보
minimum number of participants: 최소 참가인원
minutes: 회의록
modifications: 수정
monochrome: 흑백사진
motion of privilege: 특권동의
mover: 동의제출자
multilateral agreement: 다자협약
multiple slate: 복수 입후보
ne bis in idem: 일사부재리
negative vote: 반대투표
new business: 신규 심의사항
newly elected (incoming) president: 신임회장
nomination committee: 공천위원회(인사인선위원회)
non-profit organization: 비영리단체
notice: 통지
number of votes: 투표수
objection: 반대
objection to consideration: 심의 반대
observer: 옵서버(일반적으로 비회원국 대표, 여타 국제기구 대표, 기타 민간단체 대표 또 개인의 자격으로 참관)
operative part: 본문
oral vote: 구두 표결
order of precedence: 우선 순위
order of the day: 회의 일정
organizing committee: 조직위원회

out of order: 수리 중
outgoing chairman: 퇴임 의장
parliamentarian: 회의법 학자(회의사)
parliamentary procedure: 회의법
past president: 전회장
pending motion: 계속 중인 동의
pigeon box: 문서 전달함
plus-plus: 세금과 봉사료 별도
postal ballot: 우편투표
preamble: 서문
pr?cis-writer: 회의록 서기
preface: 서문
preliminary draft: 초안
preliminary report: 예비보고서
prepaid expenses: 선급지출비용
president: 회장
privileged motions: 특권동의
professional convention organizer (PCO): 국제회의 전문용역업체
progress report: 진척 보고서
proposed resolution: 제안 결의안
proposition: 제의
provisional agenda: 임시 의제
proxy second: 회의참가 대리인 재청
publicity director: 홍보이사
publicity & promotion committee: 홍보, 선전위원회
Q&A (questions and answers): 질의답변
quorum: 정족수
quorum requirements: 의사진행 정족수(의사진행에 필요한 최소한의 출석수)
recognition: 발언허가
reconsider and enter: 재심의 회의록 등재
recorder: 서기
records of the meeting: 의사록
regular sessions: 정기회의
representatives: 대표자
requisite majority: 필요 과반수
resolution: 결의안

revenue: 수입
rising: 기립
rising hands: 거수
rising vote: 기립투표
roll-call vote: 호명투표(의장이 각 대표를 호명하고 찬성, 반대, 기권 등의 대답을 요구 하는 투표방법)
rules: 규칙
rules of procedure: 내규
secret ballot: 비밀 투표
secretary: 총무이사
show of hands: 거수
simple majority: 단순 과반수(출석하여 투표한 대표의 과반수 찬성으로 의사결정)
single slate: 단수 입후보
sound-proof wall: 방음벽
special sessions: 임시회기
specific main motion: 특정주동의
spokesman: 대변인
steering committee: 운영위원회
subcommittee: 분과위원회
subsidiary motion: 보조 동의
substantive provisions: 본문
substitute: 대리
substitute amendment: 대안
suggestion: 제안
summary record: 요약 보고서
surcharge: 추가비용
survey: 조사
synoptic table: 개요 도표
system of weighted vote: 비례투표제도(1개국이 수 개의 투표권을 갖음)
table flag: 테이블용 게양기
table mike: 테이블 마이크
table of contents: 목차
table podium: 테이블 연단
table top display: 테이블 위의 전시
technical committee: 기술위원회

teller: 투표계표원
term (of office): 임기
terms of reference: 위임사항
the floor: 발언권
total revenues: 총수입
town wear: 평복
translator: 번역사
treasurer: 재무이사
treaty: 조약
two-thirds majority: 2/3 다수결(출석하여 투표한 대표의 2/3 찬성으로 의사결정)
unanimous consent: 전원동의
unparliamentary: 회의법 위반
verbatim record: 보고서 전문
veto power: 거부권
voice vote: 구두 표결
vote by correspondence: 서신 투표
vote by roll call: 호명 투표
vote by sitting and standing: 기립 투표
vote by "yes" and "no": 찬반 투표
votes cast: 투표수
voting by ballot: 투표 표결(무기명투표)
voting by mail: 우편 투표
voting by proxy: 대리 투표
voting by show of hands: 거수 투표
voting slip: 투표 용지
working group: 실무단
working languages: 회의 공용어
working paper: 서류

참고문헌

1. 민양기, 성명훈. 실용 의학논문의 작성과 발표. 서울, 중앙문화사, 1997.
2. 안옥모, 한광종. 국제회의 영어. 서울, 백산출판사, 1993.
3. 김영진. 회의 영어. 서울, 대광서림, 1996.
4. 서대원. 글로벌 파워 매너. 서울, 중앙북스㈜, 2007.
5. Ribes R, Ros PR. Radiological English. Berlin, Spinger-Verlag, 2007.

PART III의 부록

| 최병인

1. 별첨 1

북미영상의학회(RSNA) 학술대회의 일반구연 SESSION의 좌장에게 통보되는 프로그램 안내문. 일반구연의 시간, 장소 그리고 발표자들의 이름, 소속과 발표제목, 초록 포함.

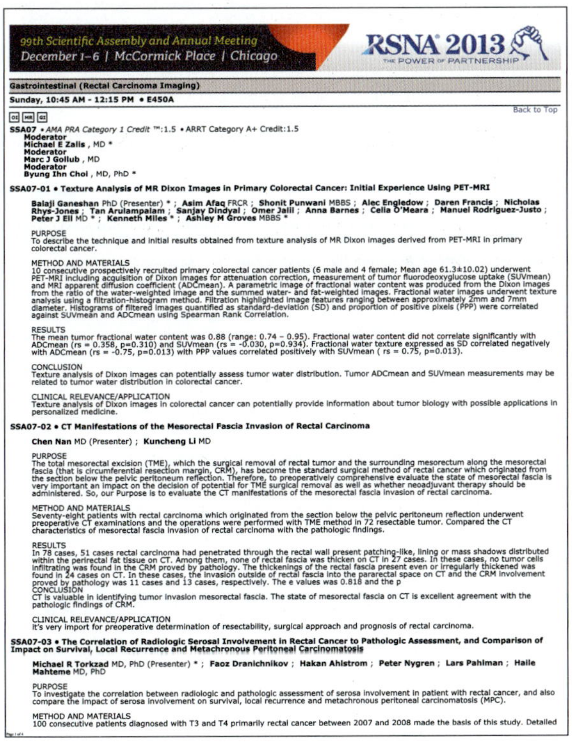

99th Scientific Assembly and Annual Meeting
December 1–6 | McCormick Place | Chicago

RSNA 2013
THE POWER OF PARTNERSHIP

Gastrointestinal (Rectal Carcinoma Imaging)

Sunday, 10:45 AM - 12:15 PM • E450A

Back to Top

SSA07 • *AMA PRA Category 1 Credit* ™:1.5 • ARRT Category A+ Credit:1.5
Moderator
Michael E Zalis , MD *
Moderator
Marc J Gollub , MD
Moderator
Byung Ihn Choi , MD, PhD *

SSA07-01 • Texture Analysis of MR Dixon Images in Primary Colorectal Cancer: Initial Experience Using PET-MRI

Balaji Ganeshan PhD (Presenter) * ; **Asim Afaq** FRCR ; **Shonit Punwani** MBBS ; **Alec Engledow** ; **Daren Francis** ; **Nicholas Rhys-Jones** ; **Tan Arulampalam** ; **Sanjay Dindyal** ; **Omer Jalil** ; **Anna Barnes** ; **Celia O'Meara** ; **Manuel Rodriguez-Justo** ; **Peter J Ell** MD * ; **Kenneth Miles** * ; **Ashley M Groves** MBBS *

PURPOSE
To describe the technique and initial results obtained from texture analysis of MR Dixon images derived from PET-MRI in primary colorectal cancer.

METHOD AND MATERIALS
10 consecutive prospectively recruited primary colorectal cancer patients (6 male and 4 female; Mean age 61.3±10.02) underwent PET-MRI including acquisition of Dixon images for attenuation correction, measurement of tumor fluorodeoxyglucose uptake (SUVmean) and MRI apparent diffusion coefficient (ADCmean). A parametric image of fractional water content was produced from the Dixon images from the ratio of the water-weighted image and the summed water- and fat-weighted images. Fractional water images underwent texture analysis using a filtration-histogram method. Filtration highlighted image features ranging between approximately 2mm and 7mm diameter. Histograms of filtered images quantified as standard-deviation (SD) and proportion of positive pixels (PPP) were correlated against SUVmean and ADCmean using Spearman Rank Correlation.

RESULTS
The mean tumor fractional water content was 0.88 (range: 0.74 – 0.95). Fractional water content did not correlate significantly with ADCmean (rs = 0.358, p=0.310) and SUVmean (rs = -0.030, p=0.934). Fractional water texture expressed as SD correlated negatively with ADCmean (rs = -0.75, p=0.013) with PPP values correlated positively with SUVmean (rs = 0.75, p=0.013).

CONCLUSION
Texture analysis of Dixon images can potentially assess tumor water distribution. Tumor ADCmean and SUVmean measurements may be related to tumor water distribution in colorectal cancer.

CLINICAL RELEVANCE/APPLICATION
Texture analysis of Dixon images in colorectal cancer can potentially provide information about tumor biology with possible applications in personalized medicine.

SSA07-02 • CT Manifestations of the Mesorectal Fascia Invasion of Rectal Carcinoma

Chen Nan MD (Presenter) ; **Kuncheng Li** MD

PURPOSE
The total mesorectal excision (TME), which the surgical removal of rectal tumor and the surrounding mesorectum along the mesorectal fascia (that is circumferential resection margin, CRM), has become the standard surgical method of rectal cancer which originated from the section below the pelvic peritoneum reflection. Therefore, to preoperatively comprehensive evaluate the state of mesorectal fascia is very important an impact on the decision of potential for TME surgical removal as well as whether neoadjuvant therapy should be administered. So, our Purpose is to evaluate the CT manifestations of the mesorectal fascia invasion of rectal carcinoma.

METHOD AND MATERIALS
Seventy-eight patients with rectal carcinoma which originated from the section below the pelvic peritoneum reflection underwent preoperative CT examinations and the operations were performed with TME method in 72 resectable tumor. Compared the CT characteristics of mesorectal fascia invasion of rectal carcinoma with the pathologic findings.

RESULTS
In 78 cases, 51 cases rectal carcinoma had penetrated through the rectal wall present patching-like, lining or mass shadows distributed within the perirectal fat tissue on CT. Among them, none of rectal fascia was thicken on CT in 27 cases. In these cases, no tumor cells infiltrating was found in the CRM proved by pathology. The thickenings of the rectal fascia present even or irregularly thickened was found in 24 cases on CT. In these cases, the invasion outside of rectal fascia into the pararectal space on CT and the CRM involvement proved by pathology was 11 cases and 13 cases, respectively. The e values was 0.818 and the p
CONCLUSION
CT is valuable in identifying tumor invasion mesorectal fascia. The state of mesorectal fascia on CT is excellent agreement with the pathologic findings of CRM.

CLINICAL RELEVANCE/APPLICATION
it's very import for preoperative determination of resectability, surgical approach and prognosis of rectal carcinoma.

SSA07-03 • The Correlation of Radiologic Serosal Involvement in Rectal Cancer to Pathologic Assessment, and Comparison of Impact on Survival, Local Recurrence and Metachronous Peritoneal Carcinomatosis

Michael R Torkzad MD, PhD (Presenter) * ; **Faoz Dranichnikov** ; **Hakan Ahlstrom** ; **Peter Nygren** ; **Lars Pahlman** ; **Haile Mahteme** MD, PhD

PURPOSE
To investigate the correlation between radiologic and pathologic assessment of serosa involvement in patient with rectal cancer, and also compare the impact of serosa involvement on survival, local recurrence and metachronous peritoneal carcinomatosis (MPC).

METHOD AND MATERIALS
100 consecutive patients diagnosed with T3 and T4 primarily rectal cancer between 2007 and 2008 made the basis of this study. Detailed

별첨 1-1 (계속)

radiologic analysis of magnetic resonance imaging (MRI) of rectum at the time of diagnosis of rectal cancer was performed by an experienced radiologist blinded to the clinical data. T4s was defined as tumor growing locally into the serosal layer; rT4s was when the radiologist made such an assessment and pT4s when the pathologist made such assessment. The clinical data at the time of diagnosis and surgery, and 4-5 years postoperative follow-up regarding survival and adverse outcomes (cancer-related mortality and recurrence) and development of MPC were recorded.

RESULTS
94 patients had complete clinical data of which 63 had MRI prior to treatment. 11 patients showed radiologic signs of local peritoneal involvement (rT4s), while 6 patients showed this at pathology (pT4s). Only two of these were assessed as T4s by both the radiologist and the pathologist. Cancer-related mortality and local recurrence rate were higher among rT4s patients than pT4s (55% vs. 33% and 58% vs. 17%, respectively with odds ratio of 1.67 and 3.49). The only two cases of MPC were seen among rT4s patients. Step-wise multivariate regression showed higher impact by rT4s than pT4s classification on survival, recurrence rate and MPC with adjusted correlation coefficients (R2) of 0.04, 0.15 and 0.14. rT4s staging was the only factor with adjusted R2 > 0.03 for development of MPC.

CONCLUSION
There seems to be a large discrepancy between rT4s and pT4s though the latter was usually after neoadjuvant therapy. rT4s showed higher impact on development of MPC, local recurrence and even cancer-related survival.

CLINICAL RELEVANCE/APPLICATION
Involvement of serosal layer in rectal cancer denotes a higher risk for metachronus development of peritoneal carcinomatosis, local recurrence and cancer-related mortality than pathologic assessment.

SSA07-04 • Diffusion Weighted Imaging for Evaluating Lymph Node Eradication after Neoadjuvant Chemoradiation Therapy in Locally Advanced Rectal Cancer

Kyeong Hwa Ryu MD (Presenter) ; **Seung Ho Kim** MD ; **Jung Hee Yoon** MD ; **Yedaun Lee** MD ; **Yun-Jung Lim** ; **Choong K Eun** MD

PURPOSE
To evaluate the added value of the diffusion-weighted imaging (DWI) for evaluating lymph node (LN) eradication after neoadjuvant chemoradiation therapy (CRT) in patients with locally advanced rectal cancer (LARC).

METHOD AND MATERIALS
Institutional review board approved this retrospective study and waived informed consent. Ninety-five consecutive patients (64 men, 31 women; mean age: 59 years, range: 32-82 years) with LARC (=T3 or LN metastasis) who underwent CRT and subsequent surgery, were enrolled in this study. All patients underwent pre-and post-CRT 1.5-T rectal MRI with DWI (b=0, 1000). To evaluate the added value of the DWI for evaluating LN eradication after CRT, two blinded radiologists independently read the pre-and post-CRT T2-weighted images (T2WI) first and then the combined image set of the T2WIs and pre-and post-CRT DWI with a four-week interval and recorded their confidence score for LN eradication with a 5-point scale on a per-patient basis. The diagnostic performances were compared between the two reading sessions for each reader by using pair-wise comparison of receiver operating characteristic curves. Histopathology reports served as the reference standard for LN eradication.

RESULTS
Study population consisted of LN-eradicated group (n=65) and non-eradicated group (n=30). The diagnostic performances did not significantly differ between the two reading sessions for both readers (AUC, for reader 1, 0.770, 0.774, p=0.8155; for reader 2, 0.794, 0.798, p=0.8588). The sensitivity, specificity and accuracy for LN eradication were stationary after adding DWI for both readers (for reader 1, from 88%, 63% and 80% to 88%, 73% and 83%, respectively; for reader 2, from 77%, 77% and 77% to 77%, 80% and 78%, respectively).

CONCLUSION
Adding DWI to T2WI provides no additional diagnostic benefit for evaluating LN eradication after CRT in patients with LARC.

CLINICAL RELEVANCE/APPLICATION
Adding DWI to T2WI provides no additional diagnostic benefit for evaluating LN eradication after CRT in patients with LARC.

SSA07-05 • Magnetic Resonance Imaging of Tumor Initiation and Progression, and Response to Vitamin D in a Mouse Model of Colitis and Colitis-associated Colon Cancer

Devkumar Mustafi PhD (Presenter) ; **Urszula Dougherty** MS ; **Erica Markiewicz** BA ; **Xiaobing Fan** PhD ; **Marc Bissonnette** MD ; **Gregory S Karczmar** PhD *

PURPOSE
Colon cancer is a leading cause of cancer-deaths in the US. Ulcerative colitis is causally linked to colitis-associated neoplastic progression but is difficult to detect and monitor non-invasively. Goals of this study were to determine MRI characteristics of early colitis-associated colon cancer and to assess vitamin D chemopreventive efficacy.

METHOD AND MATERIALS
This study included CF1 female control mice (n=12), and mice treated with azoxymethane i.p. and dextran sulfate sodium in the drinking water (n=25) to induce colitis and colon cancer. Mice were fed a Western diet or Western diet supplemented with vitamin D (500 μg/kg chow). Western diets are relatively deficient in vitamin D and calcium. Mice were studied serially using anatomic and dynamic contrast enhanced MRI (DCEMRI) with a Gd-based contrast agent*In vivo* MR and *ex vivo* histological images were co-registered using an agar based color-coded phantom in a flexible tube (2 mm o. d.) that was inserted via the rectum to the cecum. The phantom provided visual and MRI-detectable reference markers to co-register*in vivo* and *ex vivo* images.

RESULTS
We demonstrated that: 1) a visible reference marker could be used to successfully co-register MRI abnormalities with histological features identified in HandE stained sections; 2) T_2 values distinguished normal colon from colitis, and from focal neoplastic lesions (ptrans values assessed by DCEMRI (a measure of perfusion/capillary permeability) reliably distinguished normal colon from tumor (0.12 ± 0.01 min^{-1} vs. 0.61 ± 0.05 min^{-1}, respectively, p3-fold larger adjacent to early colonic tumors compared to vessels in control mice, suggesting that MRI might be used to detect dilated blood vessels as biomarkers of early colorectal cancer; 5) Vitamin D reduced the number of colonic tumors and degree of inflammation detected by MRI (p
CONCLUSION
A novel technique was successfully developed to co-register MR and histological images. Several reliable image-based markers for colitis and colon cancer were identified. These MRI methods could monitor the chemopreventive efficacy of vitamin D in this model in real time and without sacrifice.

CLINICAL RELEVANCE/APPLICATION
Non-invasive MRI/DCEMRI studies of colitis and colon cancer in mice will improve understanding of these diseases, produce new MRI markers to improve diagnosis, and guide development of new therapies.

SSA07-06 • Neoadjuvant Radiochemotherapy Response Evaluation with Magnetic Resonance and FDG-PET/CT in Rectal Cancer Patients: Predictive Value of Combined Quantitative Parameters of ADC and SUV Compared with TRG at Histology

Davide Ippolito MD (Presenter) ; **Pietro A Bonaffini** MD ; **Davide Fior** MD ; **Cristina Capraro** MD ; **Chiara Trattenero** MD ; **Sandro Sironi** MD

PURPOSE

별첨 1-1 (계속)

2. 별첨 2

유럽영상의학회(European Society of Radiology, ESR)에서 작성한 학술대회 좌장에 대한 지침. 유럽영상의학회 학술대회(European Congress of Radiology, ECR) 개최 이전에 지명된 모든 좌장에게 전자 메일로 발송된다.

ECR 2009 – 21st European Congress of Radiology

March 6-10, 2009, Vienna, Austria

GUIDELINES FOR SESSION MODERATORS

Dear Colleague,

The Programme Planning Committee thanks you for agreeing to be a Presiding Officer at a session of ECR 2009. You have a pivotal position in ensuring the success of the congress. We hope that the following information will assist you.

Thank you most sincerely,

Malgorzata Szczerbo-Trojanowska
Chairman, Postgraduate Educational Programme

Rodney H. Reznek
Chairman, Scientific Papers

BEFORE THE CONGRESS

- Please familiarise yourself with the papers to be presented in your session. If you feel it is useful, contact the speakers directly. Information regarding addresses, e-mails and telephone/fax numbers can be obtained through the ESR Office.
- Prepare at least one question of your own in case there are none from the audience.
- If you are unable to attend the meeting because of unforeseen circumstances please inform the ESR Office as soon as possible.
  Telephone: (+43/1) 533 40 64-26, Fax: (+43/1) 533 40 64-9, mailto: petra.popetnig@myESR.org

UPON ARRIVAL AT THE CONGRESS VENUE

From Monday, March 2, 2009, 09:00, the ECR Congress Office will be located at the Austria Center Vienna, on the entrance level, Foyer E, phone: (+43/1) 533 40 640.
The Congress Office is in charge of the general organisation of the scientific programme and would be pleased to assist you during the congress.

IMMEDIATELY BEFORE YOUR SESSION

- Please **report to the Congress Office 30-20 minutes prior to your session** at the latest to obtain your moderator's material (report and final session programme). You are requested to return the completed report to the Congress Office immediately after your session.
  This report will be immensely helpful in the planning of future ECR meetings!
- **Locate the room** where your session will be held as soon as possible.
  Floor plans are available at the Congress Office.
- **Arrive at your session room 10 minutes early** to familiarise yourself with the equipment. A room assistant is assigned to your session. You are kindly requested to introduce yourself to the room assistant and to check together with her/him how timing devices and audio-visual equipment operate. If you encounter any problems (sound, equipment, microphones, timer, etc.), instruct the room assistant to contact the appropriate person.
- **Meet the presenters** and ask them which question would be a good addition to their talk. Remind them of the overall schedule and of the necessity to allow sufficient time for discussion. Tell them that you will not accept any time overrun. If the presenter is not sufficiently fluent in English, offer to help him with any possible questions from the audience.
- **Do not accept late schedule changes** proposed by the speakers, as attendees may walk from one room to another in order to listen to a particular paper.
- If you have a **co-moderator, decide with her/him** how to share the responsibility (introducing the speakers, monitoring time, managing discussion, drawing the session to a conclusion) taking into consideration the respective experience with moderation.

p.t.o.

별첨 2-1 (계속)

DURING YOUR SESSION

Take charge of your session and **introduce yourself**.
Remind the audience to switch mobile phones into **silence mode**.
Start the session **on time**, even if the attendance is very low.
Keep on time; do not hesitate to remind the speaker that the allotted time is running out.

Announcements:

- Announce **CME Confirmation/Evaluation**
  The evaluation form includes items concerning scientific content, quality of speakers and performance of moderators. Instruct the audience to **complete the evaluation form (questionnaire) during the session** and to affix their CME sticker. When leaving the room the sheets must be dropped into the box at the exit. This allows their attendance to be certified. The CME confirmation/record of attendance will be available at the numerous computer terminals onsite and on the ESR website at www.myESR.org (MyUserArea) after ECR 2009.
- Announce the **session**:
  • Number (e.g. "SS 1011")
  • Topic (e.g. "Neuro")
  • Title (e.g. "Interventional and vascular imaging")
- Announce any **changes**, of which you have been notified by the Congress Office.
- Announce the **speaker** and the **presentation.** The presentation number will be displayed on the screen.

Additional duties:

- Remind the speaker that the **time limit is absolute.** Use the **electronic timer** on your table to make sure the presenter does not exceed her/his time (see abstracts for presentation start times). The presentation time count-down is also visible at the speaker's podium.
- Fill in the **late change evaluation report**, which you return to the Congress Office after your session:
  - indicate the new name if there is a **presenter change**
  - indicate if a presentation cannot be given or if a speaker does not appear (**no-show**); use this time to start a discussion so that the next presentation can take place on schedule.

Discussion:

- **Take charge** of the discussion period. Recognise questions from the audience and allow each person, who would like to do so, to participate in the discussion. Ask the audience participant to introduce himself and to speak slowly into the microphone. Do not let one member of the audience dominate the discussion! Suppress the audience participant who has something to say on everything. Protect nervous and young speakers from any aggression from members of the audience. Where two or more papers are on similar topics, group questions at the end of these papers but inform the speakers in advance and gain their agreement.
- **Repeat or paraphrase the question** if there is a language problem, especially when the presenter seems to be hesitant. Ensure the correct use of the floor microphone.
  Make sure that everybody is able to hear the question, especially if it arises from the front rows.
- Do not hesitate to **reformulate the answer** if it is not clear enough.
  Try to clarify any practical points that would be useful for the audience. Avoid a too highly specialised discussion that might be obscure to the audience.
- **No** video or audio **recording** of a presentation is allowed without the speaker's and the organisation's prior permission. You will find a note in your moderator's material in case permission has been granted for your session. Flash photographs must not be taken during presentations. Interviews have to take place outside the lecture room. No commercial handouts are permitted.
  If problems arise, inform the room assistant, so that she/he can take the necessary action.
- At the end of the session, **thank the presenters** and the audience, and do not hesitate to **summarise the discussion** with a few **"take home points"**.

AFTER YOUR SESSION

Personally return your late change evaluation report with any changes (including no-shows and presenter changes), that have occurred during the session **to the Congress Office** immediately after the session. Please return your report **even if there are no changes** and collect your complementary gift from ECR.

별첨 2-1 (계속)

3. 별첨 3

미국영상의학회(American Roentgen Ray Society, ARRS) 연례 학술대회의 일반구연 좌장을 의뢰하며 일반구연(oral scientific session)의 변형 형태로 첫 연제에서 주제 연설을 동시에 의뢰하는 경우의 공식 서한(별첨 3-1)과 학술프로그램 내용(별첨 3-2).

American Roentgen Ray Society

ARRS

December 22, 2008

To: Dr. Byung Choi

From: Jonathan S. Lewin, MD
Chair, Program Committee

Subject: Moderators / Keynote Speakers- Scientific Sessions at ARRS 2009 Annual Meeting

Thank you for agreeing to serve as a moderator and keynote speaker at the 2009 ARRS Annual Meeting, to be held April 26 – May 1, 2009 at the John B. Hynes Veterans Memorial Convention Center in Boston, MA. As a moderator and keynote, your general meeting registration fee is waived. Our staff has registered you for the meeting, and you may pick up your badge and other meeting materials at the registration desk at the convention center, which opens on Saturday, April 25, at 1:00 p.m. If you would like to attend the categorical course or review course you will need to fax a registration form with payment for the course to ARRS at 703-729-4839. Please note on the top right corner of the form that you are faculty. The registration form can be downloaded from www.arrs.org.

Your keynote lecture is scheduled as follows:

Scientific Session Number:	SS28
Scientific Session Title:	Gastrointestinal Imaging Papers
Session Date:	Thursday, 4/30/2009
Time of Presentation:	1:30:00 PM
Title of Presentation:	TBD*

*Final keynote presentation titles should be sent to Crystal McIntosh (cmcintosh@arrs.org) no later than Friday, **January 9, 2009**. Please be sure to adhere strictly to the time limit for your presentation so that the scientific paper presentations that follow can stay on schedule.

You are responsible for your own hotel and airline reservations. You should have received an email registration confirmation from ARRS with a link to make hotel reservations. Please contact Crystal McIntosh at 703-858-4310 or cmcintosh@arrs.org if you have not received the email. Additional information about the meeting is available on the ARRS Web site (www.arrs.org). **Please notify the ARRS administrative office immediately if you are unable to moderate your session or serve as a keynote speaker.**

As a moderator and a keynote speaker, you must provide a Disclosure of Commercial Interest form to ARRS (even if you have already provided one for another role you are serving in). A copy of the ARRS disclosure statement is attached for your signature. Please fax this form to Laura Mishler at fax number (703) 729-4839, **no later than January 5, 2009**. Note that ARRS policy requires that all presenters to disclose any financial relationships verbally at the beginning of the presentation as well as on an introductory slide.

Thank you once again for your contributions to the ARRS Annual Meeting. If you have any questions regarding your presentation, please feel free to contact Crystal McIntosh (cmcintosh@arrs.org) or Laura Mishler (Lmishler@arrs.org). We look forward to the presentation of your material and thank you for your participation and help to make the meeting a success.

Sincerely,

Jonathan S. Lewin, MD
Chair, Program Committee

44211 Slatestone Court • Leesburg, Virginia 20176-5109
703-729-3353 • 1-800-438-2777 • Fax 703-729-4839

별첨 3-1

SCIENTIFIC SESSION 28

ARRS
2009 ANNUAL MEETING

GASTROINTESTINAL (LIVER) IMAGING PAPERS

Room: 310, Level 3
Thursday, April 30, 2009, 1:30 pm–3:30 pm
Abstracts 235-245

Moderators: *D. Nakamoto, B. Choi*
Keynote Address: Imaging of Hepatocellular Carcinoma with MR Contrast Agent–*B. Choi*

1:40 pm

235. Incidence of New Foci of Hepatocellular Carcinoma in Patients Who Underwent Radiofrequency Ablation of Hepatocellular Carcinoma: Role of MDCT

Bartolotta, T.; Taibbi, A.; Putignano, L.; Galia, M.; Lo Re, G.; Malizia, G.; Midiri, M.; Lagalla, R. University Hospital, Palermo, Italy*
Address correspondence to A. Taibbi (taibbiadele@hotmail.com)

Objective: The objective was to assess the incidence of new foci of hepatocellular carcinoma (HCC) by means of MDCT in patients who had undergone radiofrequency ablation (RFA) of HCC.

Materials and Methods: MDCT studies of 129 patients (92 men and 37 women; age; 48-89 years - mean: 72 years), with RFA-treated HCCs followed-up for one to 68 months (mean: 22 months), were retrospectively reviewed to detect the presence of new foci of HCC, defined as hypervascular focus in the arterial phase with wash-out in the portal-venous or equilibrium phases, arising at least at 2.1 cm from the treated nodule either in the same or in a different liver segment. All new nodules were definitively proven through biopsy and/or MR imaging and contrast-enhanced ultrasound findings.

Results: A total of 189 new HCCs (size:1-5 cm; mean: 1.7 cm) were detected in the same (n=38; 20%) or in a different (n=151;80%) liver segment ($p<0.001$) in 70/129 (54.3%) patients, followed-up for one to 59 months (mean: 26 months); 25/70 patients had a single new HCC, whereas 45/70 patients had two (17 patients), three (10 patients), four (six patients), five (four patients), six (three patients), seven (two patients) or eight (three patients) new HCCs. The remaining 59 patients without new HCCs were followed-up for 1-68 month (mean: 15 months) ($p<0.001$). Disease free interval-time was three to 54 months (mean: 14.5 months).

Conclusion: MDCT follow-up in patients with RFA-treated HCCs reveals, especially when follow-up is longer than one year, a high incidence of new HCCs mainly detected in a liver segment different from that of treated HCC.

1:50 pm

236. Correlation Between Fatty Liver Grading and Abdominal Fat, Using Hepatic Attenuation Value and Fat Volume

Jang, S.; Lee, C.; Kim, K.; Choi, J.; Lee, J.; Park, C. Korea University School of Medicine, Seoul, South Korea*
Address correspondence to S. Jang (tiancai0505@naver.com)

Objective: It has been generally recognized that fatty liver can often be seen among the obese population. This study was conducted to evaluate the association between fatty liver grading and abdominal fat volume by using the hepatic attenuation value.

Materials and Methods: A total of 310 patients underwent fat CT scans who visited our obesity clinic over the last six months. Liver and spleen attenuation measurements were taken with the region of interest (ROI) of the liver in three areas and two areas from the spleen. The hepatic attenuation index (HAI) is measured as follows: (1) hepatic parenchymal attenuation (CT_{LP}), (2) liver to spleen attenuation ratio (LS ratio), and (3) difference between hepatic and splenic attenuation (LS_{dif}). Abdominal fat volume was measured using a 10 mm slice CT scan at the aortic bifurcation level and was automatically calculated with a workstation (Philips Healthcare, Bothell, WA). Abdominal fat was classified into total fat (TF), visceral fat (VF) and subcutaneous fat (SF). We used the bivariate correlation method to assess the correlation between HAI and (1) total fat (TF), (2) visceral fat (VF), and (3) subcutaneous fat (SF), respectively.

Results: There was significant negative correlation between CT_{LP}, LS ratio and LS_{dif} with total abdominal fat, visceral fat, and subcutaneous fat. The CT_{LP} showed strong negative correlation with TF and VF ($r= -0.412$ and -0.414, respectively $p=0.000$). The correlation between CT_{LP} and SF was less significant than VF or TF ($r = -0.265$, $p=0.000$)

Conclusion: Fat infiltration of the liver is correlated with the amount of total abdominal fat and visceral fat was found to be more strongly associated with fatty liver than subcutaneous fat.

2:00 pm

237. Density Change in Colon Cancer Hepatic Metastasis Treated with Yttrium-90 on MDCT: Does it Predict PET Activity?

Tochetto, S.; Rezai, P.; Yaghmai, V. Northwestern University, Chicago, IL*
Address correspondence to V. Yaghmai (v-yaghmai@northwestern.edu)

Objective: The objective was to evaluate the correlation between PET activity and change in density of hepatic metastasis of colon cancer treated with Yttrium-90 radioembolization.

Materials and Methods: Fifty-eight colon cancer hepatic metastases in 22 patients were evaluated pre- and post-treatment with CT and PET scans. The average time interval between pre- and post-treatment scans was 44.6 ± 12.1 days (range 29 to 77 days). Pre- and post-treatment PET evaluations were compared and the results were qualitatively categorized in three groups: (A) No change; (B) Mild/moderate interval improvement; (C) Complete interval improvement. The mean density and volumetric measurements of the hepatic lesions were calculated. The percentage of change in density and volumetric measurements for the three groups was calculated comparing pre- and post-treatment measurements. $p<0.05$ was considered significant.

161

별첨 3-2

4. 별첨 4

아시아오세아니아 영상의학회 학술대회(Asian Oceanian Congress of Radiology, AOCR) 특별강연의 좌장을 요청하는 조직위원회로부터의 공식 서한(별첨 4-1)과 대회 강연자(congress lecturer)를 소개하는 예문(별첨 4-2).

AOCR 2008 SEOUL

12th Asian Oceanian Congress of Radiology

August 4, 2008

Congress President
Byung Ihn CHOI

Vice Presidents
Ki Whang KIM
Deuk Lin CHOI
Woo Jin YANG

Secretary General
Dong Ik KIM

Vice Secretary General
In One KIM

Program Planning
Seung Hyup KIM

Treasurer
Koun-Sik SONG

Secretaries
Hyo Keun LIM
Jin Mo GOO
Eun Kyung KIM
Ji Hye KIM
Chang Kyu SUNG
Seung-Koo LEE
Jung-Eun CHEON

Financial Auditors
Heoung Keun KANG
Hye Young CHOI

Chairs
Scientific Program
Hyo Keun LIM
Scientific Paper
Sang Hoon CHA
Scientific Exhibition
Hae Giu LEE
Refresher Course
Choon-Sik YOON
Image Interpretation Session
Tae-Hwan LIM
Case of the Day
Dong Ho LEE
Audiovisual Equipment
Byung Hee LEE

Technical Exhibition
Yun Hwan KIM

Registration
Hyung Jin SHIM
Young Hi CHOI

Accommodation
Pyo Nyun KIM

Social Program
In Ho CHA

Publication
Kyung Soo LEE

Communication
Joon Koo HAN

Promotion
Jae Hyun CHO

Dear Dr. Byung Ihn Choi,

On behalf of the Organizing Committee, it is our great pleasure to invite you as a Chairperson to the 12th Asian Oceanian Congress of Radiology (AOCR 2008) to be held in Seoul, Korea from October 24 to 28, 2008.

AOCR 2008 is the largest international radiological meeting in Asian and Oceanian region and it is expected to attract 3,000 attendants with more than 200 world-renowned invited guests. We are also expecting the strong support of the leaders such as you. Your expertise and experience will greatly contribute to the success of AOCR 2008. Please refer to the allocation as below.

[Session Information for Chairpersons]

- Date & Time: October 25 (Sat) 11:00-12:00
- Session: Congress Lectures
- Chairpersons: Byung Ihn Choi, Theresa C. McLoud
- Lecturers & Topics
  - ✓ Zang-Hee Cho – Future of radiology Part Ⅰ: Ulta high field MRI & molecula fusion imaging
  - ✓ King C. Li – Future of radiology Part Ⅱ: Radiology in the genomics era: opportunities

The Organizing Committee of AOCR 2008 will provide you with 200,000 Korean Won for the honorarium as a token of our appreciation. We hope you understand that we are not able to offer more financial support due to our budgetary restriction.

It would be grateful if you would let us know of your acceptance of the invitation no later than August 9, 2008 by e-mail at sci@aocr2008.org or fax (+82-2-521-8683).

We extend our sincere appreciation in advance for your kind cooperation and expect your strong support to make the congress a great success.

If you have any questions, please feel free to contact the secretariat office.

Sincerely yours,

Byung Ihn Choi, M.D.
President
The Organizing Committee of AOCR 2008

Dong Ik Kim, M.D.
Secretary General
The Organizing Committee of AOCR 2008

CC. Hyo Keun Lim, M.D., Chair of Scientific Committee, AOCR 2008

AOCR 2008 Secretariat
INSESSION International Convention Services, Inc
3rd Fl., 672-35 Yeoksam-dong, Gangnam-gu, Seoul 135-915, Korea
Phone +82-2-3452-7139 Fax +82-2-521-8683 Email info@aocr2008.org Website www.aocr2008.org

별첨 4-1

Good morning, Ladies & gentlemen.

I'd like to begin Congress Lecture entitled Future of Radiology.

I'm Dr Choi from Seoul, Korea, chair of this session. Co-chairperson is Dr Theresa McLoud from Boston, USA.

Congress lecture is one of the highlights of this congress. As you know, slogan of this congress is the future of radiology with AOCR. So, the organizing committee selected the topic titled radiology in the genomic era with molecular imaging as the congress lecture.

Today, we have two distinguished invited speakers. Our speakers illustrate on overview and recent progress of this cutting edge of radiology. I'd introduce you the 1st speaker and Dr McLoud will introduce the 2nd speaker.

Our 1st speaker is professor Zang-Hee Cho from Korea.

He is the professor of Gachon Univ of Medicine & Science in Incheon and the director of neuroscience research institute. He is an internationally renowned scientist. He developed world's 1st circular ring PET in 1975, 1st 2T MR system in 1985, and 1st fusion system of HRRT-PET and 7T MR in 2006.

His topic today is Ultra high field MRI & Molecular fusion imaging. Please welcome Professor Cho!

Thank you Dr Cho for your very exciting and interesting presentation.

We do not have any Q&A session in the congress Lecture. So, I'd like to hand over the microphone to Dr McLoud.

별첨 4-2

5. 별첨 5

북미영상의학회(Radiologic Society of North America, RSNA) 학술대회 기간 중 개최되는 International trend meeting이라는 심포지엄을 위하여 RSNA 차기회장인 Dr. Hricak (친한 사람일 경우 성 대신 사용하는 약식 이름 Hedi)과 AOSR 차기회장인 Dr Choi (약식 이름 Byung) 사이에 오고 간 전자 메일(별첨 5-1)과 심포지엄 내용(별첨 5-2) 및 심포지엄 공식 초청장(별첨 5-3). RSNA에서는 좌장인 차기회장이 심포지엄 조직위원과 상의하여 주제와 연자를 선정한다.

-----Original Message-----

From: hricakh@MSKCC.ORG [mailto:hricakh@MSKCC.ORG]

Sent: Wednesday, September 23, 2009 11:30 PM

To: bichoi@snu.ac.kr

Cc: nenriquez@rsna.org; watson@rsna.org; LarsonS@MSKCC.ORG; Gustav.vonSchulthess@usz.ch; sugimura@med.kobe-u.ac.jp; Andrew.Scott@ludwig.edu.au; Maximilian.Reiser@med.uni-muenchen.de

Subject: International Trends Meeting - RSNA Anl Mtg

Dear Byung,

RSNA is fast approaching, and we need to finalize the agenda for the international trends meeting. The attached document is still a draft. The topic you chose is of great global interest, and I spoke with Herb Kressel, who agreed that we could potentially have this written up and submitted to Radiology as a white paper. This is why the detailed planning of the meeting is so important. I spoke with several of the speakers, and we would like to suggest the following:

Each speaker should start with a slide that will help us summarize global trends. The data on the slide should include

a) What is the percentage of PET imaging vs. PET/CT imaging in each country/region?

b) What are the training requirements for interpreting PET/CT and what are the anticipated training requirements for MRI/PET?

c) At present, who is reading PET/CTs?

별첨 5-1 (계속)

After the first two or three template slides, we are hoping to assign additional topics based on speakers' expertise. For example, Steve Larson would address the additional topic of "PET imaging: Beyond FDG". Gustav would address "Present and future clinical applications of hybrid imaging:
brain, cancer, heart, musculoskeletal." And Max Reiser would address "Educational issues regarding interpretation of hybrid imaging." These are only suggestions, so please give me your comments, and I' ll adjust the agenda accordingly.

This is a unique opportunity to understand the global trends as well as the challenges for hybrid imaging. Establishing a balance between nuclear medicine and diagnostic radiology while delivering the best clinical care and preserving research (especially radiochemistry tracer development and clinically relevant development of molecular imaging) is essential for our future. Pointing out the strengths and weaknesses of the present system and how we should move forward would really be the key part of the presentations, and this is why I believe that if properly planned, the article may be a very valuable global investment for the future of hybrid imaging.

Sincerely yours,
Hedi

별첨 5-1 (계속)

International Radiology Trends Meeting

Tuesday, December 1, 2009

8:00-9:30 a.m. McCormick Place
Room: N427D Chicago, Illinois

Agenda

Hedvig Hricak, MD, PhD, Dr(hc)
Moderator

1. ....Welcome and Introduction of the
   International Trends Committee ....Hedvig Hricak, MD, PhD, Dr(hc)

2. ....Hybrid Imaging (PET/CT; SPECT/CT; MRI/PET):
   Statement of purpose: Why is the topic important to us? ....Byung Ihn Choi, MD, PhD

3. ....Hybrid Imaging (PET/CT; SPECT/CT; MRI/PET):
   Global Trends (%PET vs PET/CT imaging; training requirements, interpretation – who is doing it)
   Current status of and future plans for integrated interpretation

   Asia ....Kazuro Sugimura, M.D
   Oceanic Region ....Andrew Scott, M.D
   Europe ....Maximilian F. Reiser, MD and
   Gustaf K. Von Schulthess, MD, PhD
   United States ....Steven M. Larson, MD

4. Closing Remarks: Should the International Trends Committee
   and RSNA issue a white paper and contribute to global
   harmonization on the topic of hybrid imaging? ....Hedvig Hricak, MD, PhD, Dr(hc)

Page | 1

별첨 5-2

RSNA® Radiological Society of North America Founded in 1915

820 Jorie Blvd.
Oak Brook, IL 60523-2251
1-630-571-2670 FAX: 1-630-571-7837
RSNA.org

August 19, 2009

Byung Ihn Choi, MD, PhD
Member, IAC
Dept of Radiology
Seoul National University Hospital
28 Yeongeon-dong, Jongno-gu
Seoul 110-744 Republic of Korea

Dear Dr. Choi:

The International Trends Meeting was launched at the 2007 RSNA Annual Meeting to give world leaders in radiology a forum to discuss matters of common concern. Responses from the initial meeting were very positive, and last year's attendees were equally enthusiastic. As plans for the 95th RSNA Scientific Assembly and Annual Meeting progress, it is my pleasure to invite you to attend the International Trends Meeting scheduled for Tuesday, December 1, 8:00-9:30 a.m., in Room N427D at McCormick Place in Chicago, Illinois.

The topic of discussion, as recommended by the Asian Oceanian Society of Radiology (AOSR), is *hybrid imaging--strengths, challenges and obstacles to advancement of science and technology*. This is a very timely topic for our group and promises to elicit an interesting discussion.

Please let us know if you are able to attend the International Trends Meeting by emailing Natalie Enriquez at nenriquez@rsna.org. A response by September 10, 2009 would be appreciated. If you should have any questions, please contact Mark Watson, RSNA Executive Director, who will be working with me and AOSR leadership to finalize the agenda. Mark may be reached at 630-571-7811 or via email at mwatson@rsna.org.

I do hope you will be able to join us and share the latest trends from your country relating to hybrid imaging.

Sincerely,

Hedvig Hricak

Hedvig Hricak, MD, PhD, Dr(hc)
President-Elect

cc: Mark G. Watson, Executive Director

Board of Directors
Burton P. Drayer, MD
Chairman of the Board
Gary J. Becker, MD
President
Hedvig Hricak, MD, PhD, Dr(hc)
George S. Bisset III, MD
Sarah S. Donaldson, MD
N. Reed Dunnick, MD
Ronald L. Arenson, MD
Richard L. Baron, MD
Mark G. Watson
Executive Director
95th Annual Meeting
November 29–December 4, 2009
Chicago, IL

별첨 5-3

6. 별첨 6

2021년 2월에 태국 방콕에서 개최된 아시아태평양간학회(APASL)의 ON-LINE 학술대회 안내(별첨 6-1)와 on-line 강연자로 참석을 요청하는 초청장(별첨 6-2).

별첨 6-1

회신 전체 회신 전달

secretariat@apasl2021bangkok.org | bichoi@snu.ac.kr; 외 1명 2020-10-27

APASL 2021 will turn full digital, 4 to 6 February 2021

Dear Prof Byung-Ihn Choi,

APASL 2021 IS MOVING TO A FULLY VIRTUAL FORMAT

Thank you once again for accepting our invitation to speak at the APASL 2021.

We would like to give you the heads up that the APASL 2021 will turn full virtual. It's a painstaking decision which the Organising Committee has to make regardless of the enthusiasm shown by the overseas faculty and delegates to attend the meeting physically in Bangkok.

Travel to Thailand is subject to entry restrictions. At present only limited categories of foreign nationals are permitted to enter or transit Thailand. Those eligible are subject to a long & tedious application process follow by a mandatory 14-day state quarantine at a Thai government-designated facility at own expense. With the current surge in number of new Covid-19 cases globally and our discussion with the Thailand authorities, it is unlikely for Thailand to lift the travel restrictions to most, if not all, countries by February 2021 which we were originally hopeful.

However, the Organising Committee does not want the Covid-19 disruption to deter them in delivering this annual educational program. Taking all the above into consideration and still making it viable for all participants to attend the congress safely with minimise inconvenience, we decide to hold the congress digitally. The set of dates and program remain unchanged. You may click here for the detailed programme.

It is a difficult decision since most overseas faculty and delegates are looking forward to a face to face meeting and to joining us in Bangkok. We trust that you will continue to support us for a reimagined APASL 2021 to promote the latest scientific advancement and education of hepatology science, exchange of information, and forge connections without boundaries and restrictions.
In a few weeks' time, the APASL 2021 Secretariat will send the logistics memo to prepare for your presentation and the navigation of the virtual platform.

In the event you could not participate in this digital meeting for some reasons, we would appreciate it if you could let us know before 31 October 2020.

Yours sincerely,

Teerha Piratvisuth
Past President,
APASL Steering Committee
Honorary President,
APASL 2021

Tawesak Tanwandee
President,
APASL Steering Committee
President, APASL 2021

Abhasnee Sobhonslidsuk
Chair, Scientific Committee
APASL 2021

별첨 6-2

7. 별첨 7

2020년 서울에서 개최되었던 대한초음파의학회의 on-line 국제학술대회 초청연자에 대한 안내문.

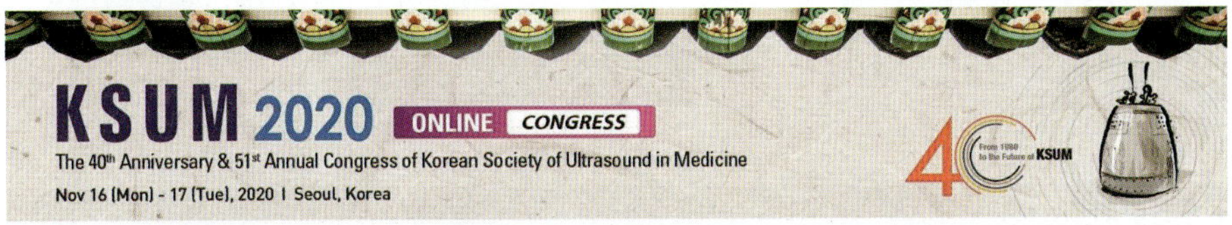

KSUM 2020 초청 연사 가이드라인 (현장 참석)

1. 강연 준비 주요 안내 사항

- **학술 대회 현장: 코엑스 컨퍼런스 룸(북) 2층 (로비 – 등록 데스크)**
- **프리뷰 라운지: 코엑스 컨퍼런스 룸(북) 2층 Room 207**

- **온라인 학술대회의 형식으로 세션 지연이 불가합니다. 반드시 발표 시간을 준수해주시길 부탁드립니다.**
- **모든 강의는 영어로 진행됩니다.**
- **발표자료 비율: 16:9 PPT**
  (**제외: Useful US Techniques: Introduction and User Experience (OT), Multidepartment: Guidelines (OT) 세션은 한국어로 운영됩니다.)
- 대회 현장에 **세션 시간 30분 전에는 도착하시어 프리뷰 라운지에서 발표 자료 업로드**를 부탁드립니다.
- 프리뷰 라운지에서 발표 자료 업로드 후 맡으신 세션의 회의장에 연사 대기석이 마련되어 있습니다. 세션 시작 시간에 맞추어 입장을 부탁드립니다.
- 강의 종료 직후 좌장의 진행으로 Q&A가 진행됩니다.

2. 발표 자료 준비 (MS PowerPoint Presentation)

- Microsoft Power Point (2010, 2013, and 2016) 프로그램을 활용하여 발표 자료를 준비하시길 추천 드립니다. 가능한 MS 기본 제공 폰트를 사용하여 준비 부탁드리며, 혹시 이외의 폰트를 사용하실 경우 파일을 별도로 지참해주시기 바랍니다.
- 발표 자료는 USB 드라이브에 넣어 프리뷰 라운지에 방문해주시기 바랍니다.
- 발표 자료는 4:3 비율도 상영이 가능하나, **16:9 비율이 송출 화면에 최적화되어 있습니다. 최대한 16:9 비율로 발표자료를 제작해주시기 바랍니다.**

3. 발표 자료 업로드 (프리뷰 라운지)

- 세션 시작 30분 전에는 프리뷰 라운지에 방문하시어 발표자료를 업로드 해주시기 바랍니다.
- 숙련된 운영 요원들이 발표 자료 업로드를 안내 드릴 예정입니다.
- 혹시 강의 자료에 동영상 또는 오디오가 필요한 자료가 포함되어 있는 경우 반드시 운영 요원에게 전달해주시길 바랍니다.
- 원활한 운영을 위하여 개인 노트북 또는 맥북을 연결하는 방식은 지양해주시기 바랍니다.

운영 시간	**11 월 17 일(월) 07:30 – 17:30** **11 월 18 일(화) 07:30 – 17:30**
장소	**코엑스 컨퍼런스 룸(북) 2층 Room 207**

별첨 7-1 (계속)

장소 도면

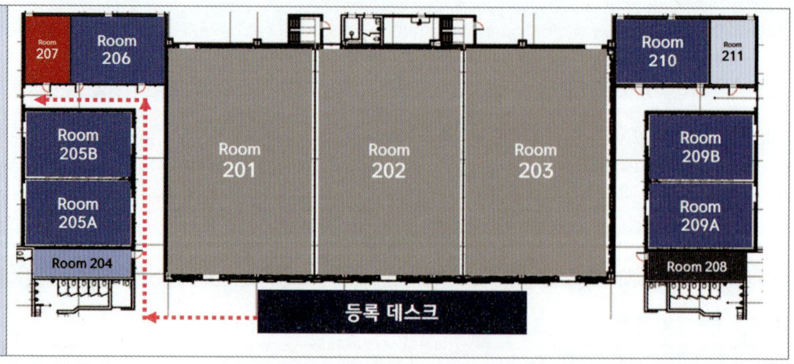

4. 강의 진행

적어도 세션 시작 10분 전에 회의장에 도착하여, 운영 요원에게 도착 여부를 알리고, 함께 시청각 기자재 작동 방법을 확인하시기 바랍니다. 세션 중 문제가 발생할 경우(음향, 마이크, 모니터 등), 회의장 운영 요원에게 알려주시기 바랍니다.

1) 강의 및 연사 소개 (좌장)

- 현장 발표와 사전 녹화 영상 모두 동일하게 다음 강연 소개 슬라이드에 맞추어 연사와 강연 제목을 소개합니다.

2) 강의 진행

- 현장 발표 – 좌장석 옆에 마련된 연사석에 착석하여 강의를 진행합니다. 연사 소개 직후 발표자료만 온라인 플랫폼 송출 화면에 보이게 됩니다.
- 사전 녹화 강연 영상 – 좌장 선생님의 소개를 마치고 강의 연상이 재생됩니다.

3) Q&A 질의응답 운영

- 프로그램 상에는 각 세션의 마지막에 Live Q&A 시간이 별도로 배정되어 있으나, **Q&A는 각 연사의 강연이 종료된 직후에 3-5분씩 진행합니다. (강연 시간 또는 세션 시간 초과로 시간 조정이 필요할 경우 세션 매니저가 앞에서 안내 드리겠습니다.)**
- 온라인 참가자가 접수한 Live Q&A가 좌장석 가운데에 놓인 태블릿 PC에 실시간으로 접수됩니다.

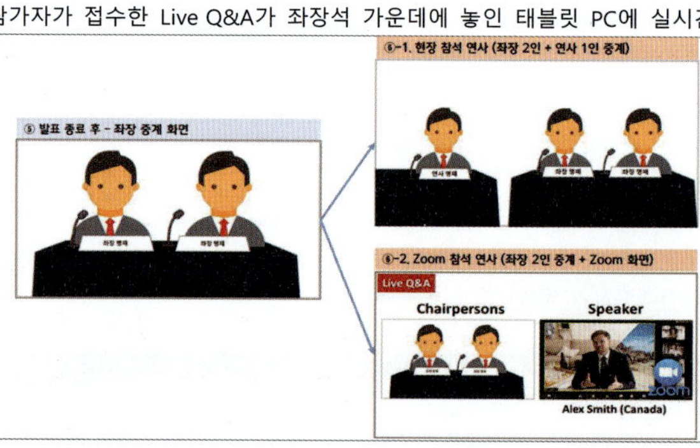

별첨 7-1 (계속)

[회의장 기자재 및 구성]

- 연사석에는 발표 모니터, 키보드, 마우스, 마이크, 슬라이드 노트를 볼 수 있는 태블릿 PC가 비치되어 있습니다.

연사석	좌장석
	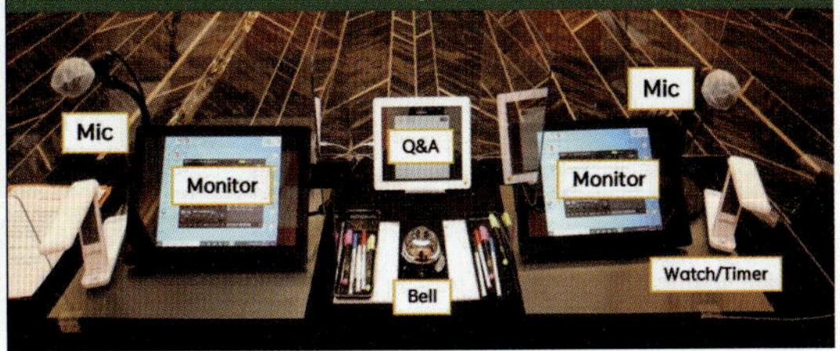
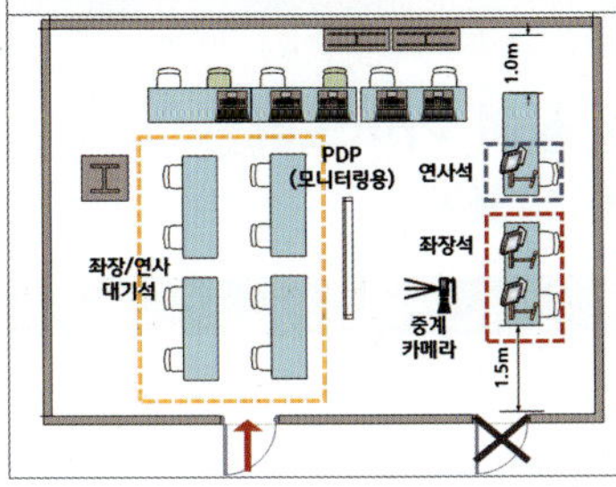	• 연사석에 비치된 마우스와 키보드로 PPT 화면을 직접 조작하시면서 발표를 진행해주면 됩니다. • 발표시간 타이머는 보이지 않으니 연사석에 비치된 전자시계로 진행 시간을 참고 부탁드립니다. • 발표 시간 초과 시 세션 매니저와 좌장이 시간 종료를 안내할 수 있습니다. • 발표자료 PPT에 작성된 슬라이드 노트는 좌측에 비치된 태블릿 PC에 보여집니다.

대회 참석 관련 문의 및 당일 참석에 대한 변경 사항 등이 연락이 필요하실 경우 하기의 담당자에게 연락해주시길 부탁드리겠습니다.

KSUM 2020 사무국 담당자(학술) 윤지원 주임
The 40th Anniversary & 51st Annual Congress of the Korean Society of Ultrasound in Medicine (KSUM 2020)
November 16 (Mon)-17(Tue), 2020, Coex, Seoul, Korea
Tel: +82-2-3452-0507 (Dir), +82-2-3471-8555 / E-mail: sci@ksum.or.kr

별첨 7-1 (계속)

8. 별첨 8

2020년 서울에서 개최되었던 대한초음파의학회의 on-line 국제학술대회 일반연제 발표자에 대한 안내문.

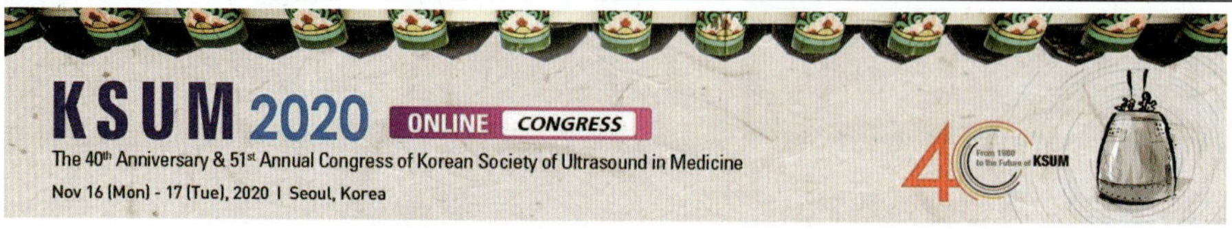

KSUM 2020 온라인 Live Q&A 참여 가이드라인
- 국내 연사/구연 초록 발표자 -

1. 세션 룸 입장

1) Zoom 설치

- **PC버젼 설치를 위하여 아래의 웹사이트에 방문하시어 설치를 부탁 드립니다.**
- **아래의 링크를 클릭하시면 새 창이 뜨고 바로 설치 프로그램 다운로드가 진행 됩니다.**
- **Zoom 다운로드/설치 링크:** https://zoom.us/support/download

설치 링크 클릭 후 파일 다운로드 "열기" 클릭 (팝업 금지 해제)	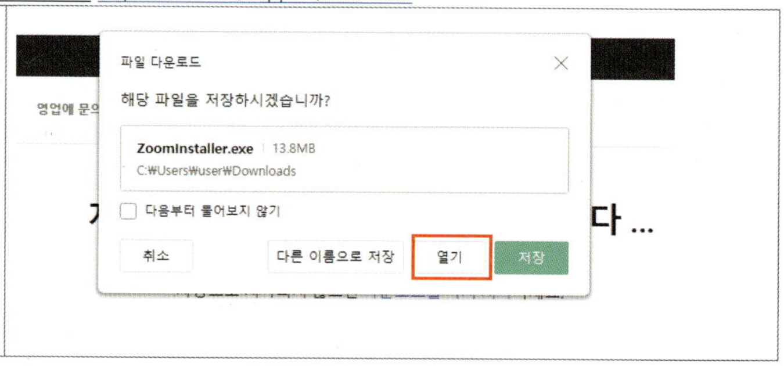

2) 설치 완료 후 메일 본문에 전달 드린 세션 룸의 링크를 클릭합니다.

3) 이메일/영문 성함을 기입 후 "회의 참여" (별도의 Zoom 회원가입은 필요 없습니다.)

2. 화상회의 시스템 (Zoom) 입장 및 Q&A 진행

1) 입장 및 운영 테스트

- 화상 회의 입장 시 '참석자'로 구분 (참가자의 음성 및 비디오가 활성화 되지 않으나 세션의 진행 사항을 듣고 공유된 강의 진행 화면을 볼 수 있습니다.)
- **운영 요원의 안내에 따라 오디오와 비디오 테스트가 진행됩니다.**
- **Live Q&A 진행 시 '토론자'로 변경되어 음성 및 비디오가 화면에 보여집니다.**

2) Live Q&A 대기

- **채팅 창 또는 음성으로 관리자가 세션 진행 상황 및 준비 여부를 안내 해드립니다.**
- (예시: 앞 세션의 지연으로 인하여 다음 세션 시작이 늦어지고 있습니다. 안내에 따라 준비 부탁 드립니다. 3분 뒤에 교수님의 강의 영상이 종료될 예정입니다. 준비 부탁 드립니다. 등)

별첨 8-1 (계속)

3) Live Q&A 진행

- 강의 종료 직후 좌장의 호명에 따라 답변을 진행해주시길 바랍니다.

4) Q&A 종료 이후

- Zoom 우측 하단 빨간색 '나가기' 버튼을 클릭 후 '회의 나가기'를 해주시면 됩니다.

3. 세션 룸에서 강의 및 Q&A 운영 (추가 참고 사항)

- **Live Q&A 운영 시간: 초청 강연 5분 / 구연 발표 3분**

1) 강의 및 연사 소개

- 현장 발표와 사전 녹화 영상 모두 동일하게 좌장이 다음 강연 소개 슬라이드에 맞추어 연사와 강연 제목을 소개합니다.

2) 강의 진행

- 사전 녹화 강연 영상 – 좌장 선생님의 소개를 마치고 강의 연상이 재생됩니다.

3) Q&A 질의응답 운영

- 프로그램 상에는 각 세션의 마지막에 Live Q&A 시간이 별도로 배정되어 있으나, **Q&A는 각 연사의 강연이 종료된 직후에 3~5분씩 진행합니다. (강연 시간 또는 세션 시간 초과로 시간 조정이 필요할 경우 세션 매니저가 좌장 선생님에게 안내 드립니다.)**
- 온라인 Live Q&A의 경우 발표 직후 화상 회의 시스템에 연사가 연결됩니다. 화면에 연사의 비디오가 보이면 연사를 호명하고 대화를 진행하시면 됩니다. 온라인 플랫폼 화면에는 좌장과 연사가 동시에 보이게 됩니다. (아래의 화면 구성 참고 부탁드립니다.)

- 온라인에서 일반 참가자가 접수한 Q&A가 좌장석 가운데에 놓인 태블릿 PC에 접수됩니다. 접수된 질문이 있을 경우, 해당 질문을 연사에게 전달 하고 질문이 없을 경우 좌장의 질문 또는 코멘트를 진행합니다.

별첨 8-1 (계속)

4. 기타 Zoom 기능 설명

1) 컨트롤 박스 기능

2) 참가자의 배경 변경

- KSUM 2020 백월 이미지 다운로드: (클릭 - 다운로드 링크)

비디오 옆의 화살표 클릭 후 '**가상 배경 선택**'	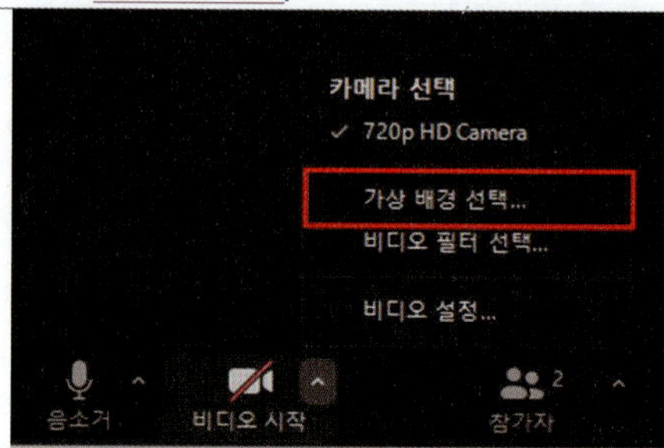
가상 배경 > '+ **이미지 추가**' 클릭 위에서 다운로드 받은 KSUM 2020 백월을 적용 시 회의장과 동일한 배경 적용 가능 또는 다른 배경으로 변경	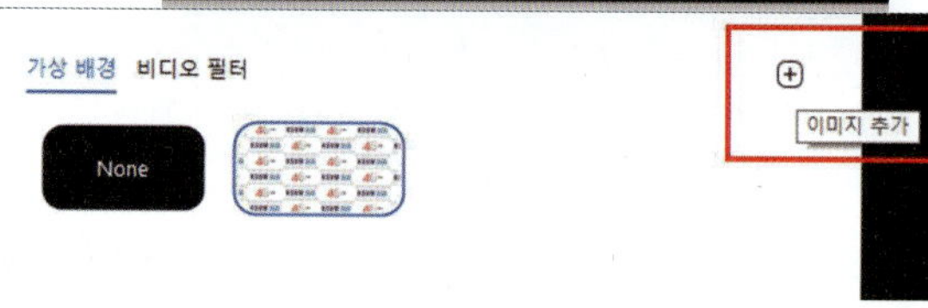

대회 참석 관련 문의 및 당일 참석에 대한 변경 사항 등이 연락이 필요하실 경우 하기의 담당자에게 연락해주시길 부탁드리겠습니다.

KSUM 2020 사무국 담당자(학술) 윤지원 주임
The 40th Anniversary & 51st Annual Congress of the Korean Society of Ultrasound in Medicine (KSUM 2020)
November 16 (Mon)-17(Tue), 2020, Coex, Seoul, Korea
Tel: +82-2-3452-0507 (Dir), +82-2-3471-8555 / E-mail: sci@ksum.or.kr

별첨 8-1 (계속)

9. 별첨 9

2020년 서울에서 개최되었던 대한초음파의학회의 on-line 국제학술대회 좌장에 대한 안내문.

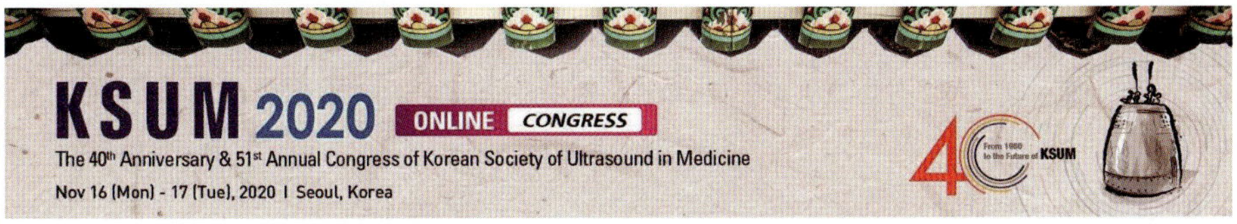

KSUM 2020 좌장 세션 진행 가이드라인

1. 세션 프로그램 구성 (연자 발표 타입)

*** 아래 표에서 맡으신 세션의 구성을 확인 부탁드립니다.**
*** 초청 강연자/구연 발표자의 현장 참석 및 Q&A 진행 여부는 추후 일부 변동될 수 있습니다.**
(최종 참석 여부가 반영 정보는 대회 현장의 좌장석에 비치하여 안내 드리겠습니다.)

Special Focus Session 1

PT_Time	Lecture_Title	Name	Country	발표 방식	Q&A 형식
08:30-10:00	Chairperson	Jae Young Lee	Korea	-	-
08:30-10:00	Chairperson	Hunkyu Ryeom	Korea	-	-
08:30-08:50	Diagnosis of HCC: Surveillance and Imaging Modality	Joon-Il Choi	Korea	사전녹화	현장 Q&A
08:50-09:10	Strategy of Surgery	Jong Man Kim	Korea	현장발표	현장 Q&A
09:10-09:30	Updates of Local Ablation Therapy (Multiple Electrodes, No-touch, MWA, Cryo)	Dong Ho Lee	Korea	현장발표	현장 Q&A
09:30-09:50	Treatment Allocation between Surgery and Local Ablation Therapy	Myeong Jun Song	Korea	사전녹화	현장 Q&A
09:50-10:00	Live Q&A	-	-	-	-

2. 세션 참여 형식

- **참가자: 온라인 참여, 좌장에게 "질문 보내기" 기능을 통하여 질문 접수**
- **좌장: 현장 참석**
- **연사: 현장 발표/사전녹화 강의 영상 제출 2가지 방안으로 참석**

본 대회는 전면 온라인으로 개최되지만, 기존에는 국내 초청 연사 및 좌장 분들은 모두 코엑스 대회 현장에 참석하시어 세션이 운영되는 것으로 안내 드렸습니다. 하지만 현장 강의 진행에 대한 변경 문의 및 요청이 있어 **초청 강연에 대해서도 사전 녹화 영상 제출을 허용하는 것으로 변경되었습니다.**

이에 초청 강연/구연 발표가 하기와 같이 3가지 타입으로 운영됩니다. 맡으신 세션의 연사의 참석 여부는 위의 세션 구성 표를 참고 부탁드립니다.

[강의/발표 타입 3가지]

1) 현장 발표 + 현장 참석 Q&A
2) 강연 사전 녹화 영상 제출(상영) + 현장 참석 Q&A
3) 강연 사전 녹화 영상 제출(상영) + 온라인 Live Q&A (Zoom 화상회의 참석)

별첨 9-1 (계속)

3. 강의 운영 방안

* **모든 강의는 영어로 진행**되며, 전체 프로그램은 웹사이트에서 확인 가능합니다.

(제외: Useful US Techniques: Introduction and User Experience (OT), Multidepartment: Guidelines (OT) 세션은 한국어로 운영됩니다.)

1) 세션 시작

- 각 세션은 정시에 시작합니다. 회의장 내의 스태프가 시작 1분 전 안내 드리며, 화면에 세션 소개 슬라이드가 보이면 세션 제목과 주제를 소개로 시작을 부탁드립니다.

2) 강의 및 연사 소개

- 현장 발표와 사전 녹화 영상 모두 동일하게 다음 강연 소개 슬라이드에 맞추어 연사와 강연 제목을 소개해주시면 됩니다.

3) 강의 진행

- 현장 발표 – 좌장석 옆에 마련된 연사석에 착석하여 강의를 진행합니다.
- 사전 녹화 강연 영상 – 좌장 선생님의 소개를 마치고 강의 연상이 재생됩니다.

4) Q&A 질의응답 운영

- 프로그램 상에는 각 세션의 마지막에 Live Q&A 시간이 별도로 배정되어 있으나, **Q&A는 각 연사의 강연이 종료된 직후에 5분씩 진행합니다. (강연 시간 또는 세션 시간 초과로 시간 조정이 필요할 경우 세션 매니저가 앞에서 안내 드리겠습니다.)**
- 온라인 참가자가 접수한 Q&A가 좌장석 가운데에 놓인 태블릿 PC에 접수됩니다. 접수된 질문이 있을 경우, 해당 질문을 연사에게 해주시고 질문이 없을 경우 좌장의 질문 또는 코멘트를 진행해주시길 바랍니다.
- 온라인 Live Q&A의 경우 발표 직후 화상 회의 시스템에 연사가 연결됩니다. 화면에 연사의 비디오가 보이면 연사를 호명하고 대화를 진행하시면 됩니다. 화면에 좌장과 연사가 동시에 보이게 됩니다. (아래의 화면 구성 참고 부탁드립니다.)

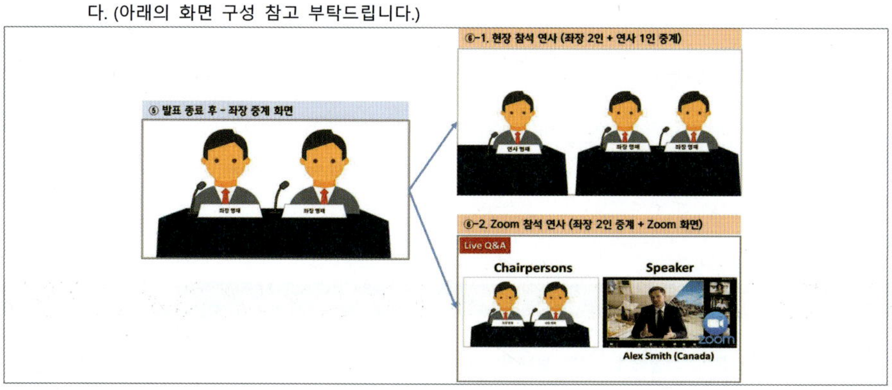

별첨 9-1 (계속)

5) 회의장 기자재 및 구성

연사석

좌장석

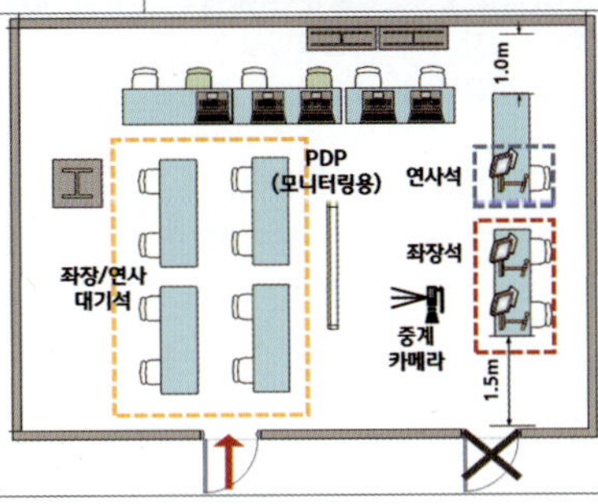

4. 현장 참석 – [세션 시작 전]

- 대회 현장에 최소 세션 시간 30분 전에는 도착을 부탁드립니다. 현장에 좌장 대기실(Room 204)이 마련되어 있습니다. 비치되어 있는 PC로 실시간으로 진행 중인 세션을 자유롭게 시청하실 수 있습니다.
- 적어도 세션 시작 10분 전에 회의장에 도착하여, 운영 요원에게 도착 여부를 알리고, 함께 시청각 기자재 작동 방법을 확인하시기 바랍니다. 세션 중 문제가 발생할 경우(음향, 마이크, 모니터 등), 회의장 운영 요원에게 알려주시기 바랍니다.
- 취소된 강연 혹은 발표가 있거나 연사가 불참할 경우, 발표 순서를 재조정할 수 있습니다. 좌장을 맡으신 세션 발표자 명단과 함께 발표자들의 CV, 강연 초록을 사전에 확인하실 수 있도록 첨부하여 보내 드립니다. 해당 자료는 대회 현장의 좌장석에 비치되어 있을 예정입니다.
- 혹시 필요하실 경우, 좌장 진행에 참고하실 수 있도록 "English Guideline for Moderators" 파일을 보내 드리오니 위의 링크에서 클릭하시어 자료 확인 부탁드립니다.

5. 현장 참석 – [세션 진행]

- **세션 시작**

- 정확한 시간에 시작합니다.
  (특이사항 및 시작 지연이 필요할 경우 세션 매니저를 통해 전달합니다.)
- 먼저 자기 소개를 합니다.
- 세션 시간 및 주제에 대해 간략하게 설명합니다.

별첨 9-1 (계속)

- 세션과 강연자에 대해 짧게 소개합니다. 강연자의 CV가 제출되지 않아 준비되지 않은 경우, 직접 강연자가 자기소개를 할 수 있도록 유도해 주시기 바랍니다.

● **세션 중**
- 강연자가 변경되었을 경우라도, 짧게 강연자 소개를 합니다. (강연자 당 30초).
- 원활한 세션 진행을 위하여 정해진 발표 시간이 준수될 수 있도록 협조해 주시기 바랍니다. 만약 발표자가 지정된 발표 시간을 초과할 경우 좌장은 이에 대한 경고를 줄 수 있습니다. (좌장석에 종 비치)
- 발표가 끝난 후 좌장은 직접 발표자에게 질문을 하거나 태블릿PC로 접수된 질문을 할 수 있습니다.
- 연사가 불참하거나 강연을 일찍 끝낸 경우, 청중으로부터 질문을 직접 답변하시거나 좌장 코멘트를 하실 수 있습니다. 질문과 코멘트가 더 이상 없을 경우 지정된 시간보다 일찍 세션을 종료 하셔도 됩니다.
- 발표가 길어져 세션 종료가 지연되는 경우, 원활한 학술대회 운영에 어려움이 있습니다. 특히 온라인 학술대회 평점 시스템 운영을 위하여 시간 준수가 필요합니다.
- 다음 발표 혹은 다음 세션이 잘 진행될 수 있도록 **꼭 지정된 발표 시간과 세션 시간을 준수해 주시기를 부탁드립니다.**

대회 참석 관련 문의 및 당일 참석에 대한 변경 사항 등이 연락이 필요하실 경우 하기의 담당자에게 연락해주시길 부탁드리겠습니다.

KSUM 2020 사무국 담당자(학술) 윤지원 주임
The 40th Anniversary & 51st Annual Congress of the Korean Society of Ultrasound in Medicine (KSUM 2020)
November 16 (Mon)-17(Tue), 2020, Coex, Seoul, Korea
Tel: +82-2-3452-0507 (Dir), +82-2-3471-8555 / E-mail: sci@ksum.or.kr

별첨 9-1 (계속)

10. 별첨 10

아시아오세아니아 영상의학회(Asian Oceanian Society of Radiology, AOSR)의 총회의 상정의제(별첨 10-1)와 전 회의록(별첨 10-2). 대부분의 학회에서 총회는 general assembly라는 명칭을 사용한다. AOSR에서는 executive council이라는 명칭을 사용하다가 이사회 명칭과 혼선을 초래한다고 하여 최근에 이 학회도 총회를 general assembly라는 명칭으로 변경하였다.

THE ASIAN OCEANIAN SOCIETY OF RADIOLOGY

AOSR Executive Council Meeting 2008

ASEM Hall 201, COEX Convention Center

Seoul, Korea

Sunday, October 26, 2008 at 08:00am

Agenda:

Attendance:
a. Prof. Ken Thomson (President)
b. Prof. J.P. Dai (President-Elect)
c. Prof. Byung-Ihn Choi (Secretary)
d. Prof. Osamu Matsui (Treasurer)
e. Prof. Lenny Tan (Immediate past president)

Executive Committee
f. Dr. Sudarshan K. Aggarwal
g. Dr. BJJ Abdullah
h. Dr. Cholid Badri
i. Dr. Helen Hei Lun, Chan

Member Society Representatives

Australia	Thailand
China	Pakistan
Chinese Taipei	Mongolia
Hong Kong	Bangladesh
India	Fiji
Korea	Tonga
Malaysia	Uzbekistan
Philippines	Vietnam
Singapore	Samoa

PRESIDENT
Ken Thomson - AUSTRALIA
Radiology Department
Alfred Hospital
PO Box 315 Prahran
Victoria 3181
Phone: +61-3-9276-2536
Fax: +61-3-9276-2988
E mail: h.thomson@alfred.org.au

PRESIDENT-ELECT
J.P. Dai - CHINA
Beijing Neurological Institute
6 Tiantan XiliBeijing
100 050, PRC
Phone: +86-10- 6511-2164
Fax: +86-10-6511-2164
E-mail: daijianping_2008@126.com

SECRETARY
Byung-Ihn Choi - KOREA
Seoul National University Hospital
28, Yeongeon-dong,
Jongno-gu, Seoul 110-744
Phone: +82-2-2072-2515
Mobile: +82-17-237-2515
Fax: +82-2-743-6385
E-mail: choibi@radcom.snu.ac.kr

TREASURER
Osamu Matsui - JAPAN
Kanazawa University
Graduate School of Medicine
13-1 Takara-machi Kanazawa
920-8641
Phone: +81-76-265-2320
Fax: +81-76-234-4256
E-mail: matsuio@med.kanazawa-u.ac.jp

IMMEDIATE PAST PRESIDENT
Lenny Tan - SINGAPORE
National University of Singapore Hospital
Lower Kent Ridge Road
Singapore, 0511 I
Phone: +65-6772-4210
Fax: +65-6481-2626
E-mail: lennytan@nus.edu.sg

EXECUTIVE COMMITTEE MEMBERS

Sudarshan K. Aggarwal - INDIA
Diwan Chand Satya Aggarwal
Imaging Research Center
10-B, Kasturba Gandhi Marh
New Delhi-110001
Phone: +91-11-2332-9887
Mobile: +91-98-1001-2276
Fax: +91-11-2371-3308
E-mail: dr_ska@vsnl.net
dca@del2.vsnl.net.in

BJJ Abdullah – MALAYSIA
University of Malaya
59100 Kuala Lumpur
Phone: +60-3-79492069
Fax: +60-3-79581973
E-mail: basrii@ummc.edu.my
basrij@um.edu.my

Cholid Badri - INDONESIA
University of Indonesia
Jl.Salemba Raya No.6
Jakarta Pusat 10430
Phone: + 62-21-390-3155
Fax: + 21-392-8882
E-mail: Chbadri@yahoo.com,
Cholidbadri@fk.ui.ae.id

Helen Hei Lun, Chan - HONGKONG
Queen Mary Hospital
102 Pokfulam Road
Phone: + 852-2855-5489
Fax: + 852-2855-5497
E mail: chanhlh@yahoo.com

별첨 10-1 (계속)

Agenda Items:

I. Welcome and Apologies

II. Minutes of the Last Executive Council Meeting in Hong Kong on 7th August 2006 (Document #1)

III. President's report (Document #2)

IV. Secretary's report (Document #3)

V. Treasurer's Report (Document #4)

VI. AOCR Contractual Arrangements (Document #5)

VII. Constitution Revision (Document #6)

VIII. Election of Office Bearers

IX. AOCR2008 Progress Report

X. Presentation from Chinese Taipei Society of Radiology for bidding of AOCR 2010

XI. New President's Report

XII. Other Business

Next Meeting

Draft Agenda
Respectfully prepared by AOSR Secretary
Prof. Byung-Ihn Choi, 2nd September, 2008

Draft Agenda of AOSR Executive Council Meeting, Seoul, Korea, 26th October, 2008

별첨 10-1 (계속)

Minutes of Meeting of Executive Council of AOSR held on 7 August 2006, 2:30 pm, at Room 403, Level 4, Hong Kong Convention and Exhibition Centre, Hong Kong

Present: Prof. Lenny Tan (President)
Prof. Ken Thomson (President-Elect)
Dr. Sudarshan K Aggarwal (Executive Committee Member)
Dr. Cholid Badri (Executive Committee Member)
Prof. Byung-Ihn Choi (Treasurer)
Prof. Dai Jian Ping (Secretary)
Dr. Lilian Leong (Past President)
Prof. Osamu Matsui (Executive Committee Member)

Member Society Representatives

Australia	Dr. Lawrence Lau
China	Prof. Ji Qi
Chinese Taipei	Dr. Mu Huo Teng Michael
Hong Kong	Dr. Law Chun Key, Dr. Lam Hon Shing
India	Dr. Mukund Joshi
Korea	Dr. Dong Ik Kim, Dr. In-One Kim
Malaysia	Dr. BJJ Abullah
Philippines	Dr. Catherine Lazaro, Dr. Emmanuel Almazan
Singapore	Dr. Winston Lim, Dr. John Hoe
Thailand	Dr. Suthisak Suthipongchai

Observer Macau Dr. Kwok Cheong U

Unrepresented: Pakistan
Mongolia
Bangladesh
Fiji
Bangladesh
(they were present but I don't have the name list)
Tonga
Uzbekistan
Vietnam
Samoa

Actions arising from the minutes

I. WELCOME AND APOLOGIES.

1.1 Prof. Tan welcomed the delegates and a roll call was taken.

II. MINUTES OF THE LAST EXECUTIVE COUNCIL MEETING ON 29 APRIL 2004

2.1 No amendment was received. Dr. Joshi proposed to adopt the minutes and Prof. BI Choi seconded. The minutes of the last Executive Council Meeting were endorsed.

별첨 10-2 (계속)

Actions arising from the minutes

III. PRESIDENT'S REPORT

3.1 Prof. Tan reported that there was a pre-tax surplus of (SDG$) $227,194.10 from the 10th AOCR and a balance of SDG$671,014.84 in general revenue and SDG$44,030.57 in the Satayapal Aggarwal Fund.

IV. AOCR CONTRACTUAL ARRANGEMENTS

4.1 Prof. Tan mentioned that Dr. Leong had drafted an agreement for those wishing to bid for future AOCRs. This will be the model used.

4.2 Dr. Leong informed that the agreement of bids had been endorsed by Prof. Tan. She remarked that the Host Organization shall pay USD20,000 to AOSR upon preliminary acceptance of the bid by AOSR as acquisition of the right to host the AOCR. When the potential host submits a request to bid the AOCR, the host society was required to deposit US$5,000 to AOSR, which was refundable if the bid was unsuccessful. Upon preliminary acceptance by AOSR, another US$15,000 should be deposited to AOSR when signing the contract, the total amount of US$20,000 is non-refundable.

4.3 She further added that AOSR would receive 10% of each registration fee and also 10% of fees colleted for the exhibition. The profit arising from hosting AOCR would be shared between the host organisation and AOSR. The loss would be borne by the hosting organisation. The final financial statement presented to AOSR should be an audited account.

V. CONSTITUTION REVIEW COMMITTEE

5.1 In the last Executive Council Meeting, a representative from the Singapore Radiological Society (no nominee received), Dr Gyan Lal and Dr. FL Chan were elected as the Constitution Review Committee. Prof. Tan regretted that Dr. FL Chan passed away suddenly. The AOSR Constitution would be left to the new Committee to review.

VI. MOTION FROM SINGAPORE RADIOLOGICAL SOCIETY

6.1 At the last AOSR Executive Council Meeting, consensus was reached without dissent that the officers of the Executive Committee should be nominated by the Executive Council as in the old constitution. This was adopted as a formal unanimous vote and registered with the Registrar of Societies, Singapore.

(Similarly the change to provide that the position of President-Elect should be agreed upon by the Executive Council and the Executive Committee was also adopted as a formal unanimous vote and noted to be passed to the Registrar of Societies, Singapore) (Unnecessary as above states the same. Members of Ex Co includes Vice president).

VII. AOSR JOURNAL

7.1 Prof. Tan had discussed with the Executive Committee Members in previous meetings that the AOSR Journal should be targeted for wider availability and possibility of electronic journal should be explored. Shortage of articles and funding were the major concerns.

별첨 10-2 (계속)

Actions arising from the minutes

7.2 Dr. Aggarwal raised that some of the members societies had not provided their contact information to the AOSR. Prof. Tan reminded all the attending delegates that they were the point of contact between AOSR and their societies.

7.3 Dr. Abullah suggested having Biomedical Imaging and Intervention Journal (biij) as a reference. The journal website was www.biij.org.

VIII. TREASURER'S REPORT

8.1 Prof. BI Choi presented the tabled Treasurer's report. There was a profit (pre tax) of Singaporean Dollars (SDG$) $227,194.10. The total income as of 31 December 2004 was SGD$671,014.84, whereas the expenditure was SGD$4,212.22. The balance of the Satyapal Aggarwal Fund was SGD$44,030.57.

The total income as of 31 December 2005 was SGD$677,572.68. The balance of the Satyapal Aggarwal Fund as of 31 December 2005 was SDG$43,530.57.

8.2 The list of subscription received was presented. Prof. Tan supplemented that China and Singapore were submitting the subscriptions. Prof. Choi had previously sent the notice and reminder for subscriptions to the member societies. The outstanding subscriptions included Bangladesh (2003-2006), Indonesia (2005-2006), Mongolia (2003-2006), Nepal (2005-2006), Pakistan (2002-2006), Philippines (2004-2006), Chinese Taipei (2005), Uzbekistan (2005-2006) and Vietnam (2002-2006).

8.3 Dr Lawrence Lau proposed to adopt the Treasurer's Report and was seconded by Prof. Ken Thomson. The Treasurer's Report was endorsed.

IX. ELECTION OF OFFICE BEARERS

9.1 Prof. Ken Thomson said that accordingly to the amended Constitution previously adopted, Prof. JP Dai would be elected as President-Elect, Prof. BI Choi as the Secretary, Prof. Matsui, Dr. Aggarwal and Dr. Badri would be the Executive Committee Members. Prof. Thomson invited nomination from the floor.

9.2 Dr. Law Chun Key proposed to nominate Dr. Helen Chan (Hong Kong) who was the Secretary of AOCR 2006 as the Executive Committee Member and he mentioned that Dr. Chan had agreed with the nomination. Prof. BI Choi proposed to nominate Dr. BJJ Abullah (Malaysia) as the Executive Committee Member.

The nominations were accepted by the attending delegates. Dr. Helen Chan and Dr. Abullah were elected as the Executive Committee Members.

Action: Inform Registrar of Societies that Officers of the Executive Committee will in future be nominated by the Executive Council. [Prof. Lenny Tan]

9.3 The new Executive Committee would include Prof. Ken Thomson as President, Prof. JP Dai as President-Elect, Prof Lenny Tan as Past President, Prof. BI Choi as Secretary, Prof. Matsui as Treasurer, Dr. Aggarwal, Dr. Badri, Dr. Helen Chan and Dr. Abullah as Executive Committee Members.

X. PRESENTATION FROM KOREAN RADIOLOGICAL SOCIETY FOR BIDDING OF AOCR 2008

별첨 10-2 (계속)

		Actions arising from the minutes
10.1	All attending delegates were given AOCR 2008 bidding kit. Dr. Kim presented the PowerPoint presentation for bidding of AOCR 2008. The congress would be scheduled on 24-28 October 2008.	
10.2	Prof. Thomson thanked Dr. Kim's presentation and he mentioned that the AOCR 2008 should be 12th AOCR. The attending delegates were satisfied with the Korean Radiological Society's presentation and endorsed the bid for 12th AOCR 2008 by Korean Radiological Society. There were no other contenders.	
	Prof. BI Choi thanked all the delegates for the support to Korean Radiological Society and AOCR 2008. He invited all the member society representatives to the lunch on 9 August 2006, which a formal invitation card was included in the bidding kit.	
XI.	**NEW PRESIDENT'S REPORT**	
11.1	Prof. Thomson expressed that more regular contact and communication among the member societies would be more desirable. For the Constitution Review Committee, he regretted unfortunate death of one of the committee members and he hoped the Committee would continue with the work of review on the Constitution.	Prof. Ken Thomson
XII.	**AOSR SECRETARIAT TO BE SETUP IN AUSTRALIA**	
12.1	Prof. Thomson raised that as previously discussed with the Executive Committee Members regarding AOSR Secretariat to be setup in Australia. The Secretariat would be managed by the Royal Australian & New Zealand College of Radiologists in Sydney whereas Prof. Thomson would oversee the operation. Prof. Thomson elaborated on the advantages for transferring the Secretariat and the bank accounts to Australia, including an interest paying bank account and it would be tax free. Registration regulations were more flexible in Australia.	
12.2	It was remarked that since AOSR had been registered in Singapore, the Society needed to be dissolved before moving it to Australia. The Executive Committee Members recommended dissolving of the Society, registration of AOSR in Australia and moving the AOSR Secretariat to RANZCR for endorsement.	
12.3	Dr. Lawrence Lau added that RANZCR had experience in set up permanent secretariat for other organisations, such as IRQN, therefore the establishment of permanent secretariat of AOSR in Australia would not be a problem.	
12.4	Prof. Thomson informed that the transfer of AOSR bank account and secretariat would require approval from 60% of the member societies, i.e. 13 member societies.	
	The attending member society representatives unanimously adopted dissolving of AOSR, registration of AOSR in Australia and moving the AOSR Secretariat (and accumulated funds) to Australia.	Prof. Lenny Tan, Prof. Ken Thomson
XIII.	**ANY OTHER BUSINESS**	
13.1	AOSR recognised and acknowledged Dr. Lilian Leong's contribution towards AOSR for the past years.	

별첨 10-2 (계속)

Actions arising from the minutes

13.2 Dr. John Hoe raised if AOSR would consider sending out visiting fellowship programme for education purpose. The fund for the fellowship programme could be the profits generated from the activities and AOSR. It might be considered to set up a new committee to discuss the mechanism. — Dr. John Hoe

As there was no other business, the meeting ended at 3:30 p.m.

Signed by ______________________

Name & Position Prof. Lenny Tan,
Immediate Past-President, AOSR

Date 12/04/07

별첨 10-2 (계속)

11. 별첨 11

아시아초음파의학회(Asian Federation of Societies of Ultrasound in Medicine and Biology, AFSUMB)의 총무이사가 상임이사회의 소집을 알리는 전자 메일(별첨 11-1)과 상정의제(별첨 11-2). 규모가 작은 국제학회는 총무이사가 회무에 관련된 모든 연락을 담당한다.

From: kimshrad [mailto:kimshrad@snu.ac.kr]

Sent: Friday, September 18, 2009 5:46 PM

To: TO, William Wing Kee, HKSUM; Tharith Thou, CSUM; Taniguchi, Nobuyuki, JSUM; Takashi Okai, JSUM; SOPHY; Sodov Sonin, MSDU; Sidharta H, ISUM; Sazilah Ahmad Sarji, MSUM; Peter Hsieh, CTSUM; ONG, Douglas, MUSS; Ong, Chiou Li; Musarrat Hasan, USP; Mizanul Hasan, BSU; Makes, Daniel, ISUM; Ly Sokhey, CSUM; Lulla CP, IFUMB; Lulla Chander P, IFUMB; Leung KY, HKSUM; Leopoldo ABAD_PSUCMI; KSUM Office; Khalid Iqbal Siddiqui; JSUM office; Jiang Yuxin, SUMCMA; Jian Hua Wang_SUMCMA; ISUM secretariat_2; ISUM secretariat_1; Hung-Hsueh Chou, CTSUM; Dorita Evangelista_PSUCMI; Candy Chen, CTSUM; Baskaran, MSUM; 류경남; 김승협; Gupta PK_IFUMB; Yung-Liang Wan, CTSUM; Yi-Hong Chou, CTSUM; Wilaiporn Bhothisuwan, MUST; Wilaiporn B, MUST; Vanjani CV; Vanjani; Masuyama, Toru, JSUM; Masatoshi Kudo, JSUM; Kozuma, Shiro, JSUM; Chi-Ping CHEN, CTSUM; Chiang, Cheng-Wen; Baskaran TP, MSUM; 최병인; 김기황; 최병인

Subject: AFSUMB Council Meeting in Jakarta

Dear Council Members of AFSUMB and Presidents and Secretaries of Affiliated Societies:

As the Secretary of the AFSUMB, I would like to inform you several things to prepare for an upcoming Administrative Council Meeting in Jakarta, that will be held on November 6th, 2009 (13:00-16:00).

1) Attached is a tentative agenda of AFSUMB Administrative Council Meeting. Please review the tentative agenda, and inform me if there is anything wrong or if there is anything you want to add to the agenda.

별첨 11-1 (계속)

2) I would like to ask AFSUMB officers and committee chairs to prepare for their reports and relevant documents and send them to me no later than October 25th (Sunday) that I can prepare for the council meeting in advance.

3) I am attaching a draft of constitution amendment that have been discussed among the committee members. Please review them, and some important and controversial issues will be discussed in the meeting.

4) Also I am attaching the current list and addresses of Officers of AFSUMB and Presidents and Secretaries of Affiliated Societies. Please check them and inform me if any information is missing or wrong.

I am looking forward to hearing from you in time.

Best regards,

Seung Hyup KIM

Secretary of AFSUMB

**I am changing my e-mail address from (kimsh@radcom.snu.ac.kr) to a new one (kimshrad@snu.ac.kr).
I will be using both temporarily, but please use a new one (kimshrad@snu.ac.kr) for future communication.

별첨 11-1 (계속)

AGENDA OF THE ADMINISTRATIVE COUNCIL MEETING OF AFSUMB

13:00-16:00, November 06, 2009
Asahan Kapuas Room, Novotel Hotel and Convention, Jakarta, Indonesia

EXPECTED ATTENDANCE:

Immediate Past President	Dr. Byung Ihn CHOI (KSUM)
President	Dr. Cheng-Wen CHIANG (CTSUM)
President-elect	Dr. Masatoshi KUDO (JSUM)
Vice-President-1	Dr. Nobuyuki TANIGUCHI (JSUM)
Vice-President-2	Dr. C.V. VANJANI (IFUMB)
Secretary	Dr. Seung Hyup KIM (KSUM)
Treasurer	Dr. Yi-Hong CHOU (CTSUM)
Journal Editor	Dr. Chi-Ping CHEN (CTSUM)
Councilor	Dr. Musarrat HASAN (USP)
Councilor	Dr. H. SIDHARTA (ISUM)
Councilor	Dr. Yung-Liang WAN (CTSUM)
Co-opted Councilor	Dr. Kanu BALA (BSU)
Co-opted Councilor	Dr. TP BASKARAN (MSUM)
Co-opted Councilor	Dr. Wilaiporn BHOTHISUWAN (MUST)
Co-opted Councilor	Dr. Dorita EANGELISTA (PSUCMI)

EXPECTED ABSENCE:

Councilor	Dr. YuXin JIANG (SUM/CMA)
Councilor	Dr. Tohru MASUYAMA (JSUM)
Councilor	Dr. Ki Whang KIM (KSUM)
Co-opted Councilor	Dr. Sodov SONIN (MSDU)
Website/Newsletter Editor	Dr. Shiro KOZUMA (JSUM)
Non-voting Observer	Dr. Tarith THOU (CSUM)
Non-voting Observer	Dr. Choui Li ONG (MUSS)
Non-voting Observer	Dr. Kwok Yin LEUNG (HKSUM)

Agenda 1. Greetings by the President
Agenda 2. Apologies for absence and introduction of observers
Agenda 3. Confirmation of minutes of last administrative council meeting
Agenda 4. President's Report
Agenda 5. Secretary's Report
Agenda 6. Treasurer's Report
Agenda 7. Journal Editor's Report
Agenda 8. Web site/Newsletter Editor's Report
Agenda 9. Committee Chairs' Report
Agenda 10: Progression Report on Amendment of Constitution
Agenda 11. AFSUMB 2010 India Progression Report
Agenda 12. AFSUMB 2012 Indonesia Progression Report
Agenda 13. AFSUMB 2014 Pakistan Progression Report
Agenda 14. WFUMB-related matters
Agenda 15. Place and date for the next council meeting
Agenda 16. Other Businesses
Agenda 17. Closing Remark from the President

별첨 11-2

12. 별첨 12

세계초음파의학회(World Federation of Ultrasound in Medicine and Biology, WFUMB)의 공식 잡지(official journal)인 Ultrasound in Medicine and Biology (UMB)의 편집위원장(Dr. Holland)이 편집위원회를 소집하는 공식서한 및 상정 의제(별첨 12-1)와 회의 종료 후 작성된 회의록(별첨 12-2).

Ultrasound in medicine and biology

Christy K. Holland, PhD
Editor-in-Chief

Medical Science Building, Room 6153
231 Albert Sabin Way, Cincinnati, OH 45267-0586 USA

13 August 2009

To: Members of the Advisory Editorial Board, Ultrasound in Medicine and Biology

Dear Colleague,

The next meeting of the Advisory Editorial Board of Ultrasound in Medicine and Biology will be held on Saturday, August 29 from 12:00 noon to 13:30 at the 12th World Congress of the World Federation for Ultrasound in Medicine and Biology in Sydney, Australia (http://www.wfumb2009.com/). Our meeting will be held in Bayside Room 107 of the Sydney Convention & Exhibition Centre. Unfortunately, WFUMB cannot cover travel expenses incurred. The agenda for the meeting is appended below.

I very much hope that you will be able to attend this luncheon meeting. In order to assist with the catering arrangements, I would appreciate you letting Rose Randolph know via email (rose.randolph@uc.edu) by August 21 whether you plan to attend.

Kind regards,

Christy K. Holland

Christy K. Holland, Ph.D.
Editor-in-Chief

UMB ADVISORY EDITORIAL BOARD MEETING AGENDA -AUGUST 29, 2009
(12:00-13:30pm Bayside Room 107 of the Sydney Convention & Exhibition Centre)

1) Welcome and UMB Editor's Report

2) Discussion of Board Member Performance Reports

3) Solicitation for Review Paper Topics/Authors

4) EES/UMB Online Access Issues

5) Reviewer Database

6) Other Business

7) Date of Next Meeting: The 13th World Congress in Ultrasound, WFUMB 2011 (Vienna, Austria)

****

Attachments:

1) UMB Editor's Report
2) 2008 Impact Factor Report
3) 2008 UMB Country of Origin Report
4) Advisory Editorial Board Summary Performance Report

UMB Online Submission: http://ees.elsevier.com/umb
UMB Editorial Office • Phone: 1-513-558-2508 • Fax: 1-513-558-5958
Email: UMBeditor@uc.edu • Website: www.umbjournal.org

별첨 12-1

JOURNAL OF ULTRASOUND IN MEDICINE AND BIOLOGY

www.umbjournal.org

UMB ADVISORY EDITORIAL BOARD MEETING MINUTES
Sydney, AUS •August 29, 2009

In attendance: Marvin Ziskin (MZ), David Robinson (DR), Doug Miller (DM), Byung Ihn Choi (BC), Kittipong Vairojanavong (KV), Yi-Hong Chou (YC), Elisabetta Buscarini (EB), Flemming Forsberg (FF), Hiroki Watanabe (HW), Robert Gibson (RG), David Cosgrove (DC), David Evans (DE), Michel Claudon (MC)
Associate Editors: Stuart Foster (FS), Nico de Jong (NJ), Jonathan Rubin (JR), Eleanor Stride (ES) and Francois Tranquart (FT)
Staff: Christy Holland (CH), Rose Randolph (RR)
Unable to attend: John Abbott, Archie Alexander, Michael Bailey, Dennis Baker, Kirk Beach, Ayache Bouakaz, Andrew Brayman, Ed Carstensen, Charlie Church, Greg Clement, Guy Cloutier, Richard Cobbold, Dennis Cochlin,Chris de Korte, Michael Delius,Jan d'Hooge, Francis Duck. Floyd Dunn, Joseph Evans, Kevin Evans, Francesco Giovagnorio, David Goertz, Albert Goldstein, Guillaume Haiat, Mike Halliwell, Craig Hartley,Arnold Hoeks, Peter Hoskins, Kullervo Hynynen, Stanislaw Klek, Tetsuya Kodama,Yuko Kono, Elisa Konofagou, Martin Krix, Masatoshi Kudo, Timothy Leighton,Pai-Chi Li, Haidong Liang, Andrej Lyshchik, Ernie Madsen, David McPherson, Naomi Miller, Victor Mor-Avi, Michele Nanna, Levon Nazarian, Tom Nelson, Uwe Nixdorff, Alison Noble, Wes Nyborg, Jonathan Ophir, Christina Pislaru, Leandre Pourcelot, Jeff Powers, Kathryn Reed, John Reid, Robert Reneman, David Sahn, Georg Schmitz, George Shaw, Tsuyoshi Shiina, Kirk Shung, David Skoloudik, Gail ter Haar, Johan Thijjsen, Piero Tortoli, Graham Treece, Shahram Vaezy, Ton van der Steen, Gerhard-Michael Von Reutern, Annemieke van Wermal, Wei-Qi Wang, John Woodcock, Hairong Zheng, Yufeng Zhou

Topic	Discussion/Conclusion	Decision/Action
Meeting Called to Order at 12 Noon	CH welcomed everyone and called the meeting to order.	
1. EDITOR'S REPORT	CH asked if there were any questions about the Editor's Report that had been emailed to all of them. There were none so she proceeded to remark on the highlights of the report:	
a) Impact Factor	The UMB Impact Factor was 2.395 in 2008, which increased from 1.922 in 2007. CH explained that the impact factor drop in 2007 was a reflection of our first year publishing the subject index online only (rather in the December issue) and the consequent substantial increase in the number of papers published in 2007.	
b) Review Articles	MZ stated that more review articles would help increase the impact factor. CH invited AEB members to invite authors and suggest topics for review papers. Suggested topics: Cutting-edge technology or historical reviews; systematic reviews; image-guided treatment (pre-plan/after-effects); contrast agent safety (particularly corporate data).	AEB members to email CH their suggestions for review article topics and authors.
2. WFUMB safety papers/URL referencing	MC brought up the topic of the WFUMB safety symposium articles. CH stated that these are now under review in EES system. CH stated that she allowed a couple of these papers to reference websites (which normally is prohibited by UMB policy). A discussion followed about website reference problems such as broken links, etc. FF stated that all of these problems can be resolved by forcing the authors to add the access date when referencing. CH pointed out that another problem is that authors will promote their own websites. MZ suggested that if UMB does allow them, we restrict the type of website to government or national ones only.	
3. BOOK REVIEWS	CH informed the group that J. Thijssen had retired as Assoc Ed for Book Reviews and sought their suggestions for his replacement and emphasized that they must be proficient in English and hold a PhD or DSc. CH explained that publishers like book reviews and that Elsevier does allow other publishers' books to be reviewed in UMB. EB wondered if UMB should divide the journal contents by section? CH explained how she assigns the article order for each issue based on Peter Wells' priority list (Editorials, In Memoria, Historical Reviews, Systematic Reviews, Original Contributions: Clinical Diagnosis, Clinical Diagnostic Techniques, Clinical Therapy, Therapeutic Techniques, Physics, Engineering and Technology, Bioeffects and Safety, Clinical Notes, Technical Notes, Letters, Book Reviews,	Drs. Choi, Chou and Watanabe will discuss potential individuals to invite as a Book Review Editor and email CH their suggestions.

별첨 12-2 (계속)

WFUMB Education Committee Minutes
May 19, 2009
Page 2

	Official WFUMB Communications). FF thought sections would be a bad idea because people would tend to read only those sections pertinent to their work.	
4. REVIEWER PERFORMANCE REPORTS	CH explained the changes she made last year in the Advisory Editorial Board and presented the performance report for all current Advisory Editorial Board members. CH reminded everyone that as a reviewer, it is his or her responsibility to make sure that the title adequately represents the focus of the paper.	
5. ONLINE ACCESS	CH explained that every year at one time or another, she has trouble with access to the UMB website. No one had any complaints.	RR asked all members to email her when they have any problem accessing UMB or EES websites.
6. DATABASE	CH asked all to help augment our reviewer database by suggesting their senior graduate students or postdoctoral fellows.	Advisory Editorial Board Members to email CH with suggested names of reviewers.
7. OTHER BUSINESS	None	
Call for Adjournment	CH called for adjournment of the meeting at 13:45 pm	

별첨 12-2 (계속)

13. 별첨 13

대한민국의학한림원(NAMOK)과 한국과학기술한림원(KAST)이 Artificial Intelligence (AI)를 주제로 공동 주최한 4개국이 On-line으로 참여한 한림국제심포지엄 프로그램.

별첨 13-1

PROGRAM

Opening Moderator : **Sung-Jin Kim** (Vice President for Academic Affairs, KAST)	
10:00~10:20	**Opening Remark** **Min-Koo Han** / President, The Korean Academy of Science and Technology **Welcoming Remark** **Tae Hwan Lim** / President, National Academy of Medicine of Korea
[Session 1] Plenary Session Co-Chair : **Byung Ihn Choi** (Chair, Organizing Committee) · **Byoung-Tak Zhang** (Professor, Seoul National University)	
10:20~10:45	**AI and Healthcare: Medical Perspective** **Joon Beom Seo** / President, Korean Society of Artificial Intelligence in Medicine
10:45~11:10	**AI in Biomedical Science: Current Status and Perspectives** **Bram van Ginneken** / Professor, Radboud University
11:10~11:35	**Medical AI Research for Clinical Applications** **Ryuji Hamamoto** / Representative Director, Japanese Association for Medical Artificial Intelligence
11:35~11:50	Q & A
11:50~13:00	Luncheon
[Session 2-1] Technologies of AI in Medicine Co-Chair : **Hoguen Kim** (Vice President for Publications, KAST) · **Hee Chan Kim** (Professor, Seoul National University)	
13:00~13:25	**Recent Advances of Unsupervised Learning for Medical Image Reconstruction** **Jong Chul Ye** / Professor, Korea Advanced Institute of Science and Technology
13:25~13:50	**Clinical Unmet Needs and Solution with Deep Learning in Medicine** **Namkug Kim** / Assistant Professor, University of Ulsan
13:50~14:15	**Recent Advances in Deep Learning for Biomedical Research** **Bohyung Han** / Assistant Professor, Seoul National University
14:15~14:30	Q & A
14:30~14:45	Coffee Break
[Session 2-2] Applications of AI in Medicine Co-Chair : **Tai Hyun Park** (Division Chair for Engineering, KAST) · **Myung Ho Jeong** (Division Chair for Medical Sciences, KAST)	
14:45~15:10	**AI in Medical Imaging: Fear, Hype, and Reality** **Woojin Kim** / Faculty of Musculoskeletal Radiology, Palo Alto VA Hospital
15:10~15:35	**EMR and Electronic signal for development of Medical AI** **Kwang Joon Kim** / Professor, Yonsei University
15:35~16:00	**Microbiome Meets Cancer & Immunology** **Hansoo Park** / Professor, Gwangju Institute of Science and Technology
16:00~16:15	Q & A
16:15~16:30	Coffee Break
[Session 3] Issues to be Solved for Real World Application Co-Chair : **Dongchun Shin** (Professor, Yonsei University) · **Sung-Tae Hong** (Professor, Seoul National University)	
16:30~16:55	**Artificial Intelligence in Health Care: Current Applications and Issues** **Hyung-Jin Yoon** / Professor, Seoul National University
16:55~17:20	**Recent Trends in Regulations of AI/ML-Based Medical Devices** **Yoon Sup Choi** / CEO, Digital Healthcare Partners
17:20~17:45	**Clinical Validation of AI** **Seong Ho Park** / Professor, University of Ulsan
17:45~18:00	Q & A
18:00~	**Closing Remark** **Byung Ihn Choi** / Chair, Organizing Committee

별첨 13-2

14. 별첨 14

2014년 일본 Kobe에서 개최되었던 AOCR에서 Oncologic Imaging을 주제로 AOSR-ESR 공동 심포지엄 좌장 초청장.

The 15th Asian Oceanian Congress of Radiology

AOCR 2014

Kobe, Japan September 24-28, 2014

August 4, 2014

Dear Dr. Byung Ihn Choi,

The biannual Asian Oceanian Congress of Radiology (AOCR) is the World-Congress to develop closer relationships between radiologists across the various nations of Asia and Oceania. The upcoming 15th Asian Oceanian Congress of Radiology (AOCR 2014) will be held in Kobe (Japan) from September 24-28, 2014. It will incorporate the 50th Autumn Assembly of the Japan Radiology Society.

We have already received your courtesy of acceptance for the role of chairperson for AOCR2014-AOSOR Conjoint Session, but herewith in addition to the previous invitation, we would like to invite you to serve as the chairperson in the following ESR Special Lecture.
We would be deeply appreciative of your acceptance to this request and please kindly advise your availability to the Congress Secretariat by the enclosed reply form on or before August 8, 2014.

Date and Time: September 26 (Fri) 15:15-18:00
Session Title: ESR Special Lecture
Chairpersons: Hiroshi Honda (Kyushu University, Japan)
Byung Ihn Choi (Seoul National University Hospital, Korea)
Speakers:
1. Valentin Sinitsyn (Federal Center of Medicine and Rehabilitation, Russia)
   Title: Triple Rule-out CTA Protocols in Acute Chest Pain– What is the Evidence?
2. Olivier Clement (Inserm U 970, Université Paris Descartes, Assistance Publique Hôpitaux de Paris, France)
   Title: Cellular Therapies: Targeting and Imaging with Iron Particles
3. Catherine Owens (European Society of Radiology)
   Title: Cardiothoracic CT Imaging in Children: Beyond the Coronaries
4. Ian Beggs (Royal Infirmary of Edinburgh, UK)
   Title: Ultrasound of the Shoulder

For details of the congress, please visit our website http://www2.convention.co.jp/aocr2014/

Thank you in advance for your kind consideration of our invitation.
We look forward to hearing from you at your earliest convenience.

Respectfully yours,

Kazuro Sugimura
President of the 15th Asian Oceanian Congress of Radiology
(AOCR 2014)

별첨 14-1

15. 별첨 15

RSNA 주최 International Trend meeting에 RSNA International Advisory Committee의 vice-chairman인 필자에게 참석을 요청하는 편지.

RSNA®
Radiological Society
of North America

820 Jorie Blvd
Oak Brook, IL 60523
TEL 1-630-571-2670
FAX 1-630-571-7837
RSNA.org

July 30, 2012

Byung I. Choi, MD, PhD
Vice Chairman, International Advisory Committee
Dept of Radiology
Seoul National University Hospital
101 Daehak-ro, Jongno-gu
Seoul 110-744
Republic of Korea

Dear Dr. Choi:

The International Trends Meeting was launched at the 2007 RSNA Annual Meeting to give world leaders in radiology a forum to discuss matters of common concern and the response to these sessions continues to be very positive. As plans for the 98th RSNA Scientific Assembly and Annual Meeting progress, it is our pleasure to invite you to attend the International Trends Meeting scheduled for Tuesday, November 27, 8:00-9:30 a.m., in Room N427D at McCormick Place in Chicago, Illinois.

The topic of discussion this year is *Radiology Workforces*. Our objective is to discuss radiology workforce numbers and organization (both radiologists and technologists), and the relative roles of other medical specialties in performing imaging examinations and procedures.

Please let us know if you are able to attend the International Trends Meeting by emailing Natalie Enriquez at nenriquez@rsna.org. A response by October 15 would be appreciated. If you should have any questions, please contact Mark Watson, RSNA Executive Director, who is working with us to finalize the agenda. Mark may be reached at 630-571-7811 or via email at mwatson@rsna.org.

We do hope you will be able to join us and share the latest trends from your country relating to radiology workforces.

Sincerely,

Richard Baron

Richard L. Baron, MD
RSNA Board Liaison for International Affairs

Philippe Grenier

Philippe A. Grenier, MD
International Advisory Committee Chairman

cc: Mark G. Watson, Executive Director

Board of Directors
N. Reed Dunnick, MD
Chairman of the Board
George S. Bisset III, MD
President
Sarah S. Donaldson, MD
Ronald L. Arenson, MD
Richard L. Baron, MD
William T. Thorwarth, Jr, MD
Richard L. Ehman, MD
Vijay M. Rao, MD
Mark G. Watson
Executive Director
RSNA 2012
98th Annual Meeting
November 25–30
Chicago, IL

별첨 15-1

16. 별첨 16

RSNA 이사장으로부터 RSNA International Advisory Committee의 Chairman의 연임을 필자에게 요청하는 편지.

RSNA
Radiological Society
of North America

820 Jorie Blvd
Oak Brook, IL 60523
TEL 1-630-571-2670
FAX 1-630-571-7837
RSNA.org

October 16, 2013

Byung Ihn Choi, MD, PhD
Dept of Radiology
Seoul National University Hospital
101 Daehak-ro, Jongno-gu
Seoul 110-744
Republic of Korea

Dear Dr. Choi:

I am pleased to inform you that the Board of Directors of the Radiological Society of North America has reappointed you to serve as Chairman of the International Advisory Committee (IAC) for a one-year term that ends at the conclusion of the 2014 Annual Meeting. The Board has also appointed you to serve as Chairman of the Regional Committee for Asia/Oceania of the IAC for a three-year term that ends at the conclusion of the 2016 Annual Meeting. By virtue of this appointment, you will also serve as a member of the IAC.

The IAC is responsible for coordinating activities of the Regional Committees, and for providing advice to the Board of Directors on the following issues, RSNA activities and programs, particularly as they impact international Radiologists, members and attendees at the annual meeting: (1) publications; (2) governance; (3) educational programs (including those outside the annual meeting and Web-based educational resources); (4) science and research; (5) Annual Meeting; and (6) promotion of RSNA membership internationally. The committee is also responsible for the development of topics to be discussed at the "International Trends" meeting held each year in conjunction with the RSNA Annual Meeting.

The Regional Committee for Asia/Oceania will be asked to play an important role in RSNA's global community by assisting with RSNA initiatives in Asia/Oceania, helping radiologists to get involved with RSNA as speakers, committee members, and faculty, and providing feedback on RSNA products from a local perspective. Attached is a copy of the committee charge.

Enclosed are lists of members who have been invited to serve on the committees. When we have received all the responses, we will send you updated rosters reflecting any changes.

The Board appreciates your participation as an international member. To the extent possible, international members participation in committee meetings will be conducted by telephone, with every effort made to accommodate the time zone concerns of all involved. If you choose to attend an in-person meeting, airfare reimbursement will be limited to $800. This applies only to meetings held outside of the Annual Meeting; no travel reimbursement is permitted for any committee member to attend the Annual Meeting.

We are hopeful that you will be able to accept these appointments and look forward to hearing from you. Please click here to respond to these appointments by October 25, 2013. Please contact Niki Howard at nhoward@rsna.org if you have any problems with the link and she will assist you.

Board of Directors
Ronald L. Arenson, MD
Chairman of the Board
Sarah S. Donaldson, MD
President
N. Reed Dunnick, MD
Richard L. Baron, MD
William T. Thorwarth, Jr, MD
Richard L. Ehman, MD
Vijay M. Rao, MD
Valerie P. Jackson, MD
Mark G. Watson
Executive Director
RSNA 2013
99th Annual Meeting
December 1–6
Chicago, IL

별첨 16-1 (계속)

Byung Ihn Choi, MD, PhD
October 16, 2013
Page 2

The first meeting of the Regional Committee for Asia/Oceania will be held during RSNA 2013.

> Regional Committee for Asia/Oceania Meeting
> Wednesday, December 4, 2013
> 11:15 pm - 12:15 pm
> Room N128
> McCormick Place, Chicago

As an RSNA Committee Chair, the Board of Directors requests that you review the RSNA Policy on Conflict of Interest, Conflict of Commitment, and Confidentiality for Volunteer Leaders and that you make a disclosure. You will be directed to this form when you accept the appointments.

To ensure that records in the Society office are accurate and up-to-date, we would appreciate you reviewing your contact information online, correcting where necessary.

On behalf of the Board, thank you for your service to the Society in these important roles.

Sincerely,

Ronald L. Arenson, MD

Ronald L. Arenson, MD
Chairman of the Board

cc: Richard L. Baron, MD, Board Liaison
Karena Galvin, Assistant Executive Director

별첨 16-1 (계속)

17. 별첨 17

2012년 AOSR의 회장으로 RSNA에 참석하였을 때의 학회 및 학술대회의 공식 일정.

RSNA Business Meetings:

Sat. Nov 30		
4:00~5:30pm	ISR/WFUMB Agreement for Collaboration	Palmer House Hilton, 6th Fl.
Sun. Dec 1st		
7:15~8:15am	Opening session breakfast RSNA	Lakeside BR
12:15~13:30pm	Star Expert Board member	Room N 128
15:00pm	**WFUMB LEADERSHIP** strategy planning.	Donors Lounge, Lakeside Center
Mon, Dec 2nd		
7:15~8:30am	International Relation & Education RSNA	
9:00~10:00am	**GE** (South Building – Hall A;4033)	Hyatt Hotel- Suite#TBD
11:00Noon	**Philips** (North Building – Hall B: 6733)	Philips Booth-Room 1
1:00~2:00pm	**Sonosite** (Fuji-South Building-Hall A: 2539)	Hyatt Hotel-registration desk
3:00~4:00pm	**Bracco** (South Building – Hall A: 3339)	Bracco Booth-Room2
4:30pm(?)	MASU (Tunis) Meeting	Donor's Lounge
Tues. Dec 3rd		
8:00~9:30am	Int. Trend Meeting RSNA	N 427 D
9:00~10:00am	**Hitachi Aloka** (South Building – Hall A:2511)	entrance to Hall A1, L 3, S Building
10:30~11:00am	**Siemens** (South Building – Hall A: 1934)	Siemens Booth-Room 8
12:30~1:30pm	Photo Line Dr. Condoleezza Rice	E253 Lakeside Center ➔ Greenroom backstage
12:30~1:30pm	**Samsung** (North Building – Hall B: 6913)	Samsung Booth- Hall B (#6913)
2:00~3:00pm	**Toshiba** (North Building-Hall B: 7330)	Toshiba Booth-Lakeshore Room
2:30~3:30pm	AOSR Executive Council Meeting	Hyatt Conf. Center Burnham A, 2F1)
	ASAR Executive Council Meeting	Hyatt Conf. Center Burnham A, 2F1)
Wed. Dec 4th		
8:30~10:00am	Int. Advisory Board Meeting RSNA	N 427 D
11:15~12:15pm	Asian Oceanian Regional Committee, RSNA	N 128

Dinner Arrangements:

Sat. Nov 30th		
6:30~8:00pm	RSNA Pre-elect Reception	GBR Palmer House Hilton
	ISR dinner	The Grillroom, 33 W Monroe St.
Sun. Dec 1st		
6:30~8:00pm	**Toshiba medical** (The power of innovation)	Union, League Club Crystal Room 5th Fl
8:00pm	WFUMB leadership dinner	"ZED45", 739 N Clark St.
Mon. Dec 2nd		
6:00~8:00pm	Distinguished Donor Reception	Union League Club (65W Jackson Blvd)
6:30~8:30pm	Asian Night	Six10 610S Michigan Ave.
8:00~9:00pm	Teatro alla Scala Academy Orchestra	Harris Theatre for Music and Dance 2005 E Randelph St. Chicago
Tue. Dec 3rd		
5:00~8:30pm	Korean Night	Chicago History Museum
6:00~9:30pm	Supersonic Imagine	Chicago Cultural Ctr.
7:00~8:00pm	RSNA President Dinner	Art Institute of Chicago
8:00~11:00pm	Dinner & Dancing	
Wed. Dec 4		
6:30~8:30pm	RSNA leadership recognition reception	Field museum

별첨 17-1

18. 별첨 18

RSNA 주최 International Trend meeting을 좌장으로서 주재할 내용을 필자에게 미리 알려주는 RSNA 사무국 국제팀의 편지.

International Trends Meeting 2013: Radiology Education in Developing Nations (note to Byung -- ?Title?)

1. Introduction: Drs. Choi and Baron (5 minutes)

   Welcome

   Individual Introductions around the table

   Charge to the meeting and topic

2. Current State of Education and Perceived Additional Needs (10 minutes each):
   a. Africa Dr. Gharbi to nominate speaker (Dr. Choi to contact)
   b. Southeast Asia Dr. Dai to nominate speaker (Dr. Choi to contact)
   c. Latin America Dr. Soto to nominate speaker (Dr. Baron to contact)

   Request each speaker to obtain background relevant information from various countries, at a minimum data and examples from each of 3 different countries --- lowest level of current education; highest level of radiology education quality, and mid tier.

   NOTE: IN PREPARING THIS AND ASSIGNING TIMES I THINK THE PROGRAM WILL EITHER BE TOO LONG, OR PRESENTATION TOO SUPERFICIAL AND DUPLICATIVE. I WONDER IF WEH SHOULD CHANGE TO HAVE PRESENTATION COVERING ONLY LATIN AMERICA OR SE ASIA. WE COULD ASK TO HAVE SPEAKERS FROM TWO DIFFERENT COUNTRIES REPRESENTING EXTREMES OF NEEDS ---- such as if Asia, use China for one extreme, and small developing country like Viet Nam or similar country with more basic needs; or if Latin America, choose Brazil or Argentina for one end, and Uruguay or Peru as examples of other end. That way we could spend 30 minutes on one continent and two extremes. Or Maybe do both Asia and Latin America and spend 15 – 20 minutes on each with 2 examples each. ISSUES WILL BE THE SAME TYPES IF NOT DEGREE. SAVE CONCEPT OF WHAT DO THEY NEED TO A 3RD FORMAL SECTION.

   Considerations (examples of opportunities to discuss where appropriate, but not necessary. That is, suggestions not imperatives to get across the current states of education and needs in regions:

   a. RAPID Summary of current training radiology programs (# of training programs/country; # of residents in each training program) ; How long are training programs and what is covered. Who does teaching (full time, vs. part time private practice)? Is it always supervised medical work, or do residents work independently? Do they have opportunities to work independently versus being limited to observers. Etc. to give understanding of quality and depth of the education and knowledge transfer.

별첨 18-1 (계속)

How many travel to other more advanced country's programs for fellowships (and for how long?)

b. Post Graduate education opportunities: Local or regional radiology CME meetings (who sponsors, how many, what level of experience for lecturers?); (include teams of speakers from other outside countries --- how often and how many of the your region's radiologists get to interact with these educators).

Travel to Large International Radiology Meetings – how many, how often;

Visiting professorship opportunities (locally, regionally, globally) (how many come in and how many go out to other countries?). How long are the visiting professorships (1 day, 1 week, 1 month, 6 months, 1 year).

c. Utilization of visiting faculty as lecturers, versus tutoring and mentoring real time in daily clinical activities.
d. How important and how utilized are printed educational materials? From where do they originate? Are they up to date editions of textbooks or journals?
e. How important and how utilized are on line materials and where do they originate? (journal articles; Large international society web offerings of lectures, exhibits; google search; Commercial products like Amirsys, etc.)

3. Current offerings of educational materials and activities from more mature regions and organizations (10 minutes each was our plan in Vienna, but I wonder whether we should do 5 minutes each with modifications outlined below):

NOTE: GATHER IN DEPTH MATERIALS AHEAD OF TIME TO BE DISTRIBUTED IN ADVANCE. AT ACTUAL MEETING HAVE SOCIETIES ONLY LIST 1 – 2 SLIDES WITH SUMMARY OF TYPES OF ACTIVITIES AND NOT HAVE EXTENSIVE DISCUSSIONS OF SPECIFICS OF EACH TYPE OF ACTIVITY.

a. Europe -- Dr. Krestin to nominate speaker (Dr. Baron to contact)
b. North America --- Dr. Mayo-Smith (Dr. Baron to contact)
c. Asia --- Dr. Choi to get name of speaker, probably from Korea

Summarize global efforts to provide educational opportunities OUTSIDE of their region. The speakers are charged to get background information as deep as possible, but realistically they should probably get examples of representative options and proportions of processes from the following organizations. For example, for Europe, speaker would only summarize that activities from national societies do have programs, and give some examples, but not try to be complete:

Major regional radiology organizations (RSNA, ESR, ACR, AOSR, etc.

별첨 18-1 (계속)

National radiology organizations (Country societies, or other smaller regional organizations)

Subspecialty clinical societies (ASNR, ESNR, SAR (formerly SGR, SUR), ESGAR, STR, etc.)

Government offerings; University sponsored programs

Types of offerings:

CME Meetings (in home country versus on site in developing nations) -- size; faculty # (how selected); General overview of topics approached --- how do they determine appropriate topics)

Scholarships to travel and participate in meetings/training programs

Availability of on-line educational materials: what types?

Mentoring faculty to supervise and train in local hospitals?

Any train the trainer programs?

CONSIDER 3RD SECTION: WHAT IS PERCEIVED NEED THAT IS LACKING IN EDUCATION: TYPES, QUANTITY; WHAT WILL BE THE MEASURABLE OUTCOMES TO SEE IF PROGRAMS SUCEED. Should this be assigned, or should we have this be a group discussion for comments and ideas? Perhaps we could let the participants know in advance that this will not be assigned, and that they should be thinking in advance of discussion points they would like to make in this time period? If we do the original plan we had put together in Vienna, we would have 5 min intro; 30 minutes for "Receivers" and 30 minutes for "Operators", leaving 25 minutes for discussion, or 3rd speaker for 10 minutes and 15 minutes discussion.

If we make some modifications along what I have suggested, we would have 5 minutes introduction; 30 – 40 minutes "Receivers" (depending on whether we do one continent (2 countries) for 30 minutes, or two continents(each 2 countries) each for 20 minutes). This plan has 15 minutes for "Operators". this could leave us 30 – 40 minutes for a 3rd section. With this length I would think it too long a time for a "free discussion" and best to have assigned speaker to create thoughts on what would be "idealized" educational program for transferring knowledge from more advanced regions to lesser regions. Perhaps two speakers, each of 8 – 10 minutes, leaving sizable time for comments and further discussion. Maybe we could charge our "Receivers" and "Operators" speakers to deliver their slides to these speakers 30 days in advance of the meeting, so these individuals could see what will be presented and give them some background with which to lead the discussion through their presentation?

별첨 18-1 (계속)

19. 별첨 19

RSNA 주최 International Trend meeting에 대하여 공동 좌장으로서 주재할 내용과 역할 분담을 사전에 상의하기 위한 RSNA 회장과의 연락 서신.

Dear Rich:

I reviewed your tentative draft for the topic of next International trends meeting of RSNA. Basically, I agree with your proposal with some modification of our original idea. My reply for your questions and reqeust in terms of this matter is as follows;
Title: Radiology Education in Developing Countries; Needs and Support (or what do we need and how do we support?)

1. Introduction for 5 minutes; OK
2. Current state and needs; I agree with your modification from three regions to one or two regions. I think Asia and Latin America is in similar situation, but Africa seems to be different. So, my suggestion is selection of two countries from Latin America by Dr Soto (Brazil for high end and one country for low end) and one country from Africa selected by Dr Gharbi for lowest end. For 30 minutes (10 minutes each)
3. Current providing systems and contents; I think there are many organizations with different levels from regional thru national to university or institute. My suggestion is selection of two regions (RSNA, ESR) two national societies (ACR? and Korea), and one subspecialty society (AJNR or SAR) and one university or institute from USA or Europe. For 30 minutes (5 minutes each) You can nominate the speakers from USA, and ask Gabriel for speakers from Europe, and I can nominate speakers from Asia.
4. Assigned two speakers for ideal educational program from both receiver side (Dr Gharbi or Soto) and provider side (your designate or Dr Mayo-Smith or Dr Krestin's designate). For 15 minutes (7.5 minutes each)
5. Free discussion and summary. For 10 minutes

My proposal described above is very flexible, and you may correct my suggestion as you want.

Best wishes,

Byung

별첨 19-1 (계속)

From: Baron, Richard [BSD] - ADM [mailto:rbaron2@bsd.uchicago.edu]
Sent: Monday, March 18, 2013 11:43 PM
To: bichoi (bichoi@snu.ac.kr)
Subject: follow up on Internation Trends Meeting plans

Hello Byung

I hope your travels home were uneventful. Mine were, except I have come back to continued winter in Chicago far beyond expected, still running 10 – 20 degrees below typical averages. Spriing is supposed to start this week, and one would never know it!

I am sorry for my week long delay with my promised summary of our meeting in Vienna. I actually did the work on the plan home, but as I did it, I became concerned that our topic was a large one, and in putting the times to paper, I had concerns that we were trying to have too many speakers. I want to avoid having too many speakers take time but without impact or allow for meaningful discussion. I have taken time since returning to think this through and have put together some alternative thoughts for you to consider.

I am attaching my summary document, but in the document I have put my thoughts and proposed minor alterations in yellow highlights for you to see. I would like your thoughts on these and we can plan.

What do you think?

Rich

Richard L. Baron, M.D.
Dean for Clinical Practice
Professor of Radiology
University of Chicago Pritzker School of Medicine

별첨 19-1 (계속)

20. 별첨 20

RSNA 주최 International Trend meeting을 좌장으로서 주재할 내용을 공동 좌장 간에 상의한 내용을 정리하여 필지에게 사전에 알려주는 RSNA 사무국 국제팀의 편지.

DRAFT

2013 International Trends Meeting
Radiology Education in Developing Nations: Needs and Support

Tuesday, December 3, 2013
8:00 a.m. - 9:30 a.m.
N427D, McCormick Place

Speaker Action Items:

1. **Submit presentation materials to RSNA staff (kemshoff@rsna.org) by October 31, 2013.**
   a. **Presentation slides: should represent trends and provide a summary of your findings, Appendices: Full background data and detailed information may also be submitted to RSNA staff. These materials will be distributed via email prior to the Trends Meeting, and upon request, may also be available at the meeting.**

I. Introduction **8:00-8:03 a.m.**

Speakers:
Byung Ihn Choi, MD, PhD
Richard L. Baron, MD

a. Individual introductions around the table
b. Review meeting charge and topic

II. Current State of Education and Perceived Additional Needs **8:03-8:33 a.m.**

Speakers:

Brazil	Renato A. Mendonca, MD and Manoel S. Rocha, MD, PhD
Peru	Sarah C. Guerra, MD
Tunisia	Professor Ibtisem Bellagha

Time: 10 minutes per country (8 minute presentation, plus 2 minutes for questions and discussion)

Purpose of Presentation: Review the current state of radiology education needs in your region.

Topics for Consideration: The topics below are intended to serve as suggestions, rather than imperatives.

a. Brief summary of current training radiology programs:
   Number of training programs per country or in region
   Number of residents in each training program
   Length of training programs and what is covered
   Description of trainer/teachers (full-time vs. part-time, private practice faculty)
   Is training always supervised medical work, or do residents work independently? Do they have opportunities to work independently vs. being limited to observers. (This point is intended to provide a better understanding of the quality and depth of the education and knowledge transfer.)
   What percentage of trainees travel to other (more advanced) country's programs for fellowships, and for how long?

별첨 20-1 (계속)

DRAFT

b. Postgraduate education opportunities:

Local or regional radiology CME meetings

- Who sponsors (companies?)
- Number of attendees (professional vs. companies or sponsors)
- Lecturer's level of experience (including teams of speakers/visiting professors from other countries; how often and how many of your region's radiologists get to interact with these educators?)

Travel to large international radiology meetings (who goes, how many, how often)

Visiting professor opportunities

- How many come in and how many go out to other countries? (are they local, regional, global)
- Length of the visiting professorships (1 day, 1 week, 1 month, 6 months, 1 year)

c. Utilization of visiting faculty as lecturers versus hands-on trainers or mentors in a clinical setting

d. How Important and how utilized are printed educational materials?

From where do they originate?

Description of materials (up-to-date editions of textbooks or journals?)

e. How important and how utilized are online education materials

From where do they originate?

Description of materials (journal articles; other society's web offerings of lectures, exhibits; resources available through the internet; commercial products like Amirsys?)

III. Current Offerings of Education **8:33-9:00 a.m.**

Speakers:

Europe (Greece)	Nicholas C. Gourtsoyiannis, MD
North America (USA)	Teresita L. Angtuaco, MD
Asia (Korea)	Jong Min Lee, MD

Time: 9 minutes per region (8 minute presentation, plus 1 minute for questions and discussion)

Purpose of Presentation: Summarize organized regional efforts to provide radiology education opportunities to regions of the world with lesser developed programs. The speakers are charged to summarize these educational opportunities and offerings, not in an encyclopedic, comprehensive method, but emphasizing relative frequency and utilization.

별첨 20-1 (계속)

DRAFT

Topics for Consideration: The topics below are intended to serve as suggestions, rather than imperatives.

a. Which organizations from your region sponsor identifiable programs?
   - Major regional radiology organizations (RSNA, ESR, ACR, AOSR, etc.)
   - National radiology organizations (country societies, or other smaller regional organizations)
   - Subspecialty clinical societies (ASNR, ESNR, SAR (formerly SGR, SUR), ESGAR, ESUR, STR, etc.)
   - Government offerings
   - University sponsored programs

b. What types of offerings are available (examples listed below)?
   - In-person CME meetings
     - In home country versus on site in developing nations
     - Number of attendees
     - Number of faculty, and process for selection
     - How are education needs/topics identified?
   - Scholarships to travel and participate in meetings/training programs
   - Online educational materials (what types)
   - Sending faculty to supervise and train in local hospitals
   - Train the trainer programs
   - Other offerings, and where they come from (printed materials, visiting professorships, etc.

IV. Ideal Educational Programs **9:00-9:20 a.m.**

Speakers:

USA	William Mayo-Smith, MD
Chile	Gloria Soto, MD

Time: 10 minutes per country (8 minute presentation, plus 2 minutes for questions and discussion)

Purpose of Presentation: Summarize the primary methods of education assistance available, and assess which methods work well and which do not. Additionally, speakers are charged to summarize discussions from the Trends Meeting and present what they envision to be optimal initiatives to provide education tools and resources to more developing regions of the world, including the definition of outcome metrics that could be used to determine the success of such programs.

V. Concluding Group Discussion **9:20-9:30 a.m.**

별첨 20-1 (계속)

21. 별첨 21

AOSR immediate Past President에게 AOCR 학술대회에서의 일정을 미리 알려주는 조직위원회의 서신.

The 15th Asian Oceanian Congress of Radiology

AOCR 2014

Kobe, Japan September 24-28, 2014

September 1, 2014

Dear Dr. Byung Ihn Choi,

We would like to express our sincere appreciation for your acceptance of the role(s) in the 15th Asian Oceanian Congress of Radiology (AOCR 2014). The congress is only a few weeks away from now and its preparations are well under way.
Here is some key information regarding the congress. Please check it once again before your attendance.

REGISTRATION HOURS

September 25 (Thu.)	7:30 - 18:00
September 26 (Fri.)	7:30 - 18:00
September 27 (Sat.)	7:30 - 18:00
September 28 (Sun.)	7:30 - 14:00

Venue : Hall No. 3, Building, Kobe International Exhibition Hall*
Please pick up your name badge at the registration desk for "Invited".
*Please note that there will be no registration desk in Kobe International Conference Center and Kobe Portopia Hotel.

SOCIAL EVENTS

VIP Dinner*	September 24 (Wed.) 19:00-	Ravimana Kobe 8-2 Kobe airport, Chuo-ku, Kobe, Hyogo 650-0048 Japan Dress code: Casual
Official Opening of Technical Exhibition and Welcome Reception	September 25 (Thu) 16:30-17:30	Hall No.3 Building, Kobe International Exhibition Hall
Opening Ceremony and Opening Lecture	September 26 (Fri.) 13:15-15:00	Ohwada A (Room 1), South Wing 1F, Kobe Portopia Hotel
Presidential Dinner	September 26 (Fri.) 18:30 Door Opens 19:00 Start	Ohwada, South Wing 1F Kobe Portopia Hotel Dress code: Semi-formal (a tie required), National dress is welcome
Congress Banquet	September 27 (Sat.) 18:30 Door Opens 19:00 Start	Ohwada, South Wing 1F Kobe Portopia Hotel Dress code: Business Casual, National dress is welcome
Closing Ceremony	September 28 (Sun) 11:30-12:15	Ohwada, South Wing 1F Kobe Portopia Hotel

*VIP Dinner: Bus will depart at 18:30 from the main entrance of Kobe Portopia Hotel.

별첨 21-1 (계속)

The 15th Asian Oceanian Congress of Radiology

AOCR 2014

Kobe, Japan September 24-28, 2014

YOUR ROLES IN THE PROGRAM

Role	Date / Time / Place	Session
Moderator	Septemer 26 (Fri.) 9:00-11:55 Main Hall (Room10)	AOCR2014-AOSOR Conjoint Session "Oncologic Imaging: State of the Art
Moderator	Septemer 26 (Fri.) 15:15-18:00 Ohwada A (Room1)	ESR Special Lecture "ESR Speaker Exchange"

*Information for moderators and presenters: http://www2.convention.co.jp/aocr2014/chairpersons_presenters.html

HOTEL ACCOMMODATION

Accommodation confirmation will be sent to you from our official travel agent, JTB Western Japan Corp. separately.

REIMBURSEMENT FOR TRAVEL EXPENSES

Reimbursement will be made during the following time at Headquarters in Room Kikusui. (Main Building B1F, Kobe Portopia Hotel)

September 25 (Thu.) 8:00 - 18:00
September 26 (Fri.) 8:00 - 18:00
September 27 (Sat.) 8:00 - 18:00
September 28 (Sun) 8:00 - 12:00

[NOTE]

1) Your passport and the original receipts of the airport limousine bus are required.
2) All expenses will be reimbursed in JPY.
3) Reimbursement will be made only when the invited guest him/herself appears.

Finally, if you have any questions, please feel free to contact us.
Once again, thank you for your kind support. We look forward to seeing you in Kobe soon.

Respectfully yours,

Kazuro Sugimura
President of the 15th Asian Oceanian Congress of Radiology
(AOCR 2014)

별첨 21-1 (계속)

22. 별첨 22

AOSR 총회의 회의 순서와 회장의 역할을 설명하는 Script를 사무국에서 준비한 예.

The Royal Australian and New Zealand College of Radiologists

ANNUAL CEREMONY 2012 - Script

PRIOR TO THE CEREMONY

5.30 Councilors, VIP's and New Fellows assemble in robing area

5.35 Music Group plays incidental music

5.40 Audience moves into theatre

5:50 Academic Procession assembles outside entrance doors in foyer

***6.00 Don Swinbourne** mounts stage and announces from lectern A:*

"Ladies and gentlemen the academic procession is about to enter the hall. In a moment I shall ask you to stand. Once the members of the procession have taken their places on the stage would you please remain standing for the national anthems of New Zealand and Australia? Would you please stand."

PROCESSION

Procession music is played

6.01 Procession proceeds into theatre – Staff member at the foot of each stair – procession fills seating – left and right and filling in centre – Each person stands in front of allocated seat.

NATIONAL ANTHEMS

National anthems of New Zealand and Australia are sung by a vocalist.

별첨 22-1 (계속)

Dinesh Varma: May I now introduce Professor Byung Choi President of the Asian Oceanian Society of Radiology.

Prof Varma resumes his seat.

Prof Choi moves to Lectern A.

Byung Choi: I would like to welcome tonight the Members of the Asian Oceanian Society of Radiology Executive:

Professor Kazauro Sugimura, President Elect
Dr Stephen Chi Wai Cheung
Dr Yi-Hong Chou
Dr J.P. Dai
Dr Evelyn Lai-Ming Ho
Professor Lee Jongmin
Dr Winton E.H. Lim
Dr Kundur Prabhakar Reddy

I would also like to acknowledge and welcome the Presidents and representatives from the AOSR members who are with us this evening:

Dr Yi-Hong Chou, President of the Chinese Taipei Society of Radiology.
Dr Harsh Mahajan, President of the Indian Radiological and Imaging Association.
Professor Dong Ik Kim, President of the Korean Society of Radiology.
Professor Lin Tun Tun, President of the Mayanmar Radiological Society.
Professor R.K. Rauniyar, President of the Nepal Radiologists' Association.

4

Dr Danilo Sacdalan, President of the Philippine College of Radiology.
Professor Hoang Det Kiet, President of the Vietnam Society of Radiology and Nuclear Medicine.
Dr Lillian Leong, past president of the Hong Kong College of Radiologists.

Prof Choi gives a brief address of welcome referring to the occasion being one to recognise the achievements of delegates attending from AOSR member societies.

Prof Choi resumes his seat.

별첨 22-1 (계속)

PART 04

영어 의학 이메일

학습목차

CHAPTER 17

머리말

| 정혜자

인터넷의 세상에서 이메일이 없다면 이 많은 일들을 어떻게 처리하고 살 수 있을까 생각해 보는 때가 종종 있었다. 해외 학회나 병원에 연락할 일이 있을 때, 며칠 걸려서 편지를 쓰고, 속달로 부쳐서 소식을 기다리며 의국 사무실이나 개인 사물함을 매일 점검하던 때를 떠올리면 이메일의 신속함에 기분이 좋아지기도 한다. 때때로 그게 족쇄가 되는 줄도 잊고 말이다.

이메일을 이용해서 해외 학회 및 학자, 전문가들과 다양한 범위에 걸쳐 오랫동안 연구 활동을 해오며 어떤 표현을 쓰면 간결하면서도 논리적으로 명확하게 의견을 주고받을 수 있을까 하는 것은 항상 숙제로 남아 있었다. 오랫동안 주고받은 이메일을 제목별로 보관하고 참고하기도 하면서 생각한 것은 이메일의 특성인 간결하고도 명확한 표현을 구사하는 것은 결국은 영어 작문의 능력과 기술과 다를 게 없다는 점이었다.

단어의 뜻과 쓰임을 알아야 하고 간결·적절하면서 정확한 표현과 문장구조를 구사할 수 있어야 한다. 간결하게 써야 하는 이메일이야말로 더욱더 영어 작문 능력이 요구되는 영역이다. 실제로 영어공부에서는 이 작문 영역이 어려우면서도,가장 많은 시간이 필요한 부분이기 때문에 어려움을 느끼는 것은 당연한 일이기도 하다.

이런 어려움을 극복하고 영어 작문 능력을 향상시키려면 개인별로 많은 시간과 노력을 들여야 함은 말할 필요도 없지만, 현장에서의 현실은 그렇지 못하다.

가지고 있는 모든 이메일을 정리 분석하고 의료인의 실정에 맞게 상황별로 사용할 수 있는 디딤돌 역할의 예문들을 중심으로 간단한 설명과 함께 소개하였다. 원어민들의 이메일을 자료로 삼아 분석·분류하였기 때문에 생명감이 있고 정확한 표현들이 많은 도움이 되리라 의심치 않는다. 디딤돌 같은 이메일을 참고하여 독자 나름대로 훌륭한 문장을 구사할 수 있기를 기대해 본다.

CHAPTER 18

이메일의 형식과 특징

| 정혜자

이메일은 송수신의 간결함과 컴퓨터를 통한 직접적인 의사 소통이 특징이며, 이것이 가능하게 되는 데는 이메일의 기본 형식이 큰 역할을 한다. 어떤 특정의 목적으로, 그에 대한 빠른 응답을 기대하며 이메일을 보낼 때는 명확하고 논리적인 표현이 필수적이며, 이 표현을 담아내는 형식은 일반 편지 형식과는 다르다.

이메일의 기본 형식은 헤더(보통은 데이터의 앞에 붙은 표제 정보), 본문 내용, 이름이 들어있는 연락처의 세 부분으로 구성된다. 헤더 부분은 보내는 사람(From), 받는 사람(To), 제목(Subject)을 기본으로 하며, 경우에 따라 참조(Carbon copy, 줄여서 Cc), 숨은 참조(Blind carbon copy, 줄여서 Bcc), 첨부파일(Attachment)을 적는다. 내용을 적는 본문 부분은 인사말(Salutation), 보내려는 내용(Message), 맺는 내용(Conclusion) 그리고 맺는말(Close)로 구성되며, 이 아래에는 이름(서명은 선택사항), 본인의 직장주소 및 전화번호, 팩스번호와 이메일 주소가 있는 일종의 연락처를 덧붙인다. 그러나 처음으로 주고받는 사이가 아니라면 이름만 쓰고 끝맺는 것이 일반적이다.

우리가 흔히 보는 이메일 형식은 이메일 서버를 이용하게 되는데, 간결하고 신속하게 업무를 해야 하는 데 있어서 어느 이메일 서버를 이용하더라도 이메일 형식을 다 지킬 수 있어서 크게 걱정할 것은 없다. 그리고 흔히 생각하는 것처럼 항상 형식에 구애받지 않는 내용만 주고 받는 것이 아니기 때문에 용어의 선택과 표현에 있어서 예의를 갖추어야 함은 말할 필요가 없다.

어떤 목적의 이메일이냐에 따라 몇 가지 염두에 두어야 할 사항들이 있다.

첫 번째, 가급적이면 한 번의 이 메일에서 한 가지 주제만 다루는 게 좋다. 신속함이 이메일을 보내게 되는 제일의 필요성이기 때문이다. 두 번째, 보내는 사항의 엄격성, 받는 사람과의 관계에 따라 사용하는 표현을 구어체로 써도 무방한지를 살펴보도록 한다. 같은 직장 내에서 동료들끼리 주고 받는 경우가 아니라면 심한 구어체의 표현은 삼가는 게 좋다. 세 번째, 중요한 이메일은 출력해 보관한다. 네 번째, 보내기 사인을 클릭하기 전에 다시 한 번 내용, 숫자, 철자 및 구두점 등을 점검하여 정확성을 기해야만 한다. 한번 보낸 이메일은 회수가 불가능하기 때문이다. 다섯 번째, 참조(Cc)를 이용할 때는 과연 참조가 필요한지 생각하여야 하며, 참조를 이용할 때도 숨은 참조(Bcc)를 이용하여 제3자의 프라이버시를 보호하는 방법도 있다. 여섯 번째, Texting에서 많이 볼 수 있는 축약된 표현이나 양식이 이메일에서도 쓰이기도 하지만 모든 이들에게 써도 좋은 것은 아님을 알아야 한다. 일곱 번째, 상황이 잘 진행되지 않을 때, 공격적인 어휘나 빈번한 대문자 사용 같은 감정표현을 나타내는 행동은 자제해야 한다. 대신, 톤을 낮추거나 강조하고 싶은 표현 앞뒤로 별표(*)를 사용하여 처리하는 게 좋다. 여덟번 째, 보내는 내용이 길다면 상대방의 시간절약뿐만 아니라 보안을 위해서라도 긴 내용은 첨부파일 형태로 보내는 게 좋다. 아홉 번째, 이메일은 형식상 프라이버시를 보장할 확률이 적으므로 보안을 유지해야 할 내용은 이메일을 이용하지 않는 게 좋다.

1. 제목

반드시 짧아야 하고, 보내려는 내용이 구체적으로 표현되어야 한다. 많이 쓰이는 제목표현으로는 다음과 같은 것들이 있다.

1. 과 회의(Meetings)
2. 과 회의시간 변경(Meetings: time change)
3. 스태프를 위한 가이드라인(Staff guidelines)
4. 계획 변경(Change in plans)
5. 스케줄 확인(Confirmation of schedule for ~)
6. 새 규정 공지(Announcement to the staff of a new regulation)
7. 호텔 예약(Hotel reservation)
8. 특별 강의(Special lecture by ~)
9. 소책자 부탁(Request for brochures)
10. 리포트(Reports)
11. 최근 정보(Updates)
12. 콘퍼런스 다시 알림(Conference information again)
13. 휴가(Holiday/Leave)
14. 인터넷 접속 제한 알림(Internet access limit)
15. 복귀 환영(Welcome back!)

2. 인사말/호칭

상대방과의 친소관계에 따라 형식을 다르게 쓸 수 있다. 이미 이메일을 주고받는 상태라면 "Hi/Hello, David"와 같이 호칭 없이 바로 이메일 내용을 쓸 수 있다. 직장 내의 동료 간에 쓰며, 미국이나 영국에서는 처음으로 이메일을 주고받을 때도 쓰기도 한다. "Dear David", "Hi, David"처럼 형식에 덜 구애받으면서 쓸 수 있다.

"Dear Dr./Mr./Mrs./Ms. Brown", "Dear Professor Brown" 등은 형식을 갖춘 채 처음으로 이메일을 보낼 때 쓴다. 이름을 모르는 사람에게 처음으로 보낼 때는 직책 명칭을 쓰거나 "Dear Sir or Madam", "To whom it may concern", "Dear HR manager" 또는 "Hello"로 시작한다. 사람들(group)에게 보낼 때는 "Dear all", "Hi, everyone" 등으로 시작해서 쓸 수 있다.

3. 본문

이메일을 보내는 이유를 명확하게 밝히며, 첫 단어는 대문자로 시작한다. 만약 형식을 갖춰서 보내는 이메일이라면 "I am/'m writing to…"로 시작하면 되고, 이미 이메일을 주고받고 있는 상황의 친근한 사이라면 "Just quick note to…"로 시작해도 좋다. 다음의 예문에서 형식을 갖춘 것과 그렇지 않은 것의 표현의 차이를 볼 수 있다. 그러나 두 스타일의 구분은 항상 지켜지는 것은 아니며, 신속, 간결함이라는 이메일의 특징상 혼합해서 쓰기도 한다. 한 사안을 두고 주고받는 이메일이라면 간결한 형식이 더 많이 쓰인다.

3.1 확인하는 내용이 있을 때

a) I am writing to confirm your arrival here in Seoul Hospital for a special lecture….

b) Just quick note to confirm that you are to arrive here in Seoul Hospital for a special lecture….

c) Just a quick reminder that we are expecting you to present a lecture at Seoul Hospital entitled "XXX" on Friday, December 10, 2010, from noon to 1 p.m.….

3.2 답장을 보낼 때

a) I am replying to your late letter dated….

b) As requested, I am submitting a revision of X….

c) To answer your last letter….

d) In reply to your e-mail….
e) In response to your email of May 3, I'm sending the cases you requested….
f) Please find attached to this email, the information of (slides, lecture, or chapter) that you requested.

3.3 감사를 표할 때

a) I really appreciate your inviting me to your hospital….
b) I'd like to express my appreciation for your time and support.
c) I don't know how I would have managed without your help.
d) Your support is greatly appreciated.
e) Thank you for your invitation to visit your hospital….
f) Thanks again for your useful suggestion.
g) If I can repay your kindness, let me know.
h) I have an answer for the question you asked me after my lecture.

3.4 늦어진 답장을 보낼 때

a) I profoundly apologize for being late in getting this schedule organized….
b) I apologized for not having responded much sooner than this….
c) I'm sorry for the delay in getting back to you….
d) Sorry for not writing sooner to thank you for….
e) Sorry to be delayed (or late) in answering….
f) Please forgive my tardiness in answering your questions about….

3.5 어떤 사항을 요청/문의할 때

a) I am writing to arrange a meeting with you and Dr. Brown to visit our hospital.
b) I'm wondering if you have time to give us any guidance.
c) I have a favor to ask you about….
d) I would be interested in visiting your….
e) Will you please send me a copy of your paper entitled….
f) I would like to get your permission to reprint the following material from your book….
g) I am writing on behalf of our section to ask you to send some information on the meeting scheduled next week….
h) Just writing to arrange a meeting with you and Dr. Brown to visit our hospital.

i) Please forward this letter to the appropriate person.

j) Please call me to discuss our seminar for….

4. 맺는 표현

보통은 단락을 바꾸어 이메일을 보낸 후에 기대하는 응답, 조치에 대해서 언급을 한다거나 상대방의 안녕을 희망하는, 또는 호의를 제안하는 문장으로 마무리한다. 상대방에게 기대하는 것이 있거나 꼭 필요하고 긴급한 내용이면 이탤릭체를 사용해서 강조하기도 한다. 형식을 갖춘 이메일이면 "We look forward to your reply", "Please confirm the new date by Monday" 등으로 하면 무난하며, 친근하고 형식을 덜 갖추어도 될 만한 사이에서는 "Speak to you soon", "Look forward to your next mail", "Plesase reply asap" 등으로 하면 되겠다.

4.1 감사표시

Thanks for your help and cooperation.

Thank you very much.

Thanks.

Thank you.

Thanking you in advance.

4.2 안부표시

Hope all is well with you.

I really hope the above is convenient.

See you soon.

Hope you have a nice evening.

Don't work too hard.

4.3 답장 요청

I would appreciate a reply as soon as possible.

Please send me an email by 2 p.m. tomorrow.

Please let me know what time is convenient for you.

Could you please take care of this immediately?

Hoping to have the pleasure to hear from you soon.

4.4 호의 또는 제안 표시

Let me know if you need anything else.
Let me know if I can help you further.
Do not hesitate to contact me if you need any help (assistance).
Feel free to contact me if you have any other questions.
Feel free to get in touch if you need more information.

5. 맺는 말

인사말, 호칭처럼 형식을 갖춘 또는 형식을 갖추지 않은 표현들이 자주 사용된다.

5.1 형식을 갖춰야 하는 이메일

가령, 처음으로 모르는 사람에게 초청을 한다는 내용을 담은 이메일을 보낼 때는 맺는 말에서 다음과 같은 표현을 쓰는 것이 관례이다.

"Yours sincerely", "Truly yours", "Sincerely yours", "Cordially", "Respectfully", "Very sincerely yours" 등이 주로 쓰인다. 그리고 정식 초청 사안에 대해 보내는 메일이라도 "yours"를 생략한 "Sincerely", "Truly" 등을 쓰기도 한다.

5.2 상황에 관계없이 가장 흔히 쓰이는 짧고도 간결한 어구

"Regards", "With warm regards", "Best wishes", "Best/Kind regards", "Your best regards", "With best wishes", "All the best", "With best personal regards and best wishes", "Sincerely", "Truly" 등이 주로 쓰인다.

5.3 형식을 덜 갖추어도 되는 친근한 사이거나 연속으로 주고받는 상황

"Bye", "Best", "See you" 또는 이런 표현도 없이 이름만 쓴다거나, 아무것도 안 쓰고 맺는 경우도 있다.

CHAPTER 19

이메일의 상황별 표현

| 정혜자

1. 초청(Invitation)

국내외 학회, 병원, 대학 및 여러 기관에서 강연, 상의, 워크숍의 연사, 패널리스트(panelist) 또는 사회자(moderator)로 각종 학술대회, 세미나, 여러 행사에 참여해달라고 초청장을 보내기도 하고 받기도 한다. 이런 초청 앞뒤로 일어날 수 있는 상황에서 쓸 수 있는 표현들을 살펴보겠다.

1.1 학회, 기타 모임 주관기관에서 초청하는 제안을 할 때

아래의 이메일은 형식으로 볼 때에 기본 형식을 충실히 따르고 있다. 제목을 명확하고 짧게 한 구절로 표현하고 있고, 그 다음 호칭의 표현에서 형식을 갖춘 "Dear Dr.…"로 시작했으며, 본문에서는 바로 이 이메일의 목적("would like to invite you")을 정중한 어구로 쓰고 있다. 맺는 표현에서는 이메일을 보낸 후 기대하는 조치("reply to this email")를 역시 간결하게 쓰고 있다. 맺는말 또한 정중한 문체인 "Sincerely"를 사용했고 그 밑에서는 이름과 직책을 쓰고 있다. 이런 형식은 학회 및 대학에서 공식적으로 초청을 제안할 때 흔히 사용된다.

Sample Emails

1) (제목) **2008 PIR Annual Meeting Moderator Invitation**

(호칭) **Dear Dr. Kim,**

(본문) I would like to invite you to participate in the 2018 Society of the 29th Annual Meeting as a scientific session

	moderator. The 2018 meeting will be held from March 25~30, in Phoenix, Arizona. You are requested to moderate Scientific Session Cardiac/Chest, on Friday, March 26, 2018 at 12:30 p.m.- 2:00 p.m.
(맺는 표현)	To confirm receipt and accept our invitation, simply reply to this email.
(맺는말)	Sincerely,
(이름 + 직책)	James F. Benenati, M.D. Chair, 2018 Scientific Sessions

2) Dear Professor Tim Brown,

On behalf of the OIRSE 2018 Scientific Programme Committee, I am delighted to invite you as speaker for the 23rd Annual Meeting of X Society of Korea (OIRSE 2018) which will be held in Pyungchang from September 13-17, 2018.

Yours sincerely,

Prof. Sungsoo Park
Chairman of the Scientific Programme Committee

(브라운 교수님, 2018 OIRSE 프로그램 위원회를 대신하여 귀하를 9월 13일부터 9월 17일까지 평창에서 열리는 2008 OIRSE, 23차 연례대회의 연사로 초청하고자 합니다. 학술프로그램 위원장 박 성수)

3) Dear Dr. Jinsoo Kim,

The X Society will have its 89th Congress in Berlin from 30. April - 03. May. 2018. I have the honor to serve as the chairman and would like to invite you as a speaker.
This mail is to check (or 'enquire') whether you would be willing and able to speak on this occasion. Further correspondence would follow.

Kind regards,

Prof. Dr. Cohen

(김 진수 교수님, 2018년 4월 30일부터 5월 3일까지 베를린에서 89차 X학회가 있습니다. 학회장으로서 귀하를 연사로 초청하고자 합니다. 수락가능 여부를

사전 문의하는 것이며, 추후에 연락이 갈 것입니다. 교수 코언)

4) Dear Dr. Jinsoo Kim,

I am truly honored to invite you to this Traditional Dinner Party, as a token of my sincere appreciation for your great support.
I am looking forward to your acceptance of this invitation and I would appreciate it if you could send your reply by fax or email by Friday, April 24.

All the best,

Prof. Dr. Cohen

(김 진수 교수님, 교수님의 성원에 대한 감사의 표시로 전통식 저녁식사 모임에 초대하고자 합니다. 참석해 주시기를 희망하며 4월 24일 금요일까지 팩스나 이메일로 참석 여부를 알려주시면 감사하겠습니다. 교수 코언)

5) Dear Dr. Matt Brown,

We would be honoured if you would join us at Krauhaus Dinner Events. Please confirm your attendance by completing the attached reply form by **February 1, 2018.** The formal invitations will be available in your hotel room upon arrival in Seoul.
If you have any questions, please do not hesitate to contact Mr. Park at the KSR office who will be pleased to assist you.
We are very much looking forward to welcoming you in Seoul.

With best regards,

Prof. Sungsoo Park
Chairman of KSR

(브라운 박사님, 크라우하우스 저녁식사 및 행사에 참석해 주시면 영광스럽겠습니다. 2018년 2월 1일까지 참석 여부를 첨부한 양식에 작성해 주십시오. 정식 초대장은 서울에서 머무르는 호텔에 마련해 놓겠습니다. 문의하실 일이 있으시면, 주저 마시고 KSR 사무국의 미스터 박에게 연락을 주십시오. 기쁘게 도와드릴 것입니다. 서울에서 만나 뵙기를 고대하고 있습니다. KSR 회상 박성수)

6) Dear Professor Brown,

The KCX Executive Committee would like to take the opportunity to invite you to the KCX Evening held on the occasion of the Korean Congress of X

(KCX), on Saturday, March 7, 2018 at the Tech Lounge. The Tech Lounge is located in walking distance to the KOEX, Seoul and offers a great panoramic view over Seoul.
The cocktail reception will start at 18:00 and will be followed by a warm buffet dinner. The KCX evening will be a perfect event for all attending the KCX to get together and get updated about KCX activities in the year of 2018.
Please complete and return this sheet by e-mail or fax to the KCX Office, by January 30, 2018.

Sincerely,

Kiwook Jang

(브라운 박사님, X학회에 즈음하여 열리는 KCX 저녁행사에 초대하고 싶습니다. 이 행사는 2018년 3월 7일 토요일 테크라운지에서 있습니다. 테크라운지는 코엑스에서 걸어서 갈 수 있는 거리에 있으며 서울시의 전망을 즐길 수 있습니다. 칵테일 리셉션은 저녁 6시에 시작되며 뒤이어 뷔페식 저녁식사가 있습니다. KCX 저녁행사는 참석하는 모든 선생님들이 서로 만나는 멋진 행사가 될 것이며 2018년의 최근 KCX 활동소식도 듣게 될 것입니다. 2018년 1월 30일까지 이 양식을 작성하시어 팩스를 통해서 또는 이메일로 보내주십시오. 장기욱)

7) Dear Dr. Jinsoo Kim,

It is my pleasure to invite you to be our guest during the annual meeting of PIRSE which is going to be held in Gothenburg this year.
As in other years, your presence and contributions will be paramount, vital, central, or focal to make this meeting a big success.

With best personal regards,

Peter Guttstig
President PIRSE

(올해 괴텐버그에서 열리는 PIRSE 연례대회에 연사로 초청합니다. 여느 해처럼 박사님 참석이 이 대회를 성공리에 마치는 데 꼭 필요합니다. 학회장 피터 구티)

8) Dear Prof. Kim,

On behalf of the organizing committee, I have the honor to invite you as a faculty member of this congress and to participate in the X session.
We would appreciate it if you could give us an answer by the end of this

month, in order to finalize the program.
Thanking you in advance and hoping to have the pleasure to hearing from you soon.

Yours sincerely,

J. B. Owen
Congress Chairman

(김 교수님, 조직위원회를 대신하여, 이 대회의 X 세션의 강연자로 초청하는 바입니다. 프로그램을 확정하고자 하니 이달 말까지 답신을 주시면 감사하겠습니다. 미리 감사하디고 말씀드리고 곧 소식을 들었으면 합니다. 학회장 오언)

Words and phrases

초청하는 상황에서 자주 등장하는 단어와 어구들은 다음과 같다.

- **(Cordially) invites you to~ /We would like to invite you to~ /We are delighted to invite you to~ /I am truly honored to invite you to~:** "(정중하게) ~에 초청하는 바입니다"의 뜻으로, 'to~' 다음에는 참석한다는 뜻의 동사인 participate, attend 등이 나오기도 하고 위의 예문에서처럼 초대되는 학회, 워크숍, 세미나 또는 세션의 명칭이 나오기도 한다.
- **have the honor of inviting you to~ / be in honor of inviting you as a speaker for~:** "영광스럽게도 당신을 ~에 초청하는 바입니다"의 뜻으로 'for~, to~' 다음에는 초대되는 학회, 워크숍, 세미나 또는 모임의 명칭이 나오게 된다.
- **would you join us at~:** "~에 참석하실 수 있겠습니까"의 뜻으로 'at~' 다음에 초대되는 학회, 워크숍, 세미나, 또는 모임의 명칭이 나오게 된다.
- **You are cordially invited to~:** 'be invited'의 수동태 문장을 써서 초청되는 사람을 강조하였으며, 'to~' 다음에는 참석한다는 뜻의 동사 participate, attend 등이 나오거나 초대되는 학회, 워크숍, 세미나 또는 모임의 명칭이 나오게 된다.
- **be held in~:** (무슨 학회/모임이) ~에서 열리다/개최되다.
- **on behalf of~:** ~를 대신하여, ~을 대표해서.
- **as (a) speaker ~ / as chairman~:** 연사로, 회장으로서. 부정관사 a는 직책 앞에서 쓰기도 하고 안 쓰기도 한다.
- **as a token of ~:** ~의 표시로.
- **be looking forward to ~ / look forward to ~:** "~를 기대하다, 희망하다"의 뜻으로 to~ 다음에는 명사(구), 동명사를 요구하는 동사구로, 동사 원형이 나오면 안 된다.
- **take the opportunity / chance~:** "때를 놓치지 않고 ~하다, 기회를 빌려 ~하다"의 의미. ~다음에는 to + 동사, of +동사 ing의 형태가 뒤따른다.

- **get updated about ~:** ~에 대해 근황을 알다, ~에 대해 최근의 소식을 듣다.
- **be out of ~:** 외출하여, 부재중이어서.
- **would appreciate + 목적어 if ~:** ~하다면 감사하다, ~하면 고맙게 생각하다. 감사하다.
- **conflict:** (사상, 감정, 의견, 이해, 일정 따위가) 대립하다, 충돌하다. 엇갈리다, 모순되다, (일정 따위가) 겹친다 등의 뜻으로 자주 쓰인다. 예컨대, "the seminar conflicts with my presentation on Friday at 6"와 같이 쓴다.
- **see if~ can/could ~:** 할 수 있을지 살펴보겠다.
- **get back (to you) ~:** (당신에게) 연락하겠다.
- **check the (one's) dates/schedule ~:** (그 사람의) 일정을 살펴보겠다.
- **re:** 전치사. 구어체에서 ~에 대하여, ~에 관하여(about, concerning).

1.2 초청에 대한 감사 답신

처음으로 이메일을 주고받는 사이에서는 형식을 갖추어 답신을 간결하게 빨리 하는 게 중요하며, 간결한 이메일의 특징상 다음에 나오는 메일에서처럼 주어인 'I'를 생략하고 쓰는 경우도 있다.

Sample Emails

1) Dear Prof. Kim,

Thanks for the kind invitation. (I) Will check my schedule when I get back. I am out of the country this week.

Peter

(초청해 주어서 감사합니다. 이번 주는 외국에 나가 있어서 돌아가서 일정을 체크해 보겠습니다. 피터)

2) Dear Jinsoo,

First, thank you very much for the invitation! Let me check my dates and see if I can come.
Second, no, I didn't see your first email. With this one, I looked back and found it screened out by the Pale junk mail filter. It has inconsistently filtered other emails from foreign domains, from colleagues in Japan, India, and Brazil as well.
Here's my private email: viz1@mac.com. You can use both or perhaps switch to the latter.

Again, thank you. Let me check the dates and get back to you within just 2~3 days maximum.

Best regards,

Viz

(먼저, 초청해 주어서 고맙습니다. 가능한지 날짜를 보겠습니다. 당신이 보낸 첫 번째 메일을 받지 못했어요. 그러나 이번에는 온 걸로 보아서 페일 정크메일 필터에 의해 걸러지는 것 같아요. 일본, 인도 그리고 브라질 등의 외국에서 오는 메일이 불규칙하게 걸러지고 있어요. 여기 내 개인 이메일 주소를 보내니 새 주소로 바꾸어서 쓰든지 양쪽으로 사용해 보세요. 다시 한번 고맙습니다. 최대한 이 삼일 내에 답장 보낼께요. 비즈)

3) Dear Dr. Kim,

Thanks for the invitation. I am quite interested and will check my schedule to be sure there are not any conflicts.
I will email back soon.

Todd

(김 박사님, 초청해 주어서 고마워요. 관심이 있고 일정을 체크해봐서 다른 일정과 겹치지 않는지 확인해 볼게요. 바로 연락할께요. 토드)

4) Dear Professor Jinsoo Kim,

We would like to take this opportunity to express our heartfelt thanks for your considerable support and assistance for the 23th Annual Meeting.
Today, please let us send you the invitation letter to the above meeting on behalf of Professor Nakamura, President of the meeting.
Please find the attached file. At a later date, we would like to send you the original invitation letter by air mail.
We are looking forward to welcoming you to Japan.

Respectfully,

Kenji Yamada

(김 박사님, 이 기회를 빌어 23차 연례학회에 대한 당신의 성원에 깊은 감사를 드리고 싶습니다. 오늘 나카무라 학회장님을 대신하여 위의 초청장을 보내오

니 첨부파일을 참조하십시오. 나중에 항공편으로 정식 초청장을 보낼 것입니다. 일본에서 뵙기를 고대합니다. 겐지 야마다)

2. 수락(Acceptance)

국내외 학회, 병원, 대학 및 여러 기관에서 강연, 강의의 연사로서, 워크숍의 패널리스트뿐만 아니라 각종 행사에 참여해달라고 초청을 받게 된다.

수락이 가능할 때는 감사 응답을 가급적이면 빨리 간결한 문장으로 답신하는 게 좋다.

2.1 학회, 워크숍, 세미나에 초청

예문으로 인용한 이메일은 보내는 사람, 받는 사람들이 이미 알고 있는 관계임을 나타내주는 극히 격식을 차리지 않은 형태를 하고 있다. 호칭은 성이 아니라 이름으로만 쓰고 있고, 본문은 수락의 여부(glad to accept)를 간결히 나타내고 수락한 후 초청받은 자가 할 수 있는 제안(let me have a ~)을 나타내는 문장을 한 번 더 썼으며, 맨 마지막 문장에는 사적인 편지에서나 가능할 표현을 써서 송수신자의 친밀한 관계를 보여주고 있다. 대표적인 수락 이메일 중의 하나이다.

Sample Emails

1) (제목):	**Re: glad to accept**
(호칭)	**Dear Jinsoo,**
(본문)	It is a great honor to be invited and I will be very glad to accept your invitation to the workshop. Please let me have a list of speakers when the program is finalized so I can coordinate presentations.
(맺는 표현)	Is there anything you need from the UK? Tea, warm beer, cold rain?
(맺는 말)	All the best,
(이름)	David

[진수 씨(김 박사님), 워크숍에 초청받아 영광스럽고 기꺼이 초청을 수락합니다. 프로그램이 확정되면 연사들의 명단 한 부 보내주세요. 발표에 맞추어 준비할 수 있을 것입니다. 그리고 영국에서 뭐 가져갈 게 있나요? 영국 차, 뜨뜻한 맥주, 아니면 차가운 비라도요? 데이비드]

2) Dear Prof. Kim,

It is very good to hear from you. I hope that you and your family are well. I would be absolutely delighted to attend the PCR as guest speaker.
I look forward to hearing more about the meeting in due course.

With best wishes,

Robert

(소식을 들어서 기뻐요. 당신과 가족들도 다 잘 있겠죠. PCR에 연사로 참석할 수 있게 되어 정말 기쁩니다. 모임에 대해서는 때가 되면 연락주세요. 로버트)

3) Dear Drs. Kim and Lee,

I am pleased to accept the invitation. Please let me hear the details of the meeting when the meeting program is finalized.

Thank You.

Fodd Baron

(김 박사, 이 박사님, 기쁘게 초청을 수락합니다. 프로그램이 최종 결정되면 자세한 것 알려주세요. 고맙습니다. 포드 바론)

4) Dear Dr. Brown,

I would be most pleased to accept your kind invitation to your meeting from Sep. 23 to Sep. 27, 2018 in Boston. I'm not sure how much time you have alloted to me—will you let me know?

All the best,

Jinsoo Kim

(2018년 9월 23일부터 27일까지 보스턴에서 열리는 모임에 초청에 주셔서 기쁘게 수락합니다. 몇 분 동안 발표해야 하는지요. 알려 주시겠습니까? 김진수)

5) Dear Jinsoo,

Thank you very much for the email and the offer. I would be very pleased to accept your proposal.
Sorry about the delay—I have been on leave.

Regards,

Steven Teningfield

(당신의 이메일과 초청제안 고맙습니다. 당신의 초청을 기쁘게 수락합니다. 휴가 중이었기 때문에 답신이 늦어서 미안합니다. 스티븐 테닝필드)

Words and phrases

- **glad to be invited to~ and accept with pleasure:** 초청에 기쁘게 응하겠습니다. 초청을 받은 입장이니까 'be invited'의 수동태를 사용해야 한다. 'with pleasure'와 같은 전치사구를 곁들여 기쁜 마음으로 수락하는 자신의 입장을 나타내면 좋다.
- **I am happy/pleased/honored to accept ~:** 기쁘게 ~을 수락하겠습니다.
- **able to say yes to your invitation ~:** 당신의 초청에 응하겠습니다.
- **thank you for asking me to participate in ~:** 참석해 달라고 초청해 주셔서 감사합니다.
- **I am sincerely happy to join you at ~:** 당신의 ~모임에 정말 기쁘게 참석하겠습니다. 'at~' 다음에는 학회, 세미나 등의 초청된 모임의 명칭을 쓰면 된다.
- **pleased to have been invited to ~:** 초청되어서 기쁩니다. 'to~' 다음에는 학회, 세미나 등 초청된 모임의 명칭을 쓸 수도 있고, 동사가 나올 수도 있다. 'pleased' 다음에 현재 시제의 수동태를 써도 되지만 초청을 제안한 사실은 이메일을 보내기 전의 일이기 때문에 현재 완료의 시제를 쓰기도 한다.
- **I am delighted to accept your invitation for ~:** 당신의 초청을 기쁘게 받아들입니다. 'for~' 다음에는 학회, 세미나 등의 초청된 모임의 명칭을 쓰면 된다.
- **thank you for inviting me to speak/participate in ~:** (연사로) ~에 참석해 달라고 초청해 주셔서 감사합니다. 'participate in~'은 '~에 참석하다'의 뜻이므로 'in~' 다음에는 학회, 세미나 등 초청된 모임의 명칭을 쓰면 된다.
- **I am pleased to tell you that I can come to ~:** 참석할 수 있다고 말할 수 있어서 기쁩니다. 'to~' 다음에는 학회, 세미나 등 초청된 모임의 명칭을 쓰기도 하고, 동사가 나올 수도 있다.
- **I accept your kind invitation with great pleasure ~:** 기쁘게 당신의 초청을 받아들입니다.
- **it is a (great) honor/pleasure/privilege to be invited to ~:** 초청되어 영광입니다/기쁩니다.
- **in due course/time:** 머지않아, 때가 되면.
- **delay:** 연기하다, 순연하다, 미루다.
- **on leave:** 휴가중.

2.2 각종 위원회의 위원 수락

국내외 학회와 관련하여 위원회의 위원으로 활동해 주기를 바라는 제안을 받을 때가 있다. 기꺼이 제안을 받아들인다는 마음이 전달될 수 있도록 명확한 표현으로 격식을 차려 보내는 것이 바람직하다. 그리고 구체적으로 어떤 역할을 해야 하는지 문의하는 것도 무방하다.

Sample Emails

1) Dear Dr. Jinsoo Kim,

It is not only a pleasure, but a great honor to be invited to serve on the International Advisory Committee of the Society for X. I gladly accept this wonderful challenge and would like to express my gratitude.
Please let me know in due time what my specific duties will be.

With my best wishes for you,

Dijorg

(김진수 박사님, X 학회 국제 자문위원회 위원의 제안을 받아 영광스럽습니다. 기꺼이 받아들이며 고마움을 전합니다. 나중에 구체적으로 맡아야 할 일이 무엇인지 알려주세요. 디욕)

2) Dear Dr. Kim,

It is an honor and privilege to accept your invitation. My sincere thanks to all of the Board members.

Respectfully yours,

David Brown

(이 영광스러운 초청을 아주 기쁘게 수락합니다. 위원회 모두에게 감사드립니다. 브라운)

Words and phrases

- **be (greatly, most, very) delighted to attend the meeting ~:** 모임에 (매우) 기쁘게 참석하겠습니다.
- **be (greatly, most, very) honored/pleased to accept your invitation/proposal ~:** 당신의 초대(제안)를 기쁘게 수락하겠습니다.

- **it is a (great) honor to ~:** ~하게 되어 (매우, 큰) 영광입니다.
- **gladly accept your invitation ~:** 당신의 초대를 기쁘게 받아들입니다.
- **gratitude:** 사의, 감사, 고맙게 여김.
- **accept the offer with gratitude:** 감사하는 마음으로 제안을 받아들이다.

3. 요청 및 문의(Requests and Inquiries)

3.1 강의 제목/진행 방법

초청을 수락한 이후 강의 제목이라든지 내용, 시간 등에 대해서 문의할 때가 있다. 워크숍의 경우에는 같이 참여하는 분들의 역할에 대해서 문의하기도 한다. 그런 경우에 대한 예문들이다.

Sample Emails

1) Dear Jinsoo,

We are looking forward to seeing you in Utah soon. We are having an X session on Thursday afternoon and I would like you to join about 6 of us in presenting a complication. The case should be presented and discussed in a 10/2 minute time frame. Is this OK? Please let me know.

Best regards,

David

(진수 선생, 유타에서 만나기를 고대합니다. 목요일 오후에 X에 관한 분과토의가 있는데 합병증에 대해서 6명이 발표하는 토의에 참여해 주세요. 증례는 10분 발표, 2분 토론방식으로 진행될 것입니다. 괜찮겠죠. 답신 바랍니다. 데이비드)

2) Dear David,

You might like to consider the following topics for my talks: X, Y. Is this all right?
Please let me know.

All the best,

Jinsoo

(데이비드, 저의 강의 제목으로 X, Y를 참고해 보세요. 괜찮겠어요? 소식 바랍니다. 진수)

3) Dear Jinsoo,

I thought that lecturing on X in your department might be an pertinent (or appropriate)! I am greatly honored by your invitation and very much look forward to visiting you.

Kind regards,

David

(진수 씨, 당신 과에서 이런 제목으로 강의한다는 게 적합할 지 생각한다. 당신의 초청 고맙고 만나기를 고대합니다. 데이비드)

4) Dear Dr. Kim,

How are you? This is an informal invitation letter. As I told you previously, the next congress of X meeting will be held on 24th~26th, May, 2018 in Sendai, Japan.
I hope that you could give a lecture at the conference about "X". The title of your lecture is your choice. The tentative date of your presentation will be at noon, on the 26th. The expected duration of your lecture is about 50 minutes.

Sincerely,

Kensu Fukuda, M.D.
Chairman

(김 박사님, 안녕하세요. 정식 초청 메일은 아닌데요, 전에도 말했듯이 다음 2018년 학술대회가 센다이에서 5월 24일에서 26일까지 열리는데 "X"에 관한 강좌를 해주셨으면 해서요. 제목은 박사님 재량입니다. 강좌 시간은 26일 정오, 50분 정도로 예상합니다. 회장 켄슈 후쿠다)

5) Dear Dr. Kim,

It will be very nice to share the workshop with you. I am sure that whatever you decide to do. it will be excellent. It is obvious from your lectures that you are an outstanding teacher. However, as you have very kindly asked for my views, I suggest the following:
We should both prepare a 10~12 minute presentation demonstrating points of

technique in relation to X. This should not contain any text slides at all - only X-ray images and photographs. We should concentrate on "how to do it" and not on results or other theoretical information.
Inevitably there will be overlap between our two talks but the audience usually like this as it provides them with two different points of view on the same subject.
I would be happy to introduce the workshop very briefly if you wish. You can then give your short talk and I will follow with mine. Then we can invite the audience to ask questions.
Of course, these are only suggestions. If you would prefer us to do differently, I would be very happy for us to follow another plan.

With best wishes,

David Brown

(김 박사님, 당신과 함께 워크숍을 진행할 수 있어서 매우 좋습니다. 당신이 무엇을 결정하든지 간에 당신의 강연으로 미뤄 보아 뛰어난 강사임을 믿어 의심치 않으니까요. 그러나 저의 의견을 물으셨으니 다음과 같이 제안할까 합니다. X에 관하여 테크닉 면을 보여주는 10분 내지 12분 강연을 우리 둘 다 준비하면 어떨까요. 텍스트 슬라이드 말고요, 오직 X레이 이미지와 사진만 포함되게요. 이론적인 정보라든가 결과보다는 방법 면에 집중하는 게 좋을 것 같아요. 그러면 우리 둘의 강연이 겹치는 부분이 있겠지만 청중 입장에서는 아주 좋아요. 같은 주제를 놓고 두 개의 다른 관점을 제시해 주니까요. 당신이 원하면 제가 워크숍을 간단히 소개하고, 그 다음 당신이 강연하고 다음에 제가 하고, 그런 다음, 청중이 질문하도록 하면 어떨까요. 물론 이것은 제안일 뿐입니다. 다른 식으로 하길 원하시면 기쁘게 따를 것입니다. 데이비드)

6) Dear Jinsoo,

We are in the process of putting together our Las Vegas '18 program. Please let me know your title, as we will publish it in the program. Thank you.

Nick

(진수씨, 라스베이거스 2018년도 대회 프로그램 준비중 입니다. 제목이 정해졌으면 인쇄할 수 있게 알려주세요. 고마워요. 닉)

7) Dear Dr. Kim,

We are starting to put together a preliminary program for Las Vegas '18 meeting, February 28 - March 3, 2018. Please let me know what topics or titles of lectures you would be willing to present. Thanks.

Nick

(김 박사님, 2018년 2월28일에서 3월3일까지 라스 베이거스에서 열리는 대회 프로그램을 준비중입니다. 강연 제목이 정해졌으면 알려주세요. 고마워요. 닉)

8) Dear Dr. Kim,

Hi, I'm attaching a draft of the poster to publicize your Grand Rounds Presentation. Please let me know if you approve and then I will send it out to the printers.

Thank you.
Brenda

(그랜드 라운드 발표 포스터 초안을 첨부하니, 보시고 좋다고 생각하시면 알려주세요. 인쇄에 들어갈려구요. 고마워요. 브랜다)

Words and phrases

- **like sb. to ~ :** sb.가 'to 동사' 하기를 바라다, 원하다. I like you to go: 나는 자네가 가 주기를 바란다. 참고: I like to go. 나는 (내가) 가기를 바란다.
- **join sb./sth. in/for ~ :** 타동사로, 어디에 참가하다, 들어가다, 입대하다, 누구를 만나다, 참가하다. He joined the Alps club./He joins the Air Force./I will join you later./Will you join me for a drink?/My wife joins me in thanking for the gift.
- **X time frame:** 어떤 일에 소요된(될) 시간이나 기간 따위. 5~7 minute time frame.
- **in the process of ~ing/noun:** 진행 중인 상태나 업무. He is in the process of making a final decision to move to another company. We were in the process of constructing a new building.
- **in relation to ~:** ~에 관하여. I have nothing to say in relation to this.
- **provide sb. with sth.:** 사람(들)에게 무엇을 공급하다. 제공하다. 주다. (= provide sth. to sb.)
- **give a talk/a lecture/a play/a concert ~:** (강연, 강의, 연극, 음악회 등을) 하다, 베풀다, 개최하다.
- **preliminary:** 예비의, 머리말의, 서언의(introductory), 준비의(preparatory).

3.2 강의 일정

초청받아 강의 일정을 조율할 때, 초청을 한 쪽이나 받은 쪽이나 몇 번씩 이메일을 주고받아야 하는 경우가 반드시 있게 마련이다. 다음의 예문은 그런 앞뒤의 사정을 잘 말해주는 대표적인 예문들이다.

Sample Emails

1) Dear Dr. Kim,

I have arranged for Dr. Yoon to give a lecture on X on Tuesday Sep. 5th to a small group of investigators working in nanotechnology. It will be at the X Cancer Center. We will meet in Dr. Brown's office at 11:25 a.m. and move to a conference room for the lecture. The lecture will be followed by a discussion for about one hour. I will pick you and Dr. Yoon up from your hotel at 11 a.m. sharp.

Thank you.

Peter Cranne

(김 박사님, 9월 5일 화요일 윤 박사가 나노 기술을 연구자들에게 강의할 수 있게끔 일정을 잡아 놓았어요. X암센터에서 있을 것입니다. 11시 25분에 브라운 박사님 연구실에서 만나서 강연실로 갈 겁니다. 강연 이후에 토론이 있을 것이고 시간은 한 시간 정도 될 것 같네요. 11시 정각에 윤박사님과 당신을 데리러 가겠어요. 피터 크레인)

2) Dear Jinsoo Kim,

I am sorry for the misunderstanding but I will be gone from the 23rd until after the X meeting. I am hoping that you can come on the 19th to visit and spend 4 days with us.

Best regards,

Harry Smith

(오해가 있어서 미안합니다. 23일부터 X 모임이 끝날 때까지는 (병원에) 없을 것인데요. 김 박사님이 19일에 와서 저희랑 4일간 머물렀으면 합니다. 해리 스미스)

3) Dear Dr. Kim,

Our visiting professor rounds are generally on Tuesday and Wednesday. We have Mark Sweitzer, coming on Tuesday and Wednesday the week after (May 2nd). So your coming on Thursday and Friday does cram our visiting professor rounds. I would like to book one of your presentations at the Surgical Grand Rounds. This is on the Wednesday morning at 7.30 a.m., and I hope it will work better for us. If not, I will see what I can do. We will certainly arrange for you to present all three topics.
Please respond as soon as possible as I have to make room bookings for the presentations.

Best wishes,

Jat

(김 박사님, 저희 과의 방문교수 강의는 주로 화요일과 수요일에 있습니다. 다음 주 5월 2일에는 마크 슈바이처교수의 강의가 있습니다. 그래서, 당신이 목요일 금요일에 강의를 하면 저희 과 방문교수 강의가 그 주에는 넘쳐나게 되어서, 외과 방문교수 강의에 포함시키고 싶습니다. 수요일 오전 7시30분에 있습니다. 이것이 더 낫기를 바라고 그렇지 않다면 무엇을 할 수 있을지 봅시다. 세 가지 토픽으로 강의할 수 있게끔 준비하겠습니다. 이 강의 예약을 해야 하므로 빠른 답신 바랍니다. 재트)

4) Dear Dr. Kim Jinsoo,

Hi, I have not heard about your final plans to visit us. I have not arranged anything as I am not sure if you changed your arrangements.I need to know as I leave for Singapore tomorrow and may not be able to do anything about your visit until I return on the 4th April. My concern is that we may have difficulties in fitting you into one of the Surgical rounds.
Please let me know your plans as soon as possible.

Jat

(김 박사님, 당신의 최종 일정에 대해 소식을 못 들었습니다. 계획을 혹 변경하였나 싶어 아무것도 정할 수가 없습니다. 제가 내일 싱가포르로 출국하므로 돌아오는 4월 4일까지는 아무 일도 할 수 없으니 답신 바랍니다. 행여 외과 방문교수 강의에 당신의 일정을 포함시키는 데 문제가 있을까 염려스러워서요. 가능하면 빨리 일정을 알려주세요. 재트)

5) Dear Jinsoo,

Is there any way you can change your plans to the 19th through the 23rd? The week of the 26th through the 31st is spring break so many of the doctors will be gone. If you cannot, I will make arrangements so your visit will be as fruitful as possible.

With kind regards,

HB

[진수씨, 19일부터 23일까지로 일정을 바꿀 수 있을까요? 26일에서 31일까지는 봄 휴가 기간이라서 많은 사람(의사)들이 병원에 안 나오거든요. 바꿀 수 없다면 당신 방문이 헛되지 않도록 계획을 세워볼게요. HB]

6) Dear Dr. Kim,

I have recently heard from one of my colleagues that you are in North America. If so, I would be delighted to invite you here for one week Visiting Professorship, preferably in the latter ('or later') half of April.
During your visit I would ask that you provide a series of lectures to our faculty members and trainees in the areas of your expertise. I will call a few key people in my department so that they are aware that I made this invitation. I look forward to your reply.

Very Sincerely Yours,
David Brown, MD,
Professor and Chair

[저의 동료로부터 당신이 미국(캐나다)에 와 있다는 말을 최근에 들었습니다. 일주일 동안 방문교수 프로그램에 당신을 초청하고 싶습니다. 4월 중순 이후(하순경)이면 더 좋겠습니다. 방문기간 동안 당신의 분야의 특강을 교수 및 전공의들에게 해 주십사 요청드립니다. 저희 과 선생님 몇 분들에게 저의 결정을 알릴 것입니다. 당신의 답신을 기다립니다. 데이비드 브라운]

7) Dear Dr. Kim,

Thank you for your e-mail. Apologies for further delays in replying. I have been busy organizing a Symposium on X on Friday 28th, January to give you the opportunity to contribute to and meet a wider audience. Enclosed is the draft program. Would you kindly give the two talks listed and also be a panel member for the discussion and problem cases?
I will send you details of the ROSTER that Dr. Brown has produced. We are

looking forward to seeing you in January and will send a further e-mail with some questions and details shortly.

Best wishes,
Peter Landers

(이메일 고맙습니다. 답신이 늦어 미안합니다. 1월 28일 금요일 당신의 X 심포지엄에 많은 청중들이 올 기회를 만드느라 좀 늦어졌습니다. 예비 프로그램을 동봉합니다. 프로그램에 들어 있는 대로 2개의 강의와 토론에 멤버로 넣어놔도 괜찮겠습니까? 브라운 박사가 만든 ROSTER 프로그램을 보냅니다. 1월에 뵙기를 고대하며 몇 가지 질문과 함께 바로 이메일을 다시 보내겠습니다. 피터 랜더스)

8) Dear Dr. Kim

I am very pleased to know that you would be willing to participate in the 19th Annual Meeting of X in October 2018.
I want to know whether you'll be able to extend your stay in Japan to give other lectures at our medical school. It will be a great privilege for the Radiologists, ENT doctors, Ophthalmologists, and Neurosurgeons here to share your great experiences and expertise and a superb opportunity for us.
Thanks again for your participation and I look forward to your early reply .

Cordially,
Yuichi Kuroda, M.D.
Chairman and Professor

(2018년 10월 제19차 연례 X모임에 참여해 주신다니 매우 기쁩니다. 방문 기간을 늘려서, 의과대학에서도 강의를 해 주실 수 있는지 알고 싶습니다. 방사선과, 이비인후과, 안과, 신경과 선생님들에게 당신의 경험과 특강은 대단한 일이고 저희에게는 좋은 기회가 될 것입니다. 다시 한번 감사드리고 답신을 기다립니다. 회장 우이치 쿠로다)

9) Dear Jinsoo,

It is always a pleasure to hear from you. We would be delighted if you can make X Grand Rounds at UPenn. on Monday, April 18. Perhaps you can give us a lecture on your work on Y. If you arrive on Apr. 17 (Sunday), we will arrange for you stay and we can have dinner. Please let me know how long you can stay in the Philadelphia area.

Best wishes,

John.

(진수 씨, 소식을 들어서 기뻐요. 4월 18일 월요일에 X 프로그램에 참여해 준다면 좋겠습니다. Y에 관한 강의이면 좋을 것 같네요. 4월 17일(일요일)에 도착한다면 숙박과 저녁식사를 계획할 텐데요. 필라델피아에 얼마나 머무를지 알려주세요. 존)

10) Dear Prof. Kim,

We will book you for the nights of Tuesday April 26th and Wednesday April 27th at the W hotel. It is near the hospital.

I hope that you can arrive in Storrs by 4 p.m. on Tuesday as I would like you to give an evening lecture that night. We will then go out for dinner with a few of the Faculty and residents. On Wednesday morning at 7: 30, I hope you also give a presentation at the Surgical Grand Rounds. If you have brought some cases with you, I would like you to show them to our residents from about 9 a.m. to 11 a.m.. Then at 12 you will give the third lecture. We will arrange lunch after this lecture. You are then free for the rest of the day. I do not have the titles of your presentations with me. I will ask my assistant to send them to me so that I can arrange your final program.
I hope that this will work for you. I am not sure if you sent us a copy of your CV. If you have not done so, please email it to me as soon as possible.

Thanks.
Jat

[W호텔에 4월 26일(화요일)부터 27일(수요일)까지 예약하겠습니다. 병원에서 가깝답니다. 화요일 저녁 강의를 해 주셨으면 하니까 스토어즈에 오후 4시까지 도착해 주시면 하네요. 강의 후에 몇몇 교수및 전공의들과 저녁식사를 하러 갈 겁니다. 수요일 오전 7월 30분에 외과 프로그램에서도 강의해 주셨으면 합니다. 케이스를 가지고 오셨다면, 오전 9시부터 11시까지 전공의들에게 보여주셨으면 합니다. 12시에 3번째 강의가 있을 것이고, 강의 후, 점심 식사 이후에는 자유시간입니다. 아직 프레젠테이션의 제목은 정하지 않았지만, 행정비서에게 보내라고 말해서 준비해 놓겠습니다. 이런 일정이면 괜찮을 것 같은데요. 이력서 사본을 보내셨는지 모르겠네요. 안 보냈으면 이메일로 보내주세요. 재트]

Words and phrases

- **book:** 여러 의미의 용법중, 교통수단, 연주회, 호텔등의 예약하다의 의미용법.
  자동사 용법: Because tickets are limited, you have to book way early.
  타동사 용법: 간접 목적어 + 직접 목적어. He has booked us two tickets to see "Y". 직접 목적어 + for 간접 목적어. He has booked two tickets for us. 목적어 +~. My travel agent booked me on a flight to New York.
- **deliver/give/make a presentation about/of:** ~에 대한 발표를 하다.
- **email sth. to sb. (email sb. sth~), (email sb back ~):** ~에게 무엇을 이메일을 보내다. 전하다. 소위 3형식으로도, 4형식으로 나 쓰인다.
- **clarify:** 명확히 하다. 뚜렷하게 하다. 분명히 하다. He clarified his statement.
- **cram:** (장소, 일정에) 수용능력 이상으로 꽉 채우다. 밀어넣다. His schedule was crammed with lots of lectures, meetings, and trips abroad.
- **leave for ~:** ~를 향해 가다, 떠나다. 출발하다. He left for Canada last week for attending X meeting.
- **fit sb./sth. in(to) ~:** (사람, 무엇을) ~에 맞추다, 끼워 넣다.
- **expertise:** 전문적 지식/기술/의견.
- **shortly:** 얼마 안 있어, 곧, 바로.
- **arrangements:** (복수로) 준비, 채비, 조치. He made arrangements to leave early tomorrow.
- **be busy ~ing:** ~의 준비로 분주하다. ~ 다음에 동명사 형태의 동사를 쓰며, 명사를 쓰고 싶다면 be busy with ~의 형태로 쓰면 된다. He is busy preparing for his interview next week. He is busy with his interview next week.
- **a(n) (wide, great, large, huge, small) audience:** "audience"가 구경꾼, 청중, 관객, 관중을 뜻하는 소위 집합명사인데, 그것을 수식하는 형용사로 괄호 안에 소개한 단어들이 많이 쓰인다.
- **be concerned about ~:** ~에 대해 걱정하는, 염려하는, 신경 쓰는. "about" 대신 "to"를 쓰면 동사가 나오게 된다. We are concerned about his health. We are concerned to hear the news on his health.
- **be jet-lagged(adj.):** 시차로 인해 피곤한, 피로를 느끼는.
- **trouble sb. for/about/with ~ to 동사~:** (사람을 무엇으로) 짜증나게 하다. 성가시게 하다. 난처하게 하다. He troubled them with his complaints.

3.3 아직 결정되지 않은 학회 참석 일정

해외 학회나 대학병원, 연구소에서 초청을 받았을 때, 이미 예정되어 있는 본인의 일정을 조율하는 것이 쉬운 일이 아닐 것이므로 상대방과 구체적으로 이런저런 선택 가능한 일정을 상의하는 것은 흔히 있는 일이다. 기꺼이 초청을 받아들이는 동시에 선택 가능한 날짜라든가 강의 제목을 제안하는 한편 공식 학회 일정 이외의 시간에 그 도시나 인근 주변의 도시 또는 다른 병원을 방문하기 위해 정보를 얻으려고 주고받는 표현들을 살펴보도록 한다.

Sample Emails

1) Dear Dr. Kim,

It is very nice of you to invite me to Seoul. I would love to come if possible. I do not yet have the details of my commitments in Singapore but I think they will be on Monday and Tuesday (10th and 11th, July). It would be very difficult away from work for more than a week, as I have other trips abroad on 1st/2nd July and also later that month. Alternatively, I could leave London on 5th July and arrive in Seoul in the afternoon of Thursday, 6th July. I would then leave for Singapore on Saturday night, 8th July.
I realize that a short stay would not allow me to do a lot in Seoul. However, it would be wonderful to see your department and your city. Of course, I would be delighted to give some lectures in the time available.

Thank you again for the invitation. I really value your friendship. If your commitments would not allow you to fit in my short visit, I would entirely understand. Perhaps we could then postpone it until my next visit to the area, perhaps Japan next year.
I greatly look forward to seeing you, either in Seoul or in Singapore (or both!) in July.

With my best regards,

David Brown

2) Dear Dr. Kim,

What a happy coincidence that Mr. Lim happens to be in Seoul. I am already getting a good feeling about this trip since everything seems to work so smoothly!
If possible, I shall try to book a seat on the flight you suggested. It would be very nice to travel together. My travel agent tells me that using one airline for the whole trip (in this case it would have to be Singapore airlines, as it would be good to have a direct flight home) would be cheaper. However, I shall discuss this with Mr. Lim; if he would be happy for me to mix airlines, that would be fine.
Thank you very much again.

With my best regards,

David Brown

3) **Dear Dr. Kim**

HI, THERE. Glad to hear from you.
We have just gotten back from our annual meeting in the Rockies conference. I need to call some people tomorrow about your trip. As far as I know, things are fairly well set up. Is this OK with you? If not, please let me know and I'll see what other arrangements can be made.
Looking forward to seeing you in Denver.

Best,

Dan

4) **Dear Prof. Kim,**

Dr. Brown is here that week and would be happy to let you watch his procedure on Thursday. I will be gone the week preceding the S meeting, leaving on the 23, so I think this will work out very well. Let me know about your travel plans and we will stay in touch with more detailed plans.

Regards,

Harry

5) **Dear Dr. Kim,**

I am writing to ask you a favor. While you are staying in Japan, the Kansai regional meeting of X will be held on July 2nd in Kobe. Prof. Nakasone will hold that meeting. When we told him about your upcoming visit to Japan, he asked us to invite you to lecture at his meeting. In your e-mail, you said you are going to visit the Kobe Area until that day, but we would greatly appreciate it if you could join the Kansai X meeting as well. We are looking forward to hearing from you at your earliest convenience.

6) **Dear Jinsoo,**

Hope all is well. I am beginning to think about my trip now. I need your advice. I am planning on arriving in Seoul on May 1, 2018. I am currently planning on staying in Seoul through May 4, and travelling somewhere on May 5 and 6, back in Seoul on May 7 to fly to Thailand. Are two days enough to travel around Seoul? Do you have any suggestions? Should I just stay on in Seoul? If not enough, my plan is to fly to Hong Kong for two days after May 4.

All the best to you and family,

Michael

Words and phrases

- ▸ **work out~ :** ~ 해결하다, 만들어내다. 이끌어내다.
- ▸ **set up~ :** ~를 계획하다, 창립하다, 세우다.
- ▸ **be away from (work):** (직장, 업무)에서 떨어져 있는, 부재의, 비우고. I will be away for a few days. He may be away from his office.
- ▸ **alternatively:** 양자택일을 해야 하는, 어느 하나를 선택하게.
- ▸ **postpone:** 연기하다, 미루다.
- ▸ **have/hold a meeting:** 회의를 개최하다/열다.
- ▸ **commitment:** 의무, 책무, 약속한 일, 공약한 일 따위.
- ▸ **available:** 이용할 수 있는, 입수할 수 있는, 얻을 수 있는, 유효한. He is available at the moment. It is not available for our purpose.
- ▸ **smoothly:** 원만하게, 거침없이, 막힘없이. work smoothly (순조롭게 진행되다).
- ▸ **have a direct flight home:** 귀국 직항 비행기가 있다.
- ▸ **entirely:** 전적으로, 완전히, 아주. This is entirely my affair.

3.4 강연, 워크숍 등에서 컴퓨터 사용, 진행 방법

해외 학회 및 타 대학병원에서 강연 요청 시 컴퓨터, 스크린, 슬라이드 등 오디오, 비디오 시설에 대해 미리 점검하고 준비해 가는 것은 반드시 필요하다. 그럴 경우를 대비해서 다음과 같은 이메일을 참조해 보자.

Sample Emails

1) Dear Dr. Kim,

I am now finalizing my lectures. Could you please let me know what audiovisual equipment is available at your hospital so that I can arrange my lectures accordingly? I can use either slides (single or dual projection) or use my own laptop computer, whichever is most convenient for you.
Thank you very much again for all the trouble you have taken over my visit.

With best wishes,

David Brown

2) Dear Dr. Park,

It will be very nice to share the workshop with you. Would you tell me which time-frame we are going to use, 10~15 or 10~12 time-frame presentation? And should we prepare some text slides or just photographs? Please let me know which is convenient for you.

With best wishes,

Josef Smith

3) Dear Dr. Park,

Thank you very much for your prompt and helpful reply. I shall use my laptop PC for the lectures, although I shall also bring slides as back up, just in case the computer misbehaves on that day!
See you soon there.

All the best,

Josef Smith

4) Dear all,

Bring your lecture(s) to the meeting on CD or flash memory card and plan on being ready in the speaker room 30 minutes before your scheduled talk. We will have a computer available for use.

Words and phrases

- **prompt:** 즉각의, 즉시의, 지체 없는, 기민한, 재빠른.
- **back up:** (adj.) 예비의, (v.) 지지하다, 받치다.
- **misbehave:** 버릇없이 굴다. 잘못을 저지르다. (실험 재료 등이) 예상외의 행동(반응)을 하다.
- **finalize:** 결말을 짓다, 마무리하다, 완성하다. I have not finalized the program yet.
- **take some trouble over~:** ~에 대해 힘이 들다. ~에 대해 수고를 하다. He took a lot of trouble over that meeting.

3.5 연락처 또는 연락인

타 대학병원, 학회관련 또는 어떤 사안에 대해 문의하고자 할 때, 관계된 연락인, 연락처를 알아야 할 때가 있고 바로 연락인 노릇을 해야 할 때도 있다. 다음의 이메일에서 살펴 보도록 하자.

1) Dear Dr. Kim

A reporter/writer for a UCLA medical magazine has contacted me about my experiences at Seoul Medical Center. The magazine is distributed nationally to all UCLA Medical alumni, current faculty and students. The reporter, Anne Armstrong, has asked me for the contact information of my supervisors at Seoul Medical Center. I gave her your e-mail address and she may possibly contact you. I hope you don't mind.

Regards,

Peter Frost

2) Dear Jinsoo,

We will be at the X meeting in Hawaii in September 16~22, and will leave from there to Asia. We are thinking that we will arrive in Seoul on Saturday, September 23 and tentatively plan to leave Seoul for Beijing on Tuesday, September 26. I thought I could give lectures on Monday, September 25. I had spoken with a neurosurgeon at Seoul Medical Center about lecturing there, only I don't have his name to contact him to see if he is interested. Do you know his name and email address? It will help me a lot if I have one.

Kind regards,

John Tilburg

Words and phrases

- **alumni:** alumnus에 대한 복수형으로 졸업생, 동창생, 동문.
- **distribute:** 분배하다, 나눠주다, 뿌리다. 배부하다.
- **tentatively:** 시험적으로, 임시적으로, 불확실하게, 잠정적으로, 일시적으로. He reported tentatively about his project.

3.6 학회에 포함된 행사

해외 학회나 대학, 병원에 초청이 되어, 또는 직접 방문을 하는 경우에 강의하는 것에 그치지 않고 다른 부서 방문, 과의 다른 멤버들과의 식사 모임, 방문 대학의 견학, 방문 도시의 구경 같은 일정이 잡혀있기도 하다. 그런 경우를 알리는 메일의 표현들을 살펴보도록 한다.

Sample Emails

1) Dear Jinsoo,

With regard to sightseeing, I am sure that whatever is arranged will be just fine. If I can get a flavor of life in Seoul in a few hours, that would be great. If the location of the hotel in relation to the hospital allows, it may be nice to

pass by the hotel for me to pick up my computer and change before coming to the hospital on Friday. However, this is really unimportant. If the buildings are not close to each other, I shall simply take everything with me on the sightseeing tour.
Thank you very much again,

Bob Smith

2) **Dear Jinsoo,**

Ok. 30 minutes on Tuesday. John and I would like to take you out to dinner. Sunday night Tom is on call and Monday night I am on call, so would Tuesday night be ok with you? We would able to do it about 6:30-7:00 p.m.. Would that be ok with you?

Wishes,

Jane

Words and phrases

- **pass by:** (시간, 기회 따위가) 지나가다. 무시하다. 지나쳐 가다.
- **with regard to~:** ~에 관해서는, ~을 하는 데에 있어서는.
- **pick up:** (사람, 물건을) 차에 태우다, 태우고 동행하다. She picked me up at my house this morning.
- **on call:** 부르면 당장 응할 수 있는, 항상 준비가 되어 있는. 당좌로, 요구불로. I have to be on call night and day.
- **get a flavor of~:** 멋/운치/풍취를 맛보다. I got an autumn flavor this afternoon, crisp and peaceful.
- **take sb. out to~:** (모임 · 식사 등 행사에) 데리고 (나)가다, 동반하다. He took us out for dinner. I want you to take him out to the X art exhibition.

3.7 도착 후 학회장 및 호텔에 가는 방법

해외 공항에 도착해서 자기가 택시를 타든 공항 셔틀버스를 타든 직접 머무는 곳 또는 학회장, 병원을 찾아가는 경우가 있고, 초청한 쪽에서 공항까지 마중을 나오는 경우가 있다. 마중을 나오는 경우에는 고맙다는 마음을 나타내는 답신을 하는 게 반드시 필요하다. 그런 상황을 대처하는 표현들을 살펴보자.

Sample Emails

1) Dear Dr. Kim,

It is most kind of you to offer to meet me at the airport but I really do not want to put you to more trouble than I have already. If you tell me what to say to the driver, I am quite happy to get a taxi to the hotel. By the way, Mr. Lim's secretary tells me that the hotel I am going to stay at has now been changed to the Ritz Carlton. Is it true and please let me know as soon as possible.
I am greatly looking forward to seeing you soon.

Best regards,

Michael Grun

2) Dear Jinsoo,

How are your plans for January? When do you expect to arrive in England and how long do you expect to be able to stay in Oxford? We will pick you up from the airport if you would like us to and bring you to Oxford or do you plan to spend some time in London first? Let us know and we can make some plans.
Looking forward to seeing you soon.

All the best,

Michael

3) Dear Dr. Kim,

Please find below details of the booking we have made for you. When you have final flight details, we can collect you at the airport, and would be able to transport you to and from the hotel to hospital.
Looking forward to meeting you.

Regards,

Steve Bronn

4) Dear Prof. Jinsoo Kim,

We have got your flight schedule from Dr. Takeo, and one of our staff will go to meet you at the Kansai Airport on June 11th. We also want to know your plan while you are staying in Japan. Please don't hesitate to tell us if you have anything we can do for you.
Best regards,

Kenji Kimura, M.D.

5) Dear Jinsoo,

Just checked my e-mails and found three messages from you! I am very sorry that Youngsoo will not be able to join you this time but it will be lovely to see you. We can collect you from the airport when you arrive and would be delighted if you would stay with us. We are actually going on holiday on February 3, so your plan to visit Dr. David Brown would fit in well with that. I'm sure that David will contact you either today from work or at home this evening.
In the mean time we will be around this weekend, after tomorrow there is a holiday until the 4th of January.

With kind regards,

David

6) Dear Jinsoo,

I expect that David will have replied to this at work, but I just wanted to let you know that one of us will be at Heathrow to meet you on Sunday. David will probably be there himself but if you don't notice him, look out for a sign with your name on it!! Our son in-law, Dan, might be our driver for the day!!
Are there any dietary requirements that you have? Just let me know and I can get them for you.
See you soon.

Jane

Ps: If you have a problem, our phone numbers are: Home 01202 761397. If phoning from abroad you drop the 0 at the beginning. And David's mobile number is: 07766 760806 - again drop the first 0 if calling from abroad.

7) Dear Jinsoo,

Thank you for the details of your American Airlines flight reaching Heathrow at 09:30 on Jan. 16. I will meet you at the airport and bring you down to Oxford. We are much looking forward to your visit.

Best wishes to you.

David

8) **Dear Dr. Kim,**

The X Institute will pay for your coach airfare and roundtrip shuttle transportation from the airport to the hotel. Please let Sue know the times of your flight arrival and departure and she will arrange roundtrip ground transportation for you.

Regards,

Mark Smith

9) **Dear Prof. Kim,**

Thank you again for your participation in X meeting in Denver. It is very easy and convenient for you to get into the town if you follow these instructions. When you arrive at the Denver International Airport, go directly to the baggage claim area where the ground transportation counter is located. And then proceed directly to the Greyhound counter where our staff will instruct you where to meet your driver. Please check in at our desk prior to getting your luggage. (For Terminal #1, we are across from Baggage Carousel #3; Terminal #2 across from Carousel #8.) In the event of weather delays or missed connections, please call 800-457-9457 so that we may reschedule accordingly. If you have someone else to meet you at the airport, please let us know since airport pick-up cancellations must be made 24 hours in advance of scheduled pick-up. We look forward to seeing you soon!

Best regards,

Peter Smith

Words and phrases

- **meet:** (사람과) 만나다, 맞닥뜨리다. (남과) 처음 만나다. 소개되어 만나다, (사람, 탈것을) 마중 나가다, 맞이하다. I have a flight to meet at 2 p.m. so I have to hurry.
- **put sb. to trouble(embarrassment, trial, test~):** (고통, 시련 따위를) 받게 하다, 겪게 하다. I put her to a lot of trouble preparing for setting up that meeting.
- **final flight schedule/details:** 최종 비행기 일정.
- **collect sb/sth:** (주로 영국에서) (사람을) 데려가다, 맞으러 가다, (물건을) 가져오다. I drove off to collect my son at the kindergarten. He came to the airport to collect me with his wife. They collected their mail.

- **transport:** (사람, 물건을) 나르다, 옮기다, 수송하다. Seoul Metro can transport one million passengers a day.
- **go on a holiday:** 휴가를 가다.
- **coach:** (여객기의) 보통석. 이코노미 클래스. (항공기의) 보통석으로. We flew coach from Chicago to LA.
- **connections:** (pl.) 갈아타기. miss connections: (연결 항공편, 기차 등을) 놓치다.
- **baggage carousel/conveyor belt:** 공항에서 수화물 찾는 곳 또는 승객들의 수화물이 처리되어 놓이는 회전식 시설물을 지칭한다. baggage claim: 수화물 찾는 곳
- **check in:** (호텔에 도착하여) 이름과 기타 사항을 기입하고 숙박절차를 밟다. (도착을) 신고하다(반대 → check out).
- **in the event of~:** 만약의 경우에는, ~하면. In the event of rain, the party will be held indoors.

3.8 논문 및 케이스 이용, 웹 하드 이용

강연이나 논문을 쓸 때, 타 대학, 병원에 근무하는 사람들에게 그들의 논문이나 증례들을 이용하기 위해서 허락을 구하는 메일을 보낼 때가 있다. 또는 자신의 논문이나 책을 출판할 수 있을지를 문의하는 메일을 받을 때도 있다. 정중하게 요청/답변할 뿐만이 아니라, 나중에 감사의 메일을 보내는 일이 요구된다.

또, 때때로 사진, 자료를 보낼 때 그 용량이 너무 커서 이 메일로 보내지 못하고 웹 하드를 이용해서 보내는 수가 있다. 그런 경우 상대방이 열람해 볼 수 있도록 몇 가지 사항을 안내해야 하는 경우에 사용하는 표현들이 여기에 있다.

Sample Emails

1) Dear Jinsoo,

Hope you are having a good summer. I just took a few days off and rode my bicycle every day and that was about it.

I have a great favor to ask. I am giving the X lecture at the annual meeting of the Y Society in late September. I would appreciate it if you could send me some power point images of some neat cases that you and your colleagues have done, preferably something that is not being done in the US. A case or two of Z would be very helpful images before, then after treatment, with appropriate intermediate images during the case. Do you have others? Obviously, I'm looking for cutting edge stuff not being done in the US, if possible.

Best regards,

John

2) Dear professor Kim,

My name is Tony Krajina and I work in the Czech Republic. I completed a fellowship with Professor Brown in Seattle, so I know your work and publications.
We are now working on a new book in Czech and we would like to include a chapter about X by you, as suggested by Doctor Brown. There is nobody performing this procedure in this country. Your contribution in English would be translated into Czech.
Would you please send me positive answers? If you agree to write it, you will have untill the March of 2018.

Sincerely yours,

Tony

3) Dear Dr. Kenji,

Thank you for your e-mail. I could not send you my slides as attachments because of the large volume of memory required. To solve the problem, I have uploaded the slides to the Web Hard of Seoul Medical Center. I want you to download the file from this site into your computer. Even though the Web Hard of Seoul Medical Center is written in Korean, I modified it a little bit for you to use it without difficulty. Address is X and its Password and ID are both "y". When you enter into the Web Hard, you can find "English" at the bottom, please click "English" or "Kim" just below and then download what you want.
When you click the "English" or "Kim", you will find the file "Z" and right below it there are three boxes on the left and on the right. In order to download the file, all you have to do is just click the middle one on the right.
I am sending you the abstracts for the lectures as attachments to this e-mail.
Thank you and see you soon.

With regards,

John Smith

4) Dear Jinsoo,

I just got back to San Diego from a couple of trips after my wonderful visit to Korea.
I will be available on Tuesday after the RSNA because Monday is my clinical day. I am glad you will be coming with Dr. Yoon because I did not get to speak with him and I have not been able to locate any publications on his recent

work. Can I get a copy of his CV or bibliography?

Kind regards,

Bob

Words and phrases

- **cutting edge:** 첨단, 선두.
- **take (기간) off:** (기간) 동안 쉬다. 휴식을 취하다. She took a month off to make a trip.
- **upload the slides:** (소프트웨어, 데이터, 슬라이드 등을) 소형 컴퓨터에서부터 대형 컴퓨터로 옮기다, 이송하다.
- **locate:** (어떤 위치, 장소, 출판물을) 찾아내다, 발견하다, 소재를 파악하다. I have tried everywhere to locate him.

3.9 이메일 도착여부가 불확실하거나 잘못 보내진 경우

메일을 주고받을 때 서버의 문제라든가, 잘못 보내진 것으로 보이는 메일이라든가, 상대방이 단기간 출타 중의 여러 가지 이유로 해서 답신이 빨리 오지 않을 때 확인차 다시 보내는 경우가 있다. 정중하되 간결하게 먼저 보낸 메일이 도착했는지, 잘못 보내지지 않았는지의 여부를 물어보면 된다.

Sample Emails

1) Dear Dr. Kim,

I had problems with my outgoing email yesterday and don't know if you received this or not. I apologize if it's a repeat. Please let me know if you will be able to moderate the session.

Thank you,

John Smith

2) Dear Dr. Liby,

I am wondering if your e-mail is sent to the right person as you planned. I wasn't invited to or contacted from any person of X society this year. The e-mail below from you got me confused about what this meant - am I on the list of the invited presiding officers of the Scientific Paper Session?
Hopefully this is not a problem for you and would you please check this again?

Sincerely,

Jinsoo Kim

3) Dear Dr. Kim,

The attachments bounced back again. I have sent the material to you through FedEx. Please let me know when you receive it.
Thank you,

Ryan

4) Dear Dr. Kim,

I've attempted to send you a document packet, but I suspect that a firewall is blocking my emails because of the attachments. Can you please let me know if you received the documents I sent?

Thank you,

Ryan

5) Dear Dr. Kim,

I have sent 2 e-mails affirming my participation, which were returned. I am delighted to participate, as requested.

Dick Biden

6) Dear Dr. Kim,

I wasn't sure whether you got the earlier mail I sent, so I am sending it once more, just to make sure that you get it.

Kind regards,

John

Words and phrases

- **outgoing:** 발송의, 출발의, 퇴진하는. (예: ingoing, outgoing mail, outgoing ship)
- **a repeat:** 되풀이되는 것, 반복, 사본, 복사, 재방송.
- **moderate:** (토론회, 집회 따위를) 사회하다, 알맞게 하다, 누그러뜨리다. He was asked to moderate a debate on X.

▶ **suspect:** ~이 아닌가 생각하다, 추측하다, 상상하다.
▶ **affirm:** 단언하다, 확언하다, 주장하다. He affirmed this to be true.

3.10 답장, 마감일 공지나 촉구

타 대학방문이나 연수가능 여부를 타진하는 메일을 보낸 후 답신을 재촉한다든지, 학회참석과 관련해 논문, 자료 제출 시한이 다가옴에 따라 마감일을 다시 한 번 상기시킨다거나, 기일 엄수를 촉구하는 메일을 보낼 때, 그 내용은 간결하고 정중하게 강조하는 것이어야 한다.

Sample Emails

1) Dear all,

Thank you again for agreeing to participate as a faculty member in X Conference this winter. We are busy preparing for this meeting and would like to keep you updated.
All presenters must submit an abbreviated CV and a short abstract (150 words or less) for each of their presentation(s). Please send these items, preferably by e-mail, to Jane or fax (409) 594-1258 by December 15, 2018.

Best wishes,

Jane Smith

2) Dear Jinsoo,

Could you please complete a registration form for yourself and your colleague for the B meeting.
Dr. Brown thinks you are some figment of my imagination.

Best wishes,

Michael

3) Dear Dr. Brown,

I wrote to you last week but I am not sure if you received the e-mail below. I would like to know if your committee has already started to process my application for a one-year fellowship at your department or whether you need more information from me in order to meet the requirements for this program? Would you please reply to me as soon as possible? Thank you very much for your help.

With wishes,

Jinsoo Kim

4) Dear Dr. Peng,

I wrote to you last week, but I am not sure if you received the e-mail below. As you are scheduled to give a lecture for our residents on X, please send your CV as soon as possible because I have to get permission from the hospital. Thank you.

With wishes,

Jinsoo Kim

5) Dear Dr. Kim,

I sent this message five days ago but I have just received a message that it had not been received. Therefore, I am trying again. Would you please send your CV and an abstract for your presentation by this week?

Best regards,

Peter Owen

Words and phrases

- **submit:** 제출하다. He submitted a manuscript to a publisher.
- **abbreviate:** (어구, 길이, 기간 따위를) 단축하다. 줄이다. Los Angeles is abbreviated to L.A. (Los Angeles는 L.A로 약기된다)
- **registration form:** 등록서류.
- **keep sb. updated:** (누구에게) 최신의 소식을, 근황을 알려주다(들려주다).
- **figment:** 상상의 산물, 공상, 환상. 지어낸 일. The story was just a figment of his imagination.

4. 거절(Refusals)

국내외 학회, 병원, 대학 및 여러 기관에서 강연, 강의, 워크숍의 패널리스트뿐만 아니라 각종 행사에도 참여해달라고 초청을 받게 된다. 초청을 수락하지 못하는 상황은 격식을 차린 이메일로 답을 하게 된다. 먼저 초청에 대해 감사의 표현을 간결하게 진술한다. 수락을 못하는 특별한 이유를 자세하게 열거하고, 끝맺는 내용에서는 다시 한번 초청에 대한 감사의 표현을 쓰고 난 다음에 끝을 맺는다.

Sample Emails

1) Dear Dr. Kim,

Please accept my deepest thanks for your invitation to participate as a speaker at the Seoul Medical Center, and I am very honored to be invited to participate. Unfortunately, I will not be able to accept your kind invitation. One reason is that I would need to be away from the office for many days in order to make such a trip. In addition, at the time of the year you mentioned (end of October - first two weeks of November), we have our fellows in our office for clinical training. Clearly, it would be inappropriate for me not to be here when the fellows are in their training period.

Thank you again for your invitation. I am sorry I am not able to participate and hope that you will understand along with your other colleagues who might have had an interest in my participating in your program.

Sincerely,

David Brown, M.D.

(김 박사님, 서울병원에 연사로 초청되어서 대단히 감사드리며 또한 영광스럽게 생각합니다. 그러나 초청을 수락할 수가 없군요. 이유 중 하나는 그런 장거리 여행을 하기 위해서는 사무실을 여러 날 비워야 하기 때문이고, 덧붙여서, 당신이 말한 10월 말이나 11월 첫째, 둘째 주는 펠로우들이 오거든요. 수련과정에 있는 펠로우들이 오는 시점에 제가 자리를 비우는 것은 분명히 적절치 못한 일이죠. 다시 한번 초청해 주셔서 고맙습니다. 제가 연사로 참여할 수 없어서 미안하고 동시에 저의 참여에 관심을 가졌을 선생님들과 당신의 이해를 바랍니다. 데이비드 브라운으로부터)

2) Dear Jinsoo,

Thank you for your kind invitation but I don't think I will be able to attend the meeting. It is a long trip and with the past injuries I have had, I can't travel that far. I hope you will understand.

All the best,

Tom Satt

(진수 씨, 초청해 주어서 고마운데 미팅에 참석할 수가 없군요. 옛날에 다친 부상 때문에 장거리 여행을 할 수 없어서요. 이해하길 바랍니다. 탐 사트로부터)

3) Dear Dr Park,

Many thanks for your kind invitation to the X society meeting. I remember with fondness a previous visit to speak some years ago.
Unfortunately, your meeting clashes with another, to which I committed myself late last year. I apologize that I won't be able to make it, but (I) would love to come another time.

All the best,

Michael Smith

(박 선생님, X 미팅에 초청해 주셔서 고맙습니다. 강의하기 위해 몇 년 전에 방문한 것을 즐겁게 기억합니다. 그러나 이번 미팅은 작년 말에 정해 놓은 다른 미팅과 일정이 겹치네요. 이번에 갈 수 없어서 죄송하고 다음 번에 가고 싶습니다. 스미스)

4) Dear Dr. Kim,

I regret that I am unable to attend the X society meeting on October 16, 2018. I was unable to reschedule a previous commitment for that day, for which I was supposed to be out of the town. I hope you are able to make other arrangements. Thanks again for your kind offer.

With best wishes,

John Jenkins

(김 박사님, 2018년 10월 16일 있을 X 모임에는 참석할 수 없어서 유감입니다. 그날 이미 다른 일을 계획해 놓은 게 있는데 변경할 수가 없네요. 제가 다른 도시에 가야 하거든요. 다른 일정을 세울 수 있기를 바랍니다. 당신의 제안 고마워요. 존 젠킨스)

5) Dear Tony,

Thank you for your invitation to join "Summer Pride" on Friday, but I'm afraid I can't make Friday as I'm out of the town to attend a seminar in another city. Sorry about this. I know we'll be missing a wonderful time.
Have a nice weekend.

All the best,

Tom Smith

(금요일 "Summer Pride"에 초대해 주어서 고마워요. 그런데 다른 도시에서 있을 세미나에 참석하러 가야 하므로 갈 수가 없을 것 같네요. 미안해요. 굉장히 즐거운 시간을 놓치는 줄은 알아요. 주말 잘 보내세요. 탐 스미스)

6) **Dear Professor Lee,**

Thank you very much for your kind invitation to join the X meeting to be held in Seoul on Nov. 2nd and 3rd, 2018. I understand the importance of the meet-inghowe. However, due to my busy schedule I cannot accept your invitation. I hope you will understand and accept my most sincere apologies.

With warm regards,

Prof. Guido Castungo

7) **Dear Jinsoo,**

I regret to inform you that I will not be able to attend the X conference due to difficulty with my schedule. I hope this does not impact your program. Could I suggest Prof. Y of Sidney University as an alternate? His email is Z.

Best wishes,

David

Words and phrases

- **I appreciate your asking me, but ~:** 요청해 주셔서 감사합니다만, ~.
- **I'm sorry/sad to tell you~:** 당신에게 ~을 말하기가 미안하지만.
- **It is, unfortunately, for me not to accept ~:** 안타깝게도 수락할 수가 없네요.
- **I regret that I cannot accept~:** 응할 수가 없어서 안타깝네요.
- **Sorry about this, but~:** 이것에 대해 미안하지만, ~.
- **Because of prior commitments,~ :** 앞선 약속 때문에 ~.
- **I am afraid that:** ~라고 생각한다.
- **I regret that I'm unable to accept your kind invitation, but~:** 당신의 초대에 응할 수 없어서 안타깝지만, ~.
- **Regarding your request to participate in~, I must say no:** 참석해 달라는 당신의 요청을 받아들일 수가 없네요.
- **I appreciate your asking me, and hope that I will have the opportunity of saying "yes" some other time:** 요청해 주셔서 감사합니다만 다음 기회에 응할 수 있기를 바랍니다.
- **clash with~:** (일정이) 겹치다, 맞지 않다. 서로 부딪치다. This clashes with

my trip to China.

▸ **impact:** (n) 충돌, 충격, 영향, 효과, 부딪침. (v) ~에 영향(충격)을 주다.

5. 감사(Appreciations)

초청, 강연, 방문, 공동 저술, 추천, 학회 연사 참여 등 여러 가지 일로 인해 감사의 메일을 보내야 하는 경우가 생긴다.

5.1 초청 수락에 대해

Sample Emails

1) Dear Dr. Kim,

Thank you for agreeing to participate in our continuing medical education program.
We are enclosing two forms for your completion concerning your presentation of X on Monday, April 18, 2018. To properly publicize your presentation, an early return of these forms would be appreciated. For your convenience, forms may be sent by e-mail or by fax to (308) 156-4910. In addition, please forward a copy of your CV.
We look forward to your presentation. If I can be of any assistance, please do not hesitate to contact me at (508) 877-3552.

Sincerely,

Jane Smith

Grand Rounds Coordinator

2) Dear Dr. Jinsoo Kim,

Thank you so much for inviting me again, especially since I had to withdraw from the meeting last year. I accept with the greatest pleasure!
Thanks so much!

John

3) Dear Dr. Jinsoo Kim,

I am most honored and pleased to accept this privileged invitation. My thanks to all of the Board members.

Respectfully yours,

Hogun Smith

4) Dear Dr. Kim,

Thank you very much for your sincere cooperation for X 2018.
We would appreciate your acceptance of our invitation to present (at a) luncheon seminar.
The details of the invitation are as follows.
Session: Luncheon Seminar
Day: May 23, 2018 Time: 12:00-12:50

We will send you more details of your speech at a later day. If you have any questions, please do not hesitate to contact us anytime.
Thank you very much for your cooperation and understanding.

Keiji Saeda

5.2 학회 기여

Sample Emails

1) Dear Dr. Jinsoo Kim,

The recently concluded 4th Asian Pacific Congress for X was unanimously acclaimed a great success by all who attended. There have been hardly any negative comments from all the different sectors of the meeting. The well-attended scientific sessions speak of the quality of the lectures.
The exhibitors were pleased with the interest shown in their products and the heavy traffic at the Technical Exhibition. The "Live" demonstrations were a very useful learning experience and the transmission from Chicago was another memorable highlight that made the difference.

All the accolades I received would not have been possible without the efforts that you and others in the faculty have made and I will always remember it.
Like all meetings, there were last-minute cancellations for valid and important reasons but I found ready hands to help me in those difficult situations. I feel most happy and proud to have such wonderful friends who have never refused my requests for the 'extra' effort and time.
Once again, thank you very much for your magnificent effort and I hope you will respond again to my call in the future.

Truly yours,

David Brown

2) Dear Prof. Kim,

Truly appreciate your participation in the Annual Meeting of the X Society at the end of March in Taiwan. Your attendance gave me the greatest honor, and I have no word to describe my deepest gratitude.
Although the entire event lasted only a few days, it was definitely a big academic link between our communities, especially with your excellent speeches. With your help and wonderful friendship, I can see that this special bonding and academic exchange will continue to grow.
Again, many thanks for your participation and kind attention.

Regards,

CY

3) Dear Prof. Kim,

I want to express my appreciation for your participation in the X annual meeting. Your presentations were very well received and contributed to make our first X meeting a resounding success. I hope you enjoyed your time at the meeting as much as we enjoyed having you there.
Thanks again for your excellent contribution.

Best regards,

John

5.3 책 저술참여

Sample Emails

1) Dear Dr. Kim,

Thank you very much for your excellent chapters. Your manuscript will be copyrighted when it appears in our new edition.
By copy of this letter I am asking Ms. Jenny Smith to send you a permission letter.

Thank you.

David Brown, M.D.

2) Dear Dr. Jinsoo Kim,

I'm pleased that you accepted the offer and I look forward to working with you.
I'll notify Spenser (the publisher) so that they can change the masthead and I will follow this email with a more formal letter.

Best regards!

Brian

3) Dear Dr. Kim,

Thank you for the letter of the recommendation. I will revise your manuscript and return it to you as soon as I can. Also I will try to forward you photos in my next e-mail.

5.4 학회 발표 이외의 시간

Sample Emails

1) Dear Dr. Kim,

This is just a note to thank you very much for your splendid hospitality during my recent stay in Seoul. I still remain in awe of the work being carried out in your department. It is obvious that both the clinical standards and the laboratory research are of the highest order and I felt privileged to be able to discuss clinical cases with you and your staff.
I look forward to seeing you again soon.

With my best regards,

John Smith

2) Dear Dr. Jinsoo Kim,

I hope you had a good flight on Saturday.
Thank you so much for having visited us and sharing some of your experience and insights with us. I hope we will see you back in Germany soon!
Yours sincerely,

Steve Brown

5.5 기타 대학/연구소/병원 방문 허락

Sample Emails

1) Dear Dr. Kim,

Thank you for your prompt response. We will have everything set up for you shortly. I am asking the surgeons which topic they be interested in most for their rounds and then I will set the others up for us.

Best wishes,

John

2) Dear Jinsoo,

Thank you very much for your understanding—I am very much relieved. Please let me know how I can continue to help with this and future activities, as I think that this is a great new society.

John

Words and phrases

- **enclose:** (봉투, 소포 따위에) 동봉하다, 봉입하다. 포함하다. 동봉되어 있다. 들어 있다. He sent a check which was enclosed in the letter.
- **withdraw:** 취소하다. 철회하다. He wanted to withdraw his name from the list.
- **accolade:** 영예, 칭찬, 포상.
- **cancellation:** 취소, 해소, 철회, 말살, 소거.
- **gratitude:** 고맙게 여김. 감사, 사의. in (out of) gratitude.
- **resounding:** 대단한 반향을 일으키는, 철저한, 현저한. (예: a resounding success 소문이 대단한 성공).
- **hospitable:** (손님이나 남을) 따뜻하게 대접하는, 친절한, 융숭한, 대접이 좋은.
- **invaluable:** 값을 매길 수 없는, 평가할 수 없는, 매우 귀중한.
- **memorable:** 기억할 만한, 잊을 수 없는, 인상적인.
- **superb:** 굉장히 훌륭한, 우수한, 초일류의, 고급의.
- **hand(s):** 원조, 조력, 거들어준 사람, 적극적인 협력. Please give me a hand with this ladder.
- **in awe of~:** 훌륭함에 두려움마저 드는, 두려워하는, 존경심에, 경외심으로.

6. 이메일 전송(Forwarding)

메일을 보낼 때 당사자들 간의 사안이 아니거나 제3자의 메일 주소를 모르는 경우에, 제3자에게 전달하거나 부탁하는 경우가 있다. 그런 경우 전송하는 대표적인 표현들은 다음과 같다.

Sample Emails

1) Dear Dr. Kim,

I have forwarded your letter to the RSE office. RSE executive committee meets next week, and we will discuss these subjects.
I am looking forward seeing you soon.

Johan Bincent

2) Dear Dr. Jinsoo Kim,

Dr. David Brown forwarded the e mails below to me. I am happy to organize a presentation for you as suggested by Dr. Brown. In talking with Dr. Brown's secretary she said you talked about arriving late on March 26 and leaving on March 30, and the title of your talk would be "X." Please let me know if these plans are definite (have you made plane reservations?) and, if they are, I will then work on a time and location for your talk.
Thanks.

Tom

3) Dear Bill,

I am forwarding a message from Dr. Kim of Seoul Medical Center who is unable to get a hold of you.
Hope things are going well over there in sunny California. I am back in NY after a seminar trip.

John

4) Dear Dr. Samuel,

Thank you for your kind information. Yes, you can reach me at that e-mail address. Would you please also send the relevant mails to Dr. Ko who is the first author because I might be out of Korea? His e-mail address is X. Thanks.

Sincerely,

Dr. Jinsoo Kim

5) Dear Dr. Kim,

Hope you have had two good days in London. David has asked if you would kindly e-mail him your flight details to Edinburgh, so he knows exactly which flight to meet. David Brown's e-mail address is X.

With many thanks and best wishes.
Phil

6) Dear Mr. Kim,

Dr. Brown is urgently waiting for your reply.
I wasn't sure whether you got it or not, so I am forwarding the e-mail to you, just to make sure that you get it. Please confirm that you have received this message.
Thanks.

With regards,
Peter

7) Dear Peter,

Thank you for your e-mail. I did not see the notification from X. I hunted through my email to see if I missed it, but I guess the server cut it. It happens rarely but unpredictably.
One more thing, Dr. William M. Park from Stanford University Medical Center emailed me saying that he is in a 2 year research fellowship there and wants to learn about the clinical service in my hospital. He mentioned that he knew what you had done with us.
I can't reach him. Would you please forward the e-mail below to him and ask him to fill in the Seoul Medical Center Application for International Fellowship.
Thanks again.

With regards,
Jinsoo Kim, M.D.

Words and phrases

- **forward to~:** 발송하다, (특히 편지 따위를 새 주소로) 보내다. He asked me to forward this email to you.
- **get a hold of ~:** ~의 소재파악을 알고 있다. 연락이 닿다. We can't get a hold of her.

► **reach sb.:** (사람이 남과 전화, 편지 등으로) 연락하다, 접촉을 가지다. I called many times but couldn't reach you.

7. 확인(Confirmation)

다른 대학병원, 해외학회 강연, 세미나 참석 시 강연제목, 강의내용, 제목, 시간 등을 정하는 과정 중에 변경 또는 잘못 전해져서 수정하거나 확인해야 하는 경우가 있다. 이에 대한 표현들을 살펴본다.

7.1 발표시간/날짜/제목

Sample Emails

1) Dear Dr. Kim,

I have received a schedule for my visit to Korea from Ms. Lim. This was sent to her by Mr. Sung - I have attached it to this message in case you have not seen it yet. As it is a little different from the one you sent me, I thought I should write to you to clarify the situation.
There now seem to be three lectures rather than the two planned originally. I do not mind working hard but I am a little concerned about a 6.50 a.m., starting the morning after my arrival. As I shall be jetlagged and tired I am worried that I may not do either of the Friday lectures justice! If there have to be two lectures on Friday, may I suggest that the second takes place later in the morning to give me a chance to recover from the trip? Incidentally, if there is to be a third lecture I could give a 25-minute one on "X", to avoid repeating the one on Y.
There is also some confusion regarding the hotel. It would be helpful to know where I shall be staying so that my secretary and my family can contact me.
Finally, it would be helpful to be able to return to the hotel briefly on Saturday, as in your original schedule, before leaving for the airport. I prefer not to wear formal clothes during long flights and this would give me a chance to change into something more comfortable.
I am truly sorry to trouble you with this. My main concern is that I should be in a fit state to deal with the subjects of my lectures adequately. If the schedule is too heavy the audience may get quantity rather than quality!

With my best wishes,

David Brown

2) Dear Dr. Kim,

I am writing to confirm the dates for the X meeting as November 2 and 3, 2018. I have received an invitation for another meeting on the same dates and I want to make sure that the X meeting is definite before I decline the other meeting. I am extremely excited to be able to return to Korea - thanks again for including me!

John

3) Dear Dr. Kim,

Have you confirmed the dates during which you will be in Hamster? I leave for Singapore and Thailand on the 17th and will not be back until the 5th May. Therefore, I would like to set this up before I leave. I hope it is not too much trouble for you.

Regards,

John

7.2 요청한 사안

Sample Emails

Dear Dr. Kim,
On behalf of X society, it is my privilege to reconfirm and thank you for agreeing to participate in the ***World Congress on X*** to be held ***24-26 May 2018 in Taipei, Taiwan***.
I am pleased to confirm the details of your compensation. Thanks.

With best wishes,

Jane Smith

7.3 메일도착 여부

Sample Emails

1) Dear Dr. Kim,

Please confirm that you received my e mail concerning visiting with you in Seoul. You spoke to Mr. Chung in Miami.

Regards,

Steve Smith.

2) Dear Dr. Kim,

Would you confirm that you received the attachments I sent two days ago that kept being bounced back to me. I have sent the material to you by air. Please let me know when you receive it.

Thank you,

Ryan

3) Dear Dr. Kim,

I've attempted to send you the pre-program packet, but I suspect that a firewall is blocking my emails. Please let me know if you received the documents I sent?

Thank you,

Ryan

4) Dear Dr. Kim,

I wasn't sure whether you got the earlier mail I sent, so I am sending it once more, just to make sure that everything should be O.K.

Kind regards,

John

7.4 항공시간, 일정 확인

Sample Emails

1) Dear Dr. Kim,

Please confirm your itinerary regarding arrival and departure times to San Francisco, as I am arranging for the shuttle to pick you up. Thanks.
Regards,

Jane Smith

Words and phrases

- **reconfirm:** 재확인하다. ~의 예약을 재확인하다. You need to reconfirm your flight at Frankfurt airport.
- **do sb/sth. justice:** 공평하게, 제대로 다루다.
- **be in a fit state:** (컨디션이) 좋은, 호조의. He is in no fit state to do his job.
- **decline:** (정중히) 거절하다. 사양하다. 거부하다. He declined to say more about it.
- **itinerary [aitin(e)reri]:** 여행일정, 여정. 여행계획. Paris is still on my itinerary.
- **concerning ~:** ~에 관해, ~에 대하여.

8. 약속(Appointments)

여러 미팅에서 만날 약속을 할 때나, 이미 한 약속을 취소, 변경해야 하는 경우가 종종 생긴다. 짧게, 길게 다양한 표현들을 아래의 예에서 볼 수 있다.

8.1 학회장 등 여러 장소, 미팅에서 만남

Sample Emails

1) Dear Jinsoo,

I will be at the meeting, but I am already committed for dinner, and also will be leaving in the early afternoon on the 5th. Maybe we can have a brief meeting at some point on Saturday or Sunday. I am arriving late Friday night. Please let me hear your reply soon.

With kind regards,

Jane

2) Dear Jinsoo,

Just a note to tell you that we will be at the X Meeting; we are looking forward to seeing you if you are not too busy! I might even bring a tennis racquet! We will be staying at the Hilton Garden Inn for April 1-5.
I hope all is going well.

All the best,

David

3) Dear Jinsoo,

Thanks for your instant reply! And your happy reports from New York. The Hilton Garden does not have a tennis court but it is very close to the Hilton Riverside. How do I get hold of you in Denver for a mutually agreeable dinner date?

Regards,

David

4) Dear Dr. Kim,

I hope this email finds you well. Will you be attending X this year? I want to have time together with you in Chicago.
I will be arriving in Chicago on Sunday and will be staying at the W hotel.

Sincerely,

John Smith

8.2 약속 취소, 변경

Sample Emails

1) Dear Jinsoo,

I am embarrassed to ask you this question, but would it be possible for me to withdraw from the faculty of the meeting? I have several committments that will overlap with the meeting. I did not realize that these committments would occur at the same time as your meeting. In addition, Dr. Brown is organizing a meeting in China in early October, and I have no option but to attend that one as well.

I regret having to ask you this at this time, as your agenda has already gone to print, and you have been so kind as to include me. I very much wanted to return to Korea, and it is professionally and personally very disappointing for me to have to ask to withdraw. I am very, very interested in participating in the future, and will do whatever I can to help you with this meeting.

With sincere apologies,

John

Words and phrases

- **overlap:** (다른 것, 일정, 부분과) 겹치다. 부분적으로 일치하다. ~과 공통점이 있다.
- **organize a meeting:** (회의, 대회 따위를) 구성하다. 조직하다. 편성하다.
- **regret ~ing/(to~):** ~한 것을 (할 것을) 유감으로 여기다. 후회하다, 뉘우치다. 슬퍼하다.
- **be at the meeting:** 회의 중에 있는.
- **be embarrassed to ~:** ~하게 되어 당황스럽다. 난처하다, 어리둥절하다.
- **agenda:** 예정안, 의제, 협의사항. These are agendas for the next talks.

9. 사과(Apologies)

9.1 회신이 늦었을 때

Sample Emails

1) Dear Jinsoo,

Apologies for further delays in replying. I have been busy organizing a Symposium on X for Friday 28th January to give you the opportunity to contribute to and meet a wider audience.

We are very happy for you to come to our hospital. Please don't hesitate to contact me if you have any need to set up your schedule.
Looking forward to seeing you here soon.

Best,

David Brown

2) Dear Dr. Kim,

I am so sorry. I don't know why I didn't get these messages. The email address is correct, but I haven't seen any emails from you come through.
We would be delighted to have you come to our hospital. Please let me know if you need any help with arrangements. We have a conference every Tuesday morning and would be happy to have you give a talk. Again, my apologies for not getting back to you before.

Kind regards,
Jane Smith

3) Dear Jinsoo,

Hi, there.
Sorry to be delayed in answering. I would very much like to go touring with Mr. Lee. Right now I have no plans for Monday (other than the meeting for me).
Looking forward to seeing you.

Best,

D & R

4) Dear Prof. Jinsoo Kim,

I heartily apologize for my delay in replying. Prof. Sato told me that he would like you to give a lecture entitled X at the meeting on July 2nd. I will let you know the details later. Thanks again for your consideration.
I would like to meet you as soon as possible, and could you come to our school on Monday. If you can, please let me know what time you can leave the Guest House because Dr. Nishida will go and meet (you) there.

Best regards,

Kenji Nakeshida

5) Dear Dr. Brown,

I profoundly apologize for not replying to you sooner on the paper X. It was the first time for us to make such mistakes in our published articles. We have extensively revised the article.
Again we regret making the errors and appreciate the opportunity to correct them.

With regards,

Jinsoo Kim

6) Dear Dr. David Brown,

I apologize for not getting back to you sooner. I was out of the country for one week. I am sending you a picture of mine as an attachment. Thank you.

Sincerely yours,
Jinsoo Kim

7) Dear Jinsoo,

I am sorry to be so long in proofreading your paper. I have had some technical difficulties with my computer but fortunately have found a solution. Now I am sending a revised copy to you and hope you will find it satisfying.

Best personal regards,

David

9.2 잘못 보낸 메일

Sample Emails

1) Dear Dr. Kim,

I apologize for the inappropriate delivery of the e-mail that revealed intradepartmental concerns. I am trying to put the issue behind me and looking forward to working with you and the rest of the IR team.
Look forward to working with you and the rest of your team.

Sincerely,

Jack Smith

2) Dear Dr. Kim,

Our notice to you was sent in error. Dr. Brown included some extra names when he submitted that, for possible back up. We misunderstood his intention and sent the notification to all. Dr. Brown asked that we let you know, and apologize for any confusion.
Thank you.

Jane Libby

Words and phrases

- **blunder:** 큰 실수, 실책. 어리석은 잘못, 조심성 없는 실수. He committed a grave blunder.
- **be in error about~:** ~에 대해 잘못 알고 있는, 착각하고 있는.
- **omit:** 빼다, 빠뜨리다. 생략하다. That sentence can be omitted in this intro-

duction.

- **entitle:** 명칭을 부여하다. 표제를 붙이다. Please search a paper entitled "x".
- **delivery:** (편지, 물품 따위의) 배달, 송부.
- **notification:** 알리기, 통지, 연락, 신고, 제출. 통지서, 공고문.

10. 메일을 열 수 없을 때(Technical Issues)

보낸 이메일이 수신거부로 표시된다거나, 상대방이 보낸 이메일이 오지 않고 와도 열어 볼 수 없는 상황들이 종종 일어난다. 상대방 서버에 문제가 있거나 주소를 잘못 입력한 경우가 대부분인데, 다시 보내보거나, 제3자에게 부탁하는 메일을 보내거나, 팩스를 이용해서 앞뒤의 사정을 알리고 서버나 주소 재입력, 주소변경 같은 원인을 찾아 바로잡을 수 있다. 아래의 보기에서처럼 글씨가 깨져서 와서 읽을 수 없는 경우에는 어떤 포맷을 사용하는지, 무슨 폰트를 사용하는지, 컴퓨터가 읽을 수 있는 언어가 무엇인지 물어보는 경우가 있어서 다음과 같은 표현들이 많이 쓰인다

Sample Emails

1) Dear Jinsoo,

Apologies. I did not see your last email and invitation. I hunted through my email to see if I missed something, but I guess the X server cut it. It happens rarely but unpredictably - to the point where I sometimes switch people to this email address: Y

Best regards,

John

2) Dear Dr. Kim,

I tried to open your email but it is all upside down and illegible. I suspect my computer can't read Chinese characters. Would you please send it to me with another format?

Regards,

David

3) Dear Dr. Kim,

The attachments bounced back again. I have sent the material to you through FedEx. Please let me know when you receive it.
Thank you,
Ryan

4) Dear Ms. Lam,

I've been trying to email Dr. Sung at his address: X, but it gets bounced back to me. Possibly, his e-mail address is wrong or has been changed.
Would you please forward the message below to him or let me know his e-mail address.
Thanks.

Sincerely,

Jinsoo Kim

5) Dear Ryan,

The attachment you sent me could not be opened. Is there any way you could send it in a different format?
Your fax did not come through clearly. It is very difficult to read the address, Fax number, and E-mail address written on the top. Would you please retransmit your fax or send an E-mail to me. Thank you.

With regards,

Jinsoo Kim

6) Dear Jinsoo,

I cannot open the attachment and it doesn't have a file extension, so I cannot tell what type of a file it is. Please help.

John

7) Dear Jinsoo,

No luck. It is arriving as an unidentified file type. What type of file is it? Can you save it as another file type?

John

8) Dear Dr. Yamada,

Thank you for your reply. It is very difficult to read your flight schedule because some words came across garbled. It is some strange group of computer symbols rather than any recognizable language. I suspect it was because you used some signs such as *, #, ^. Please try to send your flight schedule again.

With regards,

Jinsoo Kim

9) Dear Dr. Wagner,

Thank you for taking the time to help me. The text processing program I'm using is Microsoft Word. I couldn't open the attached file this time again. Sorry about that. Even the man who is in charge of the computer stuff in our hospital could not open it. Would you mind sending it as Micorsoft Word document or by mailing it to me?

Best,

Jinsoo Kim

10) Dear Dr. Kim,

Proofs for your article of X were initially sent to you on 1/10, but your email inbox was full, so I resent the proofs on 1/13. However, I have not yet received any comments or corrections for those proofs from you. Please send feedback for the proofs as soon as possible, and let me know if you have any questions.
Thanks,

Erin

11) Dear Dr. Kim,

Dr. Sites has tried to email Dr.Park and Dr.Lee and said the emails bounced back to him. Could you contact these gentlemen and have them send the reference letters via email to Dr. Sites.
Thank you,

Beverly Petit

Secretary to Dr. Sites

12) Dear Dr. Kim,

I've been trying to email you at this address but it keeps coming back to me. Would you please email me if you receive this message? I might be in Seoul in September. Thanks.

All the best,

John

13) Dear Dr. Kim,

I sent this message five days ago but I have just received a message that it has not been received. Therefore I am trying again.

Best regards,

David Smith

Words and phrases

- **garble (v):** (사실, 언명, 서류 따위를) 부당하게 취사 선택하다. 왜곡하다. 곡해하다. 뒤범벅을 만들다. He garbled the order his boss did yesterday and was not sure what he should do first.
- **bounce back:** (떨어진 것이나 던진 것이) 튀어서 되돌아오다. 되돌아오다. Lotus flower leaves make water droplets bounce off (back).
- **get through:** 도달하다. 완성하다. 마무리짓다, 종료하다.
- **acknowledge:** 감사의 뜻을 나타내다. 사의를 표하다. 확인하다. 통보하다. 인정하다. She wants to acknowledges the help of your department.
- **illegible:** 읽기 어려운, 판독할 수 없는, 이해할 수 없는. This letter is completely illegible.
- **transmit:** 보내다. 발송하다. (뉴스, 소문 따위를) 전하다, 알리다, 전달하다.

11. 추천(Recommendations)

어느 한 사람을 추천할 때는 이 사람이 그 일에 적임자라는 것을 간접 증언하는 일이기 때문에 신중하고도 사려 깊은 단어나 표현으로 신뢰감을 주는 글이어야 한다. 경력 면에서 간결하고 구체적으로 써야 하며, 이런 추천을 받았을 경우에는 감사의 메일을 보내는 것도 잊지 말아야 한다. 또, 추천된 사람에게는 수락여부와 수락이 될 경우에 예상되는 의무사항, 직무사항 같은 것도 부연 설명해서 메일을 보내는 것이 통상적이다.

Sample Emails

1) Dear Dr. Kim,

I recently accepted the editorial position of X from Dr. David Brown at our annual editorial board meeting, Dr. Peter Owen, who is also on the board, recommended that you be invited to join the editorial board. I would like to extend this invitation to you.
The responsibilities of the board members are to provide suggestions to improve the journal and edit an issue every year. International board members also serve as a liason to the societies in their respective countries. Thank you for considering this offer. I look forward to hearing from you. I will follow this email with a written letter.

Sincerely,

Tony Bauer, M.D.

2) Dear Dr. Kim,

I have one request. When you first asked me to recommend members for the Advisory Committee, I did not realize that you intended to include X in the list of topics. Under the circumstances, I think it would be greatly beneficial to include Peter Smith as a member of the committee and to consider him as a potential speaker. Hardly anyone has done more extensive work in this field, and his contribution would greatly enhance the congress. I hope the addition of his name at this late stage would not be too inconvenient for you. His e-mail address is: Y
Thank you very much for considering this request.

With warm regards,

David Brown

3) Dear Jinsoo,

I do hope that you are well.I need your help. We need a lecturer from Korea or Japan to speak at the European X society next year on the subject of Y. Who would be the best speaker?

Best personal regards,

Peter

4) **Dear Dr. Jinsoo Kim,**

I'm a German surgical endoscopist and am very interested in your device for the treatment of X. So my questions to you are: Are your devices commercially available? Are they as soft as the Y? Would you recommend the use of yours also for X Syndrome?
I would be very happy if you could answer these questions.

Sincerely,

Pert Owen

5) **Dear Dr. Kim,**

We are interested in your X set. Could you please provide us with information about the manufacturer or dealer close to our country (Venezuela)? I have some close Doctors that had training for this set in Spain and are interested in work with this product in Venezuela.
We will appreciate your help for this.

Best regards,

Enrique Swarto

6) **Dear Dr. Kim,**

We were all impressed with your work and enjoyed your lecture. The article you sent is quite interesting and could be submitted to a variety of journals. If you choose to send it to journal X, there are many similar journals to choose from both inside and outside the U.S.

Best of luck,

Tom

Words and phrases

- **editorial board:** 편집위원회.
- **extend invitation to sb.:** (누구에게) 초청(장)을 연결시켜 하다(보내다).
- **extend:** 연기하다. 연장하다. 잡아 늘이다. 넓히다. 확장하다. He extended a visit to Mayo for another week.
- **liason:** 연락, 교섭, 연결. (예: liason officer 연락장교)
- **beneficial:** 이득이 되는, 득이 되는, 유익한.
- **manufacturer:** 제조업자, 공장주, 제작자.

▶ **dealer:** 상인, 도매업자, 상품을 사고파는 사람.
▶ **potential:** 가능성이 있는, 잠재적인, 될 수 있는, 있을 수 있는.

12. 알림(Notices)

이메일 주소가 바뀌었거나, 직장을 옮겼거나, 휴가 시 또는 장기간 학회참석 및 병원 방문으로 인해서 일정이 취소, 변경되어 대외적으로 알리는 공지문처럼 메일을 보내야 하는 경우에 다음과 같은 표현들이 쓰인다.

Sample Emails

1) For those of you who have been using only my AOL email address (marthre@girweb.org), please be advised that I am NO LONGER USING THAT ADDRESS for business purposes.
INSTEAD, PLEASE USE THE FOLLOWING EMAIL ADDRESS FOR ME: marthre@thegir.org
Thanks very much.

Mary Arther

2) I will be out of the office without access to email from July 12-20. I will respond to your email upon my return on July 21. If you need immediate assistance please contact me at Mathure@girweb.org.

Thank you,

Mary Arthur

(저는 7월 12일부터 20일까지 출타중이어서 이메일을 확인할 수 없습니다. 7월 21일 돌아오는 대로 확인해 드리겠습니다. 급한 용무(도움)가 있으신 분은 이 이메일 주소로—Mathure@girweb.org—연락주십시오. 메리 아서)

3) I will be out of the office attending our annual medical conference until Monday, April 15, 2018 and I will only have sporadic access to e-mail.
Thank you,

Jennifer Smith

(연례 의학 콘퍼런스 참석차, 4월 15일, 월요일까지 출타중입니다. 이메일을 항상 확인할 수 없네요. 제니퍼 스미스)

4) I will be out of the office from Saturday 6/23 until Friday 7/01. I will have limited access to email during this time.
(6월 23일, 토요일부터 7월 1일, 금요일까지 출타중입니다. 이 기간 동안에는 이메일 확인이 잘 안 됩니다.)

5) Please note that I won't be in the office until July 23 as I am attending a conference in San Francisco. I can only be reached through Ms. Park of our office. Please direct all your email to her email address at dhpark@srb.ac.kr.

(샌프란시스코학회 참석하느라 7월 23일까지 자리 비웁니다. 사무실의 미즈 박을 통해 연락이 되므로 모든 이메일은 미즈 박 이메일로 보내십시오.)

6) I will be leaving the office Friday afternoon, Nov. 19, at 1:30 p.m., returning Monday, November 22. Any questions, please call Linda Shelton at X4-3850.

7) **Dear All,**

Re: The Appointment of Dr. David Owen to the Chairman of X

It is a distinct honor and pleasure to be able to inform you that David Owen M.D. has agreed to accept the appointment as Professor and Chairman of X, effective immediately. This appointment is especially gratifying in view of Dr. Owen's long and distinguished service at our institution and his deep roots in the Seattle medical community.
Dr. Owen's appointment as Chairman of X is an appropriate capstone to a distinguished career as a path-breaking academic physician who has dedicated his life to the care of people. I hope you will join me in welcoming him to this new role.
Thank you.

8) **Dear Jinsoo,**

The meeting brochure looks terrific! One correction: I am no longer at UPenn. I have been at the U. of Texas for almost 4 months. Please see attached for my current contact information.

Best wishes.

Stephan

9) **Dear Jinsoo,**

Hi,
Thank you for your e mail. It will be good to see you in April 2018. If you are

going to be with us for the week, we could have you give most of the lectures at about one or two a day. You could spend the rest of the time touring around here. Niagara Falls is not too far away. Neither is Toronto.
We have Dr Antonio Brown speaking on MSK on April 21-22. So if you are here the week of April 25-29, it should fit in. Let me know when your arrangements are complete.

Best wishes,

Pat

10) Dear all,

The 36th X Society of Meeting is coming near. It is such a great honor to receive your valuable lecture for the upcoming 36th X meeting. We would like to take this opportunity to inform you of your date for your lecture and arrangement as follows;

Thanks,

Peter Smith

11) Dear Kenji,

Hi,
We arrive on different planes. Mine is slightly later and arrives at 2:20 p.m.. It is very nice of you to pick us up. If it winds up being inconvenient with your schedule, however, please don't put yourself out. We can easily take a taxi to the hotel.
See you soon.

Best,

David

12) Dear Jinsoo,

The countdown has begun! Attached is an up-to-date program for your information and a brief letter from the 2018 convenor, Dr. Parkinson contains details of this year's AGM.
All Occasions Management and All Occasions Travel hope you enjoy your conference and associated tours.
Kind Regards,

Jane Smith

Coordinator - Conventions & Events

13) Dear Dr. Kim,

Please let Jane know your itinerary and she will arrange roundtrip ground transportation for you.
The weather is changing and we look forward to welcoming you and spending a few enjoyable days learning . If you have any questions, give Jane or me a call.
Thank you for your participation in our meeting. A final program is enclosed.

With Regards,

David Brown

14) Dear Dr. Kim,

Based on the information you have provided to me, I will book a room for you at the W at 89 Chester St. for arrival April 21 and departure April 27, 2018. Please let me know whether you will be coming alone, or with your spouse, in order that I may book a single or double room for you.
We look forward to hearing your lectures. We have several teaching hospitals in Toronto. I hope you are open to the possibility of repeating your lectures at more than one hospital. This would allow the largest number of people to attend your talks.

Sincerely,

Walter Smith

15) Dear all,

All Resorts Express-Utah will have your arrival and departure information. Instructions are attached concerning how to connect with them upon arrival. They will inform you on your pickup time to return to the airport. Let me know if you have questions.

Jane Peamer

16) Dear Dr. Kim,

Just to let you know that the Seattle Marriott Hotel is booked out on Friday, February 25. So, if you are planning on arriving prior to our meeting, you will need to check upon Thursday or before, or on Saturday. They will not accept a Friday check-in.

Thanks.

Jane Peamer

17) Dear all,

This is a reminder for those that have not responded to send your short bio, outline of your lecture, and your disclosure form to me by December 15. After making your itinerary, please copy me on it for reimbursement and scheduling of the shuttle.
Let me know if you need assistance.
Thanks.

Jane Peamer

18) Dear Dr. Kim,

Thank you for the email.
We will need a credit card number (including the 3 numbers on the back) to make the booking. What level (one to five star?) of hotel do you prefer, and what cost range? It is for two people, I presume?
There are taxis to and from the airport but one of us can collect you on arrival.
The talk topics sound good and we can finalize it on arrival. You need PowerPoint/ data projector I presume-PC only, no Macintoshes.

Regards,

Steve Bernard

19) Dear Dr. Kim,

I have made hotel reservations for your visit to Rochester, MN. Below is your hotel information and confirmation number. Do you have specific titles for your two talks with X?
Thanks!

TJ Pertson

Words and phrases

- **respond to sth.:** ~에 대해 대답하다. 응하다. 답하다. 반응하다. The speaker responded briefly to a question after his talk/He is responding well to treatment.

- **without access:** 접근할 수 없음. (컴퓨터 시스템에 대한 접근이) 안 됨.
- **wind up ~ing:** ~을 끝내다. ~에 결말을 내다. 끝이 나다. ~으로 결말이 나다.
- **put oneself out:** 애를 쓰다, 고생하다, 할 일을 다하다. I put myself out for my friend. She has put herself out to make sure that everything is in order.
- **disclosure form:** 특허 신청취지의 명세서/특허정보에 관한 서류.
- **bio:** biography(전기, 일대기)의 준말.

13. 경비 환급(Reimbursement)

국제 학회 등에서 초청을 받았을 때 비행기표를 자국 내에서 사고 그 경비를 학회나 초청기관에서 되돌려 받을 때가 있다. 이것은 외국에서 연사를 초청할 때도 마찬가지이다.

Sample Emails

1) Dear Professor Jinsoo Kim,

Please let me emphasize that German Roentgen Society will be happy to remimburse you for all costs involved with the participation in our annual congress. Could you please let us know the costs for your flight to Berlin. We can reimburse you upon your arrival here in Berlin or transfer the money in advance to your bank accounts. Please do let us know at your earliest convenience your travel schedule. We have reserved rooms in our congress hotel: Regent Hotel in the center of Berlin.
I am looking forward to meeting you in Berlin.

With kind regards,
Bernhard Smith
Executive Director

(김진수 박사님, 독일 방사선학회에서는 연례모임에 참석하느라 드는 모든 비용을 기꺼이 환급해 드리겠습니다. 항공 비용이 얼마인지 알려 주시겠습니까? 베를린에 도착하면 환급해 드릴 수도 있고 미리 박사님 계좌에 이체해 드릴 수도 있습니다. 가급적이면 가장 빨리 여행 일정을 알려주세요. 베를린 중심가에 있는 학회가 열리는 리젠트 호텔에 예약해 놓았습니다. 베를린에서 뵙기를 바랍니다. 집행이사 버나드 스미스)

2) Dear Prof. Kim,

It is the policy of the department to reimburse the Grand Rounds speaker for airfare, taxis, hotel (if staying overnight) and meals. All original receipts should be forwarded to my attention as soon as possible. If you wish to stay overnight in an Ann Arbor area hotel, I can make those arrangements for you (including airport limo service to and from the University Campus). Otherwise, the speaker is responsible for making all other arrangements. Please let me know your travel plans/or other needs as far in advance as possible.

Words and phrases

- **reimburse sb (sth). (for~):** (누구에게 ~에 대해) 변상하다. 배상하다. 도로 지불하다. 상환하다. We will reimburse all the costs/Our company will reimburse you for the full extent of the damage.
- **transfer:** (사람, 사상, 물건, 권리, 재산 따위를) 옮기다. 이전시키다. 전달하다. 양도하다.
- **bank account:** 은행계정, 각종 예금, 예금잔고.
- **at one's earliest convenience:** 최대한 빨리.

14. 첨부(Attachments)

보내려는 내용이 길어서 그 내용을 첨부해서 보내는 경우에 다음과 같은 표현들이 대표적으로 쓰인다.

Sample Emails

1) Dear Professor Kim,

please find attached the invitations for the Social Event of the PCR 2018.
There is also a reply form, which we ask you to send us back as soon as possible.
Thanks a lot and best wishes from Vienna.

Eric Baudon
Social Events

2) Dear Colleagues,

Attached you will find your invitation to the Luncheon to be held at the upcoming PR meeting in Philadelphia.

Sincerely,

Tori Cooper

3) **Dear Dr. Kim,**

I hope this email finds you well.
I have attached a revised manuscript to this e-mail. If you have any questions, comments regarding my suggestions, please feel free to ask me and I'd be willing to make further revisions, if necessary.

Regards,

Tom Smith

4) **Dear Dr. Kim,**

Please find attached my edited versions of your templates. They are edited using the Track Change Function.
My own templates are complete and will follow tomorrow.

Best regards,

Roger

5) **Dear Professor Kim,**

Attached are the proofs for your GIE article, which is scheduled to appear in the August issue. We have not yet received corrections for your article. Please proofread the article and answer the attached queries and return your corrections to me by e-mail or fax at 212-633-3853.

Thanks,

Ryan

6) **Dear Dr. Kim,**
I have reviewed the areas in blue. Please see the attachment and let me know if you have a problem opening it. I will try to send it again using another email address this time. I am also resending the previous email to you that was returned with no recipient.

Kind regards,

Robert

7) **Dear Dr. Kim,**

I'm attaching information pertaining to your Grand Rounds presentation on

Oct. 18. Please return the Informational Form and the Disclosure Form when you can. When your flight plans are finalized, please let me know so that I can book the Pine Hotel. You had indicated in a previous e-mail that you wanted to extend your hotel stay for additional days other than the one evening we allow for. Please let me know your plans so that I can make those arrangements for you.
Thank you.

Bernice

Words and phrases

- **attachment(s):** 결부, 부착, 부가물, 애착. (인디넷의) 첨부파일.
- **query:** 문의. 조회, 질문.
- **pertaining to ~:** ~에 따른, ~에 부속된, ~에 부수되는.
- **make an arrangement:** 준비하다. 채비를 갖추다. 정리를 해 놓다.

15. 계절인사(Holiday Letters)

연말에 보내는 카드, 새해 편지 또는 일상적인 안부메일을 보내는 데는 어떤 형식을 요하는 것은 아니다. 친소 관계 여부에 따라 다양한 표현으로 자기의 근황을 알리는 것은 보람된 일이고 학회를 통해 계속 이어지는 우정을 쌓는 방법의 하나이기도 하다. 다음 메일에서 나오는 표현들은 극히 사적인 내용으로, 연말과 새해에 보내는 메일에 많이 쓰이는 표현들을 살펴볼 수 있다.

어떤 이들은 일년의 근황을 월별로 재미있게 구성해서 보내는 경우도 있고, 타이밍을 놓쳤지만 늦게라도 보내는 이들도 있어서, 그런 경우의 표현들도 살펴보도록 한다.

15.1 크리스마스

Sample Letters

1) Dear Dr. Kim,

Late as usual, our excuse is that we have just returned from our annual 3-week X-mas trip to the east.

How time flies. We are at the right end of the year 2018.
As we moved to the west after my retirement, it is quite our ritual to get my children and friends angry by visiting and staying at their's and to make them

think of us more than ever when we say good-bye before we hit the road for our home. I could definitely say we had a terrific time with them.
As the wonderful holidays end and a new year approaches, we want to take this opportunity to send you both our best wishes in 2018.

With warm personal regards,

David and Sally

2) **Dear Jinsoo,**

As we look back over 2008, Sawyer and I remember with appreciation our precious friends abroad and at home, and my children and grandchildren.

Sawyer and I send our warmest wishes for good health, happiness and friendship. We had a very wonderful X-mas holidays with my children and grandchildren, who were visiting to stay with us for one week. Last year we went to the east to spend the holidays with them, but this year Sally and I would love to entertain them over at our house. Not that difficult to imagine how crowded my house will be.
My curse is that once again I didn't take photos. At X-mas, I spent too much time talking (what else is new?) and washing dishes. However, I assure you that our family is full of beautiful beings of all sizes with very gentle souls. This includes canines Alpine, Parie and Moctur.

Sawyer and I are in pretty good shape, all things considered. Most Tuesdays she plays squash at Scotia Center. I still play occasional tennis. Together we enjoy theater, concerts, lectures, and other special happenings. There never seems to be enough time and energy for everything we would like to do.
We began the year with too much snow. That's now the way we end it. As I type, the view from our windows is a traditional Christmas card of snow-laden limbs and deep footpaths through the fresh snow.

Best wishes for a **HAPPY NEW YEAR to you both.**

Sawyer and David

3) **Dear Jinsoo,**

Though somewhat late, we wish you a good 2018.
The attached newsletter fills you in on the high points of our past year.
We keep waiting for you to come visit us here in Arizona. We will be attending X in San Francisco in May.

Much love,

Tom and Blanca

4) Dear Dr. Kim,

Happy New Year! I hope all is well with you and your family. Thanks for remembering me, and hope to see you soon.

Your friend,

Joe

5) Dear Jinsoo

We wish you and family A Merry Christmas & A Very Happy and Prosperous 2018. Thank you for the great time in Seoul!

Joseph and Mathur

6) Dear Dr. Kim,

Just returned from PSR and was happy to see familiar faces at the conference and at dinner. I missed your presence this year but will know that I will run into you at international conferences in the future.
I want to wish you and your family a Happy Holiday and much more continued success in 2018! Thank you for your assistance and support that you have provided early in my career.

Regards,

Jack Owen

7) Dear Dr. Brown,

Thanks for your Christmas greeting. I feel very lucky and happy to have a person like you in my life. My family also wish you, your wife, and your son a very Happy and Prosperous 2018.

With wishes,

Jinsoo Kim

8) Dear Professor Kim,

This is a time of contemplation and remembrance of friends. I wish you and your family a Happy New Year!

Are you coming to the PSR? If so, I am very much looking forward to seeing you soon in Paris.

David

9) Dear Jinsoo,

Thank you both. We wish you a very happy, healthy 2018 and hope to see you in the near future.

Best regards,

David and Anne

10) Dear Jinsoo,

Thanks for your Christmas greeting. I'm very pleased to be able to be called as your friend.
I shall look forward to seeing you again, no doubt at a meeting somewhere.

Best wishes for the New Year.

Michael

11) Dear Jinsoo,

A very Happy New Year to you .
I must admit I have no idea what celebrations you have in Korea as equivalents to our Christmas and New Year, but I am sure if you had fireworks they will have been spectacular!
I wish you all the best for 2018 and may hold the right balance between rewarding time at work and fulfilling time at home.

Best wishes,

John

15.2 안부

Sample Letters

1) Dear Jinsoo,

I was delighted to receive your letter. I'm sure it will prove refreshing as well as challenging to undertake original research again. We are particularly pleased

that your wife can accompany you. The picture you sent of you enjoying supper at sunset in the Bay area was superb.
I plan to fly out to the PSR meeting in Barcelona on Saturday 25th and will return on Wednesday, the 29th. I will let you have more details of my hotel in due course but you can always contact me on my mobile: 00447766760806. Even if we cannot meet up on Thursday I'm sure that we can on Sunday, Monday or Tuesday. There are lots of pleasant restaurants around the old port and town.

Rose is well and would love to see you both. If you can't come to London we can meet you in Berlin, or wherever is convenient, before you leave for Rome. Helen and Morn are happily married and now live nearby. Liz completed her degree in psychology in Edinburgh last year and is now working in London. There is so much to catch up on and I look forward to seeing you in Barcelona first.

very best wishes... as always.

David

2) **Dear Jinsoo,**

How great it was to receive your email. This is the first email that I have received from you. I wonder where the others may have landed? Is this the email address that you used? I loved to read of your explorations, and you described them beautifully, which made me feel as if I were there with you. I visited Cape Town many years ago and was also struck by the beautiful surroundings.
I am glad to hear that you are continuing to influence the world around you. Your legacy and positive impact will be felt for decades to come.
My family and I are enjoying our time in California. The weather is nice and the people are very supportive and kind. I am very busy on many fronts. In fact, I am finding ways to survive on less sleep in order to accomplish all of the tasks that I have in front of me.
Please give your wonderful wife my best and I hope to see you both soon and confirm that you received this email.

Best regards,

Douglas

3) **Dear Peter,**

Sorry I haven't written lately. I was out of the town and got back yesterday. I wish I could have had a longer summer vacation, but I had a very quiet, peaceful time where my family stayed in a kind of B&B style home in the country. It

was quite an experience to stay in a country house to us who live in an apartment complex in a big city.
So, how's everything going with you? Did you go somewhere for a vacation? Let me hear your story and give my best regards to Sue and Fritz.
As the busy schedule at the office keep us running all the time in the hospital, we try to find balance between at work and home. Hoping to get together in X annual meeting in Orlando this coming November.

All the best wishes,

Jinsoo

Words and phrases

- **give one's (best) regards to~:** 안부를 전하다, 소식을 보내다.
- best wishes for happiness, health, and prosperity throughout the coming New Year/a happy and peaceful time of year
- our best wishes to you for a Merry Christmas and a prosperous New Year
- I hope the New Year of 2018 only brings you health, happiness, and small daily joys!
- I hope that 2018 was a good year for you and that 2019 will be even better.
- The best part of this beautiful season is keeping in touch with special friends like you.

이 책은 저자와의 계약에 의해 범문에듀케이션에서 발행합니다.
저작권법에 의해 한국 내에서 보호를 받는 저작물이므로 이 책의 일부 또는 전부의 무단 복제를 금하며 이를 위반 시에는 법에 의해 처벌받게 됩니다.

Copyright © 2022 송호영, 최병인, 정혜자, 강성권, 김성윤, 김태원, 신지훈, 정승채, 임준서, 임윤희, 한영민, 범문에듀케이션

영어논문 작성과 발표요령 2판

Medical Papers: A Guide to Successful Writing & Presenting in English

초판 발행일 2022년 5월 2일

저 자 송호영, 최병인, 정혜자, 강성권, 김성윤, 김태원, 신지훈, 임윤희, 임준서, 정승채, 한영민
발 행 인 유성권
편 집 장 이재선
기 획 신선희
마 케 팅 임태완, 김호철, 최성규, 김진형, 정명한, 한태수, 노예련, 김모란, 박소영, 김지현, 김채환, 김현정
판 형 190 × 257 mm

발 행 처 범문에듀케이션
주 소 서울시 양천구 목동서로 211 범문빌딩 (우 07995)
전 화 02)2654-5131 팩 스 02)2652-1500
홈페이지 www.medicalplus.co.kr

등 록 제 2011-000001호
I S B N 979-11-5943-071-8 (93510)
편집 · 디자인 (주)우일미디어디지텍

* 저자와 합의 하에 인지를 생략합니다.
* 잘못된 책은 교환하여 드립니다.